纪检监察

应用手册

配套规定与典型案例

法律出版社法律应用中心 编

法律出版社
LAW PRESS·CHINA
北京

图书在版编目（CIP）数据

纪检监察应用手册：配套规定与典型案例 / 法律出版社法律应用中心编. -- 北京：法律出版社，2025.

ISBN 978 - 7 - 5244 - 0681 - 5

Ⅰ. D262.6 - 62

中国国家版本馆 CIP 数据核字第 2025MV0010 号

纪检监察应用手册：配套规定与典型案例
JIJIAN JIANCHA YINGYONG SHOUCE：PEITAO GUIDING YU DIANXING ANLI

法律出版社 法律应用中心 编

责任编辑 张 颖
装帧设计 臧晓飞

出版发行 法律出版社
编辑统筹 法律应用出版分社
责任校对 朱海波
责任印制 刘晓伟
经　　销 新华书店

开本 A5
印张 22.25　**字数** 642 千
版本 2025 年 8 月第 1 版
印次 2025 年 8 月第 1 次印刷
印刷 河北晔盛亚印刷有限公司

地址：北京市丰台区莲花池西里 7 号（100073）
网址：www.lawpress.com.cn
投稿邮箱：info@lawpress.com.cn
举报盗版邮箱：jbwq@lawpress.com.cn

销售电话：010 - 83938349
客服电话：010 - 83938350
咨询电话：010 - 63939796

书号：ISBN 978 - 7 - 5244 - 0681 - 5　**定价**：76.00 元

凡购买本社图书，如有印装错误，我社负责退换。电话：010 - 83938349

目　　录

一、纪检核心规定

1. 综合

中国共产党章程(2022 年 10 月 22 日) ………………………………… 1
中国共产党第十八届中央委员会关于新形势下党内政治生活的若干准则(2016 年 10 月 27 日) ……………………………… 25
党政机关厉行节约反对浪费条例(2025 年 5 月 2 日) ……………… 40
中国共产党廉洁自律准则(2015 年 10 月 18 日) …………………… 52
中国共产党党员权利保障条例(2020 年 12 月 25 日) ……………… 53
中国共产党纪律检查委员会工作条例(2021 年 12 月 24 日) ……… 62
中国共产党重大事项请示报告条例(2019 年 1 月 31 日) ………… 76
纪检监察机关派驻机构工作规则(2022 年 6 月 22 日) …………… 85
纪检监察规范性文件备案审查规定(2024 年 1 月 15 日) ………… 95
信访工作条例(2022 年 2 月 25 日) ………………………………… 101

2. 监督

中国共产党党内监督条例(2016 年 10 月 27 日) …………………… 114
中国共产党巡视工作条例(2024 年 2 月 8 日) ……………………… 122
省、自治区、直辖市党委对县(市、区、旗)巡视工作实施办法(2012 年 8 月 2 日) ……………………………………………… 134
纪检监察机关处理检举控告工作规则(2020 年 1 月 21 日) ……… 137
中共中央关于加强对"一把手"和领导班子监督的意见(2021 年 3 月 27 日) ……………………………………………………… 147
防范和惩治统计造假、弄虚作假督察工作规定(2018 年 8 月 24 日) ……………………………………………………………… 154

领导干部自然资源资产离任审计规定（试行）（2017 年 9 月 19 日） …… 158
党政主要领导干部和国有企事业单位主要领导人员经济责任审计规定（2019 年 7 月 7 日） …… 166

3. 执纪

中国共产党纪律检查机关监督执纪工作规则（2018 年 12 月 28 日） …… 177
中国共产党组织处理规定（试行）（2021 年 3 月 19 日） …… 192
党组讨论和决定党员处分事项工作程序规定（2025 年 5 月 26 日） …… 196
纪检监察机关办案工作保密规定（1996 年 8 月 19 日） …… 198
党政机关国内公务接待管理规定（2013 年 12 月 1 日） …… 200
党政机关公务用车管理办法（2017 年 12 月 5 日） …… 204
党政机关办公用房建设标准（2014 年 11 月 24 日） …… 209
党政机关办公用房管理办法（2017 年 12 月 5 日） …… 222
中央和国家机关差旅费管理办法（2013 年 12 月 31 日） …… 231
关于印发《中央和国家机关工作人员赴地方差旅住宿费标准明细表》的通知（2016 年 4 月 1 日） …… 236

4. 问责

中国共产党问责条例（2019 年 8 月 25 日） …… 242
中国共产党纪律处分条例（2023 年 12 月 19 日） …… 248
统计违法违纪行为处分规定（2009 年 3 月 25 日） …… 276
中国共产党处分违纪党员批准权限和程序规定（2022 年 9 月 22 日） …… 279
干部选拔任用工作监督检查和责任追究办法（2019 年 5 月 13 日） …… 293
关于国有企业领导人员违反廉洁自律“七项要求”政纪处分规定（2009 年 1 月 23 日） …… 300
中共中央纪委关于规范和明确党员受留党察看处分期满后恢复党员权利等工作程序的通知（2023 年 6 月 19 日） …… 303

二、监察核心规定

1. 综合

中华人民共和国刑法（节录）（2023 年 12 月 29 日） …… 305

中华人民共和国刑事诉讼法(2018年10月26日) …………………… 322
中华人民共和国监察法(2024年12月25日) ……………………… 374
中华人民共和国公务员法(2018年12月29日) …………………… 389
中华人民共和国监察官法(2021年8月20日) …………………… 407
中华人民共和国监察法实施条例(2025年6月1日) ……………… 417
全国人民代表大会常务委员会关于批准《联合国反腐败公约》的决定(2005年10月27日) …………………………………… 487
2. 监督
中央政治局关于改进工作作风、密切联系群众的八项规定(2012年12月4日) …………………………………………… 488
企业国有资产监督管理暂行条例(2019年3月2日) ……………… 489
3. 调查
监察机关举报工作办法(1991年12月24日) ……………………… 496
中共中央纪律检查委员会、中华人民共和国监察部关于保护检举、控告人的规定(1996年1月19日) …………………………… 499
国家监察委员会与最高人民检察院办理职务犯罪案件工作衔接办法(2018年4月16日) …………………………………… 502
国家监察委员会管辖规定(试行)(2018年4月16日) …………… 511
行政执法机关移送涉嫌犯罪案件的规定(2020年8月7日) ……… 517
监察机关在调查处理政纪案件中相互协作配合的规定(1992年11月16日) ……………………………………………… 521
4. 处置
(1)职务违法
中华人民共和国公职人员政务处分法(2020年6月20日) ……… 522
事业单位工作人员处分规定(2023年11月6日) ………………… 535
国有企业管理人员处分条例(2024年5月21日) ………………… 544
国有企业领导人员廉洁从业若干规定(2009年7月1日) ………… 557
农村基层干部廉洁履行职责规定(2025年3月28日) …………… 563
司法机关内部人员过问案件的记录和责任追究规定(2015年3月29日) …………………………………………………… 571

(2)职务犯罪

贪污贿赂罪

最高人民法院、最高人民检察院关于办理贪污贿赂刑事案件适用法律若干问题的解释(2016 年 4 月 18 日) …… 574
最高人民法院、最高人民检察院关于办理受贿刑事案件适用法律若干问题的意见(2007 年 7 月 8 日) …… 580
最高人民法院、最高人民检察院关于办理商业贿赂刑事案件适用法律若干问题的意见(2008 年 11 月 20 日) …… 582
最高人民检察院关于贪污养老、医疗等社会保险基金能否适用《最高人民法院　最高人民检察院关于办理贪污贿赂刑事案件适用法律若干问题的解释》第一条第二款第一项规定的批复(2017 年 7 月 26 日) …… 585
最高人民检察院关于当前查办贪污贿赂等经济犯罪案件应注意的几个问题的通知(1994 年 8 月 4 日) …… 586
全国法院审理经济犯罪案件工作座谈会纪要(2003 年 11 月 13 日) …… 587
最高人民法院、最高人民检察院关于办理国家出资企业中职务犯罪案件具体应用法律若干问题的意见(2010 年 11 月 26 日) …… 594
最高人民法院关于审理贪污、职务侵占案件如何认定共同犯罪几个问题的解释(2000 年 6 月 30 日) …… 598
最高人民法院研究室关于对行为人通过伪造国家机关公文、证件担任国家工作人员职务并利用职务上的便利侵占本单位财物、收受贿赂、挪用本单位资金等行为如何适用法律问题的答复(2004 年 3 月 20 日) …… 599
最高人民法院关于国家工作人员利用职务上的便利为他人谋取利益离退休后收受财物行为如何处理问题的批复(2000 年 7 月 13 日) …… 599

渎职罪

全国人民代表大会常务委员会关于《中华人民共和国刑法》第九章渎职罪主体适用问题的解释(2002 年 12 月 28 日) …… 600
最高人民法院、最高人民检察院关于办理渎职刑事案件适用法律若干问题的解释(一)(2012 年 12 月 7 日) …… 601

最高人民法院、最高人民检察院、公安部、国家安全部、司法部关于对司法工作人员在诉讼活动中的渎职行为加强法律监督的若干规定(试行)(2010 年 7 月 26 日) …………………………… 603
最高人民检察院关于企业事业单位的公安机构在机构改革过程中其工作人员能否构成渎职侵权犯罪主体问题的批复(2002 年 4 月 29 日) …………………………………………………… 608
最高人民检察院关于加强渎职侵权检察工作的决定(2000 年 5 月 29 日) ………………………………………………………… 608
最高人民检察院、公安部、国土资源部、海关总署、国家税务总局、国家环境保护总局、国家工商行政管理局、国家林业局、国家质量技术监督局、国家保密局关于在查办渎职案件中加强协调配合建立案件移送制度的意见(1999 年 12 月 30 日) ………………… 615
全国人民代表大会常务委员会关于《中华人民共和国刑法》第二百二十八条、第三百四十二条、第四百一十条的解释(2009 年 8 月 27 日) ……………………………………………………… 617
最高人民检察院关于对林业主管部门工作人员在发放林木采伐许可证之外滥用职权玩忽职守致使森林遭受严重破坏的行为适用法律问题的批复(2007 年 5 月 16 日) …………………………… 618
最高人民检察院关于合同制民警能否成为玩忽职守罪主体问题的批复(2000 年 10 月 9 日) ……………………………………… 618
最高人民法院刑事审判第二庭关于国有公司人员滥用职权犯罪追溯期限等问题的答复(2005 年 1 月 13 日) ……………………… 619
最高人民法院研究室关于对滥用职权致使公共财产、国家和人民利益遭受重大损失如何认定问题的答复(2004 年 11 月 22 日) …… 620

三、典型案例

中央纪委国家监委发布第一批执纪执法指导性案例 ………………… 621
中央纪委国家监委发布第二批执纪执法指导性案例 ………………… 633
中央纪委国家监委发布第三批执纪执法指导性案例 ………………… 649
最高人民检察院发布第四十七批指导性案例 ………………………… 671

最高人民检察院发布第三十二批指导性案例 …………………………… 689
最高人民检察院通报 7 起职务犯罪国际追逃追赃专项行动典型案例 …………………………………………………………………………… 705

一、纪检核心规定

1. 综　　合

中国共产党章程

（中国共产党第二十次全国代表大会部分修改，
2022年10月22日通过）

总　　纲

中国共产党是中国工人阶级的先锋队，同时是中国人民和中华民族的先锋队，是中国特色社会主义事业的领导核心，代表中国先进生产力的发展要求，代表中国先进文化的前进方向，代表中国最广大人民的根本利益。党的最高理想和最终目标是实现共产主义。

中国共产党以马克思列宁主义、毛泽东思想、邓小平理论、“三个代表”重要思想、科学发展观、习近平新时代中国特色社会主义思想作为自己的行动指南。

马克思列宁主义揭示了人类社会历史发展的规律，它的基本原理是正确的，具有强大的生命力。中国共产党人追求的共产主义最高理想，只有在社会主义社会充分发展和高度发达的基础上才能实现。社会主义制度的发展和完善是一个长期的历史过程。坚持马克思列宁主义的基本原理，走中国人民自愿选择的适合中国国情的道路，中国的社会主义事业必将取得最终的胜利。

以毛泽东同志为主要代表的中国共产党人，把马克思列宁主义的基本原理同中国革命的具体实践结合起来，创立了毛泽东思想。毛泽东思想是马克思列宁主义在中国的运用和发展，是被实践证明了的关于中国革命和建设的正确的理论原则和经验总结,是中国共产党集体智慧的结晶。在毛泽东思想指引下,中国共产党领导全国各族人民,经过长期的反对帝国主义、封建主义、官僚资本主义的革命斗争,取得了新民主主义革命的胜利,建立了人民民主专政的中华人民共和国;新中国成立以后,顺利地进行了社会主义改造,完成了从新民主主义到社会主义的过渡,确立了社会主义基本制度,发展了社会主义的经济、政治和文化。

十一届三中全会以来,以邓小平同志为主要代表的中国共产党人,总结新中国成立以来正反两方面的经验,解放思想,实事求是,实现全党工作中心向经济建设的转移,实行改革开放,开辟了社会主义事业发展的新时期,逐步形成了建设中国特色社会主义的路线、方针、政策,阐明了在中国建设社会主义、巩固和发展社会主义的基本问题,创立了邓小平理论。邓小平理论是马克思列宁主义的基本原理同当代中国实践和时代特征相结合的产物,是毛泽东思想在新的历史条件下的继承和发展,是马克思主义在中国发展的新阶段,是当代中国的马克思主义,是中国共产党集体智慧的结晶,引导着我国社会主义现代化事业不断前进。

十三届四中全会以来,以江泽民同志为主要代表的中国共产党人,在建设中国特色社会主义的实践中,加深了对什么是社会主义、怎样建设社会主义和建设什么样的党、怎样建设党的认识,积累了治党治国新的宝贵经验,形成了"三个代表"重要思想。"三个代表"重要思想是对马克思列宁主义、毛泽东思想、邓小平理论的继承和发展,反映了当代世界和中国的发展变化对党和国家工作的新要求,是加强和改进党的建设、推进我国社会主义自我完善和发展的强大理论武器,是中国共产党集体智慧的结晶,是党必须长期坚持的指导思想。始终做到"三个代表",是我们党的立党之本、执政之基、力量之源。

十六大以来,以胡锦涛同志为主要代表的中国共产党人,坚持以邓小平理论和"三个代表"重要思想为指导,根据新的发展要求,深刻认识和回答了新形势下实现什么样的发展、怎样发展等重大问题,形成了以人为本、全面协调可持续发展的科学发展观。科学发展观是同马克思列宁主义、毛泽东思想、邓小平理论、"三个代表"重要思想既一脉相承又与时俱进的科学理论,是马克思主义关于发展的世界观和方法论的集中体现,是马克思主义中国化重大成果,是中国共产党集体智慧的结晶,是发展中国特色社会主义必须长期坚持的指导思想。

十八大以来，以习近平同志为主要代表的中国共产党人，坚持把马克思主义基本原理同中国具体实际相结合、同中华优秀传统文化相结合，科学回答了新时代坚持和发展什么样的中国特色社会主义、怎样坚持和发展中国特色社会主义等重大时代课题，创立了习近平新时代中国特色社会主义思想。习近平新时代中国特色社会主义思想是对马克思列宁主义、毛泽东思想、邓小平理论、“三个代表”重要思想、科学发展观的继承和发展，是当代中国马克思主义、二十一世纪马克思主义，是中华文化和中国精神的时代精华，是党和人民实践经验和集体智慧的结晶，是中国特色社会主义理论体系的重要组成部分，是全党全国人民为实现中华民族伟大复兴而奋斗的行动指南，必须长期坚持并不断发展。在习近平新时代中国特色社会主义思想指导下，中国共产党领导全国各族人民，统揽伟大斗争、伟大工程、伟大事业、伟大梦想，推动中国特色社会主义进入了新时代，实现第一个百年奋斗目标，开启了实现第二个百年奋斗目标新征程。

改革开放以来我们取得一切成绩和进步的根本原因，归结起来就是：开辟了中国特色社会主义道路，形成了中国特色社会主义理论体系，确立了中国特色社会主义制度，发展了中国特色社会主义文化。全党同志要倍加珍惜、长期坚持和不断发展党历经艰辛开创的这条道路、这个理论体系、这个制度、这个文化，高举中国特色社会主义伟大旗帜，坚定道路自信、理论自信、制度自信、文化自信，发扬斗争精神，增强斗争本领，贯彻党的基本理论、基本路线、基本方略，为实现推进现代化建设、完成祖国统一、维护世界和平与促进共同发展这三大历史任务，实现第二个百年奋斗目标、实现中华民族伟大复兴的中国梦而奋斗。

中国共产党自成立以来，始终把为中国人民谋幸福、为中华民族谋复兴作为自己的初心使命，历经百年奋斗，从根本上改变了中国人民的前途命运，开辟了实现中华民族伟大复兴的正确道路，展示了马克思主义的强大生命力，深刻影响了世界历史进程，锻造了走在时代前列的中国共产党。经过长期实践，积累了坚持党的领导、坚持人民至上、坚持理论创新、坚持独立自主、坚持中国道路、坚持胸怀天下、坚持开拓创新、坚持敢于斗争、坚持统一战线、坚持自我革命的宝贵历史经验，这是党和人民共同创造的精神财富，必须倍加珍惜、长期坚持，并在实践中不断丰富和发展。

我国正处于并将长期处于社会主义初级阶段。这是在原本经济文化落后的中国建设社会主义现代化不可逾越的历史阶段，需要上百年的时间。我国的社会主义建设,必须从我国的国情出发,走中国特色社会主义道路,以中国式现代化全面推进中华民族伟大复兴。在现阶段,我国社会的主要矛盾是人民日益增长的美好生活需要和不平衡不充分的发展之间的矛盾。由于国内的因素和国际的影响,阶级斗争还在一定范围内长期存在,在某种条件下还有可能激化,但已经不是主要矛盾。我国社会主义建设的根本任务,是进一步解放生产力,发展生产力,逐步实现社会主义现代化,并且为此而改革生产关系和上层建筑中不适应生产力发展的方面和环节。必须坚持和完善公有制为主体、多种所有制经济共同发展,按劳分配为主体、多种分配方式并存,社会主义市场经济体制等基本经济制度,鼓励一部分地区和一部分人先富起来,逐步实现全体人民共同富裕,在生产发展和社会财富增长的基础上不断满足人民日益增长的美好生活需要,促进人的全面发展。发展是我们党执政兴国的第一要务。必须坚持以人民为中心的发展思想,把握新发展阶段,贯彻创新、协调、绿色、开放、共享的新发展理念,加快构建以国内大循环为主体、国内国际双循环相互促进的新发展格局,推动高质量发展。各项工作都要把有利于发展社会主义社会的生产力,有利于增强社会主义国家的综合国力,有利于提高人民的生活水平,作为总的出发点和检验标准,尊重劳动、尊重知识、尊重人才、尊重创造,做到发展为了人民、发展依靠人民、发展成果由人民共享。必须按照中国特色社会主义事业“五位一体”总体布局和“四个全面”战略布局,统筹推进经济建设、政治建设、文化建设、社会建设、生态文明建设,协调推进全面建设社会主义现代化国家、全面深化改革、全面依法治国、全面从严治党。新时代新征程,经济和社会发展的战略目标是,到二〇三五年基本实现社会主义现代化,到本世纪中叶把我国建成社会主义现代化强国。

中国共产党在社会主义初级阶段的基本路线是:领导和团结全国各族人民,以经济建设为中心,坚持四项基本原则,坚持改革开放,自力更生,艰苦创业,为把我国建设成为富强民主文明和谐美丽的社会主义现代化强国而奋斗。

中国共产党在领导社会主义事业中,必须坚持以经济建设为中心,其他各项工作都服从和服务于这个中心。要实施科教兴国战略、人才强国战略、创新驱动发展战略、乡村振兴战略、区域协调发展战略、可持续发展战略、军民融合发展战略,充分发挥科学技术作为第一生产力的作用,充分发挥人才作为第一资源的作用,充分发挥创新作为引领发展第一动力的作用,依靠科技进步,提高劳动者素质,促进国民经济更高质量、更有效率、更加公平、更可持续、更为安全发展。

坚持社会主义道路、坚持人民民主专政、坚持中国共产党的领导、坚持马克思列宁主义毛泽东思想这四项基本原则,是我们的立国之本。在社会主义现代化建设的整个过程中,必须坚持四项基本原则,反对资产阶级自由化。

坚持改革开放,是我们的强国之路。只有改革开放,才能发展中国、发展社会主义、发展马克思主义。要全面深化改革,完善和发展中国特色社会主义制度,推进国家治理体系和治理能力现代化。要从根本上改革束缚生产力发展的经济体制,坚持和完善社会主义市场经济体制;与此相适应,要进行政治体制改革和其他领域的改革。要坚持对外开放的基本国策,吸收和借鉴人类社会创造的一切文明成果。改革开放应当大胆探索,勇于开拓,提高改革决策的科学性,更加注重改革的系统性、整体性、协同性,在实践中开创新路。

中国共产党领导人民发展社会主义市场经济。毫不动摇地巩固和发展公有制经济,毫不动摇地鼓励、支持、引导非公有制经济发展。发挥市场在资源配置中的决定性作用,更好发挥政府作用,建立完善的宏观调控体系。统筹城乡发展、区域发展、经济社会发展、人与自然和谐发展、国内发展和对外开放,调整经济结构,转变经济发展方式,推进供给侧结构性改革。促进新型工业化、信息化、城镇化、农业现代化同步发展,建设社会主义新农村,走中国特色新型工业化道路,建设创新型国家和世界科技强国。

中国共产党领导人民发展社会主义民主政治。坚持党的领导、人民当家作主、依法治国有机统一,走中国特色社会主义政治发展道路、中国特色社会主义法治道路,扩大社会主义民主,建设中国特色社会主义法治体系,建设社会主义法治国家,巩固人民民主专政,建设社会主义政治文明。坚持和完善人民代表大会制度、中国共产党领导的多党合作和政治协商制度、民族区域自治制度以及基层群众自治制度。发展更加广泛、更加充分、更加健全的全过程人民民主,推进协商民主广泛多层制度化发展,切实保障人民管理国家事务和社会事务、管理经济和文化事业的权利。尊重和保障人权。广开言路,建立健全民主选举、民主协商、民主决策、民主管理、民主监督的制度和程序。完善中国特色社会主义法律体系,加强法律实施工作,实现国家各项工作法治化。

中国共产党领导人民发展社会主义先进文化。建设社会主义精神文明，实行依法治国和以德治国相结合，提高全民族的思想道德素质和科学文化素质，为改革开放和社会主义现代化建设提供强大的思想保证、精神动力和智力支持，建设社会主义文化强国。加强社会主义核心价值体系建设，坚持马克思主义指导思想，树立中国特色社会主义共同理想，弘扬以爱国主义为核心的民族精神和以改革创新为核心的时代精神，培育和践行社会主义核心价值观，倡导社会主义荣辱观，增强民族自尊、自信和自强精神，抵御资本主义和封建主义腐朽思想的侵蚀，扫除各种社会丑恶现象，努力使我国人民成为有理想、有道德、有文化、有纪律的人民。对党员要进行共产主义远大理想教育。大力发展教育、科学、文化事业，推动中华优秀传统文化创造性转化、创新性发展，继承革命文化，发展社会主义先进文化，提高国家文化软实力。牢牢掌握意识形态工作领导权，不断巩固马克思主义在意识形态领域的指导地位，巩固全党全国人民团结奋斗的共同思想基础。

中国共产党领导人民构建社会主义和谐社会。按照民主法治、公平正义、诚信友爱、充满活力、安定有序、人与自然和谐相处的总要求和共同建设、共同享有的原则，以保障和改善民生为重点，解决好人民最关心、最直接、最现实的利益问题，使发展成果更多更公平惠及全体人民，不断增强人民群众获得感，努力形成全体人民各尽其能、各得其所而又和谐相处的局面。加强和创新社会治理。严格区分和正确处理敌我矛盾和人民内部矛盾这两类不同性质的矛盾。加强社会治安综合治理，依法坚决打击各种危害国家安全和利益、危害社会稳定和经济发展的犯罪活动和犯罪分子，保持社会长期稳定。坚持总体国家安全观，统筹发展和安全，坚决维护国家主权、安全、发展利益。

中国共产党领导人民建设社会主义生态文明。树立尊重自然、顺应自然、保护自然的生态文明理念，增强绿水青山就是金山银山的意识，坚持节约资源和保护环境的基本国策，坚持节约优先、保护优先、自然恢复为主的方针，坚持生产发展、生活富裕、生态良好的文明发展道路。着力建设资源节约型、环境友好型社会，实行最严格的生态环境保护制度，形成节约资源和保护环境的空间格局、产业结构、生产方式、生活方式，为人民创造良好生产生活环境，实现中华民族永续发展。

中国共产党坚持对人民解放军和其他人民武装力量的绝对领导，贯彻习近平强军思想，加强人民解放军的建设，坚持政治建军、改革强军、科技强军、人才强军、依法治军，建设一支听党指挥、能打胜仗、作风优良的人民军队，把人民军队建设成为世界一流军队，切实保证人民解放军有效履行新时代军队使命任务，充分发挥人民解放军在巩固国防、保卫祖国和参加社会主义现代化建设中的作用。

中国共产党维护和发展平等团结互助和谐的社会主义民族关系，积极培养、选拔少数民族干部，帮助少数民族和民族地区发展经济、文化和社会事业，铸牢中华民族共同体意识，实现各民族共同团结奋斗、共同繁荣发展。全面贯彻党的宗教工作基本方针，团结信教群众为经济社会发展作贡献。

中国共产党同全国各民族工人、农民、知识分子团结在一起，同各民主党派、无党派人士、各民族的爱国力量团结在一起，进一步发展和壮大由全体社会主义劳动者、社会主义事业的建设者、拥护社会主义的爱国者、拥护祖国统一和致力于中华民族伟大复兴的爱国者组成的最广泛的爱国统一战线。不断加强全国人民包括香港特别行政区同胞、澳门特别行政区同胞、台湾同胞和海外侨胞的团结。全面准确、坚定不移贯彻“一个国家、两种制度”的方针，促进香港、澳门长期繁荣稳定，坚决反对和遏制“台独”，完成祖国统一大业。

中国共产党坚持独立自主的和平外交政策，坚持和平发展道路，坚持互利共赢的开放战略，统筹国内国际两个大局，积极发展对外关系，努力为我国的改革开放和现代化建设争取有利的国际环境。在国际事务中，弘扬和平、发展、公平、正义、民主、自由的全人类共同价值，坚持正确义利观，维护我国的独立和主权，反对霸权主义和强权政治，维护世界和平，促进人类进步，推动构建人类命运共同体，推动建设持久和平、普遍安全、共同繁荣、开放包容、清洁美丽的世界。在互相尊重主权和领土完整、互不侵犯、互不干涉内政、平等互利、和平共处五项原则的基础上，发展我国同世界各国的关系。不断发展我国同周边国家的睦邻友好关系，加强同发展中国家的团结与合作。遵循共商共建共享原则，推进“一带一路”建设。按照独立自主、完全平等、互相尊重、互不干涉内部事务的原则，发展我党同各国共产党和其他政党的关系。

中国共产党要领导全国各族人民实现第二个百年奋斗目标、实现中华民族伟大复兴的中国梦，必须紧密围绕党的基本路线，坚持和加强党的全面领导,坚持党要管党、全面从严治党,弘扬坚持真理、坚守理想,践行初心、担当使命,不怕牺牲、英勇斗争,对党忠诚、不负人民的伟大建党精神,加强党的长期执政能力建设、先进性和纯洁性建设,以改革创新精神全面推进党的建设新的伟大工程,以党的政治建设为统领,全面推进党的政治建设、思想建设、组织建设、作风建设、纪律建设,把制度建设贯穿其中,深入推进反腐败斗争,全面提高党的建设科学化水平,以伟大自我革命引领伟大社会革命。坚持立党为公、执政为民,发扬党的优良传统和作风,不断提高党的领导水平和执政水平,提高拒腐防变和抵御风险的能力,不断增强自我净化、自我完善、自我革新、自我提高能力,不断增强党的阶级基础和扩大党的群众基础,不断提高党的创造力、凝聚力、战斗力,建设学习型、服务型、创新型的马克思主义执政党,使我们党始终走在时代前列,成为领导全国人民沿着中国特色社会主义道路不断前进的坚强核心。党的建设必须坚决实现以下六项基本要求:

第一,坚持党的基本路线。全党要用邓小平理论、“三个代表”重要思想、科学发展观、习近平新时代中国特色社会主义思想和党的基本路线统一思想,统一行动,并且毫不动摇地长期坚持下去。必须把改革开放同四项基本原则统一起来,全面落实党的基本路线,反对一切“左”的和右的错误倾向,要警惕右,但主要是防止“左”。必须提高政治判断力、政治领悟力、政治执行力,增强贯彻落实党的理论和路线方针政策的自觉性和坚定性。

第二,坚持解放思想,实事求是,与时俱进,求真务实。党的思想路线是一切从实际出发,理论联系实际,实事求是,在实践中检验真理和发展真理。全党必须坚持这条思想路线,积极探索,大胆试验,开拓创新,创造性地开展工作,不断研究新情况,总结新经验,解决新问题,在实践中丰富和发展马克思主义,推进马克思主义中国化时代化。

第三,坚持新时代党的组织路线。全面贯彻习近平新时代中国特色社会主义思想,以组织体系建设为重点,着力培养忠诚干净担当的高素质干部,着力集聚爱国奉献的各方面优秀人才,坚持德才兼备、以德为先、任人唯贤,为坚持和加强党的全面领导、坚持和发展中国特色社会主义提供坚强组织保证。全党必须增强党组织的政治功能和组织功能,培养选拔党和人民需要的好干部,培养和造就大批堪当时代重任的社会主义事业接班人,聚天下英才而用之,从组织上保证党的基本理论、基本路线、基本方略的贯彻落实。

第四，坚持全心全意为人民服务。党除了工人阶级和最广大人民群众的利益，没有自己特殊的利益。党在任何时候都把群众利益放在第一位，同群众同甘共苦，保持最密切的联系，坚持权为民所用、情为民所系、利为民所谋，不允许任何党员脱离群众，凌驾于群众之上。我们党的最大政治优势是密切联系群众，党执政后的最大危险是脱离群众。党风问题、党同人民群众联系问题是关系党生死存亡的问题。党在自己的工作中实行群众路线，一切为了群众，一切依靠群众，从群众中来，到群众中去，把党的正确主张变为群众的自觉行动。

第五，坚持民主集中制。民主集中制是民主基础上的集中和集中指导下的民主相结合。它既是党的根本组织原则，也是群众路线在党的生活中的运用。必须充分发扬党内民主，尊重党员主体地位，保障党员民主权利，发挥各级党组织和广大党员的积极性创造性。必须实行正确的集中，牢固树立政治意识、大局意识、核心意识、看齐意识，坚定维护以习近平同志为核心的党中央权威和集中统一领导，保证全党的团结统一和行动一致，保证党的决定得到迅速有效的贯彻执行。加强和规范党内政治生活，增强党内政治生活的政治性、时代性、原则性、战斗性，发展积极健康的党内政治文化，营造风清气正的良好政治生态。党在自己的政治生活中正确地开展批评和自我批评，在原则问题上进行思想斗争，坚持真理，修正错误。努力造成又有集中又有民主，又有纪律又有自由，又有统一意志又有个人心情舒畅生动活泼的政治局面。

第六，坚持从严管党治党。全面从严治党永远在路上，党的自我革命永远在路上。新形势下，党面临的执政考验、改革开放考验、市场经济考验、外部环境考验是长期的、复杂的、严峻的，精神懈怠危险、能力不足危险、脱离群众危险、消极腐败危险更加尖锐地摆在全党面前。要把严的标准、严的措施贯穿于管党治党全过程和各方面。坚持依规治党、标本兼治，不断健全党内法规体系，坚持把纪律挺在前面，加强组织性纪律性，在党的纪律面前人人平等。强化全面从严治党主体责任和监督责任，加强对党的领导机关和党员领导干部特别是主要领导干部的监督，不断完善党内监督体系。深入推进党风廉政建设和反腐败斗争，以零容忍态度惩治腐败，一体推进不敢腐、不能腐、不想腐。

中国共产党的领导是中国特色社会主义最本质的特征，是中国特色社会主义制度的最大优势,党是最高政治领导力量。党政军民学,东西南北中,党是领导一切的。党要适应改革开放和社会主义现代化建设的要求,坚持科学执政、民主执政、依法执政,加强和改善党的领导。党必须按照总揽全局、协调各方的原则,在同级各种组织中发挥领导核心作用。党必须集中精力领导经济建设,组织、协调各方面的力量,同心协力,围绕经济建设开展工作,促进经济社会全面发展。党必须实行民主的科学的决策,制定和执行正确的路线、方针、政策,做好党的组织工作和宣传教育工作,发挥全体党员的先锋模范作用。党必须在宪法和法律的范围内活动。党必须保证国家的立法、司法、行政、监察机关,经济、文化组织和人民团体积极主动地、独立负责地、协调一致地工作。党必须加强对工会、共产主义青年团、妇女联合会等群团组织的领导,使它们保持和增强政治性、先进性、群众性,充分发挥作用。党必须适应形势的发展和情况的变化,完善领导体制,改进领导方式,增强执政能力。共产党员必须同党外群众亲密合作,共同为建设中国特色社会主义而奋斗。

第一章 党　　员

第一条　年满十八岁的中国工人、农民、军人、知识分子和其他社会阶层的先进分子,承认党的纲领和章程,愿意参加党的一个组织并在其中积极工作、执行党的决议和按期交纳党费的,可以申请加入中国共产党。

第二条　中国共产党党员是中国工人阶级的有共产主义觉悟的先锋战士。

中国共产党党员必须全心全意为人民服务,不惜牺牲个人的一切,为实现共产主义奋斗终身。

中国共产党党员永远是劳动人民的普通一员。除了法律和政策规定范围内的个人利益和工作职权以外,所有共产党员都不得谋求任何私利和特权。

第三条　党员必须履行下列义务:

(一)认真学习马克思列宁主义、毛泽东思想、邓小平理论、“三个代表”重要思想、科学发展观、习近平新时代中国特色社会主义思想,学习党的路线、方针、政策和决议,学习党的基本知识和党的历史,学习科学、文化、法律和业务知识,努力提高为人民服务的本领。

(二)增强“四个意识”、坚定“四个自信”、做到“两个维护”,贯彻执行党的基本路线和各项方针、政策,带头参加改革开放和社会主义现代化建设,带动群众为经济发展和社会进步艰苦奋斗,在生产、工作、学习和社会生活中起先锋模范作用。

(三)坚持党和人民的利益高于一切,个人利益服从党和人民的利益,吃苦在前,享受在后,克己奉公,多做贡献。

(四)自觉遵守党的纪律,首先是党的政治纪律和政治规矩,模范遵守国家的法律法规,严格保守党和国家的秘密,执行党的决定,服从组织分配,积极完成党的任务。

(五)维护党的团结和统一,对党忠诚老实,言行一致,坚决反对一切派别组织和小集团活动,反对阳奉阴违的两面派行为和一切阴谋诡计。

(六)切实开展批评和自我批评,勇于揭露和纠正违反党的原则的言行和工作中的缺点、错误,坚决同消极腐败现象作斗争。

(七)密切联系群众,向群众宣传党的主张,遇事同群众商量,及时向党反映群众的意见和要求,维护群众的正当利益。

(八)发扬社会主义新风尚,带头实践社会主义核心价值观和社会主义荣辱观,提倡共产主义道德,弘扬中华民族传统美德,为了保护国家和人民的利益,在一切困难和危险的时刻挺身而出,英勇斗争,不怕牺牲。

第四条 党员享有下列权利:

(一)参加党的有关会议,阅读党的有关文件,接受党的教育和培训。

(二)在党的会议上和党报党刊上,参加关于党的政策问题的讨论。

(三)对党的工作提出建议和倡议。

(四)在党的会议上有根据地批评党的任何组织和任何党员,向党负责地揭发、检举党的任何组织和任何党员违法乱纪的事实,要求处分违法乱纪的党员,要求罢免或撤换不称职的干部。

(五)行使表决权、选举权,有被选举权。

(六)在党组织讨论决定对党员的党纪处分或作出鉴定时,本人有权参加和进行申辩,其他党员可以为他作证和辩护。

(七)对党的决议和政策如有不同意见,在坚决执行的前提下,可以声明保留,并且可以把自己的意见向党的上级组织直至中央提出。

(八)向党的上级组织直至中央提出请求、申诉和控告,并要求有关组织给以负责的答复。

党的任何一级组织直至中央都无权剥夺党员的上述权利。

第五条 发展党员,必须把政治标准放在首位,经过党的支部,坚持个别吸收的原则。

申请入党的人,要填写入党志愿书,要有两名正式党员作介绍人,要经过支部大会通过和上级党组织批准,并且经过预备期的考察,才能成为正式党员。

介绍人要认真了解申请人的思想、品质、经历和工作表现,向他解释党的纲领和党的章程,说明党员的条件、义务和权利,并向党组织作出负责的报告。

党的支部委员会对申请入党的人,要注意征求党内外有关群众的意见,进行严格的审查,认为合格后再提交支部大会讨论。

上级党组织在批准申请人入党以前,要派人同他谈话,作进一步的了解,并帮助他提高对党的认识。

在特殊情况下,党的中央和省、自治区、直辖市委员会可以直接接收党员。

第六条 预备党员必须面向党旗进行入党宣誓。誓词如下:我志愿加入中国共产党,拥护党的纲领,遵守党的章程,履行党员义务,执行党的决定,严守党的纪律,保守党的秘密,对党忠诚,积极工作,为共产主义奋斗终身,随时准备为党和人民牺牲一切,永不叛党。

第七条 预备党员的预备期为一年。党组织对预备党员应当认真教育和考察。

预备党员的义务同正式党员一样。预备党员的权利,除了没有表决权、选举权和被选举权以外,也同正式党员一样。

预备党员预备期满,党的支部应当及时讨论他能否转为正式党员。认真履行党员义务,具备党员条件的,应当按期转为正式党员;需要继续考察和教育的,可以延长预备期,但不能超过一年;不履行党员义务,不具备党员条件的,应当取消预备党员资格。预备党员转为正式党员,或延长预备期,或取消预备党员资格,都应当经支部大会讨论通过和上级党组织批准。

预备党员的预备期,从支部大会通过他为预备党员之日算起。党员的党龄,从预备期满转为正式党员之日算起。

第八条 每个党员,不论职务高低,都必须编入党的一个支部、小组或其他特定组织,参加党的组织生活,接受党内外群众的监督。党员领导干部还必须参加党委、党组的民主生活会。不允许有任何不参加党的组织生活、不接受党内外群众监督的特殊党员。

第九条　党员有退党的自由。党员要求退党,应当经支部大会讨论后宣布除名,并报上级党组织备案。

党员缺乏革命意志,不履行党员义务,不符合党员条件,党的支部应当对他进行教育,要求他限期改正;经教育仍无转变的,应当劝他退党。劝党员退党,应当经支部大会讨论决定,并报上级党组织批准。如被劝告退党的党员坚持不退,应当提交支部大会讨论,决定把他除名,并报上级党组织批准。

党员如果没有正当理由,连续六个月不参加党的组织生活,或不交纳党费,或不做党所分配的工作,就被认为是自行脱党。支部大会应当决定把这样的党员除名,并报上级党组织批准。

第二章　党的组织制度

第十条　党是根据自己的纲领和章程,按照民主集中制组织起来的统一整体。党的民主集中制的基本原则是:

(一)党员个人服从党的组织,少数服从多数,下级组织服从上级组织,全党各个组织和全体党员服从党的全国代表大会和中央委员会。

(二)党的各级领导机关,除它们派出的代表机关和在非党组织中的党组外,都由选举产生。

(三)党的最高领导机关,是党的全国代表大会和它所产生的中央委员会。党的地方各级领导机关,是党的地方各级代表大会和它们所产生的委员会。党的各级委员会向同级的代表大会负责并报告工作。

(四)党的上级组织要经常听取下级组织和党员群众的意见,及时解决他们提出的问题。党的下级组织既要向上级组织请示和报告工作,又要独立负责地解决自己职责范围内的问题。上下级组织之间要互通情报、互相支持和互相监督。党的各级组织要按规定实行党务公开,使党员对党内事务有更多的了解和参与。

(五)党的各级委员会实行集体领导和个人分工负责相结合的制度。凡属重大问题都要按照集体领导、民主集中、个别酝酿、会议决定的原则,由党的委员会集体讨论,作出决定;委员会成员要根据集体的决定和分工,切实履行自己的职责。

(六)党禁止任何形式的个人崇拜。要保证党的领导人的活动处于党和人民的监督之下,同时维护一切代表党和人民利益的领导人的威信。

第十一条　党的各级代表大会的代表和委员会的产生,要体现选举人的意志。选举采用无记名投票的方式。候选人名单要由党组织和选举人充分酝酿讨论。可以直接采用候选人数多于应选人数的差额选举办法进行正式选举。也可以先采用差额选举办法进行预选,产生候选人名单,然后进行正式选举。选举人有了解候选人情况、要求改变候选人、不选任何一个候选人和另选他人的权利。任何组织和个人不得以任何方式强迫选举人选举或不选举某个人。

党的地方各级代表大会和基层代表大会的选举,如果发生违反党章的情况,上一级党的委员会在调查核实后,应作出选举无效和采取相应措施的决定,并报再上一级党的委员会审查批准,正式宣布执行。

党的各级代表大会代表实行任期制。

第十二条　党的中央和地方各级委员会在必要时召集代表会议,讨论和决定需要及时解决的重大问题。代表会议代表的名额和产生办法,由召集代表会议的委员会决定。

第十三条　凡是成立党的新组织,或是撤销党的原有组织,必须由上级党组织决定。

在党的地方各级代表大会和基层代表大会闭会期间,上级党的组织认为有必要时,可以调动或者指派下级党组织的负责人。

党的中央和地方各级委员会可以派出代表机关。

第十四条　党的中央和省、自治区、直辖市委员会实行巡视制度,在一届任期内,对所管理的地方、部门、企事业单位党组织实现巡视全覆盖。

中央有关部委和国家机关部门党组(党委)根据工作需要,开展巡视工作。

党的市(地、州、盟)和县(市、区、旗)委员会建立巡察制度。

第十五条　党的各级领导机关,对同下级组织有关的重要问题作出决定时,在通常情况下,要征求下级组织的意见。要保证下级组织能够正常行使他们的职权。凡属应由下级组织处理的问题,如无特殊情况,上级领导机关不要干预。

第十六条　有关全国性的重大政策问题,只有党中央有权作出决定,各部门、各地方的党组织可以向中央提出建议,但不得擅自作出决定和对外发表主张。

党的下级组织必须坚决执行上级组织的决定。下级组织如果认为上级组织的决定不符合本地区、本部门的实际情况，可以请求改变；如果上级组织坚持原决定，下级组织必须执行，并不得公开发表不同意见，但有权向再上一级组织报告。

党的各级组织的报刊和其他宣传工具，必须宣传党的路线、方针、政策和决议。

第十七条 党组织讨论决定问题，必须执行少数服从多数的原则。决定重要问题，要进行表决。对于少数人的不同意见，应当认真考虑。如对重要问题发生争论，双方人数接近，除了在紧急情况下必须按多数意见执行外，应当暂缓作出决定，进一步调查研究，交换意见，下次再表决；在特殊情况下，也可将争论情况向上级组织报告，请求裁决。

党员个人代表党组织发表重要主张，如果超出党组织已有决定的范围，必须提交所在的党组织讨论决定，或向上级党组织请示。任何党员不论职务高低，都不能个人决定重大问题；如遇紧急情况，必须由个人作出决定时，事后要迅速向党组织报告。不允许任何领导人实行个人专断和把个人凌驾于组织之上。

第十八条 党的中央、地方和基层组织，都必须重视党的建设，经常讨论和检查党的宣传工作、教育工作、组织工作、纪律检查工作、群众工作、统一战线工作等，注意研究党内外的思想政治状况。

第三章 党的中央组织

第十九条 党的全国代表大会每五年举行一次，由中央委员会召集。中央委员会认为有必要，或者有三分之一以上的省一级组织提出要求，全国代表大会可以提前举行；如无非常情况，不得延期举行。

全国代表大会代表的名额和选举办法，由中央委员会决定。

第二十条 党的全国代表大会的职权是：

（一）听取和审查中央委员会的报告；

（二）审查中央纪律检查委员会的报告；

（三）讨论并决定党的重大问题；

（四）修改党的章程；

（五）选举中央委员会；

（六）选举中央纪律检查委员会。

第二十一条 党的全国代表会议的职权是:讨论和决定重大问题;调整和增选中央委员会、中央纪律检查委员会的部分成员。调整和增选中央委员及候补中央委员的数额,不得超过党的全国代表大会选出的中央委员及候补中央委员各自总数的五分之一。

第二十二条 党的中央委员会每届任期五年。全国代表大会如提前或延期举行,它的任期相应地改变。中央委员会委员和候补委员必须有五年以上的党龄。中央委员会委员和候补委员的名额,由全国代表大会决定。中央委员会委员出缺,由中央委员会候补委员按照得票多少依次递补。

中央委员会全体会议由中央政治局召集,每年至少举行一次。中央政治局向中央委员会全体会议报告工作,接受监督。

在全国代表大会闭会期间,中央委员会执行全国代表大会的决议,领导党的全部工作,对外代表中国共产党。

第二十三条 党的中央政治局、中央政治局常务委员会和中央委员会总书记,由中央委员会全体会议选举。中央委员会总书记必须从中央政治局常务委员会委员中产生。

中央政治局和它的常务委员会在中央委员会全体会议闭会期间,行使中央委员会的职权。

中央书记处是中央政治局和它的常务委员会的办事机构;成员由中央政治局常务委员会提名,中央委员会全体会议通过。

中央委员会总书记负责召集中央政治局会议和中央政治局常务委员会会议,并主持中央书记处的工作。

党的中央军事委员会组成人员由中央委员会决定,中央军事委员会实行主席负责制。

每届中央委员会产生的中央领导机构和中央领导人,在下届全国代表大会开会期间,继续主持党的经常工作,直到下届中央委员会产生新的中央领导机构和中央领导人为止。

第二十四条 中国人民解放军的党组织,根据中央委员会的指示进行工作。中央军事委员会负责军队中党的工作和政治工作,对军队中党的组织体制和机构作出规定。

第四章 党的地方组织

第二十五条 党的省、自治区、直辖市的代表大会，设区的市和自治州的代表大会，县(旗)、自治县、不设区的市和市辖区的代表大会，每五年举行一次。

党的地方各级代表大会由同级党的委员会召集。在特殊情况下，经上一级委员会批准，可以提前或延期举行。

党的地方各级代表大会代表的名额和选举办法，由同级党的委员会决定，并报上一级党的委员会批准。

第二十六条 党的地方各级代表大会的职权是：

(一)听取和审查同级委员会的报告；

(二)审查同级纪律检查委员会的报告；

(三)讨论本地区范围内的重大问题并作出决议；

(四)选举同级党的委员会，选举同级党的纪律检查委员会。

第二十七条 党的省、自治区、直辖市、设区的市和自治州的委员会，每届任期五年。这些委员会的委员和候补委员必须有五年以上的党龄。

党的县(旗)、自治县、不设区的市和市辖区的委员会，每届任期五年。这些委员会的委员和候补委员必须有三年以上的党龄。

党的地方各级代表大会如提前或延期举行，由它选举的委员会的任期相应地改变。

党的地方各级委员会的委员和候补委员的名额，分别由上一级委员会决定。党的地方各级委员会委员出缺，由候补委员按照得票多少依次递补。

党的地方各级委员会全体会议，每年至少召开两次。

党的地方各级委员会在代表大会闭会期间，执行上级党组织的指示和同级党代表大会的决议，领导本地方的工作，定期向上级党的委员会报告工作。

第二十八条 党的地方各级委员会全体会议，选举常务委员会和书记、副书记，并报上级党的委员会批准。党的地方各级委员会的常务委员会，在委员会全体会议闭会期间，行使委员会职权；在下届代表大会开会期间，继续主持经常工作，直到新的常务委员会产生为止。

党的地方各级委员会的常务委员会定期向委员会全体会议报告工作，

接受监督。

第二十九条 党的地区委员会和相当于地区委员会的组织,是党的省、自治区委员会在几个县、自治县、市范围内派出的代表机关。它根据省、自治区委员会的授权,领导本地区的工作。

第五章 党的基层组织

第三十条 企业、农村、机关、学校、医院、科研院所、街道社区、社会组织、人民解放军连队和其他基层单位,凡是有正式党员三人以上的,都应当成立党的基层组织。

党的基层组织,根据工作需要和党员人数,经上级党组织批准,分别设立党的基层委员会、总支部委员会、支部委员会。基层委员会由党员大会或代表大会选举产生,总支部委员会和支部委员会由党员大会选举产生,提出委员候选人要广泛征求党员和群众的意见。

第三十一条 党的基层委员会、总支部委员会、支部委员会每届任期三年至五年。基层委员会、总支部委员会、支部委员会的书记、副书记选举产生后,应报上级党组织批准。

第三十二条 党的基层组织是党在社会基层组织中的战斗堡垒,是党的全部工作和战斗力的基础。它的基本任务是:

(一)宣传和执行党的路线、方针、政策,宣传和执行党中央、上级组织和本组织的决议,充分发挥党员的先锋模范作用,积极创先争优,团结、组织党内外的干部和群众,努力完成本单位所担负的任务。

(二)组织党员认真学习马克思列宁主义、毛泽东思想、邓小平理论、“三个代表”重要思想、科学发展观、习近平新时代中国特色社会主义思想,推进“两学一做”学习教育、党史学习教育常态化制度化,学习党的路线、方针、政策和决议,学习党的基本知识,学习科学、文化、法律和业务知识。

(三)对党员进行教育、管理、监督和服务,提高党员素质,坚定理想信念,增强党性,严格党的组织生活,开展批评和自我批评,维护和执行党的纪律,监督党员切实履行义务,保障党员的权利不受侵犯。加强和改进流动党员管理。

(四)密切联系群众,经常了解群众对党员、党的工作的批评和意见,维护群众的正当权利和利益,做好群众的思想政治工作。

(五)充分发挥党员和群众的积极性创造性,发现、培养和推荐他们中间的优秀人才,鼓励和支持他们在改革开放和社会主义现代化建设中贡献自己的聪明才智。

(六)对要求入党的积极分子进行教育和培养,做好经常性的发展党员工作,重视在生产、工作第一线和青年中发展党员。

(七)监督党员干部和其他任何工作人员严格遵守国家法律法规,严格遵守国家的财政经济法规和人事制度,不得侵占国家、集体和群众的利益。

(八)教育党员和群众自觉抵制不良倾向,坚决同各种违纪违法行为作斗争。

第三十三条 街道、乡、镇党的基层委员会和村、社区党组织,统一领导本地区基层各类组织和各项工作,加强基层社会治理,支持和保证行政组织、经济组织和群众性自治组织充分行使职权。

国有企业党委(党组)发挥领导作用,把方向、管大局、保落实,依照规定讨论和决定企业重大事项。国有企业和集体企业中党的基层组织,围绕企业生产经营开展工作。保证监督党和国家的方针、政策在本企业的贯彻执行;支持股东会、董事会、监事会和经理(厂长)依法行使职权;全心全意依靠职工群众,支持职工代表大会开展工作;参与企业重大问题的决策;加强党组织的自身建设,领导思想政治工作、精神文明建设、统一战线工作和工会、共青团、妇女组织等群团组织。

非公有制经济组织中党的基层组织,贯彻党的方针政策,引导和监督企业遵守国家的法律法规,领导工会、共青团等群团组织,团结凝聚职工群众,维护各方的合法权益,促进企业健康发展。

社会组织中党的基层组织,宣传和执行党的路线、方针、政策,领导工会、共青团等群团组织,教育管理党员,引领服务群众,推动事业发展。

实行行政领导人负责制的事业单位中党的基层组织,发挥战斗堡垒作用。实行党委领导下的行政领导人负责制的事业单位中党的基层组织,对重大问题进行讨论和作出决定,同时保证行政领导人充分行使自己的职权。

各级党和国家机关中党的基层组织,协助行政负责人完成任务,改进工作,对包括行政负责人在内的每个党员进行教育、管理、监督,不领导本单位的业务工作。

第三十四条 党支部是党的基础组织,担负直接教育党员、管理党员、监督党员和组织群众、宣传群众、凝聚群众、服务群众的职责。

第六章 党的干部

第三十五条 党的干部是党的事业的骨干,是人民的公仆,要做到忠诚干净担当。党按照德才兼备、以德为先的原则选拔干部,坚持五湖四海、任人唯贤,坚持事业为上、公道正派,反对任人唯亲,努力实现干部队伍的革命化、年轻化、知识化、专业化。

党重视教育、培训、选拔、考核和监督干部,特别是培养、选拔优秀年轻干部。积极推进干部制度改革。

党重视培养、选拔女干部和少数民族干部。

第三十六条 党的各级领导干部必须信念坚定、为民服务、勤政务实、敢于担当、清正廉洁,模范地履行本章程第三条所规定的党员的各项义务,并且必须具备以下的基本条件:

(一)具有履行职责所需要的马克思列宁主义、毛泽东思想、邓小平理论、"三个代表"重要思想、科学发展观的水平,带头贯彻落实习近平新时代中国特色社会主义思想,努力用马克思主义的立场、观点、方法分析和解决实际问题,坚持讲学习、讲政治、讲正气,经得起各种风浪的考验。

(二)具有共产主义远大理想和中国特色社会主义坚定信念,坚决执行党的基本路线和各项方针、政策,立志改革开放,献身现代化事业,在社会主义建设中艰苦创业,树立正确政绩观,做出经得起实践、人民、历史检验的实绩。

(三)坚持解放思想,实事求是,与时俱进,开拓创新,认真调查研究,能够把党的方针、政策同本地区、本部门的实际相结合,卓有成效地开展工作,讲实话,办实事,求实效。

(四)有强烈的革命事业心和政治责任感,有实践经验,有胜任领导工作的组织能力、文化水平和专业知识。

(五)正确行使人民赋予的权力,坚持原则,依法办事,清正廉洁,勤政为民,以身作则,艰苦朴素,密切联系群众,坚持党的群众路线,自觉地接受党和群众的批评和监督,加强道德修养,讲党性、重品行、作表率,做到自重、自省、自警、自励,反对形式主义、官僚主义、享乐主义和奢靡之风,反对特权思想和特权现象,反对任何滥用职权、谋求私利的行为。

(六)坚持和维护党的民主集中制,有民主作风,有全局观念,善于团结同志,包括团结同自己有不同意见的同志一道工作。

第三十七条 党员干部要善于同党外干部合作共事,尊重他们,虚心学习他们的长处。

党的各级组织要善于发现和推荐有真才实学的党外干部担任领导工作,保证他们有职有权,充分发挥他们的作用。

第三十八条 党的各级领导干部,无论是由民主选举产生的,或是由领导机关任命的,他们的职务都不是终身的,都可以变动或解除。

年龄和健康状况不适宜于继续担任工作的干部,应当按照国家的规定退、离休。

第七章 党的纪律

第三十九条 党的纪律是党的各级组织和全体党员必须遵守的行为规则,是维护党的团结统一、完成党的任务的保证。党组织必须严格执行和维护党的纪律,共产党员必须自觉接受党的纪律的约束。

第四十条 党的纪律主要包括政治纪律、组织纪律、廉洁纪律、群众纪律、工作纪律、生活纪律。

坚持惩前毖后、治病救人,执纪必严、违纪必究,抓早抓小、防微杜渐,按照错误性质和情节轻重,给以批评教育、责令检查、诫勉直至纪律处分。运用监督执纪"四种形态",让"红红脸、出出汗"成为常态,党纪处分、组织调整成为管党治党的重要手段,严重违纪、严重触犯刑律的党员必须开除党籍。

党内严格禁止用违反党章和国家法律的手段对待党员,严格禁止打击报复和诬告陷害。违反这些规定的组织或个人必须受到党的纪律和国家法律的追究。

第四十一条 对党员的纪律处分有五种:警告、严重警告、撤销党内职务、留党察看、开除党籍。

留党察看最长不超过两年。党员在留党察看期间没有表决权、选举权和被选举权。党员经过留党察看,确已改正错误的,应当恢复其党员的权利;坚持错误不改的,应当开除党籍。

开除党籍是党内的最高处分。各级党组织在决定或批准开除党员党籍的时候,应当全面研究有关的材料和意见,采取十分慎重的态度。

第四十二条 对党员的纪律处分,必须经过支部大会讨论决定,报党的基层委员会批准;如果涉及的问题比较重要或复杂,或给党员以开除党籍的处分,应分别不同情况,报县级或县级以上党的纪律检查委员会审查批准。在特殊情况下,县级和县级以上各级党的委员会和纪律检查委员会有权直接决定给党员以纪律处分。

对党的中央委员会委员、候补委员,给以警告、严重警告处分,由中央纪律检查委员会常务委员会审议后,报党中央批准。对地方各级党的委员会委员、候补委员,给以警告、严重警告处分,应由上一级纪律检查委员会批准,并报它的同级党的委员会备案。

对党的中央委员会和地方各级委员会的委员、候补委员,给以撤销党内职务、留党察看或开除党籍的处分,必须由本人所在的委员会全体会议三分之二以上的多数决定。在全体会议闭会期间,可以先由中央政治局和地方各级委员会常务委员会作出处理决定,待召开委员会全体会议时予以追认。对地方各级委员会委员和候补委员的上述处分,必须经过上级纪律检查委员会常务委员会审议,由这一级纪律检查委员会报同级党的委员会批准。

严重触犯刑律的中央委员会委员、候补委员,由中央政治局决定开除其党籍;严重触犯刑律的地方各级委员会委员、候补委员,由同级委员会常务委员会决定开除其党籍。

第四十三条　党组织对党员作出处分决定,应当实事求是地查清事实。处分决定所依据的事实材料和处分决定必须同本人见面,听取本人说明情况和申辩。如果本人对处分决定不服,可以提出申诉,有关党组织必须负责处理或者迅速转递,不得扣压。对于确属坚持错误意见和无理要求的人,要给以批评教育。

第四十四条　党组织如果在维护党的纪律方面失职,必须问责。

对于严重违犯党的纪律、本身又不能纠正的党组织,上一级党的委员会在查明核实后,应根据情节严重的程度,作出进行改组或予以解散的决定,并报再上一级党的委员会审查批准,正式宣布执行。

第八章　党的纪律检查机关

第四十五条　党的中央纪律检查委员会在党的中央委员会领导下进行工作。党的地方各级纪律检查委员会和基层纪律检查委员会在同级党的委员会和上级纪律检查委员会双重领导下进行工作。上级党的纪律检查委员会加强对下级纪律检查委员会的领导。

党的各级纪律检查委员会每届任期和同级党的委员会相同。

党的中央纪律检查委员会全体会议，选举常务委员会和书记、副书记，并报党的中央委员会批准。党的地方各级纪律检查委员会全体会议，选举常务委员会和书记、副书记，并由同级党的委员会通过，报上级党的委员会批准。党的基层委员会是设立纪律检查委员会，还是设立纪律检查委员，由它的上一级党组织根据具体情况决定。党的总支部委员会和支部委员会设纪律检查委员。

党的中央和地方纪律检查委员会向同级党和国家机关全面派驻党的纪律检查组，按照规定向有关国有企业、事业单位派驻党的纪律检查组。纪律检查组组长参加驻在单位党的领导组织的有关会议。他们的工作必须受到该单位党的领导组织的支持。

第四十六条 党的各级纪律检查委员会是党内监督专责机关，主要任务是：维护党的章程和其他党内法规，检查党的路线、方针、政策和决议的执行情况，协助党的委员会推进全面从严治党、加强党风建设和组织协调反腐败工作，推动完善党和国家监督体系。

党的各级纪律检查委员会的职责是监督、执纪、问责，要经常对党员进行遵守纪律的教育，作出关于维护党纪的决定；对党的组织和党员领导干部履行职责、行使权力进行监督，受理处置党员群众检举举报，开展谈话提醒、约谈函询；检查和处理党的组织和党员违反党的章程和其他党内法规的比较重要或复杂的案件，决定或取消对这些案件中的党员的处分；进行问责或提出责任追究的建议；受理党员的控告和申诉；保障党员的权利。

各级纪律检查委员会要把处理特别重要或复杂的案件中的问题和处理的结果，向同级党的委员会报告。党的地方各级纪律检查委员会和基层纪律检查委员会要同时向上级纪律检查委员会报告。

各级纪律检查委员会发现同级党的委员会委员有违犯党的纪律的行为，可以先进行初步核实，如果需要立案检查的，应当在向同级党的委员会报告的同时向上一级纪律检查委员会报告；涉及常务委员的，报告上一级纪律检查委员会，由上一级纪律检查委员会进行初步核实，需要审查的，由上一级纪律检查委员会报它的同级党的委员会批准。

第四十七条 上级纪律检查委员会有权检查下级纪律检查委员会的工作，并且有权批准和改变下级纪律检查委员会对于案件所作的决定。如果所要改变的该下级纪律检查委员会的决定，已经得到它的同级党的委员会的批准,这种改变必须经过它的上一级党的委员会批准。

党的地方各级纪律检查委员会和基层纪律检查委员会如果对同级党的委员会处理案件的决定有不同意见,可以请求上一级纪律检查委员会予以复查;如果发现同级党的委员会或它的成员有违犯党的纪律的情况,在同级党的委员会不给予解决或不给予正确解决的时候,有权向上级纪律检查委员会提出申诉,请求协助处理。

第九章　党　　组

第四十八条　在中央和地方国家机关、人民团体、经济组织、文化组织和其他非党组织的领导机关中,可以成立党组。党组发挥领导作用。党组的任务,主要是负责贯彻执行党的路线、方针、政策;加强对本单位党的建设的领导,履行全面从严治党责任;讨论和决定本单位的重大问题;做好干部管理工作;讨论和决定基层党组织设置调整和发展党员、处分党员等重要事项;团结党外干部和群众,完成党和国家交给的任务;领导机关和直属单位党组织的工作。

第四十九条　组的成员,由批准成立党组的党组织决定。党组设书记,必要时还可以设副书记。

党组必须服从批准它成立的党组织领导。

第五十条　在对下属单位实行集中统一领导的国家工作部门和有关单位的领导机关中,可以建立党委,党委的产生办法、职权和工作任务,由中央另行规定。

第十章　党和共产主义青年团的关系

第五十一条　中国共产主义青年团是中国共产党领导的先进青年的群团组织,是广大青年在实践中学习中国特色社会主义和共产主义的学校,是党的助手和后备军。共青团中央委员会受党中央委员会领导。共青团的地方各级组织受同级党的委员会领导,同时受共青团上级组织领导。

第五十二条　党的各级委员会要加强对共青团的领导,注意团的干部的选拔和培训。党要坚决支持共青团根据广大青年的特点和需要,生动活泼地、富于创造性地进行工作,充分发挥团的突击队作用和联系广大青年的桥梁作用。

团的县级和县级以下各级委员会书记,企业事业单位的团委员会书记,是党员的,可以列席同级党的委员会和常务委员会的会议。

第十一章 党徽党旗

第五十三条 中国共产党党徽为镰刀和锤头组成的图案。

第五十四条 中国共产党党旗为旗面缀有金黄色党徽图案的红旗。

第五十五条 中国共产党的党徽党旗是中国共产党的象征和标志。党的各级组织和每一个党员都要维护党徽党旗的尊严。要按照规定制作和使用党徽党旗。

中国共产党第十八届中央委员会关于新形势下党内政治生活的若干准则

(2016年10月27日中国共产党第十八届中央委员会第六次全体会议通过)

办好中国的事情,关键在党,关键在党要管党、从严治党。党要管党必须从党内政治生活管起,从严治党必须从党内政治生活严起。

开展严肃认真的党内政治生活,是我们党的优良传统和政治优势。在长期实践中,我们党坚持把开展严肃认真的党内政治生活作为党的建设重要任务来抓,形成了以实事求是、理论联系实际、密切联系群众、批评和自我批评、民主集中制、严明党的纪律等为主要内容的党内政治生活基本规范,为巩固党的团结和集中统一、保持党的先进性和纯洁性、增强党的生机活力积累了丰富经验,为保证完成党在各个历史时期中心任务发挥了重要作用。

一九八〇年,党的十一届五中全会深刻总结历史经验特别是“文化大革命”的教训,制定了《关于党内政治生活的若干准则》,为拨乱反正、恢复和健全党内政治生活、推进党的建设发挥了重要作用,其主要原则和规定今天依然适用,要继续坚持。

新形势下,党内政治生活状况总体是好的。同时,一个时期以来,党内政治生活中也出现了一些突出问题,主要是:在一些党员、干部包括高级干部中,理想信念不坚定、对党不忠诚、纪律松弛、脱离群众、独断专行、弄虚作假、庸懒无为,个人主义、分散主义、自由主义、好人主义、宗派主义、山头主义、拜金主义不同程度存在,形式主义、官僚主义、享乐主义和奢靡之风问题突出,任人唯亲、跑官要官、买官卖官、拉票贿选现象屡禁不止,滥用权力、贪污受贿、腐化堕落、违法乱纪等现象滋生蔓延。特别是高级干部中极少数人政治野心膨胀、权欲熏心,搞阳奉阴违、结党营私、团团伙伙、拉帮结派、谋取权位等政治阴谋活动。这些问题,严重侵蚀党的思想道德基础,严重破坏党的团结和集中统一,严重损害党内政治生态和党的形象,严重影响党和人民事业发展。这就要求我们必须继续以改革创新精神加强党的建设,加强和规范党内政治生活,全面提高党的建设科学化水平。

党的十八大以来,以习近平同志为核心的党中央身体力行、率先垂范,坚定推进全面从严治党,坚持思想建党和制度治党紧密结合,集中整饬党风,严厉惩治腐败,净化党内政治生态,党内政治生活展现新气象,赢得了党心民心,为开创党和国家事业新局面提供了重要保证。

历史经验表明,我们党作为马克思主义政党,必须旗帜鲜明讲政治,严肃认真开展党内政治生活。为更好进行具有许多新的历史特点的伟大斗争、推进党的建设新的伟大工程、推进中国特色社会主义伟大事业,经受"四大考验"、克服"四种危险",有必要制定一部新形势下党内政治生活的准则。

新形势下加强和规范党内政治生活,必须以党章为根本遵循,坚持党的政治路线、思想路线、组织路线、群众路线,着力增强党内政治生活的政治性、时代性、原则性、战斗性,着力增强党自我净化、自我完善、自我革新、自我提高能力,着力提高党的领导水平和执政水平、增强拒腐防变和抵御风险能力,着力维护党中央权威、保证党的团结统一、保持党的先进性和纯洁性,努力在全党形成又有集中又有民主、又有纪律又有自由、又有统一意志又有个人心情舒畅生动活泼的政治局面。

新形势下加强和规范党内政治生活,重点是各级领导机关和领导干部,关键是高级干部特别是中央委员会、中央政治局、中央政治局常务委员会的组成人员。高级干部特别是中央领导层组成人员必须以身作则,模范遵守党章党规,严守党的政治纪律和政治规矩,坚持不忘初心、继续前进,坚持率先垂范、以上率下,为全党全社会作出示范。

一、坚定理想信念

共产主义远大理想和中国特色社会主义共同理想,是中国共产党人的精神支柱和政治灵魂,也是保持党的团结统一的思想基础。必须高度重视思想政治建设,把坚定理想信念作为开展党内政治生活的首要任务。

理想信念动摇是最危险的动摇,理想信念滑坡是最危险的滑坡。全党同志必须把对马克思主义的信仰、对社会主义和共产主义的信念作为毕生追求,在改造客观世界的同时不断改造主观世界,解决好世界观、人生观、价值观这个"总开关"问题,不断增强政治定力,自觉成为共产主义远大理想和中国特色社会主义共同理想的坚定信仰者和忠实实践者;必须坚定对中国特色社会主义的道路自信、理论自信、制度自信、文化自信。领导干部特别是高级干部要以实际行动让党员和群众感受到理想信念的强大力量。

全体党员必须永远保持建党时中国共产党人的奋斗精神,把理想信念的坚定性体现在做好本职工作的过程中,自觉为推进中国特色社会主义事业而苦干实干,在胜利时和顺境中不骄傲不自满,在困难时和逆境中不消沉不动摇,经受住各种赞誉和诱惑考验,经受住各种风险和挑战考验,永葆共产党人政治本色。

坚定理想信念,必须加强学习。思想理论上的坚定清醒是政治上坚定的前提。全党必须毫不动摇坚持马克思主义指导思想,党的各级组织必须坚持不懈抓好理论武装,广大党员、干部特别是高级干部必须自觉抓好学习、增强党性修养。把马克思主义理论作为必修课,认真学习马克思列宁主义、毛泽东思想、邓小平理论、"三个代表"重要思想、科学发展观,认真学习习近平总书记系列重要讲话精神,认真学习党章党规,不断提高马克思主义思想觉悟和理论水平。系统掌握马克思主义基本原理,学会用马克思主义立场、观点、方法观察问题、分析问题、解决问题,特别是要聚焦现实问题,不断深化对共产党执政规律、社会主义建设规律、人类社会发展规律的认识。适应时代进步和事业发展要求,广泛学习经济、政治、文化、社会、生态文明以及哲学、历史、法律、科技、国防、国际等各方面知识,提高战略思维、创新思维、辩证思维、法治思维、底线思维能力,提高领导能力专业化水平。

坚持和创新党内学习制度。以党委(党组)中心组学习等制度为主要抓手,各级党组织要定期开展集体学习。党员、干部每年要完成规定的学习任务,领导干部要定期参加党校学习。坚持开展党内集中学习教育。各级党组织要加强督促检查,把学习情况作为领导班子和领导干部考核的重要内容。坚持中央领导同志作专题报告制度。健全党内重大思想理论问题分析研究和情况通报制度,强化互联网思想理论引导,把深层次思想理论问题讲清楚,帮助党员、干部站稳政治立场,分清是非界限,坚决抵制错误思想侵蚀。

二、坚持党的基本路线

党在社会主义初级阶段的基本路线是党和国家的生命线、人民的幸福线,也是党内政治生活正常开展的根本保证。必须全面贯彻执行党的基本路线,把以经济建设为中心同坚持四项基本原则、坚持改革开放这两个基本点统一于中国特色社会主义伟大实践,任何时候都不能有丝毫偏离和动摇。

全党必须毫不动摇坚持以经济建设为中心,聚精会神抓好发展这个党执政兴国的第一要务,坚持以人民为中心的发展思想,统筹推进“五位一体”总体布局和协调推进“四个全面”战略布局,坚持创新、协调、绿色、开放、共享的发展理念,努力提高发展质量和效益,不断提高人民生活水平,为实现“两个一百年”奋斗目标、实现中华民族伟大复兴的中国梦打下坚实物质基础。

全党必须毫不动摇坚持四项基本原则,根本是坚持党的领导,坚持中国特色社会主义道路、中国特色社会主义理论体系、中国特色社会主义制度、中国特色社会主义文化,做到头脑清醒、立场坚定,矢志不移坚持和发展中国特色社会主义。

全党必须毫不动摇坚持改革开放,发挥群众首创精神,勇于自我革命,勇于推进理论创新、实践创新、制度创新、文化创新以及其他各方面创新,坚定不移实施对外开放基本国策,决不能安于现状、墨守成规。新形势下,党领导人民全面深化改革,是为了推动中国特色社会主义制度自我完善和发展,推进国家治理体系和治理能力现代化,既不走封闭僵化的老路、也不走改旗易帜的邪路。

全党必须把坚持党的思想路线贯穿于执行党的基本路线全过程,坚持解放思想、实事求是、与时俱进、求真务实,坚持理论联系实际,一切从实际出发,在实践中检验真理和发展真理,既反对各种否定马克思主义的错误倾向,又破除对马克思主义的教条式理解。坚持从我国仍处于并将长期处于社会主义初级阶段这个基本国情出发,不断研究新情况、总结新经验、解决新问题,不断推进马克思主义中国化。

全党必须坚决捍卫党的基本路线,对否定党的领导、否定我国社会主义制度、否定改革开放的言行，对歪曲、丑化、否定中国特色社会主义的言行，对歪曲、丑化、否定党的历史、中华人民共和国历史、人民军队历史的言行，对歪曲、丑化、否定党的领袖和英雄模范的言行，对一切违背、歪曲、否定党的基本路线的言行，必须旗帜鲜明反对和抵制。

考察识别干部特别是高级干部必须首先看是否坚定不移贯彻党的基本路线。党员、干部特别是高级干部在大是大非面前不能态度暧昧，不能动摇基本政治立场，不能被错误言论所左右。当人民利益受到损害、党和国家形象受到破坏、党的执政地位受到威胁时，要挺身而出、亮明态度，主动坚决开展斗争。对在大是大非问题上没有立场、没有态度、无动于衷、置身事外，在错误言行面前不抵制、不斗争，明哲保身、当老好人等政治不合格的坚决不用，已在领导岗位的要坚决调整，情节严重的要严肃处理。

三、坚决维护党中央权威

坚决维护党中央权威、保证全党令行禁止，是党和国家前途命运所系，是全国各族人民根本利益所在，也是加强和规范党内政治生活的重要目的。必须坚持党员个人服从党的组织，少数服从多数，下级组织服从上级组织，全党各个组织和全体党员服从党的全国代表大会和中央委员会，核心是全党各个组织和全体党员服从党的全国代表大会和中央委员会。

坚持党的领导，首先是坚持党中央的集中统一领导。一个国家、一个政党，领导核心至关重要。全党必须牢固树立政治意识、大局意识、核心意识、看齐意识，自觉在思想上政治上行动上同党中央保持高度一致。党的各级组织、全体党员特别是高级干部都要向党中央看齐，向党的理论和路线方针政策看齐，向党中央决策部署看齐，做到党中央提倡的坚决响应、党中央决定的坚决执行、党中央禁止的坚决不做。

涉及全党全国性的重大方针政策问题，只有党中央有权作出决定和解释。各部门各地方党组织和党员领导干部可以向党中央提出建议，但不得擅自作出决定和对外发表主张。对党中央作出的决议和制定的政策如有不同意见，在坚决执行的前提下，可以向党组织提出保留意见，也可以按组织程序把自己的意见向党的上级组织直至党中央提出。

全党必须自觉服从党中央领导。全国人大、国务院、全国政协，中央纪律检查委员会，最高人民法院、最高人民检察院，中央和国家机关各部门，人民军队，各人民团体，各地方，各企事业单位、社会组织，其党组织都要不折不扣执行党中央决策部署。

全党必须严格执行重大问题请示报告制度。全国人大常委会、国务院、全国政协,中央纪律检查委员会,最高人民法院、最高人民检察院,中央和国家机关各部门,各人民团体,各省、自治区、直辖市,其党组织要定期向党中央报告工作。研究涉及全局的重大事项或作出重大决定要及时向党中央请示报告,执行党中央重要决定的情况要专题报告。遇有突发性重大问题和工作中重大问题要及时向党中央请示报告,情况紧急必须临机处置的,要尽职尽力做好工作,并迅速报告。

省、自治区、直辖市党委在党中央领导下开展工作,同级各个组织中的党组织和领导干部要自觉接受同级党委领导、向同级党委负责,重大事项和重要情况及时向同级党委请示报告。

全党必须自觉防止和反对个人主义、分散主义、自由主义、本位主义。对党中央决策部署,任何党组织和任何党员都不准合意的执行、不合意的不执行,不准先斩后奏,更不准口是心非、阳奉阴违。属于部门和地方职权范围内的工作部署,要以贯彻党中央决策部署为前提,发挥积极性、主动性、创造性,但决不允许自行其是、各自为政,决不允许有令不行、有禁不止,决不允许搞上有政策、下有对策。

四、严明党的政治纪律

纪律严明是全党统一意志、统一行动、步调一致前进的重要保障,是党内政治生活的重要内容。必须严明党的纪律,把纪律挺在前面,用铁的纪律从严治党。

坚持纪律面前一律平等,遵守纪律没有特权,执行纪律没有例外,党内决不允许存在不受纪律约束的特殊组织和特殊党员。每一个党员对党的纪律都要心存敬畏、严格遵守,任何时候任何情况下都不能违反党的纪律。党的各级组织和全体党员要坚决同一切违反党的纪律的行为作斗争。

政治纪律是党最根本、最重要的纪律,遵守党的政治纪律是遵守党的全部纪律的基础。全党特别是高级干部必须严格遵守党的政治纪律和政治规矩。党员不准散布违背党的理论和路线方针政策的言论,不准公开发表违背党中央决定的言论,不准泄露党和国家秘密,不准参与非法组织和非法活动,不准制造、传播政治谣言及丑化党和国家形象的言论。党员不准搞封建迷信,不准信仰宗教,不准参与邪教,不准纵容和支持宗教极端势力、民族分裂势力、暴力恐怖势力及其活动。

党员、干部特别是高级干部不准在党内搞小山头、小圈子、小团伙,严禁在党内拉私人关系、培植个人势力、结成利益集团。对那些投机取巧、拉帮结派、搞团团伙伙的人，要严格防范，依纪依规处理。坚决防止野心家、阴谋家窃取党和国家权力。

党的各级组织和全体党员必须对党忠诚老实、光明磊落，说老实话、办老实事、做老实人，如实向党反映和报告情况，反对搞两面派、做“两面人”，反对弄虚作假、虚报浮夸，反对隐瞒实情、报喜不报忧。领导机关和领导干部不准以任何理由和名义纵容、唆使、暗示或强迫下级说假话。凡因弄虚作假、隐瞒实情给党和人民事业造成重大损失的，凡因弄虚作假、隐瞒实情骗取荣誉、地位、奖励或其他利益的，凡因纵容、唆使、暗示或强迫下级弄虚作假、隐瞒实情的，都要依纪依规严肃问责追责。对坚持原则、敢于说真话的同志，要给予支持、保护、鼓励。

党内不准搞拉拉扯扯、吹吹拍拍、阿谀奉承。对领导人的宣传要实事求是，禁止吹捧，禁止给领导人祝寿、送礼、发致敬函电，禁止在领导干部国内考察工作时组织迎送、张贴标语、敲锣打鼓、铺红地毯、举行宴会等。

党的各级组织必须担负起执行和维护政治纪律和政治规矩的责任，对违反政治纪律的行为要坚决批评制止，不能听之任之。党的各级组织和纪律检查机关要加强纪律执行情况的监督和检查，坚决防止和纠正执行纪律宽松软的问题。

五、保持党同人民群众的血肉联系

人民立场是党的根本政治立场，人民群众是党的力量源泉。我们党来自人民，失去人民拥护和支持，党就会失去根基。必须把坚持全心全意为人民服务的根本宗旨、保持党同人民群众的血肉联系作为加强和规范党内政治生活的根本要求。

全党必须牢固树立人民群众是历史创造者的历史唯物主义观点，站稳群众立场，增进群众感情。党的各级组织、全体党员特别是各级领导机关和领导干部要贯彻党的群众路线，做到一切为了群众，一切依靠群众，从群众中来，到群众中去，为群众办实事、解难事，当好人民公仆。坚持问政于民、问需于民、问计于民，决不允许在群众面前自以为是、盛气凌人，决不允许当官做老爷、漠视群众疾苦，更不允许欺压群众、损害和侵占群众利益。改进和创新联系群众方法，建立和完善民意调查等制度，利用传统媒体和互联网等各种渠道了解社情民意，倾听群众呼声，密切党群干群关系，把对上负责和对下负责一致起来，着力实现好、维护好、发展好最广大人民根本利益。

全党必须坚决反对形式主义、官僚主义、享乐主义和奢靡之风，领导干部特别是高级干部要以身作则。反对形式主义，重在解决作风飘浮、工作不实，文山会海、表面文章，贪图虚名、弄虚作假等问题。反对官僚主义，重在解决脱离实际、脱离群众，消极应付、推诿扯皮，作风霸道、迷恋特权等问题。反对享乐主义，重在解决追名逐利、贪图享受，讲究排场、玩物丧志等问题。反对奢靡之风，重在解决铺张浪费、挥霍无度，骄奢淫逸、腐化堕落等问题。坚持抓常、抓细、抓长，特别是要防范和查处各种隐性、变异的“四风”问题，把落实中央八项规定精神常态化、长效化。

党的各级组织、全体党员特别是领导干部必须提高做群众工作能力，既服务群众又带领群众坚定不移贯彻落实党的理论和路线方针政策，把党的主张变为群众的自觉行动，引领群众听党话、跟党走。坚决反对命令主义，坚决反对“尾巴主义”，不允许为了个人政绩、选票和形象脱离实际随意决策、随便许愿。

坚持领导干部调查研究、定期接待群众来访、同干部群众谈心、群众满意度测评等制度。各级领导干部必须深入实际、深入基层、深入群众，多到条件艰苦、情况复杂、矛盾突出的地方解决问题，千方百计为群众排忧解难。领导干部下基层要接地气，轻车简从，了解实情，督查落实，解决问题，坚决反对作秀、哗众取宠。对一切搞劳民伤财的“形象工程”和“政绩工程”的行为，要严肃问责追责，依纪依法处理。在应对重大安全事件、重大突发事件、重大自然灾害事件等事件中，领导干部必须深入一线、靠前指挥，及时协调解决突出问题，及时回应社会关切。

党员、干部必须顾全大局，自觉维护社会和谐稳定，遇到涉及自身利益和局部利益的问题应该通过正常渠道向上级反映，积极主动做好化解社会矛盾、防控社会风险工作，不准组织、参与、纵容扰乱社会秩序的非法活动。

六、坚持民主集中制原则

民主集中制是党的根本组织原则，是党内政治生活正常开展的重要制度保障。坚持集体领导制度，实行集体领导和个人分工负责相结合，是民主集中制的重要组成部分，必须始终坚持，任何组织和个人在任何情况下都不允许以任何理由违反这项制度。

各级党委（党组）必须坚持集体领导制度。凡属重大问题，要按照集体领导、民主集中、个别酝酿、会议决定的原则，由集体讨论、按少数服从多数作出决定,不允许用其他形式取代党委及其常委会(或党组)的领导。落实党委常委会(或党组)议事规则和决策程序,健全常委会向全委会定期报告工作并接受监督制度,坚决反对和防止独断专行或各自为政,坚决反对和防止议而不决、决而不行、行而不实,坚决反对和防止以党委集体决策名义集体违规。各级党委(党组)要善于观大势、抓大事、管全局,及时发现和解决矛盾和难题,不上推下卸,不留后遗症。建立上级组织在作出同下级组织有关重要决策前征求下级组织意见的制度。

领导班子成员必须增强全局观念和责任意识,在研究工作时充分发表意见,决策形成后一抓到底,不得违背集体决定自作主张、自行其是。坚决反对和纠正当面不说、背后乱说,会上不说、会后乱说,当面一套、背后一套等错误言行。坚持讲原则、讲规矩,共同维护坚持党性原则基础上的团结。

党委(党组)主要负责同志必须发扬民主、善于集中、敢于担责。在研究讨论问题时要把自己当成班子中平等的一员,充分发扬民主,严格按程序决策、按规矩办事,注意听取不同意见,正确对待少数人意见,不能搞一言堂甚至家长制。支持班子成员在职责范围内独立负责开展工作,坚决防止和克服名为集体领导、实际上个人或少数人说了算,坚决防止和克服名为集体负责、实际上无人负责。

领导班子成员必须坚决执行党组织决定,如有不同意见,可以保留或向上一级党组织提出,但在上级或本级党组织改变决定以前,除执行决定会立即引起严重后果等紧急情况外,必须无条件执行已作出的决定。

领导班子成员分工按规定向上级党委报备,无正当理由、未向上级党委报备不得调整。领导干部要自觉服从组织分工安排,任何人都不能向组织讨价还价、不服从组织安排。领导干部不准把分管工作、分管领域和地方当作"私人领地",不准搞独断专行。

在党的工作和活动中,该以组织名义出面不能以个人名义出面,该由集体研究不能个人擅自表态,不允许用个人主张代替党组织的主张、用个人决定代替党组织的决定。

七、发扬党内民主和保障党员权利

党内民主是党的生命,是党内政治生活积极健康的重要基础。要坚持和完善党内民主各项制度,提高党内民主质量,党内决策、执行、监督等工作必须执行党章党规确定的民主原则和程序,任何党组织和个人都不得压制党内民主、破坏党内民主。

中央委员会、中央政治局、中央政治局常务委员会和党的各级委员会作出重大决策部署，必须深入开展调查研究，广泛听取各方面意见和建议，凝聚智慧和力量，做到科学决策、民主决策、依法决策。

必须尊重党员主体地位、保障党员民主权利，落实党员知情权、参与权、选举权、监督权，保障全体党员平等享有党章规定的党员权利、履行党章规定的党员义务，坚持党内民主平等的同志关系，党内一律称同志。任何党组织和党员不得侵害党员民主权利。

畅通党员参与讨论党内事务的途径，拓宽党员表达意见渠道，营造党内民主讨论的政治氛围。健全党内重大决策论证评估和征求意见等制度。党的各级组织对重大决策和重大问题应该采取多种方式征求党员意见，党员有权在党的会议上发表不同意见，对党的决议和政策如有不同意见，在坚决执行的前提下，可以声明保留，并且可以把自己的意见向党的上级组织直至党中央提出。推进党务公开，发展和用好党务公开新形式，使党员更好了解和参与党内事务。

党内选举必须体现选举人意志，规范和完善选举制度规则。党的任何组织和个人不得以任何方式妨碍选举人依照规定自主行使选举权，坚决反对和防止侵犯党员选举权和被选举权的现象，坚决防止和查处拉票贿选等行为。

坚持党的代表大会制度。未经批准不得提前或延期召开党的代表大会。落实党代表大会代表任期制，实行代表提案制，健全代表参与重大决策、参加重要干部推荐和民主评议、列席党委有关会议、联系党员群众等制度。更好发挥党的地方各级委员会及委员作用。健全党内情况通报制度、情况反映制度，畅通党员表达意见、要求撤换不称职基层党组织领导班子成员的渠道。按期进行党的基层委员会、总支部和支部委员会换届。

党员有权向党负责地揭发、检举党的任何组织和任何党员违纪违法的事实，提倡实名举报。党员有权在党的会议上有根据地批评党的任何组织和任何党员。党组织既要严肃处理对举报者的歧视、刁难、压制行为特别是打击报复行为，又要严肃追查处理诬告陷害行为。对受到诽谤、诬告、严重失实举报的党员，党组织要及时为其澄清和正名。要保障党员申辩、申诉等权利。对执纪中的过错或违纪行为，要依规及时纠正、消除影响并追究有关组织和人员的责任。

八、坚持正确选人用人导向

坚持正确选人用人导向，是严肃党内政治生活的组织保证。必须严格标准、健全制度、完善政策、规范程序，使选出来的干部组织放心、群众满意、干部服气。

选拔任用干部必须坚持党章规定的干部条件，坚持德才兼备、以德为先，坚持五湖四海、任人唯贤，坚持信念坚定、为民服务、勤政务实、敢于担当、清正廉洁的好干部标准。把公道正派作为干部工作核心理念贯穿选人用人全过程，做到公道对待干部、公平评价干部、公正使用干部。

选人用人必须强化党组织的领导和把关作用，落实干部选拔任用工作纪实制度，确保每个环节都规范操作。组织部门要严格按政策、原则、制度办事，实事求是考察评价干部，敢于为干部说公道话，敢于抵制选人用人中的违规行为，形成能者上、庸者下、劣者汰的选人用人导向。加强选人用人监督问责，对用人失察失误的严肃追究责任。

党的各级组织必须自觉防范和纠正用人上的不正之风和种种偏向。坚决禁止跑官要官、买官卖官、拉票贿选等行为，坚决禁止向党伸手要职务、要名誉、要待遇行为，坚决禁止向党组织讨价还价、不服从组织决定的行为。坚决纠正唯票、唯分、唯生产总值、唯年龄等取人偏向，坚决克服由少数人在少数人中选人的倾向。领导干部要带头执行党的干部政策，不准任人唯亲、搞亲亲疏疏，不准封官许愿、跑风漏气、收买人心，不准个人为干部提拔任用打招呼、递条子。领导干部不得干预曾经工作生活过的地方、曾经工作过的单位和不属于自己分管领域的干部选拔任用工作，有关地方和单位党组织要抵制这种违反党的组织原则的行为。

任何人都不准把党的干部当作私有财产，党内不准搞人身依附关系。领导干部特别是高级干部不能搞家长制，要求别人唯命是从，特别是不能要求下级办违反党纪国法的事情；下级应该抵制上级领导干部的这种要求并向更上级党组织直至党中央报告，不应该对上级领导干部无原则服从。规范和纯洁党内同志交往，领导干部对党员不能颐指气使，党员对领导干部不能阿谀奉承。

干部是党的宝贵财富，必须既严格教育、严格管理、严格监督，又在政治上、思想上、工作上、生活上真诚关爱，鼓励干部干事创业、大胆作为。

建立容错纠错机制，宽容干部在工作中特别是改革创新中的失误。坚持惩前毖后、治病救人，正确对待犯错误的干部，帮助其认识和改正错误。不得混淆干部所犯错误性质或夸大错误程度对干部作出不适当的处理，不得利用干部所犯错误泄私愤、打击报复。

党的各级组织和领导干部必须牢记空谈误国、实干兴邦,践行正确政绩观,发扬钉钉子精神,力戒空谈,察实情、出实招、办实事、求实效,做到守土尽责。各级领导干部要无私无畏,做到面对矛盾敢于迎难而上,面对危险敢于挺身而出,面对失误敢于承担责任。党的各级组织要旗帜鲜明为敢于担当的干部担当,为敢于负责的干部负责。对不担当、不作为、敷衍塞责的干部要严肃批评,必要时给予组织处理或党纪处分;对失职渎职的要严肃问责,造成严重后果的要严肃追责,依纪依法处理。

九、严格党的组织生活制度

党的组织生活是党内政治生活的重要内容和载体,是党组织对党员进行教育管理监督的重要形式。必须坚持党的组织生活各项制度,创新方式方法,增强党的组织生活活力。

全体党员、干部特别是高级干部必须增强党的意识,时刻牢记自己第一身份是党员。任何党员都不能游离于党的组织之外,更不能凌驾于党的组织之上。每个党员无论职务高低,都要参加党的组织生活。党组织要严格执行组织生活制度,确保党的组织生活经常、认真、严肃。

坚持"三会一课"制度。党员必须参加党员大会、党小组会和上党课,党支部要定期召开支部委员会会议。"三会一课"要突出政治学习和教育,突出党性锻炼,坚决防止表面化、形式化、娱乐化、庸俗化。领导干部要以普通党员身份参加所在党支部或党小组的组织生活,坚持党员领导干部讲党课制度。每个党员都要按规定自觉交纳党费,党费使用和管理要公开透明。

坚持民主生活会和组织生活会制度。会前要广泛听取意见、深入谈心交心,会上要认真查摆问题、深刻剖析根源、明确整改方向,会后要逐一整改落实。上级党组织领导班子成员定期、随机参加下级党组织领导班子民主生活会和组织生活会,发现问题及时纠正。中央政治局带头开好民主生活会。

坚持谈心谈话制度。党组织领导班子成员之间、班子成员和党员之间、党员和党员之间要开展经常性的谈心谈话,坦诚相见,交流思想,交换意见。领导干部要带头谈,也要接受党员、干部约谈。

坚持对党员进行民主评议。督促党员对照党章规定的党员标准、对照入党誓词、联系个人实际进行党性分析,强化党员意识、增强党的观念、提高党性修养。对党性不强的党员,及时进行批评教育,限期改正;经教育仍无转变的，应劝其退党或除名。

领导干部必须强化组织观念，工作中重大问题和个人有关事项必须按规定按程序向组织请示报告，离开岗位或工作所在地要事先向组织请示报告。对无正当理由不按时报告、不如实报告或隐瞒不报的，要严肃处理。

十、开展批评和自我批评

批评和自我批评是我们党强身治病、保持肌体健康的锐利武器，也是加强和规范党内政治生活的重要手段。必须坚持不懈把批评和自我批评这个武器用好。

批评和自我批评必须坚持实事求是，讲党性不讲私情、讲真理不讲面子，坚持“团结——批评——团结”，按照“照镜子、正衣冠、洗洗澡、治治病”的要求，严肃认真提意见，满腔热情帮同志，决不能把自我批评变成自我表扬、把相互批评变成相互吹捧。

党员、干部必须严于自我解剖，对发现的问题要深入剖析原因，认真整改。对待批评要有则改之、无则加勉，不能搞无原则的纷争。

批评必须出于公心，不主观武断，不发泄私愤。坚决反对事不关己、高高挂起，明知不对、少说为佳的庸俗哲学和好人主义，坚决克服文过饰非、知错不改等错误倾向。

党的领导机关和领导干部对各种不同意见都必须听取，鼓励下级反映真实情况。党内工作会议的报告、讲话以及各类工作总结，上级机关和领导干部检查指导工作，既要讲成绩和经验，又要讲问题和不足；既要注重解决问题，又要从问题中反思自身工作和领导责任。

领导干部特别是高级干部必须带头从谏如流、敢于直言，以批评和自我批评的示范行动引导党员、干部打消自我批评怕丢面子、批评上级怕穿小鞋、批评同级怕伤和气、批评下级怕丢选票等思想顾虑。把发现和解决自身问题的能力作为考核评价领导班子的重要依据。

十一、加强对权力运行的制约和监督

监督是权力正确运行的根本保证，是加强和规范党内政治生活的重要举措。必须加强对领导干部的监督，党内不允许有不受制约的权力，也不允许有不受监督的特殊党员。

完善权力运行制约和监督机制，形成有权必有责、用权必担责、滥权必追责的制度安排。实行权力清单制度，公开权力运行过程和结果，健全不当用权问责机制，把权力关进制度笼子，让权力在阳光下运行。

党的各级组织和领导干部必须在宪法法律范围内活动,增强法治意识、弘扬法治精神,自觉按法定权限、规则、程序办事,决不能以言代法、以权压法、徇私枉法,决不能违规干预司法。

营造党内民主监督环境,畅通党内民主监督渠道。党的各级组织和全体党员要增强监督意识,既履行监督责任,又接受各方面监督。

党内监督必须突出党的领导机关和领导干部特别是主要领导干部。领导干部要正确对待监督,主动接受监督,习惯在监督下开展工作,决不能拒绝监督、逃避监督。

领导干部特别是高级干部必须加强自律、慎独慎微,自觉检查和及时纠正在行使权力、廉政勤政方面存在的问题,做到可以行使的权力按规则正确行使,该由上级组织行使的权力下级组织不能行使,该由领导班子集体行使的权力班子成员个人不能擅自行使,不该由自己行使的权力决不能行使。

对涉及违纪违法行为的举报,对党员反映的问题,任何党组织和领导干部都不准隐瞒不报、拖延不办。涉及所反映问题的领导干部应该回避,不准干预或插手组织调查。

党员、干部反映他人的问题,应该出于党性,通过党内正常渠道实名进行,不准散布小道消息,不准散发匿名信,不准诬告陷害等。对通过正常渠道反映问题的党员,任何组织和个人都不准打击报复,不准擅自进行追查,不准采取调离工作岗位、降格使用等惩罚措施。

坚持授权者要负责监督,发现问题要及时处置。强化上级组织对下级组织特别是主要领导干部行使权力的监督,防止权力失控和滥用。

对党组织和党员、干部行使权力进行监督,必须依纪依法进行。纪检监察、司法机关严格依纪依法按程序对涉嫌严重违纪违法行为进行调查。任何组织和个人不得自行决定或受指使对党员、干部采取非法调查手段。对违反规定的,要严肃追究纪律和法律责任。

十二、保持清正廉洁的政治本色

建设廉洁政治,坚决反对腐败,是加强和规范党内政治生活的重要任务。必须筑牢拒腐防变的思想防线和制度防线,着力构建不敢腐、不能腐、不想腐的体制机制,保持党的肌体健康和队伍纯洁。

各级领导干部必须严以修身、严以用权、严以律己,谋事要实、创业要实、做人要实,经得起权力、金钱、美色考验,用党和人民赋予的权力为人民服务。

领导干部特别是高级干部必须带头践行社会主义核心价值观，继承和发扬党的优良传统和作风，弘扬中华民族传统美德，讲修养、讲道德、讲诚信、讲廉耻，养成共产党人的高风亮节，自觉远离低级趣味。

各级领导干部是人民公仆，没有搞特殊化的权利。中央政治局要带头执行中央八项规定。各级领导干部特别是高级干部要坚持立党为公、执政为民，坚持公私分明、先公后私、克己奉公，带头保持谦虚、谨慎、不骄、不躁的作风，保持艰苦奋斗的作风，带头执行廉洁自律准则，自觉同特权思想和特权现象作斗争，不准利用权力为自己和他人谋取私利，禁止违反财经制度批钱批物批项目，禁止用各种借口或巧立名目侵占、挥霍国家和集体财物，禁止违反规定提高干部待遇标准。

领导干部特别是高级干部必须注重家庭、家教、家风，教育管理好亲属和身边工作人员。严格执行领导干部个人有关事项报告制度，进一步规范领导干部配偶子女从业行为。禁止利用职权或影响力为家属亲友谋求特殊照顾，禁止领导干部家属亲友插手领导干部职权范围内的工作、插手人事安排。各级领导班子和领导干部对来自领导干部家属亲友的违规干预行为要坚决抵制，并将有关情况报告党组织。

全体党员、干部特别是高级干部必须拒腐蚀、永不沾，坚决同消极腐败现象作斗争，坚决抵制潜规则，自觉净化社交圈、生活圈、朋友圈，决不能把商品交换那一套搬到党内政治生活和工作中来。党的各级组织要担负起反腐倡廉政治责任，坚持有腐必反、有贪必肃，坚持“老虎”、“苍蝇”一起打，坚持无禁区、全覆盖、零容忍，党内决不允许有腐败分子藏身之地。

加强和规范党内政治生活是全党的共同任务，必须全党一起动手。各级党委（党组）要全面履行加强和规范党内政治生活的领导责任，着力解决突出问题，建立健全党内政治生活制度体系，把加强和规范党内政治生活各项任务落到实处。深入开展党内政治生活准则宣传教育，把党内政治生活准则列为党员、干部教育培训的必修内容。

落实党委主体责任和纪委监督责任，强化责任追究。党委（党组）主要负责人要认真履行第一责任人责任。党的各级组织要强化对党内政治生活准则落实情况的督促检查，建立健全问责机制，上级党组织要加强对下级党组织的指导监督检查，各级组织部门和机关党组织要加强日常管理，各级纪律检查机关要严肃查处违反党内政治生活准则的各种行为。

加强和规范党内政治生活,要从中央委员会、中央政治局、中央政治局常务委员会做起。高级干部要清醒认识自己岗位对党和国家的特殊重要性,职位越高越要自觉按照党提出的标准严格要求自己,越要做到党性坚强、党纪严明,做到对党始终忠诚、永不叛党。制定高级干部贯彻落实本准则的实施意见,指导和督促高级干部在遵守和执行党内政治生活准则上作全党表率。

全面从严治党永远在路上。全党要坚持不懈努力,共同营造风清气正的政治生态,确保党始终成为中国特色社会主义事业的坚强领导核心。

党政机关厉行节约反对浪费条例

(2013 年 10 月 29 日中共中央政治局会议审议批准　2013 年 11 月 18 日中共中央、国务院发布　2025 年 5 月 2 日中共中央批准　2025 年 5 月 2 日中共中央、国务院发布)

第一章　总　　则

第一条　为了进一步弘扬艰苦奋斗、勤俭节约的优良作风,推进党政机关厉行节约反对浪费,建设节约型机关,根据《中国共产党章程》和《中华人民共和国宪法》,制定本条例。

第二条　本条例适用于党的机关、人大机关、行政机关、政协机关、监察机关、审判机关、检察机关,以及工会、共青团、妇联等人民团体和参照公务员法管理的事业单位。

第三条　本条例所称浪费,是指党政机关及其工作人员违反规定进行不必要的公务活动,或者在履行公务中超出规定范围、标准和要求,不当使用公共资金、资产和资源,给国家和社会造成损失的行为。

第四条　党政机关厉行节约反对浪费,应当深入贯彻中央八项规定精神,遵循下列原则:坚持从严从简,带头过紧日子,勤俭办一切事业,降低公务活动成本,腾出更多资金用于发展所需、民生所盼;坚持依规依法,遵守党内法规和国家法律法规的相关规定,严格按照制度办事;坚持提质增效,科学统筹财政资源,严格控制经费支出,加强厉行节约绩效考评;坚持实事求是，从实际出发安排公务活动，取消不必要的公务活动，保证正常公务活动；坚持公开透明，除涉及国家秘密事项外，公务活动中的公共资金、资产和资源使用等情况应当按照规定予以公开，接受各方面监督；坚持深化改革，通过改革创新破解体制机制障碍，建立健全厉行节约反对浪费工作长效机制。

第五条 中央办公厅、国务院办公厅负责统筹协调、指导检查全国党政机关厉行节约反对浪费工作，有关协调联络机制承办具体事务。地方各级党委和政府办公厅（室）负责指导检查本地区党政机关厉行节约反对浪费工作。

各级纪检监察机关和组织人事、宣传、外事、发展改革、财政、审计、机关事务管理等部门根据职责分工，依规依法履行对厉行节约反对浪费相关工作的管理、监督等职责。

第六条 各级党委和政府应当加强对厉行节约反对浪费工作的组织领导。党政机关领导班子主要负责人对本地区、本部门、本单位的厉行节约反对浪费工作负总责，其他成员根据工作分工，对职责范围内的厉行节约反对浪费工作负主要领导责任。

第七条 各级领导机关和领导干部必须树立正确政绩观，坚持以身作则、以上率下，严禁搞劳民伤财的“形象工程”、“政绩工程”，防止重大决策失误造成严重浪费，坚决反对形式主义、官僚主义、享乐主义和奢靡之风。

中央和国家机关各部门应当在厉行勤俭节约、反对铺张浪费上走在前、作表率。

第二章 经费管理

第八条 党政机关应当加强预算编制管理，按照加强财政资源和预算统筹的要求，将各项收入和支出全部纳入预算。

党政机关取得的行政事业性收费收入、政府性基金收入、罚没收入、国有资源（资产）有偿使用收入等非税收入，必须按照规定及时足额上缴国库，严禁以任何形式隐瞒、截留、挤占、挪用、坐支、拖欠或者私分，严禁转移到机关所属工会、培训中心、服务中心等单位账户使用。

第九条 强化预算刚性约束，党政机关应当遵循先有预算、后有支出的原则，严格执行预算，严禁超预算或者无预算安排支出，严禁虚列支出、转移或者套取财政资金，严禁向下级单位、企事业单位、社会组织、个人摊派或者转嫁费用。

严格控制国内差旅费、因公临时出国(境)费、公务接待费、公务用车购置及运行费、会议费、培训费等支出。年度预算执行中不予追加,因特殊需要确需追加的,严格按照规定程序报批。

健全预算执行全过程动态监控机制,完善预算绩效管理体系,增强预算执行的严肃性,提高预算执行的准确率,防止年底突击花钱等现象发生。

第十条 深化政府会计改革,进一步健全会计制度,准确核算机关运行经费,全面反映机关运行成本。

第十一条 财政部门应当会同有关部门,根据国内差旅、因公临时出国(境)、公务接待、会议、培训等工作特点,综合考虑经济发展水平、有关货物和服务的市场价格水平,制定分地区的公务活动经费开支范围和开支标准。

加强相关开支标准之间的衔接,完善开支标准动态调整机制,定期根据有关货物和服务的市场价格变动情况调整相关开支标准,增强开支标准的协调性、规范性、科学性。

严格开支范围和标准,严格支出报销审核,不得报销任何超范围、超标准以及与相关公务活动无关的费用。

第十二条 全面实行公务卡制度。健全公务卡强制结算目录,党政机关国内发生的公务差旅费、公务接待费、公务用车运行维护费、会议费、培训费等经费支出,除按照规定实行银行转账外,应当使用公务卡结算。

第十三条 党政机关采购货物、工程和服务,应当遵循公开透明、公平竞争、公正、诚实信用原则。

政府采购应当依法完整准确编制采购项目预算,严格执行经费预算和资产配置标准,科学合理确定采购需求,不得超标准采购,不得采购与本单位履行职能和事业发展无关的资产,不得超出办公需要采购服务。

严格执行政府采购程序,不得违反规定以任何方式和理由指定或者变相指定供应商、品牌、型号、产地。依法应当进行公开招标的,不得以化整为零或者其他任何方式规避公开招标,确需改变采购方式的,应当严格执行有关公示和审批程序。列入政府集中采购目录范围的应当委托集中采购机构代理采购,属于批量集中采购范围的应当进行批量集中采购。

党政机关应当按照政府采购合同规定组织验收。政府采购监督管理部门应当建立健全政府采购结果评价制度,对政府采购的资金节约、政策效能、透明程度以及专业化水平进行综合、客观评价。

完善政府采购管理交易系统，推进电子化政府采购。

第十四条 优化政府投资方向和结构，加强政府投资全生命周期管理，坚决防止低效无效投资。

完善“半拉子工程”、已建未用项目等科学处置程序办法。

第三章 国内差旅和因公临时出国(境)

第十五条 党政机关应当严格执行国内差旅内部审批制度，加强计划管理和统筹把关，从严控制人数和天数，严禁无实质内容、无明确公务目的的差旅活动，严禁以任何名义和方式变相旅游，严禁异地部门间无实质内容的学习交流和考察调研。加强对到基层调研、督查检查的统筹规范，防止重复扎堆增加基层负担。

第十六条 国内差旅人员应当严格按照规定乘坐交通工具、住宿、用餐，费用由所在单位承担。

差旅人员用车、住宿、用餐由接待单位协助安排的，必须按照规定标准及时足额交纳交通费、住宿费、伙食费。差旅人员不得向接待单位提出正常公务活动以外的要求，不得接受礼金、礼品和土特产品等。

第十七条 统筹安排年度因公临时出国计划，严格控制团组数量和出访国家数、团组人数、在外停留天数，不得安排照顾性、无实质内容的一般性出访，不得组织开展一般性出国考察、日常调研、交流学习等活动，严禁集中安排赴热门国家或者地区出访，严禁以任何名义和方式变相公款出国旅游。严格执行因公临时出国限量管理规定，不得把出国作为个人待遇、安排轮流出国。严格控制跨地区、跨部门团组。

组织人事、外专等部门应当加强出国培训总体规划和监督管理，严格控制出国培训规模，科学设置培训项目，择优选派培训对象，提高出国培训的质量和实效。

第十八条 外事管理部门应当加强因公临时出国审核审批管理，对违反规定、不适合成行的团组予以调整或者取消。

加强因公临时出国经费预算总额控制，严格执行经费先行审核制度。无出国经费预算安排的不予批准，确有特殊需要的，按照规定程序报批。严禁违反规定使用出国经费预算以外资金作为出国经费，严禁向所属单位、企业、我国驻外机构等摊派或者转嫁出国费用。

第十九条 出国团组应当按照规定标准安排交通工具和食宿,不得违反规定乘坐民航包机,不得乘坐私人、企业和外国航空公司包机,不得安排超标准住房和用车,不得擅自增加出访国家或者地区,不得擅自变更行程路线,不得擅自延长在国外停留天数。

出国期间,不得与我国驻外机构和其他中资机构、企业之间用公款互赠礼品或者纪念品,不得用公款相互宴请。

第二十条 严格根据工作需要编制出境计划,加强因公出境审批和管理,不得违规安排出境考察,不得组织无实质内容的调研、会议、培训等活动。

严格遵守因公出境经费预算、支出、使用、核算等财务制度,不得接受超标准接待和高消费娱乐,不得接受礼金、贵重礼品、有价证券、支付凭证等,严禁参与境外赌博。

第四章 公务接待

第二十一条 建立健全国内公务接待集中管理制度。党政机关公务接待管理部门应当加强对国内公务接待工作的管理、指导和监督。

第二十二条 党政机关应当建立国内公务接待审批控制制度,严格执行公函制度,对无公函的公务活动一律不予接待,严禁将非公务活动纳入接待范围。

第二十三条 党政机关应当严格执行国内公务接待标准,实行接待费支出总额控制制度。

接待单位应当严格按照标准安排接待对象的住宿用房,协助安排用餐、用车的按照标准收取伙食费、交通费。工作餐不得提供高档菜肴,不得提供香烟,不上酒。不得在接待费中列支应当由接待对象承担的费用,不得以举办会议、培训等名义列支、转移、隐匿接待费开支。

接待单位不得在机场、车站、码头和辖区边界组织迎送活动,不得跨地区迎送。严格控制陪同人数,不得层层多人陪同。

接待单位应当严格执行国内公务接待清单制度,如实反映接待对象、公务活动、接待费、陪同和相关工作保障人员等情况。接待清单作为财务报销的凭证之一并接受审计。

第二十四条 外宾接待工作应当遵循服务外交、友好对等、务实节俭的原则。外宾邀请单位应当严格按照有关规定安排接待活动,严格执行接待规格和标准,从严从紧控制外宾团组接待费用。

第二十五条 地方因招商引资等工作需要接待的,应当参照国内公务接待标准要求,统一制度和标准,严格审批管理,强化审计监督,严禁超规格、超标准接待,严禁扩大接待范围、增加接待项目,严禁以招商引资等名义变相安排公务接待。

第二十六条 党政机关不得以任何名义新建、改建、扩建所属宾馆、招待所等具有接待功能的设施或者场所,不得以房屋维修等名义超出实际需要在接待场所超标准建设、豪华装修。

严格控制、严格审批新建扩建党性教育培训机构,不得以建设党性教育培训机构名义变相建设楼堂馆所、变相搞旅游开发。

建立接待资源共享机制,推进机关所属接待、培训场所的集中统一管理和利用。健全服务经营机制,推行机关所属接待、培训场所企业化管理,降低服务经营成本。

积极推进国内公务接待服务社会化改革,有效利用社会资源为国内公务接待提供用车、住宿、用餐等服务。

第五章 公务用车

第二十七条 坚持社会化、市场化方向,建立和实行符合国情的公务用车制度,合理有效配置公务用车资源,创新公务交通分类提供方式,保障公务出行,降低运行成本。

普通公务出行由公务人员自主选择,实行社会化提供。按照有关规定发放公务交通补贴,不得以公务交通补贴的名义变相发放福利,不得既领取公务交通补贴又违规使用公务用车。

第二十八条 党政机关公务用车实行统一编制、统一标准、统一购置经费、统一采购配备管理。

从严配备执法执勤、机要通信、应急保障和特种专业技术用车以及其他用于定向化保障的用车,不得以特殊用途等理由变相超编制、超标准配备公务用车,不得以任何方式换用、借用、占用所属单位或者其他单位和个人的车辆,不得接受企事业单位和个人赠送的车辆。

严格按照规定配备专车,不得擅自扩大专车配备范围或者变相配备专车。

执法执勤用车配备应当严格限制在一线执法执勤岗位,机关内部管理和后勤岗位以及机关所属事业单位一律不得配备。

规范和加强党政机关所属垂直管理机构、派出机构公务用车管理，严格控制公务用车编制，推动车辆盘活利用，避免闲置浪费。

第二十九条　公务用车实行政府集中采购，应当选用国产汽车，优先选用新能源汽车。

公务用车严格按照规定年限更新，达到更新年限仍能继续使用的应当继续使用，不得因领导干部职务晋升、调动等原因提前更新。

公务用车保险、维修、加油等实行政府集中采购，降低运行成本。

第三十条　除涉及国家安全、侦查办案和其他有保密要求的特殊工作用车外，执法执勤等用车应当喷涂明显的统一标识。

第三十一条　根据公务活动需要，严格按照规定使用公务用车，严禁以任何理由挪用或者固定给个人使用执法执勤、机要通信等公务用车，领导干部亲属和身边工作人员不得因私使用配备给领导干部的公务用车。严禁公车私用、私车公养，严禁为公务用车增加高档配置或者豪华内饰。

第六章　会议活动

第三十二条　党政机关应当严格精简会议，召开会议严格实行计划管理，能不开的坚决不开，可合并的坚决合并。从严控制会议规模、会期，合理确定会议规格和参会人员范围、层级，不搞层层陪会。积极运用现代信息技术手段改进会议形式，提高会议效率。

第三十三条　会议召开场所实行政府采购定点管理。会议住宿用房以标准间为主，用餐安排自助餐或者工作餐，严禁提高会议用餐、住宿标准。会议活动现场布置应当简朴，工作会议一律不摆花草、不制作背景板。严禁违反规定到风景名胜区举办会议。

会议期间，不得安排宴请，不得组织旅游以及与会议无关的参观活动，不得以任何名义发放纪念品。

第三十四条　党政机关会议实行分类管理、分级审批。严格执行会议费开支范围、标准和报销制度，未经批准以及超范围、超标准开支的会议费，一律不予报销。严禁违规使用会议费购置办公设备，严禁列支公务接待费等与会议无关的任何费用，严禁套取会议资金。

财政部门应当会同机关事务管理等部门制定本级党政机关会议费管理办法。

第三十五条 健全培训审批制度,严格控制培训数量、时间、规模,严禁以培训名义召开会议。适合采取线上方式培训的应当通过线上方式开展。

严格执行分类培训经费开支标准,严格控制培训经费支出范围,严禁在培训经费中列支公务接待费、会议费等与培训无关的任何费用。严禁以培训名义进行公款宴请、公款旅游活动。

第三十六条 精简规范节庆展会论坛活动,实行清单管理,从严审批。严禁使用财政资金举办营业性文艺演出。从严控制举办大型综合性运动会和各类赛会。

经批准的节庆展会论坛、运动会、赛会等活动,应当严格控制规模和经费支出,不得互相攀比、大操大办、铺张浪费,不得违规摊派或者转嫁费用,不得借举办活动发放各类纪念品,不得违规使用财政资金邀请名人明星参与活动。举办活动应当充分使用现有资源,专门配备的设备在活动结束后应当及时收回,严禁购置奢华物资设备。

第三十七条 精简规范评比达标表彰和创建示范活动,实行清单管理,从严审批。评比达标表彰项目费用由举办单位承担,不得以任何方式向相关单位和个人收取费用。参与评比达标表彰和创建示范活动的单位应当节俭办事,杜绝浪费,不得举债搞创建。不得开展以乡镇(街道)、村(社区)、学校为对象的达标活动。

第七章 办公用房

第三十八条 党政机关办公用房建设应当从严控制。凡是违反规定的拟建办公用房项目,必须坚决终止;凡是未按照规定程序履行审批手续、擅自开工建设的办公用房项目,必须停建并予以没收;凡是超规模、超标准、超投资概算建设的办公用房项目,应当根据具体情况限期腾退超标准面积或者全部没收、拍卖。

党政机关办公用房应当严格管理,推进办公用房资源的公平配置和集约使用。凡是超过规定面积标准占有、使用办公用房以及未经批准租用、借用办公用房的,必须腾退;凡是未经批准改变办公用房使用功能的,原则上应当恢复原使用功能。

第三十九条 党政机关新建、改建、扩建、购置、置换、维修改造、租用、借用办公用房,必须严格按照规定履行审批程序。采取置换方式配置办公用房的,应当执行新建办公用房各项标准,不得以未使用财政资金、资产整合等名义规避审批。

第四十条 党政机关办公用房建设项目应当按照朴素、实用、安全、节能原则,严格执行办公用房建设标准、单位综合造价标准和公共建筑节能设计标准,符合土地利用和城市规划要求,严禁超标准建设和豪华装修。党政机关办公楼不得追求成为城市地标建筑,严禁配套建设大型广场、公园等设施。

第四十一条 党政机关办公用房建设以及维修改造项目投资,统一列入预算安排,未经审批的项目不得安排预算。土地收益和资产转让收益应当按照非税收入有关规定管理,不得直接用于办公用房建设。不得违规利用保基本民生、保工资、保运转和专项债券等其他用途资金建设维修改造办公用房。

第四十二条 党政机关办公用房建设应当严格执行工程招投标和政府采购有关规定,加强对工程项目的全过程监理和审计监督。

办公用房因使用时间较长、设施设备老化、功能不全、存在安全隐患等原因,不能满足办公需求的,可以进行维修改造。维修改造项目应当以消除安全隐患、恢复和完善使用功能、降低能源资源消耗为重点,严格履行审批程序,严格执行维修改造标准。

第四十三条 建立健全办公用房集中统一管理制度,对办公用房实行统一规划、统一权属、统一配置、统一处置。

党政机关应当严格按照有关标准和"三定"规定,从严核定、使用办公用房。超标部分应当腾退移交同级机关事务管理部门统一调剂使用。

新建、调整办公用房的单位,应当按照"建新交旧"、"调新交旧"的原则,在搬入新建或者新调整办公用房的同时,将原办公用房腾退移交机关事务管理部门统一调剂使用。

因机构增设、职能调整等原因确需增加办公用房的,应当在本单位现有办公用房中解决;本单位现有办公用房不能满足需要的,由机关事务管理部门整合办公用房资源调剂解决;无法调剂、确需租用解决的,应当严格履行报批手续,不得以变相补偿方式租用由企业等单位提供的办公用房。

党政机关办公用房闲置的,可以按照规定采取调剂使用、转换用途、置换、出租等方式及时处置利用。

第四十四条 党政机关领导干部应当按照标准配置使用一处办公用

房，确因工作需要另行配置办公用房的，应当严格履行审批程序。领导干部不得租用宾馆、酒店房间作为办公用房。配置使用的办公用房，在退休或者调离时应当及时腾退并由原单位收回。

超标办公用房整改优先采取调换或者合用方式，采取工程改造方式整改的，工程改造方案应当简易、合理、厉行节约，多出的办公用房面积公用，不得直接隔断封死，防止造成新的浪费。

第八章 资源节约

第四十五条 党政机关应当节约集约利用资源，加强全过程节约管理，提高能源、水、粮食、办公家具、办公设备、办公用品等的利用效率和效益，统筹利用土地，杜绝浪费行为。

第四十六条 对能源、水的使用实行分类定额和目标责任管理。推广应用节能技术产品，淘汰高耗能设施设备，重点推广应用新能源和可再生能源。积极使用节水型器具，建设节水型单位。

完善节能产品政府采购政策，严格执行节能产品政府强制采购和优先采购制度。

第四十七条 党政机关应当带头开展粮食节约行动，落实反食品浪费管理责任，加强机关食堂反食品浪费工作成效评估和通报，杜绝餐饮浪费。

第四十八条 优化办公家具、办公设备等资产的配置和使用，从严控制新增资产配置，优先通过调剂方式盘活存量资产，节约购置资金。达到更新年限仍能继续使用的应当继续使用，不得报废处置。

对产生的非涉密废纸、废弃电器电子产品等废旧物品进行集中回收处理，促进循环利用；涉及国家秘密的，按照有关保密规定进行销毁。

第四十九条 政务服务应当方便企业和群众办事，相关设施坚持实用原则，不得华而不实、铺张浪费，坚决防治和纠正政务服务中的“面子工程”。

第五十条 党政机关政务信息系统建设应当统筹规划，统一组织实施，防止分散重复建设和频繁升级。建立共享共用机制，加强资源整合，推动重要政务信息系统互联互通、信息共享和业务协同，降低软件开发、系统维护和升级等方面费用，防止资源浪费。

积极利用信息化手段，推行无纸化办公，减少一次性办公用品消耗。

第九章 宣传教育

第五十一条 宣传部门应当把厉行节约反对浪费作为重要宣传内容,充分发挥各级各类媒体作用,注重用好互联网技术和新媒体手段,通过新闻报道、文化作品、公益广告等形式,广泛宣传中华民族勤俭节约的优秀品德,宣传阐释相关制度规定,宣传推广厉行节约的经验做法和先进典型,倡导绿色低碳消费理念和健康文明生活方式,在全社会营造浪费可耻、节约光荣的浓厚氛围。

第五十二条 党政机关应当把加强厉行节约反对浪费教育作为作风建设的重要内容,融入干部队伍建设和机关日常管理之中,建立健全常态化工作机制。对各种铺张浪费现象和行为,应当严肃批评、督促改正。

纪检监察机关应当不定期曝光铺张浪费的典型案例,发挥警示教育作用。

组织人事部门和党校(行政学院)、干部学院应当把厉行节约反对浪费作为干部教育培训的重要内容,创新教育方法,切实增强教育培训的针对性和实效性。

第五十三条 党政机关应当围绕建设节约型机关,组织开展形式多样、便于参与的活动,引导干部职工增强节约意识、珍惜物力财力,积极培育和形成崇尚节约、厉行节约、反对浪费的机关文化,为在全社会形成节俭之风发挥示范表率作用。

第十章 监督追责

第五十四条 各级党委和政府应当建立健全厉行节约反对浪费监督检查机制,加大监督力度。

党委(党组)在巡视巡察工作中应当加强对厉行节约反对浪费落实情况的监督。

党委和政府办公厅(室)负责统筹协调有关部门开展对厉行节约反对浪费工作的督促检查,针对突出问题开展重点检查、暗访等专项活动,加大对典型问题的通报力度。

纪检监察机关应当加强对厉行节约反对浪费工作的监督,受理群众举报和有关部门移送的问题线索,及时查处违纪违法问题。

财政部门应当加强对党政机关预算管理有关工作以及财务、政府采购和会计等事项的财会监督，依法处理发现的违规问题，并及时向本级党委和政府汇报有关结果。

审计机关应当加强对党政机关预算执行、决算和其他财政收支情况，以及有关经济活动的审计监督，加大对党政机关公务支出和公款消费的审计力度，及时向本级党委和政府报告审计结果，依法处理、督促整改违规问题，并将涉嫌违纪违法问题移送有关部门查处。

支持人大、政协依法依章程加强对党政机关厉行节约反对浪费工作情况的监督。重视各级各类媒体在厉行节约反对浪费方面的舆论监督作用。发挥群众对党政机关及其工作人员铺张浪费行为的监督作用。

第五十五条 党委（党组）在每年度向上级党组织报送的落实全面从严治党主体责任情况报告中，应当报告本地区、本部门、本单位厉行节约反对浪费工作情况。

领导干部厉行节约反对浪费工作情况，应当列为领导班子民主生活会和领导干部述责述廉的重要内容并接受评议。

第五十六条 党政机关应当建立健全厉行节约反对浪费信息公开制度，按照及时、方便、多样的原则，依规依法将应当公开的有关情况以适当方式公开。

第五十七条 有下列情形之一的，应当依规依纪依法追究负有领导责任的主要负责人或者有关领导干部的责任：

（一）政绩观错位，搞“形象工程”、“政绩工程”造成公共资金、资产和资源损失浪费；

（二）本地区、本部门、本单位铺张浪费、奢侈奢华问题严重，对发现的问题查处不力，干部群众反映强烈；

（三）指使、纵容管辖单位或者人员违反本条例规定造成浪费；

（四）不履行或者不正确履行内部审批、管理、监督职责造成浪费；

（五）不按照规定及时公开本地区、本部门、本单位有关厉行节约反对浪费工作信息；

（六）其他对本地区、本部门、本单位铺张浪费问题负有领导责任的情形。

第五十八条 有下列情形之一的，应当依规依纪依法追究有关人员的责任：

（一）未经审批列支财政性资金；

（二）采取弄虚作假等手段违规取得审批；

（三）违反审批要求擅自变通执行；

（四）违反管理规定超标准或者以虚假事项开支；

（五）利用职务便利假公济私；

（六）其他违反审批、管理、监督规定的情形。

第五十九条 党政机关工作人员违反本条例规定造成浪费的，根据情节轻重，依规依纪依法给予批评教育、责令检查、诫勉、组织处理或者党纪政务处分。

第六十条 违反本条例规定获得的经济利益，应当依规依纪依法予以没收、追缴或者责令退赔。

第十一章 附 则

第六十一条 省、自治区、直辖市，中央和国家机关各部门，可以根据本条例，结合实际制定实施办法。有关职能部门应当根据各自职责，制定完善相关配套制度。

国有企业、国有金融企业、不参照公务员法管理的事业单位，参照本条例执行。

中国人民解放军和中国人民武装警察部队按照军队有关规定执行。

第六十二条 本条例由中央办公厅、国务院办公厅会同有关部门解释。

第六十三条 本条例自发布之日起施行。中央党内法规和法律另有规定的，从其规定。

中国共产党廉洁自律准则

（2015 年 10 月 12 日中共中央政治局会议审议批准
2015 年 10 月 18 日中共中央发布）

中国共产党全体党员和各级党员领导干部必须坚定共产主义理想和中国特色社会主义信念，必须坚持全心全意为人民服务根本宗旨，必须继承发扬党的优良传统和作风，必须自觉培养高尚道德情操，努力弘扬中华民族传统美德，廉洁自律，接受监督，永葆党的先进性和纯洁性。

党员廉洁自律规范

第一条 坚持公私分明，先公后私，克己奉公。

第二条 坚持崇廉拒腐，清白做人，干净做事。

第三条 坚持尚俭戒奢，艰苦朴素，勤俭节约。

第四条 坚持吃苦在前，享受在后，甘于奉献。

党员领导干部廉洁自律规范

第五条 廉洁从政，自觉保持人民公仆本色。

第六条 廉洁用权，自觉维护人民根本利益。

第七条 廉洁修身，自觉提升思想道德境界。

第八条 廉洁齐家，自觉带头树立良好家风。

中国共产党党员权利保障条例

（2004 年 9 月 9 日中共中央政治局常委会会议审议批准 2004 年 9 月 22 日中共中央发布 2020 年 11 月 30 日中共中央政治局会议修订 2020 年 12 月 25 日中共中央发布）

第一章 总 则

第一条 为了坚持党的领导，加强党的建设，发扬党内民主，保障党员权利，增强党的生机活力，根据《中国共产党章程》，制定本条例。

第二条 党员权利保障坚持以马克思列宁主义、毛泽东思想、邓小平理论、“三个代表”重要思想、科学发展观、习近平新时代中国特色社会主义思想为指导，增强“四个意识”、坚定“四个自信”、做到“两个维护”，不忘初心、牢记使命，坚定不移全面从严治党，推动各级党组织落实和保障党员权利，激发广大党员的积极性、主动性、创造性，增强党的创造力、凝聚力、战斗力，永葆党的先进性和纯洁性，为全面建设社会主义现代化国家、实现中华民族伟大复兴作出贡献。

第三条 党员权利保障应当遵循以下原则:

(一)坚持民主和集中相结合,既激发党员参与党内事务的热情,又要求党员按照党性原则行使权利;

(二)坚持义务和权利相统一,切实履行党章规定的义务,正确行使各项权利,在宪法和法律的范围内活动;

(三)坚持在党的纪律面前人人平等,不允许任何党员享有特权;

(四)坚持充分全面保障党员权利,完善权利保障措施,畅通权利行使渠道,增强工作实效。

第四条 党组织必须尊重党员主体地位,强化管党治党政治责任,将党员权利保障融入新时代党的建设,严格按照党章和其他党内法规保障党员各项权利、完善党员权利保障制度机制。

党员应当增强党的观念和主体意识,将行使党章规定的权利作为对党应尽的责任,向党组织讲真话、讲实话、讲心里话,敢于担当、敢于负责,遵守纪律规矩,正确行使权利。

第五条 任何侵犯党员权利的行为必须受到追究。党组织应当以事实为根据、以党章党规党纪为准绳,对侵犯党员权利行为作出认定和处理。

第二章 党员权利的行使

第六条 党员享有的党章规定的各项权利必须受到尊重和保护,党的任何一级组织、任何党员都无权剥夺。预备党员除了没有表决权、选举权和被选举权以外,享有同正式党员一样的权利。

党员行使权利时不得侵犯其他党员的权利。

第七条 党员有党内知情权,有权按照规定参加党的有关会议、阅读党的有关文件,了解党的路线方针政策和决议,本人所在党组织贯彻党中央决策部署以及上级党组织决定、落实全面从严治党主体责任、开展重点工作情况以及其他党内事务。

第八条 党员有接受党的教育培训权,有权提出教育培训要求,参加党组织安排的集中学习教育、专题学习教育、集中轮训、脱产培训、网络培训。

第九条 党员有党内参加讨论权,有权在党的会议上和党报党刊上参加关于党的理论、政策的学习讨论,并充分发表意见;有权按照规定在党内参加有关重要决策和重要问题的讨论，参加党组织开展的征求意见等活动，反映真实情况，积极建言献策。

党员在讨论党的基本理论、基本路线、基本方略的过程中，应当自觉同党中央保持高度一致。

第十条 党员有党内建议和倡议权，有权以口头或者书面方式对本人所在党组织、上级党组织直至中央的各方面工作提出建议和倡议，有权按照规定在干部选拔任用中推荐优秀干部，在党组织巡视巡察、检查督查中对党的工作提出建议。

第十一条 党员有党内监督权，有权在党的会议上以口头或者书面方式有根据地批评党的任何组织和任何党员，揭露、要求纠正工作中存在的缺点和问题，在民主评议中指出领导干部和其他党员的缺点错误；有权向党组织反映对本人所在党组织、领导干部、其他党员的意见。党员以书面方式提出的批评意见应当按照规定送被批评者或者有关党组织。

党员有权向党组织负责地揭发、检举党的任何组织和任何党员的违纪违法事实，提出处理、处分有违纪违法行为党组织和党员的要求。

党员进行批评、揭发、检举以及提出处理、处分要求，应当通过组织渠道，不得随意扩散传播、网络散布，不得夸大和歪曲事实，更不得捏造事实、诬告陷害。

第十二条 党员有党内提出罢免撤换要求权，有权向所在党组织或者上级党组织反映领导干部不称职的情况，负责地提出罢免或者撤换不称职领导干部的要求。

党员提出罢免或者撤换要求应当严肃负责，按照组织原则，符合有关程序。

第十三条 党员有党内表决权，有权按照规定在党组织讨论决定问题时参加表决，在表决前了解情况，在讨论中充分发表意见。表决时可以表示赞成、不赞成或者弃权。

第十四条 党员有党内选举权，有权参加党内选举，了解候选人情况、要求改变候选人、不选任何一个候选人和另选他人。

党员有党内被选举权，有权经过规定程序成为候选人和当选。

第十五条 党员有党内申辩权，有权实事求是地对被反映的本人问题向党组织作出说明、解释；在基层党组织讨论决定对自身处分或者作出鉴定时，有权参加和进行申辩，其他党员可以为其作证和辩护。

第十六条 党员有党内提出不同意见权,对党的决议和政策如有不同意见,在坚决执行的前提下,有权向党组织声明保留,并且可以把自己的意见向党的上级组织直至中央反映;有权按照规定在党组织讨论决定“三重一大”事项或者征求意见、干部选拔任用以及公示等过程中提出不同意见。

党员不得公开发表同中央决定不一致的意见。

第十七条 党员有党内请求权,遇到重要问题需要党组织帮助解决的,有权按照规定程序逐级向本人所在党组织、上级党组织直至中央提出请求,并要求有关党组织给予负责的答复。

第十八条 党员有党内申诉权,对于党组织给予本人的处理、处分或者作出的鉴定、审查结论不服的,有权按照规定程序逐级向本人所在党组织、上级党组织直至中央提出申诉。

党员认为党组织给予其他党员的处理、处分或者作出的鉴定、审查结论不当的,有权按照规定程序逐级向党组织直至中央提出意见。

第十九条 党员有党内控告权,合法权益受到党组织或者其他党员侵害的,有权向本人所在党组织、上级党组织直至中央提出控告,要求对侵害其合法权益的行为依规依纪进行处理。

第三章 保障措施

第二十条 党组织应当按照规定确定党务公开的内容、方式和范围,保障党员及时了解党内事务。

党的代表大会、代表会议和党的委员会全体会议以及其他重要会议召开后,党组织应当按照规定将会议内容和精神向党员传达。党组织作出的决议决定应当按照规定及时向党员通报。

党组织应当按照规定为党员提供阅读党内有关文件的必要条件。党员因缺乏阅读能力或者其他原因无法直接阅读文件的,党组织应当按照规定向其传达文件精神。

第二十一条 党组织应当按照规定召开党员大会、党小组会、支部委员会会议和组织生活会,开展谈心谈话,组织民主评议,保障党员参加学习讨论、议事决策,进行批评和自我批评。

第二十二条 党组织应当按照规定、有计划地对党员进行教育和培训,深入开展党的创新理论教育,加强党性教育和理想信念教育,注重了解和掌握党员的学习需求,创新教育培训方式,有针对性地开展政策、科技、管理、法规等培训，保证党员接受教育培训的学时和质量。

第二十三条 党组织作出重要决议决定前，应当通过调研、论证、咨询等方式，充分征求党员意见，在党内凝聚共识、汇集智慧。党的路线方针政策和党中央重大决策部署、重要党内法规研究制定过程中，应当在一定范围内征求党员意见。党的地方组织、基层组织研究作出重要决议决定，应当在本级组织管辖的一定范围内征求党员意见。一般情况下，对于存在重大分歧的，应当在进一步调查研究、交换意见后再启动决策程序。

第二十四条 党组织应当积极利用党的会议、报刊、网站，为党员参加党的理论和政策讨论、发表认识体会、提出意见建议提供条件。注重汇总研究党员意见，用以加强和改进党的工作。下级党组织应当根据上级党组织的安排，组织党员参加讨论。

第二十五条 党组织应当紧扣新时代党建工作特点和党员权利保障要求，创新保障党员权利的方法手段，为党员行使权利提供便捷渠道。

第二十六条 党组织讨论决定问题必须坚持民主集中制，执行少数服从多数原则，决定重要问题应当按照规定进行表决。表决前应当充分讨论酝酿，表决情况和不同意见及其理由应当如实记录。

第二十七条 党组织应当支持和鼓励党员对党的工作提出建议和倡议。对于党员的建议和倡议，党组织应当认真听取、研究，合理的予以采纳；对于改进工作有重大帮助的，应当对提出建议和倡议的党员给予表扬。

党组织应当支持和保护向组织讲真话、报实情的党员，认真听取各种不同意见。对于持有不同意见的党员，只要本人坚决执行党的决议和政策，就不得对其歧视或者进行追究；对于持有错误意见的党员，应当进行批评、帮助、教育。

第二十八条 党组织应当健全党代表大会代表联系党员制度，支持和保障党代表大会代表加强与基层党员的联系，了解和反映党员意见和建议，听取党员对其履职的意见。领导干部应当认真执行直接联系党员制度，深入实际、深入基层，主动听取党员意见和诉求，及时回应党员关切。

第二十九条 党组织进行选举时，应当严格执行选举制度规则，充分体现选举人的意志。

党的任何组织和任何党员不得以任何方式妨碍党员在党内自主行使选举权和被选举权，不得阻挠有选举权和被选举权的人到场，不得以任何方式追查选举人的投票意向。

第三十条 党员被依法留置、逮捕的,党组织应当按照管理权限中止其表决权、选举权和被选举权等党员权利。根据监察机关、司法机关处理结果,可以恢复其党员权利的,应当及时予以恢复。

党员受留党察看处分期间,没有表决权、选举权和被选举权。留党察看期间确有悔改表现的,期满后应当恢复其党员权利。

党员被停止党籍的,党员权利相应停止。对于停止党籍的党员,符合条件的,可以按照规定程序恢复党籍和党员权利。

第三十一条 党组织在巡视巡察和检查督查中,可以通过个别谈话、召开座谈会、调查研究、受理来信来访等方式,广泛收集和听取党员意见建议。

被巡视巡察、检查督查的党组织应当保障党员反映意见的权利,不得妨碍党员反映问题、提出建议。

第三十二条 党组织应当严格落实党内民主监督各项制度,畅通监督渠道,支持和鼓励党员发扬斗争精神,同各种违纪违法行为和不正之风作斗争。对于党员的批评、揭发、检举、控告以及提出的有关处理、处分和罢免、撤换要求,党组织应当按照规定及时恰当处理,并给予负责的答复。

党组织应当保障检举控告人的权益,对检举控告人的信息以及检举控告内容必须严格保密,严禁将检举控告材料转给被检举控告的组织和人员。提倡和鼓励实名检举控告,对实名检举控告优先办理、优先处置,告知受理情况、反馈处理结果;对于检举控告严重违纪违法问题经查证属实的,应当给予表扬。

对于党员检举控告和反映的问题,任何党组织和领导干部都不准隐瞒不报、拖延不办。对于通过正常渠道反映问题的党员,任何组织和个人都不准打击报复,不准擅自进行追查,不准采取调离工作岗位、降格使用等惩罚措施。

第三十三条 党组织应当建立健全激励机制,把党员在推进改革中因缺乏经验、先行先试出现的失误错误,同明知故犯的违纪违法行为区分开来;把尚无明确限制的探索性试验中的失误错误,同明令禁止后依然我行我素的违纪违法行为区分开来;把为推动发展的无意过失,同为谋取私利的违纪违法行为区分开来。正确把握党员在工作中出现失误错误的性质和影响,给予实事求是、客观公正的处理,保护党员担当作为的积极性。

第三十四条 对于诬告陷害行为,党组织应当依规依纪严肃处理。对于经核查认定党员受到失实检举控告、确有必要澄清的，应当按照规定对检举控告失实的具体问题进行澄清。

第三十五条 在对党员进行监督执纪中应当充分保障党员权利，严格依规依纪依法开展工作，不得使用违反党章党规党纪和法律法规的手段、措施。对于本人的说明和申辩、其他党员所作的证明和辩护，应当认真听取、如实记录、及时核实，合理的予以采纳；不予采纳的，应当说明理由。党员实事求是的申辩、作证和辩护，应当受到保护。

处理、处分所依据的事实材料应当同本人见面。处理、处分的决定应当向本人宣布，并写明党员的申诉权以及受理申诉的组织等内容。事实材料和决定应当由本人签署意见，对签署不同意见或者拒不签署意见的，应当作出说明或者注明情况。

第三十六条 党组织对受到处理、处分的党员应当进行跟踪回访，教育引导他们正确认识、改正错误，放下包袱、积极工作。对于影响期满、表现好的党员，符合条件的应当正常使用。

第三十七条 党组织应当认真处理党员的申诉，并给予负责的答复。对于党员的申诉，有关党组织应当按照规定进行复议、复查，不得扣压。上级党组织认为必要时，可以直接或者指定有关党组织进行复议、复查。

经复议、复查或者审查决定，对于全部或者部分纠正的案件，重新作出的决定应当在一定范围内宣布。对于处理正确而本人拒不接受的，给予批评教育；对于无正当理由反复申诉的，有关党组织应当正式通知本人不再受理并在适当范围内宣布。

党员对党组织给予其他党员的处理、处分或者鉴定、审查结论提出的意见，有关党组织应当认真研究处理。

第三十八条 企业、农村和街道、社区等党的基层组织应当注重维护流动党员权利，加强和改进流动党员管理和服务工作，健全流出地、流入地党组织沟通协调机制，保障流动党员正常参加组织生活、行使党员权利。

第三十九条 党组织应当关心党员思想、工作、学习、生活，做好党内关怀帮扶工作。对于党员提出的请求应当及时受理，合理合规的应当及时解决，一时难以解决的应当说明情况，不属于党组织职责范围的可以向有关部门反映。

第四章 职责任务和责任追究

第四十条 党委(党组)必须落实全面从严治党主体责任,加强对党员权利保障工作的领导,严格执行党员权利保障方面的党内法规和制度措施;明确同级纪委和党的工作机关、直属单位以及相当于这一层级的党组(党委)的相关任务和要求,督促下级党组织和领导干部履行相关职责,及时发现和纠正党员权利保障工作中存在的问题;宣传党员权利保障方面的党内法规和政策要求,经常开展党员义务和权利教育,引导广大党员增强责任意识、正确行使权利。

第四十一条 党的纪律检查机关应当担负起保障党员权利的职责,加强对党组织和领导干部履行党员权利保障工作职责情况的监督检查,受理和处置有关党员权利保障方面的检举、控告和申诉,检查和处理侵犯党员权利方面的案件,对侵犯党员权利的党组织和党员作出处理、处分决定或者提出处理、处分建议。

第四十二条 党委办公厅(室)、组织部、宣传部、统战部、政法委员会和党的机关工作委员会等党的工作机关应当结合自身职能和工作实际,抓好党员权利保障工作的落实;研究解决职责范围内党员权利保障工作的重要问题,向本级党委、纪委提出意见建议,为保障党员权利正常行使创造条件、提供服务。

第四十三条 党的基层组织应当发挥战斗堡垒作用,严格落实党员权利保障方面的法规制度,保障党员充分行使各项权利;经常了解党员意见和诉求,及时研究解决,发现党员权利受到侵犯的,及时处理或者向上级党组织报告。

第四十四条 领导干部特别是高级干部应当以身作则,带头履行党员义务、正确行使党员权利,提高民主素养,平等对待同志,自觉同特权思想和特权现象作斗争,营造党员积极行使权利的良好氛围。

领导干部应当模范遵守和严格执行党员权利保障方面的法规制度,支持和鼓励党员正常行使权利。各级党组织主要负责同志应当担负起第一责任人的职责,加强对党员权利保障工作的调查研究和相关机制建设,推动解决突出问题,抓好本地区本部门本单位党员权利保障工作的落实。

第四十五条 党组织和领导干部有下列侵犯党员权利情形之一的,应当依规依纪追究责任:

（一）不按照规定公开党内事务，侵犯党员知情权；

（二）违反民主集中制原则，压制、破坏党内民主，违规决定重大问题；

（三）在民主推荐、民主测评、民主评议、考核考察和党内选举等工作中，违背组织原则，以强迫、威胁、欺骗、拉拢等手段，妨碍党员自主行使表决权、选举权和被选举权等权利；

（四）对党员批评、揭发、检举、控告、申辩、作证、辩护、申诉等正常行使权利的行为进行追究，或者采取阻挠压制、打击报复等措施妨碍党员正常行使权利；

（五）泄露揭发、检举、控告等应当保密的信息；

（六）违规违法使用审查调查措施，侵犯党员合法权益；

（七）对党员正常行使权利的诉求消极应付、推诿扯皮，依照政策或者有关规定能够解决而不及时解决；

（八）其他侵犯党员权利的情形。

第四十六条 党员不正确行使权利，损害党、国家和人民利益，有下列行为之一的，应当依规依纪追究责任：

（一）公开发表违背党的理论路线方针政策和党中央重大决策部署的观点和意见；

（二）不按照组织原则和程序进行批评、揭发、检举、控告以及提出处理、处分、罢免、撤换要求，或者随意扩散、传播；

（三）制作、发布、传播违反党的纪律或者法律法规规定的网络信息或者其他信息；

（四）捏造事实、伪造材料诬告陷害；

（五）其他不正确行使党员权利的行为。

第四十七条 对于有侵犯党员权利行为的党组织，上级党组织应当责令改正；情节较重的，按照规定追究纪律责任。

对于有侵犯党员权利行为的党员，其所在党组织或者上级党组织可以采取责令停止侵权行为、责令赔礼道歉，以及批评教育、责令检查、诫勉等方式给予处理；情节较重的，按照规定给予组织调整或者组织处理、党纪处分。

第四十八条 党组织和领导干部违反党章和其他党内法规的规定，不履行或者不正确履行保障党员权利的职责，造成严重后果或者恶劣影响的，应当按照管理权限由相关党委（党组）、党的纪律检查机关或者党的工作机关予以问责。

第四十九条 对于因侵犯党员权利受到党纪追究或者在保障党员权利方面失职失责被问责的党员,需要给予政务处分或者其他处理的,作出党纪处分决定、问责决定的党组织应当通报相关单位,由相关单位依法给予政务处分或者其他处理;构成犯罪的,依法追究刑事责任。

第五章 附　　则

第五十条 中央军事委员会可以根据本条例制定相关规定。

第五十一条 本条例由中央纪律检查委员会商中央组织部解释。

第五十二条 本条例自发布之日起施行。

中国共产党纪律检查委员会工作条例

(2021年12月6日中共中央政治局会议审议批准
2021年12月24日中共中央发布)

第一章 总　　则

第一条 为了加强和规范新时代党的纪律检查委员会工作,根据《中国共产党章程》,制定本条例。

第二条 党的各级纪律检查委员会高举中国特色社会主义伟大旗帜,以马克思列宁主义、毛泽东思想、邓小平理论、“三个代表”重要思想、科学发展观、习近平新时代中国特色社会主义思想为指导,增强“四个意识”、坚定“四个自信”、做到“两个维护”,不忘初心、牢记使命,深入贯彻全面从严治党战略方针,坚定不移推进党风廉政建设和反腐败斗争,构建一体推进不敢腐、不能腐、不想腐体制机制,从严从实加强自身建设,自觉接受监督,充分发挥监督保障执行、促进完善发展作用。

第三条 党的各级纪律检查委员会是党内监督专责机关,是党推进全面从严治党、开展党风廉政建设和反腐败斗争的专门力量。

党的各级纪律检查委员会的主要任务是:维护党的章程和其他党内法规,检查党的理论和路线方针政策、党中央决策部署执行情况,协助党的委员会推进全面从严治党、加强党风建设和组织协调反腐败工作。

党的各级纪律检查委员会把坚决维护习近平总书记党中央的核心、全党的核心地位,维护党中央权威和集中统一领导作为最高政治原则和根本政治责任。

第四条 党的各级纪律检查委员会遵循以下原则开展工作:

(一)坚持党的全面领导,坚持党中央集中统一领导。

(二)坚持以人民为中心,践行党的根本宗旨和群众路线。

(三)坚持民主集中制,实行集体领导和个人分工负责相结合的制度。

(四)坚持严的主基调,全面从严、一严到底。

(五)坚持实事求是,依规依纪依法履行职责。

(六)坚持惩前毖后、治病救人,实现政治效果、纪法效果、社会效果有机统一。

第二章 领导体制

第五条 党的中央纪律检查委员会(国家监察委员会)在党中央领导下进行工作,履行党的最高纪律检查机关(国家最高监察机关)职责。

党的中央纪律检查委员会严格执行加强和维护党中央集中统一领导的各项制度要求,及时向中央政治局、中央政治局常务委员会请示汇报工作,研究重大事项、重要问题以及作出立案审查决定、给予党纪处分等事项向党中央请示报告。执行党中央重要决定的情况应当专题报告。

第六条 党的地方各级纪律检查委员会和基层纪律检查委员会在同级党的委员会和上级纪律检查委员会双重领导下进行工作。

党的地方各级纪律检查委员会和基层纪律检查委员会应当落实同级党的委员会推进全面从严治党、加强党风廉政建设和反腐败工作的部署,执行同级党委作出的决定,及时向同级党委汇报工作,按照规定请示报告重大事项。

上级党的纪律检查委员会加强对下级纪律检查委员会的领导,对下级纪委的工作作出部署、提出要求;督促指导和支持下级纪委开展同级监督,检查下级纪委的工作,定期听取工作汇报,开展政治和业务培训;坚持查办腐败案件以上级纪委领导为主,按照规定审议和批准下级纪委关于线索处置、立案审查、纪律处分等的请示报告,按照程序改变下级纪委作出的错误或者不当的决定,必要时直接审查或者组织、指挥审查下级纪委管辖范围内有重大影响或者复杂的案件。

第七条　党的中央纪律检查委员会与国家监察委员会合署办公,党的地方各级纪律检查委员会与地方各级监察委员会合署办公,实行一套工作机构、两个机关名称,履行党的纪律检查和国家监察两项职责,实现纪委监委领导体制和工作机制的统一融合,集中决策、一体运行,坚持纪严于法,执纪执法贯通。

第三章　产生和运行

第八条　党的中央纪律检查委员会由党的全国代表大会选举产生,每届任期和党的中央委员会任期相同。

党的中央纪律检查委员会全体会议,选举常务委员会和书记、副书记,并报党的中央委员会批准。

第九条　中央纪律检查委员会委员应当政治坚定、对党忠诚、敢于斗争、担当作为、清正廉洁,具备组织领导纪律检查工作、推进党风廉政建设和反腐败斗争的能力。

中央纪律检查委员会委员应当认真履行以下职责:

(一)参加中央纪委全体会议,积极发表意见、提出建议。

(二)在纪律检查机关担负具体工作的委员,应当模范履行岗位职责,高质量完成所承担的纪律检查工作。

(三)未在纪律检查机关担负具体工作的委员,应当支持和帮助本地区、本部门、本单位纪律检查机关开展工作;了解所在地区、部门、单位党组织和党员领导干部遵守党章党规党纪、贯彻落实党中央决策部署等情况,提出意见建议,重要问题及时向中央纪委常委会反映。

(四)对中央纪委的工作,以及中央纪委常委、其他中央纪委委员进行监督。

(五)承担中央纪委安排的其他任务。

第十条　党的中央纪律检查委员会通过召开全体会议的方式行使以下职权:

(一)制定贯彻落实党的全国代表大会和党中央决议决定的重大部署、重大措施。

(二)听取和审议常务委员会工作报告。

(三)选举常务委员会和书记、副书记。

（四）讨论和决定纪检监察工作的重大问题、重大事项。

（五）按照权限审议重要党内法规或者规范性文件。

（六）决定或者追认给予中央纪委委员撤销党内职务以上处分。

（七）研究决定常务委员会提请决定的事项，或者应当由全体会议决定的其他重要事项。

第十一条 党的中央纪律检查委员会全体会议每年至少召开一次，由中央纪律检查委员会常务委员会召集并主持。

党的中央纪律检查委员会全体会议应当有三分之二以上委员到会方可召开。委员因故不能参加会议的应当在会前请假，其意见可以用书面形式表达。根据需要，可以安排有关人员列席会议。

根据讨论和决定事项的不同，采用举手、无记名投票等方式进行表决，赞成票超过应到会委员半数的为通过。

对中央纪律检查委员会委员给予撤销党内职务以上处分，必须由应到会委员三分之二以上的多数决定，报党中央批准。

第十二条 中央纪律检查委员会常务委员会贯彻落实党中央决策部署，以及中央纪律检查委员会全体会议的决定和部署，向全体会议报告工作，接受监督。在全体会议闭会期间，行使中央纪律检查委员会职权，主要包括：

（一）讨论向党的全国代表大会的工作报告，向党中央请示报告工作，学习贯彻党中央决策部署。

（二）召集全体会议，对拟提交全体会议讨论和决定的事项先行审议、提出意见。

（三）讨论和决定纪检监察工作的重要问题、重要事项。

（四）按照权限审议党内法规或者规范性文件。

（五）听取以中央纪委名义立案审查的有关案件情况通报。

（六）按照权限讨论和决定对违犯党纪的党组织、党员处理、处分等事项。

（七）决定给予中央纪委委员撤销党内职务以上处分，并报党中央批准，待召开全体会议时予以追认。

（八）按照干部管理权限审议干部任免事项。

（九）研究决定应当由常务委员会决定的其他重要事项。

第十三条 中央纪律检查委员会常务委员会会议一般定期召开，遇有重要情况可以随时召开。

中央纪律检查委员会常务委员会会议由中央纪委书记召集并主持,会议议题由书记确定。

中央纪律检查委员会常务委员会会议应当有半数以上常委会委员到会方可召开。审议干部任免事项必须有三分之二以上常委会委员到会。根据需要,可以安排有关人员列席会议。

讨论和决定重要问题,应当进行表决。涉及多个事项的,应当逐项表决。表决可以根据讨论和决定事项的不同,采用口头、举手、无记名投票或者记名投票等方式进行,赞成票超过应到会常委会委员半数的为通过。

第十四条 中央纪律检查委员会办公会议一般定期召开,遇有重要情况可以随时召开。办公会议由中央纪委书记召集并主持,会议议题由书记确定,驻委的副书记、常委会委员及有关负责同志参加。办公会议研究或者决定以下事项:

(一)学习贯彻党中央决策部署。

(二)机关日常工作中需要研究、决定或者通报的重要事项。

(三)按照权限讨论和决定对违犯党纪的党的组织、党员处理、处分等事项。

(四)按照干部管理权限讨论和决定有关干部任免事项。

(五)其他需要提交办公会议讨论的重要事项。

第十五条 中央纪律检查委员会机关根据工作需要,设立必要的内设机构,依照有关规定配置机构职能和权限。

第十六条 党的地方各级纪律检查委员会由同级党的代表大会选举产生,每届任期和同级党的委员会任期相同。

党的地方各级纪律检查委员会全体会议,选举常务委员会和书记、副书记,并由同级党的委员会通过,报上级党的委员会批准。

上级党的委员会可以根据工作需要,在下级党的代表大会闭会期间,调动、任免下级纪律检查委员会书记、副书记。

第十七条 党的地方各级纪律检查委员会通过召开全体会议的方式行使以下职权:

(一)制定贯彻落实党中央决策部署以及中央纪委工作部署,同级党的代表大会和党委决议决定、上级纪委工作要求的重大措施。

(二)听取和审议常务委员会工作报告。

（三）选举常务委员会和书记、副书记。

（四）讨论和决定管辖范围内纪检监察工作的重大问题、重大事项。

（五）按照权限审议规范性文件。

（六）决定或者追认给予本级纪委委员撤销党内职务以上处分。

（七）研究决定常务委员会提请决定的事项，或者应当由全体会议决定的其他重要事项。

第十八条　地方各级纪律检查委员会常务委员会贯彻落实党中央决策部署以及中央纪委工作部署，落实同级党委、上级纪委、本级纪委全体会议的工作部署，向全体会议报告工作，接受监督。在全体会议闭会期间，行使本级纪律检查委员会职权，主要包括：

（一）讨论向同级党的代表大会的工作报告，向同级党委和上级纪委请示报告工作。

（二）召集全体会议，对拟提交全体会议讨论和决定的事项先行审议、提出意见。

（三）讨论和决定管辖范围内纪检监察工作的重要问题、重要事项。

（四）按照权限审议规范性文件。

（五）听取以本级纪委名义立案审查的有关案件情况通报。

（六）按照权限讨论和决定对违犯党纪的党组织、党员处理、处分等事项。

（七）决定给予本级纪委委员撤销党内职务以上处分，并报同级党委批准后，按照规定报上一级纪委备案或者批准，待召开本级纪委全体会议时予以追认。

（八）按照干部管理权限审议干部任免事项。

（九）研究决定应当由常务委员会决定的其他重要事项。

第十九条　地方各级纪律检查委员会委员的任职条件、履职要求，全体会议和常务委员会会议的召开、表决，以及机关机构设置等事项，参照本条例第九条、第十一条、第十三条、第十五条的规定执行。

第二十条　党的基层委员会是设立纪律检查委员会，还是设立纪律检查委员，由它的上一级党组织根据有关规定和具体情况决定。

党的基层纪律检查委员会由党员大会或者党员代表大会选举产生，每届任期和同级党的委员会任期相同。

党的基层纪律检查委员会选出的书记、副书记，经同级党的委员会通过后,报上级党组织批准。

基层纪律检查委员会委员的任职条件、履职要求等事项,按照有关规定执行。

第二十一条 党的基层纪律检查委员会根据需要及时召开全体会议,传达学习党中央决策部署以及中央纪委工作部署,传达学习同级党委和上级纪委的工作部署,提出贯彻落实的具体措施,研究讨论管辖范围内纪律检查工作的重要问题、重要事项,按照权限讨论或者决定对违犯党纪的党组织、党员处理、处分等事项。

第二十二条 乡镇和企业、机关、高校等单位中的党的基层纪律检查委员会应当按照党章、本条例和其他党内法规的有关规定,结合实际建立健全议事规则、工作制度,注重发挥纪委委员在监督执纪、议事决策方面的作用,根据工作需要可以组织纪委委员参与监督执纪有关事项。

党的基层纪律检查委员会可以按照有关规定,设立必要的工作机构,配备专职工作人员。

党的基层纪律检查委员会应当指导和督促同级党的委员会所属基层党组织纪律检查委员履行职责、发挥作用。

第二十三条 因调离本地区、辞去公职、退休等原因不适宜继续担任纪律检查委员会委员职务的,应当辞去或者按照程序免去其纪委委员职务。死亡、丧失国籍、被追究刑事责任、被停止党籍、受到撤销党内职务以上处分的,其纪委委员职务自动终止。辞去、免去或者自动终止地方纪委委员、基层纪委委员职务的,应当报上一级党的委员会备案。

第四章 主要任务

第二十四条 党的各级纪律检查委员会坚定维护党章,促进党组织和党员牢固树立党章意识、严格遵守党章规定,发挥党章作为管党治党总章程的作用,以严明的纪律巩固党的团结统一。切实维护各项党内法规,有规必依、执规必严、违规必究,保证党内法规得到有效执行,促进依规治党。

第二十五条 党的各级纪律检查委员会检查党的理论和路线方针政策的执行情况,坚持服务党和国家工作大局,坚决维护党中央权威和集中统一领导,推动党组织和党员统一意志、统一行动。加强对党中央决策部署落实情况的监督检查,坚持跟进监督、精准监督、全程监督,督促党组织和党员履职尽责、担当作为,确保党中央政令畅通、令行禁止。

第二十六条 党的各级纪律检查委员会协助同级党的委员会推进全面从严治党：

（一）协助同级党委制定全面从严治党规划、计划，推动各项工作落实。

（二）推动全面从严治党主体责任制度执行，检查同级党委领导班子成员包括“一把手”管党治党责任落实情况，监督下级党组织落实主体责任情况。

（三）加强对同级党委领导班子监督，发现班子成员包括“一把手”履职尽责、廉洁自律等方面重要问题，按照规定如实报告。

（四）协助同级党委加强对本地区本单位政治生态、党风廉政等情况分析，有关问题向同级党委报告并提出意见建议。

（五）协助同级党委开展巡视巡察工作。

（六）对日常监督、巡视巡察、审计监督等发现问题整改情况开展检查，通过加强监督推动整改常态化。

（七）协助起草相关党内法规和规范性文件。

（八）参与党委组织的管党治党有关专项工作。

坚持履行协助职责和监督责任有机结合，促进全面从严治党党委主体责任和纪委监督责任贯通协同。

第二十七条 党的各级纪律检查委员会协助同级党的委员会加强党风建设，锲而不舍落实中央八项规定精神，大力弘扬党的光荣传统和优良作风，驰而不息纠治形式主义、官僚主义、享乐主义和奢靡之风，坚决纠正损害群众利益的不正之风，保持党同人民群众的血肉联系。

第二十八条 党的各级纪律检查委员会协助同级党的委员会组织协调反腐败工作，坚定不移推进反腐败斗争，坚持和完善党中央集中统一领导、各级党委统筹指挥、纪委监委组织协调、职能部门高效协同、人民群众支持参与的反腐败工作体制机制。

发挥党委反腐败协调机构的统筹协调作用，开展反腐败国际追逃追赃等工作，加强相关部门协作配合，增强反腐败整体合力。

第二十九条 党的纪律检查工作坚持把一体推进不敢腐、不能腐、不想腐作为反腐败斗争的基本方针、新时代全面从严治党的重要方略，惩治震慑、制度约束、提高觉悟一体发力，系统施治、标本兼治，努力取得更多制度性成果和更大治理成效：

（一）坚持无禁区、全覆盖、零容忍，坚持重遏制、强高压、长震慑，坚持受贿行贿一起查,巩固不敢腐。

(二)坚持将惩治腐败与深化改革、促进治理贯通起来,深入查找制度和体制机制存在的问题,推动补齐制度短板、堵塞监管漏洞、规范权力运行,强化不能腐。

(三)坚持教育党员、干部坚定理想信念宗旨,提高党性觉悟,提升道德修养,涵养廉洁文化,筑牢思想上拒腐防变的堤坝,自觉不想腐。

第三十条 发挥党的纪律检查工作在党和国家监督体系中的重要作用,强化对权力运行的制约和监督,重点加强对领导干部特别是主要领导干部的监督,提升监督全覆盖质量,增强监督的政治性、严肃性、协同性、有效性。

深化纪检监察体制改革,推进纪律监督、监察监督、派驻监督、巡视监督统筹衔接,整合运用监督力量,构建系统集成、协同高效的监督机制。坚持以党内监督为主导,促进人大监督、民主监督、行政监督、司法监督、审计监督、财会监督、统计监督、群众监督、舆论监督等各类监督有机贯通、相互协调,健全信息沟通、线索移交、措施配合、成果共享等机制,形成常态长效的监督合力。

第五章 工作职责

第三十一条 党的各级纪律检查委员会围绕实现党章赋予的任务,坚持聚焦主责主业,履行监督、执纪、问责职责。

坚持把监督作为基本职责,抓早抓小、防微杜渐,综合考虑错误性质、情节后果、主观态度等因素,依规依纪依法、精准有效运用监督执纪"四种形态":

(一)党员、干部有作风纪律方面的苗头性、倾向性问题或者轻微违纪问题,或者有一般违纪问题但具备免予处分情形的,运用监督执纪第一种形态,按照规定进行谈话提醒、批评教育、责令检查等,或者予以诫勉。

(二)党员、干部有一般违纪问题,或者违纪问题严重但具有主动交代等从轻减轻处分情形的,运用监督执纪第二种形态,按照规定给予警告、严重警告处分,或者建议单处、并处停职检查、调整职务、责令辞职、免职等处理。

(三)党员、干部有严重违纪问题,或者严重违纪并构成严重职务违法的,运用监督执纪第三种形态,按照规定给予撤销党内职务、留党察看、开除党籍处分，同时建议给予降职或者依法给予撤职、开除公职、调整其享受的待遇等处理。

（四）党员、干部严重违纪、涉嫌犯罪的，运用监督执纪第四种形态，按照规定给予开除党籍处分，同时依法给予开除公职、调整或者取消其享受的待遇等处理，再移送司法机关依法追究刑事责任。

第三十二条 党的各级纪律检查委员会应当把自觉遵守纪律的教育作为基础性工作，经常开展党章党规教育，强化党的政治纪律、组织纪律、廉洁纪律、群众纪律、工作纪律、生活纪律教育，深入开展警示教育，以案明纪、以案说法。

开展廉政教育，加强全面从严治党、党风廉政建设和反腐败工作的形势任务以及家风家教等宣传教育，推进廉洁文化建设，营造崇廉拒腐氛围。

根据形势需要，着眼保障党的中心工作，作出维护党纪的决定，制定相关法规文件，严明纪律要求，教育、引导和规范党组织、党员行为。

第三十三条 党的纪律检查委员会应当强化政治监督，重点监督党组织、党员特别是领导干部以下情况：

（一）对党忠诚，坚持党的领导，贯彻落实党的理论和路线方针政策、党中央决策部署，践行“两个维护”的情况。

（二）坚定理想信念宗旨，牢记初心使命，践行入党誓词，坚持中国特色社会主义制度的情况。

（三）落实全面从严治党主体责任和监督责任的情况。

（四）贯彻执行民主集中制，公正用权、依法用权、廉洁用权、担当作为的情况。

政治监督应当突出“关键少数”，重点加强对“一把手”、同级党委特别是常委会委员的监督。

第三十四条 党的纪律检查委员会应当加强日常监督，监督方式主要包括：座谈，召集、参加或者列席会议，了解党内同志和社会群众反映；查阅查询相关资料和信息数据；现场调查，驻点监督；督促巡视巡察整改；谈心谈话，听取工作汇报，听取述责述廉；建立健全党员领导干部廉政档案，开展党风廉政意见回复等工作。

开展专项监督，针对落实党中央决策部署中的突出问题，行业性、系统性、区域性的管党治党重点问题，形式主义、官僚主义、享乐主义和奢靡之风问题，群众反映强烈、损害群众利益的突出问题加强监督检查。必要时，可以组织、参加或者督促开展集中整治、专项治理。

加强基层监督,促进基层监督资源和力量整合,发挥纪检监察、巡察等作用,有效衔接村(居)务监督,建立监督信息网络平台,扩大群众参与,及时发现、处理群众身边的腐败问题和不正之风。

第三十五条 党的各级纪律检查委员会应当畅通信访举报渠道,依规依纪受理党员群众的信访举报,健全分办、交办、督办、反馈等工作机制。

对信访举报情况应当定期分析研判,对反映的典型性、普遍性、苗头性问题提出有针对性的工作建议,形成综合分析或者专题分析材料,向同级党委、上级纪委报告或者向有关党组织通报。

对于信访举报反映、监督执纪中发现以及巡视巡察机构和其他单位移交的问题线索,应当实行集中管理,采取谈话函询、初步核实、暂存待查、予以了结等方式分类处置,做到件件有着落。

第三十六条 党的各级纪律检查委员会对反映党组织、党员的问题线索经过初步核实,对于涉嫌违纪、需要追究党纪责任的,应当按照规定予以立案审查。

各级纪律检查委员会按照管理权限,审查违反党章和其他党内法规的比较重要或者复杂的案件,主要包括:同级党委委员、候补委员,同级纪委委员,同级党委管理的党员干部,以及同级党委工作部门,同级党委批准设立的党组(党委),下一级党委、纪委等涉嫌违纪案件;案情重大复杂,需要采取重要审查措施的案件;同级党委、上级纪委交办的其他案件。

地方各级纪律检查委员会和基层纪律检查委员会对于处理涉及同级党委委员、候补委员,同级党委管理的正职领导干部,同级纪委常委、监委委员等人员的案件,以及涉及政治问题、国家安全等特别重要或者复杂案件中的问题和处理的结果,在向同级党委报告的同时,即向上级纪委一并报告。

纪律审查工作应当依规依纪采取谈话、查询、调取、暂扣、封存、勘验检查、鉴定等措施,以及通过要求相关组织作出说明等方式,收集证据,查明事实,处置违纪所得。

第三十七条 党的各级纪律检查委员会根据纪律审查结果,依据相关党内法规,对应当追究党纪责任的党组织和党员进行纪律处理、处分。

对于各级纪律检查委员会立案审查的党员,需要给予纪律处分的,一般由负责审查的纪委提出处分意见,经被审查人所在党支部的党员大会讨论形成决议，并按照规定报党的基层委员会批准或者有权处分的党组织审批。在特殊情况下，县级和县级以上各级纪委有权直接决定给予党员纪律处分，主要包括：案情涉密、敏感；违纪案件跨地区跨部门跨单位；违纪党员所在的基层党组织无法正常履行职责、不正确履行职责或者其负责人同违纪问题有关联；违纪党员为县级或者县级以上各级党委管理的党员干部；党章和其他党内法规明确规定的相关情况。

地方各级纪律检查委员会和基层纪律检查委员会对同级党的委员会处理案件的决定有不同意见的，可以请求上一级纪委予以复查。

建立健全处分决定执行公示、回访教育、情况报告和专项检查等制度，加强与相关党组织及职能部门的协作沟通，确保处分决定得到严格执行。

第三十八条 党的纪律检查委员会发现党组织、党的领导干部在党的建设、党的事业中失职失责的，应当依据相关党内法规开展问责调查，查明失职失责问题，向党的委员会提出责任追究的建议，或者按照规定的权限和程序作出问责决定。

第三十九条 党的纪律检查委员会对于党员因合法权益受到党组织或者其他党员侵害提出的控告，按照规定予以受理，及时恰当进行处理。通过办理党员的控告发现的违纪违法问题，按照本章规定进行检查和处理。

对于党员因不服纪委或者其他党组织给予本人的处理、处分而提出的申诉，按照规定予以受理，进行复议复查。

第四十条 党的各级纪律检查委员会应当依据相关党内法规，加强对党组织和领导干部履行保障党员权利工作职责的监督检查，依规依纪查处侵犯党员权利的行为。开展监督执纪工作，应当落实保障党员权利的规定和要求。

第四十一条 在监督检查、纪律审查等过程中，应当注意查找分析监督对象所在党组织党风廉政建设、管理监督等方面存在的突出问题，采取制发纪律检查建议书或者其他适当方式，提出有关强化管党治党、净化政治生态、健全制度、整改纠正等意见建议，督促指导和推动有关地区、部门、单位党组织举一反三、切实整改。

对于涉及党的建设、党的事业的普遍性、倾向性问题，应当进行深入调研，形成专题报告，报送同级党委、上级纪委或者通报相关党组织，推动解决问题、规范决策、完善政策、健全制度。

第六章　派驻、派出机构

第四十二条　党的中央纪律检查委员会国家监察委员会、地方各级纪律检查委员会监察委员会向同级党和国家机关全面派驻纪检监察组，按照规定可以向国有企业、事业单位等其他组织和单位派驻纪检监察组。

党的中央和地方各级委员会派出党的机关工作委员会、街道工作委员会等代表机关的，党的中央纪律检查委员会国家监察委员会、地方各级纪律检查委员会监察委员会可以相应派出纪检监察工作委员会。

第四十三条　派驻机构是派出它的党的纪律检查委员会监察委员会的组成部分，由派出机关直接领导、统一管理。

派出机构在派出它的党的纪律检查委员会监察委员会和本级党的工作委员会双重领导下进行工作。派出机构按照规定开展纪律检查工作，领导管辖范围内机关纪委等纪检机构的工作。

第四十四条　派驻机构根据派出机关授权开展监督执纪问责工作：

（一）加强对驻在单位（含综合监督单位）的监督，重点对驻在单位领导班子及其成员、党组（党委）管理的领导班子及其成员等进行监督。

（二）监督促进驻在单位领导班子贯彻落实党的理论和路线方针政策、党中央决策部署，履行全面从严治党主体责任。

（三）经常、及时地向派出机关报告情况和问题。

（四）加强对驻在单位纪检机构的业务指导和监督检查，促进其履行监督责任。

（五）认真处理信访举报，对问题线索进行集中管理和处置。

（六）依规依纪开展纪律审查，严肃查处违纪问题。

（七）按照管理权限作出问责决定或者提出问责建议。

（八）协助驻在单位党组（党委）做好巡视巡察工作。

（九）完成派出机关交办的其他任务。

第四十五条　健全派驻监督工作机制，统筹协调派出机关内设监督检查室、派驻纪检监察组、地方纪检监察机关、巡视巡察机构等力量，通过“室组”联动监督、“室组地”联合办案等方式，提高派驻监督质量。

县（市、区）纪律检查委员会监察委员会开展派驻监督工作，应当保证派驻机构人员力量，推动监督工作向基层延伸，采取综合派驻、工作协作等方式，提升监督效能。

第七章　队伍建设和监督

第四十六条　党的各级纪律检查委员会必须坚持以习近平新时代中国特色社会主义思想武装头脑、指导实践、推动工作，突出抓好党的政治建设，教育引导纪检干部不断提高政治判断力、政治领悟力、政治执行力，带头践行“两个维护”，敢于善于斗争，做到忠诚干净担当。

第四十七条　贯彻新时代党的组织路线，坚持党管干部，严把干部准入关，加强思想淬炼、政治历练、实践锻炼、专业训练，加强理论研究和学科建设，提高把握政策、监督执纪、做思想政治工作等能力，建设高素质专业化干部队伍。

第四十八条　加强作风建设和纪律建设，保证纪检干部严守政治纪律和政治规矩，模范遵守党的纪律和国家法律，坚持实事求是，深入开展调查研究，密切联系群众，树立纪律严明、作风深入、工作扎实、谦虚谨慎、秉公执纪的良好形象。

第四十九条　加强监督执纪规范化建设，健全法规制度，规范工作流程，牢固树立法治意识、程序意识、证据意识，依规依纪依法行使纪律检查权。

第五十条　党的纪律检查委员会必须接受最严格的约束和监督，在同级党委和上级纪委的领导、监督下强化自我监督，自觉接受党的组织和党员的监督。建立完善监督检查、审查调查、案件监督管理、案件审理相互协调、相互制约的工作机制，发挥内设干部监督机构、机关纪委等作用，加大监管和自我净化力度，坚决防治“灯下黑”。

党的纪律检查委员会应当自觉接受民主监督、群众监督、舆论监督等各方面监督。任何单位和个人对纪检机关、纪检干部的违纪违法行为，有权提出检举、控告。

第五十一条　严格执行纪检干部打听案情、过问案件、说情干预问题报告制度，有关情况应当登记备案。

纪检干部发现审查组工作人员未经批准接触被审查人、涉案人员及其特定关系人，或者存在交往情形的，应当及时报告并登记备案。

第五十二条　办理纪检事项的纪检干部存在可能影响事项公正处理情形的，应当主动申请回避，被审查人、检举控告人以及其他有关人员也有权要求其回避。

第五十三条　纪检干部应当严格执行保密制度，不准私自留存、隐匿、查阅、摘抄、复制、携带问题线索和涉案资料，严禁泄露审查工作情况。

纪检干部离职的，应当严格遵守有关离职后从业限制的规定，三年内不得从事与纪律检查工作相关的职业。

第五十四条　建立健全安全责任制，严格防范发生审查安全事故。组织开展经常性检查和不定期抽查，发现问题及时督促整改。

第五十五条　纪检干部有以案谋私、跑风漏气、滥用职权以及其他违规违纪违法行为的，必须严肃查处；构成犯罪的，依法追究刑事责任。

纪检机关及其领导干部履行职责过程中失职失责造成严重后果或者恶劣影响的，应当严肃问责。

第八章　附　　则

第五十六条　新疆生产建设兵团党的各级纪律检查委员会，党的地区纪律检查委员会和相当于地区纪委的其他纪律检查委员会，党组（党委）纪检组（纪委），纪律检查委员，参照执行本条例。

第五十七条　中央军事委员会可以根据本条例，制定相关规定。

第五十八条　本条例由中央纪律检查委员会负责解释。

第五十九条　本条例自发布之日起施行。

中国共产党重大事项请示报告条例

（2019年1月25日中共中央政治局会议审议批准
2019年1月31日中共中央发布）

第一章　总　　则

第一条　为了加强和规范重大事项请示报告工作，严明党的政治纪律、组织纪律和工作纪律，保证全党全国服从党中央、政令畅通，根据《中国共产党章程》、《关于新形势下党内政治生活的若干准则》等党内法规，制定本条例。

第二条　重大事项请示报告工作以习近平新时代中国特色社会主义

思想为指导，坚持和加强党的全面领导，坚持党要管党、全面从严治党，贯彻民主集中制，坚决维护习近平总书记党中央的核心、全党的核心地位，坚决维护党中央权威和集中统一领导，保证全党团结统一和行动一致，确保党始终总揽全局、协调各方。

第三条 本条例适用于下级党组织向上级党组织，以及党员、领导干部向党组织请示报告重大事项相关活动。

本条例所称重大事项，是指超出党组织和党员、领导干部自身职权范围，或者虽在自身职权范围内但关乎全局、影响广泛的重要事情和重要情况，包括党组织贯彻执行党中央决策部署和上级党组织决定、领导经济社会发展事务、落实全面从严治党责任，党员履行义务、行使权利，领导干部行使权力、担负责任的重要事情和重要情况。

本条例所称请示，是指下级党组织向上级党组织，党员、领导干部向党组织就重大事项请求指示或者批准；所称报告，是指下级党组织向上级党组织，党员、领导干部向党组织呈报重要事情和重要情况。

第四条 开展重大事项请示报告工作应当遵循以下原则：

（一）坚持政治导向。树牢“四个意识”，落实“四个服从”，把请示报告作为重要政治纪律和政治规矩，把讲政治要求贯彻到请示报告工作全过程和各方面。

（二）坚持权责明晰。既牢记授权有限，该请示的必须请示，该报告的必须报告；又牢记守土有责，该负责的必须负责，该担当的必须担当。

（三）坚持客观真实。全面如实请示报告工作、反映情况、分析问题、提出建议，既报喜又报忧、既报功又报过、既报结果又报过程。

（四）坚持规范有序。落实依规治党要求，严格按照党章党规规定的主体、范围、程序和方式开展重大事项请示报告工作。

第五条 各地区各部门党组织承担重大事项请示报告工作主体责任，党组织主要负责同志为第一责任人，对请示报告工作负总责。

中央办公厅负责接受办理向党中央请示报告的重大事项，并统筹协调和督促指导各地区各部门向党中央的请示报告工作。地方党委办公厅（室）负责接受办理向本级党委请示报告的重大事项，并统筹协调和督促指导本地区的请示报告工作。

第二章　党组织请示报告主体

第六条　党组织请示报告工作一般应当以组织名义进行,向负有领导或者监督指导职责的上级党组织请示报告。特殊情况下,可以根据工作需要以党组织负责同志名义代表党组织请示报告。

请示报告应当逐级进行,一般不得越级请示报告。特殊情况下,可以按照有关规定直接向更高层级党组织请示报告。

第七条　接受双重领导的单位党组织,应当根据事项性质和内容向负有主要领导职责的上级党组织请示报告,同时抄送另一个上级党组织。特殊情况下,可以不抄送另一个上级党组织。

第八条　接受归口领导、管理的单位党组织,必须服从批准其设立的党组织的领导,向其请示报告工作,并按照有关规定向归口领导、管理单位党组织请示报告。

第九条　接受归口指导、协调或者监督的单位党组织,向上级党组织请示报告一般应当抄送负有指导、协调或者监督职责的单位党组织。

负有指导、协调或者监督职责的单位党组织应当统筹所负责区域、领域、行业、系统内各单位党组织的请示报告工作,归口统一向上级党组织请示报告总体情况、牵头事项完成情况等。

第十条　涉及跨区域、跨领域、跨行业、跨系统的重大事项,应当由有关党组织向共同上级党组织联合请示报告。联合请示报告应当明确牵头党组织。

党政机关联合请示报告的,一般应当将上级党政机关同时列为请示报告对象。

第十一条　根据党内法规制度规定,党的决策议事协调机构和党的工作机关可以在其职权范围内接受下级党组织的请示报告并作出处理。

党组织主要负责同志可以就全面工作或者某些方面工作接受下级党组织请示报告;有关负责同志可以就分管领域工作接受下级党组织请示报告,也可以受党组织或者党组织主要负责同志委托,就全面工作接受下级党组织请示报告。

第三章　党组织请示报告事项

第十二条　涉及党和国家工作全局的重大方针政策,经济、政治、文化、社会、生态文明建设和党的建设中的重大原则和问题，国家安全、港澳台侨、外交、国防、军队等党中央集中统一管理的事项，以及其他只能由党中央领导和决策的重大事项，必须向党中央请示报告。

第十三条 党组织应当向上级党组织请示下列事项：

（一）贯彻落实党中央决策部署和上级党组织决定中的重要情况和问题，需要作出调整的政策措施，需要支持解决的特殊困难；

（二）重大改革措施、重大立法事项、重大体制变动、重大项目推进、重大突发事件、重大机构调整、重要干部任免、重要表彰奖励、重大违纪违法和复杂敏感案件处理等；

（三）明确规定需要请示的重要会议、重要活动、重要文件等；

（四）重大活动、重要政策的宣传报道口径，新闻宣传和意识形态工作中的全局性问题和不易把握的问题；

（五）出台重大创新举措，特别是遇到新情况新问题且无明文规定、需要先行先试，或者创新举措可能与现行规定相冲突、需经授权才能实施的情况；

（六）属于自身职权范围内但事关重大或者特殊敏感的事项；

（七）重大决策时存在较大意见分歧的情况；

（八）跨区域、跨领域、跨行业、跨系统工作中需要上级党组织统筹推进的重大事项；

（九）调整上级党组织文件、会议精神的传达知悉范围，使用上级党组织负责同志未公开的讲话、音像资料等；

（十）其他应当请示的重大事项。

下列事项不必向上级党组织请示：属于自身职权范围内的日常工作；上级党组织就有关问题已经作出明确批复的；事后报告即可的事项等。

第十四条 党组织应当向上级党组织报告下列事项：

（一）学习贯彻习近平新时代中国特色社会主义思想，统筹推进“五位一体”总体布局和协调推进“四个全面”战略布局的重要情况；

（二）党中央以及上级党组织重要会议、重要文件、重大决策部署贯彻落实情况，习近平总书记重要指示批示贯彻落实情况，上级党组织负责同志交办事项的研究办理情况；

（三）加强党的建设，履行全面从严治党责任，包括集中学习教育活动、意识形态工作、党组织设置及隶属关系调整、民主生活会、党风廉政建设、

落实中央八项规定精神、党员干部直接联系群众、巡视巡察整改、发现重大违纪违法问题等情况;

(四)全面工作总结和计划;

(五)重大专项工作开展情况;

(六)重大敏感事件、突发事件和群体性事件应对处置情况;

(七)经济社会发展中出现的重要情况和重大舆情;

(八)本地区、本部门、本单位工作中具有在更大范围推广价值的经验做法和意见建议;

(九)其他应当报告的重大事项。

下列事项不必向上级党组织报告:具体事务性工作;没有实质性内容的表态和情况反映等。

第十五条　党组织应当按照有关规定向上级党组织报备下列事项:

(一)党内法规和规范性文件;

(二)领导班子成员分工;

(三)有关干部任免;

(四)党委委员、候补委员职务的辞去、免去或者自动终止;

(五)其他应当报备的重大事项。

第十六条　中央各决策议事协调机构、中央各部门、有关中央国家机关党组(党委)应当对本领域、行业、系统内请示报告的具体事项提出明确要求、加强工作指导。

上级党组织应当从实际出发,对下级党组织请示报告中主题相近、内容关联的同类事项归并整合提出要求,促使请示报告精简务实。

第十七条　党组织应当根据本条例规定的请示报告事项范围和内容,结合上级要求和自身实际,制定请示报告事项清单。

第四章　党组织请示报告程序

第十八条　重大事项请示报告一般应当经党组织领导班子集体研究或者传批审定,由主要负责同志签发或者作出。必要时应当事先报上级党组织分管负责同志同意。

两个以上党组织联合请示报告的,应当协商一致后呈报。未取得一致意见的,应当对有关情况作出说明。

第十九条　向上级党组织请示重大事项,必须事前请示,给上级党组织以充足研判和决策时间。情况紧急来不及请示必须临机处置的，应当按照规定履职尽责，并及时进行后续请示报告。

定期报告按照规定的时间进行。专题报告根据工作进展情况适时进行，学习贯彻上级党组织重要会议和文件精神的专题报告应当注重反映落实见效情况，不得一味求快。对上级党组织交办的重大事项，应当按照时限要求报告。突发性重大事件应当及时报告，并根据事件发展处置情况做好续报工作。

第二十条 提出请示应当阐明请求事项及相关理由。报送请示应当一文一事，不得在报告等非请示性公文中夹带请示事项。

对下级党组织请示的重大事项，受理党组织如需以其名义再向上级党组织请示的，应当认真研究并负责任地提出处理建议，不得只将原文转请示上级党组织。

第二十一条 上级党组织收到请示后，一般由综合部门提出拟办意见报党组织负责同志按照规定批办。

党政机关联合提出的请示，由上级党组织牵头办理。

第二十二条 上级党组织对受理的紧急请示事项应当尽快办理。有明确办理时限要求的应当在规定期限内办理完毕，确有特殊情况无法在规定期限内办理完毕的，应当主动向下级党组织说明情况。

第二十三条 请示的答复一般应当坚持向谁请示由谁答复，特殊情况下受理请示的党组织可以授权党组织有关部门代为答复。

第二十四条 报告应当具有实质性内容和参考价值，有助于上级党组织了解情况、科学决策，力戒空洞无物、评功摆好、搞形式主义。报告应当简明扼要、文风质朴，呈报党中央的综合报告一般在5000字以内，专项报告一般在3000字以内，情况复杂、确有必要详细报告的有关内容可以通过附件反映。

第二十五条 上级党组织收到报告后，应当由综合部门根据工作需要报送党组织负责同志阅示。综合部门可以将主题相同、内容相近的报告统一集中报送，或者摘要形成综合材料后报送。

党组织负责同志对报告作出批示指示的，综合部门应当及时按照要求办理。

第二十六条 上级党组织应当加强对报告的综合分析利用。对于有推广价值的典型经验做法，可以通过适当形式进行宣传；对于共性问题，应当予以重视并研究解决;对于有价值的意见建议,应当认真研究吸收、推动改进工作。

第二十七条 重大事项请示报告工作存在可能影响公正办理情形的,有关人员应当回避。

第五章 党组织请示报告方式

第二十八条 党组织应当根据重大事项类型和缓急程度采用口头、书面方式进行请示报告。

第二十九条 重大事项请示报告适宜简便进行的,可以采用口头方式。对于情况紧急或者重大事项处理尚处于初步酝酿阶段的,可以采用口头方式先行请示报告,后续再以书面方式补充请示报告。

第三十条 口头请示报告视情采用通话、当面、会议等方式。内容较为简单或者情况十分紧急的,可以采用通话方式;内容较为复杂或者情况敏感特殊的,可以采用当面方式;内容较为正式或者涉及主体较多的,可以采用会议方式。

口头请示报告应当做好记录和资料留存,确保有据可查。

第三十一条 非紧急情况、重大事项处理处于相对成熟阶段或者不适宜简便进行的请示报告,应当采用书面方式。

第三十二条 书面报告视情采用正式报告、信息、简报等方式。信息侧重于报告重大突发事件,需要注意的问题、现象和情况等,应当做到及时高效、权威准确。简报侧重于报告某方面工作简要情况。

党组织应当统筹用好书面报告方式,坚持"一事不二报",一般不得就同一内容使用多种方式重复报告。上级党组织明确要求正式报告的,不得以其他方式代替。

第三十三条 党组织可以利用电话、文件、传真、电报、网络等载体开展请示报告工作。涉密事项应当按照有关保密规定执行。

基层党组织开展请示报告工作可以更加灵活便捷、突出实效。

第六章 党员、领导干部请示报告

第三十四条 党员一般应当向所在党组织请示报告重大事项。领导干部一般应当向所属党组织请示报告重要工作。

党员、领导干部向党组织请示报告个人有关事项,按照有关规定执行。

第三十五条 党员应当向党组织请示下列事项：

（一）从事党组织所分配的工作中的重要问题；

（二）代表党组织发表主张或者作出决定；

（三）按照规定需要请示的涉外工作交往活动；

（四）转移党的组织关系；

（五）其他应当向党组织请示的事项。

第三十六条 党员应当向党组织报告下列事项：

（一）贯彻执行党组织决议以及完成党组织交办工作任务情况；

（二）对党的工作和领导干部的意见建议；

（三）发现党员、领导干部违纪违法线索情况；

（四）流动外出情况；

（五）其他应当向党组织报告的事项。

第三十七条 领导干部应当向党组织请示下列事项：

（一）超出自身职权范围，应当由所在党组织或者上级党组织作出决定的重大事项；

（二）属于自身职权范围但事关重大的问题和情况；

（三）代表党组织对外发表重要意见；

（四）因故无法履职或者离开工作所在地；

（五）其他应当向党组织请示的事项。

第三十八条 领导干部应当向党组织报告下列事项：

（一）学习贯彻习近平新时代中国特色社会主义思想，贯彻落实党中央决策部署和党组织决定中的重要情况和问题；

（二）遵守政治纪律和政治规矩，坚决维护习近平总书记党中央的核心、全党的核心地位，坚决维护党中央权威和集中统一领导情况；

（三）坚持民主集中制，发扬党内民主，正确行使权力，参与集体领导情况；

（四）参加领导班子民主生活会和所在党支部（党小组）组织生活会情况；

（五）履行管党治党责任，加强党风廉政建设和反腐败工作以及遵守廉洁纪律情况；

（六）重大决策失误或者应对突发事件处置失当，纪检监察、巡视巡察和审计中发现重要问题，以及违纪违法情况；

（七）可能影响正常履职的重大疾病等情况；

（八）其他应当向党组织报告的事项。

第三十九条 党员、领导干部按照规定采用口头、书面方式进行请示报告。党组织应当及时办理党员、领导干部的请示事项，必要时可以对报告事项作出研究处理。

第七章 监督与追责

第四十条 党组织应当将重大事项请示报告工作开展情况纳入向上一级党组织报告工作的重要内容。

第四十一条 党组织应当建立健全重大事项请示报告工作督查机制，并将执行请示报告制度情况纳入日常监督和巡视巡察范围。

第四十二条 党组织应当将重大事项请示报告工作情况作为履行全面从严治党政治责任的重要内容，对下级党组织及其主要负责同志进行考核评价。考核评价可以与党风廉政建设责任制检查考核、党建工作考核等相结合，结果应当以适当方式通报。

第四十三条 建立健全纠错机制，对于重大事项请示报告工作中出现的主体不适当、内容不准确、程序不规范、方式不合理等问题，上级党组织应当及时提醒纠正，并将有关情况体现到考评通报中。

第四十四条 实行重大事项请示报告责任追究制度，有下列情形之一的，应当依规依纪追究有关党组织和党员、领导干部以及工作人员的责任，涉嫌违法犯罪的，按照有关法律规定处理：

（一）违反政治纪律和政治规矩，擅自决定应当由党中央决定的重大事项，损害党中央权威和集中统一领导的；

（二）履行领导责任不到位，对重大事项请示报告不重视不部署，工作开展不力的；

（三）违反组织原则，该请示不请示，该报告不报告的；

（四）缺乏责任担当，推诿塞责、上交矛盾、消极作为的；

（五）搞形式主义、官僚主义，请示报告内容不实、信息不准，造成严重后果的；

（六）违反工作要求，不按规定程序和方式请示报告，造成严重后果的；

（七）其他应当追究责任的情形。

第八章　附　　则

第四十五条　各省、自治区、直辖市党委，中央各决策议事协调机构，中央各部门，中央国家机关各部委党组（党委），应当紧密结合工作实际制定具体落实措施。

第四十六条　中央军事委员会可以根据本条例，结合中国人民解放军和中国人民武装警察部队的实际情况，制定相关规定。

第四十七条　本条例由中央办公厅负责解释。

第四十八条　本条例自2019年1月31日起施行。

纪检监察机关派驻机构工作规则

（2022年6月2日中共中央政治局常委会会议审议批准
2022年6月22日中共中央办公厅发布）

第一章　总　　则

第一条　为了加强和规范纪检监察机关派驻机构工作，根据《中国共产党纪律检查委员会工作条例》和《中华人民共和国监察法》，制定本规则。

第二条　派驻机构工作坚持以习近平新时代中国特色社会主义思想为指导，增强“四个意识”、坚定“四个自信”、做到“两个维护”，坚持自我革命，坚持敢于斗争，坚持实事求是，深入贯彻全面从严治党战略方针，坚定不移推进党风廉政建设和反腐败斗争，建立健全系统集成、协同高效的派驻监督体制机制，增强“派”的权威和“驻”的优势，一体推进不敢腐、不能腐、不想腐，充分发挥监督保障执行、促进完善发展作用。

第三条　在党中央集中统一领导下，中央纪律检查委员会国家监察委员会向中央一级党和国家机关以及其他组织派驻纪检监察机构，地方各级纪律检查委员会监察委员会向本级党和国家机关以及其他组织派驻纪检监察机构。派驻机构是派出机关的组成部分，与驻在单位是监督和被监督的关系。

派驻机构应当强化政治监督，把坚持和加强党的领导贯穿工作全过程各方面,推动驻在单位切实做到"两个维护",贯彻党的理论和路线方针政策,落实党中央决策部署。

第四条 派驻机构遵循以下原则开展工作:

(一)坚持党中央集中统一领导,强化组织自上而下的监督功能;

(二)坚持民主集中制,重要事项集体研究决定;

(三)坚持敢于善于监督,完善常态化监督工作机制;

(四)坚持职责定位,依规依纪依法履行职责;

(五)坚持各项监督统筹衔接,推动全面从严治党主体责任和监督责任一体落实;

(六)坚持监督与被监督相统一,自觉接受各方面监督。

第五条 派驻机构应当持续深化转职能、转方式、转作风,聚焦全面从严治党、党风廉政建设和反腐败工作,强化监督职责,突出工作重点,创新履职方式,有效运用"四种形态",增强派驻监督全覆盖的有效性,推动派驻监督工作高质量发展。

第二章 组织设置

第六条 中央纪律检查委员会国家监察委员会向中央一级党和国家机关、中管金融企业派驻纪检监察组。地方各级纪律检查委员会监察委员会向本级党和国家机关、所管辖的国有金融企业派驻纪检监察组。

中央纪律检查委员会国家监察委员会、地方各级纪律检查委员会监察委员会按照规定向国有企业、普通高等学校等单位派驻纪检监察组;或者依法派驻监察机构,派驻监察专员并设立监察专员办公室,与该单位党的纪律检查机构合署办公。

对系统规模大、直属单位多、监督对象多的单位,可以单独派驻纪检监察组;对业务关联度高,或者需要统筹力量实施监督的相关单位,可以综合派驻纪检监察组。

第七条 派驻机构主要负责人按照规定担任驻在单位的党组(党委)成员,履行监督专责,不分管驻在单位工作。

派驻机构主要负责人实行交流任职、定期轮岗。

第八条 派驻机构的领导机构是组务会。组务会由派驻机构正职、副职组成。组务会会议学习贯彻落实党中央决策部署,贯彻中央纪委国家监委工作部署,落实派出机关工作安排,研究讨论管辖范围内纪检监察工作的重要问题、重要事项，按照权限讨论或者决定党纪政务处分等事项。

派驻机构应当健全组务会会议以及组长办公会议、专题会议等会议制度，完善议事决策机制。

第九条 派驻机构应当按照信访举报、监督检查、审查调查、案件监督管理、案件审理相互协调、相互制约的原则，结合实际设置内设机构或者明确人员分工。

第三章 领导体制

第十条 各级党委应当加强对纪检监察机关派驻机构工作的领导，健全机构设置、干部管理、工作保障等机制，听取纪律检查委员会监察委员会关于派驻监督工作的汇报，推动派驻机构履职尽责。

第十一条 驻在单位应当支持配合派驻机构工作，主动及时通报重要情况、重要问题，根据派驻机构工作需要提供有关材料，为派驻机构开展工作创造条件、提供保障。

第十二条 派驻机构由派出机关直接领导、统一管理，向派出机关负责，受派出机关监督。

各级纪律检查委员会常务委员会应当定期听取派驻监督工作情况报告。派出机关分管领导应当定期召开派驻机构负责人会议，经常同派驻机构主要负责人研究工作。

第十三条 派出机关相关部门根据职能职责，加强对派驻机构的指导、联系、服务和保障。

监督检查部门协助分管领导联系派驻机构日常工作：

（一）指导督促派驻机构履行职责；

（二）对派驻机构请示报告的问题、事项进行审核把关；

（三）对派出机关交办的重要案件、事项进行督促办理；

（四）办理派驻机构提请支持、协调的重要事项；

（五）向派驻机构通报驻在单位领导班子及其成员、驻在单位上级党委管理的其他人员的一般性问题和谈话提醒、批评教育、责令检查、诫勉谈话等情况；

（六）联系开展其他工作。

第十四条 派出机关相关部门应当会同派驻机构联合开展以下监督工作：

（一）开展专项检查，推动驻在单位落实党中央决策部署；

（二）研判驻在单位政治生态，有针对性地开展监督；

（三）开展专题调查研究，查找分析利用公共权力和资源设租寻租、离职后违规从业等行业性、系统性廉洁风险，向驻在单位提出意见建议或者督促开展专项治理；

（四）支持配合派出机关同级党委巡视巡察机构开展工作，对整改情况进行监督；

（五）推动驻在单位落实纪检监察建议；

（六）其他需要联合开展的监督工作。

第十五条 派出机关监督检查部门、审查调查部门对于派驻机构管辖的重大、复杂案件，经批准可以直接办理或者组织、指挥办理。

第十六条 派出机关相关部门应当指导、协调派驻机构与地方纪律检查委员会监察委员会协作开展以下工作：

（一）协同开展专项检查、专项监督，推动解决有关系统和领域的突出问题；

（二）协作采取监督检查、审查调查措施；

（三）协商确定驻在单位党员、干部以及监察对象涉嫌违纪和职务违法、职务犯罪案件的管辖，或者由派驻机构报请派出机关指定有关地方纪委监委管辖；

（四）联合审查调查驻在单位党员、干部以及监察对象涉嫌违纪和职务违法、职务犯罪案件；

（五）其他需要协作开展的工作。

第十七条 派出机关相关部门应当组织、指导各派驻机构之间协作配合开展以下工作：

（一）针对共性或者关联性问题同步开展专项监督；

（二）对重大、复杂案件进行联合审查调查；

（三）协作开展案件审理、复议复查和复审工作；

（四）对派出机关部署的重要工作落实情况开展交叉检查或者联合检查；

（五）联合开展调研、培训；

（六）其他需要协作配合开展的工作。

第十八条 派驻机构应当加强对驻在单位内设纪检机构及直属单位

纪检机构的业务指导和监督检查,督促、支持其发挥职能作用,推动纪检干部队伍建设,加强政治教育和业务培训,协调人员力量开展监督执纪工作。

第十九条 派驻垂直管理单位的纪检监察组应当加强对驻在单位的下一级单位纪检机构的业务指导和监督检查,对驻在单位各级纪检机构的工作进行统筹,推动层层落实监督责任。下一级单位纪检机构的监督执纪工作以派驻纪检监察组领导为主,线索处置和案件查办在向同级党组(党委)报告的同时应当一并向派驻纪检监察组报告。

实行双重领导并以上级单位领导为主的单位,国有企业、国有金融企业的派驻机构工作,参照前款规定执行。

第二十条 各级纪律检查委员会监察委员会派出的机关纪检监察工作委员会,按照规定审理有关派驻机构审查调查的案件,定期向派出机关报告案件审理工作情况。在派出机关领导下,建立健全案件质量评查机制,向派驻机构反馈评查结果。

机关纪检监察工作委员会应当加强与派驻机构的沟通协调,对本级党和国家机关部门机关纪委的执纪审查工作进行协同指导。

第二十一条 派驻国有资产监管机构、教育行政部门等的纪检监察组,按照规定协助派出机关加强对国有企业、普通高等学校等单位派驻机构工作的指导,形成监督合力。

派驻国有资产监管机构的纪检监察组,应当加强对驻在单位党组(党委)管理领导班子的国有企业纪检机构监督执纪工作的领导。相关国有企业纪检机构的线索处置和案件查办在向同级党委报告的同时,应当一并向派驻纪检监察组报告。

第四章 工作职责

第二十二条 派驻机构依规依纪依法履行监督执纪问责和监督调查处置职责。

第二十三条 派驻机构应当把监督作为基本职责,结合驻在单位实际,重点监督检查以下情况:

(一)对党忠诚,践行党的性质宗旨情况;

(二)贯彻党的理论和路线方针政策、落实党中央决策部署、践行“两个维护”情况;

(三)落实全面从严治党主体责任、加强党风廉政建设和反腐败工作情况；

（四）贯彻执行民主集中制、依规依法履职用权、廉洁自律等情况。

第二十四条 派驻机构应当重点监督以下对象：

（一）驻在单位领导班子及其成员特别是主要负责人；

（二）驻在单位上级党委管理的其他人员；

（三）驻在单位党组（党委）管理的领导班子及其成员；

（四）其他列入重点监督对象的驻在单位人员。

第二十五条 派驻机构应当支持和督促驻在单位党组（党委）落实全面从严治党主体责任，协助其开展内部巡视巡察，推动驻在单位深化改革、健全制度、完善治理、防控风险。

第二十六条 派驻机构应当结合派驻监督工作情况，推动驻在单位党组（党委）开展全面从严治党、党风廉政建设和反腐败工作的形势任务教育，强化纪法教育、警示教育，推进廉洁文化建设，教育引导党员、干部以及监察对象修身律己，筑牢思想道德防线。

第二十七条 派驻机构对反映驻在单位党组织和党员、干部以及监察对象问题的检举控告，按照规定受理和处置。

第二十八条 派驻机构对驻在单位领导班子及其成员、驻在单位上级党委管理的其他人员涉嫌违纪和职务违法、职务犯罪问题线索，经批准可以参与派出机关的初步核实、审查调查工作。

第二十九条 派驻机构负责审查以下党组织和党员涉嫌违犯党纪的案件：

（一）驻在单位党组（党委）直接领导的党组织；

（二）驻在单位党组（党委）管理的领导班子成员；

（三）本规则第二十四条第四项规定的人员。

派驻机构必要时可以审查驻在单位党组（党委）管理的其他党组织和党员涉嫌违犯党纪的案件。

派驻机构根据派出机关授权，依法调查驻在单位监察对象涉嫌职务违法、职务犯罪案件。

第三十条 派驻机构按照管理权限，对违纪违法的驻在单位党组织和党员、干部以及监察对象进行处理处分，对不履行或者不正确履行职责的驻在单位党组织和领导干部进行问责。

第三十一条 派驻机构负责受理和处置以下申诉或者复审申请：

（一）党组织和党员对派驻机构所作处理决定不服的申诉；

（二）监察对象对派驻机构所作处理决定不服的复审申请；

（三）被调查人及其近亲属对派驻机构及其工作人员侵害被调查人合法权益行为的申诉。

对于派驻机构立案审查调查后由驻在单位作出处理决定案件的申诉或者复核申请，派驻机构应当协助驻在单位做好有关处置工作。

第五章　履职程序

第三十二条　派驻机构开展日常监督应当深入实际、深入群众，监督方式包括：

（一）参加会议。参加或者列席驻在单位领导班子会议等重要会议，了解学习贯彻党中央决策部署以及上级党组织决定情况和班子成员的意见态度，“三重一大”决策制度执行情况，按照规定向派出机关报告。

（二）谈心谈话。同党员、干部和群众广泛谈心谈话，听取对监督对象的反映，发现监督对象存在苗头性、倾向性问题的，进行谈话提醒、批评教育。

（三）听取汇报。听取驻在单位党组（党委）管理的领导班子及其成员履行管党治党责任情况的汇报，发现责任落实不到位的，进行提醒纠正。

（四）查阅资料。按照规定查阅、复制驻在单位有关文件、资料、数据等材料，了解核实有关情况。

（五）沟通情况。加强与驻在单位机关党委、党委办公室和组织人事、巡视巡察、法规法务、财务审计等部门的沟通，及时发现和通报问题。

（六）分析研判。分析信访举报、党风廉政等情况，对典型性、普遍性问题向驻在单位提出意见建议。

（七）廉政把关。建立健全、动态更新驻在单位党组（党委）管理的领导干部廉政档案，严把党风廉政意见回复关。

（八）实地调查。开展驻点调研、现场核查，精准发现驻在单位存在的突出问题。

（九）其他开展日常监督的方式。

第三十三条　派驻机构应当严格执行报告制度，发现驻在单位领导班子及其成员重要问题、重要事项及时向派出机关报告。

派驻机构应当经常对驻在单位领导班子及其成员坚持党的领导、加强党的建设、履行全面从严治党主体责任情况以及党风廉政状况进行分析,每年向派出机关提交专题报告。

第三十四条 派驻机构应当定期会同驻在单位党组(党委)专题研究全面从严治党、党风廉政建设和反腐败工作。派出机关监督检查部门根据情况派员参加。

派驻机构主要负责人应当经常与驻在单位党组(党委)主要负责人就政治生态、作风建设、廉洁风险等情况交换意见,提出工作建议,督促完善有关制度措施。

第三十五条 派驻机构应当向驻在单位领导班子成员通报其分管部门和单位领导干部遵守党章党规党纪、廉洁自律等情况,推动领导班子成员落实"一岗双责"要求,抓好分管部门和单位的党风廉政建设工作。

第三十六条 派驻机构对驻在单位开展内部巡视巡察提供以下协助:

(一)通报监督执纪执法中发现的问题;

(二)处置内部巡视巡察移交的问题线索;

(三)检查整改责任落实情况;

(四)其他协助内部巡视巡察的工作。

第三十七条 派驻机构应当指定专人负责管理涉嫌违纪和职务违法、职务犯罪问题线索,逐件编号登记,建立管理台账。

派驻机构应当结合日常监督掌握的情况,对问题线索进行综合分析、适当了解,采取谈话函询、初步核实、暂存待查、予以了结等方式进行处置。线索处置意见应当自收到线索之日起1个月内提出。

处置问题线索应当报派驻机构主要负责人审批,并按照规定报派出机关备案。

第三十八条 派驻机构经过初步核实,需要进行立案审查调查的,应当报派驻机构主要负责人审批。其中,对驻在单位党组(党委)直接领导的党组织、党组(党委)管理的领导班子成员中的正职领导干部立案和副职领导干部涉嫌严重职务违法、职务犯罪立案的,应当报派出机关审批。

派驻机构在立案前应当征求驻在单位党组(党委)主要负责人意见,对于有不同意见的应当报派出机关决定。确因安全保密等特殊情况,经派出机关同意,也可以在立案后及时向驻在单位党组(党委)主要负责人通报。

第三十九条 派驻机构按照规定报批后,可以依规依纪依法采取谈话、讯问、询问、留置、查询、冻结、搜查、调取、查封、扣押(暂扣、封存)、勘验检查、鉴定措施。对依法应当交有关机关执行的措施,报派出机关审批并以派出机关名义办理。

派驻机构应当对审查调查措施进行严格监管,建立措施使用台账,定期将有关情况报派出机关案件监督管理部门、监督检查部门备案。

第四十条 派驻机构审查调查工作结束后,应当按照规定进行审理,提出纪律处理或者党纪处分建议、拟作出的政务处分决定或者处分建议,通报驻在单位党组(党委)。

第四十一条 驻在单位党组(党委)按照权限和程序,对违纪的党组织、党员作出纪律处理或者党纪处分决定。

派驻机构按照管理权限,对违法的监察对象依法作出政务处分决定;建议驻在单位处分的,由驻在单位依法依规作出处分决定。

派驻机构提出的处理处分建议与驻在单位党组(党委)的意见不同又不能协商一致的,由派驻机构报派出机关研究决定。

第四十二条 派驻机构发现驻在单位党组(党委)管理的党组织和领导干部失职失责造成严重后果或者恶劣影响,需要进行问责调查的,应当报派驻机构主要负责人审批后,启动问责调查程序。

派驻机构应当依规依纪依法开展问责调查,查明失职失责问题,按照管理权限作出问责决定,或者向有权作出问责决定的党组织(单位)提出问责建议。

对党组织采取改组方式问责的,按照党章和其他党内法规规定的权限、程序执行。对领导干部采取党纪政务处分方式问责的,按照本规则第三十八条、第四十条、第四十一条办理。

第四十三条 派驻机构对调查的监察对象和涉案人员涉嫌职务犯罪案件,经集体审议,认为犯罪事实清楚,证据确实、充分,需要追究刑事责任的,依法依规移送人民检察院审查起诉。

第四十四条 派驻机构发现驻在单位在贯彻党中央决策部署、落实全面从严治党主体责任、开展党风廉政建设以及决策机制、监督管理、制度执行等方面存在突出问题或者薄弱环节的,应当提出纪检监察建议。

派驻机构应当加强对驻在单位问题整改情况的监督检查,督促限期整改、反馈,推动纪检监察建议落实到位。

第六章 管理监督

第四十五条 派驻机构必须坚持以习近平新时代中国特色社会主义思想武装头脑、指导实践、推动工作,以党的政治建设为统领推进党的各方面建设,教育引导派驻机构干部忠于职守、履职尽责,不断提高政治判断力、政治领悟力、政治执行力,带头增强“四个意识”、坚定“四个自信”、做到“两个维护”,发扬党的优良传统和作风,加强思想淬炼、政治历练、实践锻炼、专业训练,增强法治意识、程序意识、证据意识,建设政治素质高、忠诚干净担当、专业化能力强、敢于善于斗争的派驻机构干部队伍。

派驻机构党组织应当严格执行党的组织生活制度,推进党支部标准化规范化建设,增强党组织政治功能和组织力凝聚力,发挥战斗堡垒作用。

第四十六条 派出机关应当严把派驻机构干部入口关,按照干部管理权限统筹派出机关和派驻机构干部的选拔任用、人员交流、考核培训、监督管理,有计划地安排派驻机构干部参与派出机关工作、进行培养锻炼。

第四十七条 派出机关应当每年组织派驻机构主要负责人进行述责述廉。结合驻在单位特点,对派驻机构履行职责以及自身建设等方面情况进行考核。考核中,应当听取驻在单位领导班子和有关方面的意见,并将其作为考核的重要依据。

第四十八条 派驻机构应当加强规范化、法治化、正规化建设,明确职权范围,健全内控机制,规范工作流程和审批权限,完善回避、保密和过问、干预案件登记备案等管理制度,建立健全办案安全责任制,推动各项工作依规依纪依法进行。

第四十九条 派驻机构应当坚持打铁必须自身硬,坚持严的标准,勇于刀刃向内,牢固树立监督者更要自觉接受监督的意识,加强自我管理、自我约束,不断提高免疫力,切实防治“灯下黑”。

派驻机构应当接受派出机关同级党委巡视巡察监督和派出机关的管理监督,对所提监督意见进行整改落实,并报告整改情况。

派驻机构应当明确专门机构或者人员负责干部日常管理监督工作,及时汇总各方面意见,对自身权力运行的关键环节进行经常性检查,认真核查相关检举控告,按照规定将处置情况向派出机关干部监督部门报告。

派驻机构应当听取驻在单位领导班子对派驻机构工作的意见建议,认真研究处理,并及时反馈。自觉接受驻在单位党员、干部和群众的监督,畅通意见反映渠道，对反映的问题进行调查核实处置，不断完善制度、改进工作。

第五十条 派驻机构干部有跑风漏气、迟报瞒报、滥用职权、以案谋私以及其他违规违纪违法行为的，依规依纪依法严肃处理；构成犯罪的，依法追究刑事责任。

第五十一条 派驻机构及其领导干部不履行或者不正确履行职责，导致应当发现的问题没有发现，或者发现问题不报告不处置，执纪执法不严格不规范，造成严重后果或者恶劣影响的，予以严肃问责。

第七章 附 则

第五十二条 本规则涉及的审批权限均指最低审批权限，工作中根据需要可以按照更高层级的审批权限报批。

第五十三条 派驻国有企业、普通高等学校的监察机构、监察专员（监察专员办公室）除执行本规则外，还应当执行中央纪律检查委员会国家监察委员会相关规定。

第五十四条 中央军事委员会可以根据本规则制定相关细则。

第五十五条 本规则由中央纪律检查委员会国家监察委员会负责解释。

第五十六条 本规则自发布之日起施行。此前发布的其他有关纪检监察机关派驻机构工作的规定，凡与本规则不一致的，按照本规则执行。

纪检监察规范性文件备案审查规定

（2024年1月2日中共中央纪委制定 2024年1月15日发布）

第一章 总 则

第一条 为了规范纪检监察规范性文件备案审查工作，维护纪检监察法规制度体系协调统一，增强法规制度权威性和执行力，根据《中国共产党党内法规和规范性文件备案审查规定》和《中华人民共和国监察法实施条例》等法规，结合工作实际，制定本规定。

第二条　本规定适用于地方各级纪委监委、新疆生产建设兵团各级纪委监委制定的纪检监察规范性文件的备案审查工作。

中央纪委国家监委制定的法规和规范性文件根据有关规定进行备案。

本规定所称纪检监察规范性文件,是指纪委监委在履行职责过程中形成的,在其管辖范围内具有普遍约束力、在一定时期内可以反复适用,以纪委监委或者其办公厅(室)发文字号印发的文件。

下列文件不列入备案审查范围:

(一)印发领导讲话、年度工作要点、年度工作方案、工作总结、分工方案等内容的文件;

(二)关于人事调整、表彰奖励、处分处理等事项的文件;

(三)仅适用于纪委监委机关内设机构、直属单位,规范机要收发、后勤保障、财务管理等内部日常管理的文件;

(四)请示、报告、会议活动通知、会议纪要、情况通报等文件;

(五)其他不具有普遍约束力、不能反复适用的文件。

第三条　备案审查工作应当遵循下列原则:

(一)有件必备,凡属备案审查范围的都应当及时报备,不得瞒报、漏报、迟报;

(二)有备必审,对报备的纪检监察规范性文件应当及时、严格审查,不得备而不审;

(三)有错必纠,对审查中发现的问题应当按照规定作出处理,不得打折扣、搞变通。

第四条　纪委监委制定的纪检监察规范性文件应当向上一级纪委监委报备。上级纪委监委对下一级纪委监委报备的纪检监察规范性文件进行审查。备案审查工作具体由法规工作机构或者承担法规工作职能的工作机构(以下统称法规工作机构)办理。

第五条　加强备案审查工作信息化建设,建立健全覆盖全国纪检监察系统、互联互通、功能完备、操作便捷的备案审查平台,提高备案审查工作信息化水平。

第二章　报　　备

第六条　制定机关应当自纪检监察规范性文件发布之日起30日内,以本级纪委监委办公厅(室)的名义进行报备。

对未按照规定时限报备的，审查机关应当要求制定机关限期补报，必要时可以予以通报。

第七条 制定机关报备纪检监察规范性文件，应当提交1份备案报告、正式文本和备案说明，并报送电子文本。备案说明应当写明制定背景、政策创新及其依据、制定过程、向同级党委或者人大常委会报备等情况。

已建立备案审查平台的，电子文本通过平台报送。尚未建立备案审查平台的，电子文本可以通过纪检监察内网电子邮件、机要交换光盘等方式报送。

第八条 对属于备案审查范围且报备材料符合要求的纪检监察规范性文件，审查机关应当予以登记接收。

对属于本规定第二条第四款所列文件的，应当不予备案，并反馈报备机关。

对报备材料不符合本规定第七条第一款要求的，应当暂缓备案，并要求报备机关限期补正材料。

第九条 报备机关应当于每年2月1日前，将上一年度以纪委监委或者其办公厅（室）发文字号印发的文件目录报送审查机关备查，并根据审查机关要求提供文件目录内相关文本。文件目录应当包括文件名称、发文字号、主送机关、定密情况、发布机关、发布日期、向审查机关报备情况等内容。

第三章 审　　查

第十条 审查机关应当从下列方面对纪检监察规范性文件进行审查：

（一）政治性审查。包括是否认真贯彻落实习近平新时代中国特色社会主义思想，是否同党的基本理论、基本路线、基本方略相一致，是否与党中央关于健全全面从严治党体系、党的自我革命制度规范体系、党和国家监督体系以及深入推进纪检监察体制改革等决策部署相符合，是否与中央纪委国家监委重要工作部署相符合，是否严守党的政治纪律和政治规矩等。

（二）合法合规性审查。包括是否同党章和其他党内法规、宪法和法律、上位规范性文件相抵触，是否与同位规范性文件对同一事项的规定相冲突，是否符合制定权限和程序，是否落实精简文件、改进文风要求等。

（三）合理性审查。包括是否适应推动纪检监察工作高质量发展的形势任务需要,是否可能在社会上造成重大负面影响,是否违反公平公正原则,对纪检监察机关及其工作人员行使职权、履行职责设定的措施、程序、时限、内容等是否符合立规目的和实际情况等。

(四)规范性审查。包括名称使用是否适当,体例格式是否正确,表述是否规范等。

审查机关在审查中,应当注重保护报备机关结合实际改革创新的积极性。

对事关党中央重大决策部署调整、涉及党内法规和国家法律重要修改等方面的纪检监察规范性文件,审查机关可以开展专项审查。

第十一条　审查机关及其法规工作机构对内容复杂敏感、专业性强、涉及面广的纪检监察规范性文件,可以征求有关单位、本机关有关部门的意见建议或者进行会商研究。必要时,审查机关可以提请上一级纪委监委进行指导。

审查机关有关部门应当在职责范围内积极协助开展审查工作,共同发挥审核把关作用。

第十二条　审查机关对审查中发现的问题,可以与报备机关进行沟通,必要时要求其作出说明。报备机关应当在规定时限内就有关事项说明理由和依据,同时可以提出处理措施。

第四章　处　　理

第十三条　审查机关根据不同情形,对报备的纪检监察规范性文件作出相应处理决定,并督促报备机关及时办理。报备机关应当落实审查机关的处理决定。

第十四条　对审查中没有发现问题的纪检监察规范性文件,审查机关应当直接予以备案通过,并及时反馈报备机关。

审查机关发现已经备案通过的纪检监察规范性文件存在问题的,可以重新启动审查程序。

第十五条　对没有原则性问题,但存在下列情形之一的纪检监察规范性文件,审查机关可以予以备案通过,并向报备机关提出建议:

(一)有关规定基本合法合规,但需要在执行中把握好尺度;

(二)有关规定实施后上级精神发生变化或者新的改革措施即将出台,需要报备机关了解掌握;

（三）征求意见中有关单位、部门提出的意见建议具有较高参考价值；

（四）其他需要提出建议的情形。

第十六条 对没有原则性问题，但存在名称使用、体例格式、文字表述等不规范情形的纪检监察规范性文件，审查机关可以予以备案通过，并将相关情况告知报备机关。

报备机关多次出现不规范情形的，审查机关可以予以通报。

第十七条 对没有原则性问题，但存在下列情形之一的纪检监察规范性文件，审查机关可以予以备案通过，并对报备机关进行书面提醒：

（一）有关政治表述不够规范；

（二）有关规定在执行中可能产生偏差或者引起误解；

（三）有关规定不够合理；

（四）制定程序不规范；

（五）不符合精简文件、改进文风要求；

（六）其他需要书面提醒的情形。

对可以采用修改原文件、印发补充文件等方式进行整改的文件，报备机关应当积极整改，防止产生不良影响。对存在前款第四项和第五项规定情形、不适宜通过上述方式进行整改的文件，报备机关应当采取措施，避免再次出现同一问题。

审查机关要求报告处理情况的，报备机关应当在收到书面提醒后 30 日内报告。报备机关未在规定时限内报告处理情况的，审查机关可以予以通报，或者约谈报备机关有关负责人。

第十八条 对存在下列情形之一的纪检监察规范性文件，审查机关应当不予备案通过，并要求报备机关进行纠正：

（一）违背党的理论和路线方针政策；

（二）同党章和其他党内法规、宪法和法律、上位规范性文件相抵触；

（三）明显不合理；

（四）不符合制定权限；

（五）其他需要纠正的情形。

在作出纠正决定前，审查机关认为纪检监察规范性文件的有关规定不立即停止执行可能造成严重后果的，应当及时通知报备机关暂停执行该文件部分或者全部内容。

审查机关法规工作机构发现纪检监察规范性文件存在第一款规定情

形,且该文件同时向报备机关同级党委或者人大常委会报备的,应当征求报备机关同级党委或者人大常委会备案审查工作机构的意见。发现存在第一款第一项、第二项规定情形的,应当及时将相关情况向审查机关主要负责人报告。

对审查发现的问题,审查机关可以发函要求报备机关纠正。审查机关依据本规定第十二条就有关问题与报备机关沟通的,报备机关可以主动纠正。报备机关应当采用修改原文件、印发补充文件、废止原文件等方式进行纠正,及时妥善处理复杂敏感、可能产生不良影响的事项,并在收到审查机关纠正要求之日起30日内向其报告纠正情况。

审查机关对纠正后符合要求的纪检监察规范性文件,应当予以备案通过。报备机关未在规定时限内纠正问题或者报告有关纠正措施,且无正当理由的,审查机关可以作出撤销相关纪检监察规范性文件的决定。

第十九条 审查机关对纪检监察规范性文件作出审查处理决定,应当按照规定权限和程序审批。其中,对需要发函要求纠正的,应当报审查机关主要负责人审批。

第二十条 审查机关法规工作机构一般应当在登记接收纪检监察规范性文件之日起30日内完成审查处理工作。发现可能存在问题的,可以适当延长审查处理时间,但一般不超过3个月。

审查机关应当将备案审查工作有关资料存档备查。

第二十一条 审查机关应当及时总结备案审查工作情况,采取下列方式加强对报备的纪检监察规范性文件的综合利用:

(一)定期通报予以书面提醒和纠正的典型问题;

(二)对有借鉴价值、示范意义的纪检监察规范性文件,发布全文或者编发工作信息;

(三)定期发布备案文件目录;

(四)提炼和吸收成熟经验做法,制定层级更高的纪检监察规范性文件;

(五)其他可以进行综合利用的方式。

第五章 监督保障

第二十二条 中央纪委国家监委负责统筹协调、督促指导各级纪委监委备案审查工作。省级和市级纪委监委负责统筹协调、督促指导下级纪委监委备案审查工作。

第二十三条 纪委监委应当注重开展备案审查工作业务培训，通过建立工作联系点、人才库等方式，建设高素质专业化的备案审查队伍。

第二十四条 有下列情形之一，造成严重后果的，依规依纪依法追究有关纪委监委、领导干部以及工作人员的责任：

（一）履行政治责任不到位，对备案审查工作不重视不部署，组织领导不力；

（二）违反报备工作程序和时限要求，报备不规范、不及时甚至不报备，或者对审查机关指出的问题拒不整改或者整改不及时、不到位；

（三）违反审查工作程序和时限要求，审查不严格，出现明显错误；

（四）其他应当追究责任的情形。

第六章　附　　则

第二十五条 乡镇（街道）纪检监察机构制定的规范性文件的备案审查，参照本规定执行。

纪委监委派驻机构、派出机构，国有企业、普通高等学校等单位纪检监察机构制定的规范性文件，需要报派出机关或者上一级纪委备案审查的，参照本规定执行。

第二十六条 本规定由中央纪委国家监委负责解释。

第二十七条 本规定自 2024 年 2 月 1 日起施行。中央纪委办公厅 2019 年 12 月 26 日印发的《关于加强纪检监察规范性文件备案审查工作的通知》同时废止。

信访工作条例

（2022 年 1 月 24 日中共中央政治局会议审议批准
2022 年 2 月 25 日中共中央、国务院发布）

第一章　总　　则

第一条 为了坚持和加强党对信访工作的全面领导，做好新时代信访工作,保持党和政府同人民群众的密切联系,制定本条例。

第二条　本条例适用于各级党的机关、人大机关、行政机关、政协机关、监察机关、审判机关、检察机关以及群团组织、国有企事业单位等开展信访工作。

第三条　信访工作是党的群众工作的重要组成部分,是党和政府了解民情、集中民智、维护民利、凝聚民心的一项重要工作,是各级机关、单位及其领导干部、工作人员接受群众监督、改进工作作风的重要途径。

第四条　信访工作坚持以马克思列宁主义、毛泽东思想、邓小平理论、“三个代表”重要思想、科学发展观、习近平新时代中国特色社会主义思想为指导,贯彻落实习近平总书记关于加强和改进人民信访工作的重要思想,增强“四个意识”、坚定“四个自信”、做到“两个维护”,牢记为民解难、为党分忧的政治责任,坚守人民情怀,坚持底线思维、法治思维,服务党和国家工作大局,维护群众合法权益,化解信访突出问题,促进社会和谐稳定。

第五条　信访工作应当遵循下列原则:

(一)坚持党的全面领导。把党的领导贯彻到信访工作各方面和全过程,确保正确政治方向。

(二)坚持以人民为中心。践行党的群众路线,倾听群众呼声,关心群众疾苦,千方百计为群众排忧解难。

(三)坚持落实信访工作责任。党政同责、一岗双责,属地管理、分级负责,谁主管、谁负责。

(四)坚持依法按政策解决问题。将信访纳入法治化轨道,依法维护群众权益、规范信访秩序。

(五)坚持源头治理化解矛盾。多措并举、综合施策,着力点放在源头预防和前端化解,把可能引发信访问题的矛盾纠纷化解在基层、化解在萌芽状态。

第六条　各级机关、单位应当畅通信访渠道,做好信访工作,认真处理信访事项,倾听人民群众建议、意见和要求,接受人民群众监督,为人民群众服务。

第二章　信访工作体制

第七条　坚持和加强党对信访工作的全面领导,构建党委统一领导、政府组织落实、信访工作联席会议协调、信访部门推动、各方齐抓共管的信访工作格局。

第八条 党中央加强对信访工作的统一领导：

（一）强化政治引领，确立信访工作的政治方向和政治原则，严明政治纪律和政治规矩；

（二）制定信访工作方针政策，研究部署信访工作中事关党和国家工作大局、社会和谐稳定、群众权益保障的重大改革措施；

（三）领导建设一支对党忠诚可靠、恪守为民之责、善做群众工作的高素质专业化信访工作队伍，为信访工作提供组织保证。

第九条 地方党委领导本地区信访工作，贯彻落实党中央关于信访工作的方针政策和决策部署，执行上级党组织关于信访工作的部署要求，统筹信访工作责任体系构建，支持和督促下级党组织做好信访工作。

地方党委常委会应当定期听取信访工作汇报，分析形势，部署任务，研究重大事项，解决突出问题。

第十条 各级政府贯彻落实上级党委和政府以及本级党委关于信访工作的部署要求，科学民主决策、依法履行职责，组织各方力量加强矛盾纠纷排查化解，及时妥善处理信访事项，研究解决政策性、群体性信访突出问题和疑难复杂信访问题。

第十一条 中央信访工作联席会议在党中央、国务院领导下，负责全国信访工作的统筹协调、整体推进、督促落实，履行下列职责：

（一）研究分析全国信访形势，为中央决策提供参考；

（二）督促落实党中央关于信访工作的方针政策和决策部署；

（三）研究信访制度改革和信访法治化建设重大问题和事项；

（四）研究部署重点工作任务，协调指导解决具有普遍性的信访突出问题；

（五）领导组织信访工作责任制落实、督导考核等工作；

（六）指导地方各级信访工作联席会议工作；

（七）承担党中央、国务院交办的其他事项。

中央信访工作联席会议由党中央、国务院领导同志以及有关部门负责同志担任召集人，各成员单位负责同志参加。中央信访工作联席会议办公室设在国家信访局，承担联席会议的日常工作，督促检查联席会议议定事项的落实。

第十二条 中央信访工作联席会议根据工作需要召开全体会议或者工作会议。研究涉及信访工作改革发展的重大问题和重要信访事项的处理意见,应当及时向党中央、国务院请示报告。

中央信访工作联席会议各成员单位应当落实联席会议确定的工作任务和议定事项,及时报送落实情况;及时将本领域重大敏感信访问题提请联席会议研究。

第十三条 地方各级信访工作联席会议在本级党委和政府领导下,负责本地区信访工作的统筹协调、整体推进、督促落实,协调处理发生在本地区的重要信访问题,指导下级信访工作联席会议工作。联席会议召集人一般由党委和政府负责同志担任。

地方党委和政府应当根据信访工作形势任务,及时调整成员单位,健全规章制度,建立健全信访信息分析研判、重大信访问题协调处理、联合督查等工作机制,提升联席会议工作的科学化、制度化、规范化水平。

根据工作需要,乡镇党委和政府、街道党工委和办事处可以建立信访工作联席会议机制,或者明确党政联席会定期研究本地区信访工作,协调处理发生在本地区的重要信访问题。

第十四条 各级党委和政府信访部门是开展信访工作的专门机构,履行下列职责:

(一)受理、转送、交办信访事项;

(二)协调解决重要信访问题;

(三)督促检查重要信访事项的处理和落实;

(四)综合反映信访信息,分析研判信访形势,为党委和政府提供决策参考;

(五)指导本级其他机关、单位和下级的信访工作;

(六)提出改进工作、完善政策和追究责任的建议;

(七)承担本级党委和政府交办的其他事项。

各级党委和政府信访部门以外的其他机关、单位应当根据信访工作形势任务,明确负责信访工作的机构或者人员,参照党委和政府信访部门职责,明确相应的职责。

第十五条 各级党委和政府以外的其他机关、单位应当做好各自职责范围内的信访工作,按照规定及时受理办理信访事项,预防和化解政策性、群体性信访问题,加强对下级机关、单位信访工作的指导。

各级机关、单位应当拓宽社会力量参与信访工作的制度化渠道，发挥群团组织、社会组织和“两代表一委员”、社会工作者等作用，反映群众意见和要求，引导群众依法理性反映诉求、维护权益，推动矛盾纠纷及时有效化解。

乡镇党委和政府、街道党工委和办事处以及村（社区）“两委”应当全面发挥职能作用，坚持和发展新时代“枫桥经验”，积极协调处理化解发生在当地的信访事项和矛盾纠纷，努力做到小事不出村、大事不出镇、矛盾不上交。

第十六条 各级党委和政府应当加强信访部门建设，选优配强领导班子，配备与形势任务相适应的工作力量，建立健全信访督查专员制度，打造高素质专业化信访干部队伍。各级党委和政府信访部门主要负责同志应当由本级党委或者政府副秘书长〔办公厅（室）副主任〕兼任。

各级党校（行政学院）应当将信访工作作为党性教育内容纳入教学培训，加强干部教育培训。

各级机关、单位应当建立健全年轻干部和新录用干部到信访工作岗位锻炼制度。

各级党委和政府应当为信访工作提供必要的支持和保障，所需经费列入本级预算。

第三章　信访事项的提出和受理

第十七条 公民、法人或者其他组织可以采用信息网络、书信、电话、传真、走访等形式，向各级机关、单位反映情况，提出建议、意见或者投诉请求，有关机关、单位应当依规依法处理。

采用前款规定的形式，反映情况，提出建议、意见或者投诉请求的公民、法人或者其他组织，称信访人。

第十八条 各级机关、单位应当向社会公布网络信访渠道、通信地址、咨询投诉电话、信访接待的时间和地点、查询信访事项处理进展以及结果的方式等相关事项，在其信访接待场所或者网站公布与信访工作有关的党内法规和法律、法规、规章，信访事项的处理程序，以及其他为信访人提供便利的相关事项。

各级机关、单位领导干部应当阅办群众来信和网上信访、定期接待群众来访、定期下访，包案化解群众反映强烈的突出问题。

市、县级党委和政府应当建立和完善联合接访工作机制，根据工作需要组织有关机关、单位联合接待，一站式解决信访问题。

任何组织和个人不得打击报复信访人。

第十九条 信访人一般应当采用书面形式提出信访事项，并载明其姓名（名称）、住址和请求、事实、理由。对采用口头形式提出的信访事项，有关机关、单位应当如实记录。

信访人提出信访事项，应当客观真实，对其所提供材料内容的真实性负责，不得捏造、歪曲事实，不得诬告、陷害他人。

信访事项已经受理或者正在办理的，信访人在规定期限内向受理、办理机关、单位的上级机关、单位又提出同一信访事项的，上级机关、单位不予受理。

第二十条 信访人采用走访形式提出信访事项的，应当到有权处理的本级或者上一级机关、单位设立或者指定的接待场所提出。

信访人采用走访形式提出涉及诉讼权利救济的信访事项，应当按照法律法规规定的程序向有关政法部门提出。

多人采用走访形式提出共同的信访事项的，应当推选代表，代表人数不得超过 5 人。

各级机关、单位应当落实属地责任，认真接待处理群众来访，把问题解决在当地，引导信访人就地反映问题。

第二十一条 各级党委和政府应当加强信访工作信息化、智能化建设，依规依法有序推进信访信息系统互联互通、信息共享。

各级机关、单位应当及时将信访事项录入信访信息系统，使网上信访、来信、来访、来电在网上流转，方便信访人查询、评价信访事项办理情况。

第二十二条 各级党委和政府信访部门收到信访事项，应当予以登记，并区分情况，在 15 日内分别按照下列方式处理：

（一）对依照职责属于本级机关、单位或者其工作部门处理决定的，应当转送有权处理的机关、单位；情况重大、紧急的，应当及时提出建议，报请本级党委和政府决定。

（二）涉及下级机关、单位或者其工作人员的，按照“属地管理、分级负责，谁主管、谁负责”的原则，转送有权处理的机关、单位。

（三）对转送信访事项中的重要情况需要反馈办理结果的，可以交由有权处理的机关、单位办理，要求其在指定办理期限内反馈结果，提交办结报告。

各级党委和政府信访部门对收到的涉法涉诉信件，应当转送同级政法部门依法处理；对走访反映涉诉问题的信访人，应当释法明理，引导其向有关政法部门反映问题。对属于纪检监察机关受理的检举控告类信访事项，应当按照管理权限转送有关纪检监察机关依规依纪依法处理。

第二十三条 党委和政府信访部门以外的其他机关、单位收到信访人直接提出的信访事项，应当予以登记；对属于本机关、单位职权范围的，应当告知信访人接收情况以及处理途径和程序；对属于本系统下级机关、单位职权范围的，应当转送、交办有权处理的机关、单位，并告知信访人转送、交办去向；对不属于本机关、单位或者本系统职权范围的，应当告知信访人向有权处理的机关、单位提出。

对信访人直接提出的信访事项，有关机关、单位能够当场告知的，应当当场书面告知；不能当场告知的，应当自收到信访事项之日起15日内书面告知信访人，但信访人的姓名（名称）、住址不清的除外。

对党委和政府信访部门或者本系统上级机关、单位转送、交办的信访事项，属于本机关、单位职权范围的，有关机关、单位应当自收到之日起15日内书面告知信访人接收情况以及处理途径和程序；不属于本机关、单位或者本系统职权范围的，有关机关、单位应当自收到之日起5个工作日内提出异议，并详细说明理由，经转送、交办的信访部门或者上级机关、单位核实同意后，交还相关材料。

政法部门处理涉及诉讼权利救济事项、纪检监察机关处理检举控告事项的告知按照有关规定执行。

第二十四条 涉及两个或者两个以上机关、单位的信访事项，由所涉及的机关、单位协商受理；受理有争议的，由其共同的上一级机关、单位决定受理机关；受理有争议且没有共同的上一级机关、单位的，由共同的信访工作联席会议协调处理。

应当对信访事项作出处理的机关、单位分立、合并、撤销的，由继续行使其职权的机关、单位受理；职责不清的，由本级党委和政府或者其指定的机关、单位受理。

第二十五条 各级机关、单位对可能造成社会影响的重大、紧急信访事项和信访信息，应当及时报告本级党委和政府，通报相关主管部门和本级信访工作联席会议办公室，在职责范围内依法及时采取措施，防止不良影响的产生、扩大。

地方各级党委和政府信访部门接到重大、紧急信访事项和信访信息，应当向上一级信访部门报告，同时报告国家信访局。

第二十六条　信访人在信访过程中应当遵守法律、法规，不得损害国家、社会、集体的利益和其他公民的合法权利，自觉维护社会公共秩序和信访秩序，不得有下列行为：

（一）在机关、单位办公场所周围、公共场所非法聚集，围堵、冲击机关、单位，拦截公务车辆，或者堵塞、阻断交通；

（二）携带危险物品、管制器具；

（三）侮辱、殴打、威胁机关、单位工作人员，非法限制他人人身自由，或者毁坏财物；

（四）在信访接待场所滞留、滋事，或者将生活不能自理的人弃留在信访接待场所；

（五）煽动、串联、胁迫、以财物诱使、幕后操纵他人信访，或者以信访为名借机敛财；

（六）其他扰乱公共秩序、妨害国家和公共安全的行为。

第四章　信访事项的办理

第二十七条　各级机关、单位及其工作人员应当根据各自职责和有关规定，按照诉求合理的解决问题到位、诉求无理的思想教育到位、生活困难的帮扶救助到位、行为违法的依法处理的要求，依法按政策及时就地解决群众合法合理诉求，维护正常信访秩序。

第二十八条　各级机关、单位及其工作人员办理信访事项，应当恪尽职守、秉公办事，查明事实、分清责任，加强教育疏导，及时妥善处理，不得推诿、敷衍、拖延。

各级机关、单位应当按照诉讼与信访分离制度要求，将涉及民事、行政、刑事等诉讼权利救济的信访事项从普通信访体制中分离出来，由有关政法部门依法处理。

各级机关、单位工作人员与信访事项或者信访人有直接利害关系的，应当回避。

第二十九条　对信访人反映的情况、提出的建议意见类事项，有权处理的机关、单位应当认真研究论证。对科学合理、具有现实可行性的，应当采纳或者部分采纳，并予以回复。

信访人反映的情况、提出的建议意见，对国民经济和社会发展或者对改进工作以及保护社会公共利益有贡献的，应当按照有关规定给予奖励。

各级党委和政府应当健全人民建议征集制度，对涉及国计民生的重要工作，主动听取群众的建议意见。

第三十条 对信访人提出的检举控告类事项，纪检监察机关或者有权处理的机关、单位应当依规依纪依法接收、受理、办理和反馈。

党委和政府信访部门应当按照干部管理权限向组织（人事）部门通报反映干部问题的信访情况，重大情况向党委主要负责同志和分管组织（人事）工作的负责同志报送。组织（人事）部门应当按照干部选拔任用监督的有关规定进行办理。

不得将信访人的检举、揭发材料以及有关情况透露或者转给被检举、揭发的人员或者单位。

第三十一条 对信访人提出的申诉求决类事项，有权处理的机关、单位应当区分情况，分别按照下列方式办理：

（一）应当通过审判机关诉讼程序或者复议程序、检察机关刑事立案程序或者法律监督程序、公安机关法律程序处理的，涉法涉诉信访事项未依法终结的，按照法律法规规定的程序处理。

（二）应当通过仲裁解决的，导入相应程序处理。

（三）可以通过党员申诉、申请复审等解决的，导入相应程序处理。

（四）可以通过行政复议、行政裁决、行政确认、行政许可、行政处罚等行政程序解决的，导入相应程序处理。

（五）属于申请查处违法行为、履行保护人身权或者财产权等合法权益职责的，依法履行或者答复。

（六）不属于以上情形的，应当听取信访人陈述事实和理由，并调查核实，出具信访处理意见书。对重大、复杂、疑难的信访事项，可以举行听证。

第三十二条 信访处理意见书应当载明信访人投诉请求、事实和理由、处理意见及其法律法规依据：

（一）请求事实清楚，符合法律、法规、规章或者其他有关规定的，予以支持；

（二）请求事由合理但缺乏法律依据的，应当作出解释说明；

（三）请求缺乏事实根据或者不符合法律、法规、规章或者其他有关规定的,不予支持。

有权处理的机关、单位作出支持信访请求意见的,应当督促有关机关、单位执行;不予支持的,应当做好信访人的疏导教育工作。

第三十三条 各级机关、单位在处理申诉求决类事项过程中,可以在不违反政策法规强制性规定的情况下,在裁量权范围内,经争议双方当事人同意进行调解;可以引导争议双方当事人自愿和解。经调解、和解达成一致意见的,应当制作调解协议书或者和解协议书。

第三十四条 对本条例第三十一条第六项规定的信访事项应当自受理之日起 60 日内办结;情况复杂的,经本机关、单位负责人批准,可以适当延长办理期限,但延长期限不得超过 30 日,并告知信访人延期理由。

第三十五条 信访人对信访处理意见不服的,可以自收到书面答复之日起 30 日内请求原办理机关、单位的上一级机关、单位复查。收到复查请求的机关、单位应当自收到复查请求之日起 30 日内提出复查意见,并予以书面答复。

第三十六条 信访人对复查意见不服的,可以自收到书面答复之日起 30 日内向复查机关、单位的上一级机关、单位请求复核。收到复核请求的机关、单位应当自收到复核请求之日起 30 日内提出复核意见。

复核机关、单位可以按照本条例第三十一条第六项的规定举行听证,经过听证的复核意见可以依法向社会公示。听证所需时间不计算在前款规定的期限内。

信访人对复核意见不服,仍然以同一事实和理由提出投诉请求的,各级党委和政府信访部门和其他机关、单位不再受理。

第三十七条 各级机关、单位应当坚持社会矛盾纠纷多元预防调处化解,人民调解、行政调解、司法调解联动,综合运用法律、政策、经济、行政等手段和教育、协商、疏导等办法,多措并举化解矛盾纠纷。

各级机关、单位在办理信访事项时,对生活确有困难的信访人,可以告知或者帮助其向有关机关或者机构依法申请社会救助。符合国家司法救助条件的,有关政法部门应当按照规定给予司法救助。

地方党委和政府以及基层党组织和基层单位对信访事项已经复查复核和涉法涉诉信访事项已经依法终结的相关信访人,应当做好疏导教育、矛盾化解、帮扶救助等工作。

第五章 监督和追责

第三十八条 各级党委和政府应当对开展信访工作、落实信访工作责任的情况组织专项督查。

信访工作联席会议及其办公室、党委和政府信访部门应当根据工作需要开展督查,就发现的问题向有关地方和部门进行反馈,重要问题向本级党委和政府报告。

各级党委和政府督查部门应当将疑难复杂信访问题列入督查范围。

第三十九条 各级党委和政府应当以依规依法及时就地解决信访问题为导向,每年对信访工作情况进行考核。考核结果应当在适当范围内通报,并作为对领导班子和有关领导干部综合考核评价的重要参考。

对在信访工作中作出突出成绩和贡献的机关、单位或者个人,可以按照有关规定给予表彰和奖励。

对在信访工作中履职不力、存在严重问题的领导班子和领导干部,视情节轻重,由信访工作联席会议进行约谈、通报、挂牌督办,责令限期整改。

第四十条 党委和政府信访部门发现有关机关、单位存在违反信访工作规定受理、办理信访事项,办理信访事项推诿、敷衍、拖延、弄虚作假或者拒不执行信访处理意见等情形的,应当及时督办,并提出改进工作的建议。

对工作中发现的有关政策性问题,应当及时向本级党委和政府报告,并提出完善政策的建议。

对在信访工作中推诿、敷衍、拖延、弄虚作假造成严重后果的机关、单位及其工作人员,应当向有管理权限的机关、单位提出追究责任的建议。

对信访部门提出的改进工作、完善政策、追究责任的建议,有关机关、单位应当书面反馈采纳情况。

第四十一条 党委和政府信访部门应当编制信访情况年度报告,每年向本级党委和政府、上一级党委和政府信访部门报告。年度报告应当包括下列内容:

(一)信访事项的数据统计、信访事项涉及领域以及被投诉较多的机关、单位;

(二)党委和政府信访部门转送、交办、督办情况;

(三)党委和政府信访部门提出改进工作、完善政策、追究责任建议以及被采纳情况;

（四）其他应当报告的事项。

根据巡视巡察工作需要，党委和政府信访部门应当向巡视巡察机构提供被巡视巡察地区、单位领导班子及其成员和下一级主要负责人有关信访举报，落实信访工作责任制，具有苗头性、倾向性的重要信访问题，需要巡视巡察工作关注的重要信访事项等情况。

第四十二条 因下列情形之一导致信访事项发生，造成严重后果的，对直接负责的主管人员和其他直接责任人员，依规依纪依法严肃处理；构成犯罪的，依法追究刑事责任：

（一）超越或者滥用职权，侵害公民、法人或者其他组织合法权益；

（二）应当作为而不作为，侵害公民、法人或者其他组织合法权益；

（三）适用法律、法规错误或者违反法定程序，侵害公民、法人或者其他组织合法权益；

（四）拒不执行有权处理机关、单位作出的支持信访请求意见。

第四十三条 各级党委和政府信访部门对收到的信访事项应当登记、转送、交办而未按照规定登记、转送、交办，或者应当履行督办职责而未履行的，由其上级机关责令改正；造成严重后果的，对直接负责的主管人员和其他直接责任人员依规依纪依法严肃处理。

第四十四条 负有受理信访事项职责的机关、单位有下列情形之一的，由其上级机关、单位责令改正；造成严重后果的，对直接负责的主管人员和其他直接责任人员依规依纪依法严肃处理：

（一）对收到的信访事项不按照规定登记；

（二）对属于其职权范围的信访事项不予受理；

（三）未在规定期限内书面告知信访人是否受理信访事项。

第四十五条 对信访事项有权处理的机关、单位有下列情形之一的，由其上级机关、单位责令改正；造成严重后果的，对直接负责的主管人员和其他直接责任人员依规依纪依法严肃处理：

（一）推诿、敷衍、拖延信访事项办理或者未在规定期限内办结信访事项；

（二）对事实清楚，符合法律、法规、规章或者其他有关规定的投诉请求未予支持；

（三）对党委和政府信访部门提出的改进工作、完善政策等建议重视不够、落实不力，导致问题长期得不到解决；

（四）其他不履行或者不正确履行信访事项处理职责的情形。

第四十六条 有关机关、单位及其领导干部、工作人员有下列情形之一的，由其上级机关、单位责令改正；造成严重后果的，对直接负责的主管人员和其他直接责任人员依规依纪依法严肃处理；构成犯罪的，依法追究刑事责任：

（一）对待信访人态度恶劣、作风粗暴，损害党群干群关系；

（二）在处理信访事项过程中吃拿卡要、谋取私利；

（三）对规模性集体访、负面舆情等处置不力，导致事态扩大；

（四）对可能造成社会影响的重大、紧急信访事项和信访信息隐瞒、谎报、缓报，或者未依法及时采取必要措施；

（五）将信访人的检举、揭发材料或者有关情况透露、转给被检举、揭发的人员或者单位；

（六）打击报复信访人；

（七）其他违规违纪违法的情形。

第四十七条 信访人违反本条例第二十条、第二十六条规定的，有关机关、单位工作人员应当对其进行劝阻、批评或者教育。

信访人滋事扰序、缠访闹访情节严重，构成违反治安管理行为的，或者违反集会游行示威相关法律法规的，由公安机关依法采取必要的现场处置措施、给予治安管理处罚；构成犯罪的，依法追究刑事责任。

信访人捏造歪曲事实、诬告陷害他人，构成违反治安管理行为的，依法给予治安管理处罚；构成犯罪的，依法追究刑事责任。

第六章 附 则

第四十八条 对外国人、无国籍人、外国组织信访事项的处理，参照本条例执行。

第四十九条 本条例由国家信访局负责解释。

第五十条 本条例自 2022 年 5 月 1 日起施行。

2. 监　　督

中国共产党党内监督条例

(2016 年 10 月 27 日中国共产党第十八届
中央委员会第六次全体会议通过)

第一章　总　　则

第一条　为坚持党的领导,加强党的建设,全面从严治党,强化党内监督,保持党的先进性和纯洁性,根据《中国共产党章程》,制定本条例。

第二条　党内监督以马克思列宁主义、毛泽东思想、邓小平理论、“三个代表”重要思想、科学发展观为指导,深入贯彻习近平总书记系列重要讲话精神,围绕统筹推进“五位一体”总体布局和协调推进“四个全面”战略布局,尊崇党章,依规治党,坚持党内监督和人民群众监督相结合,增强党在长期执政条件下自我净化、自我完善、自我革新、自我提高能力,确保党始终成为中国特色社会主义事业的坚强领导核心。

第三条　党内监督没有禁区、没有例外。信任不能代替监督。各级党组织应当把信任激励同严格监督结合起来,促使党的领导干部做到有权必有责、有责要担当,用权受监督、失责必追究。

第四条　党内监督必须贯彻民主集中制,依规依纪进行,强化自上而下的组织监督,改进自下而上的民主监督,发挥同级相互监督作用。坚持惩前毖后、治病救人,抓早抓小、防微杜渐。

第五条　党内监督的任务是确保党章党规党纪在全党有效执行,维护党的团结统一,重点解决党的领导弱化、党的建设缺失、全面从严治党不力,党的观念淡漠、组织涣散、纪律松弛,管党治党宽松软问题,保证党的组织充分履行职能、发挥核心作用,保证全体党员发挥先锋模范作用,保证党的领导干部忠诚干净担当。

党内监督的主要内容是：

（一）遵守党章党规，坚定理想信念，践行党的宗旨，模范遵守宪法法律情况；

（二）维护党中央集中统一领导，牢固树立政治意识、大局意识、核心意识、看齐意识，贯彻落实党的理论和路线方针政策，确保全党令行禁止情况；

（三）坚持民主集中制，严肃党内政治生活，贯彻党员个人服从党的组织，少数服从多数，下级组织服从上级组织，全党各个组织和全体党员服从党的全国代表大会和中央委员会原则情况；

（四）落实全面从严治党责任，严明党的纪律特别是政治纪律和政治规矩，推进党风廉政建设和反腐败工作情况；

（五）落实中央八项规定精神，加强作风建设，密切联系群众，巩固党的执政基础情况；

（六）坚持党的干部标准，树立正确选人用人导向，执行干部选拔任用工作规定情况；

（七）廉洁自律、秉公用权情况；

（八）完成党中央和上级党组织部署的任务情况。

第六条 党内监督的重点对象是党的领导机关和领导干部特别是主要领导干部。

第七条 党内监督必须把纪律挺在前面，运用监督执纪“四种形态”，经常开展批评和自我批评、约谈函询，让“红红脸、出出汗”成为常态；党纪轻处分、组织调整成为违纪处理的大多数；党纪重处分、重大职务调整的成为少数；严重违纪涉嫌违法立案审查的成为极少数。

第八条 党的领导干部应当强化自我约束，经常对照党章检查自己的言行，自觉遵守党内政治生活准则、廉洁自律准则，加强党性修养，陶冶道德情操，永葆共产党人政治本色。

第九条 建立健全党中央统一领导，党委（党组）全面监督，纪律检查机关专责监督，党的工作部门职能监督，党的基层组织日常监督，党员民主监督的党内监督体系。

第二章 党的中央组织的监督

第十条 党的中央委员会、中央政治局、中央政治局常务委员会全面领导党内监督工作。中央委员会全体会议每年听取中央政治局工作报告，监督中央政治局工作，部署加强党内监督的重大任务。

第十一条　中央政治局、中央政治局常务委员会定期研究部署在全党开展学习教育，以整风精神查找问题、纠正偏差；听取和审议全党落实中央八项规定精神情况汇报，加强作风建设情况监督检查；听取中央纪律检查委员会常务委员会工作汇报；听取中央巡视情况汇报，在一届任期内实现中央巡视全覆盖。中央政治局每年召开民主生活会，进行对照检查和党性分析，研究加强自身建设措施。

第十二条　中央委员会成员必须严格遵守党的政治纪律和政治规矩，发现其他成员有违反党章、破坏党的纪律、危害党的团结统一的行为应当坚决抵制，并及时向党中央报告。对中央政治局委员的意见，署真实姓名以书面形式或者其他形式向中央政治局常务委员会或者中央纪律检查委员会常务委员会反映。

第十三条　中央政治局委员应当加强对直接分管部门、地方、领域党组织和领导班子成员的监督，定期同有关地方和部门主要负责人就其履行全面从严治党责任、廉洁自律等情况进行谈话。

第十四条　中央政治局委员应当严格执行中央八项规定，自觉参加双重组织生活，如实向党中央报告个人重要事项。带头树立良好家风，加强对亲属和身边工作人员的教育和约束，严格要求配偶、子女及其配偶不得违规经商办企业，不得违规任职、兼职取酬。

第三章　党委(党组)的监督

第十五条　党委(党组)在党内监督中负主体责任，书记是第一责任人，党委常委会委员(党组成员)和党委委员在职责范围内履行监督职责。党委(党组)履行以下监督职责：

(一)领导本地区本部门本单位党内监督工作，组织实施各项监督制度，抓好督促检查；

(二)加强对同级纪委和所辖范围内纪律检查工作的领导，检查其监督执纪问责工作情况；

(三)对党委常委会委员(党组成员)、党委委员，同级纪委、党的工作部门和直接领导的党组织领导班子及其成员进行监督；

(四)对上级党委、纪委工作提出意见和建议，开展监督。

第十六条 党的工作部门应当严格执行各项监督制度，加强职责范围内党内监督工作，既加强对本部门本单位的内部监督，又强化对本系统的日常监督。

第十七条 党内监督必须加强对党组织主要负责人和关键岗位领导干部的监督，重点监督其政治立场、加强党的建设、从严治党，执行党的决议，公道正派选人用人，责任担当、廉洁自律，落实意识形态工作责任制情况。

上级党组织特别是其主要负责人，对下级党组织主要负责人应当平时多过问、多提醒，发现问题及时纠正。领导班子成员发现班子主要负责人存在问题，应当及时向其提出，必要时可以直接向上级党组织报告。

党组织主要负责人个人有关事项应当在党内一定范围公开，主动接受监督。

第十八条 党委（党组）应当加强对领导干部的日常管理监督，掌握其思想、工作、作风、生活状况。党的领导干部应当经常开展批评和自我批评，敢于正视、深刻剖析、主动改正自己的缺点错误；对同志的缺点错误应当敢于指出，帮助改进。

第十九条 巡视是党内监督的重要方式。中央和省、自治区、直辖市党委一届任期内，对所管理的地方、部门、企事业单位党组织全面巡视。巡视党的组织和党的领导干部尊崇党章、党的领导、党的建设和党的路线方针政策落实情况，履行全面从严治党责任、执行党的纪律、落实中央八项规定精神、党风廉政建设和反腐败工作以及选人用人情况。发现问题、形成震慑，推动改革、促进发展，发挥从严治党利剑作用。

中央巡视工作领导小组应当加强对省、自治区、直辖市党委，中央有关部委，中央国家机关部门党组（党委）巡视工作的领导。省、自治区、直辖市党委应当推动党的市（地、州、盟）和县（市、区、旗）委员会建立巡察制度，使从严治党向基层延伸。

第二十条 严格党的组织生活制度，民主生活会应当经常化，遇到重要或者普遍性问题应当及时召开。民主生活会重在解决突出问题，领导干部应当在会上把群众反映、巡视反馈、组织约谈函询的问题说清楚、谈透彻，开展批评和自我批评，提出整改措施，接受组织监督。上级党组织应当加强对下级领导班子民主生活会的指导和监督，提高民主生活会质量。

第二十一条 坚持党内谈话制度，认真开展提醒谈话、诫勉谈话。发现领导干部有思想、作风、纪律等方面苗头性、倾向性问题的,有关党组织负责人应当及时对其提醒谈话;发现轻微违纪问题的,上级党组织负责人应当对其诫勉谈话,并由本人作出说明或者检讨,经所在党组织主要负责人签字后报上级纪委和组织部门。

第二十二条 严格执行干部考察考核制度,全面考察德、能、勤、绩、廉表现,既重政绩又重政德,重点考察贯彻执行党中央和上级党组织决策部署的表现,履行管党治党责任,在重大原则问题上的立场,对待人民群众的态度,完成急难险重任务的情况。考察考核中党组织主要负责人应当对班子成员实事求是作出评价。考核评语在同本人见面后载入干部档案。落实党组织主要负责人在干部选任、考察、决策等各个环节的责任,对失察失责的应当严肃追究责任。

第二十三条 党的领导干部应当每年在党委常委会(或党组)扩大会议上述责述廉,接受评议。述责述廉重点是执行政治纪律和政治规矩、履行管党治党责任、推进党风廉政建设和反腐败工作以及执行廉洁纪律情况。述责述廉报告应当载入廉洁档案,并在一定范围内公开。

第二十四条 坚持和完善领导干部个人有关事项报告制度,领导干部应当按规定如实报告个人有关事项,及时报告个人及家庭重大情况,事先请示报告离开岗位或者工作所在地等。有关部门应当加强抽查核实。对故意虚报瞒报个人重大事项、篡改伪造个人档案资料的,一律严肃查处。

第二十五条 建立健全党的领导干部插手干预重大事项记录制度,发现利用职务便利违规干预干部选拔任用、工程建设、执纪执法、司法活动等问题,应当及时向上级党组织报告。

第四章 党的纪律检查委员会的监督

第二十六条 党的各级纪律检查委员会是党内监督的专责机关,履行监督执纪问责职责,加强对所辖范围内党组织和领导干部遵守党章党规党纪、贯彻执行党的路线方针政策情况的监督检查,承担下列具体任务:

(一)加强对同级党委特别是常委会委员、党的工作部门和直接领导的党组织、党的领导干部履行职责、行使权力情况的监督;

(二)落实纪律检查工作双重领导体制,执纪审查工作以上级纪委领导为主,线索处置和执纪审查情况在向同级党委报告的同时向上级纪委报告,各级纪委书记、副书记的提名和考察以上级纪委会同组织部门为主;

（三）强化上级纪委对下级纪委的领导，纪委发现同级党委主要领导干部的问题，可以直接向上级纪委报告；下级纪委至少每半年向上级纪委报告1次工作，每年向上级纪委进行述职。

第二十七条 纪律检查机关必须把维护党的政治纪律和政治规矩放在首位，坚决纠正和查处上有政策、下有对策，有令不行、有禁不止，口是心非、阳奉阴违，搞团团伙伙、拉帮结派，欺骗组织、对抗组织等行为。

第二十八条 纪委派驻纪检组对派出机关负责，加强对被监督单位领导班子及其成员、其他领导干部的监督，发现问题应当及时向派出机关和被监督单位党组织报告，认真负责调查处置，对需要问责的提出建议。

派出机关应当加强对派驻纪检组工作的领导，定期约谈被监督单位党组织主要负责人、派驻纪检组组长，督促其落实管党治党责任。

派驻纪检组应当带着实际情况和具体问题，定期向派出机关汇报工作，至少每半年会同被监督单位党组织专题研究1次党风廉政建设和反腐败工作。对能发现的问题没有发现是失职，发现问题不报告、不处置是渎职，都必须严肃问责。

第二十九条 认真处理信访举报，做好问题线索分类处置，早发现早报告，对社会反映突出、群众评价较差的领导干部情况及时报告，对重要检举事项应当集体研究。定期分析研判信访举报情况，对信访反映的典型性、普遍性问题提出有针对性的处置意见，督促信访举报比较集中的地方和部门查找分析原因并认真整改。

第三十条 严把干部选拔任用“党风廉洁意见回复”关，综合日常工作中掌握的情况，加强分析研判，实事求是评价干部廉洁情况，防止“带病提拔”、“带病上岗”。

第三十一条 接到对干部一般性违纪问题的反映，应当及时找本人核实，谈话提醒、约谈函询，让干部把问题讲清楚。约谈被反映人，可以与其所在党组织主要负责人一同进行；被反映人对函询问题的说明，应当由其所在党组织主要负责人签字后报上级纪委。谈话记录和函询回复应当认真核实，存档备查。没有发现问题的应当了结澄清，对不如实说明情况的给予严肃处理。

第三十二条 依规依纪进行执纪审查，重点审查不收敛不收手，问题线索反映集中、群众反映强烈，现在重要岗位且可能还要提拔使用的领导干部，三类情况同时具备的是重中之重。执纪审查应当查清违纪事实，让审查对象从学习党章入手,从理想信念宗旨、党性原则、作风纪律等方面检查剖析自己,审理报告应当事实清楚、定性准确,反映审查对象思想认识情况。

第三十三条 对违反中央八项规定精神的,严重违纪被立案审查开除党籍的,严重失职失责被问责的,以及发生在群众身边、影响恶劣的不正之风和腐败问题,应当点名道姓通报曝光。

第三十四条 加强对纪律检查机关的监督。发现纪律检查机关及其工作人员有违反纪律问题的,必须严肃处理。各级纪律检查机关必须加强自身建设,健全内控机制,自觉接受党内监督、社会监督、群众监督,确保权力受到严格约束。

第五章 党的基层组织和党员的监督

第三十五条 党的基层组织应当发挥战斗堡垒作用,履行下列监督职责:

(一)严格党的组织生活,开展批评和自我批评,监督党员切实履行义务,保障党员权利不受侵犯;

(二)了解党员、群众对党的工作和党的领导干部的批评和意见,定期向上级党组织反映情况,提出意见和建议;

(三)维护和执行党的纪律,发现党员、干部违反纪律问题及时教育或者处理,问题严重的应当向上级党组织报告。

第三十六条 党员应当本着对党和人民事业高度负责的态度,积极行使党员权利,履行下列监督义务:

(一)加强对党的领导干部的民主监督,及时向党组织反映群众意见和诉求;

(二)在党的会议上有根据地批评党的任何组织和任何党员,揭露和纠正工作中存在的缺点和问题;

(三)参加党组织开展的评议领导干部活动,勇于触及矛盾问题、指出缺点错误,对错误言行敢于较真、敢于斗争;

(四)向党负责地揭发、检举党的任何组织和任何党员违纪违法的事实,坚决反对一切派别活动和小集团活动,同腐败现象作坚决斗争。

第六章 党内监督和外部监督相结合

第三十七条 各级党委应当支持和保证同级人大、政府、监察机关、司法机关等对国家机关及公职人员依法进行监督，人民政协依章程进行民主监督，审计机关依法进行审计监督。有关国家机关发现党的领导干部违反党规党纪、需要党组织处理的，应当及时向有关党组织报告。审计机关发现党的领导干部涉嫌违纪的问题线索，应当向同级党组织报告，必要时向上级党组织报告，并按照规定将问题线索移送相关纪律检查机关处理。

在纪律审查中发现党的领导干部严重违纪涉嫌违法犯罪的，应当先作出党纪处分决定，再移送行政机关、司法机关处理。执法机关和司法机关依法立案查处涉及党的领导干部案件，应当向同级党委、纪委通报；该干部所在党组织应当根据有关规定，中止其相关党员权利；依法受到刑事责任追究，或者虽不构成犯罪但涉嫌违纪的，应当移送纪委依纪处理。

第三十八条 中国共产党同各民主党派长期共存、互相监督、肝胆相照、荣辱与共。各级党组织应当支持民主党派履行监督职能，重视民主党派和无党派人士提出的意见、批评、建议，完善知情、沟通、反馈、落实等机制。

第三十九条 各级党组织和党的领导干部应当认真对待、自觉接受社会监督，利用互联网技术和信息化手段，推动党务公开、拓宽监督渠道，虚心接受群众批评。新闻媒体应当坚持党性和人民性相统一，坚持正确导向，加强舆论监督，对典型案例进行剖析，发挥警示作用。

第七章 整改和保障

第四十条 党组织应当如实记录、集中管理党内监督中发现的问题和线索，及时了解核实，作出相应处理；不属于本级办理范围的应当移送有权限的党组织处理。

第四十一条 党组织对监督中发现的问题应当做到条条要整改、件件有着落。整改结果应当及时报告上级党组织，必要时可以向下级党组织和党员通报，并向社会公开。

对于上级党组织交办以及巡视等移交的违纪问题线索，应当及时处理，并在3个月内反馈办理情况。

第四十二条 党委（党组）、纪委（纪检组）应当加强对履行党内监督责任和问题整改落实情况的监督检查,对不履行或者不正确履行党内监督职责,以及纠错、整改不力的,依照《中国共产党纪律处分条例》、《中国共产党问责条例》等规定处理。

第四十三条 党组织应当保障党员知情权和监督权,鼓励和支持党员在党内监督中发挥积极作用。提倡署真实姓名反映违纪事实,党组织应当为检举控告者严格保密,并以适当方式向其反馈办理情况。对干扰妨碍监督、打击报复监督者的,依纪严肃处理。

第四十四条 党组织应当保障监督对象的申辩权、申诉权等相关权利。经调查,监督对象没有不当行为的,应当予以澄清和正名。对以监督为名侮辱、诽谤、诬陷他人的,依纪严肃处理;涉嫌犯罪的移送司法机关处理。监督对象对处理决定不服的,可以依照党章规定提出申诉。有关党组织应当认真复议复查,并作出结论。

第八章 附　　则

第四十五条 中央军事委员会可以根据本条例,制定相关规定。

第四十六条 本条例由中央纪律检查委员会负责解释。

第四十七条 本条例自发布之日起施行。

中国共产党巡视工作条例

(2015年6月26日中共中央政治局会议审议批准　2015年8月3日中共中央发布　2024年1月31日中共中央政治局会议第二次修订　2024年2月8日中共中央发布)

第一章 总　　则

第一条 为了坚持和加强党对巡视工作的全面领导,推进新时代巡视工作高质量发展,根据《中国共产党章程》,制定本条例。

第二条 巡视工作是上级党组织对下级党组织履行党的领导职能责任的政治监督,根本任务是坚决维护习近平总书记党中央的核心、全党的核心地位,坚决维护以习近平同志为核心的党中央权威和集中统一领导。

巡视工作坚持发现问题、形成震慑，推动改革、促进发展的方针。

第三条 巡视工作以马克思列宁主义、毛泽东思想、邓小平理论、“三个代表”重要思想、科学发展观、习近平新时代中国特色社会主义思想为指导，深入贯彻落实习近平总书记关于党的自我革命的重要思想，深刻领悟“两个确立”的决定性意义，增强“四个意识”、坚定“四个自信”、做到“两个维护”，尊崇党章，依规治党，全面贯彻党的巡视工作方针，推进政治监督具体化、精准化、常态化，发挥政治巡视利剑作用，加强巡视整改和成果运用，促进完善党和国家监督体系、健全全面从严治党体系，为深入推进党的自我革命、解决大党独有难题提供有力保障，确保党始终成为中国特色社会主义事业的坚强领导核心。

第四条 巡视工作遵循下列原则：

（一）坚持党中央集中统一领导、分级负责；

（二）坚持围绕中心、服务大局；

（三）坚持人民立场、贯彻群众路线；

（四）坚持问题导向、发扬斗争精神；

（五）坚持实事求是、依规依纪依法。

第二章 组织领导和机构职责

第五条 巡视工作在党中央集中统一领导下，实行党组织分级负责、巡视机构组织实施、纪检监察机关和组织部门协助、有关职能部门支持、被巡视党组织配合、人民群众参与的体制机制。

第六条 党的中央和省、自治区、直辖市委员会实行巡视制度，设立巡视机构，在一届任期内，对所管理的地方、部门、企事业单位党组织实现巡视全覆盖。

中央有关部委、中央国家机关部门党组（党委）和中管金融企业、中管企业、中管高校等党委（党组）根据工作需要，开展巡视工作，设立巡视机构，原则上按照党组织隶属关系和干部管理权限，对下一级单位党组织进行巡视监督。

第七条 开展巡视工作的党组织应当把巡视作为推进全面从严治党、履行全面监督职责的重要抓手，承担巡视工作的主体责任。主要职责是：

（一）贯彻落实党中央关于巡视工作的决策部署和习近平总书记关于巡视工作的重要指示要求；

(二)研究部署巡视工作的重大事项,按照权限制定巡视工作党内法规和规范性文件;

(三)审定巡视工作规划、年度计划和阶段任务安排,统筹谋划推进巡视全覆盖,定期听取巡视工作汇报;

(四)统筹加强巡视整改和成果运用;

(五)统筹构建巡视巡察上下联动工作格局;

(六)发挥巡视综合监督平台作用,推动巡视监督与其他监督贯通协调;

(七)统筹加强巡视机构和干部队伍建设;

(八)研究决定巡视工作其他重要事项。

党组织主要负责人承担巡视工作第一责任人责任。

第八条 开展巡视工作的党组织设立巡视工作领导小组。巡视工作领导小组向同级党组织负责并报告工作。

中央巡视工作领导小组组长由中央纪律检查委员会书记担任,副组长一般由中央组织部部长和中央纪律检查委员会分管日常工作的副书记担任。

省、自治区、直辖市党委巡视工作领导小组组长由同级党的纪律检查委员会书记担任,副组长一般由同级党委组织部部长担任。

中央有关部委、中央国家机关部门党组(党委)和中管金融企业、中管企业、中管高校等党委(党组)巡视工作领导小组组长一般由党组、党委书记(包括不设党组、党委的单位领导班子主要负责人)担任,副组长一般由党组、党委分管有关工作的领导班子成员和纪检监察机构主要负责人担任。

第九条 巡视工作领导小组的主要职责是:

(一)贯彻落实党中央决策部署和同级党组织工作要求;

(二)研究提出巡视工作规划、年度计划和阶段任务安排,组织实施巡视全覆盖;

(三)听取巡视工作领导小组办公室、巡视组工作汇报;

(四)向同级党组织报告巡视工作情况;

(五)在同级党组织领导下,组织开展巡视反馈、通报和移交工作,督促推动有关责任主体落实巡视整改和成果运用责任;

(六)指导下级党组织巡视巡察工作;

（七）推动巡视监督与其他监督贯通协调；

（八）推进巡视干部队伍建设，对巡视组进行管理和监督；

（九）研究处理巡视工作其他重要事项。

第十条 中央巡视工作领导小组办公室是中央巡视工作领导小组的日常办事机构，设在中央纪律检查委员会。

省、自治区、直辖市党委巡视工作领导小组办公室为党委工作部门，承担党委巡视工作领导小组日常工作，设在同级党的纪律检查委员会。

中央有关部委、中央国家机关部门党组（党委）和中管金融企业、中管企业、中管高校等党委（党组）巡视工作领导小组办公室可以单独设立，也可以与内设机构合署办公，应当配备相应专职人员，承担党组、党委巡视工作领导小组日常工作。

第十一条 巡视工作领导小组办公室的主要职责是：

（一）贯彻落实党中央决策部署和同级党组织及其巡视工作领导小组的工作要求，对有关决定事项进行督办；

（二）向巡视工作领导小组报告工作情况和重要事项；

（三）统筹、协调、指导、保障巡视组开展工作；

（四）负责巡视整改和成果运用的统筹协调、跟踪督促、汇总报告；

（五）负责对下级巡视巡察机构进行指导；

（六）负责协调有关机关、部门协助、支持巡视工作，推动建立巡视监督与其他监督贯通协调的具体机制；

（七）负责巡视工作理论研究、政策调研、制度建设、信息化建设等工作；

（八）配合有关部门加强对巡视干部的教育、培训、考核、管理和监督；

（九）负责巡视工作领导小组办公室和巡视组党建工作；

（十）办理巡视工作领导小组交办的其他事项。

第十二条 开展巡视工作的党组织设立巡视组。

巡视组分别设组长、副组长、巡视专员和其他职位。巡视组组长、副组长的具体人选根据每次巡视任务确定并授权。

巡视组应当按照民主集中制原则研究讨论决定重大事项。组长全面负责本组工作，副组长协助组长开展工作。

第十三条 巡视组的主要职责是：

（一）根据同级党组织及其巡视工作领导小组的部署要求开展巡视；

(二)向巡视工作领导小组报告巡视情况,提出意见建议;

(三)向被巡视党组织反馈巡视意见,向纪检监察机关、组织部门和有关单位移交巡视发现的问题和问题线索,参与推动巡视整改和成果运用;

(四)对巡视组干部进行日常教育、管理和监督;

(五)办理巡视工作领导小组交办的其他事项。

第十四条 纪检监察机关、组织部门应当协助同级党组织开展巡视工作,宣传、统战、政法、保密、审计、财政、统计、信访等部门和单位应当支持巡视工作,协同做好人员选派、情况通报、政策咨询、问题研判、措施配合、整改监督、成果运用等工作。

纪检监察机关派驻机构应当依据有关规定,协助驻在单位(含综合监督单位)党组、党委开展巡视工作。

第十五条 被巡视党组织领导班子及其成员应当自觉接受巡视监督,积极配合巡视工作。

党员、干部有义务向巡视组如实反映情况。

第三章 巡视对象和内容

第十六条 中央巡视对象是:

(一)省、自治区、直辖市党委及其领导班子,省、自治区、直辖市人大常委会、政府、政协党组,省、自治区、直辖市高级人民法院、人民检察院党组主要负责人,副省级城市党委和人大常委会、政府、政协党组主要负责人;

(二)中央部委领导班子,中央国家机关部门、人民团体党组(党委);

(三)中管金融企业、中管企业、中管高校以及其他中管单位党委(党组);

(四)党中央要求巡视的其他党组织。

第十七条 省、自治区、直辖市党委巡视对象是:

(一)市(地、州、盟)、县(市、区、旗)党委及其领导班子,市(地、州、盟)、县(市、区、旗)人大常委会、政府、政协党组,市(地、州、盟)中级人民法院、人民检察院和县(市、区、旗)人民法院、人民检察院党组主要负责人;

(二)省、自治区、直辖市党委工作部门领导班子,省一级国家机关部门、人民团体党组(党委);

(三)省、自治区、直辖市管理的国有企业、事业单位党委(党组);

(四)省、自治区、直辖市党委要求巡视的其他党组织。

第十八条 巡视工作应当紧盯权力和责任加强政治监督，严明政治纪律和政治规矩，重点检查下列情况：

（一）落实党的理论和路线方针政策、党中央重大决策部署特别是贯彻习近平总书记重要讲话和重要指示批示精神的情况，执行党章和其他党内法规、履行职能责任的情况，落实意识形态工作责任制的情况；

（二）落实全面从严治党主体责任和监督责任、推进党风廉政建设和反腐败斗争的情况，领导干部树立和践行正确政绩观、加强作风建设、落实中央八项规定及其实施细则精神、廉洁自律的情况；

（三）落实新时代党的组织路线，贯彻执行民主集中制，加强领导班子和干部人才队伍建设、基层党组织和党员队伍建设的情况；

（四）落实巡视监督以及审计、财会、统计等其他监督发现问题整改的情况；

（五）开展巡视工作的党组织要求了解的其他情况。

第十九条 巡视工作应当加强对被巡视党组织主要负责人的监督，重点检查其对党忠诚、履行全面从严治党第一责任人责任、依规依法履职用权、担当作为、廉洁自律等情况，对反映的重要问题进行深入了解，形成专题材料。

第二十条 开展巡视工作的党组织根据工作需要，采取常规巡视、专项巡视、机动巡视、“回头看”等方式组织开展巡视监督，必要时可以提级巡视。

第四章 工作程序、方式和权限

第二十一条 巡视组开展巡视前，根据工作需要，应当听取同级纪检监察机关和组织、宣传、统战、政法、保密、审计、财政、统计、信访等部门和单位关于被巡视党组织领导班子及其成员的有关情况通报。

第二十二条 巡视组进驻后，应当向被巡视党组织通报巡视任务，按照规定的工作方式和权限，开展巡视了解工作。

巡视组对反映被巡视党组织领导班子及其成员的重要问题和问题线索，应当进行深入了解。

第二十三条 巡视组采取下列方式了解情况：

（一）听取被巡视党组织的工作汇报和有关机关、部门的专题汇报；

（二）与被巡视党组织领导班子成员和其他干部群众进行个别谈话；

（三）受理反映被巡视党组织领导班子及其成员和下一级党组织领导班子主要负责人问题的来信、来电、来访等；

（四）抽查核实领导干部报告个人有关事项的情况；

（五）向有关知情人询问情况；

（六）调阅、复制有关文件、档案、会议记录等资料；

（七）召开座谈会；

（八）列席有关会议；

（九）进行民主测评、问卷调查；

（十）下沉调研了解情况；

（十一）开展专项检查；

（十二）提请有关单位予以协助；

（十三）开展巡视工作的党组织批准的其他方式。

第二十四条 巡视组应当严格执行请示报告制度，对巡视工作中的重要情况和重大问题及时向巡视工作领导小组请示报告。

巡视组依靠被巡视党组织开展工作，不干预被巡视党组织的正常工作，不履行执纪审查的职责。

第二十五条 巡视期间，对干部群众反映强烈、明显违反政策规定并属于被巡视党组织职权范围、能够及时解决的问题，巡视组应当按程序督促被巡视党组织立行立改。

巡视期间，对反映集中的党员、干部涉嫌违纪违法的问题线索，巡视组可以按程序移交有关纪检监察机关及时处置。

第二十六条 巡视组对了解的重要情况和问题，应当形成巡视报告；对普遍性、倾向性问题和体制机制等方面的重大问题，可以形成专题报告。

巡视组对巡视报告、专题报告等反映的问题，应当制作底稿。

巡视组对巡视报告反映的重要问题、提出的整改建议，应当按规定与被巡视党组织主要负责人进行沟通、听取其意见；对巡视报告反映的重要政策性问题，可以与有关职能部门进行沟通、听取其意见。

第二十七条 巡视工作领导小组应当及时听取巡视组的巡视情况汇报，研究提出巡视整改和成果运用的意见建议，报同级党组织决定。

第二十八条 开展巡视工作的党组织应当及时听取巡视工作领导小组有关情况汇报，研究并决定巡视整改和成果运用事项。必要时，可以直接听取巡视组的巡视情况汇报。

第二十九条 经同级党组织同意后,巡视工作领导小组应当及时组织向被巡视党组织领导班子及其主要负责人分别反馈巡视情况,指出问题,有针对性地提出整改意见。

根据同级党组织及其巡视工作领导小组要求,巡视工作领导小组办公室将巡视的有关情况通报有关职能部门及其分管领导。

第三十条 对巡视发现的问题和反映党员、干部涉嫌违纪违法的问题线索,巡视工作领导小组办公室和巡视组依据干部管理权限和职责分工,按程序分别移交纪检监察机关、组织部门或者有关单位。

对巡视发现的普遍性、倾向性问题和体制机制等方面的重大问题,可以采取制发巡视建议书或者其他适当方式,向有关职能部门提出加强监管、健全制度、深化改革等意见建议。

第三十一条 巡视进驻、反馈、整改等情况,应当以适当方式公开,接受党员、干部和人民群众监督。

第五章 巡视整改和成果运用

第三十二条 开展巡视工作的党组织应当加强对巡视整改和成果运用的组织领导,定期听取巡视整改和成果运用情况汇报。

党组织领导班子成员应当结合职责分工,统筹抓好分管领域的巡视整改和成果运用。

第三十三条 被巡视党组织承担巡视整改主体责任,应当把整改作为履行管党治党责任、推动高质量发展的重要抓手,融入日常工作、融入深化改革、融入全面从严治党、融入领导班子和干部队伍建设。

党组织主要负责人承担巡视整改第一责任人责任,领导班子其他成员承担“一岗双责”。

党组织主要负责人和领导班子其他成员有调整的,应当做好巡视整改交接工作,持续落实整改责任。

第三十四条 被巡视党组织应当自收到巡视反馈意见之日起,组织开展为期6个月的集中整改:

(一)研究制定巡视整改方案,建立问题清单、任务清单、责任清单,明确责任人、整改措施和时限;

(二)召开领导班子巡视整改专题民主生活会;

(三)全面抓好巡视反馈问题的整改落实;

(四)认真处置巡视移交的问题线索以及群众反映的信访事项;

(五)对巡视反馈的问题举一反三,健全制度、补齐短板、堵塞漏洞;

(六)向开展巡视工作的党组织的同级纪检监察机关、组织部门、巡视工作领导小组办公室报送集中整改进展情况报告。

集中整改结束后,被巡视党组织应当建立常态化、长效化整改工作机制,对尚未解决的问题持续抓好整改落实,根据工作实际适时报告后续整改情况。

第三十五条 开展巡视工作的党组织的同级纪检监察机关承担巡视整改监督责任,全面监督被巡视党组织落实巡视整改任务。主要职责是:

(一)对被巡视党组织制定的巡视整改方案进行审核把关,列席巡视整改专题民主生活会;

(二)建立巡视整改监督台账,综合运用听取汇报、召开推进会议、专题会商、调研督导、现场检查、开展整改评估、谈话提醒、约谈函询、提出纪检监察建议等方式加强日常监督;

(三)对巡视发现的全面从严治党等方面的突出问题督促推动开展集中整治、专项治理;

(四)依规依纪依法处置巡视移交的问题线索,自收到移交问题线索之日起6个月内,向巡视工作领导小组办公室反馈处置进展情况;

(五)牵头审核被巡视党组织的集中整改进展情况报告;

(六)指导派驻(派出)机构和下级纪检监察机关加强对被巡视党组织落实巡视整改情况的监督;

(七)通过巡视工作领导小组办公室向巡视工作领导小组报送巡视整改监督情况。

纪检监察机关派驻机构应当依据有关规定,将驻在单位(含综合监督单位)党组、党委开展巡视发现问题的整改情况纳入日常监督,推动整改落实。

第三十六条 开展巡视工作的党组织的组织部门结合职责履行巡视整改监督责任,监督被巡视党组织落实巡视整改任务。主要职责是:

(一)参与对被巡视党组织制定的巡视整改方案进行审核把关,列席巡视整改专题民主生活会;

(二)督促被巡视党组织落实新时代党的组织路线方面问题的整改,加强日常监督,对突出问题组织开展集中整治、专项治理;

（三）把巡视整改落实情况纳入被巡视党组织领导班子和领导干部年度考核重要内容，把巡视发现的问题以及整改落实情况作为领导班子建设和干部考核评价、选拔任用、管理监督的重要参考；

（四）对巡视移交的领导班子建设、贯彻执行民主集中制、干部选拔任用、人才队伍建设、基层党组织和党员队伍建设、干部担当作为等方面问题依规处置，自收到移交问题之日起6个月内，向巡视工作领导小组办公室反馈处置进展情况；

（五）审核被巡视党组织的集中整改进展情况报告中涉及新时代党的组织路线方面的内容；

（六）指导下级组织部门加强对被巡视党组织落实巡视整改情况的监督；

（七）通过巡视工作领导小组办公室向巡视工作领导小组报送巡视整改监督情况。

第三十七条 有关职能部门应当结合职责运用巡视成果，针对巡视通报的问题和移交的工作建议，加强调查研究，提出改进措施，推动改革、完善制度、深化治理，并自通报和移交之日起6个月内，向巡视工作领导小组办公室反馈办理进展情况。

第三十八条 巡视机构应当加强对巡视整改和成果运用的统筹督促，推动建立巡视整改会商、评估、问责等机制。

巡视机构应当向同级党组织报告巡视整改和成果运用的综合情况，对整改不到位的突出问题，推动有关机关、部门对有关党组织和责任人严肃问责。

第六章 队伍建设

第三十九条 开展巡视工作的党组织应当加强对巡视干部队伍建设的整体谋划，结合巡视工作特点建立健全制度机制，建设高素质专业化干部队伍。

选优配强巡视组组长、副组长，配备与巡视任务相适应的专职干部，防止照顾性安排。加强巡视干部规范管理，加大教育培训、轮岗交流力度。

重视在巡视岗位发现、培养、锻炼干部，有计划地安排优秀年轻干部、新提拔干部到巡视岗位锻炼，并将参加巡视工作的经历和表现，作为干部考核评价、选拔任用的参考。

第四十条 巡视干部应当具备下列条件:

(一)理想信念坚定,对党忠诚,自觉在思想上政治上行动上同以习近平同志为核心的党中央保持高度一致;

(二)坚持原则,敢于斗争,担当作为,依法办事,公道正派,清正廉洁;

(三)模范遵守党的纪律和国家法律法规,严守党和国家的秘密;

(四)具有履行巡视监督职责的专业知识和较强的发现问题、沟通协调、文字综合等能力;

(五)具有正常履行职责的身体条件和心理素质。

抽调人员参加巡视工作,应当按照上述条件,严把政治关、品行关、能力关、作风关、廉洁关,按程序征求党风廉政意见。

对不适合从事巡视工作的人员,应当及时予以调整。

第四十一条 巡视机构应当加强作风建设和纪律建设,督促巡视干部严守政治纪律和政治规矩,严格落实中央八项规定及其实施细则精神,带头反对形式主义、官僚主义、享乐主义和奢靡之风,严格执行巡视工作纪律,做到忠诚干净担当、敢于善于斗争。

第四十二条 巡视机构、巡视干部应当自觉接受党组织监督、民主监督、群众监督等各方面监督,带头强化自我监督。建立健全内控机制,加强对巡视干部特别是巡视组组长、副组长等关键岗位人员的监督,严格执行回避、保密、重大事项请示报告、作风纪律评估等制度规定,依规依纪依法开展巡视工作。

任何单位和个人对巡视机构、巡视干部的违规违纪违法行为有权提出检举、控告。

第七章 责任追究

第四十三条 开展巡视工作的党组织及其巡视工作领导小组领导巡视工作不力,发生严重问题的,依据有关规定追究有关责任人员的责任。

第四十四条 有关机关、部门和单位违反规定不协助、支持巡视工作,造成严重后果的,依据有关规定追究有关责任人员的责任。

第四十五条 巡视工作人员有下列情形之一的,视情节轻重,依据有关规定给予批评教育、责令检查、诫勉、组织处理或者党纪、政务处分;构成犯罪的,依法追究刑事责任:

(一)对应当发现的重要问题没有发现;

（二）不如实报告巡视情况，隐瞒、歪曲、捏造事实；

（三）私自留存巡视工作资料，泄露与巡视工作有关的国家秘密、工作秘密、商业秘密和个人隐私等未公开信息；

（四）工作中超越权限，造成不良后果；

（五）利用巡视工作的便利谋取私利或者为他人谋取不正当利益；

（六）违反巡视工作纪律的其他行为。

第四十六条 被巡视党组织及其工作人员有下列情形之一的，视情节轻重，依据有关规定对该党组织领导班子主要负责人或者其他有关责任人员，给予批评教育、责令检查、诫勉、组织处理或者党纪、政务处分；构成犯罪的，依法追究刑事责任：

（一）隐瞒不报或者故意向巡视组提供虚假情况；

（二）拒绝或者不按照要求向巡视组提供有关文件资料；

（三）指使、强令有关单位或者人员干扰、阻挠巡视工作，或者诬告、陷害他人；

（四）组织领导巡视整改不力，落实巡视整改要求不到位，敷衍应付、虚假整改；

（五）对反映问题的干部群众进行威胁、打击、报复、陷害；

（六）其他不配合或者干扰巡视工作的情形。

第八章 巡察工作

第四十七条 党的市（地、州、盟）和县（市、区、旗）委员会建立巡察制度，设立巡察机构，在一届任期内，对所管理的党组织实现巡察全覆盖。

其他党组织需要开展巡察工作的，应当通过上级党委（党组）巡视工作领导小组报党委（党组）批准。

第四十八条 市（地、州、盟）党委巡察对象是：党委工作部门领导班子，市一级国家机关部门、人民团体党组（党委），市（地、州、盟）管理的国有企业、事业单位党组织，以及党委要求巡察的其他党组织。

县（市、区、旗）党委巡察对象是：党委工作部门领导班子，县一级国家机关部门、人民团体党组（党委），县（市、区、旗）管理的国有企业、事业单位党组织，所辖的乡镇（街道）、村（社区）党组织，以及党委要求巡察的其他党组织。

第四十九条 巡察工作应当坚守政治监督定位，聚焦党中央决策部署在基层落实情况、群众身边不正之风和腐败问题、基层党组织和党员队伍建设、巡察整改和成果运用等加强监督检查。

第五十条　巡察工作的组织领导和机构职责、工作程序和方式权限、整改和成果运用、队伍建设、责任追究等，参照本条例关于巡视工作的规定，结合实际确定。

第九章　附　　则

第五十一条　中国人民解放军和中国人民武装警察部队的党组织实行巡视制度的规定，由中央军委参照本条例制定。

第五十二条　本条例由中央巡视工作领导小组办公室负责解释。

第五十三条　本条例自发布之日起施行。此前发布的其他有关巡视工作的规定，凡与本条例不一致的，按照本条例执行。

省、自治区、直辖市党委对县(市、区、旗)巡视工作实施办法

(中共中央纪律检查委员会、中共中央组织部
2012 年 8 月 2 日印发)

第一条　为加强对县(市、区、旗)(以下简称县)党组织领导班子及其成员的监督，规范省、自治区、直辖市党委对县巡视工作，根据《中国共产党巡视工作条例(试行)》，制定本办法。

第二条　省、自治区、直辖市党委在每届任期内对县至少巡视 1 次。对较长时间没有巡视或者群众反映问题较多的县应当先行安排巡视。

第三条　对一个县的集中巡视时间一般为 1 个月左右。根据被巡视县的地域、人口、经济社会发展等实际情况，巡视时间可作适当调整，对问题较多、情况复杂的县可以延长巡视时间。

第四条　对县巡视工作应当和对市(地、州、盟)(以下简称市)巡视工作有机结合。对市及所辖县的巡视工作，可安排同一巡视组，采取市县同步(先县后市或者先市后县)等方式进行。

第五条 省、自治区、直辖市党委巡视工作领导小组(以下简称领导小组)要把对县巡视列入重要议程,审议决定工作规划、计划和方案,听取巡视情况汇报(原则上在每批巡视结束后30个工作日内进行),研究提出巡视成果运用的意见建议,向省、自治区、直辖市党委报告巡视工作情况以及巡视发现的重要问题,研究处理对县巡视工作中的其他重要事项。

第六条 对县巡视的重点是县委书记、县长以及县委、县政府党组领导班子。对群众反映强烈的其他领导干部也应适当进行了解。

第七条 巡视组按照《中国共产党巡视工作条例(试行)》第十二条所列内容进行监督,同时深入了解保障和改善民生、维护社会稳定情况及群众关心、社会关注的热点难点问题和损害群众利益的突出问题。根据不同时期党和国家及省、自治区、直辖市的重点工作与被巡视县的实际情况,巡视内容可以有所侧重。

第八条 巡视组要把发现问题、推动解决问题、促进工作作为开展工作的根本目的,按照《中国共产党巡视工作条例(试行)》第二十条规定的工作方式开展巡视。注重深入乡镇(街道)、村(社区)、企业事业单位等进行走访调研,必要时可进行暗访;拓宽信息来源,广泛收集相关社会舆论、网络舆情和新闻媒体报道等;高度重视群众来信来访,适当扩大谈话范围;科学组织民主测评和问卷调查,从整体上把握干部群众对领导班子及其成员的评价。

第九条 巡视组在巡视期间发现的重要情况和重大问题,要及时向领导小组报告;对群众反映强烈、明显违反规定并且能够及时解决的问题,报经领导小组同意并听取被巡视县所在的市委意见后,向被巡视县党组织或者其主要负责人提出处理意见,并督促及时进行整改。

第十条 巡视了解工作结束后,巡视组要写出巡视报告,并向领导小组汇报。汇报的重点是巡视中了解的重要情况和突出问题,以及提出的意见建议。对干部群众反映、举报领导班子及其成员的重要问题,都要以适当的形式向领导小组有关负责同志汇报。对了解到的影响经济社会发展和党的建设方面的重大问题,或者涉及重大政策调整、体制机制改革方面的问题,要形成专题报告,经领导小组审议同意后报送省、自治区、直辖市党委。

第十一条 巡视报告经领导小组同意后,巡视组要及时向被巡视县领导班子反馈巡视期间了解的情况和问题,有针对性地提出改进意见。反馈前要与被巡视县所在的市委沟通,并将反馈意见抄送该市委。

第十二条 省、自治区、直辖市党委巡视工作领导小组办公室(以下简称巡视办)在对县巡视中要认真履行综合协调、政策研究、制度建设等职责,做好以下工作:

(一)拟定巡视规划和计划;

(二)提前10个工作日将巡视工作安排书面通知被巡视县和其所在的市委;

(三)协调省、市两级相关部门向巡视组通报情况;

(四)协调巡视组进驻、汇报等事宜;

(五)根据领导小组意见审核提交省、自治区、直辖市党委的巡视情况报告;

(六)对巡视工作人员执行巡视工作纪律情况进行监督。

第十三条 巡视反馈结束后,对领导小组决定的事项,巡视办会同巡视组按照有关规定,对有关材料及时进行分类整理和综合分析,分别移交省、市两级纪检监察机关和组织等部门或者被巡视县党组织,适时跟踪督办,并向领导小组报告办理情况。

第十四条 巡视办要会同巡视组对当年巡视县领导班子的情况形成综合分析报告,经领导小组审议同意后报送省、自治区、直辖市党委并抄报中央巡视工作领导小组办公室。

第十五条 被巡视县所在的市委应当积极配合巡视机构开展对县巡视,做好以下工作:

(一)市委主要负责同志及本级纪检监察机关和组织、审计、信访等部门向巡视组介绍被巡视县党组织领导班子及其成员情况;

(二)委派市委领导班子成员参加对县巡视动员、反馈等会议,并对县领导班子配合巡视工作提出要求;

(三)指导和督促被巡视县按照巡视组提出的意见建议制定整改方案,抓好整改落实;

(四)责成有关机关和部门研究本级运用对县巡视成果的措施,并督促落实。

第十六条 被巡视县所在的市委应当成立由市委领导同志负责、市纪委和市委组织部牵头、有关部门参加的巡视工作联络机构,配备相对固定的工作人员,负责与巡视办、巡视组的日常联络工作,办理巡视办、巡视组交办的事宜，协助巡视办、巡视组对被巡视县的整改工作进行督办。

第十七条 被巡视县党组织领导班子应当积极支持配合巡视组，协助做好相关工作。自收到巡视组反馈意见之日起30个工作日内报送整改方案，并在整改方案报送之日起6个月内报送整改情况报告。整改方案、整改情况报告须经巡视组审核，并通过巡视办报领导小组，同时抄报所在的市委。

第十八条 对一年之内接受过巡视的县的党政主要负责人提拔使用或者领导班子换届考察时，省或者市级纪检监察机关和组织部门要听取巡视组意见。巡视期间，对被巡视县领导班子成员进行调整或者决定对其立案调查、组织处理的，省或者市级纪检监察机关和组织部门要及时向巡视组通报。

第十九条 本办法由中央纪委商中央组织部解释。

第二十条 本办法自发布之日起施行。

纪检监察机关处理检举控告工作规则

（2020年1月2日中共中央政治局常委会会议审议批准
2020年1月21日中共中央办公厅发布）

第一章 总 则

第一条 为了规范纪检监察机关处理检举控告工作，保障党员、群众行使监督权利，维护党员、干部合法权益，根据《中国共产党章程》、《中国共产党党内监督条例》等党内法规和《中华人民共和国宪法》、《中华人民共和国监察法》等法律，制定本规则。

第二条 坚持以马克思列宁主义、毛泽东思想、邓小平理论、“三个代表”重要思想、科学发展观、习近平新时代中国特色社会主义思想为指导，增强“四个意识”、坚定“四个自信”、做到“两个维护”，深入推进全面从严治党，贯彻纪律检查委员会和监察委员会合署办公要求，依规依纪依法处理检举控告，完善党和国家监督体系，强化对权力运行的制约和监督。

第三条 纪检监察机关应当认真处理检举控告，回应群众关切，发挥党和国家监督专责机关作用,保障党的理论和路线方针政策以及重大决策部署贯彻落实,为党风廉政建设、社会和谐稳定服务。

第四条 任何组织和个人对以下行为,有权向纪检监察机关提出检举控告:

(一)党组织、党员违反政治纪律、组织纪律、廉洁纪律、群众纪律、工作纪律、生活纪律等党的纪律行为;

(二)监察对象不依法履职,违反秉公用权、廉洁从政从业以及道德操守等规定,涉嫌贪污贿赂、滥用职权、玩忽职守、权力寻租、利益输送、徇私舞弊以及浪费国家资财等职务违法、职务犯罪行为;

(三)其他依照规定应当由纪检监察机关处理的违纪违法行为。

第五条 纪检监察机关处理检举控告工作应当遵循以下原则:

(一)实事求是。以事实为依据处理检举控告,鼓励支持检举控告人客观真实地反映情况。

(二)依规依纪依法。按照党章党规党纪和宪法法律以及信访工作有关规定处理检举控告,引导检举控告人依规依法、理性有序地反映问题。

(三)保障合法权利。贯彻"三个区分开来"要求,既保障检举控告人的监督权利,又查处诬告陷害行为,保护党员、干部干事创业积极性。

(四)分级负责、分工处理。按照管理权限受理检举控告,建立信访举报、监督检查、审查调查、案件监督管理等部门相互配合、相互制约的工作机制。

第六条 建设覆盖纪检监察系统的检举举报平台,运用互联网技术和信息化手段,畅通检举控告渠道,规范处理检举控告工作,及时发现问题线索,科学研判政治生态,更好服务群众。

第二章 检举控告的接收和受理

第七条 纪检监察机关应当接收检举控告人通过以下方式提出的检举控告:

(一)向纪检监察机关邮寄信件反映的;

(二)到纪检监察机关指定的接待场所当面反映的;

(三)拨打纪检监察机关检举控告电话反映的;

(四)向纪检监察机关的检举控告网站、微信公众平台、手机客户端等网络举报受理平台发送电子材料反映的;

（五）通过纪检监察机关设立的其他渠道反映的。

对其他机关、部门、单位转送的属于纪检监察机关受理范围的检举控告，应当按规定予以接收。

第八条 县级以上纪检监察机关应当明确承担信访举报工作职责的部门和人员，设置接待群众的场所，公开检举控告地址、电话、网站等信息，公布有关规章制度，归口接收检举控告。

巡视巡察工作机构对收到的检举控告，按有关规定处理。

第九条 纪检监察机关应当负责任地接待来访人员，耐心听取其反映的问题，做好解疑释惑和情绪疏导工作，妥善处理问题。

建立纪检监察干部定期接访制度，有关负责人应当接待重要来访、处理重要信访问题。

第十条 纪检监察机关信访举报部门对属于受理范围的检举控告，应当进行编号登记，按规定录入检举举报平台。

对涉及同级党委管理的党员、干部以及监察对象的检举控告，应当定期梳理汇总，并向本机关主要负责人报告。

第十一条 检举控告工作按照管理权限实行分级受理：

（一）中央纪委国家监委受理反映中央委员、候补中央委员，中央纪委委员，中央管理的领导干部，党中央工作机关、党中央批准设立的党组（党委），各省、自治区、直辖市党委、纪委等涉嫌违纪或者职务违法、职务犯罪问题的检举控告。

（二）地方各级纪委监委受理反映同级党委委员、候补委员，同级纪委委员，同级党委管理的党员、干部以及监察对象，同级党委工作机关、党委批准设立的党组（党委），下一级党委、纪委等涉嫌违纪或者职务违法、职务犯罪问题的检举控告。

（三）基层纪委受理反映同级党委管理的党员，同级党委下属的各级党组织涉嫌违纪问题的检举控告；未设立纪律检查委员会的党的基层委员会，由该委员会受理检举控告。

各级纪委监委按照管理权限受理反映本机关干部涉嫌违纪或者职务违法、职务犯罪问题的检举控告。

第十二条 对反映党的组织关系在地方、干部管理权限在主管部门的党员、干部以及监察对象涉嫌违纪或者职务违法、职务犯罪问题的检举控告，由设在主管部门、有管辖权的纪检监察机关受理。地方纪检监察机关接到检举控告的,经与设在主管部门、有管辖权的纪检监察机关协调,可以按规定受理。

第十三条 纪检监察机关对反映的以下事项,不予受理:

(一)已经或者依法应当通过诉讼、仲裁、行政裁决、行政复议等途径解决的;

(二)依照有关规定,属于其他机关或者单位职责范围的;

(三)仅列举出违纪或者职务违法、职务犯罪行为名称但无实质内容的。

对前款第一项、第二项所列事项,通过来信反映的,应当及时转有关机关或者单位处理;通过来访、来电、网络举报受理平台等方式反映的,应当告知检举控告人依规依法向有权处理的机关或者单位反映。

第三章 检举控告的办理

第十四条 纪检监察机关信访举报部门经筛选,对属于本级受理的初次检举控告,应当移送本机关监督检查部门或者相关部门,并按规定将移送情况通报案件监督管理部门;对于重复检举控告,按规定登记后留存备查,并定期向有关部门通报情况。

承办部门应当指定专人负责管理,逐件登记、建立台账。

第十五条 纪检监察机关信访举报部门收到属于上级纪检监察机关受理的检举控告,应当径送本机关主要负责人,并在收到之日起5个工作日内报送上一级纪检监察机关信访举报部门;收到反映本机关主要负责人问题的检举控告,应当径送上一级纪检监察机关信访举报部门。

对属于上级纪检监察机关受理的检举控告,不得瞒报、漏报、迟报,不得扩大知情范围,不得复制、摘抄检举控告内容,不得将有关信息录入检举举报平台。

第十六条 纪检监察机关信访举报部门收到属于下级纪检监察机关受理的检举控告,应当及时予以转送。

下一级纪检监察机关对转送的检举控告,应当进行登记,在收到之日起5个工作日内完成受理或者转办工作。

第十七条 纪检监察机关监督检查部门应当对收到的检举控告进行认真甄别,对没有实质内容的检举控告或者属于其他纪检监察机关受理的检举控告,在沟通研究、经本机关分管领导批准后,按程序退回信访举报部门处理。

监督检查部门对属于本级受理的检举控告,应当结合日常监督掌握的情况,进行综合分析、适当了解,经集体研究并履行报批程序后,以谈话函询、初步核实、暂存待查、予以了结等方式处置,或者按规定移送审查调查部门处置。

第十八条 纪检监察机关监督检查、审查调查部门应当每季度向信访举报部门反馈已办结的检举控告处理结果。

反馈内容应当包括处置方式、属实情况、向检举控告人反馈情况等。

第十九条 纪检监察机关案件监督管理部门应当加强对检举控告办理情况的监督。信访举报、监督检查、审查调查部门应当定期向案件监督管理部门通报有关情况。

第四章 检 查 督 办

第二十条 纪检监察机关信访举报部门对属于下级纪检监察机关受理的检举控告,有以下情形之一,经本机关分管领导批准,可以发函交办:

(一)在落实党中央决策部署中,存在明显违纪违法问题的;

(二)问题典型、群众反映强烈的;

(三)对检举控告问题久拖不办,造成不良影响的;

(四)其他需要交办的情形。

第二十一条 下级纪检监察机关接到交办的检举控告后,一般应当在3个月内办结,并报送核查处理情况;经本机关主要负责人批准,可以延长3个月,并向上级纪检监察机关报告。特殊情况需要再次延长办理期限的,应当报上级纪检监察机关批准。

第二十二条 对交办的检举控告,有以下情形之一,经交办机关分管领导批准,可以采取发函、听取汇报、审阅案卷、检查督促等方式督办:

(一)超过期限仍未办结的;

(二)组织不力、核查处理不认真,或者推诿敷衍的;

(三)需要补充核查、重新研究处理意见或者补报有关材料的;

(四)其他需要督办的情形。

第二十三条 检举控告承办机关对拟上报的核查处理情况,应当集体审核研究,经本机关主要负责人批准后,报上一级纪检监察机关。

第五章 实名检举控告的处理

第二十四条 检举控告人使用本人真实姓名或者本单位名称,有电话等具体联系方式的,属于实名检举控告。

纪检监察机关信访举报部门可以通过电话、面谈等方式核实是否属于实名检举控告。

第二十五条 纪检监察机关提倡、鼓励实名检举控告,对实名检举控告优先办理、优先处置、给予答复。

第二十六条 纪检监察机关信访举报部门对属于本机关受理的实名检举控告,应当在收到检举控告之日起 15 个工作日内告知实名检举控告人受理情况。重复检举控告的,不再告知。

第二十七条 承办的监督检查、审查调查部门应当将实名检举控告的处理结果在办结之日起 15 个工作日内向检举控告人反馈,并记录反馈情况。检举控告人提出异议的,承办部门应当如实记录,并予以说明;提供新的证据材料的,承办部门应当核查处理。

第二十八条 实名检举控告经查证属实,对突破重大案件起到重要作用,或者为国家、集体挽回重大经济损失的,纪检监察机关可以按规定对检举控告人予以奖励。

第二十九条 匿名检举控告,属于受理范围的,纪检监察机关应当按程序受理。

对匿名检举控告材料,不得擅自核查检举控告人的笔迹、网际协议地址(IP 地址)等信息。对检举控告人涉嫌诬告陷害等违纪违法行为,确有需要采取上述方式追查其身份的,应当经设区的市级以上纪委监委批准。

第三十条 虽有署名但不是检举控告人真实姓名(单位名称)或者无法验证的检举控告,按照匿名检举控告处理。

第六章 检举控告情况的综合运用

第三十一条 纪检监察机关应当定期研判所辖地区、部门、单位检举控告情况,对反映的典型性、普遍性、苗头性问题提出有针对性的工作建议,形成综合分析报告,报上一级纪检监察机关,必要时向同级党委报告。

纪检监察机关应当根据全面从严治党、党风廉政建设和反腐败工作重点以及检举控告反映的热点问题,开展专题分析。

对问题集中、反映强烈的地区、部门、单位，可以将相关分析情况向有关党组织通报。

第三十二条 纪检监察机关应当根据巡视巡察工作机构要求，及时提供涉及被巡视巡察地区、部门、单位的检举控告情况。

第三十三条 纪检监察机关在开展日常监督工作中应当对检举控告情况进行收集、研判，综合各方面信息，全面掌握被监督单位政治生态情况和被监督对象的思想、工作、作风、生活情况，提高监督的针对性和实效性。

第三十四条 对检举控告较多的地区、部门、单位，纪检监察机关经了解核实后，发现有关党组织或者单位党风廉政建设和履行职责存在问题的，应当向其提出纪律检查建议或者监察建议，并督促整改落实。

第七章 当事人的权利和义务

第三十五条 检举控告人享有以下权利：

（一）对党组织和党员、干部以及监察对象涉嫌违纪违法的行为提出检举控告；

（二）申请与检举控告事项相关的工作人员回避；

（三）对受理机关以及处理检举控告工作人员的失职渎职等违纪违法行为提出检举控告；

（四）因检举控告致其合法权利受到威胁或者侵害的，可以提出保护申请；

（五）检举控告严重违纪违法问题，经查证属实的，按规定获得表扬或者奖励；

（六）党内法规和法律法规规定的其他权利。

第三十六条 检举控告人应当履行以下义务：

（一）如实提供所掌握的全部情况和证据，对检举控告内容的真实性负责，不得夸大、歪曲事实，不得诬告陷害他人；

（二）自觉维护社会公共秩序和信访秩序，不得损害党、国家和人民的利益以及公民个人的合法权利；

（三）接受党组织、单位的正确处理意见，不得提出党内法规和法律法规规定以外的要求；

（四）对反馈的处理结果等情况予以保密；

（五）党内法规和法律法规规定的其他义务。

第三十七条　被检举控告人应当履行以下义务：

（一）正确对待检举控告，有则改之、无则加勉，习惯在受监督和约束的环境中工作生活；

（二）相信组织、依靠组织，配合做好了解核实工作，实事求是说明问题，不得对抗审查调查；

（三）尊重检举控告人和处理检举控告工作人员，不得进行打击报复；

（四）党内法规和法律法规规定的其他义务。

第三十八条　被检举控告人享有以下权利：

（一）对被检举控告的问题作出说明、辩解；

（二）基层党组织讨论决定对自身处理、处分时，可以参加和进行申辩；

（三）申请反馈核查处理结论；

（四）对所受处理、处分不服的，可以申诉或者申请复审；

（五）对受理机关以及处理检举控告工作人员的失职渎职等违纪违法行为提出检举控告；

（六）党内法规和法律法规规定的其他权利。

第八章　诬告陷害行为的查处

第三十九条　采取捏造事实、伪造材料等方式反映问题，意图使他人受到不良政治影响、名誉损失或者责任追究的，属于诬告陷害。

认定诬告陷害，应当经设区的市级以上党委或者纪检监察机关批准。

第四十条　纪检监察机关应当加强对检举控告的分析甄别，注意发现异常检举控告行为，有重点地进行查证。属于诬告陷害的，依规依纪依法严肃处理，或者移交有关机关依法处理。

第四十一条　诬告陷害具有以下情形之一，应当从重处理：

（一）手段恶劣，造成不良影响的；

（二）严重干扰换届选举或者干部选拔任用工作的；

（三）经调查已有明确结论，仍诬告陷害他人的；

（四）强迫、唆使他人诬告陷害的；

（五）其他造成严重后果的。

第四十二条　纪检监察机关应当将查处的诬告陷害典型案件通报曝光。

第四十三条　纪检监察机关对通过诬告陷害获得的职务、职级、职称、学历、学位、奖励、资格等利益，应当建议有关组织、部门、单位按规定予以纠正。

第四十四条 对被诬告陷害的党员、干部以及监察对象，纪检监察机关、所在单位党组织应当开展思想政治工作，谈心谈话、消除顾虑，保护干事创业积极性，推动履职尽责、担当作为。

第四十五条 纪检监察机关应当区分诬告陷害和错告。属于错告的，可以对检举控告人进行教育。

第九章 工作要求和责任

第四十六条 纪检监察机关及其工作人员在处理检举控告工作中，应当强化宗旨意识，改进工作作风，注意工作方法，对于不予受理事项或者不合理诉求做好解释说明，不得自以为是、盛气凌人，不得漠视群众疾苦、对群众利益麻木不仁。

第四十七条 纪检监察机关应当建立健全检举控告保密制度，严格落实保密要求：

（一）对检举控告人的姓名（单位名称）、工作单位、住址等有关情况以及检举控告内容必须严格保密；

（二）严禁将检举控告材料、检举控告人信息转给或者告知被检举控告的组织、人员；

（三）受理检举控告或者开展核查工作，应当在不暴露检举控告人身份的情况下进行；

（四）宣传报道检举控告有功人员，涉及公开其姓名、单位等个人信息的，应当征得本人同意。

第四十八条 处理检举控告工作人员有以下情形之一，应当主动提出回避，当事人有权要求其回避，回避决定由纪检监察机关作出：

（一）本人是被检举控告人或者其近亲属的；

（二）本人或者近亲属与被检举控告问题有利害关系的；

（三）其他可能影响检举控告问题公正处理的情形。

第四十九条 检举控告人及其近亲属的人身、财产安全因检举控告而受到威胁或者侵害，并提出保护申请的，纪检监察机关应当依法、及时提供保护。必要时，纪检监察机关可以商请有关机关予以协助。

被检举控告人有危害人身安全和损害财产、名誉等打击报复行为的，依规依纪依法严肃处理。

第五十条 纪检监察机关核查认定检举控告失实、有必要予以澄清的,经本机关主要负责人批准后,可以采取以下方式予以澄清:

(一)向被检举控告人所在地区、部门、单位党委(党组)主要负责人以及本人发函说明或者当面说明;

(二)向被检举控告人所在地区、部门、单位党委(党组)通报情况;

(三)在一定范围内通报。

第五十一条 对因检举控告失实而受到错误处理、处分的,纪检监察机关应当在职权范围内予以纠正,或者向有权机关提出纠正建议。

第五十二条 纪检监察机关及其工作人员有以下情形之一,依规依纪严肃处理;涉嫌职务违法、职务犯罪的,依法追究法律责任:

(一)私存、扣压、篡改、伪造、撤换、隐匿、遗失或者私自销毁检举控告材料的;

(二)超越权限,擅自处理检举控告材料的;

(三)泄露检举控告人信息或者检举控告内容等,或者将检举控告材料转给被检举控告的组织、人员的;

(四)隐瞒、谎报、未按规定期限上报重大检举控告信息,造成严重后果的;

(五)其他违规违纪违法的情形。

利用检举控告材料谋取个人利益或者为打击报复检举控告人提供便利的,应当从重处理。

第十章 附 则

第五十三条 本规则所称监督检查部门、审查调查部门,指的是纪检监察机关中履行监督检查、审查调查职能的部门和跨部门组建的审查调查组。

第五十四条 对纪检监察机关在监督检查、审查调查中发现的问题线索,审计机关、执法部门、司法机关等单位移交的信访举报以外的问题线索的处理,其他党内法规和法律法规另有规定的,从其规定。

第五十五条 纪委监委派驻(派出)机构和国有企业、高校等企事业单位纪检监察机构除执行本规则外,还应当执行党中央以及中央纪委国家监委相关规定。

第五十六条　中央军事委员会可以根据本规则，制定相关规定。

第五十七条　本规则由中央纪委国家监委负责解释。

第五十八条　本规则自发布之日起施行。此前发布的其他有关纪检监察机关处理检举控告工作的规定，凡与本规则不一致的，按照本规则执行。

中共中央关于加强对“一把手”和领导班子监督的意见

（2021年3月27日）

加强对主要领导干部和领导班子的监督，是新时代坚持和加强党的全面领导，提高党的建设质量，推动全面从严治党向纵深发展的必然要求。为深入贯彻党的十九大和十九届二中、三中、四中、五中全会精神，落实全面从严治党主体责任和监督责任，现就加强对“一把手”和领导班子监督提出如下意见。

一、充分认识加强对“一把手”和领导班子监督的重要性紧迫性

习近平总书记指出，党的委员会是党执政兴国的指挥部，“一把手”是党的事业发展的领头雁，在增强“四个意识”、坚定“四个自信”、做到“两个维护”上必须作表率、打头阵；强调对各级“一把手”来说，自上而下的监督最有效，党中央要加强对高级干部的监督，各级党委（党组）要加强对所管理的领导干部特别是主要领导干部的监督，上级“一把手”必须抓好下级“一把手”；强调破解同级监督难题，关键在党委常委会，要用好批评和自我批评武器，增强主动监督、相互监督的自觉。开启全面建设社会主义现代化国家新征程，向第二个百年奋斗目标进军，面临前所未有的复杂环境和风险挑战，只有毫不动摇坚持党中央集中统一领导，一以贯之推进党的伟大自我革命，以有效监督把“关键少数”管住用好，充分发挥党员领导干部的先锋模范作用和表率引领作用，才能团结带领广大干部群众战胜前进道路上的各种艰难险阻，不断取得中国特色社会主义事业新胜利。

党的十八大以来，以习近平同志为核心的党中央坚定不移推进全面从严治党，推动落实党委（党组）主体责任、书记第一责任人职责、领导班子其他成员“一岗双责”、纪检机关监督专责，形成了许多有效做法和经验。同时，必须清醒看到，对“一把手”监督仍是薄弱环节，完善党内监督体系、落实监督责任的任务依然十分紧迫。领导干部责任越重大、岗位越重要，越要加强监督。破解对“一把手”监督和同级监督难题，必须明确监督重点，压实监督责任，细化监督措施，健全制度机制。各级党委（党组）要充分认识加强对“一把手”和领导班子监督的极端重要性和现实紧迫性，强化上级党组织监督，做实做细同级监督，推动党员领导干部增强政治意识，不断提高政治判断力、政治领悟力、政治执行力，自觉践行忠诚干净担当，带头维护党中央权威和集中统一领导，确保全党步调一致向前进。

加强对“一把手”和领导班子监督，必须坚持以习近平新时代中国特色社会主义思想为指导，坚持和加强党的全面领导，落实管党治党政治责任，完善党和国家监督体系，促进主动开展监督、自觉接受监督，形成一级抓一级、层层抓落实的监督工作格局，不断增强党的自我净化、自我完善、自我革新、自我提高能力，推动中国特色监督制度优势更好转化为治理效能。

加强对“一把手”和领导班子监督，要全面落实党内监督制度，突出政治监督，重点强化对“一把手”和领导班子对党忠诚，践行党的性质宗旨情况的监督；强化对贯彻落实党的路线方针政策和党中央重大决策部署，践行“两个维护”情况的监督；强化对立足新发展阶段、贯彻新发展理念、构建新发展格局，推动高质量发展情况的监督；强化对落实全面从严治党主体责任和监督责任情况的监督；强化对贯彻执行民主集中制、依规依法履职用权、担当作为、廉洁自律等情况的监督，做到真管真严、敢管敢严、长管长严。

各级领导干部要从政治上认识领导职责中包含监督职责，增强监督意识，履行监督责任；正确对待党组织和群众的监督，勇于纠正错误，切实改进工作；习惯在受监督和约束的环境中工作生活，主动接受监督，决不能拒绝监督、逃避监督。“一把手”要自觉置身党组织和群众监督之下，强化责任担当，加强对领导班子其他成员和下级领导干部的监督。

二、加强对“一把手”的监督

（一）把对“一把手”的监督作为重中之重，强化监督检查。“一把手”被赋予重要权力，担负着管党治党重要政治责任，必须以强有力的监督促使其做到位高不擅权、权重不谋私。党委（党组）、纪检机关、党的工作机关要突出对“一把手”的监督，将“一把手”作为开展日常监督、专项督查等的重点，让“一把手”时刻感受到用权受监督。

（二）“一把手”要以身作则，自觉接受监督。“一把手”必须旗帜鲜明讲政治，带头做到“两个维护”，带头落实党内监督各项制度，在履行管党治党责任、严格自律上当标杆、作表率，既要自觉接受监督，又要敢于担当作为。各级领导干部特别是高级干部要带头遵守政治纪律和政治规矩，主动向党组织请示报告工作，严格落实中央八项规定及其实施细则精神，廉洁治家，自觉反对特权思想、特权现象，始终保持共产党人清正廉洁的政治本色。

（三）加强党组织自上而下的监督，上级“一把手”必须抓好下级“一把手”。中央政治局委员要注重了解分管部门、地方、领域党组织党风廉政建设情况，督促有关地方和部门“一把手”履行全面从严治党责任、做到廉洁自律，发现问题及时教育提醒。中央纪委、中央组织部应当加强对省级党委、中央单位“一把手”的监督，督促省级党委加强对下级“一把手”的管理。上级“一把手”要将监督下级“一把手”情况作为每年述职的重点内容；对下级新任职“一把手”应当开展任职谈话；同下级“一把手”定期开展监督谈话，对存在苗头性、倾向性问题的进行批评教育，对存在轻微违纪问题的及时予以诫勉。

（四）严格执行全面从严治党责任制度，落实“一把手”第一责任人职责。党委（党组）要加强对全面从严治党责任制度执行情况的监督检查，对下级“一把手”落实责任不到位、问题比较突出的及时约谈。纪检机关应当通过抓好组织实施和督促检查、提出整改建议等方式，推动第一责任人切实履行职责。健全落实全面从严治党主体责任考核制度，考核结果作为对“一把手”选拔任用、实绩评价、激励约束的重要依据。对履行第一责任人职责不担当、不作为的，依规依纪追究责任。

（五）贯彻执行民主集中制，完善“三重一大”决策监督机制。党委（党组）、纪检机关、组织部门要加强对下级党委（党组）“一把手”贯彻执行民主集中制情况的监督检查，防止出现搞一言堂甚至家长制问题。中央组织部应当对省级党委、中央单位“一把手”贯彻执行民主集中制情况进行重点监督。把“三重一大”决策制度执行情况作为巡视巡察、审计监督、专项督查的重要内容。纪委书记、派驻纪检监察组组长发现“一把手”违反决策程序的问题，应当及时提出意见，对纠正不力的要向上级纪委、派出机关反映。

(六)巡视巡察工作要紧盯"一把手",及时发现问题。党委(党组)要坚持"发现问题、形成震慑,推动改革、促进发展"的巡视工作方针,坚守政治巡视定位,查找纠正政治偏差。巡视巡察组应当把被巡视巡察党组织"一把手"作为监督重点,进驻前向纪检机关、组织部门深入了解情况。巡视巡察谈话应当将"一把手"工作、生活情况作为必谈内容,对反映的重要问题深入了解。巡视巡察报告应当将"一把手"履行第一责任人职责和廉洁自律情况单独列出,提出明确意见和整改要求。

(七)及时掌握对"一把手"的反映,建立健全述责述廉制度。党委(党组)、纪检机关、组织部门要加强对下级党委(党组)"一把手"的日常监督,通过驻点调研、专项督查等方式,全面掌握其思想、工作、作风、生活状况。落实纪检机关、组织部门负责人同下级"一把手"谈话制度,发现一般性问题及时向本人提出,发现严重违纪违法问题向同级党委主要负责人报告。开展下级"一把手"在上级党委常委会(党组)扩大会议上述责述廉、接受评议工作,述责述廉报告在一定范围内公开。

三、加强同级领导班子监督

(八)加强领导班子成员相互监督,认真开展批评和自我批评。中央委员会成员必须严守政治纪律和政治规矩,发现其他成员有违反党章、破坏党的纪律、危害党的团结统一的行为,应当及时向党中央报告或者实名向中央纪委常委会反映。党委(党组)"一把手"要管好班子、带好队伍,经常开展谈心谈话,切实履行好教育、管理、监督责任;对领导班子其他成员所作的函询说明签署意见时,要进行教育提醒,不能"一签了之"。领导班子成员之间应当经常交换意见,发现问题坦诚向对方提出,发现"一把手"存在重要问题的可直接向上级党组织报告。坚持民主生活会和组织生活会制度,"一把手"要带头开展批评和自我批评,领导班子成员按规定对个人有关事项以及群众反映、巡视巡察反馈、组织约谈函询的问题实事求是作出说明。

(九)发挥领导班子近距离常态化监督优势,提高发现和解决自身问题的能力。党委(党组)要全面履行加强和规范党内政治生活的领导责任,建立健全相关制度。领导班子成员应当本着对自己、对同志、对班子、对党高度负责的态度,相互提醒、相互督促,把加强和规范党内政治生活各项任务落到实处,增强领导班子战斗力;发现领导班子其他成员有违纪违法问题的，应当及时如实按程序向党组织反映和报告，对隐瞒不报、当“老好人”的要连带追究责任。

（十）坚持集体领导制度，严格按规则和程序办事。健全党委（党组）领导班子权力运行制约机制，合理分解、科学配置权力。坚决防止以专题会议代替常委会会议作出决策，坚决防止以党委集体决策名义集体违规，决不允许领导班子成员将分管工作、分管领域变成不受集体领导和监督的“私人领地”。完善领导班子议事规则，重要事项须提交领导班子会议讨论，领导班子成员应当充分发表意见，意见分歧较大时应当暂缓表决，对会议表决情况和不同意见应当如实记录、存档备查。

（十一）督促领导班子其他成员履行“一岗双责”，抓好职责范围内管党治党工作。党委（党组）要制定落实全面从严治党主体责任年度计划，分解工作任务。“一把手”要定期听取领导班子其他成员履行管党治党责任的情况汇报，发现责任落实不到位的及时约谈。纪委应当向同级党委领导班子其他成员通报其分管部门和单位领导干部遵守党章党规、廉洁自律等情况，推动领导班子其他成员抓好分管部门和单位的党风廉政建设工作。

（十二）严格执行领导干部插手干预重大事项记录制度，发现问题及时报告。党委（党组）要完善落实领导干部插手干预重大事项记录制度的具体举措。对领导班子成员存在违规干预干部选拔任用、工程建设、执法司法等问题的，受请托人应当及时向所在部门和单位党组织报告。领导班子和领导干部对来自其他领导干部家属亲友的违规干预行为应当坚决抵制，及时向党组织报告。不按要求报告的，依规依纪严肃追究责任。

（十三）建立健全政治生态分析研判机制，分领域形成党风廉政建设情况报告。党委（党组）要定期分析本地区本部门本单位政治生态状况，经常听取纪检机关、党的工作机关相关报告，认真查找领导班子自身存在的突出问题，采取有力措施加以解决。纪检机关应当加强对审批监管、工程建设、资源开发、金融信贷等领域党风廉政建设情况的分析，注重发现普遍性问题，形成专题报告，促进同级党委领导班子加强对关键岗位的管理监督。

（十四）完善纪委书记谈话提醒制度，如实报告领导班子成员履职尽责和廉洁自律情况。纪委书记应当牢固树立报告问题是本职、该报告不报告是失职的意识。发现领导班子成员有苗头性、倾向性问题的，及时进行提醒。发现存在重要问题的，向上级纪委和同级党委主要负责人报告，全面准确反映情况。不报告或者不如实报告的，依规依纪严肃追究责任。

四、加强对下级领导班子的监督

(十五)落实上级党组织对下级党组织的监督责任,把管理和监督寓于实施领导的全过程。党委(党组)要切实管好自己的“责任田”,综合运用检查抽查、指导民主生活会、受理信访举报、督促问题整改等方式,加强对下级领导班子及其成员特别是“一把手”的监督,做到责任清晰、主体明确、措施管用、行之有效。

(十六)把制度的笼子扎得更紧更牢,推进监督工作规范化。党委(党组)要坚持用制度管权管事管人,健全任职回避、定期轮岗、干部交流制度,对“一把手”制定更严格的管理制度。坚持和完善领导干部报告个人有关事项制度,推进“一把手”个人有关事项在领导班子中公开工作。健全干部双重管理制度,明确主管方、协管方对双重管理干部的监督职责。

(十七)规范领导干部家属从业行为,推动构建亲清政商关系。高级干部要带头执行规范领导干部配偶、子女及其配偶经商办企业行为规定,为全党作出示范。党委(党组)要抓好相关规定落实,营造风清气正的政治生态。领导干部与企业家交往必须守住底线、把好分寸,“一把手”要带头落实“亲”、“清”要求,不得以权谋私,搞暗箱操作和利益输送;管住管好自己的家属亲友,决不允许他们利用本人职权敛财谋利,防止居心不良者对家庭成员进行“围猎”。党委(党组)、纪检机关要加强对构建亲清政商关系情况的监督检查,及时处置投诉举报,发现问题依规依纪严肃处理。

(十八)加强上级党组织对下级单位领导班子民主生活会的指导,提高民主生活会质量。党委(党组)要履行组织开好民主生活会的领导责任,统一确定或者批准下级单位领导班子民主生活会主题,上级党组织领导班子成员有计划地参加下级单位领导班子民主生活会。组织部门应当会同纪检机关对下级单位领导班子民主生活会进行督促检查和指导,重点检查“一把手”开展批评和自我批评是否态度鲜明,民主生活会是否真正红脸出汗。对不按规定召开的严肃指出并纠正,对走过场的责令重新召开。对下级党组织所辖地区、部门、单位发生重大问题的,督促下级领导班子及时召开专题民主生活会。

(十九)强化选人用人的组织把关,落实干部考察考核制度。党委(党组)要加强对干部选拔任用工作全过程监督,强化对下级领导班子成员特别是“一把手”拟任人选的把关,压实分析研判和动议、民主推荐、考察、讨论决定等各环节的领导责任。组织部门应当按照好干部标准,严格“凡提四必”程序，全面考察干部。纪检机关应当动态更新领导干部廉政档案，严把党风廉政意见回复关。党委（党组）要对下级领导班子及其成员实行分级分类考核，同巡视巡察、经济责任审计、工作督查、相关业务部门考核发现的问题相结合，进行全面客观评价。每年可以选定部分“一把手”和领导班子进行重点考核，对问题反映较多的进行专项考核。

（二十）定期分析研判信访举报情况，对群众反映多的领导干部及时敲响警钟。党委（党组）要重视信访举报工作，了解掌握群众对领导干部特别是“一把手”的反映。领导干部要倾听群众呼声，严肃认真地对待群众的意见、批评。纪检机关、组织部门应当对信访举报情况定期开展分析研判，对反映的问题提出有针对性的处置意见，督促信访举报比较集中的地方、部门、单位党组织查找分析原因。对涉及下级“一把手”及领导班子其他成员的信访举报问题进行专题分析，对社会反映突出、群众评价较差的领导干部情况及时报告，对一般性问题开展谈心谈话。

（二十一）推动问题整改常态化，完善纪检监察建议制度。党委（党组）、纪检监察机关、组织部门要加强对问题整改情况的监督检查，通过审核整改报告、督办重点问题等方式，压实主体责任，督促整改落实到位。针对查处严重违纪违法案件暴露出的问题开展警示教育。完善纪检监察建议提出、督办、反馈和回访监督机制。对整改问题不及时不到位甚至拒不整改的，依规依纪严肃处理，对典型问题通报曝光。

五、切实加强党对监督工作的领导

（二十二）加强党委（党组）对监督工作的领导，完善党内监督体系。各级党委（党组）必须坚决落实党中央关于全面从严治党的决策部署，领导好本地区本部门本单位党内监督工作，抓好督促检查。把对“一把手”和领导班子监督摆在管党治党突出位置，通过抓好“关键少数”带动“绝大多数”。统筹党内各项监督，支持和监督纪检机关履行监督责任，督促党的工作机关加强职责范围内职能监督工作，注重发挥基层党组织日常监督和党员民主监督作用。

（二十三）以党内监督为主导，贯通各类监督。各级党委要切实发挥党内监督带动作用，推动人大监督、民主监督、行政监督、司法监督、审计监督、财会监督、统计监督、群众监督、舆论监督贯通协调、形成合力。加大统筹力度，整合各类监督信息资源，有效运用大数据，建立健全重大监督事项会商研判、违纪违法问题线索移送机制，定期听取工作情况汇报，使各类监督更加协同有效。

(二十四)发挥纪委监委专责机关作用,增强监督实效。纪委监委要强化政治监督,做实日常监督,督促各级“一把手”和领导班子履行好管党治党责任、落实好党中央重大决策部署。精准有效运用“四种形态”,以严格的执纪执法增强制度刚性,对滥用职权、以权谋私的坚决查处,对不抓不管、失职失责的严肃问责。加强对下级纪委监委的领导,大力支持下级纪委监委履行监督职责,推进纪律监督、监察监督、派驻监督、巡视监督统筹衔接,完善全覆盖的监督机制。加强纪检监察机关自身建设,健全内控机制,自觉接受监督,确保权力受到严格约束。

(二十五)积极探索创新,增强针对性、有效性。各级党组织和领导干部要切实抓好本意见的贯彻落实,对各项监督制度不折不扣执行到位。加强分类指导,细化监督举措。坚持顶层设计和基层创新相结合,鼓励地方、部门和单位探索强化监督的有效办法,及时总结经验,不断增强监督实效。

防范和惩治统计造假、弄虚作假督察工作规定

(2018年8月24日中共中央批准　2018年8月24日
中共中央办公厅、国务院办公厅发布)

第一条　为了构建防范和惩治统计造假、弄虚作假督察机制,推动各地区各部门严格执行统计法律法规,确保统计数据真实准确,根据《关于深化统计管理体制改革提高统计数据真实性的意见》、《统计违纪违法责任人处分处理建议办法》等有关规定和《中华人民共和国统计法》、《中华人民共和国统计法实施条例》等法律法规,制定本规定。

第二条　统计督察必须坚持以习近平新时代中国特色社会主义思想为指导,全面贯彻党的十九大和十九届二中、三中全会精神,牢固树立政治意识、大局意识、核心意识、看齐意识,坚持和加强党的全面领导,坚持稳中求进工作总基调,坚持新发展理念,紧扣我国社会主要矛盾变化,按照高质量发展的要求,围绕统筹推进“五位一体”总体布局和协调推进“四个全面”战略布局,聚焦统计法定职责履行、统计违纪违法现象治理、统计数据

质量提升,注重实效、突出重点、发现问题、严明纪律,维护统计法律法规权威,推动统计改革发展,为经济社会发展做好统计制度保障。

第三条 根据党中央、国务院授权,国家统计局组织开展统计督察,监督检查各地区各部门贯彻执行党中央、国务院关于统计工作的决策部署和要求、统计法律法规、国家统计政令等情况。

第四条 国家统计局负责统筹、指导、协调、监督统计督察工作,主要职责是制定年度督察计划,批准督察事项,审定督察报告,研究解决督察中存在的重大问题。国家统计局统计执法监督局承担统计督察日常工作。

国家统计局通过组建统计督察组开展统计督察工作,统计督察组设组长、副组长,实行组长负责制,副组长协助组长开展工作。

第五条 统计督察对象是与统计工作相关的各地区、各有关部门。重点是各省、自治区、直辖市党委和政府主要负责同志和与统计工作相关的领导班子成员,必要时可以延伸至市级党委和政府主要负责同志和与统计工作相关的领导班子成员;国务院有关部门主要负责同志和与统计工作相关的领导班子成员;省级统计机构和省级政府有关部门领导班子成员。

第六条 对省级党委和政府、国务院有关部门开展统计督察的内容包括:

(一)贯彻落实党中央、国务院关于统计改革发展各项决策部署,加强对统计工作组织领导,指导重大国情国力调查,推动统计改革发展,研究解决统计建设重大问题等情况;

(二)履行统计法定职责,遵守执行统计法律法规,严守领导干部统计法律底线,依法设立统计机构,维护统计机构和人员依法行使统计职权,保障统计工作条件,支持统计活动依法开展等情况;

(三)建立防范和惩治统计造假、弄虚作假责任制,问责统计违纪违法行为,建立统计违纪违法案件移送机制,追究统计违纪违法责任人责任,发挥统计典型违纪违法案件警示教育作用等情况;

(四)应当督察的其他情况。

对市级及以下党委和政府、地方政府有关部门,可以参照上述规定开展统计督察。

第七条 对各级统计机构、国务院有关部门行使统计职能的内设机构开展统计督察的内容包括:

(一)贯彻落实党中央、国务院关于统计改革发展各项决策部署,完成

国家统计调查任务,执行国家统计标准和统计调查制度,组织实施重大国情国力调查等情况;

(二)履行统计法定职责,遵守执行统计法律法规,严守统计机构、统计人员法律底线,依法独立行使统计职权,依法组织开展统计工作,依法实施和监管统计调查,依法报请审批或者备案统计调查项目及其统计调查制度,落实统计普法责任制等情况;

(三)执行国家统计规则,遵守国家统计政令,遵守统计职业道德,执行统计部门规章和规范性文件,落实各项统计工作部署,组织实施统计改革,加强统计基层基础建设,参与构建新时代现代化统计调查体系,建立统计数据质量控制体系等情况;

(四)落实防范和惩治统计造假、弄虚作假责任制,监督检查统计工作,开展统计执法检查,依法查处统计违法行为,依照有关规定移送统计违纪违法责任人处分处理建议或者违纪违法问题线索,落实统计领域诚信建设制度等情况;

(五)应当督察的其他情况。

对国务院有关部门行使统计职能的内设机构开展统计督察的内容还包括:依法提供统计资料、行政记录,建立统计信息共享机制,贯彻落实统计信息共享要求等情况。

对地方政府有关部门行使统计职能的内设机构,可以参照上述规定开展统计督察。

第八条 统计督察主要采取以下方式进行:

(一)召开有关统计工作座谈会,听取被督察地区、部门遵守执行统计法律法规、履行统计法定职责等情况汇报;

(二)与被督察地区、部门有关领导干部和统计人员进行个别谈话,向知情人员询问有关情况;

(三)设立统计违纪违法举报渠道,受理反映被督察地区、部门以及有关领导干部统计违纪违法行为问题的来信、来电、来访等;

(四)调阅、复制有关统计资料和与统计工作有关的文件、会议记录等材料,进入被督察地区、部门统计机构统计数据处理信息系统进行比对、查询;

(五)进行遵守执行统计法律法规等情况的问卷调查,开展统计执法“双随机”抽查,赴被督察地区、部门进行实地调查了解;

（六）经国家统计局批准的其他方式。

第九条 统计督察工作一般按照以下程序进行：

（一）制定方案。国家统计局根据具体任务组建统计督察组，确定统计督察组组长、副组长、成员，明确督察组及其成员职责。统计督察组根据其职责制定实施方案，明确督察目的、对象、内容、方式、期限等。

（二）实地督察。统计督察组赴有关地区、部门督察前应当先收集了解督察对象有关统计工作的基本情况，并向被督察地区、部门送达统计督察通知书。统计督察组到达后应当向被督察地区、部门通报督察内容，严格按照督察实施方案开展督察。

（三）报告情况。统计督察组实地督察结束后应当在规定时间内形成书面督察报告以及督察意见书，经与督察对象沟通后，向国家统计局报告督察基本情况，反映发现的统计违纪违法问题，提出处理建议。

第十条 国家统计局应当及时听取统计督察组的督察情况汇报，研究提出处理意见。对涉及有关国家工作人员涉嫌统计违纪违法、应当依纪依法给予处分处理的，按照有关规定办理。

第十一条 国家统计局应当及时向被督察地区、部门反馈相关督察情况，指出有关统计工作问题，有针对性地提出整改意见，将督察意见书提供给被督察地区、部门，并将督察报告以及督察意见书移交中央纪委国家监委、中央组织部。其中，对各省、自治区、直辖市党委和政府以及国务院有关部门的督察意见应当报经党中央、国务院同意后再反馈。统计督察情况应当以适当方式向社会公开。

第十二条 被督察地区、部门收到统计督察组反馈意见后，应当对存在的问题认真整改落实，并在3个月内将整改情况反馈国家统计局。国家统计局应当以适当方式监督整改落实情况。

第十三条 督察中发现统计违纪违法问题和线索的，按照《统计违纪违法责任人处分处理建议办法》有关规定办理。

第十四条 国家统计局每年年初应当向党中央、国务院报告上年度统计督察情况。

第十五条 被督察地区、部门应当支持配合统计督察工作。被督察地区、部门领导班子成员应当自觉接受统计督察监督，积极配合统计督察组开展工作。督察涉及的相关人员有义务向统计督察组如实反映情况。

第十六条 被督察地区、部门及其工作人员违反规定不支持配合甚至拒绝、阻碍和干扰统计督察工作的,应当视为包庇、纵容统计违纪违法行为,依照有关规定严肃处理。

第十七条　统计督察组应当坚持实事求是,深入调查研究,全面准确了解情况,客观公正反映问题。

统计督察工作人员应当严格遵守政治纪律、组织纪律、廉洁纪律、工作纪律等有关纪律要求,有下列情形之一的,视情节轻重,给予批评教育、组织处理或者党纪政务处分;涉嫌犯罪的,移送有关机关依法处理:

(一)对统计造假、弄虚作假问题瞒案不报、有案不查、查案不力,不如实报告统计督察情况,甚至隐瞒、歪曲、捏造事实的;

(二)泄露统计督察工作中知悉的国家秘密、商业秘密、个人信息及其工作秘密的;

(三)统计督察工作中超越权限造成不良后果的;

(四)违反中央八项规定精神,或者利用统计督察工作便利,谋取私利或者为他人谋取不正当利益的;

(五)有其他违反统计督察纪律行为的。

第十八条　国家统计局根据本规定制定具体实施办法。

第十九条　本规定由国家统计局负责解释。

第二十条　本规定自2018年8月24日起施行。

领导干部自然资源资产离任审计规定(试行)

(2017年9月19日中共中央批准　2017年9月19日
中共中央办公厅、国务院办公厅发布)

第一条　为了加快推进生态文明建设,践行绿色发展理念,促进自然资源资产节约集约利用和生态环境安全,推动领导干部切实履行自然资源资产管理和生态环境保护责任,根据《中共中央、国务院关于加快推进生态文明建设的意见》和《中共中央、国务院关于印发〈生态文明体制改革总体方案〉的通知》以及有关党内法规和国家法律法规,制定本规定。

第二条　领导干部离任时,应当接受自然资源资产离任审计。

审计机关开展领导干部自然资源资产离任审计适用本规定。本规定未明确的，依照《中华人民共和国审计法》、《中华人民共和国审计法实施条例》和其他有关法律法规的规定执行。

第三条 本规定所称领导干部自然资源资产离任审计，是指审计机关依法依规对主要领导干部任职期间履行自然资源资产管理和生态环境保护责任情况进行的审计。

第四条 本规定所称自然资源资产管理和生态环境保护责任，是指主要领导干部任职期间依法依规对本地区、本部门（单位）以及主管业务领域的以下工作应当履行的责任：

（一）土地、水、森林、草原、矿产、海洋等自然资源资产的管理开发利用；

（二）大气、水、土壤等环境保护和环境改善；

（三）森林、草原、荒漠、河流、湖泊、湿地、海洋等生态系统的保护和修复；

（四）其他与自然资源资产管理和生态环境保护相关的事项。

第五条 领导干部自然资源资产离任审计对象包括：

（一）地方各级党委和政府主要领导干部；

（二）各级发展改革、国土资源、环境保护、水利、农业、林业、能源、海洋等承担自然资源资产管理和生态环境保护工作部门（单位）的主要领导干部。

第六条 审计机关应当依照干部管理权限，根据组织部门委托，确定领导干部自然资源资产离任审计计划。

审计机关在组织审计时，应当坚持以开展领导干部自然资源资产离任审计为主，采取独立实施方式，也可以与领导干部经济责任审计统筹实施，由同一审计组一并审计。

第七条 审计机关开展领导干部自然资源资产离任审计应当坚持依法审计、问题导向、客观求实、鼓励创新、推动改革的原则。

第八条 领导干部自然资源资产离任审计内容主要包括：

（一）贯彻执行中央生态文明建设方针政策和决策部署情况；

（二）遵守自然资源资产管理和生态环境保护法律法规情况；

（三）自然资源资产管理和生态环境保护重大决策情况；

（四）完成自然资源资产管理和生态环境保护目标情况；

(五)履行自然资源资产管理和生态环境保护监督责任情况;

(六)组织自然资源资产和生态环境保护相关资金征管用和项目建设运行情况;

(七)履行其他相关责任情况。

审计机关应当充分考虑被审计领导干部所在地区的主体功能定位、自然资源资产禀赋特点、资源环境承载能力等,针对不同类别自然资源资产和重要生态环境保护事项,分别确定审计内容,突出审计重点。

第九条 本规定第八条第一款第一项所称的贯彻执行中央生态文明建设方针政策和决策部署情况,主要包括:

(一)生态文明体制改革相关制度建立以及落实情况;

(二)国家有关自然资源资产和生态环境保护重大战略贯彻落实情况;

(三)生态文明建设领域推进供给侧结构性改革情况。

第十条 本规定第八条第一款第二项所称的遵守自然资源资产管理和生态环境保护法律法规情况,主要包括:

(一)组织制定地方有关规章制度情况;

(二)制定、批准、审批和组织实施自然资源开发利用、生态环境保护规划(计划)中遵守资源环境生态法律法规情况;

(三)相关重大经济活动或者建设项目中遵守资源环境生态法律法规情况。

第十一条 本规定第八条第一款第三项所称的自然资源资产管理和生态环境保护重大决策情况,是指经济社会发展重大决策、资源开发利用和生态环境保护重大事项审批以及规划(计划)的调整情况,主要包括:

(一)落实国家资源生态环境保护相关禁止性、限制性、约束性政策要求情况;

(二)落实主体功能区规划、国土规划、土地利用总体规划、城乡规划等情况;

(三)国家公园等自然保护地自然生态系统保护情况;

(四)落实环境影响评价有关要求情况;

(五)推动重点生态功能区产业准入负面清单落地实施等情况以及效果。

第十二条 本规定第八条第一款第四项所称的完成自然资源资产管理和生态环境保护目标情况,主要包括:

（一）国家确定的自然资源利用、环境治理、环境质量、生态保护等方面约束性指标完成情况；

（二）国家关于大气、水、土壤污染防治等行动计划目标完成情况；

（三）其他纳入国家和地方生态文明建设考核目标完成情况。

第十三条 本规定第八条第一款第五项所称的履行自然资源资产管理和生态环境保护监督责任情况，主要包括：

（一）自然资源资产开发的合法性、管理的有序性、使用的有效性以及生态环境保护状况等情况；

（二）自然资源消耗上限、环境质量底线、生态保护红线等资源环境生态红线管控情况；

（三）资源环境承载能力变化情况以及监测预警机制建立运行情况；

（四）严重损毁自然资源资产和重大生态破坏（灾害）、环境污染事件预防处置情况；

（五）干预环境监测、环境统计以及数据弄虚作假案件处理情况；

（六）对以前年度中央相关督察、国家审计和专项考核检查等发现问题的督促整改情况。

第十四条 本规定第八条第一款第六项所称的组织自然资源资产和生态环境保护相关资金征管用和项目建设运行情况，主要包括：

（一）与自然资源资产和生态环境保护相关税费、政府性基金以及国有自然资源资产有偿使用收入等的征管用情况；

（二）国家以及地方生态环境保护资金投入以及使用情况；

（三）用能权、排污权、碳排放权、用水权等管理情况；

（四）自然资源开发利用和生态环境保护重点项目、设施建设运营情况以及信息系统建设和信息共享情况。

第十五条 审计机关应当以自然资源资产负债表或者有关部门管理数据资料反映的自然资源资产实物量和生态环境质量状况变化为基础进行审计。

第十六条 审计机关进行领导干部自然资源资产离任审计时，被审计领导干部及其所在地方、部门（单位）和其他相关单位应当依法向审计机关提供与被审计领导干部任职期间履行自然资源资产管理和生态环境保护责任有关的下列资料：

（一）签订的相关目标责任书以及完成情况，上级有关部门（单位）对其考核情况以及相关方面业绩的评估与奖惩情况；

（二）上级党委和政府或者有关部门（单位）进行例行或者专项检查情况及其出具的检查报告、结论性文书，当地党委和政府以及相关部门（单位）的整改情况；

（三）相关会议文件、材料、纪要和记录，相关工作规划（计划）以及执行情况，相关规章制度和重大决策事项的文件和资料等；

（四）财务以及资源环境调查、监测、统计等资料数据（含地理信息数据等电子数据）；

（五）被审计领导干部的述职报告以及对有关情况的说明材料；

（六）审计机关依法要求提供的其他有关资料。

被审计领导干部及其所在地方、部门（单位）和其他相关单位应当对所提供资料的真实性、完整性负责。

第十七条　审计机关应当根据审计查证事实，依照法律法规、国家有关政策规定和生态文明建设考核目标等，充分考虑地域、气候、季节、生长期等自然因素影响，以及环境问题的潜伏性、时滞性、外部性等，针对自然资源资产管理和生态环境保护工作特点，研究建立健全审计评价指标体系，将定性评价与定量评价相结合，对领导干部履行自然资源资产管理和生态环境保护责任情况作出客观公正、实事求是的评价。

审计评价应当与审计内容相统一，评价结论应当有充分的审计证据支持。

第十八条　审计机关应当根据被审计领导干部任职期间所在地区或者主管业务领域自然资源资产管理和生态环境保护情况，结合审计结果，对被审计领导干部任职期间自然资源资产管理和生态环境保护情况变化产生的原因进行综合分析，按照好、较好、一般、较差、差5个等次客观评价被审计领导干部履行自然资源资产管理和生态环境保护责任情况。

各级审计机关可以根据被审计领导干部所在地区或者主管业务领域的实际情况，进一步研究细化审计评价标准。

第十九条　本规定第十八条所称的好，主要是指被审计领导干部任职期间认真履行自然资源资产管理和生态环境保护责任，积极采取措施并取得显著成效，所在地区或者主管业务领域自然资源资产和生态环境得到有效保护或者明显改善，且在审计抽查的约束性指标、相关规划（计划）目标任务和资源环境生态红线管控任务完成情况中，未发现指标、目标、任务完成和数据真实性方面存在问题；所在地区或者主管业务领域未发生严重损毁自然资源资产和重大生态破坏（灾害）、环境污染事件；在第八条规定的其他审计范围内未发现被审计领导干部存在违纪违法违规问题。

第二十条 本规定第十八条所称的较好，主要是指被审计领导干部任职期间履行自然资源资产管理和生态环境保护责任并取得较好成效，所在地区或者主管业务领域自然资源资产和生态环境得到保护或者一定改善，所在地区或者主管业务领域未发生严重损毁自然资源资产和重大生态破坏（灾害）、环境污染事件，但存在以下问题之一的：

（一）在审计抽查的约束性指标、相关规划（计划）目标任务和资源环境生态红线管控任务完成情况中，发现个别地区（部门）在数据真实性方面存在问题；

（二）在第八条规定的其他审计范围内发现被审计领导干部对个别工作监督管理不力，导致所在地区、部门（单位）存在个别、尚未造成严重后果的问题。

第二十一条 本规定第十八条所称的一般，主要是指被审计领导干部任职期间基本履行自然资源资产管理和生态环境保护责任并取得一定成效，所在地区或者主管业务领域未发生严重损毁自然资源和重大生态破坏（灾害）、环境污染事件，但存在以下问题之一的：

（一）在审计抽查的约束性指标、相关规划（计划）目标任务和资源环境生态红线管控任务完成情况中，发现少数指标、目标、任务未完成，一些地区（部门）在数据真实性方面存在问题；

（二）在第八条规定的其他审计范围内发现被审计领导干部对相关工作监督管理不力，导致所在地区、部门（单位）存在一些局部性、尚未造成严重后果的问题。

第二十二条 本规定第十八条所称的较差，主要是指被审计领导干部任职期间履行一定的自然资源资产管理和生态环境保护责任但取得成效不好，存在以下问题之一的：

（一）被审计领导干部推进相关工作不力，在审计抽查的约束性指标、相关规划（计划）目标和资源环境生态红线管控任务完成情况中，发现较多指标、目标、任务未完成，较多地区（部门）在数据真实性方面存在问题；

（二）较重大履职不到位，造成较严重损毁自然资源和重大生态破坏（灾害）、环境污染事件或者较重大突发环境事件隐患未得到有效治理；

(三)在第八条规定的其他审计范围内发现被审计领导干部有较严重的违纪违法违规行为。

第二十三条 本规定第十八条所称的差,主要是指被审计领导干部任职期间未履行自然资源资产管理和生态环境保护责任,存在以下问题之一的:

(一)被审计领导干部未落实中央生态文明建设方针政策和决策部署,在审计抽查的约束性指标、相关规划(计划)目标和资源环境生态红线管控任务完成情况中,发现多数指标、目标、任务未完成,多数地区(部门)在数据真实性方面存在问题;

(二)重大履职不到位,造成严重损毁自然资源和重大生态破坏(灾害)、环境污染事件或者重大突发环境事件隐患未得到有效治理;

(三)在第八条规定的其他审计范围内发现被审计领导干部有严重的违纪违法违规行为。

第二十四条 审计机关实施领导干部自然资源资产离任审计后,应当向被审计领导干部及其所在地区、部门(单位)出具审计意见。与领导干部经济责任审计统筹实施的审计项目,应当将有关自然资源资产管理和生态环境保护责任方面的情况单独反映,向被审计领导干部及其所在地区、部门(单位)出具审计意见。审计意见应当提交委托审计的组织部门。

第二十五条 审计署应当向党中央、国务院报告领导干部自然资源资产离任审计情况。

地方审计机关应当将领导干部自然资源资产离任审计情况向本级党委和政府报告,同时向上级审计机关报告。

第二十六条 各级党委和政府应当逐步探索和推行领导干部自然资源资产离任审计结果公告制度。

第二十七条 被审计领导干部所在地区、部门(单位)违反国家规定的财政收支、财务收支行为,依法应当给予处理的,由审计机关在法定职权范围内作出审计决定。

第二十八条 对审计发现的人为因素造成严重损毁自然资源资产和破坏生态环境的责任事故等问题线索,需要由有关部门调查处理或者追究相关人员责任的,审计机关应当依纪依法移送有关部门处理。涉及领导干部涉嫌违纪问题线索的,审计机关应当向同级党组织报告,必要时向上级党组织报告,并按照规定将问题线索移送相关纪检监察机关处理。

对审计移送的问题线索，有关部门应当依纪依法认真查处，所涉责任人不论是否已调离转岗、提拔或者退休，都应当按照《中国共产党问责条例》、《党政领导干部生态环境损害责任追究办法（试行）》等实行终身问责，并及时向审计机关反馈查处结果。

第二十九条 被审计领导干部对审计机关出具的领导干部自然资源资产离任审计意见有异议的，可以自收到审计意见之日起30个工作日内向出具审计意见的审计机关申诉，审计机关应当自收到申诉之日起30个工作日内作出复查决定；被审计领导干部对复查决定仍有异议的，可以自收到复查决定之日起30个工作日内向上一级审计机关申请复核，上一级审计机关应当自收到复核申请之日起60个工作日内作出复核决定。

上一级审计机关的复核决定或者审计署的复查决定为审计机关的最终决定。

第三十条 对审计发现的自然资源资产管理和生态环境保护中的典型性、普遍性、倾向性问题和提出的审计建议，有关地区、部门（单位）应当认真研究，及时解决，建立健全有关制度规定。

第三十一条 被审计领导干部及其所在地区、部门（单位），对审计发现的问题应当及时整改。

被审计领导干部所在地区、部门（单位）应当以适当方式向社会公告整改结果。

第三十二条 有关部门和单位应当根据干部管理监督工作的相关要求，将审计结果以及整改情况作为考核、任免、奖惩领导干部的重要依据，并以适当方式将审计结果运用情况反馈审计机关。审计结果以及整改情况材料应当归入被审计领导干部本人档案。

第三十三条 国务院及地方各级政府负有自然资源资产管理和生态环境保护职责的工作部门应当加强部门联动，尽快建立自然资源资产数据共享平台，并向审计机关开放，为审计提供专业支持和制度保障，支持、配合审计机关开展审计。

第三十四条 县以上地方各级党委和政府应当加强对本地区领导干部自然资源资产离任审计工作的领导，及时听取本级审计机关的审计工作情况汇报并接受、配合上级审计机关审计。

第三十五条 审计机关依法独立实施领导干部自然资源资产离任审计，不受其他行政机关、社会团体和个人的干涉。审计人员依法履行审计监督职责,受法律保护。

任何组织和个人不得拒绝、阻碍审计人员依法执行职务,不得打击报复审计人员。

第三十六条 审计机关和审计人员对审计中知悉的国家秘密、商业秘密,负有保密义务。

第三十七条 领导干部任职期间,根据工作需要,审计机关可以参照本规定对其履行自然资源资产管理和生态环境保护责任情况开展审计。

第三十八条 本规定由审计署负责解释。

第三十九条 本规定自2017年9月19日起施行。

党政主要领导干部和国有企事业单位主要领导人员经济责任审计规定

(2019年5月23日中共中央政治局常委会会议审议批准
2019年7月7日中共中央办公厅、国务院办公厅发布)

第一章 总 则

第一条 为了坚持和加强党对审计工作的集中统一领导,强化对党政主要领导干部和国有企事业单位主要领导人员(以下统称领导干部)的管理监督,促进领导干部履职尽责、担当作为,确保党中央令行禁止,根据《中华人民共和国审计法》和有关党内法规,制定本规定。

第二条 经济责任审计工作以马克思列宁主义、毛泽东思想、邓小平理论、“三个代表”重要思想、科学发展观、习近平新时代中国特色社会主义思想为指导,增强“四个意识”、坚定“四个自信”、做到“两个维护”,认真落实党中央、国务院决策部署,紧紧围绕统筹推进“五位一体”总体布局和协调推进“四个全面”战略布局,贯彻新发展理念,聚焦经济责任,客观评价,揭示问题,促进经济高质量发展,促进全面深化改革,促进权力规范运行,促进反腐倡廉,推进国家治理体系和治理能力现代化。

第三条 本规定所称经济责任,是指领导干部在任职期间,对其管辖范围内贯彻执行党和国家经济方针政策、决策部署，推动经济和社会事业发展，管理公共资金、国有资产、国有资源，防控重大经济风险等有关经济活动应当履行的职责。

第四条 领导干部经济责任审计对象包括：

（一）地方各级党委、政府、纪检监察机关、法院、检察院的正职领导干部或者主持工作1年以上的副职领导干部；

（二）中央和地方各级党政工作部门、事业单位和人民团体等单位的正职领导干部或者主持工作1年以上的副职领导干部；

（三）国有和国有资本占控股地位或者主导地位的企业（含金融机构，以下统称国有企业）的法定代表人或者不担任法定代表人但实际行使相应职权的主要领导人员；

（四）上级领导干部兼任下级单位正职领导职务且不实际履行经济责任时，实际分管日常工作的副职领导干部；

（五）党中央和县级以上地方党委要求进行经济责任审计的其他主要领导干部。

第五条 领导干部履行经济责任的情况，应当依规依法接受审计监督。

经济责任审计可以在领导干部任职期间进行，也可以在领导干部离任后进行，以任职期间审计为主。

第六条 领导干部的经济责任审计按照干部管理权限确定。遇有干部管理权限与财政财务隶属关系等不一致时，由对领导干部具有干部管理权限的部门与同级审计机关共同确定实施审计的审计机关。

审计署审计长的经济责任审计，按照中央审计委员会的决定组织实施。地方审计机关主要领导干部的经济责任审计，由地方党委与上一级审计机关协商后，由上一级审计机关组织实施。

第七条 审计委员会办公室、审计机关依规依法独立实施经济责任审计，任何组织和个人不得拒绝、阻碍、干涉，不得打击报复审计人员。

对有意设置障碍、推诿拖延的，应当进行批评和通报；造成恶劣影响的，应当严肃问责追责。

第八条 审计委员会办公室、审计机关和审计人员对经济责任审计工作中知悉的国家秘密、商业秘密和个人隐私，负有保密义务。

第九条 各级党委和政府应当保证履行经济责任审计职责所必需的

机构、人员和经费。

第二章 组织协调

第十条 各级党委和政府应当加强对经济责任审计工作的领导,建立健全经济责任审计工作联席会议(以下简称联席会议)制度。联席会议由纪检监察机关和组织、机构编制、审计、财政、人力资源社会保障、国有资产监督管理、金融监督管理等部门组成,召集人由审计委员会办公室主任担任。联席会议在同级审计委员会的领导下开展工作。

联席会议下设办公室,与同级审计机关内设的经济责任审计机构合署办公。办公室主任由同级审计机关的副职领导或者相当职务层次领导担任。

第十一条 联席会议主要负责研究拟订有关经济责任审计的制度文件,监督检查经济责任审计工作情况,协调解决经济责任审计工作中出现的问题,推进经济责任审计结果运用,指导下级联席会议的工作,指导和监督部门、单位内部管理领导干部经济责任审计工作,完成审计委员会交办的其他工作。

联席会议办公室负责联席会议的日常工作。

第十二条 经济责任审计应当有计划地进行,根据干部管理监督需要和审计资源等实际情况,对审计对象实行分类管理,科学制定经济责任审计中长期规划和年度审计项目计划,推进领导干部履行经济责任情况审计全覆盖。

第十三条 年度经济责任审计项目计划按照下列程序制定:

(一)审计委员会办公室商同级组织部门提出审计计划安排,组织部门提出领导干部年度审计建议名单;

(二)审计委员会办公室征求同级纪检监察机关等有关单位意见后,纳入审计机关年度审计项目计划;

(三)审计委员会办公室提交同级审计委员会审议决定。

对属于有关主管部门管理的领导干部进行审计的,审计委员会办公室商有关主管部门提出年度审计建议名单,纳入审计机关年度审计项目计划,提交审计委员会审议决定。

第十四条 年度经济责任审计项目计划一经确定不得随意变更。确需调减或者追加的,应当按照原制定程序,报审计委员会批准后实施。

第十五条 被审计领导干部遇有被有关部门采取强制措施、纪律审查、监察调查或者死亡等特殊情况，以及存在其他不宜继续进行经济责任审计情形的，审计委员会办公室商同级纪检监察机关、组织部门等有关单位提出意见，报审计委员会批准后终止审计。

第三章 审计内容

第十六条 经济责任审计应当以领导干部任职期间公共资金、国有资产、国有资源的管理、分配和使用为基础，以领导干部权力运行和责任落实情况为重点，充分考虑领导干部管理监督需要、履职特点和审计资源等因素，依规依法确定审计内容。

第十七条 地方各级党委和政府主要领导干部经济责任审计的内容包括：

（一）贯彻执行党和国家经济方针政策、决策部署情况；

（二）本地区经济社会发展规划和政策措施的制定、执行和效果情况；

（三）重大经济事项的决策、执行和效果情况；

（四）财政财务管理和经济风险防范情况，民生保障和改善情况，生态文明建设项目、资金等管理使用和效益情况，以及在预算管理中执行机构编制管理规定情况；

（五）在经济活动中落实有关党风廉政建设责任和遵守廉洁从政规定情况；

（六）以往审计发现问题的整改情况；

（七）其他需要审计的内容。

第十八条 党政工作部门、纪检监察机关、法院、检察院、事业单位和人民团体等单位主要领导干部经济责任审计的内容包括：

（一）贯彻执行党和国家经济方针政策、决策部署情况；

（二）本部门本单位重要发展规划和政策措施的制定、执行和效果情况；

（三）重大经济事项的决策、执行和效果情况；

（四）财政财务管理和经济风险防范情况，生态文明建设项目、资金等管理使用和效益情况，以及在预算管理中执行机构编制管理规定情况；

（五）在经济活动中落实有关党风廉政建设责任和遵守廉洁从政规定情况；

(六)以往审计发现问题的整改情况;

(七)其他需要审计的内容。

第十九条 国有企业主要领导人员经济责任审计的内容包括:

(一)贯彻执行党和国家经济方针政策、决策部署情况;

(二)企业发展战略规划的制定、执行和效果情况;

(三)重大经济事项的决策、执行和效果情况;

(四)企业法人治理结构的建立、健全和运行情况,内部控制制度的制定和执行情况;

(五)企业财务的真实合法效益情况,风险管控情况,境外资产管理情况,生态环境保护情况;

(六)在经济活动中落实有关党风廉政建设责任和遵守廉洁从业规定情况;

(七)以往审计发现问题的整改情况;

(八)其他需要审计的内容。

第二十条 有关部门和单位、地方党委和政府的主要领导干部由上级领导干部兼任,且实际履行经济责任的,对其进行经济责任审计时,审计内容仅限于该领导干部所兼任职务应当履行的经济责任。

第四章 审计实施

第二十一条 审计委员会办公室、审计机关应当根据年度经济责任审计项目计划,组成审计组并实施审计。

第二十二条 对同一地方党委和政府主要领导干部,以及同一部门、单位2名以上主要领导干部的经济责任审计,可以同步组织实施,分别认定责任。

第二十三条 审计委员会办公室、审计机关应当按照规定,向被审计领导干部及其所在单位或者原任职单位(以下统称所在单位)送达审计通知书,抄送同级纪检监察机关、组织部门等有关单位。

地方审计机关主要领导干部的经济责任审计通知书,由上一级审计机关送达。

第二十四条 实施经济责任审计时,应当召开由审计组主要成员、被审计领导干部及其所在单位有关人员参加的会议,安排审计工作有关事项。联席会议有关成员单位根据工作需要可以派人参加。

审计组应当在被审计单位公示审计项目名称、审计纪律要求和举报电话等内容。

第二十五条 经济责任审计过程中,应当听取被审计领导干部所在单位领导班子成员的意见。

对地方党委和政府主要领导干部的审计,还应当听取同级人大常委会、政协主要负责同志的意见。

审计委员会办公室、审计机关应当听取联席会议有关成员单位的意见,及时了解与被审计领导干部履行经济责任有关的考察考核、群众反映、巡视巡察反馈、组织约谈、函询调查、案件查处结果等情况。

第二十六条 被审计领导干部及其所在单位,以及其他有关单位应当及时、准确、完整地提供与被审计领导干部履行经济责任有关的下列资料:

(一)被审计领导干部经济责任履行情况报告;

(二)工作计划、工作总结、工作报告、会议记录、会议纪要、决议决定、请示、批示、目标责任书、经济合同、考核检查结果、业务档案、机构编制、规章制度、以往审计发现问题整改情况等资料;

(三)财政收支、财务收支相关资料;

(四)与履行职责相关的电子数据和必要的技术文档;

(五)审计所需的其他资料。

第二十七条 被审计领导干部及其所在单位应当对所提供资料的真实性、完整性负责,并作出书面承诺。

第二十八条 经济责任审计应当加强与领导干部自然资源资产离任审计等其他审计的统筹协调,科学配置审计资源,创新审计组织管理,推动大数据等新技术应用,建立健全审计工作信息和结果共享机制,提高审计监督整体效能。

第二十九条 经济责任审计过程中,可以依规依法提请有关部门、单位予以协助。有关部门、单位应当予以支持,并及时提供有关资料和信息。

第三十条 审计组实施审计后,应当向派出审计组的审计委员会办公室、审计机关提交审计报告。

审计报告一般包括被审计领导干部任职期间履行经济责任情况的总体评价、主要业绩、审计发现的主要问题和责任认定、审计建议等内容。

第三十一条 审计委员会办公室、审计机关应当书面征求被审计领导干部及其所在单位对审计组审计报告的意见。

第三十二条 被审计领导干部及其所在单位应当自收到审计组审计报告之日起10个工作日内提出书面意见;10个工作日内未提出书面意见的,视同无异议。

审计组应当针对被审计领导干部及其所在单位提出的书面意见,进一步研究和核实,对审计报告作出必要的修改,连同被审计领导干部及其所在单位的书面意见一并报送审计委员会办公室、审计机关。

第三十三条 审计委员会办公室、审计机关按照规定程序对审计组审计报告进行审定,出具经济责任审计报告;同时出具经济责任审计结果报告,在经济责任审计报告的基础上,简要反映审计结果。

经济责任审计报告和经济责任审计结果报告应当事实清楚、评价客观、责任明确、用词恰当、文字精炼、通俗易懂。

第三十四条 经济责任审计报告、经济责任审计结果报告等审计结论性文书按照规定程序报同级审计委员会,按照干部管理权限送组织部门。根据工作需要,送纪检监察机关等联席会议其他成员单位、有关主管部门。

地方审计机关主要领导干部的经济责任审计结论性文书,由上一级审计机关送有关组织部门。根据工作需要,送有关纪检监察机关。

经济责任审计报告应当送达被审计领导干部及其所在单位。

第三十五条 经济责任审计中发现的重大问题线索,由审计委员会办公室按照规定向审计委员会报告。

应当由纪检监察机关或者有关主管部门处理的问题线索,由审计机关依规依纪依法移送处理。

被审计领导干部所在单位存在的违反国家规定的财政收支、财务收支行为,依法应当给予处理处罚的,由审计机关在法定职权范围内作出审计决定。

第三十六条 经济责任审计项目结束后,审计委员会办公室、审计机关应当组织召开会议,向被审计领导干部及其所在单位领导班子成员等有关人员反馈审计结果和相关情况。联席会议有关成员单位根据工作需要可以派人参加。

第三十七条 被审计领导干部对审计委员会办公室、审计机关出具的经济责任审计报告有异议的,可以自收到审计报告之日起30日内向同级审计委员会办公室申诉。审计委员会办公室应当组成复查工作小组,并要求原审计组人员等回避,自收到申诉之日起90日内提出复查意见,报审计委员会批准后作出复查决定。复查决定为最终决定。

地方审计机关主要领导干部对上一级审计机关出具的经济责任审计报告有异议的，可以自收到审计报告之日起 30 日内向上一级审计机关申诉。上一级审计机关应当组成复查工作小组，并要求原审计组人员等回避，自收到申诉之日起 90 日内作出复查决定。复查决定为最终决定。

本条规定的期间的最后一日是法定节假日的，以节假日后的第一个工作日为期间届满日。

第五章 审计评价

第三十八条 审计委员会办公室、审计机关应当根据不同领导职务的职责要求，在审计查证或者认定事实的基础上，综合运用多种方法，坚持定性评价与定量评价相结合，依照有关党内法规、法律法规、政策规定、责任制考核目标等，在审计范围内，对被审计领导干部履行经济责任情况，包括公共资金、国有资产、国有资源的管理、分配和使用中个人遵守廉洁从政（从业）规定等情况，作出客观公正、实事求是的评价。

审计评价应当有充分的审计证据支持，对审计中未涉及的事项不作评价。

第三十九条 对领导干部履行经济责任过程中存在的问题，审计委员会办公室、审计机关应当按照权责一致原则，根据领导干部职责分工，综合考虑相关问题的历史背景、决策过程、性质、后果和领导干部实际所起的作用等情况，界定其应当承担的直接责任或者领导责任。

第四十条 领导干部对履行经济责任过程中的下列行为应当承担直接责任：

（一）直接违反有关党内法规、法律法规、政策规定的；

（二）授意、指使、强令、纵容、包庇下属人员违反有关党内法规、法律法规、政策规定的；

（三）贯彻党和国家经济方针政策、决策部署不坚决不全面不到位，造成公共资金、国有资产、国有资源损失浪费，生态环境破坏，公共利益损害等后果的；

（四）未完成有关法律法规规章、政策措施、目标责任书等规定的领导干部作为第一责任人（负总责）事项，造成公共资金、国有资产、国有资源损失浪费，生态环境破坏，公共利益损害等后果的；

（五）未经民主决策程序或者民主决策时在多数人不同意的情况下，直接决定、批准、组织实施重大经济事项，造成公共资金、国有资产、国有资源损失浪费，生态环境破坏，公共利益损害等后果的；

（六）不履行或者不正确履行职责，对造成的后果起决定性作用的其他行为。

第四十一条　领导干部对履行经济责任过程中的下列行为应当承担领导责任：

（一）民主决策时，在多数人同意的情况下，决定、批准、组织实施重大经济事项，由于决策不当或者决策失误造成公共资金、国有资产、国有资源损失浪费，生态环境破坏，公共利益损害等后果的；

（二）违反部门、单位内部管理规定造成公共资金、国有资产、国有资源损失浪费，生态环境破坏，公共利益损害等后果的；

（三）参与相关决策和工作时，没有发表明确的反对意见，相关决策和工作违反有关党内法规、法律法规、政策规定，或者造成公共资金、国有资产、国有资源损失浪费，生态环境破坏，公共利益损害等后果的；

（四）疏于监管，未及时发现和处理所管辖范围内本级或者下一级地区（部门、单位）违反有关党内法规、法律法规、政策规定的问题，造成公共资金、国有资产、国有资源损失浪费，生态环境破坏，公共利益损害等后果的；

（五）除直接责任外，不履行或者不正确履行职责，对造成的后果应当承担责任的其他行为。

第四十二条　对被审计领导干部以外的其他责任人员，审计委员会办公室、审计机关可以适当方式向有关部门、单位提供相关情况。

第四十三条　审计评价时，应当把领导干部在推进改革中因缺乏经验、先行先试出现的失误和错误，同明知故犯的违纪违法行为区分开来；把上级尚无明确限制的探索性试验中的失误和错误，同上级明令禁止后依然我行我素的违纪违法行为区分开来；把为推动发展的无意过失，同为谋取私利的违纪违法行为区分开来。对领导干部在改革创新中的失误和错误，正确把握事业为上、实事求是、依纪依法、容纠并举等原则，经综合分析研判，可以免责或者从轻定责，鼓励探索创新，支持担当作为，保护领导干部干事创业的积极性、主动性、创造性。

第六章 审计结果运用

第四十四条 各级党委和政府应当建立健全经济责任审计情况通报、责任追究、整改落实、结果公告等结果运用制度，将经济责任审计结果以及整改情况作为考核、任免、奖惩被审计领导干部的重要参考。

经济责任审计结果报告以及审计整改报告应当归入被审计领导干部本人档案。

第四十五条 审计委员会办公室、审计机关应当按照规定以适当方式通报或者公告经济责任审计结果，对审计发现问题的整改情况进行监督检查。

第四十六条 联席会议其他成员单位应当在各自职责范围内运用审计结果：

（一）根据干部管理权限，将审计结果以及整改情况作为考核、任免、奖惩被审计领导干部的重要参考；

（二）对审计发现的问题作出进一步处理；

（三）加强审计发现问题整改落实情况的监督检查；

（四）对审计发现的典型性、普遍性、倾向性问题和提出的审计建议及时进行研究，将其作为采取有关措施、完善有关制度规定的重要参考。

联席会议其他成员单位应当以适当方式及时将审计结果运用情况反馈审计委员会办公室、审计机关。党中央另有规定的，按照有关规定办理。

第四十七条 有关主管部门应当在各自职责范围内运用审计结果：

（一）根据干部管理权限，将审计结果以及整改情况作为考核、任免、奖惩被审计领导干部的重要参考；

（二）对审计移送事项依规依纪依法作出处理处罚；

（三）督促有关部门、单位落实审计决定和整改要求，在对相关行业、单位管理和监督中有效运用审计结果；

（四）对审计发现的典型性、普遍性、倾向性问题和提出的审计建议及时进行研究，并将其作为采取有关措施、完善有关制度规定的重要参考。

有关主管部门应当以适当方式及时将审计结果运用情况反馈审计委员会办公室、审计机关。

第四十八条 被审计领导干部及其所在单位根据审计结果，应当采取以下整改措施：

（一）对审计发现的问题，在规定期限内进行整改，将整改结果书面报告审计委员会办公室、审计机关，以及组织部门或者主管部门；

（二）对审计决定，在规定期限内执行完毕，将执行情况书面报告审计委员会办公室、审计机关；

（三）根据审计发现的问题，落实有关责任人员的责任，采取相应的处理措施；

（四）根据审计建议，采取措施，健全制度，加强管理；

（五）将审计结果以及整改情况纳入所在单位领导班子党风廉政建设责任制检查考核的内容，作为领导班子民主生活会以及领导班子成员述责述廉的重要内容。

第七章　附　　则

第四十九条　审计委员会办公室、审计机关和审计人员，被审计领导干部及其所在单位，以及其他有关单位和个人在经济责任审计中的职责、权限、法律责任等，本规定未作规定的，依照党中央有关规定、《中华人民共和国审计法》、《中华人民共和国审计法实施条例》和其他法律法规执行。

第五十条　有关部门、单位对内部管理领导干部开展经济责任审计参照本规定执行，或者根据本规定制定具体办法。

第五十一条　本规定由中央审计委员会办公室、审计署负责解释。

第五十二条　本规定自2019年7月7日起施行。2010年10月12日中共中央办公厅、国务院办公厅印发的《党政主要领导干部和国有企业领导人员经济责任审计规定》同时废止。

3. 执　　纪

中国共产党纪律检查机关监督执纪工作规则

（2018 年 11 月 26 日中共中央政治局会议审议批准
2018 年 12 月 28 日中共中央办公厅发布）

第一章　总　　则

第一条　为了加强党对纪律检查和国家监察工作的统一领导，加强党的纪律建设，推进全面从严治党，规范纪检监察机关监督执纪工作，根据《中国共产党章程》和有关法律，结合纪检监察体制改革和监督执纪工作实践，制定本规则。

第二条　坚持以马克思列宁主义、毛泽东思想、邓小平理论、“三个代表”重要思想、科学发展观、习近平新时代中国特色社会主义思想为指导，全面贯彻纪律检查委员会和监察委员会合署办公要求，依规依纪依法严格监督执纪，坚持打铁必须自身硬，把权力关进制度笼子，建设忠诚干净担当的纪检监察干部队伍。

第三条　监督执纪工作应当遵循以下原则：

（一）坚持和加强党的全面领导，牢固树立政治意识、大局意识、核心意识、看齐意识，坚定中国特色社会主义道路自信、理论自信、制度自信、文化自信，坚决维护习近平总书记党中央的核心、全党的核心地位，坚决维护党中央权威和集中统一领导，严守政治纪律和政治规矩，体现监督执纪工作的政治性，构建党统一指挥、全面覆盖、权威高效的监督体系；

（二）坚持纪律检查工作双重领导体制，监督执纪工作以上级纪委领导为主，线索处置、立案审查等在向同级党委报告的同时应当向上级纪委报告；

（三）坚持实事求是，以事实为依据，以党章党规党纪和国家法律法规

为准绳,强化监督、严格执纪,把握政策、宽严相济,对主动投案、主动交代问题的宽大处理,对拒不交代、欺瞒组织的从严处理;

(四)坚持信任不能代替监督,执纪者必先守纪,以更高的标准、更严的要求约束自己,严格工作程序,有效管控风险,强化对监督执纪各环节的监督制约,确保监督执纪工作经得起历史和人民的检验。

第四条 坚持惩前毖后、治病救人,把纪律挺在前面,精准有效运用监督执纪"四种形态",把思想政治工作贯穿监督执纪全过程,严管和厚爱结合,激励和约束并重,注重教育转化,促使党员自觉防止和纠正违纪行为,惩治极少数,教育大多数,实现政治效果、纪法效果和社会效果相统一。

第二章 领导体制

第五条 中央纪律检查委员会在党中央领导下进行工作。地方各级纪律检查委员会和基层纪律检查委员会在同级党的委员会和上级纪律检查委员会双重领导下进行工作。

党委应当定期听取、审议同级纪律检查委员会和监察委员会的工作报告,加强对纪委监委工作的领导、管理和监督。

第六条 党的纪律检查机关和国家监察机关是党和国家自我监督的专责机关,中央纪委和地方各级纪委贯彻党中央关于国家监察工作的决策部署,审议决定监委依法履职中的重要事项,把执纪和执法贯通起来,实现党内监督和国家监察的有机统一。

第七条 监督执纪工作实行分级负责制:

(一)中央纪委国家监委负责监督检查和审查调查中央委员、候补中央委员,中央纪委委员,中央管理的领导干部,党中央工作部门、党中央批准设立的党组(党委),各省、自治区、直辖市党委、纪委等党组织的涉嫌违纪或者职务违法、职务犯罪问题。

(二)地方各级纪委监委负责监督检查和审查调查同级党委委员、候补委员,同级纪委委员,同级党委管理的党员、干部以及监察对象,同级党委工作部门、党委批准设立的党组(党委),下一级党委、纪委等党组织的涉嫌违纪或者职务违法、职务犯罪问题。

(三)基层纪委负责监督检查和审查同级党委管理的党员,同级党委下属的各级党组织的涉嫌违纪问题;未设立纪律检查委员会的党的基层委员会,由该委员会负责监督执纪工作。

地方各级纪委监委依照规定加强对同级党委履行职责、行使权力情况的监督。

第八条 对党的组织关系在地方、干部管理权限在主管部门的党员、干部以及监察对象涉嫌违纪违法问题，应当按照谁主管谁负责的原则进行监督执纪，由设在主管部门、有管辖权的纪检监察机关进行审查调查，主管部门认为有必要的，可以与地方纪检监察机关联合审查调查。地方纪检监察机关接到问题线索反映的，经与主管部门协调，可以对其进行审查调查，也可以与主管部门组成联合审查调查组，审查调查情况及时向对方通报。

第九条 上级纪检监察机关有权指定下级纪检监察机关对其他下级纪检监察机关管辖的党组织和党员、干部以及监察对象涉嫌违纪或者职务违法、职务犯罪问题进行审查调查，必要时也可以直接进行审查调查。上级纪检监察机关可以将其直接管辖的事项指定下级纪检监察机关进行审查调查。

纪检监察机关之间对管辖事项有争议的，由其共同的上级纪检监察机关确定；认为所管辖的事项重大、复杂，需要由上级纪检监察机关管辖的，可以报请上级纪检监察机关管辖。

第十条 纪检监察机关应当严格执行请示报告制度。中央纪委定期向党中央报告工作，研究涉及全局的重大事项、遇有重要问题以及作出立案审查调查决定、给予党纪政务处分等事项应当及时向党中央请示报告，既要报告结果也要报告过程。执行党中央重要决定的情况应当专题报告。

地方各级纪检监察机关对作出立案审查调查决定、给予党纪政务处分等重要事项，应当向同级党委请示汇报并向上级纪委监委报告，形成明确意见后再正式行文请示。遇有重要事项应当及时报告。

纪检监察机关应当坚持民主集中制，对于线索处置、谈话函询、初步核实、立案审查调查、案件审理、处置执行中的重要问题，经集体研究后，报纪检监察机关相关负责人、主要负责人审批。

第十一条 纪检监察机关应当建立监督检查、审查调查、案件监督管理、案件审理相互协调、相互制约的工作机制。市地级以上纪委监委实行监督检查和审查调查部门分设，监督检查部门主要负责联系地区和部门、单位的日常监督检查和对涉嫌一般违纪问题线索处置，审查调查部门主要负责对涉嫌严重违纪或者职务违法、职务犯罪问题线索进行初步核实和立案审查调查；案件监督管理部门负责对监督检查、审查调查工作全过程进行监督管理,案件审理部门负责对需要给予党纪政务处分的案件审核把关。

纪检监察机关在工作中需要协助的,有关组织和机关、单位、个人应当依规依纪依法予以协助。

第十二条 纪检监察机关案件监督管理部门负责对监督执纪工作全过程进行监督管理,做好线索管理、组织协调、监督检查、督促办理、统计分析等工作。党风政风监督部门应当加强对党风政风建设的综合协调,做好督促检查、通报曝光和综合分析等工作。

第三章 监督检查

第十三条 党委(党组)在党内监督中履行主体责任,纪检监察机关履行监督责任,应当将纪律监督、监察监督、巡视监督、派驻监督结合起来,重点检查遵守、执行党章党规党纪和宪法法律法规,坚定理想信念,增强“四个意识”,坚定“四个自信”,维护习近平总书记核心地位,维护党中央权威和集中统一领导,贯彻执行党和国家的路线方针政策以及重大决策部署,坚持主动作为、真抓实干,落实全面从严治党责任、民主集中制原则、选人用人规定以及中央八项规定精神,巡视巡察整改,依法履职、秉公用权、廉洁从政从业以及恪守社会道德规范等情况,对发现的问题分类处置、督促整改。

第十四条 纪委监委(纪检监察组、纪检监察工委)报请或者会同党委(党组)定期召开专题会议,听取加强党内监督情况专题报告,综合分析所联系的地区、部门、单位政治生态状况,提出加强和改进的意见及工作措施,抓好组织实施和督促检查。

第十五条 纪检监察机关应当结合被监督对象的职责,加强对行使权力情况的日常监督,通过多种方式了解被监督对象的思想、工作、作风、生活情况,发现苗头性、倾向性问题或者轻微违纪问题,应当及时约谈提醒、批评教育、责令检查、诫勉谈话,提高监督的针对性和实效性。

第十六条 纪检监察机关应当畅通来信、来访、来电和网络等举报渠道,建设覆盖纪检监察系统的检举举报平台,及时受理检举控告,发挥党员和群众的监督作用。

第十七条 纪检监察机关应当建立健全党员领导干部廉政档案,主要内容包括:

(一)任免情况、人事档案情况、因不如实报告个人有关事项受到处理的情况等;

(二)巡视巡察、信访、案件监督管理以及其他方面移交的问题线索和处置情况;

(三)开展谈话函询、初步核实、审查调查以及其他工作形成的有关材料;

(四)党风廉政意见回复材料;

(五)其他反映廉政情况的材料。

廉政档案应当动态更新。

第十八条 纪检监察机关应当做好干部选拔任用党风廉政意见回复工作,对反映问题线索认真核查,综合用好巡视巡察等其他监督成果,严把政治关、品行关、作风关、廉洁关。

第十九条 纪检监察机关对监督中发现的突出问题,应当向有关党组织或者单位提出纪律检查建议或者监察建议,通过督促召开专题民主生活会、组织开展专项检查等方式,督查督办,推动整改。

第四章 线索处置

第二十条 纪检监察机关应当加强对问题线索的集中管理、分类处置、定期清理。信访举报部门归口受理同级党委管理的党组织和党员、干部以及监察对象涉嫌违纪或者职务违法、职务犯罪问题的信访举报,统一接收有关纪检监察机关、派驻或者派出机构以及其他单位移交的相关信访举报,移送本机关有关部门,深入分析信访形势,及时反映损害群众最关心、最直接、最现实的利益问题。

巡视巡察工作机构和审计机关、行政执法机关、司法机关等单位发现涉嫌违纪或者职务违法、职务犯罪问题线索,应当及时移交纪检监察机关案件监督管理部门统一办理。

监督检查部门、审查调查部门、干部监督部门发现的相关问题线索,属于本部门受理范围的,应当送案件监督管理部门备案;不属于本部门受理范围的,经审批后移送案件监督管理部门,由其按程序转交相关监督执纪部门办理。

第二十一条 纪检监察机关应当结合问题线索所涉及地区、部门、单位总体情况,综合分析,按照谈话函询、初步核实、暂存待查、予以了结 4 类方式进行处置。

线索处置不得拖延和积压,处置意见应当在收到问题线索之日起1个月内提出,并制定处置方案,履行审批手续。

第二十二条 纪检监察机关对反映同级党委委员、候补委员,纪委常委、监委委员,以及所辖地区、部门、单位主要负责人的问题线索和线索处置情况,应当及时向上级纪检监察机关报告。

第二十三条 案件监督管理部门对问题线索实行集中管理、动态更新、定期汇总核对,提出分办意见,报纪检监察机关主要负责人批准,按程序移送承办部门。承办部门应当指定专人负责管理问题线索,逐件编号登记、建立管理台账。线索管理处置各环节应当由经手人员签名,全程登记备查。

第二十四条 纪检监察机关应当根据工作需要,定期召开专题会议,听取问题线索综合情况汇报,进行分析研判,对重要检举事项和反映问题集中的领域深入研究,提出处置要求,做到件件有着落。

第二十五条 承办部门应当做好线索处置归档工作,归档材料齐全完整,载明领导批示和处置过程。案件监督管理部门定期汇总、核对问题线索及处置情况,向纪检监察机关主要负责人报告,并向相关部门通报。

第五章 谈话函询

第二十六条 各级党委(党组)和纪检监察机关应当推动加强和规范党内政治生活,经常拿起批评和自我批评的武器,及时开展谈话提醒、约谈函询,促使党员、干部以及监察对象增强党的观念和纪律意识。

第二十七条 纪检监察机关采取谈话函询方式处置问题线索,应当起草谈话函询报批请示,拟订谈话方案和相关工作预案,按程序报批。需要谈话函询下一级党委(党组)主要负责人的,应当报纪检监察机关主要负责人批准,必要时向同级党委主要负责人报告。

第二十八条 谈话应当由纪检监察机关相关负责人或者承办部门负责人进行,可以由被谈话人所在党委(党组)、纪委监委(纪检监察组、纪检监察工委)有关负责人陪同;经批准也可以委托被谈话人所在党委(党组)主要负责人进行。

谈话应当在具备安全保障条件的场所进行。由纪检监察机关谈话的,应当制作谈话笔录,谈话后可以视情况由被谈话人写出书面说明。

第二十九条 纪检监察机关进行函询应当以办公厅(室)名义发函给被反映人,并抄送其所在党委(党组)和派驻纪检监察组主要负责人。被函询人应当在收到函件后15个工作日内写出说明材料,由其所在党委(党组)主要负责人签署意见后发函回复。

被函询人为党委(党组)主要负责人的,或者被函询人所作说明涉及党委(党组)主要负责人的,应当直接发函回复纪检监察机关。

第三十条 承办部门应当在谈话结束或者收到函询回复后1个月内写出情况报告和处置意见,按程序报批。根据不同情形作出相应处理:

(一)反映不实,或者没有证据证明存在问题的,予以采信了结,并向被函询人发函反馈。

(二)问题轻微,不需要追究纪律责任的,采取谈话提醒、批评教育、责令检查、诫勉谈话等方式处理。

(三)反映问题比较具体,但被反映人予以否认且否认理由不充分具体的,或者说明存在明显问题的,一般应当再次谈话或者函询;发现被反映人涉嫌违纪或者职务违法、职务犯罪问题需要追究纪律和法律责任的,应当提出初步核实的建议。

(四)对诬告陷害者,依规依纪依法予以查处。

必要时可以对被反映人谈话函询的说明情况进行抽查核实。

谈话函询材料应当存入廉政档案。

第三十一条 被谈话函询的党员干部应当在民主生活会、组织生活会上就本年度或者上年度谈话函询问题进行说明,讲清组织予以采信了结的情况;存在违纪问题的,应当进行自我批评,作出检讨。

第六章 初步核实

第三十二条 党委(党组)、纪委监委(纪检监察组)应当对具有可查性的涉嫌违纪或者职务违法、职务犯罪问题线索,扎实开展初步核实工作,收集客观性证据,确保真实性和准确性。

第三十三条 纪检监察机关采取初步核实方式处置问题线索,应当制定工作方案,成立核查组,履行审批程序。被核查人为下一级党委(党组)主要负责人的,纪检监察机关应当报同级党委主要负责人批准。

第三十四条 核查组经批准可以采取必要措施收集证据,与相关人员谈话了解情况,要求相关组织作出说明,调取个人有关事项报告,查阅复制文件、账目、档案等资料,查核资产情况和有关信息,进行鉴定勘验。对被核查人及相关人员主动上交的财物,核查组应当予以暂扣。

需要采取技术调查或者限制出境等措施的,纪检监察机关应当严格履行审批手续,交有关机关执行。

第三十五条　初步核实工作结束后,核查组应当撰写初步核实情况报告,列明被核查人基本情况、反映的主要问题、办理依据以及初步核实结果、存在疑点、处理建议,由核查组全体人员签名备查。

承办部门应当综合分析初步核实情况,按照拟立案审查调查、予以了结、谈话提醒、暂存待查,或者移送有关党组织处理等方式提出处置建议。

初步核实情况报告应当报纪检监察机关主要负责人审批,必要时向同级党委主要负责人报告。

第七章　审查调查

第三十六条　党委(党组)应当按照管理权限,加强对党员、干部以及监察对象涉嫌严重违纪或者职务违法、职务犯罪问题审查调查处置工作,定期听取重大案件情况报告,加强反腐败协调机构的机制建设,坚定不移、精准有序惩治腐败。

第三十七条　纪检监察机关经过初步核实,对党员、干部以及监察对象涉嫌违纪或者职务违法、职务犯罪,需要追究纪律或者法律责任的,应当立案审查调查。

凡报请批准立案的,应当已经掌握部分违纪或者职务违法、职务犯罪事实和证据,具备进行审查调查的条件。

第三十八条　对符合立案条件的,承办部门应当起草立案审查调查呈批报告,经纪检监察机关主要负责人审批,报同级党委主要负责人批准,予以立案审查调查。

立案审查调查决定应当向被审查调查人宣布,并向被审查调查人所在党委(党组)主要负责人通报。

第三十九条　对涉嫌严重违纪或者职务违法、职务犯罪人员立案审查调查,纪检监察机关主要负责人应当主持召开由纪检监察机关相关负责人参加的专题会议,研究批准审查调查方案。

纪检监察机关相关负责人批准成立审查调查组,确定审查调查谈话方案、外查方案,审批重要信息查询、涉案财物查扣等事项。

监督检查、审查调查部门主要负责人组织研究提出审查调查谈话方案、外查方案和处置意见建议，审批一般信息查询，对调查取证审核把关。

审查调查组组长应当严格执行审查调查方案，不得擅自更改；以书面形式报告审查调查进展情况，遇有重要事项及时请示。

第四十条 审查调查组可以依照党章党规和监察法，经审批进行谈话、讯问、询问、留置、查询、冻结、搜查、调取、查封、扣押（暂扣、封存）、勘验检查、鉴定，提请有关机关采取技术调查、通缉、限制出境等措施。

承办部门应当建立台账，记录使用措施情况，向案件监督管理部门定期备案。

案件监督管理部门应当核对检查，定期汇总重要措施使用情况并报告纪委监委领导和上一级纪检监察机关，发现违规违纪违法使用措施的，区分不同情况进行处理，防止擅自扩大范围、延长时限。

第四十一条 需要对被审查调查人采取留置措施的，应当依据监察法进行，在24小时内通知其所在单位和家属，并及时向社会公开发布。因可能毁灭、伪造证据，干扰证人作证或者串供等有碍调查情形而不宜通知或者公开的，应当按程序报批并记录在案。有碍调查的情形消失后，应当立即通知被留置人员所在单位和家属。

第四十二条 审查调查工作应当依照规定由两人以上进行，按照规定出示证件，出具书面通知。

第四十三条 立案审查调查方案批准后，应当由纪检监察机关相关负责人或者部门负责人与被审查调查人谈话，宣布立案决定，讲明党的政策和纪律，要求被审查调查人端正态度、配合审查调查。

审查调查应当充分听取被审查调查人陈述，保障其饮食、休息，提供医疗服务，确保安全。严格禁止使用违反党章党规党纪和国家法律的手段，严禁逼供、诱供、侮辱、打骂、虐待、体罚或者变相体罚。

第四十四条 审查调查期间，对被审查调查人以同志相称，安排学习党章党规党纪以及相关法律法规，开展理想信念宗旨教育，通过深入细致的思想政治工作，促使其深刻反省、认识错误、交代问题，写出忏悔反思材料。

第四十五条 外查工作必须严格按照外查方案执行，不得随意扩大审查调查范围、变更审查调查对象和事项，重要事项应当及时请示报告。

外查工作期间，未经批准，监督执纪人员不得单独接触任何涉案人员及其特定关系人,不得擅自采取审查调查措施,不得从事与外查事项无关的活动。

第四十六条　纪检监察机关应当严格依规依纪依法收集、鉴别证据,做到全面、客观,形成相互印证、完整稳定的证据链。

调查取证应当收集原物原件,逐件清点编号,现场登记,由在场人员签字盖章,原物不便搬运、保存或者取得原件确有困难的,可以将原物封存并拍照录像或者调取原件副本、复印件;谈话应当现场制作谈话笔录并由被谈话人阅看后签字。已调取证据必须及时交审查调查组统一保管。

严禁以威胁、引诱、欺骗以及其他违规违纪违法方式收集证据;严禁隐匿、损毁、篡改、伪造证据。

第四十七条　查封、扣押(暂扣、封存)、冻结、移交涉案财物,应当严格履行审批手续。

执行查封、扣押(暂扣、封存)措施,监督执纪人员应当会同原财物持有人或者保管人、见证人,当面逐一拍照、登记、编号,现场填写登记表,由在场人员签名。对价值不明物品应当及时鉴定,专门封存保管。

纪检监察机关应当设立专用账户、专门场所,指定专门人员保管涉案财物,严格履行交接、调取手续,定期对账核实。严禁私自占有、处置涉案财物及其孳息。

第四十八条　对涉嫌严重违纪或者职务违法、职务犯罪问题的审查调查谈话、搜查、查封、扣押(暂扣、封存)涉案财物等重要取证工作应当全过程进行录音录像,并妥善保管,及时归档,案件监督管理部门定期核查。

第四十九条　对涉嫌严重违纪或者职务违法、职务犯罪问题的审查调查,监督执纪人员未经批准并办理相关手续,不得将被审查调查人或者其他重要的谈话、询问对象带离规定的谈话场所,不得在未配置监控设备的场所进行审查调查谈话或者其他重要的谈话、询问,不得在谈话期间关闭录音录像设备。

第五十条　监督检查、审查调查部门主要负责人、分管领导应当定期检查审查调查期间的录音录像、谈话笔录、涉案财物登记资料,发现问题及时纠正并报告。

纪检监察机关相关负责人应当通过调取录音录像等方式,加强对审查调查全过程的监督。

第五十一条　查明涉嫌违纪或者职务违法、职务犯罪问题后,审查调查组应当撰写事实材料，与被审查调查人见面，听取意见。被审查调查人应当在事实材料上签署意见，对签署不同意见或者拒不签署意见的，审查调查组应当作出说明或者注明情况。

审查调查工作结束，审查调查组应当集体讨论，形成审查调查报告，列明被审查调查人基本情况、问题线索来源及审查调查依据、审查调查过程，主要违纪或者职务违法、职务犯罪事实，被审查调查人的态度和认识，处理建议及党纪法律依据，并由审查调查组组长以及有关人员签名。

对审查调查过程中发现的重要问题和意见建议，应当形成专题报告。

第五十二条 审查调查报告以及忏悔反思材料，违纪或者职务违法、职务犯罪事实材料，涉案财物报告等，应当按程序报纪检监察机关主要负责人批准，连同全部证据和程序材料，依照规定移送审理。

审查调查全过程形成的材料应当案结卷成、事毕归档。

第八章 审 理

第五十三条 纪检监察机关应当对涉嫌违纪或者违法、犯罪案件严格依规依纪依法审核把关，提出纪律处理或者处分的意见，做到事实清楚、证据确凿、定性准确、处理恰当、手续完备、程序合规。

纪律处理或者处分必须坚持民主集中制原则，集体讨论决定，不允许任何个人或者少数人决定和批准。

第五十四条 坚持审查调查与审理相分离的原则，审查调查人员不得参与审理。纪检监察机关案件审理部门对涉嫌违纪或者职务违法、职务犯罪问题，依照规定应当给予纪律处理或者处分的案件和复议复查案件进行审核处理。

第五十五条 审理工作按照以下程序进行：

（一）案件审理部门收到审查调查报告后，经审核符合移送条件的予以受理，不符合移送条件的可以暂缓受理或者不予受理。

（二）对于重大、复杂、疑难案件，监督检查、审查调查部门已查清主要违纪或者职务违法、职务犯罪事实并提出倾向性意见的；对涉嫌违纪或者职务违法、职务犯罪行为性质认定分歧较大的，经批准案件审理部门可以提前介入。

（三）案件审理部门受理案件后，应当成立由两人以上组成的审理组，全面审理案卷材料，提出审理意见。

(四)坚持集体审议原则,在民主讨论基础上形成处理意见;对争议较大的应当及时报告,形成一致意见后再作出决定。案件审理部门根据案件审理情况,应当与被审查调查人谈话,核对违纪或者职务违法、职务犯罪事实,听取辩解意见,了解有关情况。

(五)对主要事实不清、证据不足的,经纪检监察机关主要负责人批准,退回监督检查、审查调查部门重新审查调查;需要补充完善证据的,经纪检监察机关相关负责人批准,退回监督检查、审查调查部门补充审查调查。

(六)审理工作结束后应当形成审理报告,内容包括被审查调查人基本情况、审查调查简况、违纪违法或者职务犯罪事实、涉案财物处置、监督检查或者审查调查部门意见、审理意见等。审理报告应当体现党内审查特色,依据《中国共产党纪律处分条例》认定违纪事实性质,分析被审查调查人违反党章、背离党的性质宗旨的错误本质,反映其态度、认识以及思想转变过程。涉嫌职务犯罪需要追究刑事责任的,还应当形成《起诉意见书》,作为审理报告附件。

对给予同级党委委员、候补委员,同级纪委委员、监委委员处分的,在同级党委审议前,应当与上级纪委监委沟通并形成处理意见。

审理工作应当在受理之日起1个月内完成,重大复杂案件经批准可以适当延长。

第五十六条 审理报告报经纪检监察机关主要负责人批准后,提请纪委常委会会议审议。需报同级党委审批的,应当在报批前以纪检监察机关办公厅(室)名义征求同级党委组织部门和被审查调查人所在党委(党组)意见。

处分决定作出后,纪检监察机关应当通知受处分党员所在党委(党组),抄送同级党委组织部门,并依照规定在1个月内向其所在党的基层组织中的全体党员以及本人宣布。处分决定执行情况应当及时报告。

第五十七条 被审查调查人涉嫌职务犯罪的,应当由案件监督管理部门协调办理移送司法机关事宜。对于采取留置措施的案件,在人民检察院对犯罪嫌疑人先行拘留后,留置措施自动解除。

案件移送司法机关后,审查调查部门应当跟踪了解处理情况,发现问题及时报告,不得违规过问、干预处理工作。

审理工作完成后,对涉及的其他问题线索,经批准应当及时移送有关纪检监察机关处置。

第五十八条 对被审查调查人违规违纪违法所得财物,应当依规依纪依法予以收缴、责令退赔或者登记上交。

对涉嫌职务犯罪所得财物,应当随案移送司法机关。

对经认定不属于违规违纪违法所得的,应当在案件审结后依规依纪依法予以返还,并办理签收手续。

第五十九条 对不服处分决定的申诉,由批准或者决定处分的党委(党组)或者纪检监察机关受理;需要复议复查的,由纪检监察机关相关负责人批准后受理。

申诉办理部门成立复查组,调阅原案案卷,必要时可以进行取证,经集体研究后,提出办理意见,报纪检监察机关相关负责人批准或者纪委常委会会议研究决定,作出复议复查决定。决定应当告知申诉人,抄送相关单位,并在一定范围内宣布。

坚持复议复查与审查审理分离,原案审查、审理人员不得参与复议复查。

复议复查工作应当在3个月内办结。

第九章 监督管理

第六十条 纪检监察机关应当严格依照党内法规和国家法律,在行使权力上慎之又慎,在自我约束上严之又严,强化自我监督,健全内控机制,自觉接受党内监督、社会监督、群众监督,确保权力受到严格约束,坚决防止“灯下黑”。

纪检监察机关应当加强对监督执纪工作的领导,切实履行自身建设主体责任,严格教育、管理、监督,使纪检监察干部成为严守纪律、改进作风、拒腐防变的表率。

第六十一条 纪检监察机关应当严格干部准入制度,严把政治安全关,纪检监察干部必须忠诚坚定、担当尽责、遵纪守法、清正廉洁,具备履行职责的基本条件。

第六十二条 纪检监察机关应当加强党的政治建设、思想建设、组织建设,突出政治功能,强化政治引领。审查调查组有正式党员3人以上的,应当设立临时党支部,加强对审查调查组成员的教育、管理、监督,开展政策理论学习,做好思想政治工作,及时发现问题、进行批评纠正,发挥战斗堡垒作用。

第六十三条 纪检监察机关应当加强干部队伍作风建设,树立依规依法、纪律严明、作风深入、工作扎实、谦虚谨慎、秉公执纪的良好形象,力戒形式主义、官僚主义,力戒特权思想,力戒口大气粗、颐指气使,不断提高思想政治水平和把握政策能力,建设让党放心、人民信赖的纪检监察干部队伍。

第六十四条 对纪检监察干部打听案情、过问案件、说情干预的,受请托人应当向审查调查组组长和监督检查、审查调查部门主要负责人报告并登记备案。

发现审查调查组成员未经批准接触被审查调查人、涉案人员及其特定关系人,或者存在交往情形的,应当及时向审查调查组组长和监督检查、审查调查部门主要负责人直至纪检监察机关主要负责人报告并登记备案。

第六十五条 严格执行回避制度。审查调查审理人员是被审查调查人或者检举人近亲属、本案证人、利害关系人,或者存在其他可能影响公正审查调查审理情形的,不得参与相关审查调查审理工作,应当主动申请回避,被审查调查人、检举人以及其他有关人员也有权要求其回避。选用借调人员、看护人员、审查场所,应当严格执行回避制度。

第六十六条 审查调查组需要借调人员的,一般应当从审查调查人才库选用,由纪检监察机关组织部门办理手续,实行一案一借,不得连续多次借调。加强对借调人员的管理监督,借调结束后由审查调查组写出鉴定。借调单位和党员干部不得干预借调人员岗位调整、职务晋升等事项。

第六十七条 监督执纪人员应当严格执行保密制度,控制审查调查工作事项知悉范围和时间,不准私自留存、隐匿、查阅、摘抄、复制、携带问题线索和涉案资料,严禁泄露审查调查工作情况。

审查调查组成员工作期间,应当使用专用手机、电脑、电子设备和存储介质,实行编号管理,审查调查工作结束后收回检查。

汇报案情、传递审查调查材料应当使用加密设施,携带案卷材料应当专人专车、卷不离身。

第六十八条 纪检监察机关相关涉密人员离岗离职后,应当遵守脱密期管理规定,严格履行保密义务,不得泄露相关秘密。

监督执纪人员辞职、退休 3 年内,不得从事与纪检监察和司法工作相关联、可能发生利益冲突的职业。

第六十九条 纪检监察机关开展谈话应当做到全程可控。谈话前做好风险评估、医疗保障、安全防范工作以及应对突发事件的预案；谈话中及时研判谈话内容以及案情变化，发现严重职务违法、职务犯罪，依照监察法需要采取留置措施的，应当及时采取留置措施；谈话结束前做好被谈话人思想工作，谈话后按程序与相关单位或者人员交接，并做好跟踪回访等工作。

第七十条 建立健全安全责任制，监督检查、审查调查部门主要负责人和审查调查组组长是审查调查安全第一责任人，审查调查组应当指定专人担任安全员。被审查调查人发生安全事故的，应当在24小时内逐级上报至中央纪委，及时做好舆论引导。

发生严重安全事故的，或者存在严重违规违纪违法行为的，省级纪检监察机关主要负责人应当向中央纪委作出检讨，并予以通报、严肃问责追责。

案件监督管理部门应当组织开展经常性检查和不定期抽查，发现问题及时报告并督促整改。

第七十一条 对纪检监察干部越权接触相关地区、部门、单位党委（党组）负责人，私存线索、跑风漏气、违反安全保密规定，接受请托、干预审查调查、以案谋私、办人情案，侮辱、打骂、虐待、体罚或者变相体罚被审查调查人，以违规违纪违法方式收集证据，截留挪用、侵占私分涉案财物，接受宴请和财物等行为，依规依纪严肃处理；涉嫌职务违法、职务犯罪的，依法追究法律责任。

第七十二条 纪检监察机关在维护监督执纪工作纪律方面失职失责的，予以严肃问责。

第七十三条 对案件处置出现重大失误，纪检监察干部涉嫌严重违纪或者职务违法、职务犯罪的，开展"一案双查"，既追究直接责任，还应当严肃追究有关领导人员责任。

建立办案质量责任制，对滥用职权、失职失责造成严重后果的，实行终身问责。

第十章 附 则

第七十四条 各省（自治区、直辖市）党委、中央和国家机关工委可以根据本规则，结合工作实际，制定实施细则。

中央军事委员会可以根据本规则，制定相关规定。

第七十五条 纪委监委派驻纪检监察组、纪检监察工委除执行本规则外,还应当执行党中央以及中央纪委相关规定。

国有企事业单位纪检监察机构结合实际执行本规则。

第七十六条 本规则由中央纪律检查委员会负责解释。

第七十七条 本规则自2019年1月1日起施行。2017年1月15日中央纪委印发的《中国共产党纪律检查机关监督执纪工作规则(试行)》同时废止。此前发布的其他有关纪检监察机关监督执纪工作的规定,凡与本规则不一致的,按照本规则执行。

中国共产党组织处理规定(试行)

(2021年2月23日中共中央政治局常委会会议审议批准
2021年3月19日中共中央办公厅发布)

第一条 为了落实全面从严治党要求,规范组织处理工作,根据《中国共产党章程》和有关党内法规,制定本规定。

第二条 组织处理工作坚持以习近平新时代中国特色社会主义思想为指导,贯彻新时代党的建设总要求和新时代党的组织路线,落实从严管理监督要求,严肃处理对党不忠、从政不廉、为官不为、品行不端等问题,督促领导干部不忘初心、牢记使命,始终做到忠诚干净担当。

第三条 本规定所称组织处理,是指党组织对违规违纪违法、失职失责失范的领导干部采取的岗位、职务、职级调整措施,包括停职检查、调整职务、责令辞职、免职、降职。

第四条 组织处理工作坚持以下原则:

(一)全面从严治党、从严管理监督干部;

(二)党委(党组)领导、分级负责;

(三)实事求是、依规依纪依法;

(四)惩前毖后、治病救人。

第五条 本规定适用于各级党的机关、人大机关、行政机关、政协机关、监察机关、审判机关、检察机关以及事业单位、群团组织中担任领导职务的党员干部。

对以上机关、单位中非中共党员领导干部、不担任领导职务的干部，以及国有企业中担任领导职务的人员进行组织处理，参照本规定执行。

第六条 党委（党组）及其组织（人事）部门按照干部管理权限履行组织处理职责。

有关机关、单位在执纪执法、日常管理监督等工作中发现领导干部存在需要进行组织处理的情形，应当向党委（党组）报告，或者向组织（人事）部门提出建议。

第七条 领导干部在政治表现、履行职责、工作作风、遵守组织制度、道德品行等方面，有苗头性、倾向性或者轻微问题，以批评教育、责令检查、诫勉为主，存在以下情形之一且问题严重的，应当受到组织处理：

（一）在重大原则问题上不同党中央保持一致，有违背“四个意识”、“四个自信”、“两个维护”错误言行的；

（二）理想信念动摇，马克思主义信仰缺失，搞封建迷信活动造成不良影响，或者违规参加宗教活动、信奉邪教的；

（三）贯彻落实党的基本理论、基本路线、基本方略和党中央决策部署不力，做选择、打折扣、搞变通，造成不良影响或者严重后果的；

（四）面对大是大非问题、重大矛盾冲突、危机困难，不敢斗争、不愿担当，造成不良影响或者严重后果的；

（五）工作不负责任、不正确履职或者疏于管理，出现重大失误错误或者发生重大生产安全事故、群体性事件、公共安全事件等严重事故、事件的；

（六）工作不作为，敷衍塞责、庸懒散拖，长期完不成任务或者严重贻误工作的；

（七）背弃党的初心使命，群众意识淡薄，对群众反映强烈的问题推诿扯皮，在涉及群众生产、生活等切身利益问题上办事不公、作风不正，甚至损害、侵占群众利益，造成不良影响或者严重后果的；

（八）形式主义、官僚主义问题突出，脱离实际搞劳民伤财的“形象工程”、“政绩工程”，盲目举债，弄虚作假，造成不良影响或者重大损失的；

（九）违反民主集中制原则，个人或者少数人决定重大问题，不执行或者擅自改变集体决定，不顾大局闹无原则纠纷、破坏团结，造成不良影响或者严重后果的；

(十)在选人用人工作中跑风漏气、说情干预、任人唯亲、突击提拔、跑官要官、拉票贿选、违规用人、用人失察失误,造成不良影响或者严重后果的;

(十一)搞团团伙伙、拉帮结派、培植个人势力等非组织活动,破坏所在地方或者单位政治生态的;

(十二)无正当理由拒不服从党组织根据工作需要作出的分配、调动、交流等决定的;

(十三)不执行重大事项请示报告制度产生不良后果,严重违反个人有关事项报告、干部人事档案管理、领导干部出国(境)等管理制度,本人、配偶、子女及其配偶违规经商办企业的;

(十四)诬告陷害、打击报复他人,制造或者散布谣言,阻挠、压制检举控告,造成不良影响或者严重后果的;

(十五)违反中央八项规定精神、廉洁从政有关规定的;

(十六)违背社会公序良俗,造成不良影响或者严重后果的;

(十七)其他应当受到组织处理的情形。

第八条 组织处理可以单独使用,也可以和党纪政务处分合并使用。

第九条 领导干部在推进改革中因缺乏经验、先行先试出现失误,尚无明确限制的探索性试验中出现失误,为推动发展出现无意过失,后果影响不是特别严重的,以及已经履职尽责,但因不可抗力、难以预见等因素造成损失的,可以不予或者免予组织处理。

第十条 组织处理一般按照以下程序进行:

(一)调查核实。组织(人事)部门对领导干部存在的问题以及所应担负的责任进行调查核实,听取有关方面意见,与领导干部本人谈话听取意见。执纪执法等机关已有认定结果的,可以不再进行调查。

(二)提出处理意见。组织(人事)部门根据调查核实情况或者执纪执法等机关认定结果、有关建议,以及领导干部一贯表现、认错悔错改错等情况,综合考虑主客观因素,研究提出组织处理意见报党委(党组)。

(三)研究决定。党委(党组)召开会议集体研究,作出组织处理决定。对双重管理的领导干部,主管方应当就组织处理意见事先征求协管方意见。

(四)宣布实施。组织(人事)部门向受到组织处理的领导干部所在单位和本人书面通知或者宣布组织处理决定,向提出组织处理建议的机关、单位通报处理情况,在1个月内办理受到组织处理的领导干部调整职务、职级、工资以及其他有关待遇的手续。对选举和依法任免的领导干部,按照有关规定履行任免程序。对需要向社会公开的组织处理,按照有关规定予以公开。

第十一条　停职检查期限一般不超过6个月。受到调整职务处理的,1年内不得提拔职务、晋升职级或者进一步使用。受到责令辞职、免职处理的,1年内不得安排领导职务,2年内不得担任高于原职务层次的领导职务或者晋升职级。受到降职处理的,2年内不得提拔职务、晋升职级或者进一步使用。同时受到党纪政务处分和组织处理的,按照影响期长的规定执行。

领导干部受到组织处理的,当年不得评选各类先进。当年年度考核按照以下规定执行:受到调整职务处理的,不得确定为优秀等次;受到责令辞职、免职、降职处理的,只写评语不确定等次。同时受到党纪政务处分和组织处理的,按照对其年度考核结果影响较重的处理处分确定年度考核等次。

对受到责令辞职、免职处理的领导干部,可以根据工作需要以及本人特长,安排适当工作任务。

第十二条　领导干部对组织处理决定不服的,可以在收到组织处理决定后,向作出组织处理决定的党委(党组)提出书面申诉。党委(党组)应当在收到申诉的1个月内作出申诉处理决定,以书面形式告知干部本人以及所在单位。领导干部对申诉处理决定不服的,可以向上级组织(人事)部门提出书面申诉。上级组织(人事)部门应当在2个月内予以办理并作出答复,情况复杂的不超过3个月。

申诉期间,不停止组织处理决定的执行。

第十三条　对领导干部组织处理存在事实认定不清楚、责任界定不准确的,应当重新调查核实。处理不当的,应当及时予以纠正。必要时,上级党委(党组)可以责令作出组织处理决定的党委(党组)予以纠正。

第十四条　组织(人事)部门应当将组织处理决定材料和纠正材料归入本人干部人事档案,根据工作需要抄送有关部门。

第十五条　受到组织处理的领导干部应当认真反省问题,积极整改提高。党组织应当加强对受到组织处理的领导干部日常管理和关心关爱,了解掌握其思想动态和工作状况,有针对性地做好教育引导工作。

第十六条 领导干部受到组织处理,影响期满,表现好且符合有关条件的,按照干部选拔任用等有关规定使用。

第十七条 中央军事委员会可以根据本规定制定相关规定。

第十八条 本规定由中央组织部负责解释。

第十九条 本规定自发布之日起施行。

党组讨论和决定党员处分事项工作程序规定

(2018年11月29日中共中央批准 2018年11月29日中共中央办公厅发布 2025年5月26日中共中央修订 2025年5月26日中共中央办公厅发布)

第一条 为了规范党组讨论和决定党员处分事项,根据《中国共产党党组工作条例》、《中国共产党处分违纪党员批准权限和程序规定》,制定本规定。

第二条 坚持用改革精神和严的标准管党治党,落实党组(含党组性质党委,下同)全面从严治党主体责任,强化纪检监察机关派驻机构(以下简称派驻机构)监督职责,始终以严的基调、严的措施、严的氛围纵深推进正风肃纪反腐。

第三条 对党组管理的人员中的党员实施党纪处分,党组、纪委监委派出的纪检监察工委(以下简称派出机构)、派驻机构等应当按照规定权限和程序履行职责,加强协调沟通,有序顺畅衔接,形成工作合力,实现政治效果、纪法效果和社会效果有机统一。

第四条 党组讨论和决定本单位党员党纪处分事项。

对未经党组会议讨论决定任免,但属于党组管理的人员中的党员给予党纪处分的,也可以由所在单位党的基层纪律检查委员会(以下简称基层纪委)按照规定审查批准或者报党的基层委员会(以下简称基层党委)审议批准;给予开除党籍处分的,还须相应报党组会议审议批准。

第五条 派驻机构按照规定对党组管理的人员中的党员立案审查调查后,应当向被审查调查人所在单位党组主要负责人通报。党组应当支持派驻机构履行监督责任、查办违纪违法案件，并自觉接受监督。

第六条 派驻机构对驻在单位（含综合监督单位，下同）党组管理的领导班子成员、其他列入重点监督对象的党员涉嫌违纪违法问题立案审查调查结束，经内部审理、集体研究，提出党纪处分建议，并通报党组后，按照驻在单位党的工作领导关系移送相应的派出机构进行审理。

涉及敏感特殊案件，派驻机构报派出机关批准后，可以不移送派出机构审理。

对于重大、疑难、复杂案件，可以商请派出机构提前介入审理。

第七条 派出机构对案件应当认真审核把关、监督纠错，把握量纪平衡，形成审理报告并正式反馈。

派出机构应当定期分析党员干部违纪违法特点规律，向派出机关报告案件审理工作情况，重要情况及时报告。

第八条 经派出机构审理后，派驻机构将党纪处分建议通报驻在单位党组，由党组讨论决定。党纪处分建议与党组的意见不同又不能协商一致的，由派驻机构报派出机关研究决定。

对驻在单位党组管理的领导班子成员中的正职领导干部案件，派驻机构应当在派出机构反馈审理意见后，与派出机关有关部门沟通形成一致意见并通报驻在单位党组。

第九条 党组集体讨论决定党员处分事项，不允许任何个人或者少数人擅自决定和批准。

党纪处分决定以党组名义作出并自党组讨论决定之日起生效。

第十条 党纪处分决定作出后，应当正式通报派驻机构，并在 1 个月内宣布。

第十一条 党组讨论决定的党员处分事项，在党纪处分决定生效之日起 90 日内，基层纪委应当将党纪处分决定以及相关材料报相应派出机构备案。派出机构对备案材料应当认真审核，发现问题及时反馈并督促解决。

派出机构应当按年度向派出机关报送备案监督情况专项报告，必要时可以随时报告。

给予向党中央或者本级地方党委备案的党员干部党纪处分的，党组应当按照规定将党纪处分决定通报中央组织部或者本级党委组织部门。

第十二条 对于党的组织关系在地方、干部管理权限在主管部门党组的党员干部违纪案件，由派驻机构立案审查的，由主管部门党组讨论决定党员处分事项,并向地方党组织通报处理结果;由地方纪委立案审查的,由地方纪委按照程序作出党纪处分决定,并向主管部门党组通报处理结果。

前款所涉党员干部同时担任地方党委委员、候补委员或者地方纪委委员职务的,由地方纪委按照有关规定履行处分审批程序,并将党纪处分决定抄告主管部门党组。其中,地方纪委立案审查的,应当通过有监督执纪权限的相应派驻机构或者主管部门机关纪委征求主管部门党组意见后履行处分审批程序。

第十三条　党组应当结合讨论和决定党员处分事项等工作,查找体制机制问题、制度短板和监管漏洞,深入剖析问题根源,强化管党治党、净化政治生态、加强制度建设、规范权力运行,强化纪法教育、警示教育,深化以案为鉴、以案促改、以案促治。

第十四条　派出机构在派出机关领导下,建立健全对派驻机构以及基层党委、基层纪委审查处理案件的质量评查机制,并反馈评查结果,督促做好整改。

第十五条　党的工作机关、党委直属事业单位领导机构讨论和决定党员处分事项,参照本规定执行。

第十六条　中央纪委国家监委驻国务院国资委纪检监察组协助中央纪委国家监委加强对中央纪委国家监委驻中管企业纪检监察组工作的指导,会同中央纪委国家监委驻中管企业纪检监察组协作开展有关案件审理工作,参照本规定执行。

地方纪委监委未派出纪检监察工委的,可以直接组织审理有关案件,或者结合实际情况授权其他纪检监察机构审理有关案件。

第十七条　本规定由中央纪委负责解释。

第十八条　本规定自发布之日起施行。

纪检监察机关办案工作保密规定

(1996 年 8 月 19 日　中纪发〔1996〕14 号)

第一条　为了确保纪检监察机关在办案中严格保守国家秘密,加强办案中的保密工作，保证纪检监察工作的顺利进行，根据《中华人民共和国保守国家秘密法》、《纪检监察工作中国家秘密及其密级具体范围的规定》和国家有关规定，制定本规定。

第二条 本规定适用于纪检监察机构办案人员和纪检监察机构内部因工作需要接触案情的人员。

第三条 受理检举、控告、申诉的保密要求按照《保护检举、被告人的规定》的有关规定办理。

第四条 对案件或问题初核时，不准向被调查人暴露意图。

第五条 《立案呈批报告》、《初步核实报告》等有关案件材料，应指定专人登记、管理。

第六条 制定案件调查计划要同时制定保密措施，调查大案要案要有具体保密方案。

第七条 拟采取的调查手段、措施要严格控制知悉范围，不准向被调查人泄露；严禁泄露当事人提供的物证、书证、证人证言等证据。

第八条 外出调查一般不准携带案卷，如确需携带时必须经领导批准，并做到：两人专管，卷不离人，严防丢失；上下车、船、飞机时，要及时检查，相互提示。

第九条 不准在公共场所谈论案件内容，不准携带案卷和调查材料探亲访友、游览、购物等。

第十条 汇报案情及有关情况时，应使用加密传真，不得使用平信、明码电报和电话。传递办案材料，应通过机要部门。

第十一条 出境调查携带案件材料，应当按国家保密局、海关总署《关于禁止邮寄或非法携运国家秘密文件、资料和其他物品出境的规定》执行。

第十二条 移送审理的案件材料，要严格登记和履行交接手续。

第十三条 在审理案件过程中，案卷材料由承办人负责保管，审理结束后，按规定移送。

第十四条 阅卷笔录、审理讨论笔录等，未经批准，不得向无关人员提供。

第十五条 案件材料及办案请示、报告和其他有关文字材料，均应按《纪检监察工作中国家秘密及其密级具体范围的规定》划定密级和期限，并妥善加以保管。

第十六条 正在办理的案件，一般不对外宣传报道；需要宣传报道时，必须经主管领导同意并报同级纪检监察机关领导批准。

第十七条 办案中如发生泄密情况,要及时向主管领导和本单位保密委员会报告,同时采取有效措施尽力补救;事后要认真追查,严肃处理,并向上一级纪检监察机关保密委员会报告。

第十八条 违反本规定的,应依照党纪、政纪的有关规定给予党纪处分、行政处分或其他处理;构成犯罪的,移送司法机关依法追究刑事责任。

第十九条 本规定自发布之日起施行。

党政机关国内公务接待管理规定

(2013 年 12 月 1 日中共中央批准 2013 年 12 月 1 日
中共中央办公厅、国务院办公厅发布 中办发〔2013〕22 号)

第一条 为了规范党政机关国内公务接待管理,厉行勤俭节约,反对铺张浪费,加强党风廉政建设,根据《党政机关厉行节约反对浪费条例》规定,制定本规定。

第二条 本规定适用于各级党的机关、人大机关、行政机关、政协机关、审判机关、检察机关,以及工会、共青团、妇联等人民团体和参照公务员法管理事业单位的国内公务接待行为。

本规定所称国内公务,是指出席会议、考察调研、执行任务、学习交流、检查指导、请示汇报工作等公务活动。

第三条 国内公务接待应当坚持有利公务、务实节俭、严格标准、简化礼仪、高效透明、尊重少数民族风俗习惯的原则。

第四条 各级党政机关公务接待管理部门应当结合当地实际,完善国内公务接待管理制度,制定国内公务接待标准。

县级以上党政机关公务接待管理部门负责管理本级党政机关国内公务接待工作,指导下级党政机关国内公务接待工作。

乡镇党委、政府应当加强国内公务接待管理,严格执行有关管理规定和开支标准。

第五条 各级党政机关应当加强公务外出计划管理,科学安排和严格控制外出的时间、内容、路线、频率、人员数量，禁止异地部门间没有特别需要的一般性学习交流、考察调研，禁止重复性考察，禁止以各种名义和方式变相旅游，禁止违反规定到风景名胜区举办会议和活动。

公务外出确需接待的，派出单位应当向接待单位发出公函，告知内容、行程和人员。

第六条 接待单位应当严格控制国内公务接待范围，不得用公款报销或者支付应由个人负担的费用。

国家工作人员不得要求将休假、探亲、旅游等活动纳入国内公务接待范围。

第七条 接待单位应当根据规定的接待范围，严格接待审批控制，对能够合并的公务接待统筹安排。无公函的公务活动和来访人员一律不予接待。

公务活动结束后，接待单位应当如实填写接待清单，并由相关负责人审签。接待清单包括接待对象的单位、姓名、职务和公务活动项目、时间、场所、费用等内容。

第八条 国内公务接待不得在机场、车站、码头和辖区边界组织迎送活动，不得跨地区迎送，不得张贴悬挂标语横幅，不得安排群众迎送，不得铺设迎宾地毯；地区、部门主要负责人不得参加迎送。严格控制陪同人数，不得层层多人陪同。

接待单位安排的活动场所、活动项目和活动方式，应当有利于公务活动开展。安排外出考察调研的，应当深入基层、深入群众，不得走过场、搞形式主义。

第九条 接待住宿应当严格执行差旅、会议管理的有关规定，在定点饭店或者机关内部接待场所安排，执行协议价格。出差人员住宿费应当回本单位凭据报销，与会人员住宿费按会议费管理有关规定执行。

住宿用房以标准间为主，接待省部级干部可以安排普通套间。接待单位不得超标准安排接待住房，不得额外配发洗漱用品。

第十条 接待对象应当按照规定标准自行用餐。确因工作需要，接待单位可以安排工作餐一次，并严格控制陪餐人数。接待对象在 10 人以内的，陪餐人数不得超过 3 人；超过 10 人的，不得超过接待对象人数的三分之一。

工作餐应当供应家常菜，不得提供鱼翅、燕窝等高档菜肴和用野生保护动物制作的菜肴,不得提供香烟和高档酒水,不得使用私人会所、高消费餐饮场所。

第十一条 国内公务接待的出行活动应当安排集中乘车,合理使用车型,严格控制随行车辆。

接待单位应当严格按照有关规定使用警车,不得违反规定实行交通管控。确因安全需要安排警卫的,应当按照规定的警卫界限、警卫规格执行,合理安排警力,尽可能缩小警戒范围,不得清场闭馆。

第十二条 各级党政机关应当加强对国内公务接待经费的预算管理,合理限定接待费预算总额。公务接待费用应当全部纳入预算管理,单独列示。

禁止在接待费中列支应当由接待对象承担的差旅、会议、培训等费用,禁止以举办会议、培训为名列支、转移、隐匿接待费开支;禁止向下级单位及其他单位、企业、个人转嫁接待费用,禁止在非税收入中坐支接待费用;禁止借公务接待名义列支其他支出。

第十三条 县级以上地方党委、政府应当根据当地经济发展水平、市场价格等实际情况,按照当地会议用餐标准制定本级国内公务接待工作餐开支标准,并定期进行调整。接待住宿应当按照差旅费管理有关规定,执行接待对象在当地的差旅住宿费标准。接待开支标准应当报上一级党政机关公务接待管理部门、财政部门备案。

第十四条 接待费报销凭证应当包括财务票据、派出单位公函和接待清单。

接待费资金支付应当严格按照国库集中支付制度和公务卡管理有关规定执行。具备条件的地方应当采用银行转账或者公务卡方式结算,不得以现金方式支付。

第十五条 机关内部接待场所应当建立健全服务经营机制,推行企业化管理,推进劳动、用工和分配制度与市场接轨,建立市场化的接待费结算机制,降低服务经营成本,提高资产使用效率,逐步实现自负盈亏、自我发展。

各级党政机关不得以任何名义新建、改建、扩建内部接待场所,不得对机关内部接待场所进行超标准装修或者装饰、超标准配置家具和电器。推进机关内部接待场所集中统一管理和利用,建立资源共享机制。

第十六条 接待单位不得超标准接待,不得组织旅游和与公务活动无关的参观,不得组织到营业性娱乐、健身场所活动,不得安排专场文艺演出,不得以任何名义赠送礼金、有价证券、纪念品和土特产品等。

第十七条　县级以上党政机关公务接待管理部门应当会同有关部门加强对本级党政机关各部门和下级党政机关国内公务接待工作的监督检查。监督检查的主要内容包括:

(一)国内公务接待规章制度制定情况;

(二)国内公务接待标准执行情况;

(三)国内公务接待经费管理使用情况;

(四)国内公务接待信息公开情况;

(五)机关内部接待场所管理使用情况。

党政机关各部门应当定期汇总本部门国内公务接待情况,报同级党政机关公务接待管理部门、财政部门、纪检监察机关备案。

第十八条　财政部门应当对党政机关国内公务接待经费开支和使用情况进行监督检查。审计部门应当对党政机关国内公务接待经费进行审计,并加强对机关内部接待场所的审计监督。

第十九条　县级以上党政机关公务接待管理部门应当会同财政部门按年度组织公开本级国内公务接待制度规定、标准、经费支出、接待场所、接待项目等有关情况,接受社会监督。

第二十条　各级党政机关应当将国内公务接待工作纳入问责范围。纪检监察机关应当加强对国内公务接待违规违纪行为的查处,严肃追究接待单位相关负责人、直接责任人的党纪责任、行政责任并进行通报,涉嫌犯罪的移送司法机关依法追究刑事责任。

第二十一条　积极推进国内公务接待服务社会化改革,有效利用社会资源为国内公务接待提供住宿、用餐、用车等服务。推行接待用车定点服务制度。

第二十二条　地方各级党委、政府应当依照本规定制定本地区国内公务接待管理办法。

第二十三条　地方各级政府因招商引资等工作需要,接待除国家工作人员以外的其他因公来访人员,应当参照本规定实行单独管理,明确标准,控制经费总额,注重实际效益,加强审批管理,强化审计监督,杜绝奢侈浪费。严禁扩大接待范围、增加接待项目,严禁以招商引资为名变相安排公务接待。

第二十四条　国有企业、国有金融企业和不参照公务员法管理的事业单位参照本规定执行。

第二十五条　本规定由国家机关事务管理局会同有关部门负责解释。

第二十六条　本规定自发布之日起施行。2006 年 10 月 20 日中共中央办公厅、国务院办公厅印发的《党政机关国内公务接待管理规定》同时废止。

党政机关公务用车管理办法

（2017 年 12 月 5 日中共中央批准　2017 年 12 月 5 日
中共中央办公厅、国务院办公厅发布）

第一章　总　　则

第一条　为了进一步规范党政机关公务用车管理，有效保障公务活动，促进党风廉政建设和节约型机关建设，根据《党政机关厉行节约反对浪费条例》、《机关事务管理条例》等有关规定，制定本办法。

第二条　本办法适用于党的机关、人大机关、行政机关、政协机关、监察机关、审判机关、检察机关，以及工会、共青团、妇联等人民团体和参照公务员法管理的事业单位。

第三条　本办法所称公务用车，是指党政机关配备的用于定向保障公务活动的机动车辆，包括机要通信用车、应急保障用车、执法执勤用车、特种专业技术用车以及其他按照规定配备的公务用车。

机要通信用车是指用于传递、运送机要文件和涉密载体的机动车辆。

应急保障用车是指用于处理突发事件、抢险救灾或者其他紧急公务的机动车辆。

执法执勤用车是指中央批准的执法执勤部门（系统）用于一线执法执勤公务的机动车辆。

特种专业技术用车是指固定搭载专业技术设备、用于执行特殊工作任务的机动车辆。

第四条　党政机关公务用车管理遵循统一管理、定向保障、经济适用、节能环保的原则。

第五条 党政机关公务用车实行统一制度规范、分级分类管理。党政机关公务用车主管部门负责本级党政机关公务用车管理工作，根据职责实行统一编制、统一标准、统一购置经费、统一采购配备管理；指导监督下级党政机关公务用车管理工作。

第二章 编制和标准管理

第六条 党政机关公务用车实行编制管理。车辆编制根据机构设置、人员编制和工作需要等因素确定。

机要通信用车、应急保障用车和其他按照规定配备的公务用车编制由公务用车主管部门会同有关部门确定。

执法执勤用车、特种专业技术用车编制由财政部门会同有关部门确定，并送公务用车主管部门备案。

第七条 党政机关配备公务用车应当严格执行以下标准：

（一）机要通信用车配备价格12万元以内、排气量1.6升（含）以下的轿车或者其他小型客车。

（二）应急保障用车和其他按照规定配备的公务用车配备价格18万元以内、排气量1.8升（含）以下的轿车或者其他小型客车。确因情况特殊，可以适当配备价格25万元以内、排气量3.0升（含）以下的其他小型客车、中型客车或者价格45万元以内的大型客车。

（三）执法执勤用车配备价格12万元以内、排气量1.6升（含）以下的轿车或者其他小型客车，因工作需要可以配备价格18万元以内、排气量1.8升（含）以下的轿车或者其他小型客车。确因情况特殊，可以适当配备价格25万元以内、排气量3.0升（含）以下的其他小型客车、中型客车或者价格45万元以内的大型客车。

（四）特种专业技术用车配备标准由有关部门会同财政部门按照保障工作需要、厉行节约的原则确定。

公务用车配备新能源轿车的，价格不得超过18万元。

上述配备标准应当根据公务保障需要、汽车行业技术发展、市场价格变化等因素适时调整。

第八条 严格控制执法执勤用车的配备范围、编制和标准。执法执勤用车配备应当严格限定在一线执法执勤岗位。

第三章 配备和经费管理

第九条 公务用车主管部门根据公务用车配备更新标准和现状,编制年度公务用车配备更新计划。

第十条 财政部门根据年度公务用车配备更新计划,按照预算管理有关规定统筹安排购置经费,列入公务用车主管部门预算。

第十一条 财政部门会同公务用车主管部门制定公务用车运行费用定额标准,统筹安排公务用车运行费用,列入党政机关部门预算。

第十二条 公务用车主管部门按照政府采购法律法规和国家有关政策规定,统一组织实施公务用车集中采购。

第十三条 党政机关应当配备使用国产汽车,带头使用新能源汽车,按照规定逐步扩大新能源汽车配备比例。

第十四条 地方各级党政机关确因工作需要超出规定标准配备公务用车的,必须报省级公务用车主管部门批准。

党政机关原则上不配备越野车。确因工作需要,按照程序报批后,可以适当配备国产越野车。越野车不得作为领导干部固定用车。

第十五条 除涉及国家安全、侦查办案等有保密要求的特殊工作用车外,党政机关公务用车产权注册登记所有人应当为本机关法人,不得将公务用车登记在下属单位、企业或者个人名下。

第四章 使用和处置管理

第十六条 党政机关应当加强公务用车使用管理,严格按照规定使用公务用车,严禁公车私用、私车公养,不得既领取公务交通补贴又违规使用公务用车。

第十七条 党政机关应当推进公务用车服务平台建设。各地区应当结合实际,将各类公务用车纳入平台集中管理,采用信息化手段统筹调度、高效使用,鼓励通过社会化专业机构提高平台管理运行效率。

第十八条 党政机关应当推进公务用车标识化管理。除涉及国家安全、侦查办案和其他有保密要求的特殊工作用车外,公务用车应当统一标识。

第十九条 党政机关应当建立公务用车管理台账,加强相关证照档案的保存和管理。

各省、自治区、直辖市以及中央和国家机关公务用车主管部门应当建立统一的公务用车管理信息系统，提高公务用车配备使用管理信息化水平。

第二十条 党政机关应当建立健全公务用车使用管理制度，严格执行，加强监督，降低运行成本。

严格公务用车使用时间、事由、地点、里程、油耗、费用等信息登记和公示制度。严格执行回单位或者其他指定地点停放制度，节假日期间除工作需要外应当封存停驶。

实行公务用车保险、维修、加油政府集中采购和定点保险、定点维修、定点加油制度，健全公务用车油耗、运行费用单车核算和年度绩效评价制度。

第二十一条 党政机关应当减少公务用车长途行驶，工作人员到外地办理公务，除特殊情况外，应当乘用公共交通工具。外事接待、会议和集体活动用车主要通过社会租赁方式解决。

第二十二条 公务用车使用年限超过8年的可以更新；达到更新年限仍能继续使用的，应当继续使用。因安全等原因确需提前更新的，应当严格履行审批手续。

公务用车按照规定更新后，可以采取拍卖、厂家回收、报废等方式规范处置旧车。处置收入按照非税收入有关规定管理。

第五章 监督问责

第二十三条 党政机关应当建立公务用车配备更新和使用情况统计报告制度。各省、自治区、直辖市公务用车主管部门负责统计汇总本地区公务用车配备更新和使用情况。国家机关事务管理局、中共中央直属机关事务管理局负责统计汇总中央和国家机关公务用车配备更新和使用情况。

第二十四条 党政机关应当严格执行公务用车配备使用管理各项规定，将公务用车配备更新、使用、处置和经费预算执行等情况纳入内部审计、政务公开和政务诚信建设范围，接受社会监督。

公务用车主管部门应当加强对党政机关公务用车配备更新、使用、处置等情况的监督检查，定期通报或者公示相关情况。

财政、审计部门应当加强对公务用车经费预算管理使用情况的监督检查，依法处理、督促整改违规问题，并将涉嫌违纪违法问题移送有关部门查处。

公安交通管理部门应当定期与公务用车主管部门交换公务用车注册登记信息、使用状态等情况。

纪检监察机关应当及时受理群众举报和有关部门移送的公务用车管理问题线索,严肃查处违纪违法问题。

第二十五条 公务用车主管部门有下列情形之一的,依纪依法追究相关人员责任:

(一)违规核定公务用车编制的;

(二)违规审批超编制、超标准配备公务用车的;

(三)违规审批未到年限更新公务用车的;

(四)违规安排公务用车经费预算的;

(五)有其他未按规定履行管理监督职责行为的。

第二十六条 党政机关有下列情形之一的,依纪依法追究相关人员责任:

(一)超编制、超标准配备公务用车的;

(二)违反规定将公务用车登记在下属单位、企业或者个人名下的;

(三)公车私用、私车公养,或者既领取公务交通补贴又违规使用公务用车的;

(四)换用、借用、占用下属单位或者其他单位和个人的车辆,或者擅自接受企事业单位和个人赠送车辆的;

(五)挪用或者固定给个人使用执法执勤、机要通信等公务用车的;

(六)为公务用车增加高档配置或者豪华内饰的;

(七)在车辆维修等费用中虚列名目或者夹带其他费用,为非本单位车辆报销运行维护费用的;

(八)违规处置公务用车的;

(九)有其他违反公务用车配备使用管理规定行为的。

第六章 附 则

第二十七条 本办法所称小型客车、中型客车、大型客车等,依据中华人民共和国公共安全行业标准 GA 802－2014《机动车类型 术语和定义》界定。

第二十八条 各省、自治区、直辖市以及中央和国家机关各部门,应当根据本办法，结合实际制定具体管理办法。

第二十九条　中央和国家机关所属垂直管理机构、派出机构公务用车由行政主管部门依照本办法进行管理。

各民主党派机关公务用车管理适用本办法。

不参照公务员法管理的事业单位公务用车，按照本办法的原则管理。

第三十条　本办法由国家机关事务管理局、中共中央直属机关事务管理局会同有关部门负责解释。

第三十一条　本办法自2017年12月5日起施行。中共中央办公厅、国务院办公厅2011年1月6日印发的《党政机关公务用车配备使用管理办法》同时废止。

党政机关办公用房建设标准

（2014年11月24日国家发展改革委、住房城乡建设部印发
发改投资〔2014〕2674号）

第一章　总　　则

第一条　为规范党政机关办公用房建设，提高投资决策科学化水平，合理确定党政机关办公用房的建设内容、建设规模和标准，满足办公使用功能的需要，加强管理和监督，制定本建设标准。

第二条　本建设标准是党政机关办公用房建设项目决策和建设的全国统一标准，是编制、评估和审批党政机关办公用房建设项目的项目建议书、可行性研究报告、初步设计以及对项目建设进行监督检查的重要依据。

第三条　本建设标准适用于全国乡（镇、苏木）级及以上党的机关、人大机关、行政机关、政协机关、审判机关、检察机关，工会、共青团、妇联等人民团体机关，以及各级机关组成机构、直属机构、派出机构和直属事业单位（以下统称党政机关）办公用房的新建（或购置）、改建和扩建工程。配备、租用办公用房参照执行。

第四条　党政机关办公用房建设必须贯彻艰苦奋斗、勤俭节约、反对浪费的方针，按照统筹兼顾、适用为主、满足办公需要的原则进行建设。

集中建设或联合建设的办公用房，应充分利用公共服务和附属设施，打破系统、部门之间的界限，实行统一规划、集中管理、共同使用。

第五条　党政机关办公用房建设必须符合土地利用和城乡规划要求，从严控制用地规模，严格土地审批，节约集约用地，严禁超标准占地、低效利用土地，不得占用耕地，新建项目不得配套建设大型广场、公园等设施。

第六条　党政机关办公用房建设应做到庄重、朴素、经济、适用和资源节约，不得定位为城市标志性建筑。外立面不得搞豪华装修，内装修应简洁朴素。

第七条　党政机关办公用房的建设规模应根据使用单位的类别和各级别编制定员，按照本建设标准的规定确定建筑面积。严禁超规模、超标准、超投资建设党政机关办公用房。

第八条　党政机关办公用房的建设除应符合本建设标准外，还应符合国家关于安全、资源节约、环境保护、卫生、绿色建筑等标准和规范要求。

第二章　建筑分类与面积指标

第九条　党政机关办公用房根据单位级别和性质分为五类，其适用对象见表1。

表1　党政机关办公用房类别划分

类别	适用对象
中央机关	中央部（委）级党的机关、人大机关、行政机关、政协机关、审判机关、检察机关，工会、共青团、妇联等人民团体机关，以及各机关派出机构和直属事业单位。
省级机关	省（自治区、直辖市）级党的机关、人大机关、行政机关、政协机关、审判机关、检察机关，工会、共青团、妇联等人民团体机关，以及各机关的组成机构、直属机构、派出机构和直属事业单位。
市级机关	市（地、州、盟）级党的机关、人大机关、行政机关、政协机关、审判机关、检察机关，工会、共青团、妇联等人民团体机关，以及各机关的组成机构、直属机构、派出机构和直属事业单位。
县级机关	县（市、旗）级党的机关、人大机关、行政机关、政协机关、审判机关、检察机关，工会、共青团、妇联等人民团体机关，以及各机关的组成机构、直属机构、派出机构和直属事业单位。
乡级机关	乡（镇、苏木）级党的机关、人大机关、行政机关及其他机关。

第十条 党政机关办公用房由基本办公用房（办公室、服务用房、设备用房）、附属用房两部分组成，并应符合表2的规定。

表2 党政机关办公用房功能分类

办公用房		包括内容
基本办公用房	办公室	包括领导人员办公室和一般工作人员办公室。
	服务用房	包括会议室、接待室、档案室、图书资料室、机关信息网络用房、机要保密室、文印室、收发室、医务室、值班室、储藏室、物业及工勤人员用房、开水间、卫生间等。
	设备用房	包括变配电室、水泵房、水箱间、中水处理间、锅炉房（或热力交换站）、空调机房、通信机房、电梯机房、建筑智能化系统设备用房等。
附属用房		包括食堂、停车库（汽车库，自行车库，电动车、摩托车库）、警卫用房、人防设施等。

注：表中所称领导人员是指独立法人单位的领导班子成员。

第十一条 各级工作人员办公室使用面积不应超过表3的规定：

表3 各级工作人员办公室使用面积

类别	适用对象	使用面积（平方米/人）
中央机关	部级正职	54
	部级副职	42
	正司（局）级	24
	副司（局）级	18
	处级	12
	处级以下	9
省级机关	省级正职	54
	省级副职	42
	正厅（局）级	30
	副厅（局）级	24
	正处级	18

续表

类别	适用对象	使用面积(平方米/人)
	副处级	12
	处级以下	9
市级机关	市级正职	42
	市级副职	30
	正局(处)级	24
	副局(处)级	18
	局(处)级以下	9
县级机关	县级正职	30
	县级副职	24
	正科级	18
	副科级	12
	科级以下	9
乡级机关	乡级正职	由省级人民政府按照中央规定和精神自行做出规定,原则上不得超过县级副职。
	乡级副职	
	乡级以下	

注:1. 副省级城市、副部级单位副职办公室面积指标按不超过省(部)级副职标准执行,其组成部门的正、副局(司)级人员办公室面积指标按不超过省级机关或中央机关相应的正、副厅(局、司)级标准执行。副市(厅)、副县(处)级单位以此类推。

2. 中央机关司(局)级派出机构、事业单位按省级机关厅(局)级单位标准执行,处级派出机构、事业单位按市级机关局(处)级单位标准执行;省级机关处级直属机构、派出机构、事业单位按市级机关局(处)级单位标准执行,科级派出机构、事业单位按县级机关科级单位标准执行。其他以此类推。

3. 各级党政机关领导人员办公室可在上列规定的办公室使用面积范围内配备休息室。

4. 省部级领导人员、省(自治区、直辖市)所属厅(局)正职和市(地、州、盟)、县(市、区、旗)党政正职办公室可在上列规定的办公室使用面积范围内配备不超过6平方米的卫生间。

第十二条 服务用房使用面积不应超过表4的规定:

表4 服务用房编制定员人均使用面积

类别	使用面积（平方米/人）	计算方法
中央机关 省级机关	7~9	200人及以下取上限,400人及以上取下限,中间值用公式(1100－x)/100计算确定。
市级机关	6~8	200人及以下取上限,400人及以上取下限,中间值用公式(1000－x)/100计算确定。
县级机关	6~8	100人及以下取上限,200人及以上取下限,中间值用公式(500－x)/50计算确定。
乡级机关	由省级人民政府按照中央规定和精神自行做出规定,原则上不得超过县级机关。	——

注:表中x为编制定员。

第十三条 设备用房使用面积应根据地理位置、建设规模以及相关设备需求确定,宜按办公室和服务用房使用面积之和的9%测算。

第十四条 党政机关办公用房应合理确定门厅、走廊、电梯厅等面积,提高使用面积系数。基本办公用房建筑总使用面积系数,多层建筑不应低于65%,高层建筑不应低于60%。

第十五条 附属用房建筑面积,不应超过下列规定:

1. 食堂:食堂餐厅及厨房建筑面积按编制定员计算,编制定员100人及以下的,人均建筑面积为3.7平方米;编制定员超过100人的,超出人员的人均建筑面积为2.6平方米。

2. 停车库:总停车位数应满足城乡规划建设要求,汽车库建筑面积指标为40平方米/辆,超出200个车位以上部分为38平方米/辆,可设置新能源汽车充电桩;自行车库建筑面积指标为1.8平方米/辆;电动车、摩托车库建筑面积指标为2.5平方米/辆。

3. 警卫用房:宜按警卫编制定员及武警营房建筑面积标准计算,人均建筑面积为25平方米。

4. 人防设施:应按国家人防部门规定的设防范围和标准计列建筑面积,本着平战结合、充分利用的原则,在平时可以兼作地下车库、物品仓库等。

第十六条 党政机关办公用房总建筑面积可按下式计算得出：

$$S=[A+B+(A+B)\times 9\%]/K+C$$

式中：S—总建筑面积；

A—各级工作人员办公室总使用面积；

B—服务用房总使用面积；

K—基本办公用房建筑总使用面积系数；

C—附属用房总建筑面积。

第三章 选址、布局与建设用地

第十七条 党政机关办公用房选址应符合当地土地利用总体规划和城乡规划的要求，在规划确定的城镇建设用地范围内，选择位置适合、交通便利、环境适宜、基础设施和地质条件良好、有利于安全保卫的地点。

第十八条 党政机关办公用房在城市中的布局宜相对集中。联合建设时，其设备用房和附属用房等应统一规划与建设。

第十九条 党政机关办公用房的建筑总平面布置应遵循功能组织合理、建筑组合紧凑、服务资源共享的原则，科学合理组织和利用地上、地下空间。

第二十条 党政机关办公用房建设用地包括：建筑主体及其附属建筑用地、道路及停车用地、绿化用地等。

第二十一条 党政机关办公用房改建、扩建工程应充分利用原有场地和设施，减少新增用地。

第二十二条 党政机关办公用房建设用地不得用于建造与办公无关的居住或商用建筑等，不得占用风景名胜资源。

第二十三条 党政机关办公用房的建筑容积率不应小于表5的规定，并应满足所在地城乡规划与建设的相关控制要求。

表5 建筑容积率指标

类别	容积率
中央机关	2.0
省级机关	2.0

续表

类别	容积率
市级机关	1.2
县级机关	1.0
乡级机关	由省级人民政府按照中央规定和精神自行做出规定。

第二十四条 党政机关办公用房总停车位数应满足当地城乡规划建设要求，地面停车场面积指标为：汽车25平方米/辆，自行车1.2平方米/辆，电动车、摩托车1.8平方米/辆。

第二十五条 党政机关办公用房建设用地的绿地率不宜低于30%，并应满足当地城乡规划和建设有关绿地的控制要求。绿化植被应采用本土植物，不得移栽大树、古树，以降低绿化成本。

第四章 建筑标准

第二十六条 党政机关办公用房不宜建造一、二层的低层建筑，也不应建造超高层、超大体量的建筑。

第二十七条 党政机关基本办公用房建筑面积小于(等于)表6的规定时，不宜单独建设。

表6 建筑面积控制指标

类别	建筑面积(平方米)
中央机关	6000
省级机关	6000
市级机关	4000
县级机关	2000
乡级机关	——

第二十八条 党政机关办公用房标准层每层建筑面积不应低于表7的规定：

表7 标准层建筑面积

分 类	建筑面积(平方米)
四层及以下办公用房	600
五层及以上多层办公用房	1000
高层办公用房	1200

第二十九条 党政机关办公用房入口门厅高度不应超过两层,门厅的使用面积不应超过表8的规定:

表8 入口门厅的使用面积指标

类别	使用面积(平方米)
中央机关	300
省级机关	300
市级机关	240
县级机关	120
乡级机关	由省级人民政府按照中央规定和精神自行做出规定,原则上不得超过县级机关。

第三十条 党政机关办公用房不得在办公区域内建设阶梯式和有舞台灯光音响、舞台机械、同声传译的会堂、报告厅、大型会议室。建筑物内不宜设置阳光房、采光中厅、室内花园、景观走廊等超出办公用房功能的其他空间或房间。

第三十一条 党政机关办公用房标准层的层高应根据办公室净高要求、结构形式及设施情况确定,不得超越净高规定或结构及设施的合理技术条件加大层高。办公室的净高应符合下列规定:

1. 有集中空调设施并有吊顶的标准单间办公室宜为2.5~2.7米;
2. 无集中空调设施的标准单间办公室宜为2.6~2.8米;
3. 有集中空调设施并有吊顶的大空间办公室宜为2.6~2.8米;
4. 无集中空调设施的大空间办公室宜为2.8~3.0米。

第三十二条 党政机关办公用房标准层的走道净宽应符合下列规定:

1. 走道长度≤40米时,单面布房的走道净宽不宜小于1.5米且不宜大于1.8米,双面布房的走道净宽不宜小于1.8米且不宜大于2.1米。

2. 走道长度 >40米时,单面布房的走道净宽不宜小于1.5米且不宜大于2.1米,双面布房的走道净宽不宜小于1.8米且不宜大于2.5米。

第三十三条 五层及五层以上的党政机关办公用房应设置乘客电梯,办公用房的办公区域不应设置自动扶梯。

第三十四条 党政机关办公用房应满足国家有关无障碍规范的要求。

第三十五条 党政机关办公用房的建设应满足功能需求,党政机关一般工作人员办公室宜采用大开间,提高办公室利用率。

第三十六条 党政机关办公用房建筑应符合国家有关建筑设计防火、抗震、节能规范等的规定,并确保建筑在设计使用年限期间能正常使用。

第五章 建筑装修

第三十七条 党政机关办公用房装修设计应构造简洁、色彩适宜,营造庄重、实用、协调的装饰效果,因地制宜地选用节能环保装修材料或构配件。

第三十八条 党政机关办公用房室内装修包括楼地面、墙面、柱面、天棚、内门窗、轻质隔墙、细部等,不包括活动家具、窗帘、饰物等。

第三十九条 党政机关办公用房装修标准可分为基本装修、中级装修、中高级装修三类,并宜符合表9的规定。

表9 装修标准

分类	装修要求
基本装修	选用建筑所在地区经济型普通装修材料或构配件。 楼地面可选用普通PVC地材、地砖、水泥砂浆等;墙、柱面选用普通涂料;天棚刷普通涂料或普通饰面板吊顶;门采用普通复合木门。
中级装修	选用建筑所在地区中等价位的装修材料或构配件。 楼地面可选用中档复合木地板、PVC地材、石材、地砖等;墙、柱面可选用中档饰面板、涂料或壁纸;天棚可做中档饰面板吊顶;门采用中档复合木门或玻璃门。
中高级装修	选用建筑所在地区中等价位、局部选用中高价位的装修材料或构配件。 楼地面可选用中高档石材、木材、普通化纤地毯;墙、柱面可选用中档饰面板或涂料;天棚可做中高档饰面板吊顶;门采用中高档复合木门或玻璃门。

注:同等档次室内装修材料,提倡采用新型环保节能材料。

第四十条 党政机关办公用房建筑装修应符合表10的规定。

表10 装修选用标准

房间或部位 \ 类别		中央机关、省级机关	市级机关	县级机关	乡级机关
办公室	一般工作人员办公室	基本	基本	基本	基本
	领导人员办公室	中高级	中级	中级或基本	基本
服务用房	会议室、接待室	中高级或中级	中级	中级或基本	基本
	其他用房	基本	基本	基本	基本
设备用房		基本	基本	基本	基本
附属用房		基本	基本	基本	基本
主入口门厅及电梯厅		中高级	中级	中级或基本	基本

第四十一条 党政机关办公用房的办公室及办公区走廊等应采用普通灯具和高效节能型光源，会议室、接待室及主入口门厅可采用装饰性灯具，配用高效节能型光源，但不应选用豪华灯具。

第四十二条 采暖地区一般工作人员办公室不应做装饰性暖气罩。

第四十三条 党政机关办公用房室外装修包括墙面、柱面、外门窗、门头、台阶、坡道等。

第四十四条 党政机关办公用房室外装修设计，应综合考虑所在地区传统文化特色、经济状况、城镇景观及周边建筑风貌，做到实用、协调、庄重。外墙面不宜大面积采用玻璃幕墙，主入口不应使用铜质门、豪华旋转门。

第四十五条 党政机关办公用房装修工程造价包括：室内装修工程、室外装修工程造价。装修工程造价占建筑安装工程费用的比例，不宜超过表11的规定。

表11 装修工程造价占建筑安装工程费用的比例

类别	比例(%)
中央机关	35
省级机关	35

续表

类别	比例(%)
市级机关	35
县级机关	30
乡级机关	25

第六章　室内环境与建筑设备

第四十六条　党政机关办公用房室内环境应符合公共建筑节能设计标准的规定。其中,办公室冬季采暖设定温度不应高于20℃,夏季制冷设定温度不应低于26℃。

第四十七条　党政机关办公用房的一个主立面朝向外窗的窗墙比不应大于0.6,其余朝向外窗的窗墙比不应大于0.4,并满足自然采光的要求。

第四十八条　采用集中采暖、空调系统的办公用房,应设置分楼层或分室内区域或分用户的室温可调控装置,并按使用部门或耗能部门设置热、冷量分摊计量装置。

第四十九条　党政机关办公用房的给水系统应充分利用城镇给水管网直接供水,其供水设备宜采用管网叠压供水设备。

第五十条　党政机关办公用房不得采用冲洗水量大于9升的便器及水箱,洗手(脸)盆宜采用感应式水嘴、延时自闭水嘴,便器采用感应式或延时自闭冲洗阀。卫生器具和配件均应采用节水型产品。

第五十一条　各类用房或部位的照度标准值应符合表12的规定。

表12　照度标准值

房间或部位	照度标准值(lx)
办公室、会议室、接待室、文印室、门厅等	300
档案室、资料室等	200

第五十二条　走廊、楼梯间、门厅等公共场所的照明,宜采用集中控制,并按建筑使用条件和天然采光状况采取分区、分组控制措施。

第七章　智能化系统

第五十三条　党政机关办公用房智能化系统宜由智能化集成系统、信息设施系统、信息化应用系统、公共安全系统、建筑设备管理系统等构成,党政机关可根据各自需要和实际情况配置相应的办公用房智能化系统。

第五十四条 中央机关、省级机关、市级机关办公用房宜设置智能化集成系统。智能化集成系统建设应根据办公用房规模、办公业务的综合性以及建筑设备的控制要求综合考虑确定。

第五十五条 党政机关办公用房信息设施系统宜包括用户电话交换系统、信息网络系统、综合布线系统、有线电视系统、广播系统、会议系统等。系统配置标准宜符合表13的规定。

表13 信息设施系统配置标准

信息设施系统	中央机关、省级机关	市级机关	县级机关	乡级机关
用户电话交换系统	●	●	●	○
信息网络系统	●	●	●	●
综合布线系统	●	●	●	●
有线电视系统	●	●	●	●
广播系统	●	●	○	○
会议系统	●	●	●	○

注:●表示可配置;○表示不宜配置

第五十六条 党政机关办公用房信息化应用系统宜包括办公业务系统、物业运营管理系统、智能卡应用系统、信息安全管理系统等。系统配置标准宜符合表14的规定。

表14 信息化应用系统配置标准

信息化应用系统	中央机关、省级机关	市级机关	县级机关	乡级机关
办公业务系统	●	●	●	○
物业运营管理系统	●	●	○	○
智能卡应用系统	●	●	○	○
信息安全管理系统	●	●	●	○

注:●表示可配置;○表示不宜配置

第五十七条 党政机关办公用房公共安全系统宜包括火灾自动报警系统、安全技术防范系统及与政府职能相关的应急响应系统等。办公用房内(或部分区域)对安全技术防范具有其他特殊要求的范围,应实施符合特殊安全技术防范管理规定所要求的安全技术措施。系统配置标准宜符合表15的规定。

表15 公共安全系统配置标准

公共安全系统		中央机关、省级机关	市级机关	县级机关	乡级机关
火灾自动报警系统		按国家现行有关标准进行配置			
安全技术防范系统	安全防范综合管理系统	●	●	○	○
	入侵(周界)报警系统	●	●	●	●
	视频安防监控系统	●	●	●	●
	出入口控制系统	●	●	●	○
	电子巡查管理系统	●	●	○	○
应急响应系统		应纳入国家各级行政区域应急体系			

注:●表示可配置;○表示不宜配置

第五十八条 党政机关办公用房综合布线系统建设,应根据各类机关办公工作业务和办公人员的岗位职能,配置相应的数据信息端口和电话通信端口。

第八章 附 则

第五十九条 本建设标准由国家发展和改革委员会、住房和城乡建设部负责解释。

第六十条 本建设标准自发布之日起施行,《国家计委关于印发党政机关办公用房建设标准的通知》(计投资〔1999〕2250号)同时停止执行。

党政机关办公用房管理办法

（2017年12月5日中共中央批准 2017年12月5日
中共中央办公厅、国务院办公厅发布）

第一章 总 则

第一条 为了进一步规范党政机关办公用房管理，推进办公用房资源合理配置和节约集约使用，保障正常办公，降低行政成本，促进党风廉政建设和节约型机关建设，根据《党政机关厉行节约反对浪费条例》、《机关事务管理条例》、《机关团体建设楼堂馆所管理条例》等有关规定，制定本办法。

第二条 本办法适用于各级党政机关办公用房的规划、权属、配置、使用、维修、处置等管理工作。

本办法所称党政机关，是指党的机关、人大机关、行政机关、政协机关、监察机关、审判机关、检察机关，以及工会、共青团、妇联等人民团体和参照公务员法管理的事业单位。

本办法所称办公用房，是指党政机关占有、使用或者可以确认属于机关资产的，为保障党政机关正常运行需要设置的基本工作场所，包括办公室、服务用房、设备用房和附属用房。

第三条 党政机关办公用房管理应当遵循下列原则：

（一）依法合规，严格执行法律法规和党内有关制度规定，强化监督管理；

（二）科学规划，统筹机关办公和公共服务需求，优化布局和功能；

（三）规范配置，科学制定标准，严格审核程序，合理保障需求；

（四）有效利用，统筹调剂余缺，及时依规处置，避免闲置浪费；

（五）厉行节约，注重庄重朴素、经济适用，节约能源资源。

第四条 建立健全党政机关办公用房集中统一管理制度，统一规划、统一权属、统一配置、统一处置。县级以上党政机关办公用房有关管理部门根据职责分工，负责本级党政机关办公用房管理工作，指导下级党政机关办公用房管理工作。

中央和国家机关办公用房管理，由归口的机关事务管理部门负责规划、权属、调剂、使用监管、处置、维修等，国家发展改革委负责建设项目审批、建设标准制定以及投资安排等，财政部负责预算安排、指导开展资产管理等。中央和国家机关所属垂直管理机构、派出机构和参照公务员法管理的事业单位办公用房的权属、使用、维修等有关管理工作，由归口的机关事务管理部门委托行政主管部门负责。

地方各级党政机关办公用房管理的职责分工，由各省、自治区、直辖市参照前款规定，结合本地区实际情况合理确定相关机构承担办公用房管理职责。

各级党政机关是办公用房的使用单位，负责本单位占有、使用办公用房的内部管理和日常维护。

第二章 权属管理

第五条 党政机关办公用房的房屋所有权、土地使用权等不动产权利（以下统称办公用房权属），统一登记至本级机关事务管理部门名下。

中央和国家机关所属垂直管理机构、派出机构和参照公务员法管理的事业单位办公用房权属应当登记在行政主管部门名下。地方各级党政机关所属垂直管理机构、派出机构办公用房权属的登记主体由各省、自治区、直辖市规定。

涉及国家秘密、国家安全等特殊情况的，经机关事务管理部门核准，可以将办公用房权属登记在使用单位名下。

因历史资料缺失、权属不清等问题无法登记的，由机关事务管理部门协调有关部门进行办公用房权属备案，使用单位不得自行处置。

第六条 建立健全党政机关办公用房清查盘点制度。使用单位应当建立本单位办公用房资产管理分台账，资产信息发生变更的，及时调整更新。机关事务管理部门应当建立本级党政机关办公用房资产管理总台账，定期组织清查盘点，确保总台账信息与使用单位分台账信息账账相符，与办公用房实际状况账实相符，与权属证书信息账证相符。

第七条 建立健全党政机关办公用房管理信息统计报告制度。

各级机关事务管理部门应当建立健全本级党政机关办公用房管理信息系统，定期统计汇总办公用房管理情况，报上级机关事务管理部门，并送同级发展改革、财政部门。

国家机关事务管理局、中共中央直属机关事务管理局应当会同有关部门，建立全国党政机关办公用房信息数据库，并纳入国家数据共享交换平台，实现与发展改革、财政、国土资源、住房城乡建设等部门共享共用。各省、自治区、直辖市应当统筹推进本地区办公用房管理信息系统建设，实现上下一体、互联互通、动态管理。

第八条 建立健全党政机关办公用房档案管理制度。使用单位应当加强本单位办公用房档案管理，及时归集权属、建设、维修等原始档案，并移交产权单位。产权单位应当加强办公用房档案的收集、保存和利用，确保档案完整。

第三章 配置管理

第九条 县级以上机关事务管理、发展改革、财政部门应当会同有关部门，结合人员编制情况、办公与业务需要等，编制本级党政机关办公用房配置保障规划，优化办公用房布局，具备条件的逐步推进集中或者相对集中办公，共用配套附属设施。

地方各级人民政府编制土地利用总体规划和城乡规划时，应当统筹安排本级党政机关办公用房用地。县级以上党政机关的驻在地人民政府应当有效保障上级党政机关办公用房用地需求。

第十条 党政机关办公用房配置应当严格执行相关标准，从严核定面积。

国家发展改革委会同住房城乡建设部、财政部，制定和完善党政机关办公用房建设标准，并实行标准动态调整。

第十一条 党政机关办公用房配置方式包括调剂、置换、租用和建设。

第十二条 使用单位需要配置办公用房的，由机关事务管理部门优先整合现有办公用房资源调剂解决。

第十三条 采取置换方式配置办公用房的，应当严格履行审批程序，执行新建办公用房各项标准，确保符合办公用房各类功能要求，并按规定组织资产评估，置换所得超出面积标准的办公用房由机关事务管理部门统一调剂，置换所得收益按照非税收入有关规定管理。

置换旧房的，由机关事务管理部门会同发展改革、财政部门报同级人民政府审批；置换新房的，应当严格履行建设审批程序。不得以置换名义量身打造办公用房，不得以未使用政府预算建设资金、资产整合等名义规避审批。

第十四条 无法调剂或者置换解决办公用房的，可以面向市场租用，但应当严格按照规定履行审批程序。

需租用办公用房的，由使用单位提出申请，经机关事务管理部门核准后，报财政部门审核安排预算；或者由机关事务管理部门统筹本级党政机关办公用房使用需求，制定租用方案，报财政部门审核安排预算后，统一租赁并统筹安排使用。

任何单位不得以变相补偿方式租用由企业等单位提供的办公用房。

各级财政部门会同机关事务管理部门，制定本级党政机关办公用房租金标准，并实行标准动态调整。

第十五条 无法调剂、置换、租用办公用房，或者涉及国家秘密、国家安全等特殊情况的，可以采取建设方式解决，但应当按照国家有关政策从严控制，严格履行审批程序。党政机关办公用房建设包括新建、扩建、改建、购置。

中共中央直属机关办公用房建设项目由归口的机关事务管理部门审核同意后统一申报，由国家发展改革委核报国务院审批。

中央国家机关本级办公用房建设项目，由国家发展改革委核报国务院审批，申报前应当由归口的机关事务管理部门出具必要性审查意见。

中央国家机关所属垂直管理机构、派出机构办公用房建设项目，厅（局）级及以上单位的项目由国家发展改革委审批，申报前应当由归口的机关事务管理部门出具必要性审查意见；厅（局）级以下单位的项目由行政主管部门审批，并报国家发展改革委和归口的机关事务管理部门备案。

中央国家机关所属参照公务员法管理的事业单位的办公用房建设项目，由国务院、国家发展改革委和行政主管部门按照中央预算内投资审批权限分别负责审批，其中由国务院、国家发展改革委审批的项目，申报前应当由归口的机关事务管理部门出具必要性审查意见。

省、自治区、直辖市及计划单列市本级党政机关办公用房建设项目，由国家发展改革委核报国务院审批；地方其他党政机关办公用房建设项目，由省级人民政府审批。

县级党政机关直属单位和乡（镇）级党政机关办公用房建设项目，可以由省级人民政府根据实际情况委托市级人民政府审批。

地方各级党政机关所属垂直管理机构、派出机构和参照公务员法管理的事业单位办公用房建设项目的审批程序,由各省、自治区、直辖市规定。

第十六条　党政机关办公用房配置所需资金,应当通过政府预算安排,不得接受任何形式赞助或者捐款,不得搞任何形式集资或者摊派,不得向其他任何单位借款,不得让施工单位垫资,严禁挪用各类专项资金。

土地收益和资产转让收益按照非税收入有关规定管理,不得直接用于办公用房配置。涉及新增资产的,应当向财政部门申报新增资产配置预算。

第十七条　新配置办公用房的党政机关,应当在搬入新办公用房后1个月内,将超出核定面积的原有办公用房腾退移交同级机关事务管理部门统一调剂使用,不得继续占用或者自行处置,不得自行安排其他单位使用。

第四章　使用管理

第十八条　机关事务管理部门应当与使用单位签订办公用房使用协议,核发办公用房分配使用凭证。

办公用房分配使用凭证可以按照有关规定用于办理使用单位法人登记、集体户籍、大中修项目施工许可等,不得用于出租、出借、经营。

第十九条　使用单位应当严格按照有关规定在核定面积内合理安排使用办公用房,不得擅自改变办公用房使用功能,不得调整给其他单位使用。办公用房安排使用情况应当按年度通过政务内网、公示栏等平台进行内部公示;领导干部办公用房配备情况应当按年度报机关事务管理部门备案,严禁超标准配备、使用办公用房。

领导干部在不同单位同时任职的,应当在主要任职单位安排1处办公用房;主要任职单位与兼职单位相距较远且经常到兼职单位工作的,经严格审批后,可以由兼职单位再安排1处小于标准面积的办公用房,并在免去兼任职务后2个月内腾退兼职单位安排的办公用房。

工作人员调离或者退休的,使用单位应当在办理调离或者退休手续后1个月内收回其办公用房。

第二十条　党政机关工作人员办公室具备条件的,应当采用大开间等形式,提高办公用房利用率。

会议室、接待室等服务用房,可以采取可拆卸式隔断设计,提高空间使用的灵活性。

第二十一条 项目批复中已经明确和机关一并建设办公用房的事业单位,按照面积标准核定后可以继续无偿使用机关办公用房。

公益一类事业单位已经占用的机关办公用房,按照面积标准核定后可以继续无偿使用。公益二类事业单位已经占用的机关办公用房,应当按照规定予以腾退;确有困难的,经机关事务管理部门批准,可以继续有偿使用,租金收益按照非税收入有关规定管理。事业单位已经新建、购置办公用房或者租用其他房屋办公的,应当在6个月内将原有办公用房腾退移交机关事务管理部门。

生产经营类事业单位、国有企业和行业协会商会等社团组织,原则上不得占用党政机关办公用房。

第二十二条 党政机关办公用房使用单位机构、编制调整的,机关事务管理部门应当重新核定其办公用房面积。超出面积标准的,使用单位应当在6个月内将超出部分的办公用房腾退移交机关事务管理部门。

党政机关转为企业的,应当在办理企业工商注册后6个月内将原有办公用房腾退移交机关事务管理部门。转企单位确有困难的,经机关事务管理部门批准,可以继续有偿使用,租金收益按照非税收入有关规定管理;新建、购置或者租用办公用房的,应当在6个月内将原有办公用房腾退移交机关事务管理部门。

党政机关撤销的,应当在6个月内将原有办公用房腾退移交机关事务管理部门。

第二十三条 建立健全政府向社会购买物业服务机制,逐步实现办公用房物业服务社会化、专业化,具备条件的逐步推进统一物业管理服务。

机关事务管理部门应当会同有关部门,按照经济、适度的原则,制定本级党政机关办公用房物业服务内容、服务标准和费用定额。

第二十四条 鼓励有条件的地区探索试行办公用房租金制,逐步推进办公用房经费预算管理和实物资产管理相结合。

第五章　维修管理

第二十五条 党政机关办公用房维修包括日常维修和大中修。中央和国家机关办公用房维修标准由归口的机关事务管理部门、财政部会同住房城乡建设部制定,地方各级党政机关办公用房维修标准由各省、自治区、直辖市结合实际制定,并建立标准动态调整机制。

第二十六条 使用单位负责办公用房的日常检查和维修,所需资金通过部门预算安排。

第二十七条 党政机关办公用房因使用时间较长、设施设备老化、功能不全、存在安全隐患等原因需要大中修的,使用单位向机关事务管理部门提出申请;机关事务管理部门结合办公用房建筑年代、历史维修记录、老化损坏程度、单位建筑面积能耗水平和使用单位的实际需求,统筹安排办公用房大中修项目,报财政部门审核安排预算。

办公用房大中修项目应当严格按照规定履行审批程序,未经审批的项目,不得安排预算。中央和国家机关本级办公用房大中修项目,由归口的机关事务管理部门审批。中央和国家机关所属垂直管理机构、派出机构和参照公务员法管理的事业单位办公用房大中修项目,机关事务管理部门委托行政主管部门审批,其中厅(局)级及以上单位办公用房大中修项目审批情况应当报归口的机关事务管理部门备案。地方各级党政机关办公用房大中修项目的审批程序,由各省、自治区、直辖市规定。

第六章　处置利用管理

第二十八条 党政机关办公用房有下列情形之一闲置的,可以按照有关规定采取调剂使用、转换用途、置换、出租、拍卖、拆除等方式及时处置利用:

(一)同级党政机关办公用房总量满足使用需求,仍有余量的;

(二)因地理位置、周边环境、房屋结构等原因,不适合继续作为办公用房使用的;

(三)因城乡规划调整等需要拆迁的;

(四)经专业机构鉴定属于危房,且无加固改造价值的;

(五)其他原因导致办公用房闲置的。

处置利用党政机关办公用房涉及权属、用途等变更的,应当依法办理相关手续。

第二十九条 同一区域内闲置办公用房具备条件的,应当加强跨系统、跨层级调剂使用。

中央和国家机关所属垂直管理机构、派出机构之间调剂使用的,由行政主管部门审核提出意见,经归口的机关事务管理部门批准后实施,调剂使用情况报财政部备案。

中央和国家机关所属垂直管理机构、派出机构与地方各级党政机关之间调剂使用的，由行政主管部门会同有关地方人民政府审核提出意见，经归口的机关事务管理部门会同财政部批准后实施。

地方同级或者上下级党政机关之间，以及地方各级党政机关所属垂直管理机构、派出机构之间调剂使用的，参照前两款规定办理。

第三十条 具备条件的，机关事务管理部门可以商有关部门将闲置办公用房转为便民服务、社区活动等公益场所，或者按照有关规定置换为其他符合国家政策和需要的资产。

机关事务管理部门可以通过公共资源交易平台统一招租，租金收益按照非税收入有关规定管理。党政机关如有需要，应当及时收回出租的办公用房，统筹调剂使用。使用单位不得擅自出租办公用房。

第三十一条 闲置办公用房无法通过调剂使用、转换用途、置换、出租等方式处置利用的，机关事务管理部门报财政部门批准后，可以通过公共资源交易平台依法公开拍卖，拍卖收益按照非税收入有关规定管理。

第七章 监督问责

第三十二条 党政机关办公用房使用单位应当建立本单位内部使用管理制度，加强监督检查和责任追究，及时发现和纠正违规问题。

党政机关办公用房有关管理部门应当根据职责分工，加强办公用房监管，严格履行相关管理程序，对使用单位的办公用房违规管理使用问题及时按照规定移交有关部门和单位查处。

纪检监察机关应当及时受理群众举报和有关部门移送的办公用房管理案件线索，严肃查处违规违纪问题。

第三十三条 建立健全党政机关办公用房巡检考核制度。

县级以上机关事务管理、发展改革、财政部门会同有关部门，定期对本级党政机关（含所属垂直管理机构、派出机构）办公用房使用情况以及下级党政机关办公用房管理情况进行专项联合巡检，及时发现和纠正违规问题。

办公用房专项巡检应当与党风廉政建设责任制检查考核、政府绩效考核以及党政领导班子和领导干部年度考核相结合，巡检考核结果作为干部管理监督、选拔任用的依据。

第三十四条 建立健全党政机关办公用房管理信息公开制度。除依照法律法规和有关要求需要保密的内容和事项外,办公用房建设、使用、维修、处置利用、运行费用支出等情况,应当在政府门户网站等公共平台定期公开,主动接受社会监督。

第三十五条 建立健全党政机关办公用房管理责任追究制度,对有令不行、有禁不止的,依照有关规定严肃追究相关人员责任。

管理部门有下列情形之一的,依纪依法追究相关人员责任:

(一)违规审批项目或者安排投资计划、预算的;

(二)不按照规定履行调剂、置换、租用、建设等审批程序的;

(三)为使用单位超标准配置办公用房的;

(四)不按照规定处置办公用房的;

(五)办公用房管理信息统计报送中瞒报、漏报的;

(六)对发现的违规问题不及时处理的;

(七)有其他违反办公用房管理规定情形的。

使用单位有下列情形之一的,依纪依法追究相关人员责任:

(一)擅自将办公用房权属登记至本单位或者所属单位名下,或者不配合办理权属登记的;

(二)未经批准建设或者大中修办公用房的;

(三)不按规定腾退移交办公用房的;

(四)未经批准租用、借用办公用房的;

(五)擅自改变办公用房使用功能或者处置办公用房的;

(六)擅自安排企事业单位、社会组织等使用机关办公用房的;

(七)为工作人员超标准配备办公用房,或者未经批准配备两处以上办公用房的;

(八)有其他违反办公用房管理规定情形的。

第八章 附 则

第三十六条 党政机关本级的技术业务用房以及机关办公区内的技术业务用房,权属统一登记至本级机关事务管理部门名下,从严控制使用范围和用途,原则上不得调整用作办公用房。

党政机关本级的技术业务用房建设项目以及机关办公区内的技术业务用房建设项目,应当严格按规定履行审批程序,项目申报前由机关事务管理部门出具土地、人防等审查意见。

住房城乡建设部会同国家发展改革委、有关业务主管部门，制定和完善各类技术业务用房建设标准，合理区分办公用房和技术业务用房。

第三十七条 各省、自治区、直辖市以及中央和国家机关各部门，应当根据本办法，结合实际制定具体管理办法。

第三十八条 各民主党派机关办公用房管理适用本办法。

不参照公务员法管理的事业单位办公用房管理办法，另行制定。

第三十九条 本办法由国家机关事务管理局、中共中央直属机关事务管理局、国家发展改革委和财政部负责解释。

第四十条 本办法自2017年12月5日起施行。其他有关党政机关办公用房管理的规定，凡与本办法不一致的，按照本办法执行。

中央和国家机关差旅费管理办法

（2013年12月31日　财行〔2013〕531号）

第一章　总　　则

第一条 为加强和规范中央和国家机关国内差旅费管理，推进厉行节约反对浪费，根据《党政机关厉行节约反对浪费条例》，制定本办法。

第二条 本办法适用于中央和国家机关，以及参照公务员法管理的事业单位（以下简称中央单位）。

本办法所称中央和国家机关，是指党中央各部门，国务院各部委、各直属机构，全国人大常委会办公厅，全国政协办公厅，最高人民法院，最高人民检察院，各人民团体、各民主党派中央和全国工商联。

第三条 差旅费是指工作人员临时到常驻地以外地区公务出差所发生的城市间交通费、住宿费、伙食补助费和市内交通费。

第四条 中央单位应当建立健全公务出差审批制度。出差必须按规定报经单位有关领导批准，从严控制出差人数和天数；严格差旅费预算管理，控制差旅费支出规模；严禁无实质内容、无明确公务目的的差旅活动，严禁以任何名义和方式变相旅游，严禁异地部门间无实质内容的学习交流和考察调研。

第五条 财政部按照分地区、分级别、分项目的原则制定差旅费标准,并根据经济社会发展水平、市场价格及消费水平变动情况适时调整。

第二章 城市间交通费

第六条 城市间交通费是指工作人员因公到常驻地以外地区出差乘坐火车、轮船、飞机等交通工具所发生的费用。

第七条 出差人员应当按规定等级乘坐交通工具。乘坐交通工具的等级见下表:

交通工具 级别	火车 (含高铁、动车、全列软席列车)	轮船 (不包括旅游船)	飞机	其他交通工具 (不包括出租小汽车)
部级及相当职务人员	火车软席(软座、软卧),高铁/动车商务座,全列软席列车一等软座	一等舱	头等舱	凭据报销
司局级及相当职务人员	火车软席(软座、软卧),高铁/动车一等座,全列软席列车一等软座	二等舱	经济舱	凭据报销
其余人员	火车硬席(硬座、硬卧),高铁/动车二等座、全列软席列车二等软座	三等舱	经济舱	凭据报销

部级及相当职务人员出差,因工作需要,随行一人可乘坐同等级交通工具。

未按规定等级乘坐交通工具的,超支部分由个人自理。

第八条 到出差目的地有多种交通工具可选择时,出差人员在不影响公务、确保安全的前提下,应当选乘经济便捷的交通工具。

第九条 乘坐飞机的,民航发展基金、燃油附加费可以凭据报销。

第十条 乘坐飞机、火车、轮船等交通工具的,每人次可以购买交通意外保险一份。所在单位统一购买交通意外保险的,不再重复购买。

第三章 住 宿 费

第十一条 住宿费是指工作人员因公出差期间入住宾馆(包括饭店、

招待所,下同)发生的房租费用。

第十二条 财政部分地区制定住宿费限额标准。各省、自治区、直辖市和计划单列市财政厅(局)根据当地经济社会发展水平、市场价格、消费水平等因素,提出所在市(省会城市、直辖市、计划单列市,下同)的住宿费限额标准报财政部,经财政部统筹研究提出意见反馈地方审核确认后,由财政部统一发布作为中央单位工作人员到相关地区出差的住宿费限额标准(见附表)。

对于住宿价格季节性变化明显的城市,住宿费限额标准在旺季可适当上浮一定比例,具体规定由财政部另行发布。

第十三条 部级及相当职务人员住普通套间,司局级及以下人员住单间或标准间。

第十四条 出差人员应当在职务级别对应的住宿费标准限额内,选择安全、经济、便捷的宾馆住宿。

第四章 伙食补助费

第十五条 伙食补助费是指对工作人员在因公出差期间给予的伙食补助费用。

第十六条 伙食补助费按出差自然(日历)天数计算,按规定标准包干使用。

第十七条 财政部分地区制定伙食补助费标准。各省、自治区、直辖市和计划单列市财政厅(局)负责根据当地经济社会发展水平、市场价格、消费水平等因素,参照所在市公务接待工作餐、会议用餐等标准提出伙食补助费标准报财政部,经财政部统筹研究提出意见反馈地方审核确认后,由财政部统一发布作为中央单位工作人员到相关地区出差的伙食补助费标准(见附表)。

第十八条 出差人员应当自行用餐。凡由接待单位统一安排用餐的,应当向接待单位交纳伙食费。

第五章 市内交通费

第十九条 市内交通费是指工作人员因公出差期间发生的市内交通费用。

第二十条 市内交通费按出差自然(日历)天数计算,每人每天 80 元包干使用。

第二十一条 出差人员由接待单位或其他单位提供交通工具的,应向接待单位或其他单位交纳相关费用。

第六章 报销管理

第二十二条 出差人员应当严格按规定开支差旅费,费用由所在单位承担,不得向下级单位、企业或其他单位转嫁。

第二十三条 城市间交通费按乘坐交通工具的等级凭据报销,订票费、经批准发生的签转或退票费、交通意外保险费凭据报销。

住宿费在标准限额之内凭发票据实报销。

伙食补助费按出差目的地的标准报销,在途期间的伙食补助费按当天最后到达目的地的标准报销。

市内交通费按规定标准报销。

未按规定开支差旅费的,超支部分由个人自理。

第二十四条 工作人员出差结束后应当及时办理报销手续。差旅费报销时应当提供出差审批单、机票、车票、住宿费发票等凭证。

住宿费、机票支出等按规定用公务卡结算。

第二十五条 财务部门应当严格按规定审核差旅费开支,对未经批准出差以及超范围、超标准开支的费用不予报销。

实际发生住宿而无住宿费发票的,不得报销住宿费以及城市间交通费、伙食补助费和市内交通费。

第七章 监督问责

第二十六条 各单位应当加强对本单位工作人员出差活动和经费报销的内控管理,对本单位出差审批制度、差旅费预算及规模控制负责,相关领导、财务人员等对差旅费报销进行审核把关,确保票据来源合法,内容真实完整、合规。对未经批准擅自出差、不按规定开支和报销差旅费的人员进行严肃处理。

一级预算单位应当强化对所属预算单位的监督检查,发现问题及时处理,重大问题向财政部报告。

各单位应当自觉接受审计部门对出差活动及相关经费支出的审计监督。

第二十七条 财政部会同有关部门对中央单位差旅费管理和使用情况进行监督检查。主要内容包括：

（一）单位差旅审批制度是否健全，出差活动是否按规定履行审批手续；

（二）差旅费开支范围和标准是否符合规定；

（三）差旅费报销是否符合规定；

（四）是否向下级单位、企业或其他单位转嫁差旅费；

（五）差旅费管理和使用的其他情况。

第二十八条 出差人员不得向接待单位提出正常公务活动以外的要求，不得在出差期间接受违反规定用公款支付的宴请、游览和非工作需要的参观，不得接受礼品、礼金和土特产品等。

第二十九条 违反本办法规定，有下列行为之一的，依法依规追究相关单位和人员的责任：

（一）单位无出差审批制度或出差审批控制不严的；

（二）虚报冒领差旅费的；

（三）擅自扩大差旅费开支范围和提高开支标准的；

（四）不按规定报销差旅费的；

（五）转嫁差旅费的；

（六）其他违反本办法行为的。

有前款所列行为之一的，由财政部会同有关部门责令改正，违规资金应予追回，并视情况予以通报。对直接责任人和相关负责人，报请其所在单位按规定给予行政处分。涉嫌违法的，移送司法机关处理。

第八章 附 则

第三十条 工作人员外出参加会议、培训，举办单位统一安排食宿的，会议、培训期间的食宿费和市内交通费由会议、培训举办单位按规定统一开支；往返会议、培训地点的差旅费由所在单位按照规定报销。

第三十一条 不参照公务员法管理的事业单位参照本办法执行。

各单位应当根据本办法，结合本单位实际情况制定具体操作规定。

中国人民解放军和中国人民武装警察部队的差旅费管理办法参照本办法另行规定。

第三十二条 本办法由财政部负责解释。

第三十三条 本办法自2014年1月1日起施行。2006年11月13日发布的《财政部关于印发〈中央国家机关和事业单位差旅费管理办法〉的通知》(财行〔2006〕313号)同时废止,其他有关中央国家机关和事业单位差旅费管理规定与本办法不一致的,按照本办法执行。

附表:中央和国家机关差旅住宿费和伙食补助标准表(略,详情请登录财政部网站)

关于印发《中央和国家机关工作人员赴地方差旅住宿费标准明细表》的通知

(2016年4月1日 财行〔2016〕71号)

党中央有关部门,国务院各部委、各直属机构,全国人大常委会办公厅,全国政协办公厅,高法院,高检院,各民主党派中央,全国工商联,有关人民团体:

按照《关于调整中央和国家机关差旅住宿费标准等有关问题的通知》(财行〔2015〕497号)的有关规定,中央和国家机关工作人员到各省会城市、直辖市、计划单列市出差,执行财政部制定的住宿费上限标准;到各省、自治区、直辖市、计划单列市所辖市县出差执行地方财政部门制定的住宿费标准。根据财政部的统一部署,目前,各地财政部门已将差旅住宿费标准细化到地市。为方便执行,我们将相关标准汇总整理后,制定了《中央和国家机关工作人员赴地方差旅住宿费标准明细表》,现印发给你们,自2016年5月1日起执行。

该明细标准已同时发布在财政部门户网站行政政法司子网站(xzzf.mof.gov.cn)政策发布栏目,各部门可根据需要自行下载。今后标准如有调整,我部将及时更新。

附件:中央和国家机关工作人员赴地方差旅住宿费标准明细表

附件

中央和国家机关工作人员
赴地方差旅住宿费标准明细表

单位:元/人·天

序号	地区(城市)		住宿费标准			旺季地区	旺季浮动标准			
							旺季期间	旺季上浮价		
			部级	司局级	其他人员			部级	司局级	其他人员
1	北京	全市	1100	650	500					
2	天津	6个中心城区、滨海新区、东丽区、西青区、津南区、北辰区、武清区、宝坻区、静海区、蓟县	800	480	380					
		宁河区	600	350	320					
3	河北	石家庄市、张家口市、秦皇岛市、廊坊市、承德市、保定市	800	450	350	张家口市	7-9月、11-3月	1200	675	525
						秦皇岛市	7-8月	1200	680	500
						承德市	7-9月	1000	580	580
		其他地区	800	450	310					
4	山西	太原市、大同市、晋城市	800	480	350					
		临汾市	800	480	330					
		阳泉市、长治市、晋中市	800	480	310					
		其他地区	800	400	240					

续表

序号	地区（城市）		住宿费标准			旺季地区	旺季浮动标准			
							旺季期间	旺季上浮价		
			部级	司局级	其他人员			部级	司局级	其他人员
5	内蒙古	呼和浩特市	800	460	350					
		其他地区	800	460	320	海拉尔市、满洲里市、阿尔山市	7－9月	1200	690	480
						二连浩特市	7－9月	1000	580	400
						额济纳旗	9－10月	1200	690	480
6	辽宁	沈阳市	800	480	350					
		其他地区	800	480	330					
7	大连	全市	800	490	350	全市	7－9月	960	590	420
8	吉林	长春市、吉林市、延边州、长白山管理区	800	450	350	吉林市、延边州、长白山管理区	7－9月	960	540	420
		其他地区	750	400	300					
9	黑龙江	哈尔滨市	800	450	350	哈尔滨市	7－9月	960	540	420
		其他地区	750	450	300	牡丹江市、伊春市、大兴安岭地区、黑河市、佳木斯市	6－8月	900	540	360
10	上海	全市	1100	600	500					
11	江苏	南京市、苏州市、无锡市、常州市、镇江市	900	490	380					
		其他地区	900	490	360					
12	浙江	杭州市	900	500	400					
		其他地区	800	490	340					
13	宁波	全市	800	450	350					

续表

序号	地区（城市）		住宿费标准			旺季地区	旺季浮动标准			
			部级	司局级	其他人员		旺季期间	旺季上浮价		
								部级	司局级	其他人员
14	安徽	全省	800	460	350					
15	福建	福州市、泉州市、平潭综合实验区	900	480	380					
		其他地区	900	480	350					
16	厦门	全市	900	500	400					
17	江西	全省	800	470	350					
18	山东	济南市、淄博市、枣庄市、东营市、烟台市、潍坊市、济宁市、泰安市、威海市、日照市	800	480	380	烟台市、威海市、日照市	7－9月	960	570	450
		其他地区	800	460	360					
19	青岛	全市	800	490	380	全市	7－9月	960	590	450
20	河南	郑州市	900	480	380					
		其他地区	800	480	330	洛阳市	4－5月上旬	1200	720	500
21	湖北	武汉市	800	480	350					
		其他地区	800	480	320					
22	湖南	长沙市	800	450	350					
		其他地区	800	450	330					
23	广东	广州市、珠海市、佛山市、东莞市、中山市、江门市	900	550	450					
		其他地区	850	530	420					
24	深圳	全市	900	550	450					
25	广西	南宁市	800	470	350					
		其他地区	800	470	330	桂林市、北海市	1－2月、7－9月	1040	610	430

续表

序号	地区(城市)		住宿费标准			旺季地区	旺季浮动标准			
			部级	司局级	其他人员		旺季期间	旺季上浮价		
								部级	司局级	其他人员
26	海南	海口市、三沙市、儋州市、五指山市、文昌市、琼海市、万宁市、东方市、定安县、屯昌县、澄迈县、临高县、白沙县、昌江县、乐东县、陵水县、保亭县、琼中县、洋浦开发区	800	500	350	海口市、文昌市、澄迈县	11－2月	1040	650	450
						琼海市、万宁市、陵水县、保亭县	11－3月	1040	650	450
		三亚市	1000	600	400	三亚市	10－4月	1200	720	480
27	重庆	9个中心城区、北部新区	800	480	370					
		其他地区	770	450	300					
28	四川	成都市	900	470	370					
		阿坝州、甘孜州	800	430	330					
		绵阳市、乐山市、雅安市	800	430	320					
		宜宾市	800	430	300					
		凉山州	750	430	330					
		德阳市、遂宁市、巴中市	750	430	310					
		其他地区	750	430	300					
29	贵州	贵阳市	800	470	370					
		其他地区	750	450	300					
30	云南	昆明市、大理州、丽江市、迪庆州、西双版纳州	900	480	380					
		其他地区	900	480	330					
31	西藏	拉萨市	800	500	350	拉萨市	6－9月	1200	750	530
		其他地区	500	400	300	其他地区	6－9月	800	500	350

续表

序号	地区（城市）		住宿费标准			旺季地区	旺季浮动标准			
			部级	司局级	其他人员		旺季期间	旺季上浮价		
								部级	司局级	其他人员
32	陕西	西安市	800	460	350					
		榆林市、延安市	680	350	300					
		杨凌区	680	320	260					
		咸阳市、宝鸡市	600	320	260					
		渭南市、韩城市	600	300	260					
		其他地区	600	300	230					
33	甘肃	兰州市	800	470	350					
		其他地区	700	450	310					
34	青海	西宁市	800	500	350	西宁市	6－9月	1200	750	530
		玉树州、果洛州	600	350	300	玉树州	5－9月	900	525	450
		海北州、黄南州	600	350	250	海北州、黄南州	5－9月	900	525	375
		海东市、海南州	600	300	250	海东市、海南州	5－9月	900	450	375
		海西州	600	300	200	海西州	5－9月	900	450	300
35	宁夏	银川市	800	470	350					
		其他地区	800	430	330					
36	新疆	乌鲁木齐市	800	480	350					
		石河子市、克拉玛依市、昌吉州、伊犁州、阿勒泰地区、博州、吐鲁番市、哈密地区、巴州、和田地区	800	480	340					
		克州	800	480	320					
		喀什地区	780	480	300					
		阿克苏地区	700	450	300					
		塔城地区	700	400	300					

4. 问　　责

中国共产党问责条例

(2019年7月30日中共中央政治局会议审议批准
2019年8月25日中共中央发布)

第一条　为了坚持党的领导,加强党的建设,全面从严治党,保证党的路线方针政策和党中央重大决策部署贯彻落实,规范和强化党的问责工作,根据《中国共产党章程》,制定本条例。

第二条　党的问责工作坚持以马克思列宁主义、毛泽东思想、邓小平理论、“三个代表”重要思想、科学发展观、习近平新时代中国特色社会主义思想为指导,增强“四个意识”,坚定“四个自信”,坚决维护习近平总书记党中央的核心、全党的核心地位,坚决维护党中央权威和集中统一领导,围绕统筹推进“五位一体”总体布局和协调推进“四个全面”战略布局,落实管党治党政治责任,督促各级党组织、党的领导干部负责守责尽责,践行忠诚干净担当。

第三条　党的问责工作应当坚持以下原则:

(一)依规依纪、实事求是;

(二)失责必问、问责必严;

(三)权责一致、错责相当;

(四)严管和厚爱结合、激励和约束并重;

(五)惩前毖后、治病救人;

(六)集体决定、分清责任。

第四条　党委(党组)应当履行全面从严治党主体责任,加强对本地区本部门本单位问责工作的领导,追究在党的建设、党的事业中失职失责党组织和党的领导干部的主体责任、监督责任、领导责任。

纪委应当履行监督专责,协助同级党委开展问责工作。纪委派驻(派出)机构按照职责权限开展问责工作。

党的工作机关应当依据职能履行监督职责,实施本机关本系统本领域的问责工作。

第五条 问责对象是党组织、党的领导干部,重点是党委(党组)、党的工作机关及其领导成员,纪委、纪委派驻(派出)机构及其领导成员。

第六条 问责应当分清责任。党组织领导班子在职责范围内负有全面领导责任,领导班子主要负责人和直接主管的班子成员在职责范围内承担主要领导责任,参与决策和工作的班子成员在职责范围内承担重要领导责任。

对党组织问责的,应当同时对该党组织中负有责任的领导班子成员进行问责。

党组织和党的领导干部应当坚持把自己摆进去、把职责摆进去、把工作摆进去,注重从自身找问题、查原因,勇于担当、敢于负责,不得向下级党组织和干部推卸责任。

第七条 党组织、党的领导干部违反党章和其他党内法规,不履行或者不正确履行职责,有下列情形之一,应当予以问责:

(一)党的领导弱化,“四个意识”不强,“两个维护”不力,党的基本理论、基本路线、基本方略没有得到有效贯彻执行,在贯彻新发展理念,推进经济建设、政治建设、文化建设、社会建设、生态文明建设中,出现重大偏差和失误,给党的事业和人民利益造成严重损失,产生恶劣影响的;

(二)党的政治建设抓得不实,在重大原则问题上未能同党中央保持一致,贯彻落实党的路线方针政策和执行党中央重大决策部署不力,不遵守重大事项请示报告制度,有令不行、有禁不止,阳奉阴违、欺上瞒下,团团伙伙、拉帮结派问题突出,党内政治生活不严肃不健康,党的政治建设工作责任制落实不到位,造成严重后果或者恶劣影响的;

(三)党的思想建设缺失,党性教育特别是理想信念宗旨教育流于形式,意识形态工作责任制落实不到位,造成严重后果或者恶劣影响的;

(四)党的组织建设薄弱,党建工作责任制不落实,严重违反民主集中制原则,不执行领导班子议事决策规则,民主生活会、“三会一课”等党的组织生活制度不执行,领导干部报告个人有关事项制度执行不力,党组织软弱涣散,违规选拔任用干部等问题突出,造成恶劣影响的;

(五)党的作风建设松懈,落实中央八项规定及其实施细则精神不力,

“四风”问题得不到有效整治,形式主义、官僚主义问题突出,执行党中央决策部署表态多调门高、行动少落实差,脱离实际、脱离群众,拖沓敷衍、推诿扯皮,造成严重后果的;

(六)党的纪律建设抓得不严,维护党的政治纪律、组织纪律、廉洁纪律、群众纪律、工作纪律、生活纪律不力,导致违规违纪行为多发,造成恶劣影响的;

(七)推进党风廉政建设和反腐败斗争不坚决、不扎实,削减存量、遏制增量不力,特别是对不收敛、不收手,问题线索反映集中、群众反映强烈,政治问题和经济问题交织的腐败案件放任不管,造成恶劣影响的;

(八)全面从严治党主体责任、监督责任落实不到位,对公权力的监督制约不力,好人主义盛行,不负责不担当,党内监督乏力,该发现的问题没有发现,发现问题不报告不处置,领导巡视巡察工作不力,落实巡视巡察整改要求走过场、不到位,该问责不问责,造成严重后果的;

(九)履行管理、监督职责不力,职责范围内发生重特大生产安全事故、群体性事件、公共安全事件,或者发生其他严重事故、事件,造成重大损失或者恶劣影响的;

(十)在教育医疗、生态环境保护、食品药品安全、扶贫脱贫、社会保障等涉及人民群众最关心最直接最现实的利益问题上不作为、乱作为、慢作为、假作为,损害和侵占群众利益问题得不到整治,以言代法、以权压法、徇私枉法问题突出,群众身边腐败和作风问题严重,造成恶劣影响的;

(十一)其他应当问责的失职失责情形。

第八条　对党组织的问责,根据危害程度以及具体情况,可以采取以下方式:

(一)检查。责令作出书面检查并切实整改。

(二)通报。责令整改,并在一定范围内通报。

(三)改组。对失职失责,严重违犯党的纪律、本身又不能纠正的,应当予以改组。

对党的领导干部的问责,根据危害程度以及具体情况,可以采取以下方式:

(一)通报。进行严肃批评,责令作出书面检查、切实整改,并在一定范围内通报。

(二)诫勉。以谈话或者书面方式进行诫勉。

（三）组织调整或者组织处理。对失职失责、危害较重，不适宜担任现职的，应当根据情况采取停职检查、调整职务、责令辞职、免职、降职等措施。

（四）纪律处分。对失职失责、危害严重，应当给予纪律处分的，依照《中国共产党纪律处分条例》追究纪律责任。

上述问责方式，可以单独使用，也可以依据规定合并使用。问责方式有影响期的，按照有关规定执行。

第九条 发现有本条例第七条所列问责情形，需要进行问责调查的，有管理权限的党委（党组）、纪委、党的工作机关应当经主要负责人审批，及时启动问责调查程序。其中，纪委、党的工作机关对同级党委直接领导的党组织及其主要负责人启动问责调查，应当报同级党委主要负责人批准。

应当启动问责调查未及时启动的，上级党组织应当责令有管理权限的党组织启动。根据问题性质或者工作需要，上级党组织可以直接启动问责调查，也可以指定其他党组织启动。

对被立案审查的党组织、党的领导干部问责的，不再另行启动问责调查程序。

第十条 启动问责调查后，应当组成调查组，依规依纪依法开展调查，查明党组织、党的领导干部失职失责问题，综合考虑主客观因素，正确区分贯彻执行党中央或者上级决策部署过程中出现的执行不当、执行不力、不执行等不同情况，精准提出处理意见，做到事实清楚、证据确凿、依据充分、责任分明、程序合规、处理恰当，防止问责不力或者问责泛化、简单化。

第十一条 查明调查对象失职失责问题后，调查组应当撰写事实材料，与调查对象见面，听取其陈述和申辩，并记录在案；对合理意见，应当予以采纳。调查对象应当在事实材料上签署意见，对签署不同意见或者拒不签署意见的，调查组应当作出说明或者注明情况。

调查工作结束后，调查组应当集体讨论，形成调查报告，列明调查对象基本情况、调查依据、调查过程，问责事实，调查对象的态度、认识及其申辩，处理意见以及依据，由调查组组长以及有关人员签名后，履行审批手续。

第十二条 问责决定应当由有管理权限的党组织作出。

对同级党委直接领导的党组织，纪委和党的工作机关报经同级党委或者其主要负责人批准，可以采取检查、通报方式进行问责。采取改组方式问责的，按照党章和有关党内法规规定的权限、程序执行。

对同级党委管理的领导干部，纪委和党的工作机关报经同级党委或者其主要负责人批准，可以采取通报、诫勉方式进行问责；提出组织调整或者组织处理的建议。采取纪律处分方式问责的，按照党章和有关党内法规规定的权限、程序执行。

第十三条　问责决定作出后，应当及时向被问责党组织、被问责领导干部及其所在党组织宣布并督促执行。有关问责情况应当向纪委和组织部门通报，纪委应当将问责决定材料归入被问责领导干部廉政档案，组织部门应当将问责决定材料归入被问责领导干部的人事档案，并报上一级组织部门备案；涉及组织调整或者组织处理的，相应手续应当在 1 个月内办理完毕。

被问责领导干部应当向作出问责决定的党组织写出书面检讨，并在民主生活会、组织生活会或者党的其他会议上作出深刻检查。建立健全问责典型问题通报曝光制度，采取组织调整或者组织处理、纪律处分方式问责的，应当以适当方式公开。

第十四条　被问责党组织、被问责领导干部及其所在党组织应当深刻汲取教训，明确整改措施。作出问责决定的党组织应当加强督促检查，推动以案促改。

第十五条　需要对问责对象作出政务处分或者其他处理的，作出问责决定的党组织应当通报相关单位，相关单位应当及时处理并将结果通报或者报告作出问责决定的党组织。

第十六条　实行终身问责，对失职失责性质恶劣、后果严重的，不论其责任人是否调离转岗、提拔或者退休等，都应当严肃问责。

第十七条　有下列情形之一的，可以不予问责或者免予问责：

（一）在推进改革中因缺乏经验、先行先试出现的失误，尚无明确限制的探索性试验中的失误，为推动发展的无意过失；

（二）在集体决策中对错误决策提出明确反对意见或者保留意见的；

（三）在决策实施中已经履职尽责，但因不可抗力、难以预见等因素造成损失的。

对上级错误决定提出改正或者撤销意见未被采纳，而出现本条例第七条所列问责情形的，依照前款规定处理。上级错误决定明显违法违规的，应当承担相应的责任。

第十八条 有下列情形之一，可以从轻或者减轻问责：

（一）及时采取补救措施，有效挽回损失或者消除不良影响的；

（二）积极配合问责调查工作，主动承担责任的；

（三）党内法规规定的其他从轻、减轻情形。

第十九条 有下列情形之一，应当从重或者加重问责：

（一）对党中央、上级党组织三令五申的指示要求，不执行或者执行不力的；

（二）在接受问责调查和处理中，不如实报告情况，敷衍塞责、推卸责任，或者唆使、默许有关部门和人员弄虚作假，阻扰问责工作的；

（三）党内法规规定的其他从重、加重情形。

第二十条 问责对象对问责决定不服的，可以自收到问责决定之日起1个月内，向作出问责决定的党组织提出书面申诉。作出问责决定的党组织接到书面申诉后，应当在1个月内作出申诉处理决定，并以书面形式告知提出申诉的党组织、领导干部及其所在党组织。

申诉期间，不停止问责决定的执行。

第二十一条 问责决定作出后，发现问责事实认定不清楚、证据不确凿、依据不充分、责任不清晰、程序不合规、处理不恰当，或者存在其他不应当问责、不精准问责情况的，应当及时予以纠正。必要时，上级党组织可以直接纠正或者责令作出问责决定的党组织予以纠正。

党组织、党的领导干部滥用问责，或者在问责工作中严重不负责任，造成不良影响的，应当严肃追究责任。

第二十二条 正确对待被问责干部，对影响期满、表现好的干部，符合条件的，按照干部选拔任用有关规定正常使用。

第二十三条 本条例所涉及的审批权限均指最低审批权限，工作中根据需要可以按照更高层级的审批权限报批。

第二十四条 纪委派驻（派出）机构除执行本条例外，还应当执行党中央以及中央纪委相关规定。

第二十五条 中央军事委员会可以根据本条例制定相关规定。

第二十六条 本条例由中央纪律检查委员会负责解释。

第二十七条 本条例自2019年9月1日起施行。2016年7月8日中共中央印发的《中国共产党问责条例》同时废止。此前发布的有关问责的规定，凡与本条例不一致的，按照本条例执行。

中国共产党纪律处分条例

(2003年12月23日中共中央政治局会议审议批准 2003年12月31日中共中央发布 2023年12月8日中共中央政治局会议第三次修订 2023年12月19日中共中央发布)

第一编 总 则

第一章 总体要求和适用范围

第一条 为了维护党章和其他党内法规,严肃党的纪律,纯洁党的组织,保障党员民主权利,教育党员遵纪守法,维护党的团结统一,保证党的理论、路线、方针、政策、决议和国家法律法规的贯彻执行,根据《中国共产党章程》,制定本条例。

第二条 党的纪律建设必须坚持以马克思列宁主义、毛泽东思想、邓小平理论、"三个代表"重要思想、科学发展观、习近平新时代中国特色社会主义思想为指导,坚持和加强党的全面领导,坚决维护习近平总书记党中央的核心、全党的核心地位,坚决维护以习近平同志为核心的党中央权威和集中统一领导,弘扬伟大建党精神,坚持自我革命,贯彻全面从严治党战略方针,落实新时代党的建设总要求,推动解决大党独有难题、健全全面从严治党体系,全面加强党的纪律建设,为以中国式现代化全面推进强国建设、民族复兴伟业提供坚强纪律保障。

第三条 党章是最根本的党内法规,是管党治党的总规矩。党的纪律是党的各级组织和全体党员必须遵守的行为规则。党组织和党员必须坚守初心使命,牢固树立政治意识、大局意识、核心意识、看齐意识,始终坚定道路自信、理论自信、制度自信、文化自信,切实践行正确的权力观、政绩观、事业观,自觉遵守和维护党章,严格执行和维护党的纪律,自觉接受党的纪律约束,模范遵守国家法律法规。

第四条 党的纪律处分工作遵循下列原则:

(一)坚持党要管党、全面从严治党。把严的基调、严的措施、严的氛围长期坚持下去,加强对党的各级组织和全体党员的教育、管理和监督,把纪律挺在前面,抓早抓小、防微杜渐。

(二)党纪面前一律平等。对违犯党纪的党组织和党员必须严肃、公正执行纪律,党内不允许有任何不受纪律约束的党组织和党员。

(三)实事求是。对党组织和党员违犯党纪的行为,应当以事实为依据,以党章、其他党内法规和国家法律法规为准绳,执纪执法贯通,准确认定行为性质,区别不同情况,恰当予以处理。

(四)民主集中制。实施党纪处分,应当按照规定程序经党组织集体讨论决定,不允许任何个人或者少数人擅自决定和批准。上级党组织对违犯党纪的党组织和党员作出的处理决定,下级党组织必须执行。

(五)惩前毖后、治病救人。处理违犯党纪的党组织和党员,应当实行惩戒与教育相结合,做到宽严相济。

第五条 深化运用监督执纪"四种形态",经常开展批评和自我批评,及时进行谈话提醒、批评教育、责令检查、诫勉,让"红红脸、出出汗"成为常态;党纪轻处分、组织调整成为违纪处理的大多数;党纪重处分、重大职务调整的成为少数;严重违纪涉嫌犯罪追究刑事责任的成为极少数。

第六条 本条例适用于违犯党纪应当受到党纪责任追究的党组织和党员。

第二章 违纪与纪律处分

第七条 党组织和党员违反党章和其他党内法规,违反国家法律法规,违反党和国家政策,违反社会主义道德,危害党、国家和人民利益的行为,依照规定应当给予纪律处理或者处分的,都必须受到追究。

重点查处党的十八大以来不收敛、不收手,问题线索反映集中、群众反映强烈,政治问题和经济问题交织的腐败案件,违反中央八项规定精神的问题。

第八条 对党员的纪律处分种类:

(一)警告;

(二)严重警告;

(三)撤销党内职务;

(四)留党察看;

(五)开除党籍。

第九条 对于违犯党纪的党组织,上级党组织应当责令其作出书面检查或者给予通报批评。对于严重违犯党纪、本身又不能纠正的党组织,上一级党的委员会在查明核实后,根据情节严重的程度,可以予以:

(一)改组;

(二)解散。

第十条 党员受到警告处分一年内、受到严重警告处分一年半内,不得在党内提拔职务或者进一步使用,也不得向党外组织推荐担任高于其原任职务的党外职务或者进一步使用。

第十一条 撤销党内职务处分,是指撤销受处分党员由党内选举或者组织任命的党内职务。对于在党内担任两个以上职务的,党组织在作处分决定时,应当明确是撤销其一切职务还是一个或者几个职务。如果决定撤销其一个职务,必须撤销其担任的最高职务。如果决定撤销其两个以上职务,则必须从其担任的最高职务开始依次撤销。对于在党外组织担任职务的,应当建议党外组织撤销其党外职务。

对于在立案审查中因涉嫌违犯党纪被免职的党员,审查后依照本条例规定应当给予撤销党内职务处分的,应当按照其原任职务给予撤销党内职务处分。对于应当受到撤销党内职务处分,但是本人没有担任党内职务的,应当给予其严重警告处分。同时,在党外组织担任职务的,应当建议党外组织撤销其党外职务。

党员受到撤销党内职务处分,或者依照前款规定受到严重警告处分的,二年内不得在党内担任和向党外组织推荐担任与其原任职务相当或者高于其原任职务的职务。

第十二条 留党察看处分,分为留党察看一年、留党察看二年。对于受到留党察看处分一年的党员,期满后仍不符合恢复党员权利条件的,应当延长一年留党察看期限。留党察看期限最长不得超过二年。

党员受留党察看处分期间,没有表决权、选举权和被选举权。留党察看期间,确有悔改表现的,期满后恢复其党员权利;坚持不改或者又发现其他应当受到党纪处分的违纪行为的,应当开除党籍。

党员受到留党察看处分,其党内职务自然撤销。对于担任党外职务的,应当建议党外组织撤销其党外职务。受到留党察看处分的党员,恢复党员权利后二年内,不得在党内担任和向党外组织推荐担任与其原任职务相当或者高于其原任职务的职务。

第十三条 党员受到开除党籍处分，五年内不得重新入党，也不得推荐担任与其原任职务相当或者高于其原任职务的党外职务。另有规定不准重新入党的，依照规定。

第十四条 党员干部受到党纪处分，需要同时进行组织处理的，党组织应当按照规定给予组织处理。

党的各级代表大会的代表受到留党察看以上处分的，党组织应当终止其代表资格。

第十五条 对于受到改组处理的党组织领导机构成员，除应当受到撤销党内职务以上处分的外，均自然免职。

第十六条 对于受到解散处理的党组织中的党员，应当逐个审查。其中，符合党员条件的，应当重新登记，并参加新的组织过党的生活；不符合党员条件的，应当对其进行教育、限期改正，经教育仍无转变的，予以劝退或者除名；有违纪行为的，依照规定予以追究。

第三章 纪律处分运用规则

第十七条 有下列情形之一的，可以从轻或者减轻处分：

（一）主动交代本人应当受到党纪处分的问题；

（二）在组织谈话函询、初步核实、立案审查过程中，能够配合核实审查工作，如实说明本人违纪违法事实；

（三）检举同案人或者其他人应当受到党纪处分或者法律追究的问题，经查证属实，或者有其他立功表现；

（四）主动挽回损失、消除不良影响或者有效阻止危害结果发生；

（五）主动上交或者退赔违纪所得；

（六）党内法规规定的其他从轻或者减轻处分情形。

第十八条 根据案件的特殊情况，由中央纪委决定或者经省（部）级纪委（不含副省级市纪委）决定并呈报中央纪委批准，对违纪党员也可以在本条例规定的处分幅度以外减轻处分。

第十九条 对于党员违犯党纪应当给予警告或者严重警告处分，但是具有本条例第十七条规定的情形之一或者本条例分则中另有规定的，可以给予批评教育、责令检查、诫勉或者组织处理，免予党纪处分。对违纪党员免予处分，应当作出书面结论。

党员有作风纪律方面的苗头性、倾向性问题或者违犯党纪情节轻微的，可以给予谈话提醒、批评教育、责令检查等，或者予以诫勉，不予党纪处分。

党员行为虽然造成损失或者后果，但不是出于故意或者过失，而是由于不可抗力等原因所引起的，不追究党纪责任。

第二十条 有下列情形之一的，应当从重或者加重处分：

（一）强迫、唆使他人违纪；

（二）拒不上交或者退赔违纪所得；

（三）违纪受处分后又因故意违纪应当受到党纪处分；

（四）违纪受处分后，又被发现其受处分前没有交代的其他应当受到党纪处分的问题；

（五）党内法规规定的其他从重或者加重处分情形。

第二十一条 党员在党纪处分影响期内又受到党纪处分的，其影响期为原处分尚未执行的影响期与新处分影响期之和。

第二十二条 从轻处分，是指在本条例规定的违纪行为应当受到的处分幅度以内，给予较轻的处分。

从重处分，是指在本条例规定的违纪行为应当受到的处分幅度以内，给予较重的处分。

第二十三条 减轻处分，是指在本条例规定的违纪行为应当受到的处分幅度以外，减轻一档给予处分。

加重处分，是指在本条例规定的违纪行为应当受到的处分幅度以外，加重一档给予处分。

本条例规定的只有开除党籍处分一个档次的违纪行为，不适用第一款减轻处分的规定。

第二十四条 一人有本条例规定的两种以上应当受到党纪处分的违纪行为，应当合并处理，按其数种违纪行为中应当受到的最高处分加重一档给予处分；其中一种违纪行为应当受到开除党籍处分的，应当给予开除党籍处分。

第二十五条 一个违纪行为同时触犯本条例两个以上条款的，依照处分较重的条款定性处理。

一个条款规定的违纪构成要件全部包含在另一个条款规定的违纪构成要件中，特别规定与一般规定不一致的，适用特别规定。

第二十六条 二人以上共同故意违纪的，对为首者，从重处分，本条例另有规定的除外；对其他成员，按照其在共同违纪中所起的作用和应负的责任，分别给予处分。

对于经济方面共同违纪的，按照个人参与数额及其所起作用，分别给予处分。对共同违纪的为首者，情节严重的，按照共同违纪的总数额处分。

教唆他人违纪的，应当按照其在共同违纪中所起的作用追究党纪责任。

第二十七条 党组织领导机构集体作出违犯党纪的决定或者实施其他违犯党纪的行为，对具有共同故意的成员，按共同违纪处理；对过失违纪的成员，按照各自在集体违纪中所起的作用和应负的责任分别给予处分。

第四章 对违法犯罪党员的纪律处分

第二十八条 对违法犯罪的党员，应当按照规定给予党纪处分，做到适用纪律和适用法律有机融合，党纪政务等处分相匹配。

第二十九条 党组织在纪律审查中发现党员有贪污贿赂、滥用职权、玩忽职守、权力寻租、利益输送、徇私舞弊、浪费国家资财等违反法律涉嫌犯罪行为的，应当给予撤销党内职务、留党察看或者开除党籍处分。

第三十条 党组织在纪律审查中发现党员有刑法规定的行为，虽不构成犯罪但须追究党纪责任的，或者有其他破坏社会主义市场经济秩序、违反治安管理等违法行为，损害党、国家和人民利益的，应当视具体情节给予警告直至开除党籍处分。

违反国家财经纪律，在公共资金收支、税务管理、国有资产管理、政府采购管理、金融管理、财务会计管理等财经活动中有违法行为的，依照前款规定处理。

党员有嫖娼或者吸食、注射毒品等丧失党员条件，严重败坏党的形象行为的，应当给予开除党籍处分。

第三十一条 党组织在纪律审查中发现党员严重违纪涉嫌违法犯罪的，原则上先作出党纪处分决定，并按照规定由监察机关给予政务处分或者由任免机关（单位）给予处分后，再移送有关国家机关依法处理。

第三十二条 党员被依法留置、逮捕的，党组织应当按照管理权限中止其表决权、选举权和被选举权等党员权利。根据监察机关、司法机关处理结果，可以恢复其党员权利的，应当及时予以恢复。

第三十三条 党员犯罪情节轻微，人民检察院依法作出不起诉决定的，或者人民法院依法作出有罪判决并免予刑事处罚的，应当给予撤销党内职务、留党察看或者开除党籍处分。

党员犯罪，被单处罚金的，依照前款规定处理。

第三十四条 党员犯罪，有下列情形之一的，应当给予开除党籍处分：

（一）因故意犯罪被依法判处刑法规定的主刑（含宣告缓刑）；

（二）被单处或者附加剥夺政治权利；

（三）因过失犯罪，被依法判处三年以上（不含三年）有期徒刑。

因过失犯罪被判处三年以下有期徒刑或者被判处管制、拘役的，一般应当开除党籍。对于个别可以不开除党籍的，应当对照处分违纪党员批准权限的规定，报请再上一级党组织批准。

第三十五条 党员依法受到刑事责任追究的，党组织应当根据司法机关的生效判决、裁定、决定及其认定的事实、性质和情节，依照本条例规定给予党纪处分，是公职人员的由监察机关给予相应政务处分或者由任免机关（单位）给予相应处分。

党员依法受到政务处分、任免机关（单位）给予的处分、行政处罚，应当追究党纪责任的，党组织可以根据生效的处分、行政处罚决定认定的事实、性质和情节，经核实后依照规定给予相应党纪处分或者组织处理。其中，党员依法受到撤职以上处分的，应当依照本条例规定给予撤销党内职务以上处分。

党员违反国家法律法规、企事业单位或者其他社会组织的规章制度受到其他处分，应当追究党纪责任的，党组织在对有关方面认定的事实、性质和情节进行核实后，依照规定给予相应党纪处分或者组织处理。

党组织作出党纪处分或者组织处理决定后，监察机关、司法机关、行政机关等依法改变原生效判决、裁定、决定等，对原党纪处分或者组织处理决定产生影响的，党组织应当根据改变后的生效判决、裁定、决定等重新作出相应处理。

第五章 其他规定

第三十六条 预备党员违犯党纪，情节较轻，可以保留预备党员资格的，党组织应当对其批评教育或者延长预备期；情节较重的，应当取消其预备党员资格。

第三十七条 对违纪后下落不明的党员，应当区别情况作出处理：

（一）对有严重违纪行为，应当给予开除党籍处分的，党组织应当作出决定，开除其党籍；

（二）除前项规定的情况外，下落不明时间超过六个月的，党组织应当按照党章规定对其予以除名。

第三十八条 违纪党员在党组织作出处分决定前死亡，或者在死亡之后发现其曾有严重违纪行为，对于应当给予开除党籍处分的，开除其党籍；对于应当给予留党察看以下处分的，作出违犯党纪的书面结论和相应处理。

第三十九条 违纪行为有关责任人员的区分：

（一）直接责任者，是指在其职责范围内，不履行或者不正确履行自己的职责，对造成的损失或者后果起决定性作用的党员或者党员领导干部；

（二）主要领导责任者，是指在其职责范围内，对主管的工作不履行或者不正确履行职责，对造成的损失或者后果负直接领导责任的党员领导干部；

（三）重要领导责任者，是指在其职责范围内，对应管的工作或者参与决定的工作不履行或者不正确履行职责，对造成的损失或者后果负次要领导责任的党员领导干部。

本条例所称领导责任者，包括主要领导责任者和重要领导责任者。

第四十条 本条例所称主动交代，是指涉嫌违纪的党员在组织谈话函询、初步核实前向有关组织交代自己的问题，或者在谈话函询、初步核实和立案审查期间交代组织未掌握的问题。

第四十一条 担任职级、单独职务序列等级的党员干部违犯党纪受到处分，需要对其职级、单独职务序列等级进行调整的，参照本条例关于党外职务的规定执行。

第四十二条 计算经济损失应当计算立案时已经实际造成的全部财产损失，包括为挽回违纪行为所造成损失而支付的各种开支、费用。立案后至处理前持续发生的经济损失，应当一并计算在内。

第四十三条 对于违纪行为所获得的经济利益，应当收缴或者责令退赔。对于主动上交的违纪所得和经济损失赔偿，应当予以接收，并按照规定收缴或者返还有关单位、个人。

对于违纪行为所获得的职务、职级、职称、学历、学位、奖励、资格等其他利益，应当由承办案件的纪检机关或者由其上级纪检机关建议有关组织、部门、单位按照规定予以纠正。

对于依照本条例第三十七条、第三十八条规定处理的党员,经调查确属其实施违纪行为获得的利益,依照本条规定处理。

第四十四条 党纪处分决定作出后,应当在一个月内向受处分党员所在党的基层组织中的全体党员及其本人宣布,是领导班子成员的还应当向所在党组织领导班子宣布,并按照干部管理权限和组织关系将处分决定材料归入受处分者档案;对于受到撤销党内职务以上处分的,还应当在一个月内办理职务、工资、工作及其他有关待遇等相应变更手续;涉及撤销或者调整其党外职务的,应当建议党外组织及时撤销或者调整其党外职务。特殊情况下,经作出或者批准作出处分决定的组织批准,可以适当延长办理期限。办理期限最长不得超过六个月。

第四十五条 执行党纪处分决定的机关或者受处分党员所在单位,应当在六个月内将处分决定的执行情况向作出或者批准处分决定的机关报告。

党员对所受党纪处分不服的,可以依照党章及有关规定提出申诉。

第四十六条 党员因违犯党纪受到处分,影响期满后,党组织无需取消对其的处分。

第四十七条 本条例所称以上、以下,除有特别标明外均含本级、本数。

第四十八条 本条例总则适用于有党纪处分规定的其他党内法规,但是中共中央发布或者批准发布的其他党内法规有特别规定的除外。

第二编 分 则

第六章 对违反政治纪律行为的处分

第四十九条 在重大原则问题上不同党中央保持一致且有实际言论、行为或者造成不良后果的,给予警告或者严重警告处分;情节较重的,给予撤销党内职务或者留党察看处分;情节严重的,给予开除党籍处分。

第五十条 通过网络、广播、电视、报刊、传单、书籍等,或者利用讲座、论坛、报告会、座谈会等方式,公开发表坚持资产阶级自由化立场、反对四项基本原则,反对党的改革开放决策的文章、演说、宣言、声明等的,给予开除党籍处分。

发布、播出、刊登、出版前款所列文章、演说、宣言、声明等或者为上述行为提供方便条件的，对直接责任者和领导责任者，给予严重警告或者撤销党内职务处分；情节严重的，给予留党察看或者开除党籍处分。

第五十一条 通过网络、广播、电视、报刊、传单、书籍等，或者利用讲座、论坛、报告会、座谈会等方式，有下列行为之一，情节较轻的，给予警告或者严重警告处分；情节较重的，给予撤销党内职务或者留党察看处分；情节严重的，给予开除党籍处分：

（一）公开发表违背四项基本原则，违背、歪曲党的改革开放决策，或者其他有严重政治问题的文章、演说、宣言、声明等；

（二）妄议党中央大政方针，破坏党的集中统一；

（三）丑化党和国家形象，或者诋毁、诬蔑党和国家领导人、英雄模范，或者歪曲党的历史、中华人民共和国历史、人民军队历史。

发布、播出、刊登、出版前款所列内容或者为上述行为提供方便条件的，对直接责任者和领导责任者，给予严重警告或者撤销党内职务处分；情节严重的，给予留党察看或者开除党籍处分。

第五十二条 制作、贩卖、传播第五十条、第五十一条所列内容之一的报刊、书籍、音像制品、电子读物，以及网络文本、图片、音频、视频资料等，情节较轻的，给予警告或者严重警告处分；情节较重的，给予撤销党内职务或者留党察看处分；情节严重的，给予开除党籍处分。

私自携带、寄递第五十条、第五十一条所列内容之一的报刊、书籍、音像制品、电子读物等入出境，情节较重的，给予警告或者严重警告处分；情节严重的，给予撤销党内职务、留党察看或者开除党籍处分。

私自阅看、浏览、收听第五十条、第五十一条所列内容之一的报刊、书籍、音像制品、电子读物，以及网络文本、图片、音频、视频资料等，情节严重的，给予警告、严重警告或者撤销党内职务处分。

第五十三条 在党内组织秘密集团或者组织其他分裂党的活动的，给予开除党籍处分。

参加秘密集团或者参加其他分裂党的活动的，给予留党察看或者开除党籍处分。

第五十四条 在党内搞团团伙伙、结党营私、拉帮结派、政治攀附、培植个人势力等非组织活动，或者通过搞利益交换、为自己营造声势等活动捞取政治资本的，给予严重警告或者撤销党内职务处分；导致本地区、本部门、本单位政治生态恶化的,给予留党察看或者开除党籍处分。

第五十五条 搞投机钻营,结交政治骗子或者被政治骗子利用的,给予严重警告或者撤销党内职务处分;情节严重的,给予留党察看或者开除党籍处分。

充当政治骗子的,给予撤销党内职务、留党察看或者开除党籍处分。

第五十六条 党员领导干部在本人主政的地方或者分管的部门自行其是,搞山头主义,拒不执行党中央确定的大政方针,甚至背着党中央另搞一套的,给予撤销党内职务、留党察看或者开除党籍处分。

贯彻党中央决策部署只表态不落实,或者落实党中央决策部署不坚决,打折扣、搞变通,在政治上造成不良影响或者严重后果的,给予警告或者严重警告处分;情节严重的,给予撤销党内职务、留党察看或者开除党籍处分。

不顾党和国家大局,搞部门或者地方保护主义的,依照前款规定处理。

第五十七条 党员领导干部政绩观错位,违背新发展理念、背离高质量发展要求,给党、国家和人民利益造成较大损失的,给予警告或者严重警告处分;情节较重的,给予撤销党内职务或者留党察看处分;情节严重的,给予开除党籍处分。

搞劳民伤财的"形象工程"、"政绩工程"的,从重或者加重处分。

第五十八条 对党不忠诚不老实,表里不一,阳奉阴违,欺上瞒下,搞两面派,做两面人,在政治上造成不良影响的,给予警告或者严重警告处分;情节较重的,给予撤销党内职务或者留党察看处分;情节严重的,给予开除党籍处分。

第五十九条 制造、散布、传播政治谣言,破坏党的团结统一的,给予警告或者严重警告处分;情节较重的,给予撤销党内职务或者留党察看处分;情节严重的,给予开除党籍处分。

政治品行恶劣,匿名诬告,有意陷害或者制造其他谣言,造成损害或者不良影响的,依照前款规定处理。

第六十条 擅自对应当由党中央决定的重大政策问题作出决定、对外发表主张的,对直接责任者和领导责任者,给予严重警告或者撤销党内职务处分;情节严重的,给予留党察看或者开除党籍处分。

第六十一条 不按照有关规定向组织请示、报告重大事项,对直接责任者和领导责任者,情节较重的,给予警告或者严重警告处分;情节严重的，给予撤销党内职务或者留党察看处分。

第六十二条 干扰巡视巡察工作或者不落实巡视巡察整改要求，对直接责任者和领导责任者，情节较轻的，给予警告或者严重警告处分；情节较重的，给予撤销党内职务或者留党察看处分；情节严重的，给予开除党籍处分。

第六十三条 对抗组织审查，有下列行为之一的，给予警告或者严重警告处分；情节较重的，给予撤销党内职务或者留党察看处分；情节严重的，给予开除党籍处分：

（一）串供或者伪造、销毁、转移、隐匿证据；

（二）阻止他人揭发检举、提供证据材料；

（三）包庇同案人员；

（四）向组织提供虚假情况，掩盖事实；

（五）其他对抗组织审查行为。

第六十四条 组织、参加反对党的基本理论、基本路线、基本方略或者重大方针政策的集会、游行、示威等活动的，或者以组织讲座、论坛、报告会、座谈会等方式，反对党的基本理论、基本路线、基本方略或者重大方针政策，造成严重不良影响的，对策划者、组织者和骨干分子，给予开除党籍处分。

对其他参加人员或者以提供信息、资料、财物、场地等方式支持上述活动者，情节较轻的，给予警告或者严重警告处分；情节较重的，给予撤销党内职务或者留党察看处分；情节严重的，给予开除党籍处分。

对不明真相被裹挟参加，经批评教育后确有悔改表现的，可以免予处分或者不予处分。

未经组织批准参加其他集会、游行、示威等活动，情节较轻的，给予警告或者严重警告处分；情节较重的，给予撤销党内职务或者留党察看处分；情节严重的，给予开除党籍处分。

第六十五条 组织、参加旨在反对党的领导、反对社会主义制度或者敌视政府等组织的，对策划者、组织者和骨干分子，给予开除党籍处分。

对其他参加人员，情节较轻的，给予警告或者严重警告处分；情节较重的，给予撤销党内职务或者留党察看处分；情节严重的，给予开除党籍处分。

第六十六条 组织、参加会道门或者邪教组织的，对策划者、组织者和骨干分子,给予开除党籍处分。

对其他参加人员,情节较轻的,给予警告或者严重警告处分;情节较重的,给予撤销党内职务或者留党察看处分;情节严重的,给予开除党籍处分。

对不明真相的参加人员,经批评教育后确有悔改表现的,可以免予处分或者不予处分。

第六十七条　从事、参与挑拨破坏民族关系制造事端或者参加民族分裂活动的,对策划者、组织者和骨干分子,给予开除党籍处分。

对其他参加人员,情节较轻的,给予警告或者严重警告处分;情节较重的,给予撤销党内职务或者留党察看处分;情节严重的,给予开除党籍处分。

对不明真相被裹挟参加,经批评教育后确有悔改表现的,可以免予处分或者不予处分。

有其他违反党和国家民族政策的行为,情节较轻的,给予警告或者严重警告处分;情节较重的,给予撤销党内职务或者留党察看处分;情节严重的,给予开除党籍处分。

第六十八条　组织、利用宗教活动反对党的理论、路线、方针、政策和决议,破坏民族团结的,对策划者、组织者和骨干分子,给予开除党籍处分。

对其他参加人员,给予撤销党内职务或者留党察看处分;情节严重的,给予开除党籍处分。

对不明真相被裹挟参加,经批评教育后确有悔改表现的,可以免予处分或者不予处分。

有其他违反党和国家宗教政策的行为,情节较轻的,给予警告或者严重警告处分;情节较重的,给予撤销党内职务或者留党察看处分;情节严重的,给予开除党籍处分。

第六十九条　对信仰宗教的党员,应当加强思想教育,要求其限期改正;经党组织帮助教育仍没有转变的,应当劝其退党;劝而不退的,予以除名;参与利用宗教搞煽动活动的,给予开除党籍处分。

第七十条　组织迷信活动的,给予撤销党内职务或者留党察看处分;情节严重的,给予开除党籍处分。

参加迷信活动或者个人搞迷信活动,造成不良影响的,给予警告或者严重警告处分;情节较重的,给予撤销党内职务或者留党察看处分;情节严重的，给予开除党籍处分。

对不明真相的参加人员，经批评教育后确有悔改表现的，可以免予处分或者不予处分。

第七十一条 组织、利用宗族势力对抗党和政府，妨碍党和国家的方针政策以及决策部署的实施，或者破坏党的基层组织建设的，对策划者、组织者和骨干分子，给予开除党籍处分。

对其他参加人员，给予撤销党内职务或者留党察看处分；情节严重的，给予开除党籍处分。

对不明真相被裹挟参加，经批评教育后确有悔改表现的，可以免予处分或者不予处分。

第七十二条 在国（境）外、外国驻华使（领）馆申请政治避难，或者违纪后逃往国（境）外、外国驻华使（领）馆的，给予开除党籍处分。

在国（境）外公开发表反对党和政府的文章、演说、宣言、声明等的，依照前款规定处理。

故意为上述行为提供方便条件的，给予留党察看或者开除党籍处分。

第七十三条 在涉外活动中，其言行在政治上造成恶劣影响，损害党和国家尊严、利益的，给予撤销党内职务或者留党察看处分；情节严重的，给予开除党籍处分。

第七十四条 不履行全面从严治党主体责任、监督责任或者履行全面从严治党主体责任、监督责任不力，给党组织造成严重损害或者严重不良影响的，对直接责任者和领导责任者，给予警告或者严重警告处分；情节严重的，给予撤销党内职务或者留党察看处分。

第七十五条 党员领导干部对违反政治纪律和政治规矩等错误思想和行为不报告、不抵制、不斗争，放任不管，搞无原则一团和气，造成不良影响的，给予警告或者严重警告处分；情节严重的，给予撤销党内职务或者留党察看处分。

第七十六条 违反党的优良传统和工作惯例等党的规矩，在政治上造成不良影响或者严重后果的，给予警告或者严重警告处分；情节较重的，给予撤销党内职务或者留党察看处分；情节严重的，给予开除党籍处分。

第七章 对违反组织纪律行为的处分

第七十七条 违反民主集中制原则，有下列行为之一的，给予警告或

者严重警告处分;情节严重的,给予撤销党内职务或者留党察看处分:

(一)拒不执行或者擅自改变党组织作出的重大决定;

(二)违反议事规则,个人或者少数人决定重大问题;

(三)故意规避集体决策,决定重大事项、重要干部任免、重要项目安排和大额资金使用;

(四)借集体决策名义集体违规。

第七十八条 下级党组织拒不执行或者擅自改变上级党组织决定的,对直接责任者和领导责任者,给予警告或者严重警告处分;情节严重的,给予撤销党内职务或者留党察看处分。

第七十九条 拒不执行党组织的分配、调动、交流等决定的,给予警告、严重警告或者撤销党内职务处分。

在特殊时期或者紧急状况下,拒不执行党组织上述决定的,给予留党察看或者开除党籍处分。

第八十条 在党组织纪律审查中,依法依规负有作证义务的党员拒绝作证或者故意提供虚假情况,情节较重的,给予警告或者严重警告处分;情节严重的,给予撤销党内职务、留党察看或者开除党籍处分。

第八十一条 有下列行为之一,情节较重的,给予警告或者严重警告处分:

(一)违反个人有关事项报告规定,隐瞒不报;

(二)在组织进行谈话函询时,不如实向组织说明问题;

(三)不按要求报告或者不如实报告个人去向;

(四)不如实填报个人档案资料。

有前款第二项规定的行为,同时向组织提供虚假情况、掩盖事实的,依照本条例第六十三条规定处理。

篡改、伪造个人档案资料的,给予严重警告处分;情节严重的,给予撤销党内职务或者留党察看处分。

隐瞒入党前严重错误的,一般应当予以除名;对入党多年且一贯表现好,或者在工作中作出突出贡献的,给予严重警告、撤销党内职务或者留党察看处分。

第八十二条 党员领导干部违反有关规定组织、参加自发成立的老乡会、校友会、战友会等,情节严重的,给予警告、严重警告或者撤销党内职务处分。

第八十三条 有下列行为之一的，给予警告或者严重警告处分；情节较重的，给予撤销党内职务或者留党察看处分；情节严重的，给予开除党籍处分：

（一）在民主推荐、民主测评、组织考察和党内选举中搞拉票、助选等非组织活动；

（二）在法律规定的投票、选举活动中违背组织原则搞非组织活动，组织、怂恿、诱使他人投票、表决；

（三）在选举中进行其他违反党章、其他党内法规和有关章程活动。

搞有组织的拉票贿选，或者用公款拉票贿选的，从重或者加重处分。

第八十四条 在干部选拔任用工作中，有任人唯亲、排斥异己、封官许愿、说情干预、跑官要官、突击提拔或者调整干部等违反干部选拔任用规定行为，对直接责任者和领导责任者，情节较轻的，给予警告或者严重警告处分；情节较重的，给予撤销党内职务或者留党察看处分；情节严重的，给予开除党籍处分。

用人失察失误造成严重后果的，对直接责任者和领导责任者，依照前款规定处理。

第八十五条 在推进领导干部能上能下工作中，搞好人主义，有下列行为之一，对直接责任者和领导责任者，情节较重的，给予警告或者严重警告处分；情节严重的，给予撤销党内职务或者留党察看处分：

（一）以党纪政务等处分规避组织调整；

（二）以组织调整代替党纪政务等处分；

（三）其他避重就轻作出处理行为。

第八十六条 在干部、职工的录用、考核、职务职级晋升、职称评聘、荣誉表彰，授予学术称号和征兵、安置退役军人等工作中，隐瞒、歪曲事实真相，或者利用职权或者职务上的影响违反有关规定为本人或者其他人谋取利益的，给予警告或者严重警告处分；情节较重的，给予撤销党内职务或者留党察看处分；情节严重的，给予开除党籍处分。

弄虚作假，骗取职务、职级、职称、待遇、资格、学历、学位、荣誉、称号或者其他利益的，依照前款规定处理。

第八十七条 侵犯党员的表决权、选举权和被选举权，情节较重的，给予警告或者严重警告处分；情节严重的，给予撤销党内职务处分。

以强迫、威胁、欺骗、拉拢等手段，妨害党员自主行使表决权、选举权和被选举权的,给予撤销党内职务、留党察看或者开除党籍处分。

第八十八条 有下列行为之一的,对直接责任者和领导责任者,给予警告或者严重警告处分;情节较重的,给予撤销党内职务或者留党察看处分;情节严重的,给予开除党籍处分:

(一)对批评、检举、控告进行阻挠、压制,或者将批评、检举、控告材料私自扣压、销毁,或者故意将其泄露给他人;

(二)对党员的申辩、辩护、作证等进行压制,造成不良后果;

(三)压制党员申诉,造成不良后果,或者不按照有关规定处理党员申诉;

(四)其他侵犯党员权利行为,造成不良后果。

对批评人、检举人、控告人、证人及其他人员打击报复的,从重或者加重处分。

第八十九条 违反党章和其他党内法规的规定,采取弄虚作假或者其他手段把不符合党员条件的人发展为党员,或者为非党员出具党员身份证明的,对直接责任者和领导责任者,给予警告或者严重警告处分;情节严重的,给予撤销党内职务处分。

违反有关规定程序发展党员的,对直接责任者和领导责任者,依照前款规定处理。

第九十条 违反有关规定取得外国国籍或者获取国(境)外永久居留资格、长期居留许可的,给予撤销党内职务、留党察看或者开除党籍处分。

第九十一条 违反有关规定办理因私出国(境)证件、前往港澳通行证,或者未经批准出入国(边)境,情节较轻的,给予警告或者严重警告处分;情节较重的,给予撤销党内职务或者留党察看处分;情节严重的,给予开除党籍处分。

虽经批准因私出国(境)但存在擅自变更路线、无正当理由超期未归等超出批准范围出国(境)行为,情节较重的,给予警告或者严重警告处分;情节严重的,给予撤销党内职务处分。

第九十二条 驻外机构或者临时出国(境)团(组)中的党员擅自脱离组织,或者从事外事、机要、军事等工作的党员违反有关规定同国(境)外机构、人员联系和交往的,给予警告、严重警告或者撤销党内职务处分。

第九十三条 驻外机构或者临时出国(境)团(组)中的党员,脱离组织出走时间不满六个月又自动回归的,给予撤销党内职务或者留党察看处分;脱离组织出走时间超过六个月的,按照自行脱党处理,党内予以除名。

故意为他人脱离组织出走提供方便条件的,给予警告、严重警告或者撤销党内职务处分。

第八章　对违反廉洁纪律行为的处分

第九十四条　党员干部必须正确行使人民赋予的权力,清正廉洁,反对特权思想和特权现象,反对任何滥用职权、谋求私利的行为。

利用职权或者职务上的影响为他人谋取利益,本人的配偶、子女及其配偶等亲属和其他特定关系人收受对方财物,情节较重的,给予警告或者严重警告处分;情节严重的,给予撤销党内职务、留党察看或者开除党籍处分。

第九十五条　相互利用职权或者职务上的影响为对方及其配偶、子女及其配偶等亲属、身边工作人员和其他特定关系人谋取利益搞权权交易的,给予警告或者严重警告处分;情节较重的,给予撤销党内职务或者留党察看处分;情节严重的,给予开除党籍处分。

第九十六条　纵容、默许配偶、子女及其配偶等亲属、身边工作人员和其他特定关系人利用党员干部本人职权或者职务上的影响谋取私利,情节较轻的,给予警告或者严重警告处分;情节较重的,给予撤销党内职务或者留党察看处分;情节严重的,给予开除党籍处分。

党员干部的配偶、子女及其配偶等亲属和其他特定关系人不实际工作而获取薪酬或者虽实际工作但领取明显超出同职级标准薪酬,党员干部知情未予纠正的,依照前款规定处理。

第九十七条　收受可能影响公正执行公务的礼品、礼金、消费卡(券)和有价证券、股权、其他金融产品等财物,情节较轻的,给予警告或者严重警告处分;情节较重的,给予撤销党内职务或者留党察看处分;情节严重的,给予开除党籍处分。

收受其他明显超出正常礼尚往来的财物的,依照前款规定处理。

第九十八条　向从事公务的人员及其配偶、子女及其配偶等亲属和其他特定关系人赠送明显超出正常礼尚往来的礼品、礼金、消费卡(券)和有价证券、股权、其他金融产品等财物,情节较重的,给予警告或者严重警告处分;情节严重的,给予撤销党内职务或者留党察看处分。

以讲课费、课题费、咨询费等名义变相送礼的,依照前款规定处理。

第九十九条 借用管理和服务对象的钱款、住房、车辆等,可能影响公正执行公务,情节较重的,给予警告或者严重警告处分;情节严重的,给予撤销党内职务、留党察看或者开除党籍处分。

通过民间借贷等金融活动获取大额回报,可能影响公正执行公务的,依照前款规定处理。

第一百条 利用职权或者职务上的影响操办婚丧喜庆事宜,造成不良影响的,给予警告或者严重警告处分;情节严重的,给予撤销党内职务处分;借机敛财或者有其他侵犯国家、集体和人民利益行为的,从重或者加重处分,直至开除党籍。

第一百零一条 接受、提供可能影响公正执行公务的宴请或者旅游、健身、娱乐等活动安排,情节较重的,给予警告或者严重警告处分;情节严重的,给予撤销党内职务或者留党察看处分。

第一百零二条 违反有关规定取得、持有、实际使用运动健身卡、会所和俱乐部会员卡、高尔夫球卡等各种消费卡(券),或者违反有关规定出入私人会所,情节较重的,给予警告或者严重警告处分;情节严重的,给予撤销党内职务或者留党察看处分。

第一百零三条 违反有关规定从事营利活动,有下列行为之一,情节较轻的,给予警告或者严重警告处分;情节较重的,给予撤销党内职务或者留党察看处分;情节严重的,给予开除党籍处分:

(一)经商办企业;

(二)拥有非上市公司(企业)的股份或者证券;

(三)买卖股票或者进行其他证券投资;

(四)从事有偿中介活动;

(五)在国(境)外注册公司或者投资入股;

(六)其他违反有关规定从事营利活动的行为。

利用参与企业重组改制、定向增发、兼并投资、土地使用权出让等工作中掌握的信息买卖股票,利用职权或者职务上的影响通过购买信托产品、基金等方式非正常获利的,依照前款规定处理。

违反有关规定在经济组织、社会组织等单位中兼职,或者经批准兼职但获取薪酬、奖金、津贴等额外利益的,依照第一款规定处理。

第一百零四条 利用职权或者职务上的影响,为配偶、子女及其配偶等亲属和其他特定关系人在审批监管、资源开发、金融信贷、大宗采购、土地使用权出让、房地产开发、工程招投标以及公共财政收支等方面谋取利益，情节较轻的，给予警告或者严重警告处分；情节较重的，给予撤销党内职务或者留党察看处分；情节严重的，给予开除党籍处分。

利用职权或者职务上的影响，为配偶、子女及其配偶等亲属和其他特定关系人吸收存款、推销金融产品、经营名贵特产类特殊资源等提供帮助谋取利益的，依照前款规定处理。

第一百零五条 离职或者退（离）休后违反有关规定接受原任职务管辖的地区和业务范围内或者与原工作业务直接相关的企业和中介机构等单位的聘用，或者个人从事与原任职务管辖业务或者与原工作业务直接相关的营利活动，情节较轻的，给予警告或者严重警告处分；情节较重的，给予撤销党内职务处分；情节严重的，给予留党察看处分。

党员领导干部离职或者退（离）休后违反有关规定担任上市公司、基金管理公司独立董事、独立监事等职务，情节较轻的，给予警告或者严重警告处分；情节较重的，给予撤销党内职务处分；情节严重的，给予留党察看处分。

第一百零六条 离职或者退（离）休后利用原职权或者职务上的影响，为配偶、子女及其配偶等亲属和其他特定关系人从事经营活动谋取利益，情节较轻的，给予警告或者严重警告处分；情节较重的，给予撤销党内职务或者留党察看处分；情节严重的，给予开除党籍处分。

离职或者退（离）休后利用原职权或者职务上的影响为他人谋取利益，本人的配偶、子女及其配偶等亲属和其他特定关系人收受对方财物，情节较重的，给予警告或者严重警告处分；情节严重的，给予撤销党内职务、留党察看或者开除党籍处分。

第一百零七条 党员领导干部的配偶、子女及其配偶，违反有关规定在该党员领导干部管辖的地区和业务范围内从事可能影响其公正执行公务的经营活动，或者有其他违反经商办企业禁业规定行为的，该党员领导干部应当按照规定予以纠正；拒不纠正的，其本人应当辞去现任职务或者由组织予以调整职务；不辞去现任职务或者不服从组织调整职务的，给予撤销党内职务处分。

第一百零八条 党和国家机关违反有关规定经商办企业的，对直接责任者和领导责任者，给予警告或者严重警告处分；情节严重的，给予撤销党内职务处分。

第一百零九条 党员领导干部违反工作、生活保障制度,在交通、医疗、警卫等方面为本人、配偶、子女及其配偶等亲属、身边工作人员和其他特定关系人谋求特殊待遇,情节较重的,给予警告或者严重警告处分;情节严重的,给予撤销党内职务或者留党察看处分。

第一百一十条 在分配、购买住房中侵犯国家、集体利益,情节较轻的,给予警告或者严重警告处分;情节较重的,给予撤销党内职务或者留党察看处分;情节严重的,给予开除党籍处分。

第一百一十一条 利用职权或者职务上的影响,侵占非本人经管的公私财物,或者以象征性地支付钱款等方式侵占公私财物,或者无偿、象征性地支付报酬接受服务、使用劳务,情节较轻的,给予警告或者严重警告处分;情节较重的,给予撤销党内职务或者留党察看处分;情节严重的,给予开除党籍处分。

利用职权或者职务上的影响,将应当由本人、配偶、子女及其配偶等亲属、身边工作人员和其他特定关系人个人支付的费用,由下属单位、其他单位或者他人支付、报销的,依照前款规定处理。

第一百一十二条 利用职权或者职务上的影响,违反有关规定占用公物归个人使用,时间超过六个月,情节较重的,给予警告或者严重警告处分;情节严重的,给予撤销党内职务处分。

占用公物进行营利活动的,给予警告或者严重警告处分;情节较重的,给予撤销党内职务或者留党察看处分;情节严重的,给予开除党籍处分。

将公物借给他人进行营利活动的,依照前款规定处理。

第一百一十三条 违反有关规定组织、参加用公款支付的宴请、娱乐、健身活动,或者用公款购买赠送或者发放礼品、消费卡(券)等,对直接责任者和领导责任者,情节较轻的,给予警告或者严重警告处分;情节较重的,给予撤销党内职务或者留党察看处分;情节严重的,给予开除党籍处分。

第一百一十四条 违反有关规定自定薪酬或者滥发津贴、补贴、奖金、福利等,对直接责任者和领导责任者,情节较轻的,给予警告或者严重警告处分;情节较重的,给予撤销党内职务或者留党察看处分;情节严重的,给予开除党籍处分。

第一百一十五条 有下列行为之一,对直接责任者和领导责任者,情节较轻的,给予警告或者严重警告处分;情节较重的,给予撤销党内职务或者留党察看处分;情节严重的,给予开除党籍处分:

（一）公款旅游或者以学习培训、考察调研、职工疗养等为名变相公款旅游；

（二）改变公务行程，借机旅游；

（三）参加所管理企业、下属单位组织的考察活动，借机旅游。

以考察、学习、培训、研讨、招商、参展等名义变相用公款出国（境）旅游的，对直接责任者和领导责任者，依照前款规定处理。

第一百一十六条 违反接待管理规定，超标准、超范围接待或者借机大吃大喝，对直接责任者和领导责任者，情节较重的，给予警告或者严重警告处分；情节严重的，给予撤销党内职务处分。

第一百一十七条 违反有关规定配备、购买、更换、装饰、使用公务交通工具或者有其他违反公务交通工具管理规定的行为，对直接责任者和领导责任者，情节较重的，给予警告或者严重警告处分；情节严重的，给予撤销党内职务或者留党察看处分。

第一百一十八条 违反会议活动管理规定，有下列行为之一，对直接责任者和领导责任者，情节较重的，给予警告或者严重警告处分；情节严重的，给予撤销党内职务处分：

（一）到禁止召开会议的风景名胜区开会；

（二）决定或者批准举办各类节会、庆典活动；

（三）其他违反会议活动管理规定行为。

擅自举办评比达标表彰、创建示范活动或者借评比达标表彰、创建示范活动收取费用的，对直接责任者和领导责任者，依照前款规定处理。

第一百一十九条 违反办公用房管理等规定，有下列行为之一，对直接责任者和领导责任者，情节较重的，给予警告或者严重警告处分；情节严重的，给予撤销党内职务处分：

（一）决定或者批准兴建、装修办公楼、培训中心等楼堂馆所；

（二）超标准配备、使用办公用房；

（三）未经批准租用、借用办公用房；

（四）用公款包租、占用客房或者其他场所供个人使用；

（五）其他违反办公用房管理等规定行为。

第一百二十条 搞权色交易或者给予财物搞钱色交易的，给予警告或者严重警告处分；情节较重的，给予撤销党内职务或者留党察看处分；情节严重的，给予开除党籍处分。

第一百二十一条 有其他违反廉洁纪律规定行为的,应当视具体情节给予警告直至开除党籍处分。

第九章 对违反群众纪律行为的处分

第一百二十二条 有下列行为之一,对直接责任者和领导责任者,情节较轻的,给予警告或者严重警告处分;情节较重的,给予撤销党内职务或者留党察看处分;情节严重的,给予开除党籍处分:

(一)超标准、超范围向群众筹资筹劳、摊派费用,加重群众负担;

(二)违反有关规定扣留、收缴群众款物或者处罚群众;

(三)克扣群众财物,或者违反有关规定拖欠群众钱款;

(四)在管理、服务活动中违反有关规定收取费用;

(五)在办理涉及群众事务时刁难群众、吃拿卡要;

(六)其他侵害群众利益行为。

在乡村振兴领域有上述行为的,从重或者加重处分。

第一百二十三条 干涉生产经营自主权,致使群众财产遭受较大损失的,对直接责任者和领导责任者,给予警告或者严重警告处分;情节严重的,给予撤销党内职务或者留党察看处分。

第一百二十四条 在社会保障、社会救助、政策扶持、救灾救济款物分配等事项中优亲厚友、明显有失公平的,给予警告或者严重警告处分;情节较重的,给予撤销党内职务或者留党察看处分;情节严重的,给予开除党籍处分。

第一百二十五条 利用宗族或者黑恶势力等欺压群众,或者纵容涉黑涉恶活动、为黑恶势力充当"保护伞"的,给予撤销党内职务或者留党察看处分;情节严重的,给予开除党籍处分。

第一百二十六条 有下列行为之一,对直接责任者和领导责任者,情节较重的,给予警告或者严重警告处分;情节严重的,给予撤销党内职务或者留党察看处分:

(一)对涉及群众生产、生活等切身利益的问题依照政策或者有关规定能解决而不及时解决,庸懒无为、效率低下,造成不良影响;

(二)对符合政策的群众诉求消极应付、推诿扯皮,损害党群、干群关系;

(三)对待群众态度恶劣、简单粗暴,造成不良影响;

（四）弄虚作假，欺上瞒下，损害群众利益；

（五）其他不作为、乱作为、慢作为、假作为等损害群众利益行为。

第一百二十七条 遇到国家财产和群众生命财产受到严重威胁时，能救而不救，情节较重的，给予警告、严重警告或者撤销党内职务处分；情节严重的，给予留党察看或者开除党籍处分。

第一百二十八条 不按照规定公开党务、政务、厂务、村（居）务等，侵犯群众知情权，对直接责任者和领导责任者，情节较重的，给予警告或者严重警告处分；情节严重的，给予撤销党内职务或者留党察看处分。

第一百二十九条 有其他违反群众纪律规定行为的，应当视具体情节给予警告直至开除党籍处分。

第十章 对违反工作纪律行为的处分

第一百三十条 工作中不负责任或者疏于管理，贯彻执行、检查督促落实上级决策部署不力，给党、国家和人民利益以及公共财产造成较大损失的，对直接责任者和领导责任者，给予警告或者严重警告处分；造成重大损失的，给予撤销党内职务、留党察看或者开除党籍处分。

党员领导干部对于到任前已经存在且属于其职责范围内的问题，消极回避、推卸责任，造成严重损害或者严重不良影响的，依照前款规定处理。

第一百三十一条 工作中不敢斗争、不愿担当，面对重大矛盾冲突、危机困难临阵退缩，造成不良影响或者严重后果的，给予警告或者严重警告处分；情节严重的，给予撤销党内职务、留党察看或者开除党籍处分。

第一百三十二条 有下列行为之一，造成严重损害或者严重不良影响的，对直接责任者和领导责任者，给予警告或者严重警告处分；情节较重的，给予撤销党内职务或者留党察看处分；情节严重的，给予开除党籍处分：

（一）热衷于搞舆论造势、浮在表面；

（二）单纯以会议贯彻会议、以文件落实文件，在实际工作中不见诸行动；

（三）脱离实际，不作深入调查研究，搞随意决策、机械执行；

（四）违反精文减会有关规定搞文山会海；

（五）在督查检查考核等工作中搞层层加码、过度留痕，增加基层工作负担；

（六）工作中其他形式主义、官僚主义行为。

第一百三十三条 在公务活动用餐、单位食堂用餐管理工作中不履行或者不正确履行宣传教育、监督管理职责，导致餐饮浪费，造成严重不良影响的，对直接责任者和领导责任者，给予警告或者严重警告处分；情节严重的，给予撤销党内职务处分。

第一百三十四条 在机构编制工作中，有下列行为之一，造成不良影响或者严重后果的，对直接责任者和领导责任者，给予警告或者严重警告处分；情节较重的，给予撤销党内职务或者留党察看处分；情节严重的，给予开除党籍处分：

（一）擅自超出“三定”规定范围调整职责、设置机构、核定领导职数和配备人员；

（二）违规干预地方机构设置；

（三）其他违反机构编制管理规定行为。

第一百三十五条 在信访工作中，有下列行为之一，造成不良影响或者严重后果的，对直接责任者和领导责任者，给予警告或者严重警告处分；情节较重的，给予撤销党内职务或者留党察看处分；情节严重的，给予开除党籍处分：

（一）不按照规定受理、办理信访事项；

（二）对规模性集体访等处置不力，导致事态扩大；

（三）对党委和政府信访部门提出的改进工作、完善政策等建议重视不够、落实不力，导致问题长期得不到解决；

（四）其他不履行或者不正确履行信访工作职责行为。

不履行或者不正确履行职责，导致信访事项发生，造成不良影响或者严重后果的，对直接责任者和领导责任者，依照前款规定处理。

第一百三十六条 党组织有下列行为之一，对直接责任者和领导责任者，情节较重的，给予警告或者严重警告处分；情节严重的，给予撤销党内职务或者留党察看处分：

（一）党员被立案审查期间，擅自批准其出差、出国（境）、辞职，或者对其交流、提拔职务、晋升职级、进一步使用、奖励，或者办理退休手续；

（二）党员被依法追究刑事责任后，不按照规定给予党纪处分，或者对党员违反国家法律法规的行为，应当给予党纪处分而不处分；

（三）党纪处分决定或者申诉复查决定作出后，不按照规定落实决定中关于被处分人党籍、职务、职级、待遇等事项；

(四)党员受到党纪处分后，不按照干部管理权限和组织关系对受处分党员开展日常教育、管理和监督工作。

第一百三十七条 滥用问责，或者在问责工作中严重不负责任，造成不良影响的，对直接责任者和领导责任者，给予警告或者严重警告处分；情节严重的，给予撤销党内职务处分。

第一百三十八条 因工作不负责任致使所管理的人员叛逃的，对直接责任者和领导责任者，给予警告或者严重警告处分；情节严重的，给予撤销党内职务处分。

因工作不负责任致使所管理的人员出逃、出走，对直接责任者和领导责任者，情节较重的，给予警告或者严重警告处分；情节严重的，给予撤销党内职务处分。

第一百三十九条 进行统计造假，对直接责任者和领导责任者，情节较轻的，给予警告或者严重警告处分；情节较重的，给予撤销党内职务或者留党察看处分；情节严重的，给予开除党籍处分。

对统计造假失察，造成严重后果的，对直接责任者和领导责任者，给予警告或者严重警告处分；情节严重的，给予撤销党内职务、留党察看或者开除党籍处分。

第一百四十条 在上级检查、视察工作或者向上级汇报、报告工作时对应当报告的事项不报告或者不如实报告，造成严重损害或者严重不良影响的，对直接责任者和领导责任者，给予警告或者严重警告处分；情节严重的，给予撤销党内职务或者留党察看处分。

在上级检查、视察工作或者向上级汇报、报告工作时纵容、唆使、暗示、强迫下级说假话、报假情的，从重或者加重处分。

第一百四十一条 违反有关规定干预和插手市场经济活动，有下列行为之一，情节较轻的，给予警告或者严重警告处分；情节较重的，给予撤销党内职务或者留党察看处分；情节严重的，给予开除党籍处分：

(一)干预和插手建设工程项目承发包、土地使用权出让、政府采购、房地产开发与经营、矿产资源开发利用、中介机构服务等活动；

(二)干预和插手国有企业重组改制、兼并、破产、产权交易、清产核资、资产评估、资产转让、重大项目投资以及其他重大经营活动等事项；

(三)干预和插手批办各类行政许可和资金借贷等事项；

(四)干预和插手经济纠纷;

(五)干预和插手集体资金、资产和资源的使用、分配、承包、租赁等事项。

第一百四十二条 违反有关规定干预和插手司法活动、执纪执法活动,向有关地方或者部门打听案情、打招呼、说情,或者以其他方式对司法活动、执纪执法活动施加影响,情节较轻的,给予严重警告处分;情节较重的,给予撤销党内职务或者留党察看处分;情节严重的,给予开除党籍处分。

违反有关规定干预和插手公共财政资金分配、项目立项评审、功勋荣誉表彰奖励等活动,造成重大损失或者不良影响的,依照前款规定处理。

第一百四十三条 按照有关规定对干预和插手行为负有报告和登记义务的受请托人,不按照规定报告或者登记,情节较重的,给予警告或者严重警告处分;情节严重的,给予撤销党内职务处分。

第一百四十四条 泄露、扩散或者打探、窃取党组织关于干部选拔任用、纪律审查、巡视巡察等尚未公开事项或者其他应当保密的内容的,给予警告或者严重警告处分;情节较重的,给予撤销党内职务或者留党察看处分;情节严重的,给予开除党籍处分。

私自留存涉及党组织关于干部选拔任用、纪律审查、巡视巡察等方面资料,情节较重的,给予警告或者严重警告处分;情节严重的,给予撤销党内职务处分。

第一百四十五条 在考试、录取工作中,有泄露试题、考场舞弊、涂改考卷、违规录取等违反有关规定行为的,给予警告或者严重警告处分;情节较重的,给予撤销党内职务或者留党察看处分;情节严重的,给予开除党籍处分。

第一百四十六条 以不正当方式谋求本人或者其他人用公款出国(境),情节较轻的,给予警告处分;情节较重的,给予严重警告处分;情节严重的,给予撤销党内职务处分。

第一百四十七条 临时出国(境)团(组)或者人员中的党员,擅自延长在国(境)外期限,或者擅自变更路线的,对直接责任者和领导责任者,给予警告或者严重警告处分;情节严重的,给予撤销党内职务处分。

第一百四十八条 驻外机构或者临时出国(境)团(组)中的党员,触犯驻在国家、地区的法律、法令或者不尊重驻在国家、地区的宗教习俗,情节较重的,给予警告或者严重警告处分;情节严重的,给予撤销党内职务、留党察看或者开除党籍处分。

第一百四十九条 在党的纪律检查、组织、宣传、统一战线工作以及机关工作等其他工作中,不履行或者不正确履行职责,造成损失或者不良影响的,应当视具体情节给予警告直至开除党籍处分。

第十一章 对违反生活纪律行为的处分

第一百五十条 生活奢靡、铺张浪费、贪图享乐、追求低级趣味,造成不良影响的,给予警告或者严重警告处分;情节严重的,给予撤销党内职务处分。

第一百五十一条 与他人发生不正当性关系,造成不良影响的,给予警告或者严重警告处分;情节较重的,给予撤销党内职务或者留党察看处分;情节严重的,给予开除党籍处分。

利用职权、教养关系、从属关系或者其他相类似关系与他人发生性关系的,从重处分。

第一百五十二条 党员领导干部不重视家风建设,对配偶、子女及其配偶失管失教,造成不良影响或者严重后果的,给予警告或者严重警告处分;情节严重的,给予撤销党内职务处分。

第一百五十三条 违背社会公序良俗,在公共场所、网络空间有不当言行,造成不良影响的,给予警告或者严重警告处分;情节较重的,给予撤销党内职务或者留党察看处分;情节严重的,给予开除党籍处分。

第一百五十四条 有其他严重违反社会公德、家庭美德行为的,应当视具体情节给予警告直至开除党籍处分。

第三编 附 则

第一百五十五条 各省、自治区、直辖市党委可以根据本条例,结合各自工作的实际情况,制定单项实施规定。

第一百五十六条 中央军事委员会可以根据本条例,结合中国人民解放军和中国人民武装警察部队的实际情况,制定补充规定或者单项规定。

第一百五十七条 本条例由中央纪委负责解释。

第一百五十八条 本条例自2024年1月1日起施行。

本条例施行前,已结案的案件如需进行复查复议,适用当时的规定或者政策。尚未结案的案件,如果行为发生时的规定或者政策不认为是违纪,而本条例认为是违纪的,依照当时的规定或者政策处理;如果行为发生时的规定或者政策认为是违纪的,依照当时的规定或者政策处理,但是如果本条例不认为是违纪或者处理较轻的,依照本条例规定处理。

统计违法违纪行为处分规定

(2009 年 3 月 25 日监察部、人力资源和社会保障部、国家统计局令第 18 号公布　自 2009 年 5 月 1 日起施行)

第一条　为了加强统计工作,提高统计数据的准确性和及时性,惩处和预防统计违法违纪行为,促进统计法律法规的贯彻实施,根据《中华人民共和国统计法》、《中华人民共和国行政监察法》、《中华人民共和国公务员法》、《行政机关公务员处分条例》及其他有关法律、行政法规,制定本规定。

第二条　有统计违法违纪行为的单位中负有责任的领导人员和直接责任人员,以及有统计违法违纪行为的个人,应当承担纪律责任。属于下列人员的(以下统称有关责任人员),由任免机关或者监察机关按照管理权限依法给予处分:

(一)行政机关公务员;

(二)法律、法规授权的具有公共事务管理职能的事业单位中经批准参照《中华人民共和国公务员法》管理的工作人员;

(三)行政机关依法委托的组织中除工勤人员以外的工作人员;

(四)企业、事业单位、社会团体中由行政机关任命的人员。

法律、行政法规、国务院决定和国务院监察机关、国务院人力资源社会保障部门制定的处分规章对统计违法违纪行为的处分另有规定的,从其规定。

第三条　地方、部门以及企业、事业单位、社会团体的领导人员有下列行为之一的,给予记过或者记大过处分;情节较重的,给予降级或者撤职处分;情节严重的,给予开除处分:

(一)自行修改统计资料、编造虚假数据的;

(二)强令、授意本地区、本部门、本单位统计机构、统计人员或者其他有关机构、人员拒报、虚报、瞒报或者篡改统计资料、编造虚假数据的;

(三)对拒绝、抵制篡改统计资料或者对拒绝、抵制编造虚假数据的人员进行打击报复的;

(四)对揭发、检举统计违法违纪行为的人员进行打击报复的。

有前款第(三)项、第(四)项规定行为的,应当从重处分。

第四条 地方、部门以及企业、事业单位、社会团体的领导人员,对本地区、本部门、本单位严重失实的统计数据,应当发现而未发现或者发现后不予纠正,造成不良后果的,给予警告或者记过处分;造成严重后果的,给予记大过或者降级处分;造成特别严重后果的,给予撤职或者开除处分。

第五条 各级人民政府统计机构、有关部门及其工作人员在实施统计调查活动中,有下列行为之一的,对有关责任人员,给予记过或者记大过处分;情节较重的,给予降级或者撤职处分;情节严重的,给予开除处分:

(一)强令、授意统计调查对象虚报、瞒报或者伪造、篡改统计资料的;

(二)参与篡改统计资料、编造虚假数据的。

第六条 各级人民政府统计机构、有关部门及其工作人员在实施统计调查活动中,有下列行为之一的,对有关责任人员,给予警告、记过或者记大过处分;情节较重的,给予降级处分;情节严重的,给予撤职处分:

(一)故意拖延或者拒报统计资料的;

(二)明知统计数据不实,不履行职责调查核实,造成不良后果的。

第七条 统计调查对象中的单位有下列行为之一,情节较重的,对有关责任人员,给予警告、记过或者记大过处分;情节严重的,给予降级或者撤职处分;情节特别严重的,给予开除处分:

(一)虚报、瞒报统计资料的;

(二)伪造、篡改统计资料的;

(三)拒报或者屡次迟报统计资料的;

(四)拒绝提供情况、提供虚假情况或者转移、隐匿、毁弃原始统计记录、统计台账、统计报表以及与统计有关的其他资料的。

第八条 违反国家规定的权限和程序公布统计资料,造成不良后果的,对有关责任人员,给予警告或者记过处分;情节较重的,给予记大过或者降级处分;情节严重的,给予撤职处分。

第九条 有下列行为之一,造成不良后果的,对有关责任人员,给予警告、记过或者记大过处分；情节较重的，给予降级或者撤职处分；情节严重的，给予开除处分：

（一）泄露属于国家秘密的统计资料的；

（二）未经本人同意，泄露统计调查对象个人、家庭资料的；

（三）泄露统计调查中知悉的统计调查对象商业秘密的。

第十条 包庇、纵容统计违法违纪行为的，对有关责任人员，给予记过或者记大过处分；情节较重的，给予降级或者撤职处分；情节严重的，给予开除处分。

第十一条 受到处分的人员对处分决定不服的，依照《中华人民共和国行政监察法》、《中华人民共和国公务员法》、《行政机关公务员处分条例》等有关规定，可以申请复核或者申诉。

第十二条 任免机关、监察机关和人民政府统计机构建立案件移送制度。

任免机关、监察机关查处统计违法违纪案件，认为应当由人民政府统计机构给予行政处罚的，应当将有关案件材料移送人民政府统计机构。人民政府统计机构应当依法及时查处，并将处理结果书面告知任免机关、监察机关。

人民政府统计机构查处统计行政违法案件，认为应当由任免机关或者监察机关给予处分的，应当及时将有关案件材料移送任免机关或者监察机关。任免机关或者监察机关应当依法及时查处，并将处理结果书面告知人民政府统计机构。

第十三条 有统计违法违纪行为，应当给予党纪处分的，移送党的纪律检查机关处理。涉嫌犯罪的，移送司法机关依法追究刑事责任。

第十四条 本规定由监察部、人力资源社会保障部、国家统计局负责解释。

第十五条 本规定自2009年5月1日起施行。

中国共产党处分违纪党员批准权限和程序规定

（2022年9月1日中共中央政治局常委会会议审议批准
2022年9月22日中共中央发布）

第一章 总 则

第一条 为了规范处分违纪党员批准权限和程序，根据《中国共产党章程》和有关党内法规，制定本规定。

第二条 坚持以习近平新时代中国特色社会主义思想为指导，坚持和加强党的全面领导，坚持党要管党，在党中央集中统一领导下，深入贯彻全面从严治党战略方针，严格按照处分违纪党员批准权限和程序实施党纪处分。

第三条 对违纪党员实施党纪处分实行分级负责制。处分违纪党员批准权限主要依据党员组织隶属关系和干部人事管理权限确定，其中系党员干部的，除本规定和有关党内法规规定的特殊情形外，优先依据干部人事管理权限确定。

第四条 对违纪党员实施党纪处分应当坚持党纪面前一律平等、实事求是、民主集中制和惩前毖后、治病救人原则，做到事实清楚、证据确凿、定性准确、处理恰当、手续完备、程序合规。

对违纪党员实施党纪处分应当按照规定程序，经党组织（含纪律检查机关，下同）集体讨论决定，不允许任何个人或者少数人擅自决定和批准。上级党组织对违纪党员作出的处理决定，下级党组织必须执行。

第五条 党纪处分决定自有处分批准权的党组织集体讨论决定之日起生效。

第二章 处分批准权限和程序一般规定

第六条 除本规定和有关党内法规另有规定外，给予各级党委管理的党员警告、严重警告处分，可以由同级纪委审查批准；给予其撤销党内职务、留党察看或者开除党籍处分，须经同级纪委审查同意后报请这一级党委审议批准。

第七条 给予担任两个以上职务(不含党代会代表)的违纪党员党纪处分,按照其中属于最高一级党组织管理的职务履行处分审批程序。

违纪党员所担任的职务中属于最高一级党组织管理的职务有两个以上的,区别下列情形履行处分审批程序:

(一)有一个职务系党的中央或者地方委员会(以下简称地方党委)委员、候补委员的,应当按照该职务对应的处分批准权限履行处分审批程序;

(二)除前项所列情形外,有一个职务系党的中央或者地方纪律检查委员会(以下简称地方纪委)委员的,应当按照该职务对应的处分批准权限履行处分审批程序;

(三)除前两项所列情形外,应当按照违纪党员所担任的最高一级党组织管理的多个职务分别对应的处分批准权限就高履行处分审批程序。

地方党委委员、候补委员或者地方纪委委员在接受审查期间,其所在的地方党委不得免去其上述职务,也不得接受其辞去上述职务的请求。

第八条 违纪党员系地方党委委员、候补委员或者地方纪委委员,同时担任上级党组织管理的职务的,由该上级党组织的同级纪委依照本规定履行处分审批程序。其中,受到撤销党内职务、留党察看或者开除党籍处分的,地方党委、纪委无需履行本规定第十八条第三款规定的追认程序。

第九条 对党员所作处分,需要变更或者撤销的,由原批准处分决定的党组织或者有处分批准权的党组织审批。原批准处分决定的党组织已撤销的,可以由继续行使其职权的党组织办理。

第十条 上级纪委提级审查的,经审理形成处置意见后,可以交由下级纪委履行处分审批程序;也可以经上级纪委常委会审议同意后,直接作出党纪处分决定,其中上级纪委拟给予提级审查的下级地方党委委员、候补委员撤销党内职务、留党察看或者开除党籍处分的,应当报请同级党委常委会审议批准。

上级纪委指定下级纪委审查的,被指定的下级纪委常委会审议后,按照程序将案件材料和处理意见转有监督执纪权限的纪委经审理后履行处分审批程序。

第十一条 对违纪党员免予党纪处分的,按照给予其警告处分的批准权限履行处分审批程序。

第十二条 对于应当受到撤销党内职务处分,但是本人没有担任党内职务的违纪党员，应当给予其严重警告处分，并按照给予其撤销党内职务处分的批准权限履行处分审批程序。

第十三条 对于各级纪委立案审查的党员，需要给予党纪处分的，除特殊情况外，一般由负责审查的纪委经审理后形成关于违纪事实和处分意见的通报材料，经下一级党组织交由被审查人所在党支部党员大会讨论形成决议，并由该下一级党组织报负责审查的纪委履行处分审批程序。被审查人所在党支部系负责审查的纪委下一级党组织的，由负责审查的纪委将关于违纪事实和处分意见的通报材料交由该党支部党员大会讨论形成决议后履行处分审批程序。

对各级纪委监委派出的纪检监察工作委员会（含纪律检查工作委员会，下同）以及未设立纪委的党的基层委员会审查的党员给予党纪处分的，参照前款规定履行处分审批程序。

被审查人所在党支部党员大会讨论给予其党纪处分时，实际到会有表决权的党员人数必须超过全部应到会有表决权的党员的半数，且表决时必须经过全部应到会有表决权的党员过半数赞成，方可形成决议；被审查人有权参加和进行申辩。被审查人应当在党支部党员大会决议上签写意见；拒不签写意见或者因其他原因不能签写意见的，支部委员会（含未设支部委员会的支部书记）应当在决议上注明。

处分决定所依据的事实材料必须同被审查人本人见面，听取其陈述和申辩，并如实记录、及时核实，合理的予以采纳；不予采纳的，应当说明理由。该事实材料应当由被审查人签写意见，对签写不同意见或者拒不签写意见的，应当作出说明或者注明情况。

第十四条 有下列特殊情况之一，县级以上各级党委和纪委可以直接决定给予违纪党员党纪处分：

（一）案情涉密、敏感的；

（二）违纪案件跨地区跨部门跨单位的；

（三）违纪党员系县级以上各级党委管理的党员干部的；

（四）违纪党员所在的基层党组织无法正常履行职责、不正确履行职责或者其负责人同违纪问题有关联的；

（五）违纪党员所在党支部党员大会经讨论无法及时形成决议，或者因可到会有表决权的党员人数未超过全部应到会有表决权的党员半数，不能及时召开党支部党员大会讨论表决的；

(六)县级以上纪委提级审查下级党委(党组)管理的党员的;

(七)党章和有关党内法规规定的其他情况。

除本规定第二十九条、第三十一条、第三十八条第三款另有规定外,给予违纪党员开除党籍处分,须经县级以上纪委审查批准,或者经县级以上纪委审查同意后报请有处分批准权的党组织依照本规定履行处分审批程序。

第十五条 各级纪委拟在给予同级党委管理的党员干部党纪处分的同时,建议给予其组织处理的,应当依照本规定履行处分审批程序,并将组织处理建议通报同级党委组织部门依照规定办理;必要时也可以在书面征求同级党委组织部门意见后,一并报请同级党委审议批准。

第十六条 县级以上纪委依照本规定第十四条第一款规定直接决定给予其审查的党员党纪处分,须报请同级党委或者上级党组织审批的,应当在报批前以纪委办公厅(室)名义书面征求同级党委组织部门和被审查人所在党委(党组)意见。

被审查人所在党组织系接受归口领导、管理,或者接受归口指导、协调或者监督的单位党组织的,前款规定中的被审查人所在党委(党组)是指归口领导、管理单位,或者负有指导、协调或者监督职责的单位党组织。

党组(党委)、党的工作机关、中央和地方党委直属事业单位、由党的工作机关管理的机关以及所在机关党的基层委员会(以下简称机关党委)、机关党的基层纪律检查委员会(以下简称机关纪委)在作出党纪处分决定前,应当征求派驻纪检监察组意见。

第十七条 给予违纪党员党纪处分,依照本规定应当由党委审批的,须经本级纪委常委会(未设常委会的应当召开纪委全体会议,下同)审议通过后于15日内报请这一级党委审议;依照本规定应当由上级党组织审批的,还须经同级党委审议同意后,按照程序于15日内呈报上一级纪委审查批准;党委应当及时审议处分事项,对处分意见分歧较大且确有必要的,也可以先通过召开书记专题会议等形式进行酝酿。

党员严重违纪涉嫌犯罪的,原则上先作出党纪处分决定,再移送司法机关依法处理。案情疑难、复杂,对事实证据、行为性质的认定把握困难或者有重大争议,可能影响党纪处理结果的,或者因留置期限即将届满等原因急需移送司法机关依法处理的,负责审查的纪委监委经本级纪委常委会审议同意后,可以先行移送司法机关,并及时报上一级纪委监委备案;其中给予其党纪处分须报请同级党委或者上级党组织审批的，应当在移送司法机关之日起 15 日内报请同级党委审议，至迟不晚于司法机关决定提起公诉或者作出不起诉决定前。

给予地方党委委员、候补委员和地方纪委委员、监委委员党纪处分，依照本规定须呈报上级党组织审批的，在报请同级党委审议前，有监督执纪权限的纪委常委会审议通过后，应当于 3 日内形成书面情况报告与上级纪委沟通；上级纪委应当基于该书面情况报告载明的违纪事实和处分意见进行审核，并及时反馈处理意见。上级纪委受理该案件后，应当认真审核，不受此前已反馈处理意见的限制。

第十八条 经中央委员会全体会议应到会委员三分之二以上的多数赞成，可以对中央政治局在中央委员会全体会议闭会期间先行作出的给予中央委员会委员、候补委员撤销党内职务、留党察看或者开除党籍处分的处理决定予以追认。

经中央纪委全体会议应到会委员三分之二以上的多数赞成，可以对中央纪委常委会在中央纪委全体会议闭会期间先行作出的给予中央纪委委员撤销党内职务、留党察看或者开除党籍处分的处理决定予以追认。

地方各级党委、纪委全体会议对本级地方党委、纪委常委会在全体会议闭会期间先行作出的给予本级党委委员、候补委员和纪委委员撤销党内职务、留党察看或者开除党籍处分的处理决定予以追认，分别参照前两款规定的程序执行。

追认须待对前三款所涉人员作出党纪处分决定后，在下一次相应中央委员会、中央纪委全体会议或者地方党委、纪委全体会议上进行。

前三款所涉人员严重触犯刑律的，必须开除党籍。中央政治局、地方党委常委会分别依照本规定第二十四条第二项、第二十七条第一款第二项规定作出的给予严重触犯刑律的中央委员会委员、候补委员和地方党委委员、候补委员开除党籍处分的处理决定，无须履行本条第一款、第三款规定的追认程序。

第十九条 各级纪委依照本规定呈报同级党委或者上级党组织批准后作出党纪处分决定的，处分决定执行完毕后，应当按照程序于每季度首月 15 日前将上一季度的处分决定执行（含处分宣布）情况汇总呈报同级党委或者上级党组织。

第二十条 党组织批准的下列处分事项，应当在作出党纪处分决定后

按照下列要求予以备案:

(一)中央纪委批准本规定第三十四条第一项至第三项所涉处分事项后,由中央纪委报党中央备案;

(二)省、自治区、直辖市党委(以下简称省级党委)批准本规定第二十七条第三款所涉处分事项后,由省、自治区、直辖市纪委(以下简称省级纪委)报中央纪委备案;

(三)地方党委批准本规定第二十七条第一款第一项所涉处分事项后,被处分人系按照规定需要报上一级党委备案的在职正职领导干部的,由地方纪委报上一级纪委备案;

(四)地方纪委批准本规定第三十七条第一款第一项至第七项、第三款所涉处分事项后,由地方纪委报同级党委备案;其中本规定第三十七条第一款第三项所涉处分事项还须同时报上一级纪委备案;

(五)党的基层纪律检查委员会(以下简称基层纪委)、党的街道纪检监察工作委员会等审查批准本规定第三十八条第一款、第二款所涉处分事项后,相应报具有审批预备党员权限的同级党的基层委员会(以下简称基层党委)、党的街道工作委员会等备案;

(六)机关党委、机关纪委分别审议批准本规定第三十条第二款、第三十九条所涉处分事项后,相应报党组(党委)、党的工作机关备案;机关纪委审查批准本规定第三十九条所涉处分事项后,还须报机关党委备案。

前款规定中的备案工作,应当由负责报备的党组织于每季度首月15日前,将上一季度对在职党员干部已作出党纪处分决定的案件汇总报相应党组织。

第二十一条 受到留党察看处分的党员,确有悔改表现的,留党察看期满后,由其所在党支部党员大会讨论形成决议,经基层党委审议后层报原作出党纪处分决定的党组织的下一级党委(党组)审议批准。该党委(党组)同意按期恢复党员权利的,作出恢复党员权利决定并抄告原作出党纪处分决定的党组织。基层党委批准给予党员留党察看处分的,恢复党员权利由该基层党委批准,恢复党员权利决定由基层党委或者基层纪委下达。

受到留党察看处分一年的党员,留党察看期满后,原作出党纪处分决定的党组织的下一级党委(党组)审核认为其仍不符合恢复党员权利条件的,经报原作出党纪处分决定的党组织批准,作出延长一年留党察看期限的决定。

党员在留党察看期间，坚持不改或者又发现其他应当受到党纪处分的违纪行为的，应当开除党籍，并由有监督执纪权限的纪律检查机关履行处分审批程序。

受到留党察看处分的党员在留党察看期间转移党员组织关系的，由接收其党员组织关系的党组织分别参照本条第一款至第三款规定恢复其党员权利、延长一年留党察看期限或者给予其开除党籍处分，并抄告原作出党纪处分决定的党组织。

受到留党察看处分的党员所在党支部有本规定第十四条第一款第五项情形的，可以由基层党委直接审议后，依照本条第一款规定程序办理。

受到留党察看处分的党员组织关系隶属于党的工作委员会的，参照前五款规定执行。

第二十二条 党员经过留党察看，恢复党员权利后，又发现其在留党察看期间实施了新的应当受到党纪处分的违纪行为，或者发现其在受到留党察看处分前没有交代的其他应当受到党纪处分的违纪行为的，应当由作出恢复党员权利决定的党组织撤销原决定，由有监督执纪权限的纪律检查机关按照程序给予其开除党籍处分，并抄告原作出党纪处分决定的党组织。

第三章 党中央以及各级党委（党组）处分批准权限

第二十三条 在中央委员会全体会议期间，经中央委员会全体会议应到会委员三分之二以上的多数决定，可以给予中央委员会委员、候补委员撤销党内职务、留党察看或者开除党籍处分。

第二十四条 中央政治局批准下列处分事项：

（一）在中央委员会全体会议闭会期间，先行给予中央委员会委员、候补委员撤销党内职务、留党察看或者开除党籍处分；

（二）给予严重触犯刑律的中央委员会委员、候补委员开除党籍处分。

第二十五条 中央政治局常务委员会批准对有关党的领导干部的处分事项。

第二十六条 在地方党委全体会议期间，给予本级地方党委委员、候补委员撤销党内职务、留党察看或者开除党籍处分的，经地方党委全体会议应到会委员三分之二以上的多数决定，并按照程序呈报上一级纪委常委会审议同意后,由这一级纪委报同级党委常委会审议批准。

在地方党委全体会议闭会期间,地方党委常委会可以先行作出给予本级党委委员、候补委员撤销党内职务、留党察看或者开除党籍处分的处理决定,并依照前款规定履行处分审批程序。

第二十七条 地方党委常委会批准下列处分事项:

(一)给予本级党委讨论决定任免的党员干部撤销党内职务、留党察看或者开除党籍处分;

(二)给予严重触犯刑律的本级党委委员、候补委员开除党籍处分;

(三)给予严重触犯刑律的本级纪委委员开除党籍处分;

(四)给予下一级地方党委委员、候补委员撤销党内职务、留党察看或者开除党籍处分;

(五)给予下一级地方纪委书记、副书记撤销党内职务、留党察看或者开除党籍处分;

(六)党章和有关党内法规规定的其他处分事项。

党的地区委员会和相当于地区委员会的组织,以及设区的市级(不含直辖市的区,下同)以上地方党委在被赋予社会管理权限的开发区、国家级新区等特定地域派出的代表机关,参照前款规定行使处分违纪党员批准权限。

省级党委常委会批准给予省级纪委委员撤销党内职务、留党察看或者开除党籍处分。

新疆维吾尔自治区党委常委会批准给予新疆生产建设兵团党委委员、候补委员撤销党内职务、留党察看或者开除党籍处分。

第二十八条 经负责审查的基层纪委审议并报请,具有审批预备党员权限的基层党委可以批准给予被审查人留党察看以下处分,但被审查人涉及的问题比较重要或者复杂的除外。

党的街道工作委员会和县级地方党委在开发区等特定地域派出的代表机关,参照前款规定行使处分违纪党员批准权限。

第二十九条 基层党委具备下列条件之一,可以依照本规定第十四条规定直接决定给予违纪党员党纪处分,并可以批准给予违纪党员开除党籍处分:

(一)下级党组织具有审批预备党员权限的;

(二)所在党和国家机关机构规格为副厅局级以上的;

(三)上一级党委系设区的市级以上党委的。

第三十条 党组(党委)、党的工作机关根据干部人事管理权限对属于其管理的人员中的党员给予党纪处分,应当按照规定程序集体讨论决定。其中,党组(党委)会议、党的工作机关部(厅、室)务会或者委员会会议必须有三分之二以上成员到会,经超过应到会成员半数赞成为通过。

对未经党组(党委)会议、党的工作机关部(厅、室)务会或者委员会会议讨论决定任免,但属于党组(党委)、党的工作机关管理的人员中的党员给予党纪处分的,也可以由所在机关纪委报机关党委审议批准;给予开除党籍处分的,还须相应报党组(党委)会议、党的工作机关部(厅、室)务会或者委员会会议审议批准。

中央和地方党委直属事业单位、由党的工作机关管理的机关根据干部人事管理权限对属于其管理的人员中的党员给予党纪处分,参照前两款规定行使处分违纪党员批准权限。

中央和地方党委派出的代表机关中,不属于党的工作机关的,除本规定和有关党内法规另有规定外,可以参照党的工作机关行使处分违纪党员批准权限。

第三十一条 党组(党委)、党的工作机关、中央和地方党委直属事业单位、由党的工作机关管理的机关以及本规定第三十条第四款所涉中央和地方党委派出的代表机关,具备下列条件之一,可以依照本规定第十四条规定直接决定给予违纪党员党纪处分,并可以批准给予违纪党员开除党籍处分:

(一)所在单位基层党委具有审批预备党员权限的;

(二)所在党和国家机关机构规格为正县处级以上的;

(三)本级党委系设区的市级以上党委的。

第三十二条 实行党委领导下的行政领导人负责制的事业单位党委根据干部人事管理权限,可以批准给予其管理的人员中的党员党纪处分。

实行行政领导人负责制的事业单位党组织根据干部人事管理权限和党组织在选人用人中的职责作用,经党政主要领导充分沟通后,相应可以批准给予其管理的人员中的党员党纪处分。

事业单位未被赋予干部人事管理权限,由上级党组织统筹管理的,上级党组织可以批准给予该事业单位工作人员中的党员党纪处分。

本条第二款、第三款规定中的党组织,不含党总支和党支部。

第四章 纪律检查机关处分批准权限

第三十三条 在中央纪委全体会议期间,经中央纪委全体会议应到会委员三分之二以上的多数决定,可以作出给予中央纪委委员撤销党内职务、留党察看或者开除党籍处分的处理决定,并待报请中央政治局常务委员会批准后,由中央纪委作出党纪处分决定。

在中央纪委全体会议闭会期间,中央纪委常委会可以先行作出给予中央纪委委员撤销党内职务、留党察看或者开除党籍处分的处理决定,并待报请中央政治局常务委员会批准后,由中央纪委作出党纪处分决定。

第三十四条 中央纪委常委会批准下列处分事项:

(一)给予省部级以下(不含省部级)中管干部以及未明确行政级别的单位中的中管干部警告、严重警告处分;

(二)给予省级党委委员、候补委员警告、严重警告处分;

(三)给予省级纪委常委(不含书记、副书记,下同)、监委委员党纪处分;

(四)党章和有关党内法规规定的其他处分事项。

第三十五条 中央纪委办公会议批准下列处分事项:

(一)给予不是中管干部的中央纪委国家监委机关、直属单位的党员党纪处分;

(二)给予不是中管干部的中央纪委国家监委派驻、派出机构的党员党纪处分;

(三)给予不是中管干部且已离职的中央纪委国家监委机关、直属单位和派驻、派出机构的党员党纪处分。

前款第三项所涉人员违纪行为主要发生在其离职后,且与其离职前在前款所涉单位担任的职务没有关联的,依照本规定第三条规定履行处分审批程序。

第三十六条 在地方纪委全体会议期间,经地方纪委全体会议应到会委员三分之二以上的多数决定,可以作出给予本级纪委委员撤销党内职务、留党察看或者开除党籍处分的处理决定,并待报请本级地方党委常委会审议批准后,由地方纪委作出党纪处分决定,其中系设区的市级以下纪委委员的还须按照程序呈报上一级纪委常委会审查批准。

在地方纪委全体会议闭会期间,地方纪委常委会可以先行作出给予本级纪委委员撤销党内职务、留党察看或者开除党籍处分的处理决定，并依照前款规定履行处分审批程序后，由地方纪委作出党纪处分决定。

第三十七条 地方纪委常委会批准下列处分事项：

（一）给予本级地方党委讨论决定任免的党员干部警告、严重警告处分；

（二）给予未经本级地方党委讨论决定任免、但属于本级地方党委管理的党员干部党纪处分；

（三）给予本级纪委委员警告、严重警告处分；

（四）给予下一级地方党委委员、候补委员警告、严重警告处分；

（五）给予下一级地方纪委书记、副书记警告、严重警告处分；

（六）给予下一级地方纪委常委、监委委员党纪处分；

（七）给予下一级地方纪委委员撤销党内职务、留党察看或者开除党籍处分；

（八）给予本级纪委管理的纪委监委机关、直属单位和派驻、派出机构的党员党纪处分；

（九）党章和有关党内法规规定的其他处分事项。

地区纪委和相当于地区纪委的其他纪律检查机关，以及设区的市级以上地方纪委监委在被赋予社会管理权限的开发区、国家级新区等特定地域派出的纪检监察工作委员会，参照前款规定行使处分违纪党员批准权限。

新疆维吾尔自治区纪委常委会批准给予新疆生产建设兵团党委委员、候补委员警告、严重警告处分，新疆生产建设兵团纪委委员撤销党内职务、留党察看或者开除党籍处分，新疆生产建设兵团纪委常委、监委委员党纪处分。

第三十八条 基层纪委可以批准给予其审查的案件中的被审查人警告、严重警告处分；如果涉及的问题比较重要或者复杂的，应当经同级党委审议同意后，按照程序报有处分批准权的县级以上纪委审查批准。

党的街道纪检监察工作委员会和县级纪委监委在开发区等特定地域派出的纪检监察工作委员会，参照前款规定行使处分违纪党员批准权限。

符合本规定第二十九条规定的基层党委，其同级纪委可以依照本规定第十四条规定直接决定给予违纪党员党纪处分，并可以批准给予违纪党员开除党籍处分。

第三十九条 对未经党组（党委）会议、党的工作机关部（厅、室）务会或者委员会会议讨论决定任免，但属于党组（党委）、党的工作机关管理的人员中的党员给予警告、严重警告处分的，可以由机关纪委审查批准。

第五章 处分批准权限和程序特殊情形

第四十条 违纪党员系实行垂直管理或者实行双重领导并以上级单位领导为主的单位的干部，同时担任地方党委委员、候补委员或者地方纪委委员职务的，由地方纪委依照本规定履行处分审批程序，并将党纪处分决定抄告主管单位党组（党委）。其中，地方纪委立案审查的，应当通过有监督执纪权限的相应派驻纪检监察组或者主管单位内设纪检组织征求主管单位党组（党委）意见后履行处分审批程序。

第四十一条 给予党员组织关系转入援派或者挂职单位，但不改变与原单位人事关系的违纪党员干部党纪处分的，一般应当按照所任原单位职务、职级等对应的干部人事管理权限确定处分批准权限、履行处分审批程序。违纪问题与援派或者挂职期间挂任职务有密切关联的，必要时也可以按照该职务对应的干部人事管理权限确定处分批准权限、履行处分审批程序，但在作出处分决定前，应当按照所任原单位职务、职级等对应的干部人事管理权限征求原单位意见。

给予上级党委委托下级党委管理的党员干部党纪处分的，下级党委、纪委可以依照本规定履行处分审批程序。

第四十二条 给予组织关系转出但尚未被接收的党员党纪处分，由其原所在党组织依照本规定履行处分审批程序。该党组织已撤销的，由继续行使其职权的党组织或者其上一级党组织办理。

给予没有转移组织关系的流动党员和已停止党籍的党员党纪处分，由其组织关系所在党组织依照本规定履行处分审批程序。

第四十三条 给予辞去公职等原因离开公职岗位或者退休的党员干部党纪处分，一般按照其在职时的干部人事管理权限确定处分批准权限、履行处分审批程序。违纪问题发生在离开公职岗位后，且与所任原单位职务、职级等没有关联的，由其组织关系所在党组织依照本规定履行处分审批程序。离开公职岗位后又重新担任公职的，依照本规定第三条规定履行处分审批程序。党纪处分决定作出后，应当抄告违纪党员所在党组织予以执行。

第四十四条 给予党员组织关系转入相应党的街道工作委员会和所

辖社区(村)党组织并实行社会化管理的国有企业退休人员党纪处分,按照党员组织隶属关系,由党的街道纪检监察工作委员会审查批准,其中给予撤销党内职务、留党察看或者开除党籍处分的还须报同级党的街道工作委员会审议批准,给予开除党籍处分的还须依照本规定呈报派出党的街道纪检监察工作委员会的地方纪委常委会审查批准。

前款规定的国有企业退休人员,其违纪行为主要发生在在职期间或者与在职期间的职务有密切关联的,有监督执纪权限的相应纪委监委、派驻纪检监察组或者国有企业内设纪检组织审查后认为应当给予党纪处分的,可以按照其退休前的干部人事管理权限确定处分批准权限、履行处分审批程序。党纪处分决定作出后,应当抄告相应党的街道工作委员会、党的街道纪检监察工作委员会予以执行。对于受到留党察看处分的,由党的街道纪检监察工作委员会依照本规定第二十一条第一款至第三款规定的条件,经其所在党支部党员大会讨论形成决议,报请党的街道工作委员会审议同意后,作出恢复其党员权利、延长一年留党察看期限或者给予其开除党籍处分的决定,并抄告原作出党纪处分决定的党组织;其中给予开除党籍处分的还须依照本规定呈报派出党的街道纪检监察工作委员会的地方纪委常委会审查批准。

给予党员组织关系转入相应乡镇(街道)党委和所辖村(社区)党组织并实行社会化管理的国有企业退休人员党纪处分,参照前两款规定执行。

第四十五条 给予以退休方式移交人民政府安置的退役军官中的党员党纪处分,一般可以根据其退役前的职级或者军衔等级(适用于实行军衔主导的军官等级制度改革后的退役军官,下同),由相应的地方纪委常委会审查批准,其中给予撤销党内职务、留党察看或者开除党籍处分的还须报同级地方党委常委会审议批准。

退役前系师职军官(大校军官以及相应职级文职干部)、团职军官(上校、中校军官以及相应职级文职干部)的,一般应当分别由省级纪委、设区的市级纪委负责履行处分审批程序;系营职以下军官(少校以下军官以及相应职级文职干部)的,由县级纪委负责履行处分审批程序。

第四十六条 给予以逐月领取退役金或者自主择业方式安置且未被停发退役金的退役军官中的党员党纪处分,由其组织关系所在地的县级纪委常委会审查批准,其中拟给予撤销党内职务、留党察看或者开除党籍处分的还须报同级地方党委常委会审议批准。

给予以复员方式退役的退役军官,以及采取以逐月领取退役金、自主就业、退休或者供养方式安置的退役军士中的党员党纪处分,由其组织关系所在党组织依照本规定履行处分审批程序。

第四十七条 本规定第四十五条、第四十六条规定中的退役军官、军士的违纪行为主要发生在服役期间或者与服役期间的职务有密切关联,由军队纪律检查机关审查的,军队纪律检查机关可以依照其退役前的职务对应的处分批准权限履行处分审批程序并作出党纪处分决定,抄告退役军官、军士组织关系所在地县级党委、纪委予以执行。

前款规定中的违纪行为由地方纪律检查机关立案审查的,地方纪律检查机关可以依照本规定第四十五条、第四十六条规定履行处分审批程序。

第四十八条 有监督执纪权限的纪律检查机关审查认为预备党员违犯党纪,情节较轻,可以保留预备党员资格的,可以直接给予其批评教育或者按照程序延长一次预备期;情节较重的,应当按照程序取消其预备党员资格。

延长预备期、取消预备党员资格,由有监督执纪权限的纪律检查机关向预备党员所在党组织提出书面建议,预备党员所在党组织无正当理由应当采纳并交由预备党员所在党支部党员大会讨论形成决议,呈报有审批预备党员权限的基层党委批准后作出处理决定。

预备党员组织关系隶属于党的工作委员会的,参照前款规定执行。

第六章 附 则

第四十九条 本规定所确定的权限,均系应当遵照的最低权限。

第五十条 本规定所称以上、以下,除有特别标明外均含本级、本数。

第五十一条 本规定所称严重触犯刑律,是指因犯罪被人民法院判处刑罚。

第五十二条 本规定所称履行处分审批程序,是指依照本规定确定的处分批准权限和程序,对处分事宜进行审议、报批并按照程序作出党纪处分决定。

第五十三条 本规定所称有监督执纪权限,是指按照监督执纪工作实行分级负责制的规定,对涉嫌违纪党员有权行使监督执纪职责,有权对其违纪问题予以立案审查,有权对其提出党纪处分建议或者按照程序作出党纪处分决定。

第五十四条 军队处分违纪党员批准权限和程序规定，由中央军委根据本规定制定。

第五十五条 本规定由中央纪委负责解释。

第五十六条 本规定自发布之日起施行。中央纪委1983年7月6日印发的《关于处分违犯党纪的党员批准权限的具体规定》和1987年3月28日印发的《关于修改〈关于处分违犯党纪的党员批准权限的具体规定〉的通知》同时废止。此前有关规定与本规定不一致的，以本规定为准。

干部选拔任用工作监督检查和责任追究办法

（2019年4月11日中共中央政治局常委会会议审议批准
2019年5月13日中共中央办公厅发布）

第一章 总 则

第一条 为了落实全面从严治党和从严管理干部要求，规范干部选拔任用工作监督检查和责任追究，根据《党政领导干部选拔任用工作条例》、《中国共产党党内监督条例》、《中国共产党问责条例》等党内法规，制定本办法。

第二条 干部选拔任用工作监督检查和责任追究，坚持以习近平新时代中国特色社会主义思想为指导，贯彻新时代党的组织路线，落实新时期好干部标准，树立正确导向，突出政治监督，从严查处违规用人问题和选人用人中的不正之风，严肃追究失职失察责任，促进形成风清气正的用人生态。

第三条 干部选拔任用工作监督检查和责任追究，坚持党委（党组）领导、分级负责，实事求是、依法依规，发扬民主、群众参与，分类施策、精准有效，防治并举、失责必究。

第四条 党委（党组）及其组织（人事）部门按照职责权限，负责干部选拔任用工作的监督检查和责任追究，纪检监察机关、巡视巡察机构按照有关规定履行干部选拔任用工作监督职责。

中央组织部负责监督检查和责任追究工作的宏观指导，地方党委组织部和垂直管理单位组织(人事)部门负责指导本地区本系统的监督检查和责任追究工作。

第五条 本办法适用于各级党的机关、人大机关、行政机关、政协机关、监察机关、审判机关、检察机关以及事业单位、群团组织、国有企业干部选拔任用工作的监督检查和责任追究。

第二章 监督检查重点内容

第六条 坚持党管干部原则情况。重点监督检查是否按照干部管理权限由党委(党组)履行干部选拔任用责任,是否按照民主集中制和党委(党组)议事规则、决策程序讨论决定干部任免事项。

第七条 坚持好干部标准和树立正确用人导向情况。重点监督检查是否坚持德才兼备、以德为先,坚持五湖四海、任人唯贤,坚持事业为上、公道正派;是否坚持新时期好干部标准,严把政治关、品行关、能力关、作风关、廉洁关,选拔任用忠诚干净担当的干部。

第八条 执行干部选拔任用工作政策规定情况。重点监督检查是否按照机构规格和职数、资格条件、工作程序选拔任用干部;是否深入考察,认真查核,对人选严格把关;是否严格执行交流、回避、任期、退休、干部选拔任用请示报告等制度规定;是否严格落实干部管理监督制度。

第九条 遵守组织人事纪律和匡正选人用人风气情况。重点监督检查是否严格遵守干部选拔任用工作纪律,是否采取有力措施严肃查处和纠正选人用人不正之风。

第十条 促进干部担当作为情况。重点监督检查是否采取有效措施激励干部担当作为,是否对不担当不作为的干部严格管理、严肃问责。

第三章 监督检查工作机制

第十一条 建立健全干部选拔任用工作组织监督、民主监督机制,把专项检查与日常监督结合起来,将监督检查贯穿干部选拔任用工作全过程。

第十二条 强化上级党组织监督检查。主要采取任前事项报告、“一报告两评议”、专项检查、离任检查、问题核查等方式进行。

第十三条 完善党委(党组)领导班子内部监督。党委(党组)研究干部任免事项,应当把酝酿贯穿始终,认真听取班子成员意见。会议讨论决定时，领导班子成员应当逐一发表意见，主要负责人最后表态。领导班子成员对人选意见分歧较大时，应当暂缓表决。不得以个别征求意见、领导圈阅等形式代替集体讨论决定。

第十四条 健全组织（人事）部门内部监督。选拔任用领导干部应当向干部监督机构了解情况，干部监督机构负责人列席研究讨论干部任免事项会议。认真执行干部选拔任用工作纪实制度，建立自查制度，每年对干部选拔任用工作情况进行1次自查。

第十五条 拓宽群众监督渠道。认真查核和处理群众举报反映的问题，定期开展分析研判，及时研究提出工作意见。自觉接受舆论监督，及时回应群众关切。完善“12380”举报受理平台，提高举报受理工作信息化水平。

第十六条 健全地方党委干部选拔任用监督工作联席会议制度，加强有关部门的沟通协调，形成监督工作合力。联席会议由组织部门召集，一般每年召开1次，重要情况随时沟通。

第四章 任前事项报告

第十七条 在干部选拔任用工作中，有下列情形之一，应当在事前向上级组织（人事）部门报告：

（一）机构变动或者主要领导成员即将离任前提拔、调整干部的；

（二）除领导班子换届外，一次集中调整干部数量较大或者一定时期内频繁调整干部的；

（三）因机构改革等特殊情况暂时超职数配备干部的；

（四）党委和政府及其工作部门个别特殊需要的领导成员人选，不经民主推荐，由组织推荐提名作为考察对象的；

（五）破格、越级提拔干部的；

（六）领导干部秘书等身边工作人员提拔任用的；

（七）领导干部近亲属在领导干部所在单位（系统）内提拔任用，或者在领导干部所在地区提拔担任下一级领导职务的；

（八）国家级贫困县、集中连片特困地区地市在完成脱贫任务前党政正职职级晋升或者岗位变动的，以及市（地、州、盟）、县（市、区、旗）、乡（镇）党政正职任职不满3年进行调整的；

（九）领导干部因问责引咎辞职或者被责令辞职、免职、降职、撤职，影

响期满拟重新担任领导职务或者提拔任职的;

(十)各类高层次人才中配偶已移居国(境)外或者没有配偶但子女均已移居国(境)外人员、本人已移居国(境)外的人员(含外籍专家),因工作需要在限制性岗位任职的;

(十一)干部达到任职或者退休年龄界限,需要延迟免职(退休)的;

(十二)其他应当报告的事项。

第十八条 上级组织(人事)部门接到干部选拔任用工作有关事项报告后,应当认真审核研究,并在15个工作日内予以答复。未经答复或者未经同意的人选不得提交党委(党组)会议讨论决定。未按照规定报告或者报告后未经同意作出的干部任用决定,应当予以纠正。

第五章 干部选拔任用工作“一报告两评议”

第十九条 党委(党组)每年应当结合全会或者领导班子和领导干部年度总结考核,报告干部选拔任用工作情况,接受对年度干部选拔任用工作和所提拔任用干部的民主评议。

第二十条 参加民主评议人员范围,地方一般为参加和列席全会人员,其他单位一般为参加领导班子和领导干部年度总结考核会议人员,并有一定数量的干部群众代表。

提拔任用干部民主评议对象,地方一般为本级党委近一年内提拔的正职领导干部;其他单位一般为近一年内提拔担任内设机构领导职务的人员和直属单位领导班子成员。

第二十一条 “一报告两评议”由上级组织(人事)部门会同被评议地方和单位组织实施,评议结果应当及时反馈,并作为考核领导班子和领导干部的重要参考。

对评议反映的突出问题,上级组织(人事)部门应当采取约谈、责令作出说明等方式,督促被评议地方和单位整改。对认可度明显偏低的干部,被评议地方和单位应当对其选拔任用过程进行分析、作出说明,并视情进行教育或者处理。

第二十二条 被评议地方和单位应当向参加民主评议人员通报评议结果和整改情况。

第六章 专项检查

第二十三条 党委(党组)开展常规巡视巡察期间,同级组织(人事)部门应当通过派出检查组等方式,对选人用人工作进行专项检查。

结合专项检查,可以对领导干部担当作为情况进行检查。

第二十四条 检查组在巡视巡察组组长领导下开展工作。检查前,巡视巡察组应当向检查组提供所发现的选人用人问题线索。检查组发现的主要问题,应当提供给巡视巡察组,并写入巡视巡察报告。

第二十五条 检查工作结束后,检查组应当形成检查情况报告,报派出检查组的组织(人事)部门主要负责人或者党委(党组)负责人审定后,与巡视巡察情况一并反馈,并有针对性地提出整改意见。

第二十六条 被检查地方和单位应当积极配合检查,如实提供情况,对照检查反馈意见抓好整改落实,并于收到反馈意见后2个月内向派出检查组的组织(人事)部门报告整改情况。派出检查组的组织(人事)部门应当加强对整改情况的监督,确保问题整改到位。

第二十七条 对选人用人问题反映突出的地方和单位,上级组织(人事)部门可以视情开展重点检查。

第七章 离任检查

第二十八条 市(地、州、盟)、县(市、区、旗)党委书记离任时,应当对其任职期间干部选拔任用工作进行检查。

第二十九条 离任检查通过民主评议、查阅干部选拔任用工作相关材料、听取干部群众意见等方式进行。

第三十条 离任检查按照干部管理权限由上级组织部门开展。对拟提拔重用的检查对象,结合干部考察工作进行,检查结果在考察材料中予以反映,并作为评价使用的重要参考。

第八章 问题核查

第三十一条 组织(人事)部门对监督检查发现和群众举报、媒体反映的违规选人用人问题线索,应当采取调查核实、提醒、函询或者要求作出说明等方式办理。

第三十二条 对严重违规选人用人问题实行立项督查,办理单位应当认真组织调查,不得层层下转。查核结果和处理意见一般在2个月内书面报告上级组织(人事)部门。

第三十三条 对提拔任现职后受到撤销党内职务或者撤职以上党纪政务处分,且其违纪违法问题发生在提拔任职前的干部,应当按照干部管理权限,由组织(人事)部门对其选拔任用过程进行倒查,也可以由上级组织(人事)部门倒查,并及时形成倒查工作报告。

第九章 责任追究

第三十四条 对违规选人用人问题,党委(党组)负全面领导责任,领导班子主要负责人和直接主管的班子成员承担主要领导责任,参与决策的领导班子其他成员承担领导责任。组织(人事)部门、纪检监察机关、干部考察组有关负责人和其他责任人员在各自职责范围内承担相应责任。

第三十五条 干部选拔任用工作有下列情形之一,应当追究党委(党组)及其主要负责人或者直接主管的领导班子成员、参与决策的领导班子其他成员的责任:

(一)民主集中制执行不到位,党委(党组)领导把关作用发挥不力,出现重大用人失察失误,产生恶劣影响的;

(二)用人导向出现偏差,选人用人不正之风严重,干部不担当不作为问题突出,干部群众反映强烈的;

(三)落实主体责任不到位,对选人用人问题和干部不担当不作为问题不处置、不整改、不问责,造成严重后果的;

(四)维护和执行组织人事纪律不力,导致选人用人违规违纪行为多发,造成恶劣影响的;

(五)其他应当追究的失职失责情形。

第三十六条 干部选拔任用工作有下列情形之一,应当追究组织(人事)部门有关负责人和其他责任人员的责任:

(一)不按照规定的职数、资格条件、工作程序、纪律要求选拔任用干部的;

(二)不按照规定向上级组织(人事)部门报告干部选拔任用工作有关事项的;

(三)不按照规定对所属地方、单位干部选拔任用工作监督检查导致问题突出的;

（四）对反映线索具体、有可查性的选人用人问题不按照规定进行调查核实或者作出处理的；

（五）其他应当追究的失职失责情形。

第三十七条 干部选拔任用工作有下列情形之一，应当追究纪检监察机关有关负责人和其他责任人员的责任：

（一）不如实回复拟任人选廉洁自律情况并提出结论性意见的；

（二）对收到的反映拟任人选问题线索具体、有可查性的信访举报不按照规定调查核实，或者对相关违纪违法问题不按照规定调查处理的；

（三）不按照规定履行干部选拔任用工作监督职责造成严重后果的；

（四）其他应当追究的失职失责情形。

第三十八条 干部选拔任用工作有下列情形之一，应当追究干部考察组有关负责人和其他责任人员的责任：

（一）不按照规定程序和要求进行考察的；

（二）考察严重失真失实，或者隐瞒歪曲事实真相、泄露重要考察信息的；

（三）不认真审核干部人事档案信息，或者对反映考察对象的举报不如实报告，以及不按照规定对问题进行了解核实，造成严重后果的；

（四）其他应当追究的失职失责情形。

第三十九条 党委（党组）有本办法所列应当追究责任的情形，情节较轻的，责令作出书面检查；情节较重的，责令整改并在一定范围内通报；情节严重、本身又不能纠正的，应当予以改组。

第四十条 领导干部和有关责任人员有本办法所列应当追究责任的情形，情节较轻的，给予批评教育、责令作出书面检查、通报或者诫勉处理；情节较重的，给予停职检查、调离岗位、限制提拔使用处理；情节严重的，应当引咎辞职或者给予责令辞职、免职、降职处理。

应当给予纪律处分的，依照有关规定追究纪律责任。涉嫌违法犯罪的，移送有关国家机关依法处理。

第十章 附 则

第四十一条 本办法由中央组织部负责解释。

第四十二条 本办法自2019年5月13日起施行。2003年6月19日中央办公厅印发的《党政领导干部选拔任用工作监督检查办法（试行）》、

2010年3月7日中央办公厅印发的《党政领导干部选拔任用工作责任追究办法(试行)》同时废止。

关于国有企业领导人员违反廉洁自律“七项要求”政纪处分规定

(2009年1月23日监察部、人力资源和社会保障部、国务院国有资产监督管理委员会令第17号公布 自2009年3月1日起施行)

第一条 为了促进国有企业领导人员廉洁从业,惩处违反廉洁自律要求的行为,根据《中华人民共和国行政监察法》、《行政机关公务员处分条例》、《财政违法行为处罚处分条例》等有关法律法规,制定本规定。

第二条 本规定适用于国有独资、国有控股、国有参股企业中由行政机关或者政府直属特设机构以委任、派遣、提名、聘任等形式任命的国有企业领导人员。

第三条 国有企业领导人员不得有下列行为:

(一)利用职务上的便利通过同业经营或关联交易为本人或特定关系人谋取利益;

(二)相互为对方及其配偶、子女和其他特定关系人从事营利性经营活动提供便利条件;

(三)在企业资产整合、引入战略投资者等过程中利用职权谋取私利;

(四)擅自抵押、担保、委托理财;

(五)利用企业上市或上市公司并购、重组、定向增发等过程中的内幕信息为本人或特定关系人谋取利益;

(六)授意、指使、强令财会人员提供虚假财务报告;

(七)违规自定薪酬、兼职取酬、滥发补贴和奖金。

第四条 利用职务上的便利通过同业经营或者关联交易为本人或者特定关系人谋取利益,有下列情形之一的,给予记过或者记大过处分;情节较重的,给予降级或者撤职处分;情节严重的,给予开除处分:

（一）本人经营或者为特定关系人经营与其所任职企业相同或者有竞争关系业务的；

（二）为本人或者特定关系人谋取属于本企业商业机会的；

（三）利用本企业商业秘密、知识产权、业务渠道、资质、品牌或者商业信誉，为本人或者特定关系人谋取利益的；

（四）与本人或者特定关系人经营或者实际控制的企业订立合同或者进行交易的；

（五）本人或者特定关系人在本企业的关联企业或者与本企业有业务关系的企业从事证券投资以外的投资入股的；

（六）不按照独立企业之间的业务往来支付价款、费用，或者以优于对非关联方同类交易的条件进行交易的；

（七）为本人或者特定关系人经营的企业拆借资金、提供担保或者转嫁风险的；

（八）不按照规定披露关联交易信息的。

第五条 相互为对方及其配偶、子女和其他特定关系人从事营利性经营活动提供便利条件，有下列情形之一的，给予记过或者记大过处分；情节较重的，给予降级或者撤职处分；情节严重的，给予开除处分：

（一）将本单位的盈利业务交由对方及其配偶、子女和其他特定关系人经营的；

（二）以明显高于市场的价格向对方及其配偶、子女和其他特定关系人经营管理的单位采购商品、提供服务或者以明显低于市场的价格向对方及其配偶、子女和其他特定关系人经营管理的单位销售商品、提供服务的；

（三）向对方及其配偶、子女和其他特定关系人经营管理的单位采购不合格商品的；

（四）向对方及其配偶、子女和其他特定关系人经营管理的单位提供本企业的商业机会或者商业秘密的；

（五）为对方及其配偶、子女和其他特定关系人经营管理的单位拆借资金、提供担保或者承担风险的；

（六）通过虚假招标、串通招标或者控制中标结果等方式为对方及其配偶、子女和其他特定关系人谋求中标的。

授意、指使下属单位、关联企业、与本企业有业务关系的企业或者人员从事前款所列行为的，按照前款规定处理。

第六条 在企业资产整合、引入战略投资者等过程中,利用职权谋取私利,有下列情形之一的,给予记过或者记大过处分;情节较重的,给予降级或者撤职处分;情节严重的,给予开除处分:

(一)索取他人财物,或者收受他人财物,非法处置国有资产权益的;

(二)隐匿、截留、转移国有资产的;

(三)违反规定以经济补偿金、企业年金、商业保险等名义将国有资产集体私分给个人的;

(四)为谋求业绩,编造或者提供虚假财务报告的;

(五)为谋取其他不正当利益,不履行或者不正确履行职责,造成国有资产流失的。

第七条 擅自以企业资产提供担保的,给予警告、记过或者记大过处分;造成损失的,给予降级或者撤职处分;造成重大损失的,给予开除处分。

第八条 擅自将企业资金、证券等金融性资产委托他人管理投资的,给予警告、记过或者记大过处分;情节较重的,给予降级或者撤职处分;情节严重的,给予开除处分。

第九条 利用企业上市或者上市公司并购、重组、定向增发等过程中的内幕信息为本人或特定关系人谋取利益的,给予记过或者记大过处分;情节较重的,给予降级或者撤职处分;情节严重的,给予开除处分。

第十条 授意、指使、强令财会人员提供虚假财务报告的,给予警告处分;情节较重的,给予记过或者记大过处分;情节严重的,给予降级或者撤职处分。

第十一条 违反规定自行决定本级领导人员薪酬或者滥发补贴和奖金的,给予警告、记过或者记大过处分;情节较重的,给予降级或者撤职处分;情节严重的,给予开除处分。

第十二条 违反规定兼职或者兼职取酬的,给予记过或者记大过处分;情节较重的,给予降级或者撤职处分;情节严重的,给予开除处分。

第十三条 本规定所称特定关系人,是指与国有企业领导人员有近亲属、情妇(夫)以及其他共同利益关系的人。

第十四条 本规定由监察部、人力资源和社会保障部、国务院国资委负责解释。

第十五条 本规定自2009年3月1日起施行。

中共中央纪委关于规范和明确党员受留党察看处分期满后恢复党员权利等工作程序的通知

（2023 年 6 月 19 日）

各省、自治区、直辖市纪委，中央纪委各派驻机构、派出机构，军委纪委，各中管企业、各中管高校纪检机构：

为规范和明确党员受留党察看处分期满后恢复党员权利等工作程序，根据《中国共产党处分违纪党员批准权限和程序规定》（以下简称《规定》）第二十一条、第二十二条等规定，现就有关问题通知如下。

一、关于留党察看期满后恢复党员权利办理程序。受到留党察看处分的党员留党察看期满后，所在党支部应当及时对其在留党察看期间的现实表现情况进行认真考察，经考察认为其符合恢复党员权利条件的，应当制作《关于拟恢复＊＊＊（受到留党察看处分党员）同志党员权利的公示》，在所在单位、党支部（含受处分时所在单位、党支部）予以公示，公示期一般不少于 5 日；公示期满后，无异议或者经核实异议不成立的，应当召开党支部党员大会讨论恢复其党员权利事宜，本人无正当理由不得缺席会议，并在会上如实汇报其在留党察看期间的思想认识、工作表现、遵纪守法、廉洁自律以及今后打算等方面情况；在党员大会表决时，本人一般应当回避。党支部党员大会讨论形成决议后，应当将党员大会决议等材料层报所在基层党委；基层党委经审议，同意按期恢复其党员权利的，应当层报原作出党纪处分决定的党组织的下一级党委（党组）审议。原作出党纪处分决定的党组织的下一级党委（党组）经征求有监督执纪权限的纪律检查机关意见并审议通过后，认为其符合恢复党员权利条件的，作出《关于恢复＊＊＊（受到留党察看处分党员）同志党员权利的决定》，并按照干部人事管理权限和组织关系归入本人档案、抄告原作出党纪处分决定的党组织；认为其不符合恢复党员权利条件的，依照《规定》第二十一条第二款、第三款处理；但有监督执纪权限的纪律检查机关在反馈意见时明确告知受到留党察看处分的党员有涉嫌违纪问题线索尚未查明的，该党委（党组）应当暂缓审议,不得先行作出决定,有监督执纪权限的纪律检查机关应当在反馈意见之日起6个月内查明情况并通报该党委(党组)。受到留党察看处分一年的党员留党察看期满后,拟按程序作出延长一年留党察看期限决定的,参照上述程序办理。

二、关于受到留党察看处分的党员提交恢复党员权利书面申请问题。党员受留党察看处分期满后恢复党员权利工作,由所在党支部在留党察看期满后1个月内依职权启动办理程序,经基层党委审议后层报原作出党纪处分决定的党组织的下一级党委(党组)审议批准,其中,受到留党察看处分的党员在留党察看期满后,向所在党支部提交恢复党员权利书面申请的,党支部应当在收到该书面申请后5日内启动办理程序。原作出党纪处分决定的党组织及其以下党组织不得仅以受到留党察看处分的党员本人未提交前述书面申请为由,认定其在留党察看期间没有悔改表现;但受到留党察看处分的党员本人在留党察看期间有主动汇报思想、工作和改正错误情况,主动提交前述书面申请情形的,所在党支部在考察时可以作为其是否符合恢复党员权利条件的重要参考。

三、关于作出留党察看处分决定的党的组织与受到留党察看处分的党员所在党支部没有隶属关系问题。依照《规定》由相应党的组织作出留党察看处分决定的,留党察看期满后,参照《规定》第四十四条第二款,由受处分人组织关系所在基层党委设立的基层纪委依照《规定》第二十一条第一款、第二款所列条件,经所在党支部党员大会讨论形成决议,报请基层党委审议同意后,作出恢复其党员权利或者延长一年留党察看期限的决定,并抄告原作出党纪处分决定的党组织。有监督执纪权限的纪律检查机关经审查,认为应当依照《规定》第二十一条第三款规定给予其开除党籍处分的,还须依照《规定》第十四条第二款规定履行报批程序后,由批准给予开除党籍处分的县级以上纪委等相应党的组织作出开除党籍处分决定,并抄告原作出党纪处分决定的党组织。

各级纪律检查机关要准确掌握和落实本通知要求,并协助同级党委督促所辖范围内的党的各级各类组织严格按照权限、程序和规定的条件,对受到留党察看处分的党员作出恢复党员权利、延长一年留党察看期限或者开除党籍处分的决定。对于贯彻执行中遇到的问题,要逐级及时报告中央纪委(径送案件审理室)。

二、监察核心规定

1. 综　　合

中华人民共和国刑法（节录）

（1979年7月1日第五届全国人民代表大会第二次会议通过　1997年3月14日第八届全国人民代表大会第五次会议修订　根据1998年12月29日第九届全国人民代表大会常务委员会第六次会议通过的《全国人民代表大会常务委员会关于惩治骗购外汇、逃汇和非法买卖外汇犯罪的决定》、1999年12月25日第九届全国人民代表大会常务委员会第十三次会议通过的《中华人民共和国刑法修正案》、2001年8月31日第九届全国人民代表大会常务委员会第二十三次会议通过的《中华人民共和国刑法修正案（二）》、2001年12月29日第九届全国人民代表大会常务委员会第二十五次会议通过的《中华人民共和国刑法修正案（三）》、2002年12月28日第九届全国人民代表大会常务委员会第三十一次会议通过的《中华人民共和国刑法修正案（四）》、2005年2月28日第十届全国人民代表大会常务委员会第十四次会议通过的《中华人民共和国刑法修正案（五）》、2006年6月29日第十届全国人民代表大会常务委员会第二十二次会议通过的《中华人民共和国刑法修正案（六）》、2009年2月28日第十一届全国人民代表大会常务委员会第七次会议通过的《中华人民共和国刑法修正案（七）》、2009年8月27日第十一届全国人民代表大会常务委员会第十次会议通过的《全国人民代表大会常务委员会关于修改部分法律的决定》、2011年2月25日第十一届全国人民代表大会常务委员会第十九次会议通过的《中华人民共和国刑法修正案

（八）》、2015年8月29日第十二届全国人民代表大会常务委员会第十六次会议通过的《中华人民共和国刑法修正案（九）》、2017年11月4日第十二届全国人民代表大会常务委员会第三十次会议通过的《中华人民共和国刑法修正案（十）》、2020年12月26日第十三届全国人民代表大会常务委员会第二十四次会议通过的《中华人民共和国刑法修正案（十一）》和2023年12月29日第十四届全国人民代表大会常务委员会第七次会议通过的《中华人民共和国刑法修正案（十二）》修正）①

第一百三十一条 【重大飞行事故罪】航空人员违反规章制度，致使发生重大飞行事故，造成严重后果的，处三年以下有期徒刑或者拘役；造成飞机坠毁或者人员死亡的，处三年以上七年以下有期徒刑。

第一百三十二条 【铁路运营安全事故罪】铁路职工违反规章制度，致使发生铁路运营安全事故，造成严重后果的，处三年以下有期徒刑或者拘役；造成特别严重后果的，处三年以上七年以下有期徒刑。

第一百三十四条 【重大责任事故罪】在生产、作业中违反有关安全管理的规定，因而发生重大伤亡事故或者造成其他严重后果的，处三年以下有期徒刑或者拘役；情节特别恶劣的，处三年以上七年以下有期徒刑。

【强令、组织他人违章冒险作业罪】强令他人违章冒险作业，或者明知存在重大事故隐患而不排除，仍冒险组织作业，因而发生重大伤亡事故或者造成其他严重后果的，处五年以下有期徒刑或者拘役；情节特别恶劣的，处五年以上有期徒刑。

第一百三十四条之一 【危险作业罪】在生产、作业中违反有关安全管理的规定，有下列情形之一，具有发生重大伤亡事故或者其他严重后果的现实危险的，处一年以下有期徒刑、拘役或者管制：

（一）关闭、破坏直接关系生产安全的监控、报警、防护、救生设备、设施，或者篡改、隐瞒、销毁其相关数据、信息的；

（二）因存在重大事故隐患被依法责令停产停业、停止施工、停止使用

① 刑法、历次刑法修正案、涉及修改刑法的决定的施行日期，分别依据各法律所规定的施行日期确定。

有关设备、设施、场所或者立即采取排除危险的整改措施,而拒不执行的;

(三)涉及安全生产的事项未经依法批准或者许可,擅自从事矿山开采、金属冶炼、建筑施工,以及危险物品生产、经营、储存等高度危险的生产作业活动的。

第一百三十五条 【重大劳动安全事故罪】安全生产设施或者安全生产条件不符合国家规定,因而发生重大伤亡事故或者造成其他严重后果的,对直接负责的主管人员和其他直接责任人员,处三年以下有期徒刑或者拘役;情节特别恶劣的,处三年以上七年以下有期徒刑。

第一百三十五条之一 【大型群众性活动重大安全事故罪】举办大型群众性活动违反安全管理规定,因而发生重大伤亡事故或者造成其他严重后果的,对直接负责的主管人员和其他直接责任人员,处三年以下有期徒刑或者拘役;情节特别恶劣的,处三年以上七年以下有期徒刑。

第一百三十六条 【危险物品肇事罪】违反爆炸性、易燃性、放射性、毒害性、腐蚀性物品的管理规定,在生产、储存、运输、使用中发生重大事故,造成严重后果的,处三年以下有期徒刑或者拘役;后果特别严重的,处三年以上七年以下有期徒刑。

第一百三十七条 【工程重大安全事故罪】建设单位、设计单位、施工单位、工程监理单位违反国家规定,降低工程质量标准,造成重大安全事故的,对直接责任人员,处五年以下有期徒刑或者拘役,并处罚金;后果特别严重的,处五年以上十年以下有期徒刑,并处罚金。

第一百三十八条 【教育设施重大安全事故罪】明知校舍或者教育教学设施有危险,而不采取措施或者不及时报告,致使发生重大伤亡事故的,对直接责任人员,处三年以下有期徒刑或者拘役;后果特别严重的,处三年以上七年以下有期徒刑。

第一百三十九条 【消防责任事故罪】违反消防管理法规,经消防监督机构通知采取改正措施而拒绝执行,造成严重后果的,对直接责任人员,处三年以下有期徒刑或者拘役;后果特别严重的,处三年以上七年以下有期徒刑。

第一百三十九条之一 【不报、谎报安全事故罪】在安全事故发生后,负有报告职责的人员不报或者谎报事故情况,贻误事故抢救,情节严重的,处三年以下有期徒刑或者拘役;情节特别严重的,处三年以上七年以下有期徒刑。

第一百六十三条　【非国家工作人员受贿罪】公司、企业或者其他单位的工作人员,利用职务上的便利,索取他人财物或者非法收受他人财物,为他人谋取利益,数额较大的,处三年以下有期徒刑或者拘役,并处罚金;数额巨大或者有其他严重情节的,处三年以上十年以下有期徒刑,并处罚金;数额特别巨大或者有其他特别严重情节的,处十年以上有期徒刑或者无期徒刑,并处罚金。

公司、企业或者其他单位的工作人员在经济往来中,利用职务上的便利,违反国家规定,收受各种名义的回扣、手续费,归个人所有的,依照前款的规定处罚。

【受贿罪】国有公司、企业或者其他国有单位中从事公务的人员和国有公司、企业或者其他国有单位委派到非国有公司、企业以及其他单位从事公务的人员有前两款行为的,依照本法第三百八十五条、第三百八十六条的规定定罪处罚。

第一百六十四条　【对非国家工作人员行贿罪】为谋取不正当利益,给予公司、企业或者其他单位的工作人员以财物,数额较大的,处三年以下有期徒刑或者拘役,并处罚金;数额巨大的,处三年以上十年以下有期徒刑,并处罚金。

【对外国公职人员、国际公共组织官员行贿罪】为谋取不正当商业利益,给予外国公职人员或者国际公共组织官员以财物的,依照前款的规定处罚。

单位犯前两款罪的,对单位判处罚金,并对其直接负责的主管人员和其他直接责任人员,依照第一款的规定处罚。

行贿人在被追诉前主动交待行贿行为的,可以减轻处罚或者免除处罚。

第一百六十五条　【非法经营同类营业罪】国有公司、企业的董事、监事、高级管理人员,利用职务便利,自己经营或者为他人经营与其所任职公司、企业同类的营业,获取非法利益,数额巨大的,处三年以下有期徒刑或者拘役,并处或者单处罚金;数额特别巨大的,处三年以上七年以下有期徒刑,并处罚金。

其他公司、企业的董事、监事、高级管理人员违反法律、行政法规规定,实施前款行为,致使公司、企业利益遭受重大损失的,依照前款的规定处罚。

第一百六十六条 【为亲友非法牟利罪】国有公司、企业、事业单位的工作人员，利用职务便利，有下列情形之一，致使国家利益遭受重大损失的，处三年以下有期徒刑或者拘役，并处或者单处罚金；致使国家利益遭受特别重大损失的，处三年以上七年以下有期徒刑，并处罚金：

（一）将本单位的盈利业务交由自己的亲友进行经营的；

（二）以明显高于市场的价格从自己的亲友经营管理的单位采购商品、接受服务或者以明显低于市场的价格向自己的亲友经营管理的单位销售商品、提供服务的；

（三）从自己的亲友经营管理的单位采购、接受不合格商品、服务的。

其他公司、企业的工作人员违反法律、行政法规规定，实施前款行为，致使公司、企业利益遭受重大损失的，依照前款的规定处罚。

第一百六十七条 【签订、履行合同失职被骗罪】国有公司、企业、事业单位直接负责的主管人员，在签订、履行合同过程中，因严重不负责任被诈骗，致使国家利益遭受重大损失的，处三年以下有期徒刑或者拘役；致使国家利益遭受特别重大损失的，处三年以上七年以下有期徒刑。

第一百六十八条 【国有公司、企业、事业单位人员失职罪】【国有公司、企业、事业单位人员滥用职权罪】国有公司、企业的工作人员，由于严重不负责任或者滥用职权，造成国有公司、企业破产或者严重损失，致使国家利益遭受重大损失的，处三年以下有期徒刑或者拘役；致使国家利益遭受特别重大损失的，处三年以上七年以下有期徒刑。

国有事业单位的工作人员有前款行为，致使国家利益遭受重大损失的，依照前款的规定处罚。

国有公司、企业、事业单位的工作人员，徇私舞弊，犯前两款罪的，依照第一款的规定从重处罚。

第一百六十九条 【徇私舞弊低价折股、出售公司、企业资产罪】国有公司、企业或者其上级主管部门直接负责的主管人员，徇私舞弊，将国有资产低价折股或者低价出售，致使国家利益遭受重大损失的，处三年以下有期徒刑或者拘役；致使国家利益遭受特别重大损失的，处三年以上七年以下有期徒刑。

其他公司、企业直接负责的主管人员，徇私舞弊，将公司、企业资产低价折股或者低价出售，致使公司、企业利益遭受重大损失的，依照前款的规定处罚。

第一百六十九条之一 【背信损害上市公司利益罪】上市公司的董事、监事、高级管理人员违背对公司的忠实义务,利用职务便利,操纵上市公司从事下列行为之一,致使上市公司利益遭受重大损失的,处三年以下有期徒刑或者拘役,并处或者单处罚金;致使上市公司利益遭受特别重大损失的,处三年以上七年以下有期徒刑,并处罚金:

(一)无偿向其他单位或者个人提供资金、商品、服务或者其他资产的;

(二)以明显不公平的条件,提供或者接受资金、商品、服务或者其他资产的;

(三)向明显不具有清偿能力的单位或者个人提供资金、商品、服务或者其他资产的;

(四)为明显不具有清偿能力的单位或者个人提供担保,或者无正当理由为其他单位或者个人提供担保的;

(五)无正当理由放弃债权、承担债务的;

(六)采用其他方式损害上市公司利益的。

上市公司的控股股东或者实际控制人,指使上市公司董事、监事、高级管理人员实施前款行为的,依照前款的规定处罚。

犯前款罪的上市公司的控股股东或者实际控制人是单位的,对单位判处罚金,并对其直接负责的主管人员和其他直接责任人员,依照第一款的规定处罚。

第一百七十一条第二款 【金融工作人员购买假币、以假币换取货币罪】银行或者其他金融机构的工作人员购买伪造的货币或者利用职务上的便利,以伪造的货币换取货币的,处三年以上十年以下有期徒刑,并处二万元以上二十万元以下罚金;数额巨大或者有其他严重情节的,处十年以上有期徒刑或者无期徒刑,并处二万元以上二十万元以下罚金或者没收财产;情节较轻的,处三年以下有期徒刑或者拘役,并处或者单处一万元以上十万元以下罚金。

第一百八十条第三款 【利用未公开信息交易罪】证券交易所、期货交易所、证券公司、期货经纪公司、基金管理公司、商业银行、保险公司等金融机构的从业人员以及有关监管部门或者行业协会的工作人员,利用因职务便利获取的内幕信息以外的其他未公开的信息,违反规定,从事与该信息相关的证券、期货交易活动,或者明示、暗示他人从事相关交易活动,情节严重的,依照第一款的规定处罚。

第一百八十一条第二款、第三款 【诱骗投资者买卖证券、期货合约罪】证券交易所、期货交易所、证券公司、期货经纪公司的从业人员，证券业协会、期货业协会或者证券期货监督管理部门的工作人员，故意提供虚假信息或者伪造、变造、销毁交易记录，诱骗投资者买卖证券、期货合约，造成严重后果的，处五年以下有期徒刑或者拘役，并处或者单处一万元以上十万元以下罚金；情节特别恶劣的，处五年以上十年以下有期徒刑，并处二万元以上二十万元以下罚金。

单位犯前两款罪的，对单位判处罚金，并对其直接负责的主管人员和其他直接责任人员，处五年以下有期徒刑或者拘役。

第一百八十五条之一 【背信运用受托财产罪】商业银行、证券交易所、期货交易所、证券公司、期货经纪公司、保险公司或者其他金融机构，违背受托义务，擅自运用客户资金或者其他委托、信托的财产，情节严重的，对单位判处罚金，并对其直接负责的主管人员和其他直接责任人员，处三年以下有期徒刑或者拘役，并处三万元以上三十万元以下罚金；情节特别严重的，处三年以上十年以下有期徒刑，并处五万元以上五十万元以下罚金。

【违法运用资金罪】社会保障基金管理机构、住房公积金管理机构等公众资金管理机构，以及保险公司、保险资产管理公司、证券投资基金管理公司，违反国家规定运用资金的，对其直接负责的主管人员和其他直接责任人员，依照前款的规定处罚。

第一百八十六条 【违法发放贷款罪】银行或者其他金融机构的工作人员违反国家规定发放贷款，数额巨大或者造成重大损失的，处五年以下有期徒刑或者拘役，并处一万元以上十万元以下罚金；数额特别巨大或者造成特别重大损失的，处五年以上有期徒刑，并处二万元以上二十万元以下罚金。

银行或者其他金融机构的工作人员违反国家规定，向关系人发放贷款的，依照前款的规定从重处罚。

单位犯前两款罪的，对单位判处罚金，并对其直接负责的主管人员和其他直接责任人员，依照前两款的规定处罚。

关系人的范围，依照《中华人民共和国商业银行法》和有关金融法规确定。

第一百八十七条 【吸收客户资金不入帐罪】银行或者其他金融机构

的工作人员吸收客户资金不入帐,数额巨大或者造成重大损失的,处五年以下有期徒刑或者拘役,并处二万元以上二十万元以下罚金;数额特别巨大或者造成特别重大损失的,处五年以上有期徒刑,并处五万元以上五十万元以下罚金。

单位犯前款罪的,对单位判处罚金,并对其直接负责的主管人员和其他直接责任人员,依照前款的规定处罚。

第一百八十八条 【违规出具金融票证罪】银行或者其他金融机构的工作人员违反规定,为他人出具信用证或者其他保函、票据、存单、资信证明,情节严重的,处五年以下有期徒刑或者拘役;情节特别严重的,处五年以上有期徒刑。

单位犯前款罪的,对单位判处罚金,并对其直接负责的主管人员和其他直接责任人员,依照前款的规定处罚。

第一百八十九条 【对违法票据承兑、付款、保证罪】银行或者其他金融机构的工作人员在票据业务中,对违反票据法规定的票据予以承兑、付款或者保证,造成重大损失的,处五年以下有期徒刑或者拘役;造成特别重大损失的,处五年以上有期徒刑。

单位犯前款罪的,对单位判处罚金,并对其直接负责的主管人员和其他直接责任人员,依照前款的规定处罚。

第二百二十八条 【非法转让、倒卖土地使用权罪】以牟利为目的,违反土地管理法规,非法转让、倒卖土地使用权,情节严重的,处三年以下有期徒刑或者拘役,并处或者单处非法转让、倒卖土地使用权价额百分之五以上百分之二十以下罚金;情节特别严重的,处三年以上七年以下有期徒刑,并处非法转让、倒卖土地使用权价额百分之五以上百分之二十以下罚金。

第二百三十八条第一款 【非法拘禁罪】非法拘禁他人或者以其他方法非法剥夺他人人身自由的,处三年以下有期徒刑、拘役、管制或者剥夺政治权利。具有殴打、侮辱情节的,从重处罚。

第二百四十五条 【非法搜查罪】【非法侵入住宅罪】非法搜查他人身体、住宅,或者非法侵入他人住宅的,处三年以下有期徒刑或者拘役。

司法工作人员滥用职权,犯前款罪的,从重处罚。

第二百四十七条 【刑讯逼供罪】【暴力取证罪】司法工作人员对犯罪嫌疑人、被告人实行刑讯逼供或者使用暴力逼取证人证言的,处三年以下有期徒刑或者拘役。致人伤残、死亡的，依照本法第二百三十四条、第二百三十二条的规定定罪从重处罚。

第二百四十八条 【虐待被监管人罪】监狱、拘留所、看守所等监管机构的监管人员对被监管人进行殴打或者体罚虐待，情节严重的，处三年以下有期徒刑或者拘役；情节特别严重的，处三年以上十年以下有期徒刑。致人伤残、死亡的，依照本法第二百三十四条、第二百三十二条的规定定罪从重处罚。

监管人员指使被监管人殴打或者体罚虐待其他被监管人的，依照前款的规定处罚。

第二百五十一条 【非法剥夺公民宗教信仰自由罪】【侵犯少数民族风俗习惯罪】国家机关工作人员非法剥夺公民的宗教信仰自由和侵犯少数民族风俗习惯，情节严重的，处二年以下有期徒刑或者拘役。

第二百五十三条第一款 【私自开拆、隐匿、毁弃邮件、电报罪】邮政工作人员私自开拆或者隐匿、毁弃邮件、电报的，处二年以下有期徒刑或者拘役。

第二百五十四条 【报复陷害罪】国家机关工作人员滥用职权、假公济私，对控告人、申诉人、批评人、举报人实行报复陷害的，处二年以下有期徒刑或者拘役；情节严重的，处二年以上七年以下有期徒刑。

第二百五十五条 【打击报复会计、统计人员罪】公司、企业、事业单位、机关、团体的领导人，对依法履行职责、抵制违反会计法、统计法行为的会计、统计人员实行打击报复，情节恶劣的，处三年以下有期徒刑或者拘役。

第二百五十六条 【破坏选举罪】在选举各级人民代表大会代表和国家机关领导人员时，以暴力、威胁、欺骗、贿赂、伪造选举文件、虚报选举票数等手段破坏选举或者妨害选民和代表自由行使选举权和被选举权，情节严重的，处三年以下有期徒刑、拘役或者剥夺政治权利。

第二百七十一条 【职务侵占罪】公司、企业或者其他单位的工作人员，利用职务上的便利，将本单位财物非法占为己有，数额较大的，处三年以下有期徒刑或者拘役，并处罚金；数额巨大的，处三年以上十年以下有期徒刑，并处罚金；数额特别巨大的，处十年以上有期徒刑或者无期徒刑，并处罚金。

【贪污罪】国有公司、企业或者其他国有单位中从事公务的人员和国有公司、企业或者其他国有单位委派到非国有公司、企业以及其他单位从事公务的人员有前款行为的,依照本法第三百八十二条、第三百八十三条的规定定罪处罚。

第二百七十二条 【挪用资金罪】公司、企业或者其他单位的工作人员,利用职务上的便利,挪用本单位资金归个人使用或者借贷给他人,数额较大、超过三个月未还的,或者虽未超过三个月,但数额较大、进行营利活动的,或者进行非法活动的,处三年以下有期徒刑或者拘役;挪用本单位资金数额巨大的,处三年以上七年以下有期徒刑;数额特别巨大的,处七年以上有期徒刑。

【挪用公款罪】国有公司、企业或者其他国有单位中从事公务的人员和国有公司、企业或者其他国有单位委派到非国有公司、企业以及其他单位从事公务的人员有前款行为的,依照本法第三百八十四条的规定定罪处罚。

有第一款行为,在提起公诉前将挪用的资金退还的,可以从轻或者减轻处罚。其中,犯罪较轻的,可以减轻或者免除处罚。

第二百七十三条 【挪用特定款物罪】挪用用于救灾、抢险、防汛、优抚、扶贫、移民、救济款物,情节严重,致使国家和人民群众利益遭受重大损害的,对直接责任人员,处三年以下有期徒刑或者拘役;情节特别严重的,处三年以上七年以下有期徒刑。

第三百零四条 【故意延误投递邮件罪】邮政工作人员严重不负责任,故意延误投递邮件,致使公共财产、国家和人民利益遭受重大损失的,处二年以下有期徒刑或者拘役。

第三百零八条之一 【泄露不应公开的案件信息罪】司法工作人员、辩护人、诉讼代理人或者其他诉讼参与人,泄露依法不公开审理的案件中不应当公开的信息,造成信息公开传播或者其他严重后果的,处三年以下有期徒刑、拘役或者管制,并处或者单处罚金。

【故意泄露国家秘密罪】【过失泄露国家秘密罪】有前款行为,泄露国家秘密的,依照本法第三百九十八条的规定定罪处罚。

【披露、报道不应公开的案件信息罪】公开披露、报道第一款规定的案件信息,情节严重的,依照第一款的规定处罚。

单位犯前款罪的,对单位判处罚金,并对其直接负责的主管人员和其他直接责任人员,依照第一款的规定处罚。

第三百七十四条 【接送不合格兵员罪】在征兵工作中徇私舞弊，接送不合格兵员，情节严重的，处三年以下有期徒刑或者拘役；造成特别严重后果的，处三年以上七年以下有期徒刑。

第三百八十二条 【贪污罪】国家工作人员利用职务上的便利，侵吞、窃取、骗取或者以其他手段非法占有公共财物的，是贪污罪。

受国家机关、国有公司、企业、事业单位、人民团体委托管理、经营国有财产的人员，利用职务上的便利，侵吞、窃取、骗取或者以其他手段非法占有国有财物的，以贪污论。

与前两款所列人员勾结，伙同贪污的，以共犯论处。

第三百八十四条 【挪用公款罪】国家工作人员利用职务上的便利，挪用公款归个人使用，进行非法活动的，或者挪用公款数额较大、进行营利活动的，或者挪用公款数额较大、超过三个月未还的，是挪用公款罪，处五年以下有期徒刑或者拘役；情节严重的，处五年以上有期徒刑。挪用公款数额巨大不退还的，处十年以上有期徒刑或者无期徒刑。

挪用用于救灾、抢险、防汛、优抚、扶贫、移民、救济款物归个人使用的，从重处罚。

第三百八十五条 【受贿罪】国家工作人员利用职务上的便利，索取他人财物的，或者非法收受他人财物，为他人谋取利益的，是受贿罪。

国家工作人员在经济往来中，违反国家规定，收受各种名义的回扣、手续费，归个人所有的，以受贿论处。

第三百八十七条 【单位受贿罪】国家机关、国有公司、企业、事业单位、人民团体，索取、非法收受他人财物，为他人谋取利益，情节严重的，对单位判处罚金，并对其直接负责的主管人员和其他直接责任人员，处三年以下有期徒刑或者拘役；情节特别严重的，处三年以上十年以下有期徒刑。

前款所列单位，在经济往来中，在帐外暗中收受各种名义的回扣、手续费的，以受贿论，依照前款的规定处罚。

第三百八十八条之一 【利用影响力受贿罪】国家工作人员的近亲属或者其他与该国家工作人员关系密切的人，通过该国家工作人员职务上的行为，或者利用该国家工作人员职权或者地位形成的便利条件，通过其他国家工作人员职务上的行为，为请托人谋取不正当利益，索取请托人财物或者收受请托人财物，数额较大或者有其他较重情节的，处三年以下有期徒刑或者拘役，并处罚金；数额巨大或者有其他严重情节的，处三年以上七年以下有期徒刑,并处罚金;数额特别巨大或者有其他特别严重情节的,处七年以上有期徒刑,并处罚金或者没收财产。

离职的国家工作人员或者其近亲属以及其他与其关系密切的人,利用该离职的国家工作人员原职权或者地位形成的便利条件实施前款行为的,依照前款的规定定罪处罚。

第三百八十九条 【行贿罪】为谋取不正当利益,给予国家工作人员以财物的,是行贿罪。

在经济往来中,违反国家规定,给予国家工作人员以财物,数额较大的,或者违反国家规定,给予国家工作人员以各种名义的回扣、手续费的,以行贿论处。

因被勒索给予国家工作人员以财物,没有获得不正当利益的,不是行贿。

第三百九十条之一 【对有影响力的人行贿罪】为谋取不正当利益,向国家工作人员的近亲属或者其他与该国家工作人员关系密切的人,或者向离职的国家工作人员或者其近亲属以及其他与其关系密切的人行贿的,处三年以下有期徒刑或者拘役,并处罚金;情节严重的,或者使国家利益遭受重大损失的,处三年以上七年以下有期徒刑,并处罚金;情节特别严重的,或者使国家利益遭受特别重大损失的,处七年以上十年以下有期徒刑,并处罚金。

单位犯前款罪的,对单位判处罚金,并对其直接负责的主管人员和其他直接责任人员,处三年以下有期徒刑或者拘役,并处罚金。

第三百九十一条 【对单位行贿罪】为谋取不正当利益,给予国家机关、国有公司、企业、事业单位、人民团体以财物的,或者在经济往来中,违反国家规定,给予各种名义的回扣、手续费的,处三年以下有期徒刑或者拘役,并处罚金;情节严重的,处三年以上七年以下有期徒刑,并处罚金。

单位犯前款罪的,对单位判处罚金,并对其直接负责的主管人员和其他直接责任人员,依照前款的规定处罚。

第三百九十二条 【介绍贿赂罪】向国家工作人员介绍贿赂,情节严重的,处三年以下有期徒刑或者拘役,并处罚金。

介绍贿赂人在被追诉前主动交待介绍贿赂行为的,可以减轻处罚或者免除处罚。

第三百九十三条 【单位行贿罪】单位为谋取不正当利益而行贿,或者违反国家规定,给予国家工作人员以回扣、手续费,情节严重的,对单位判处罚金,并对其直接负责的主管人员和其他直接责任人员,处三年以下有期徒刑或者拘役,并处罚金;情节特别严重的,处三年以上十年以下有期徒刑,并处罚金。因行贿取得的违法所得归个人所有的,依照本法第三百八十九条、第三百九十条的规定定罪处罚。

第三百九十五条　【巨额财产来源不明罪】国家工作人员的财产、支出明显超过合法收入,差额巨大的,可以责令该国家工作人员说明来源,不能说明来源的,差额部分以非法所得论,处五年以下有期徒刑或者拘役;差额特别巨大的,处五年以上十年以下有期徒刑。财产的差额部分予以追缴。

【隐瞒境外存款罪】国家工作人员在境外的存款,应当依照国家规定申报。数额较大、隐瞒不报的,处二年以下有期徒刑或者拘役;情节较轻的,由其所在单位或者上级主管机关酌情给予行政处分。

第三百九十六条　【私分国有资产罪】国家机关、国有公司、企业、事业单位、人民团体,违反国家规定,以单位名义将国有资产集体私分给个人,数额较大的,对其直接负责的主管人员和其他直接责任人员,处三年以下有期徒刑或者拘役,并处或者单处罚金;数额巨大的,处三年以上七年以下有期徒刑,并处罚金。

【私分罚没财物罪】司法机关、行政执法机关违反国家规定,将应当上缴国家的罚没财物,以单位名义集体私分给个人的,依照前款的规定处罚。

第三百九十七条　【滥用职权罪】【玩忽职守罪】国家机关工作人员滥用职权或者玩忽职守,致使公共财产、国家和人民利益遭受重大损失的,处三年以下有期徒刑或者拘役;情节特别严重的,处三年以上七年以下有期徒刑。本法另有规定的,依照规定。

国家机关工作人员徇私舞弊,犯前款罪的,处五年以下有期徒刑或者拘役;情节特别严重的,处五年以上十年以下有期徒刑。本法另有规定的,依照规定。

第三百九十八条　【故意泄露国家秘密罪】【过失泄露国家秘密罪】国家机关工作人员违反保守国家秘密法的规定,故意或者过失泄露国家秘密,情节严重的,处三年以下有期徒刑或者拘役;情节特别严重的,处三年以上七年以下有期徒刑。

非国家机关工作人员犯前款罪的,依照前款的规定酌情处罚。

第三百九十九条　【徇私枉法罪】司法工作人员徇私枉法、徇情枉法,对明知是无罪的人而使他受追诉、对明知是有罪的人而故意包庇不使他受追诉，或者在刑事审判活动中故意违背事实和法律作枉法裁判的，处五年以下有期徒刑或者拘役；情节严重的，处五年以上十年以下有期徒刑；情节特别严重的，处十年以上有期徒刑。

【民事、行政枉法裁判罪】在民事、行政审判活动中故意违背事实和法律作枉法裁判，情节严重的，处五年以下有期徒刑或者拘役；情节特别严重的，处五年以上十年以下有期徒刑。

【执行判决、裁定失职罪】【执行判决、裁定滥用职权罪】在执行判决、裁定活动中，严重不负责任或者滥用职权，不依法采取诉讼保全措施、不履行法定执行职责，或者违法采取诉讼保全措施、强制执行措施，致使当事人或者其他人的利益遭受重大损失的，处五年以下有期徒刑或者拘役；致使当事人或者其他人的利益遭受特别重大损失的，处五年以上十年以下有期徒刑。

司法工作人员收受贿赂，有前三款行为的，同时又构成本法第三百八十五条规定之罪的，依照处罚较重的规定定罪处罚。

第三百九十九条之一　【枉法仲裁罪】依法承担仲裁职责的人员，在仲裁活动中故意违背事实和法律作枉法裁决，情节严重的，处三年以下有期徒刑或者拘役；情节特别严重的，处三年以上七年以下有期徒刑。

第四百条　【私放在押人员罪】司法工作人员私放在押的犯罪嫌疑人、被告人或者罪犯的，处五年以下有期徒刑或者拘役；情节严重的，处五年以上十年以下有期徒刑；情节特别严重的，处十年以上有期徒刑。

【失职致使在押人员脱逃罪】司法工作人员由于严重不负责任，致使在押的犯罪嫌疑人、被告人或者罪犯脱逃，造成严重后果的，处三年以下有期徒刑或者拘役；造成特别严重后果的，处三年以上十年以下有期徒刑。

第四百零一条　【徇私舞弊减刑、假释、暂予监外执行罪】司法工作人员徇私舞弊，对不符合减刑、假释、暂予监外执行条件的罪犯，予以减刑、假释或者暂予监外执行的，处三年以下有期徒刑或者拘役；情节严重的，处三年以上七年以下有期徒刑。

第四百零二条　【徇私舞弊不移交刑事案件罪】行政执法人员徇私舞弊，对依法应当移交司法机关追究刑事责任的不移交，情节严重的，处三年以下有期徒刑或者拘役；造成严重后果的，处三年以上七年以下有期徒刑。

第四百零三条　【滥用管理公司、证券职权罪】国家有关主管部门的国家机关工作人员，徇私舞弊，滥用职权，对不符合法律规定条件的公司设立、登记申请或者股票、债券发行、上市申请，予以批准或者登记，致使公共财产、国家和人民利益遭受重大损失的，处五年以下有期徒刑或者拘役。

上级部门强令登记机关及其工作人员实施前款行为的，对其直接负责的主管人员，依照前款的规定处罚。

第四百零四条 【徇私舞弊不征、少征税款罪】税务机关的工作人员徇私舞弊，不征或者少征应征税款，致使国家税收遭受重大损失的，处五年以下有期徒刑或者拘役；造成特别重大损失的，处五年以上有期徒刑。

第四百零五条 【徇私舞弊发售发票、抵扣税款、出口退税罪】税务机关的工作人员违反法律、行政法规的规定，在办理发售发票、抵扣税款、出口退税工作中，徇私舞弊，致使国家利益遭受重大损失的，处五年以下有期徒刑或者拘役；致使国家利益遭受特别重大损失的，处五年以上有期徒刑。

【违法提供出口退税凭证罪】其他国家机关工作人员违反国家规定，在提供出口货物报关单、出口收汇核销单等出口退税凭证的工作中，徇私舞弊，致使国家利益遭受重大损失的，依照前款的规定处罚。

第四百零六条 【国家机关工作人员签订、履行合同失职被骗罪】国家机关工作人员在签订、履行合同过程中，因严重不负责任被诈骗，致使国家利益遭受重大损失的，处三年以下有期徒刑或者拘役；致使国家利益遭受特别重大损失的，处三年以上七年以下有期徒刑。

第四百零七条 【违法发放林木采伐许可证罪】林业主管部门的工作人员违反森林法的规定，超过批准的年采伐限额发放林木采伐许可证或者违反规定滥发林木采伐许可证，情节严重，致使森林遭受严重破坏的，处三年以下有期徒刑或者拘役。

第四百零八条 【环境监管失职罪】负有环境保护监督管理职责的国家机关工作人员严重不负责任，导致发生重大环境污染事故，致使公私财产遭受重大损失或者造成人身伤亡的严重后果的，处三年以下有期徒刑或者拘役。

第四百零八条之一 【食品、药品监管渎职罪】负有食品药品安全监督管理职责的国家机关工作人员，滥用职权或者玩忽职守，有下列情形之一，造成严重后果或者有其他严重情节的，处五年以下有期徒刑或者拘役；造成特别严重后果或者有其他特别严重情节的，处五年以上十年以下有期徒刑：

(一)瞒报、谎报食品安全事故、药品安全事件的;

(二)对发现的严重食品药品安全违法行为未按规定查处的;

(三)在药品和特殊食品审批审评过程中,对不符合条件的申请准予许可的;

(四)依法应当移交司法机关追究刑事责任不移交的;

(五)有其他滥用职权或者玩忽职守行为的。

徇私舞弊犯前款罪的,从重处罚。

第四百零九条　【传染病防治失职罪】从事传染病防治的政府卫生行政部门的工作人员严重不负责任,导致传染病传播或者流行,情节严重的,处三年以下有期徒刑或者拘役。

第四百一十条　【非法批准征收、征用、占用土地罪】【非法低价出让国有土地使用权罪】国家机关工作人员徇私舞弊,违反土地管理法规,滥用职权,非法批准征收、征用、占用土地,或者非法低价出让国有土地使用权,情节严重的,处三年以下有期徒刑或者拘役;致使国家或者集体利益遭受特别重大损失的,处三年以上七年以下有期徒刑。

第四百一十一条　【放纵走私罪】海关工作人员徇私舞弊,放纵走私,情节严重的,处五年以下有期徒刑或者拘役;情节特别严重的,处五年以上有期徒刑。

第四百一十二条　【商检徇私舞弊罪】国家商检部门、商检机构的工作人员徇私舞弊,伪造检验结果的,处五年以下有期徒刑或者拘役;造成严重后果的,处五年以上十年以下有期徒刑。

【商检失职罪】前款所列人员严重不负责任,对应当检验的物品不检验,或者延误检验出证、错误出证,致使国家利益遭受重大损失的,处三年以下有期徒刑或者拘役。

第四百一十三条　【动植物检疫徇私舞弊罪】动植物检疫机关的检疫人员徇私舞弊,伪造检疫结果的,处五年以下有期徒刑或者拘役;造成严重后果的,处五年以上十年以下有期徒刑。

【动植物检疫失职罪】前款所列人员严重不负责任,对应当检疫的检疫物不检疫,或者延误检疫出证、错误出证,致使国家利益遭受重大损失的,处三年以下有期徒刑或者拘役。

第四百一十四条　【放纵制售伪劣商品犯罪行为罪】对生产、销售伪劣商品犯罪行为负有追究责任的国家机关工作人员,徇私舞弊,不履行法律规定的追究职责,情节严重的,处五年以下有期徒刑或者拘役。

第四百一十五条 【办理偷越国(边)境人员出入境证件罪】【放行偷越国(边)境人员罪】负责办理护照、签证以及其他出入境证件的国家机关工作人员,对明知是企图偷越国(边)境的人员,予以办理出入境证件的,或者边防、海关等国家机关工作人员,对明知是偷越国(边)境的人员,予以放行的,处三年以下有期徒刑或者拘役;情节严重的,处三年以上七年以下有期徒刑。

第四百一十六条 【不解救被拐卖、绑架妇女、儿童罪】对被拐卖、绑架的妇女、儿童负有解救职责的国家机关工作人员,接到被拐卖、绑架的妇女、儿童及其家属的解救要求或者接到其他人的举报,而对被拐卖、绑架的妇女、儿童不进行解救,造成严重后果的,处五年以下有期徒刑或者拘役。

【阻碍解救被拐卖、绑架妇女、儿童罪】负有解救职责的国家机关工作人员利用职务阻碍解救的,处二年以上七年以下有期徒刑;情节较轻的,处二年以下有期徒刑或者拘役。

第四百一十七条 【帮助犯罪分子逃避处罚罪】有查禁犯罪活动职责的国家机关工作人员,向犯罪分子通风报信、提供便利,帮助犯罪分子逃避处罚的,处三年以下有期徒刑或者拘役;情节严重的,处三年以上十年以下有期徒刑。

第四百一十八条 【招收公务员、学生徇私舞弊罪】国家机关工作人员在招收公务员、学生工作中徇私舞弊,情节严重的,处三年以下有期徒刑或者拘役。

第四百一十九条 【失职造成珍贵文物损毁、流失罪】国家机关工作人员严重不负责任,造成珍贵文物损毁或者流失,后果严重的,处三年以下有期徒刑或者拘役。

中华人民共和国刑事诉讼法

（1979年7月1日第五届全国人民代表大会第二次会议通过　根据1996年3月17日第八届全国人民代表大会第四次会议《关于修改〈中华人民共和国刑事诉讼法〉的决定》第一次修正　根据2012年3月14日第十一届全国人民代表大会第五次会议《关于修改〈中华人民共和国刑事诉讼法〉的决定》第二次修正　根据2018年10月26日第十三届全国人民代表大会常务委员会第六次会议《关于修改〈中华人民共和国刑事诉讼法〉的决定》第三次修正）

目　　录

第一编　总　　则
　第一章　任务和基本原则
　第二章　管　　辖
　第三章　回　　避
　第四章　辩护与代理
　第五章　证　　据
　第六章　强制措施
　第七章　附带民事诉讼
　第八章　期间、送达
　第九章　其他规定
第二编　立案、侦查和提起公诉
　第一章　立　　案
　第二章　侦　　查
　　第一节　一般规定
　　第二节　讯问犯罪嫌疑人
　　第三节　询问证人
　　第四节　勘验、检查

第五节 搜　　查
第六节 查封、扣押物证、书证
第七节 鉴　　定
第八节 技术侦查措施
第九节 通　　缉
第十节 侦查终结
第十一节 人民检察院对直接受理的案件的侦查
第三章 提起公诉
第三编 审　　判
第一章 审判组织
第二章 第一审程序
第一节 公诉案件
第二节 自诉案件
第三节 简易程序
第四节 速裁程序
第三章 第二审程序
第四章 死刑复核程序
第五章 审判监督程序
第四编 执　　行
第五编 特别程序
第一章 未成年人刑事案件诉讼程序
第二章 当事人和解的公诉案件诉讼程序
第三章 缺席审判程序
第四章 犯罪嫌疑人、被告人逃匿、死亡案件违法所得的没收程序
第五章 依法不负刑事责任的精神病人的强制医疗程序
附　则

第一编　总　　则

第一章　任务和基本原则

第一条　为了保证刑法的正确实施，惩罚犯罪，保护人民，保障国家安全和社会公共安全，维护社会主义社会秩序，根据宪法，制定本法。

第二条 中华人民共和国刑事诉讼法的任务,是保证准确、及时地查明犯罪事实,正确应用法律,惩罚犯罪分子,保障无罪的人不受刑事追究,教育公民自觉遵守法律,积极同犯罪行为作斗争,维护社会主义法制,尊重和保障人权,保护公民的人身权利、财产权利、民主权利和其他权利,保障社会主义建设事业的顺利进行。

第三条 对刑事案件的侦查、拘留、执行逮捕、预审,由公安机关负责。检察、批准逮捕、检察机关直接受理的案件的侦查、提起公诉,由人民检察院负责。审判由人民法院负责。除法律特别规定的以外,其他任何机关、团体和个人都无权行使这些权力。

人民法院、人民检察院和公安机关进行刑事诉讼,必须严格遵守本法和其他法律的有关规定。

第四条 国家安全机关依照法律规定,办理危害国家安全的刑事案件,行使与公安机关相同的职权。

第五条 人民法院依照法律规定独立行使审判权,人民检察院依照法律规定独立行使检察权,不受行政机关、社会团体和个人的干涉。

第六条 人民法院、人民检察院和公安机关进行刑事诉讼,必须依靠群众,必须以事实为根据,以法律为准绳。对于一切公民,在适用法律上一律平等,在法律面前,不允许有任何特权。

第七条 人民法院、人民检察院和公安机关进行刑事诉讼,应当分工负责,互相配合,互相制约,以保证准确有效地执行法律。

第八条 人民检察院依法对刑事诉讼实行法律监督。

第九条 各民族公民都有用本民族语言文字进行诉讼的权利。人民法院、人民检察院和公安机关对于不通晓当地通用的语言文字的诉讼参与人,应当为他们翻译。

在少数民族聚居或者多民族杂居的地区,应当用当地通用的语言进行审讯,用当地通用的文字发布判决书、布告和其他文件。

第十条 人民法院审判案件,实行两审终审制。

第十一条 人民法院审判案件,除本法另有规定的以外,一律公开进行。被告人有权获得辩护,人民法院有义务保证被告人获得辩护。

第十二条 未经人民法院依法判决,对任何人都不得确定有罪。

第十三条 人民法院审判案件,依照本法实行人民陪审员陪审的制度。

第十四条 人民法院、人民检察院和公安机关应当保障犯罪嫌疑人、被告人和其他诉讼参与人依法享有的辩护权和其他诉讼权利。

诉讼参与人对于审判人员、检察人员和侦查人员侵犯公民诉讼权利和人身侮辱的行为,有权提出控告。

第十五条 犯罪嫌疑人、被告人自愿如实供述自己的罪行,承认指控的犯罪事实,愿意接受处罚的,可以依法从宽处理。

第十六条 有下列情形之一的,不追究刑事责任,已经追究的,应当撤销案件,或者不起诉,或者终止审理,或者宣告无罪:

(一)情节显著轻微、危害不大,不认为是犯罪的;

(二)犯罪已过追诉时效期限的;

(三)经特赦令免除刑罚的;

(四)依照刑法告诉才处理的犯罪,没有告诉或者撤回告诉的;

(五)犯罪嫌疑人、被告人死亡的;

(六)其他法律规定免予追究刑事责任的。

第十七条 对于外国人犯罪应当追究刑事责任的,适用本法的规定。

对于享有外交特权和豁免权的外国人犯罪应当追究刑事责任的,通过外交途径解决。

第十八条 根据中华人民共和国缔结或者参加的国际条约,或者按照互惠原则,我国司法机关和外国司法机关可以相互请求刑事司法协助。

第二章 管 辖

第十九条 刑事案件的侦查由公安机关进行,法律另有规定的除外。

人民检察院在对诉讼活动实行法律监督中发现的司法工作人员利用职权实施的非法拘禁、刑讯逼供、非法搜查等侵犯公民权利、损害司法公正的犯罪,可以由人民检察院立案侦查。对于公安机关管辖的国家机关工作人员利用职权实施的重大犯罪案件,需要由人民检察院直接受理的时候,经省级以上人民检察院决定,可以由人民检察院立案侦查。

自诉案件,由人民法院直接受理。

第二十条 基层人民法院管辖第一审普通刑事案件,但是依照本法由上级人民法院管辖的除外。

第二十一条 中级人民法院管辖下列第一审刑事案件:

(一)危害国家安全、恐怖活动案件;

（二）可能判处无期徒刑、死刑的案件。

第二十二条　高级人民法院管辖的第一审刑事案件，是全省（自治区、直辖市）性的重大刑事案件。

第二十三条　最高人民法院管辖的第一审刑事案件，是全国性的重大刑事案件。

第二十四条　上级人民法院在必要的时候，可以审判下级人民法院管辖的第一审刑事案件；下级人民法院认为案情重大、复杂需要由上级人民法院审判的第一审刑事案件，可以请求移送上一级人民法院审判。

第二十五条　刑事案件由犯罪地的人民法院管辖。如果由被告人居住地的人民法院审判更为适宜的，可以由被告人居住地的人民法院管辖。

第二十六条　几个同级人民法院都有权管辖的案件，由最初受理的人民法院审判。在必要的时候，可以移送主要犯罪地的人民法院审判。

第二十七条　上级人民法院可以指定下级人民法院审判管辖不明的案件，也可以指定下级人民法院将案件移送其他人民法院审判。

第二十八条　专门人民法院案件的管辖另行规定。

第三章　回　　避

第二十九条　审判人员、检察人员、侦查人员有下列情形之一的，应当自行回避，当事人及其法定代理人也有权要求他们回避：

（一）是本案的当事人或者是当事人的近亲属的；

（二）本人或者他的近亲属和本案有利害关系的；

（三）担任过本案的证人、鉴定人、辩护人、诉讼代理人的；

（四）与本案当事人有其他关系，可能影响公正处理案件的。

第三十条　审判人员、检察人员、侦查人员不得接受当事人及其委托的人的请客送礼，不得违反规定会见当事人及其委托的人。

审判人员、检察人员、侦查人员违反前款规定的，应当依法追究法律责任。当事人及其法定代理人有权要求他们回避。

第三十一条　审判人员、检察人员、侦查人员的回避，应当分别由院长、检察长、公安机关负责人决定；院长的回避，由本院审判委员会决定；检察长和公安机关负责人的回避，由同级人民检察院检察委员会决定。

对侦查人员的回避作出决定前，侦查人员不能停止对案件的侦查。

对驳回申请回避的决定，当事人及其法定代理人可以申请复议一次。

第三十二条 本章关于回避的规定适用于书记员、翻译人员和鉴定人。

辩护人、诉讼代理人可以依照本章的规定要求回避、申请复议。

第四章 辩护与代理

第三十三条 犯罪嫌疑人、被告人除自己行使辩护权以外,还可以委托一至二人作为辩护人。下列的人可以被委托为辩护人:

(一)律师;

(二)人民团体或者犯罪嫌疑人、被告人所在单位推荐的人;

(三)犯罪嫌疑人、被告人的监护人、亲友。

正在被执行刑罚或者依法被剥夺、限制人身自由的人,不得担任辩护人。

被开除公职和被吊销律师、公证员执业证书的人,不得担任辩护人,但系犯罪嫌疑人、被告人的监护人、近亲属的除外。

第三十四条 犯罪嫌疑人自被侦查机关第一次讯问或者采取强制措施之日起,有权委托辩护人;在侦查期间,只能委托律师作为辩护人。被告人有权随时委托辩护人。

侦查机关在第一次讯问犯罪嫌疑人或者对犯罪嫌疑人采取强制措施的时候,应当告知犯罪嫌疑人有权委托辩护人。人民检察院自收到移送审查起诉的案件材料之日起三日以内,应当告知犯罪嫌疑人有权委托辩护人。人民法院自受理案件之日起三日以内,应当告知被告人有权委托辩护人。犯罪嫌疑人、被告人在押期间要求委托辩护人的,人民法院、人民检察院和公安机关应当及时转达其要求。

犯罪嫌疑人、被告人在押的,也可以由其监护人、近亲属代为委托辩护人。

辩护人接受犯罪嫌疑人、被告人委托后,应当及时告知办理案件的机关。

第三十五条 犯罪嫌疑人、被告人因经济困难或者其他原因没有委托辩护人的,本人及其近亲属可以向法律援助机构提出申请。对符合法律援助条件的,法律援助机构应当指派律师为其提供辩护。

犯罪嫌疑人、被告人是盲、聋、哑人,或者是尚未完全丧失辨认或者控制自己行为能力的精神病人,没有委托辩护人的,人民法院、人民检察院和公安机关应当通知法律援助机构指派律师为其提供辩护。

犯罪嫌疑人、被告人可能被判处无期徒刑、死刑,没有委托辩护人的,人民法院、人民检察院和公安机关应当通知法律援助机构指派律师为其提供辩护。

第三十六条 法律援助机构可以在人民法院、看守所等场所派驻值班律师。犯罪嫌疑人、被告人没有委托辩护人,法律援助机构没有指派律师为其提供辩护的,由值班律师为犯罪嫌疑人、被告人提供法律咨询、程序选择建议、申请变更强制措施、对案件处理提出意见等法律帮助。

人民法院、人民检察院、看守所应当告知犯罪嫌疑人、被告人有权约见值班律师,并为犯罪嫌疑人、被告人约见值班律师提供便利。

第三十七条 辩护人的责任是根据事实和法律,提出犯罪嫌疑人、被告人无罪、罪轻或者减轻、免除其刑事责任的材料和意见,维护犯罪嫌疑人、被告人的诉讼权利和其他合法权益。

第三十八条 辩护律师在侦查期间可以为犯罪嫌疑人提供法律帮助;代理申诉、控告;申请变更强制措施;向侦查机关了解犯罪嫌疑人涉嫌的罪名和案件有关情况,提出意见。

第三十九条 辩护律师可以同在押的犯罪嫌疑人、被告人会见和通信。其他辩护人经人民法院、人民检察院许可,也可以同在押的犯罪嫌疑人、被告人会见和通信。

辩护律师持律师执业证书、律师事务所证明和委托书或者法律援助公函要求会见在押的犯罪嫌疑人、被告人的,看守所应当及时安排会见,至迟不得超过四十八小时。

危害国家安全犯罪、恐怖活动犯罪案件,在侦查期间辩护律师会见在押的犯罪嫌疑人,应当经侦查机关许可。上述案件,侦查机关应当事先通知看守所。

辩护律师会见在押的犯罪嫌疑人、被告人,可以了解案件有关情况,提供法律咨询等;自案件移送审查起诉之日起,可以向犯罪嫌疑人、被告人核实有关证据。辩护律师会见犯罪嫌疑人、被告人时不被监听。

辩护律师同被监视居住的犯罪嫌疑人、被告人会见、通信,适用第一款、第三款、第四款的规定。

第四十条 辩护律师自人民检察院对案件审查起诉之日起,可以查阅、摘抄、复制本案的案卷材料。其他辩护人经人民法院、人民检察院许可，也可以查阅、摘抄、复制上述材料。

第四十一条 辩护人认为在侦查、审查起诉期间公安机关、人民检察院收集的证明犯罪嫌疑人、被告人无罪或者罪轻的证据材料未提交的，有权申请人民检察院、人民法院调取。

第四十二条 辩护人收集的有关犯罪嫌疑人不在犯罪现场、未达到刑事责任年龄、属于依法不负刑事责任的精神病人的证据，应当及时告知公安机关、人民检察院。

第四十三条 辩护律师经证人或者其他有关单位和个人同意，可以向他们收集与本案有关的材料，也可以申请人民检察院、人民法院收集、调取证据，或者申请人民法院通知证人出庭作证。

辩护律师经人民检察院或者人民法院许可，并且经被害人或者其近亲属、被害人提供的证人同意，可以向他们收集与本案有关的材料。

第四十四条 辩护人或者其他任何人，不得帮助犯罪嫌疑人、被告人隐匿、毁灭、伪造证据或者串供，不得威胁、引诱证人作伪证以及进行其他干扰司法机关诉讼活动的行为。

违反前款规定的，应当依法追究法律责任，辩护人涉嫌犯罪的，应当由办理辩护人所承办案件的侦查机关以外的侦查机关办理。辩护人是律师的，应当及时通知其所在的律师事务所或者所属的律师协会。

第四十五条 在审判过程中，被告人可以拒绝辩护人继续为他辩护，也可以另行委托辩护人辩护。

第四十六条 公诉案件的被害人及其法定代理人或者近亲属，附带民事诉讼的当事人及其法定代理人，自案件移送审查起诉之日起，有权委托诉讼代理人。自诉案件的自诉人及其法定代理人，附带民事诉讼的当事人及其法定代理人，有权随时委托诉讼代理人。

人民检察院自收到移送审查起诉的案件材料之日起三日以内，应当告知被害人及其法定代理人或者其近亲属、附带民事诉讼的当事人及其法定代理人有权委托诉讼代理人。人民法院自受理自诉案件之日起三日以内，应当告知自诉人及其法定代理人、附带民事诉讼的当事人及其法定代理人有权委托诉讼代理人。

第四十七条 委托诉讼代理人，参照本法第三十三条的规定执行。

第四十八条 辩护律师对在执业活动中知悉的委托人的有关情况和信息，有权予以保密。但是，辩护律师在执业活动中知悉委托人或者其他人,准备或者正在实施危害国家安全、公共安全以及严重危害他人人身安全的犯罪的,应当及时告知司法机关。

第四十九条 辩护人、诉讼代理人认为公安机关、人民检察院、人民法院及其工作人员阻碍其依法行使诉讼权利的,有权向同级或者上一级人民检察院申诉或者控告。人民检察院对申诉或者控告应当及时进行审查,情况属实的,通知有关机关予以纠正。

第五章 证 据

第五十条 可以用于证明案件事实的材料,都是证据。

证据包括:

(一)物证;

(二)书证;

(三)证人证言;

(四)被害人陈述;

(五)犯罪嫌疑人、被告人供述和辩解;

(六)鉴定意见;

(七)勘验、检查、辨认、侦查实验等笔录;

(八)视听资料、电子数据。

证据必须经过查证属实,才能作为定案的根据。

第五十一条 公诉案件中被告人有罪的举证责任由人民检察院承担,自诉案件中被告人有罪的举证责任由自诉人承担。

第五十二条 审判人员、检察人员、侦查人员必须依照法定程序,收集能够证实犯罪嫌疑人、被告人有罪或者无罪、犯罪情节轻重的各种证据。严禁刑讯逼供和以威胁、引诱、欺骗以及其他非法方法收集证据,不得强迫任何人证实自己有罪。必须保证一切与案件有关或者了解案情的公民,有客观地充分地提供证据的条件,除特殊情况外,可以吸收他们协助调查。

第五十三条 公安机关提请批准逮捕书、人民检察院起诉书、人民法院判决书,必须忠实于事实真象。故意隐瞒事实真象的,应当追究责任。

第五十四条 人民法院、人民检察院和公安机关有权向有关单位和个人收集、调取证据。有关单位和个人应当如实提供证据。

行政机关在行政执法和查办案件过程中收集的物证、书证、视听资料、电子数据等证据材料,在刑事诉讼中可以作为证据使用。

对涉及国家秘密、商业秘密、个人隐私的证据，应当保密。

凡是伪造证据、隐匿证据或者毁灭证据的，无论属于何方，必须受法律追究。

第五十五条 对一切案件的判处都要重证据，重调查研究，不轻信口供。只有被告人供述，没有其他证据的，不能认定被告人有罪和处以刑罚；没有被告人供述，证据确实、充分的，可以认定被告人有罪和处以刑罚。

证据确实、充分，应当符合以下条件：

（一）定罪量刑的事实都有证据证明；

（二）据以定案的证据均经法定程序查证属实；

（三）综合全案证据，对所认定事实已排除合理怀疑。

第五十六条 采用刑讯逼供等非法方法收集的犯罪嫌疑人、被告人供述和采用暴力、威胁等非法方法收集的证人证言、被害人陈述，应当予以排除。收集物证、书证不符合法定程序，可能严重影响司法公正的，应当予以补正或者作出合理解释；不能补正或者作出合理解释的，对该证据应当予以排除。

在侦查、审查起诉、审判时发现有应当排除的证据的，应当依法予以排除，不得作为起诉意见、起诉决定和判决的依据。

第五十七条 人民检察院接到报案、控告、举报或者发现侦查人员以非法方法收集证据的，应当进行调查核实。对于确有以非法方法收集证据情形的，应当提出纠正意见；构成犯罪的，依法追究刑事责任。

第五十八条 法庭审理过程中，审判人员认为可能存在本法第五十六条规定的以非法方法收集证据情形的，应当对证据收集的合法性进行法庭调查。

当事人及其辩护人、诉讼代理人有权申请人民法院对以非法方法收集的证据依法予以排除。申请排除以非法方法收集的证据的，应当提供相关线索或者材料。

第五十九条 在对证据收集的合法性进行法庭调查的过程中，人民检察院应当对证据收集的合法性加以证明。

现有证据材料不能证明证据收集的合法性的，人民检察院可以提请人民法院通知有关侦查人员或者其他人员出庭说明情况；人民法院可以通知有关侦查人员或者其他人员出庭说明情况。有关侦查人员或者其他人员也可以要求出庭说明情况。经人民法院通知，有关人员应当出庭。

第六十条 对于经过法庭审理,确认或者不能排除存在本法第五十六条规定的以非法方法收集证据情形的,对有关证据应当予以排除。

第六十一条 证人证言必须在法庭上经过公诉人、被害人和被告人、辩护人双方质证并且查实以后,才能作为定案的根据。法庭查明证人有意作伪证或者隐匿罪证的时候,应当依法处理。

第六十二条 凡是知道案件情况的人,都有作证的义务。

生理上、精神上有缺陷或者年幼,不能辨别是非、不能正确表达的人,不能作证人。

第六十三条 人民法院、人民检察院和公安机关应当保障证人及其近亲属的安全。

对证人及其近亲属进行威胁、侮辱、殴打或者打击报复,构成犯罪的,依法追究刑事责任;尚不够刑事处罚的,依法给予治安管理处罚。

第六十四条 对于危害国家安全犯罪、恐怖活动犯罪、黑社会性质的组织犯罪、毒品犯罪等案件,证人、鉴定人、被害人因在诉讼中作证,本人或者其近亲属的人身安全面临危险的,人民法院、人民检察院和公安机关应当采取以下一项或者多项保护措施:

(一)不公开真实姓名、住址和工作单位等个人信息;

(二)采取不暴露外貌、真实声音等出庭作证措施;

(三)禁止特定的人员接触证人、鉴定人、被害人及其近亲属;

(四)对人身和住宅采取专门性保护措施;

(五)其他必要的保护措施。

证人、鉴定人、被害人认为因在诉讼中作证,本人或者其近亲属的人身安全面临危险的,可以向人民法院、人民检察院、公安机关请求予以保护。

人民法院、人民检察院、公安机关依法采取保护措施,有关单位和个人应当配合。

第六十五条 证人因履行作证义务而支出的交通、住宿、就餐等费用,应当给予补助。证人作证的补助列入司法机关业务经费,由同级政府财政予以保障。

有工作单位的证人作证,所在单位不得克扣或者变相克扣其工资、奖金及其他福利待遇。

第六章　强 制 措 施

第六十六条　人民法院、人民检察院和公安机关根据案件情况，对犯罪嫌疑人、被告人可以拘传、取保候审或者监视居住。

第六十七条　人民法院、人民检察院和公安机关对有下列情形之一的犯罪嫌疑人、被告人，可以取保候审：

（一）可能判处管制、拘役或者独立适用附加刑的；

（二）可能判处有期徒刑以上刑罚，采取取保候审不致发生社会危险性的；

（三）患有严重疾病、生活不能自理，怀孕或者正在哺乳自己婴儿的妇女，采取取保候审不致发生社会危险性的；

（四）羁押期限届满，案件尚未办结，需要采取取保候审的。

取保候审由公安机关执行。

第六十八条　人民法院、人民检察院和公安机关决定对犯罪嫌疑人、被告人取保候审，应当责令犯罪嫌疑人、被告人提出保证人或者交纳保证金。

第六十九条　保证人必须符合下列条件：

（一）与本案无牵连；

（二）有能力履行保证义务；

（三）享有政治权利，人身自由未受到限制；

（四）有固定的住处和收入。

第七十条　保证人应当履行以下义务：

（一）监督被保证人遵守本法第七十一条的规定；

（二）发现被保证人可能发生或者已经发生违反本法第七十一条规定的行为的，应当及时向执行机关报告。

被保证人有违反本法第七十一条规定的行为，保证人未履行保证义务的，对保证人处以罚款，构成犯罪的，依法追究刑事责任。

第七十一条　被取保候审的犯罪嫌疑人、被告人应当遵守以下规定：

（一）未经执行机关批准不得离开所居住的市、县；

（二）住址、工作单位和联系方式发生变动的，在二十四小时以内向执行机关报告；

（三）在传讯的时候及时到案；

（四）不得以任何形式干扰证人作证；

（五）不得毁灭、伪造证据或者串供。

人民法院、人民检察院和公安机关可以根据案件情况，责令被取保候审的犯罪嫌疑人、被告人遵守以下一项或者多项规定：

（一）不得进入特定的场所；

（二）不得与特定的人员会见或者通信；

（三）不得从事特定的活动；

（四）将护照等出入境证件、驾驶证件交执行机关保存。

被取保候审的犯罪嫌疑人、被告人违反前两款规定，已交纳保证金的，没收部分或者全部保证金，并且区别情形，责令犯罪嫌疑人、被告人具结悔过，重新交纳保证金、提出保证人，或者监视居住、予以逮捕。

对违反取保候审规定，需要予以逮捕的，可以对犯罪嫌疑人、被告人先行拘留。

第七十二条　取保候审的决定机关应当综合考虑保证诉讼活动正常进行的需要，被取保候审人的社会危险性，案件的性质、情节，可能判处刑罚的轻重，被取保候审人的经济状况等情况，确定保证金的数额。

提供保证金的人应当将保证金存入执行机关指定银行的专门账户。

第七十三条　犯罪嫌疑人、被告人在取保候审期间未违反本法第七十一条规定的，取保候审结束的时候，凭解除取保候审的通知或者有关法律文书到银行领取退还的保证金。

第七十四条　人民法院、人民检察院和公安机关对符合逮捕条件，有下列情形之一的犯罪嫌疑人、被告人，可以监视居住：

（一）患有严重疾病、生活不能自理的；

（二）怀孕或者正在哺乳自己婴儿的妇女；

（三）系生活不能自理的人的唯一扶养人；

（四）因为案件的特殊情况或者办理案件的需要，采取监视居住措施更为适宜的；

（五）羁押期限届满，案件尚未办结，需要采取监视居住措施的。

对符合取保候审条件，但犯罪嫌疑人、被告人不能提出保证人，也不交纳保证金的，可以监视居住。

监视居住由公安机关执行。

第七十五条　监视居住应当在犯罪嫌疑人、被告人的住处执行；无固定住处的,可以在指定的居所执行。对于涉嫌危害国家安全犯罪、恐怖活动犯罪,在住处执行可能有碍侦查的,经上一级公安机关批准,也可以在指定的居所执行。但是,不得在羁押场所、专门的办案场所执行。

指定居所监视居住的,除无法通知的以外,应当在执行监视居住后二十四小时以内,通知被监视居住人的家属。

被监视居住的犯罪嫌疑人、被告人委托辩护人,适用本法第三十四条的规定。

人民检察院对指定居所监视居住的决定和执行是否合法实行监督。

第七十六条 指定居所监视居住的期限应当折抵刑期。被判处管制的,监视居住一日折抵刑期一日;被判处拘役、有期徒刑的,监视居住二日折抵刑期一日。

第七十七条 被监视居住的犯罪嫌疑人、被告人应当遵守以下规定:

(一)未经执行机关批准不得离开执行监视居住的处所;

(二)未经执行机关批准不得会见他人或者通信;

(三)在传讯的时候及时到案;

(四)不得以任何形式干扰证人作证;

(五)不得毁灭、伪造证据或者串供;

(六)将护照等出入境证件、身份证件、驾驶证件交执行机关保存。

被监视居住的犯罪嫌疑人、被告人违反前款规定,情节严重的,可以予以逮捕;需要予以逮捕的,可以对犯罪嫌疑人、被告人先行拘留。

第七十八条 执行机关对被监视居住的犯罪嫌疑人、被告人,可以采取电子监控、不定期检查等监视方法对其遵守监视居住规定的情况进行监督;在侦查期间,可以对被监视居住的犯罪嫌疑人的通信进行监控。

第七十九条 人民法院、人民检察院和公安机关对犯罪嫌疑人、被告人取保候审最长不得超过十二个月,监视居住最长不得超过六个月。

在取保候审、监视居住期间,不得中断对案件的侦查、起诉和审理。对于发现不应当追究刑事责任或者取保候审、监视居住期限届满的,应当及时解除取保候审、监视居住。解除取保候审、监视居住,应当及时通知被取保候审、监视居住人和有关单位。

第八十条 逮捕犯罪嫌疑人、被告人,必须经过人民检察院批准或者人民法院决定,由公安机关执行。

第八十一条 对有证据证明有犯罪事实,可能判处徒刑以上刑罚的犯

罪嫌疑人、被告人,采取取保候审尚不足以防止发生下列社会危险性的,应当予以逮捕:

(一)可能实施新的犯罪的;

(二)有危害国家安全、公共安全或者社会秩序的现实危险的;

(三)可能毁灭、伪造证据,干扰证人作证或者串供的;

(四)可能对被害人、举报人、控告人实施打击报复的;

(五)企图自杀或者逃跑的。

批准或者决定逮捕,应当将犯罪嫌疑人、被告人涉嫌犯罪的性质、情节,认罪认罚等情况,作为是否可能发生社会危险性的考虑因素。

对有证据证明有犯罪事实,可能判处十年有期徒刑以上刑罚的,或者有证据证明有犯罪事实,可能判处徒刑以上刑罚,曾经故意犯罪或者身份不明的,应当予以逮捕。

被取保候审、监视居住的犯罪嫌疑人、被告人违反取保候审、监视居住规定,情节严重的,可以予以逮捕。

第八十二条 公安机关对于现行犯或者重大嫌疑分子,如果有下列情形之一的,可以先行拘留:

(一)正在预备犯罪、实行犯罪或者在犯罪后即时被发觉的;

(二)被害人或者在场亲眼看见的人指认他犯罪的;

(三)在身边或者住处发现有犯罪证据的;

(四)犯罪后企图自杀、逃跑或者在逃的;

(五)有毁灭、伪造证据或者串供可能的;

(六)不讲真实姓名、住址,身份不明的;

(七)有流窜作案、多次作案、结伙作案重大嫌疑的。

第八十三条 公安机关在异地执行拘留、逮捕的时候,应当通知被拘留、逮捕人所在地的公安机关,被拘留、逮捕人所在地的公安机关应当予以配合。

第八十四条 对于有下列情形的人,任何公民都可以立即扭送公安机关、人民检察院或者人民法院处理:

(一)正在实行犯罪或者在犯罪后即时被发觉的;

(二)通缉在案的;

(三)越狱逃跑的;

(四)正在被追捕的。

第八十五条 公安机关拘留人的时候，必须出示拘留证。

拘留后，应当立即将被拘留人送看守所羁押，至迟不得超过二十四小时。除无法通知或者涉嫌危害国家安全犯罪、恐怖活动犯罪通知可能有碍侦查的情形以外，应当在拘留后二十四小时以内，通知被拘留人的家属。有碍侦查的情形消失以后，应当立即通知被拘留人的家属。

第八十六条 公安机关对被拘留的人，应当在拘留后的二十四小时以内进行讯问。在发现不应当拘留的时候，必须立即释放，发给释放证明。

第八十七条 公安机关要求逮捕犯罪嫌疑人的时候，应当写出提请批准逮捕书，连同案卷材料、证据，一并移送同级人民检察院审查批准。必要的时候，人民检察院可以派人参加公安机关对于重大案件的讨论。

第八十八条 人民检察院审查批准逮捕，可以讯问犯罪嫌疑人；有下列情形之一的，应当讯问犯罪嫌疑人：

（一）对是否符合逮捕条件有疑问的；

（二）犯罪嫌疑人要求向检察人员当面陈述的；

（三）侦查活动可能有重大违法行为的。

人民检察院审查批准逮捕，可以询问证人等诉讼参与人，听取辩护律师的意见；辩护律师提出要求的，应当听取辩护律师的意见。

第八十九条 人民检察院审查批准逮捕犯罪嫌疑人由检察长决定。重大案件应当提交检察委员会讨论决定。

第九十条 人民检察院对于公安机关提请批准逮捕的案件进行审查后，应当根据情况分别作出批准逮捕或者不批准逮捕的决定。对于批准逮捕的决定，公安机关应当立即执行，并且将执行情况及时通知人民检察院。对于不批准逮捕的，人民检察院应当说明理由，需要补充侦查的，应当同时通知公安机关。

第九十一条 公安机关对被拘留的人，认为需要逮捕的，应当在拘留后的三日以内，提请人民检察院审查批准。在特殊情况下，提请审查批准的时间可以延长一日至四日。

对于流窜作案、多次作案、结伙作案的重大嫌疑分子，提请审查批准的时间可以延长至三十日。

人民检察院应当自接到公安机关提请批准逮捕书后的七日以内，作出批准逮捕或者不批准逮捕的决定。人民检察院不批准逮捕的，公安机关应当在接到通知后立即释放，并且将执行情况及时通知人民检察院。对于需要继续侦查,并且符合取保候审、监视居住条件的,依法取保候审或者监视居住。

第九十二条 公安机关对人民检察院不批准逮捕的决定,认为有错误的时候,可以要求复议,但是必须将被拘留的人立即释放。如果意见不被接受,可以向上一级人民检察院提请复核。上级人民检察院应当立即复核,作出是否变更的决定,通知下级人民检察院和公安机关执行。

第九十三条 公安机关逮捕人的时候,必须出示逮捕证。

逮捕后,应当立即将被逮捕人送看守所羁押。除无法通知的以外,应当在逮捕后二十四小时以内,通知被逮捕人的家属。

第九十四条 人民法院、人民检察院对于各自决定逮捕的人,公安机关对于经人民检察院批准逮捕的人,都必须在逮捕后的二十四小时以内进行讯问。在发现不应当逮捕的时候,必须立即释放,发给释放证明。

第九十五条 犯罪嫌疑人、被告人被逮捕后,人民检察院仍应当对羁押的必要性进行审查。对不需要继续羁押的,应当建议予以释放或者变更强制措施。有关机关应当在十日以内将处理情况通知人民检察院。

第九十六条 人民法院、人民检察院和公安机关如果发现对犯罪嫌疑人、被告人采取强制措施不当的,应当及时撤销或者变更。公安机关释放被逮捕的人或者变更逮捕措施的,应当通知原批准的人民检察院。

第九十七条 犯罪嫌疑人、被告人及其法定代理人、近亲属或者辩护人有权申请变更强制措施。人民法院、人民检察院和公安机关收到申请后,应当在三日以内作出决定;不同意变更强制措施的,应当告知申请人,并说明不同意的理由。

第九十八条 犯罪嫌疑人、被告人被羁押的案件,不能在本法规定的侦查羁押、审查起诉、一审、二审期限内办结的,对犯罪嫌疑人、被告人应当予以释放;需要继续查证、审理的,对犯罪嫌疑人、被告人可以取保候审或者监视居住。

第九十九条 人民法院、人民检察院或者公安机关对被采取强制措施法定期限届满的犯罪嫌疑人、被告人,应当予以释放、解除取保候审、监视居住或者依法变更强制措施。犯罪嫌疑人、被告人及其法定代理人、近亲属或者辩护人对于人民法院、人民检察院或者公安机关采取强制措施法定期限届满的,有权要求解除强制措施。

第一百条 人民检察院在审查批准逮捕工作中,如果发现公安机关的侦查活动有违法情况,应当通知公安机关予以纠正,公安机关应当将纠正情况通知人民检察院。

第七章 附带民事诉讼

第一百零一条 被害人由于被告人的犯罪行为而遭受物质损失的,在刑事诉讼过程中,有权提起附带民事诉讼。被害人死亡或者丧失行为能力的,被害人的法定代理人、近亲属有权提起附带民事诉讼。

如果是国家财产、集体财产遭受损失的,人民检察院在提起公诉的时候,可以提起附带民事诉讼。

第一百零二条 人民法院在必要的时候,可以采取保全措施,查封、扣押或者冻结被告人的财产。附带民事诉讼原告人或者人民检察院可以申请人民法院采取保全措施。人民法院采取保全措施,适用民事诉讼法的有关规定。

第一百零三条 人民法院审理附带民事诉讼案件,可以进行调解,或者根据物质损失情况作出判决、裁定。

第一百零四条 附带民事诉讼应当同刑事案件一并审判,只有为了防止刑事案件审判的过分迟延,才可以在刑事案件审判后,由同一审判组织继续审理附带民事诉讼。

第八章 期间、送达

第一百零五条 期间以时、日、月计算。

期间开始的时和日不算在期间以内。

法定期间不包括路途上的时间。上诉状或者其他文件在期满前已经交邮的,不算过期。

期间的最后一日为节假日的,以节假日后的第一日为期满日期,但犯罪嫌疑人、被告人或者罪犯在押期间,应当至期满之日为止,不得因节假日而延长。

第一百零六条 当事人由于不能抗拒的原因或者有其他正当理由而耽误期限的,在障碍消除后五日以内,可以申请继续进行应当在期满以前完成的诉讼活动。

前款申请是否准许,由人民法院裁定。

第一百零七条 送达传票、通知书和其他诉讼文件应当交给收件人本人；如果本人不在，可以交给他的成年家属或者所在单位的负责人员代收。

收件人本人或者代收人拒绝接收或者拒绝签名、盖章的时候，送达人可以邀请他的邻居或者其他见证人到场，说明情况，把文件留在他的住处，在送达证上记明拒绝的事由、送达的日期，由送达人签名，即认为已经送达。

第九章　其 他 规 定

第一百零八条　本法下列用语的含意是：

（一）“侦查”是指公安机关、人民检察院对于刑事案件，依照法律进行的收集证据、查明案情的工作和有关的强制性措施；

（二）“当事人”是指被害人、自诉人、犯罪嫌疑人、被告人、附带民事诉讼的原告人和被告人；

（三）“法定代理人”是指被代理人的父母、养父母、监护人和负有保护责任的机关、团体的代表；

（四）“诉讼参与人”是指当事人、法定代理人、诉讼代理人、辩护人、证人、鉴定人和翻译人员；

（五）“诉讼代理人”是指公诉案件的被害人及其法定代理人或者近亲属、自诉案件的自诉人及其法定代理人委托代为参加诉讼的人和附带民事诉讼的当事人及其法定代理人委托代为参加诉讼的人；

（六）“近亲属”是指夫、妻、父、母、子、女、同胞兄弟姊妹。

第二编　立案、侦查和提起公诉

第一章　立　　案

第一百零九条　公安机关或者人民检察院发现犯罪事实或者犯罪嫌疑人，应当按照管辖范围，立案侦查。

第一百一十条　任何单位和个人发现有犯罪事实或者犯罪嫌疑人，有权利也有义务向公安机关、人民检察院或者人民法院报案或者举报。

被害人对侵犯其人身、财产权利的犯罪事实或者犯罪嫌疑人，有权向公安机关、人民检察院或者人民法院报案或者控告。

公安机关、人民检察院或者人民法院对于报案、控告、举报，都应当接受。对于不属于自己管辖的，应当移送主管机关处理，并且通知报案人、控告人、举报人；对于不属于自己管辖而又必须采取紧急措施的，应当先采取紧急措施，然后移送主管机关。

犯罪人向公安机关、人民检察院或者人民法院自首的，适用第三款规定。

第一百一十一条 报案、控告、举报可以用书面或者口头提出。接受口头报案、控告、举报的工作人员，应当写成笔录，经宣读无误后，由报案人、控告人、举报人签名或者盖章。

接受控告、举报的工作人员，应当向控告人、举报人说明诬告应负的法律责任。但是，只要不是捏造事实，伪造证据，即使控告、举报的事实有出入，甚至是错告的，也要和诬告严格加以区别。

公安机关、人民检察院或者人民法院应当保障报案人、控告人、举报人及其近亲属的安全。报案人、控告人、举报人如果不愿公开自己的姓名和报案、控告、举报的行为，应当为他保守秘密。

第一百一十二条 人民法院、人民检察院或者公安机关对于报案、控告、举报和自首的材料，应当按照管辖范围，迅速进行审查，认为有犯罪事实需要追究刑事责任的时候，应当立案；认为没有犯罪事实，或者犯罪事实显著轻微，不需要追究刑事责任的时候，不予立案，并且将不立案的原因通知控告人。控告人如果不服，可以申请复议。

第一百一十三条 人民检察院认为公安机关对应当立案侦查的案件而不立案侦查的，或者被害人认为公安机关对应当立案侦查的案件而不立案侦查，向人民检察院提出的，人民检察院应当要求公安机关说明不立案的理由。人民检察院认为公安机关不立案理由不能成立的，应当通知公安机关立案，公安机关接到通知后应当立案。

第一百一十四条 对于自诉案件，被害人有权向人民法院直接起诉。被害人死亡或者丧失行为能力的，被害人的法定代理人、近亲属有权向人民法院起诉。人民法院应当依法受理。

第二章 侦 查

第一节 一般规定

第一百一十五条 公安机关对已经立案的刑事案件，应当进行侦查，收集、调取犯罪嫌疑人有罪或者无罪、罪轻或者罪重的证据材料。对现行犯或者重大嫌疑分子可以依法先行拘留,对符合逮捕条件的犯罪嫌疑人,应当依法逮捕。

第一百一十六条 公安机关经过侦查,对有证据证明有犯罪事实的案件,应当进行预审,对收集、调取的证据材料予以核实。

第一百一十七条 当事人和辩护人、诉讼代理人、利害关系人对于司法机关及其工作人员有下列行为之一的,有权向该机关申诉或者控告:

(一)采取强制措施法定期限届满,不予以释放、解除或者变更的;

(二)应当退还取保候审保证金不退还的;

(三)对与案件无关的财物采取查封、扣押、冻结措施的;

(四)应当解除查封、扣押、冻结不解除的;

(五)贪污、挪用、私分、调换、违反规定使用查封、扣押、冻结的财物的。

受理申诉或者控告的机关应当及时处理。对处理不服的,可以向同级人民检察院申诉;人民检察院直接受理的案件,可以向上一级人民检察院申诉。人民检察院对申诉应当及时进行审查,情况属实的,通知有关机关予以纠正。

第二节 讯问犯罪嫌疑人

第一百一十八条 讯问犯罪嫌疑人必须由人民检察院或者公安机关的侦查人员负责进行。讯问的时候,侦查人员不得少于二人。

犯罪嫌疑人被送交看守所羁押以后,侦查人员对其进行讯问,应当在看守所内进行。

第一百一十九条 对不需要逮捕、拘留的犯罪嫌疑人,可以传唤到犯罪嫌疑人所在市、县内的指定地点或者到他的住处进行讯问,但是应当出示人民检察院或者公安机关的证明文件。对在现场发现的犯罪嫌疑人,经出示工作证件,可以口头传唤,但应当在讯问笔录中注明。

传唤、拘传持续的时间不得超过十二小时;案情特别重大、复杂,需要采取拘留、逮捕措施的,传唤、拘传持续的时间不得超过二十四小时。

不得以连续传唤、拘传的形式变相拘禁犯罪嫌疑人。传唤、拘传犯罪嫌疑人,应当保证犯罪嫌疑人的饮食和必要的休息时间。

第一百二十条 侦查人员在讯问犯罪嫌疑人的时候,应当首先讯问犯罪嫌疑人是否有犯罪行为,让他陈述有罪的情节或者无罪的辩解,然后向他提出问题。犯罪嫌疑人对侦查人员的提问,应当如实回答。但是对与本案无关的问题,有拒绝回答的权利。

侦查人员在讯问犯罪嫌疑人的时候,应当告知犯罪嫌疑人享有的诉讼权利,如实供述自己罪行可以从宽处理和认罪认罚的法律规定。

第一百二十一条 讯问聋、哑的犯罪嫌疑人,应当有通晓聋、哑手势的人参加,并且将这种情况记明笔录。

第一百二十二条 讯问笔录应当交犯罪嫌疑人核对,对于没有阅读能力的,应当向他宣读。如果记载有遗漏或者差错,犯罪嫌疑人可以提出补充或者改正。犯罪嫌疑人承认笔录没有错误后,应当签名或者盖章。侦查人员也应当在笔录上签名。犯罪嫌疑人请求自行书写供述的,应当准许。必要的时候,侦查人员也可以要犯罪嫌疑人亲笔书写供词。

第一百二十三条 侦查人员在讯问犯罪嫌疑人的时候,可以对讯问过程进行录音或者录像;对于可能判处无期徒刑、死刑的案件或者其他重大犯罪案件,应当对讯问过程进行录音或者录像。

录音或者录像应当全程进行,保持完整性。

第三节 询问证人

第一百二十四条 侦查人员询问证人,可以在现场进行,也可以到证人所在单位、住处或者证人提出的地点进行,在必要的时候,可以通知证人到人民检察院或者公安机关提供证言。在现场询问证人,应当出示工作证件,到证人所在单位、住处或者证人提出的地点询问证人,应当出示人民检察院或者公安机关的证明文件。

询问证人应当个别进行。

第一百二十五条 询问证人,应当告知他应当如实地提供证据、证言和有意作伪证或者隐匿罪证要负的法律责任。

第一百二十六条 本法第一百二十二条的规定,也适用于询问证人。

第一百二十七条 询问被害人,适用本节各条规定。

第四节 勘验、检查

第一百二十八条 侦查人员对于与犯罪有关的场所、物品、人身、尸体应当进行勘验或者检查。在必要的时候,可以指派或者聘请具有专门知识的人,在侦查人员的主持下进行勘验、检查。

第一百二十九条 任何单位和个人,都有义务保护犯罪现场,并且立即通知公安机关派员勘验。

第一百三十条　侦查人员执行勘验、检查,必须持有人民检察院或者公安机关的证明文件。

第一百三十一条　对于死因不明的尸体,公安机关有权决定解剖,并且通知死者家属到场。

第一百三十二条　为了确定被害人、犯罪嫌疑人的某些特征、伤害情况或者生理状态,可以对人身进行检查,可以提取指纹信息,采集血液、尿液等生物样本。

犯罪嫌疑人如果拒绝检查,侦查人员认为必要的时候,可以强制检查。

检查妇女的身体,应当由女工作人员或者医师进行。

第一百三十三条　勘验、检查的情况应当写成笔录,由参加勘验、检查的人和见证人签名或者盖章。

第一百三十四条　人民检察院审查案件的时候,对公安机关的勘验、检查,认为需要复验、复查时,可以要求公安机关复验、复查,并且可以派检察人员参加。

第一百三十五条　为了查明案情,在必要的时候,经公安机关负责人批准,可以进行侦查实验。

侦查实验的情况应当写成笔录,由参加实验的人签名或者盖章。

侦查实验,禁止一切足以造成危险、侮辱人格或者有伤风化的行为。

第五节　搜　　查

第一百三十六条　为了收集犯罪证据、查获犯罪人,侦查人员可以对犯罪嫌疑人以及可能隐藏罪犯或者犯罪证据的人的身体、物品、住处和其他有关的地方进行搜查。

第一百三十七条　任何单位和个人,有义务按照人民检察院和公安机关的要求,交出可以证明犯罪嫌疑人有罪或者无罪的物证、书证、视听资料等证据。

第一百三十八条　进行搜查,必须向被搜查人出示搜查证。

在执行逮捕、拘留的时候,遇有紧急情况,不另用搜查证也可以进行搜查。

第一百三十九条　在搜查的时候,应当有被搜查人或者他的家属,邻居或者其他见证人在场。

搜查妇女的身体，应当由女工作人员进行。

第一百四十条 搜查的情况应当写成笔录，由侦查人员和被搜查人或者他的家属，邻居或者其他见证人签名或者盖章。如果被搜查人或者他的家属在逃或者拒绝签名、盖章，应当在笔录上注明。

第六节 查封、扣押物证、书证

第一百四十一条 在侦查活动中发现的可用以证明犯罪嫌疑人有罪或者无罪的各种财物、文件，应当查封、扣押；与案件无关的财物、文件，不得查封、扣押。

对查封、扣押的财物、文件，要妥善保管或者封存，不得使用、调换或者损毁。

第一百四十二条 对查封、扣押的财物、文件，应当会同在场见证人和被查封、扣押财物、文件持有人查点清楚，当场开列清单一式二份，由侦查人员、见证人和持有人签名或者盖章，一份交给持有人，另一份附卷备查。

第一百四十三条 侦查人员认为需要扣押犯罪嫌疑人的邮件、电报的时候，经公安机关或者人民检察院批准，即可通知邮电机关将有关的邮件、电报检交扣押。

不需要继续扣押的时候，应即通知邮电机关。

第一百四十四条 人民检察院、公安机关根据侦查犯罪的需要，可以依照规定查询、冻结犯罪嫌疑人的存款、汇款、债券、股票、基金份额等财产。有关单位和个人应当配合。

犯罪嫌疑人的存款、汇款、债券、股票、基金份额等财产已被冻结的，不得重复冻结。

第一百四十五条 对查封、扣押的财物、文件、邮件、电报或者冻结的存款、汇款、债券、股票、基金份额等财产，经查明确实与案件无关的，应当在三日以内解除查封、扣押、冻结，予以退还。

第七节 鉴　　定

第一百四十六条 为了查明案情，需要解决案件中某些专门性问题的时候，应当指派、聘请有专门知识的人进行鉴定。

第一百四十七条 鉴定人进行鉴定后，应当写出鉴定意见，并且签名。

鉴定人故意作虚假鉴定的，应当承担法律责任。

第一百四十八条　侦查机关应当将用作证据的鉴定意见告知犯罪嫌疑人、被害人。如果犯罪嫌疑人、被害人提出申请,可以补充鉴定或者重新鉴定。

第一百四十九条　对犯罪嫌疑人作精神病鉴定的期间不计入办案期限。

第八节　技术侦查措施

第一百五十条　公安机关在立案后,对于危害国家安全犯罪、恐怖活动犯罪、黑社会性质的组织犯罪、重大毒品犯罪或者其他严重危害社会的犯罪案件,根据侦查犯罪的需要,经过严格的批准手续,可以采取技术侦查措施。

人民检察院在立案后,对于利用职权实施的严重侵犯公民人身权利的重大犯罪案件,根据侦查犯罪的需要,经过严格的批准手续,可以采取技术侦查措施,按照规定交有关机关执行。

追捕被通缉或者批准、决定逮捕的在逃的犯罪嫌疑人、被告人,经过批准,可以采取追捕所必需的技术侦查措施。

第一百五十一条　批准决定应当根据侦查犯罪的需要,确定采取技术侦查措施的种类和适用对象。批准决定自签发之日起三个月以内有效。对于不需要继续采取技术侦查措施的,应当及时解除;对于复杂、疑难案件,期限届满仍有必要继续采取技术侦查措施的,经过批准,有效期可以延长,每次不得超过三个月。

第一百五十二条　采取技术侦查措施,必须严格按照批准的措施种类、适用对象和期限执行。

侦查人员对采取技术侦查措施过程中知悉的国家秘密、商业秘密和个人隐私,应当保密;对采取技术侦查措施获取的与案件无关的材料,必须及时销毁。

采取技术侦查措施获取的材料,只能用于对犯罪的侦查、起诉和审判,不得用于其他用途。

公安机关依法采取技术侦查措施,有关单位和个人应当配合,并对有关情况予以保密。

第一百五十三条　为了查明案情,在必要的时候,经公安机关负责人决定,可以由有关人员隐匿其身份实施侦查。但是,不得诱使他人犯罪,不得采用可能危害公共安全或者发生重大人身危险的方法。

对涉及给付毒品等违禁品或者财物的犯罪活动，公安机关根据侦查犯罪的需要，可以依照规定实施控制下交付。

第一百五十四条 依照本节规定采取侦查措施收集的材料在刑事诉讼中可以作为证据使用。如果使用该证据可能危及有关人员的人身安全，或者可能产生其他严重后果的，应当采取不暴露有关人员身份、技术方法等保护措施，必要的时候，可以由审判人员在庭外对证据进行核实。

第九节 通 缉

第一百五十五条 应当逮捕的犯罪嫌疑人如果在逃，公安机关可以发布通缉令，采取有效措施，追捕归案。

各级公安机关在自己管辖的地区以内，可以直接发布通缉令；超出自己管辖的地区，应当报请有权决定的上级机关发布。

第十节 侦查终结

第一百五十六条 对犯罪嫌疑人逮捕后的侦查羁押期限不得超过二个月。案情复杂、期限届满不能终结的案件，可以经上一级人民检察院批准延长一个月。

第一百五十七条 因为特殊原因，在较长时间内不宜交付审判的特别重大复杂的案件，由最高人民检察院报请全国人民代表大会常务委员会批准延期审理。

第一百五十八条 下列案件在本法第一百五十六条规定的期限届满不能侦查终结的，经省、自治区、直辖市人民检察院批准或者决定，可以延长二个月：

（一）交通十分不便的边远地区的重大复杂案件；

（二）重大的犯罪集团案件；

（三）流窜作案的重大复杂案件；

（四）犯罪涉及面广，取证困难的重大复杂案件。

第一百五十九条 对犯罪嫌疑人可能判处十年有期徒刑以上刑罚，依照本法第一百五十八条规定延长期限届满，仍不能侦查终结的，经省、自治区、直辖市人民检察院批准或者决定，可以再延长二个月。

第一百六十条 在侦查期间，发现犯罪嫌疑人另有重要罪行的，自发现之日起依照本法第一百五十六条的规定重新计算侦查羁押期限。

犯罪嫌疑人不讲真实姓名、住址,身份不明的,应当对其身份进行调查,侦查羁押期限自查清其身份之日起计算,但是不得停止对其犯罪行为的侦查取证。对于犯罪事实清楚,证据确实、充分,确实无法查明其身份的,也可以按其自报的姓名起诉、审判。

第一百六十一条 在案件侦查终结前,辩护律师提出要求的,侦查机关应当听取辩护律师的意见,并记录在案。辩护律师提出书面意见的,应当附卷。

第一百六十二条 公安机关侦查终结的案件,应当做到犯罪事实清楚,证据确实、充分,并且写出起诉意见书,连同案卷材料、证据一并移送同级人民检察院审查决定;同时将案件移送情况告知犯罪嫌疑人及其辩护律师。

犯罪嫌疑人自愿认罪的,应当记录在案,随案移送,并在起诉意见书中写明有关情况。

第一百六十三条 在侦查过程中,发现不应对犯罪嫌疑人追究刑事责任的,应当撤销案件;犯罪嫌疑人已被逮捕的,应当立即释放,发给释放证明,并且通知原批准逮捕的人民检察院。

第十一节 人民检察院对直接受理的案件的侦查

第一百六十四条 人民检察院对直接受理的案件的侦查适用本章规定。

第一百六十五条 人民检察院直接受理的案件中符合本法第八十一条、第八十二条第四项、第五项规定情形,需要逮捕、拘留犯罪嫌疑人的,由人民检察院作出决定,由公安机关执行。

第一百六十六条 人民检察院对直接受理的案件中被拘留的人,应当在拘留后的二十四小时以内进行讯问。在发现不应当拘留的时候,必须立即释放,发给释放证明。

第一百六十七条 人民检察院对直接受理的案件中被拘留的人,认为需要逮捕的,应当在十四日以内作出决定。在特殊情况下,决定逮捕的时间可以延长一日至三日。对不需要逮捕的,应当立即释放;对需要继续侦查,并且符合取保候审、监视居住条件的,依法取保候审或者监视居住。

第一百六十八条 人民检察院侦查终结的案件,应当作出提起公诉、不起诉或者撤销案件的决定。

第三章 提起公诉

第一百六十九条 凡需要提起公诉的案件，一律由人民检察院审查决定。

第一百七十条 人民检察院对于监察机关移送起诉的案件，依照本法和监察法的有关规定进行审查。人民检察院经审查，认为需要补充核实的，应当退回监察机关补充调查，必要时可以自行补充侦查。

对于监察机关移送起诉的已采取留置措施的案件，人民检察院应当对犯罪嫌疑人先行拘留，留置措施自动解除。人民检察院应当在拘留后的十日以内作出是否逮捕、取保候审或者监视居住的决定。在特殊情况下，决定的时间可以延长一日至四日。人民检察院决定采取强制措施的期间不计入审查起诉期限。

第一百七十一条 人民检察院审查案件的时候，必须查明：

（一）犯罪事实、情节是否清楚，证据是否确实、充分，犯罪性质和罪名的认定是否正确；

（二）有无遗漏罪行和其他应当追究刑事责任的人；

（三）是否属于不应追究刑事责任的；

（四）有无附带民事诉讼；

（五）侦查活动是否合法。

第一百七十二条 人民检察院对于监察机关、公安机关移送起诉的案件，应当在一个月以内作出决定，重大、复杂的案件，可以延长十五日；犯罪嫌疑人认罪认罚，符合速裁程序适用条件的，应当在十日以内作出决定，对可能判处的有期徒刑超过一年的，可以延长至十五日。

人民检察院审查起诉的案件，改变管辖的，从改变后的人民检察院收到案件之日起计算审查起诉期限。

第一百七十三条 人民检察院审查案件，应当讯问犯罪嫌疑人，听取辩护人或者值班律师、被害人及其诉讼代理人的意见，并记录在案。辩护人或者值班律师、被害人及其诉讼代理人提出书面意见的，应当附卷。

犯罪嫌疑人认罪认罚的，人民检察院应当告知其享有的诉讼权利和认罪认罚的法律规定，听取犯罪嫌疑人、辩护人或者值班律师、被害人及其诉讼代理人对下列事项的意见，并记录在案：

(一)涉嫌的犯罪事实、罪名及适用的法律规定;

(二)从轻、减轻或者免除处罚等从宽处罚的建议;

(三)认罪认罚后案件审理适用的程序;

(四)其他需要听取意见的事项。

人民检察院依照前两款规定听取值班律师意见的,应当提前为值班律师了解案件有关情况提供必要的便利。

第一百七十四条 犯罪嫌疑人自愿认罪,同意量刑建议和程序适用的,应当在辩护人或者值班律师在场的情况下签署认罪认罚具结书。

犯罪嫌疑人认罪认罚,有下列情形之一的,不需要签署认罪认罚具结书:

(一)犯罪嫌疑人是盲、聋、哑人,或者是尚未完全丧失辨认或者控制自己行为能力的精神病人的;

(二)未成年犯罪嫌疑人的法定代理人、辩护人对未成年人认罪认罚有异议的;

(三)其他不需要签署认罪认罚具结书的情形。

第一百七十五条 人民检察院审查案件,可以要求公安机关提供法庭审判所必需的证据材料;认为可能存在本法第五十六条规定的以非法方法收集证据情形的,可以要求其对证据收集的合法性作出说明。

人民检察院审查案件,对于需要补充侦查的,可以退回公安机关补充侦查,也可以自行侦查。

对于补充侦查的案件,应当在一个月以内补充侦查完毕。补充侦查以二次为限。补充侦查完毕移送人民检察院后,人民检察院重新计算审查起诉期限。

对于二次补充侦查的案件,人民检察院仍然认为证据不足,不符合起诉条件的,应当作出不起诉的决定。

第一百七十六条 人民检察院认为犯罪嫌疑人的犯罪事实已经查清,证据确实、充分,依法应当追究刑事责任的,应当作出起诉决定,按照审判管辖的规定,向人民法院提起公诉,并将案卷材料、证据移送人民法院。

犯罪嫌疑人认罪认罚的,人民检察院应当就主刑、附加刑、是否适用缓刑等提出量刑建议,并随案移送认罪认罚具结书等材料。

第一百七十七条 犯罪嫌疑人没有犯罪事实,或者有本法第十六条规定的情形之一的,人民检察院应当作出不起诉决定。

对于犯罪情节轻微,依照刑法规定不需要判处刑罚或者免除刑罚的,人民检察院可以作出不起诉决定。

人民检察院决定不起诉的案件，应当同时对侦查中查封、扣押、冻结的财物解除查封、扣押、冻结。对被不起诉人需要给予行政处罚、处分或者需要没收其违法所得的，人民检察院应当提出检察意见，移送有关主管机关处理。有关主管机关应当将处理结果及时通知人民检察院。

第一百七十八条 不起诉的决定，应当公开宣布，并且将不起诉决定书送达被不起诉人和他的所在单位。如果被不起诉人在押，应当立即释放。

第一百七十九条 对于公安机关移送起诉的案件，人民检察院决定不起诉的，应当将不起诉决定书送达公安机关。公安机关认为不起诉的决定有错误的时候，可以要求复议，如果意见不被接受，可以向上一级人民检察院提请复核。

第一百八十条 对于有被害人的案件，决定不起诉的，人民检察院应当将不起诉决定书送达被害人。被害人如果不服，可以自收到决定书后七日以内向上一级人民检察院申诉，请求提起公诉。人民检察院应当将复查决定告知被害人。对人民检察院维持不起诉决定的，被害人可以向人民法院起诉。被害人也可以不经申诉，直接向人民法院起诉。人民法院受理案件后，人民检察院应当将有关案件材料移送人民法院。

第一百八十一条 对于人民检察院依照本法第一百七十七条第二款规定作出的不起诉决定，被不起诉人如果不服，可以自收到决定书后七日以内向人民检察院申诉。人民检察院应当作出复查决定，通知被不起诉的人，同时抄送公安机关。

第一百八十二条 犯罪嫌疑人自愿如实供述涉嫌犯罪的事实，有重大立功或者案件涉及国家重大利益的，经最高人民检察院核准，公安机关可以撤销案件，人民检察院可以作出不起诉决定，也可以对涉嫌数罪中的一项或者多项不起诉。

根据前款规定不起诉或者撤销案件的，人民检察院、公安机关应当及时对查封、扣押、冻结的财物及其孳息作出处理。

第三编 审　　判

第一章 审判组织

第一百八十三条 基层人民法院、中级人民法院审判第一审案件，应当由审判员三人或者由审判员和人民陪审员共三人或者七人组成合议庭进行,但是基层人民法院适用简易程序、速裁程序的案件可以由审判员一人独任审判。

高级人民法院审判第一审案件,应当由审判员三人至七人或者由审判员和人民陪审员共三人或者七人组成合议庭进行。

最高人民法院审判第一审案件,应当由审判员三人至七人组成合议庭进行。

人民法院审判上诉和抗诉案件,由审判员三人或者五人组成合议庭进行。

合议庭的成员人数应当是单数。

第一百八十四条　合议庭进行评议的时候,如果意见分歧,应当按多数人的意见作出决定,但是少数人的意见应当写入笔录。评议笔录由合议庭的组成人员签名。

第一百八十五条　合议庭开庭审理并且评议后,应当作出判决。对于疑难、复杂、重大的案件,合议庭认为难以作出决定的,由合议庭提请院长决定提交审判委员会讨论决定。审判委员会的决定,合议庭应当执行。

第二章　第一审程序

第一节　公诉案件

第一百八十六条　人民法院对提起公诉的案件进行审查后,对于起诉书中有明确的指控犯罪事实的,应当决定开庭审判。

第一百八十七条　人民法院决定开庭审判后,应当确定合议庭的组成人员,将人民检察院的起诉书副本至迟在开庭十日以前送达被告人及其辩护人。

在开庭以前,审判人员可以召集公诉人、当事人和辩护人、诉讼代理人,对回避、出庭证人名单、非法证据排除等与审判相关的问题,了解情况,听取意见。

人民法院确定开庭日期后,应当将开庭的时间、地点通知人民检察院,传唤当事人,通知辩护人、诉讼代理人、证人、鉴定人和翻译人员,传票和通知书至迟在开庭三日以前送达。公开审判的案件,应当在开庭三日以前先期公布案由、被告人姓名、开庭时间和地点。

上述活动情形应当写入笔录,由审判人员和书记员签名。

第一百八十八条 人民法院审判第一审案件应当公开进行。但是有关国家秘密或者个人隐私的案件,不公开审理;涉及商业秘密的案件,当事人申请不公开审理的,可以不公开审理。

不公开审理的案件,应当当庭宣布不公开审理的理由。

第一百八十九条 人民法院审判公诉案件,人民检察院应当派员出席法庭支持公诉。

第一百九十条 开庭的时候,审判长查明当事人是否到庭,宣布案由;宣布合议庭的组成人员、书记员、公诉人、辩护人、诉讼代理人、鉴定人和翻译人员的名单;告知当事人有权对合议庭组成人员、书记员、公诉人、鉴定人和翻译人员申请回避;告知被告人享有辩护权利。

被告人认罪认罚的,审判长应当告知被告人享有的诉讼权利和认罪认罚的法律规定,审查认罪认罚的自愿性和认罪认罚具结书内容的真实性、合法性。

第一百九十一条 公诉人在法庭上宣读起诉书后,被告人、被害人可以就起诉书指控的犯罪进行陈述,公诉人可以讯问被告人。

被害人、附带民事诉讼的原告人和辩护人、诉讼代理人,经审判长许可,可以向被告人发问。

审判人员可以讯问被告人。

第一百九十二条 公诉人、当事人或者辩护人、诉讼代理人对证人证言有异议,且该证人证言对案件定罪量刑有重大影响,人民法院认为证人有必要出庭作证的,证人应当出庭作证。

人民警察就其执行职务时目击的犯罪情况作为证人出庭作证,适用前款规定。

公诉人、当事人或者辩护人、诉讼代理人对鉴定意见有异议,人民法院认为鉴定人有必要出庭的,鉴定人应当出庭作证。经人民法院通知,鉴定人拒不出庭作证的,鉴定意见不得作为定案的根据。

第一百九十三条 经人民法院通知,证人没有正当理由不出庭作证的,人民法院可以强制其到庭,但是被告人的配偶、父母、子女除外。

证人没有正当理由拒绝出庭或者出庭后拒绝作证的,予以训诫,情节严重的,经院长批准,处以十日以下的拘留。被处罚人对拘留决定不服的,可以向上一级人民法院申请复议。复议期间不停止执行。

第一百九十四条 证人作证,审判人员应当告知他要如实地提供证言和有意作伪证或者隐匿罪证要负的法律责任。公诉人、当事人和辩护人、诉讼代理人经审判长许可,可以对证人、鉴定人发问。审判长认为发问的内容与案件无关的时候,应当制止。

审判人员可以询问证人、鉴定人。

第一百九十五条 公诉人、辩护人应当向法庭出示物证,让当事人辨认,对未到庭的证人的证言笔录、鉴定人的鉴定意见、勘验笔录和其他作为证据的文书,应当当庭宣读。审判人员应当听取公诉人、当事人和辩护人、诉讼代理人的意见。

第一百九十六条 法庭审理过程中,合议庭对证据有疑问的,可以宣布休庭,对证据进行调查核实。

人民法院调查核实证据,可以进行勘验、检查、查封、扣押、鉴定和查询、冻结。

第一百九十七条 法庭审理过程中,当事人和辩护人、诉讼代理人有权申请通知新的证人到庭,调取新的物证,申请重新鉴定或者勘验。

公诉人、当事人和辩护人、诉讼代理人可以申请法庭通知有专门知识的人出庭,就鉴定人作出的鉴定意见提出意见。

法庭对于上述申请,应当作出是否同意的决定。

第二款规定的有专门知识的人出庭,适用鉴定人的有关规定。

第一百九十八条 法庭审理过程中,对与定罪、量刑有关的事实、证据都应当进行调查、辩论。

经审判长许可,公诉人、当事人和辩护人、诉讼代理人可以对证据和案件情况发表意见并且可以互相辩论。

审判长在宣布辩论终结后,被告人有最后陈述的权利。

第一百九十九条 在法庭审判过程中,如果诉讼参与人或者旁听人员违反法庭秩序,审判长应当警告制止。对不听制止的,可以强行带出法庭;情节严重的,处以一千元以下的罚款或者十五日以下的拘留。罚款、拘留必须经院长批准。被处罚人对罚款、拘留的决定不服的,可以向上一级人民法院申请复议。复议期间不停止执行。

对聚众哄闹、冲击法庭或者侮辱、诽谤、威胁、殴打司法工作人员或者诉讼参与人,严重扰乱法庭秩序,构成犯罪的,依法追究刑事责任。

第二百条 在被告人最后陈述后,审判长宣布休庭,合议庭进行评议,

根据已经查明的事实、证据和有关的法律规定,分别作出以下判决:

(一)案件事实清楚,证据确实、充分,依据法律认定被告人有罪的,应当作出有罪判决;

(二)依据法律认定被告人无罪的,应当作出无罪判决;

(三)证据不足,不能认定被告人有罪的,应当作出证据不足、指控的犯罪不能成立的无罪判决。

第二百零一条 对于认罪认罚案件,人民法院依法作出判决时,一般应当采纳人民检察院指控的罪名和量刑建议,但有下列情形的除外:

(一)被告人的行为不构成犯罪或者不应当追究其刑事责任的;

(二)被告人违背意愿认罪认罚的;

(三)被告人否认指控的犯罪事实的;

(四)起诉指控的罪名与审理认定的罪名不一致的;

(五)其他可能影响公正审判的情形。

人民法院经审理认为量刑建议明显不当,或者被告人、辩护人对量刑建议提出异议的,人民检察院可以调整量刑建议。人民检察院不调整量刑建议或者调整量刑建议后仍然明显不当的,人民法院应当依法作出判决。

第二百零二条 宣告判决,一律公开进行。

当庭宣告判决的,应当在五日以内将判决书送达当事人和提起公诉的人民检察院;定期宣告判决的,应当在宣告后立即将判决书送达当事人和提起公诉的人民检察院。判决书应当同时送达辩护人、诉讼代理人。

第二百零三条 判决书应当由审判人员和书记员署名,并且写明上诉的期限和上诉的法院。

第二百零四条 在法庭审判过程中,遇有下列情形之一,影响审判进行的,可以延期审理:

(一)需要通知新的证人到庭,调取新的物证,重新鉴定或者勘验的;

(二)检察人员发现提起公诉的案件需要补充侦查,提出建议的;

(三)由于申请回避而不能进行审判的。

第二百零五条 依照本法第二百零四条第二项的规定延期审理的案件,人民检察院应当在一个月以内补充侦查完毕。

第二百零六条 在审判过程中,有下列情形之一,致使案件在较长时间内无法继续审理的,可以中止审理:

(一)被告人患有严重疾病,无法出庭的;

（二）被告人脱逃的；

（三）自诉人患有严重疾病，无法出庭，未委托诉讼代理人出庭的；

（四）由于不能抗拒的原因。

中止审理的原因消失后，应当恢复审理。中止审理的期间不计入审理期限。

第二百零七条 法庭审判的全部活动，应当由书记员写成笔录，经审判长审阅后，由审判长和书记员签名。

法庭笔录中的证人证言部分，应当当庭宣读或者交给证人阅读。证人在承认没有错误后，应当签名或者盖章。

法庭笔录应当交给当事人阅读或者向他宣读。当事人认为记载有遗漏或者差错的，可以请求补充或者改正。当事人承认没有错误后，应当签名或者盖章。

第二百零八条 人民法院审理公诉案件，应当在受理后二个月以内宣判，至迟不得超过三个月。对于可能判处死刑的案件或者附带民事诉讼的案件，以及有本法第一百五十八条规定情形之一的，经上一级人民法院批准，可以延长三个月；因特殊情况还需要延长的，报请最高人民法院批准。

人民法院改变管辖的案件，从改变后的人民法院收到案件之日起计算审理期限。

人民检察院补充侦查的案件，补充侦查完毕移送人民法院后，人民法院重新计算审理期限。

第二百零九条 人民检察院发现人民法院审理案件违反法律规定的诉讼程序，有权向人民法院提出纠正意见。

第二节 自诉案件

第二百一十条 自诉案件包括下列案件：

（一）告诉才处理的案件；

（二）被害人有证据证明的轻微刑事案件；

（三）被害人有证据证明对被告人侵犯自己人身、财产权利的行为应当依法追究刑事责任，而公安机关或者人民检察院不予追究被告人刑事责任的案件。

第二百一十一条 人民法院对于自诉案件进行审查后，按照下列情形分别处理：

(一)犯罪事实清楚,有足够证据的案件,应当开庭审判;

(二)缺乏罪证的自诉案件,如果自诉人提不出补充证据,应当说服自诉人撤回自诉,或者裁定驳回。

自诉人经两次依法传唤,无正当理由拒不到庭的,或者未经法庭许可中途退庭的,按撤诉处理。

法庭审理过程中,审判人员对证据有疑问,需要调查核实的,适用本法第一百九十六条的规定。

第二百一十二条 人民法院对自诉案件,可以进行调解;自诉人在宣告判决前,可以同被告人自行和解或者撤回自诉。本法第二百一十条第三项规定的案件不适用调解。

人民法院审理自诉案件的期限,被告人被羁押的,适用本法第二百零八条第一款、第二款的规定;未被羁押的,应当在受理后六个月以内宣判。

第二百一十三条 自诉案件的被告人在诉讼过程中,可以对自诉人提起反诉。反诉适用自诉的规定。

第三节 简易程序

第二百一十四条 基层人民法院管辖的案件,符合下列条件的,可以适用简易程序审判:

(一)案件事实清楚、证据充分的;

(二)被告人承认自己所犯罪行,对指控的犯罪事实没有异议的;

(三)被告人对适用简易程序没有异议的。

人民检察院在提起公诉的时候,可以建议人民法院适用简易程序。

第二百一十五条 有下列情形之一的,不适用简易程序:

(一)被告人是盲、聋、哑人,或者是尚未完全丧失辨认或者控制自己行为能力的精神病人的;

(二)有重大社会影响的;

(三)共同犯罪案件中部分被告人不认罪或者对适用简易程序有异议的;

(四)其他不宜适用简易程序审理的。

第二百一十六条 适用简易程序审理案件,对可能判处三年有期徒刑以下刑罚的,可以组成合议庭进行审判,也可以由审判员一人独任审判;对可能判处的有期徒刑超过三年的,应当组成合议庭进行审判。

适用简易程序审理公诉案件,人民检察院应当派员出席法庭。

第二百一十七条 适用简易程序审理案件,审判人员应当询问被告人对指控的犯罪事实的意见,告知被告人适用简易程序审理的法律规定,确认被告人是否同意适用简易程序审理。

第二百一十八条 适用简易程序审理案件,经审判人员许可,被告人及其辩护人可以同公诉人、自诉人及其诉讼代理人互相辩论。

第二百一十九条 适用简易程序审理案件,不受本章第一节关于送达期限、讯问被告人、询问证人、鉴定人、出示证据、法庭辩论程序规定的限制。但在判决宣告前应当听取被告人的最后陈述意见。

第二百二十条 适用简易程序审理案件,人民法院应当在受理后二十日以内审结;对可能判处的有期徒刑超过三年的,可以延长至一个半月。

第二百二十一条 人民法院在审理过程中,发现不宜适用简易程序的,应当按照本章第一节或者第二节的规定重新审理。

第四节 速裁程序

第二百二十二条 基层人民法院管辖的可能判处三年有期徒刑以下刑罚的案件,案件事实清楚,证据确实、充分,被告人认罪认罚并同意适用速裁程序的,可以适用速裁程序,由审判员一人独任审判。

人民检察院在提起公诉的时候,可以建议人民法院适用速裁程序。

第二百二十三条 有下列情形之一的,不适用速裁程序:

(一)被告人是盲、聋、哑人,或者是尚未完全丧失辨认或者控制自己行为能力的精神病人的;

(二)被告人是未成年人的;

(三)案件有重大社会影响的;

(四)共同犯罪案件中部分被告人对指控的犯罪事实、罪名、量刑建议或者适用速裁程序有异议的;

(五)被告人与被害人或者其法定代理人没有就附带民事诉讼赔偿等事项达成调解或者和解协议的;

(六)其他不宜适用速裁程序审理的。

第二百二十四条 适用速裁程序审理案件,不受本章第一节规定的送达期限的限制,一般不进行法庭调查、法庭辩论,但在判决宣告前应当听取辩护人的意见和被告人的最后陈述意见。

适用速裁程序审理案件，应当当庭宣判。

第二百二十五条 适用速裁程序审理案件，人民法院应当在受理后十日以内审结；对可能判处的有期徒刑超过一年的，可以延长至十五日。

第二百二十六条 人民法院在审理过程中，发现有被告人的行为不构成犯罪或者不应当追究其刑事责任、被告人违背意愿认罪认罚、被告人否认指控的犯罪事实或者其他不宜适用速裁程序审理的情形的，应当按照本章第一节或者第三节的规定重新审理。

第三章 第二审程序

第二百二十七条 被告人、自诉人和他们的法定代理人，不服地方各级人民法院第一审的判决、裁定，有权用书状或者口头向上一级人民法院上诉。被告人的辩护人和近亲属，经被告人同意，可以提出上诉。

附带民事诉讼的当事人和他们的法定代理人，可以对地方各级人民法院第一审的判决、裁定中的附带民事诉讼部分，提出上诉。

对被告人的上诉权，不得以任何借口加以剥夺。

第二百二十八条 地方各级人民检察院认为本级人民法院第一审的判决、裁定确有错误的时候，应当向上一级人民法院提出抗诉。

第二百二十九条 被害人及其法定代理人不服地方各级人民法院第一审的判决的，自收到判决书后五日以内，有权请求人民检察院提出抗诉。人民检察院自收到被害人及其法定代理人的请求后五日以内，应当作出是否抗诉的决定并且答复请求人。

第二百三十条 不服判决的上诉和抗诉的期限为十日，不服裁定的上诉和抗诉的期限为五日，从接到判决书、裁定书的第二日起算。

第二百三十一条 被告人、自诉人、附带民事诉讼的原告人和被告人通过原审人民法院提出上诉的，原审人民法院应当在三日以内将上诉状连同案卷、证据移送上一级人民法院，同时将上诉状副本送交同级人民检察院和对方当事人。

被告人、自诉人、附带民事诉讼的原告人和被告人直接向第二审人民法院提出上诉的，第二审人民法院应当在三日以内将上诉状交原审人民法院送交同级人民检察院和对方当事人。

第二百三十二条 地方各级人民检察院对同级人民法院第一审判决、裁定的抗诉，应当通过原审人民法院提出抗诉书，并且将抗诉书抄送上一级人民检察院。原审人民法院应当将抗诉书连同案卷、证据移送上一级人民法院，并且将抗诉书副本送交当事人。

上级人民检察院如果认为抗诉不当，可以向同级人民法院撤回抗诉，并且通知下级人民检察院。

第二百三十三条　第二审人民法院应当就第一审判决认定的事实和适用法律进行全面审查，不受上诉或者抗诉范围的限制。

共同犯罪的案件只有部分被告人上诉的，应当对全案进行审查，一并处理。

第二百三十四条　第二审人民法院对于下列案件，应当组成合议庭，开庭审理：

（一）被告人、自诉人及其法定代理人对第一审认定的事实、证据提出异议，可能影响定罪量刑的上诉案件；

（二）被告人被判处死刑的上诉案件；

（三）人民检察院抗诉的案件；

（四）其他应当开庭审理的案件。

第二审人民法院决定不开庭审理的，应当讯问被告人，听取其他当事人、辩护人、诉讼代理人的意见。

第二审人民法院开庭审理上诉、抗诉案件，可以到案件发生地或者原审人民法院所在地进行。

第二百三十五条　人民检察院提出抗诉的案件或者第二审人民法院开庭审理的公诉案件，同级人民检察院都应当派员出席法庭。第二审人民法院应当在决定开庭审理后及时通知人民检察院查阅案卷。人民检察院应当在一个月以内查阅完毕。人民检察院查阅案卷的时间不计入审理期限。

第二百三十六条　第二审人民法院对不服第一审判决的上诉、抗诉案件，经过审理后，应当按照下列情形分别处理：

（一）原判决认定事实和适用法律正确、量刑适当的，应当裁定驳回上诉或者抗诉，维持原判；

（二）原判决认定事实没有错误，但适用法律有错误，或者量刑不当的，应当改判；

（三）原判决事实不清楚或者证据不足的，可以在查清事实后改判；也可以裁定撤销原判，发回原审人民法院重新审判。

原审人民法院对于依照前款第三项规定发回重新审判的案件作出判决后，被告人提出上诉或者人民检察院提出抗诉的，第二审人民法院应当依法作出判决或者裁定，不得再发回原审人民法院重新审判。

第二百三十七条 第二审人民法院审理被告人或者他的法定代理人、辩护人、近亲属上诉的案件，不得加重被告人的刑罚。第二审人民法院发回原审人民法院重新审判的案件，除有新的犯罪事实，人民检察院补充起诉的以外，原审人民法院也不得加重被告人的刑罚。

人民检察院提出抗诉或者自诉人提出上诉的，不受前款规定的限制。

第二百三十八条 第二审人民法院发现第一审人民法院的审理有下列违反法律规定的诉讼程序的情形之一的，应当裁定撤销原判，发回原审人民法院重新审判：

（一）违反本法有关公开审判的规定的；

（二）违反回避制度的；

（三）剥夺或者限制了当事人的法定诉讼权利，可能影响公正审判的；

（四）审判组织的组成不合法的；

（五）其他违反法律规定的诉讼程序，可能影响公正审判的。

第二百三十九条 原审人民法院对于发回重新审判的案件，应当另行组成合议庭，依照第一审程序进行审判。对于重新审判后的判决，依照本法第二百二十七条、第二百二十八条、第二百二十九条的规定可以上诉、抗诉。

第二百四十条 第二审人民法院对不服第一审裁定的上诉或者抗诉，经过审查后，应当参照本法第二百三十六条、第二百三十八条和第二百三十九条的规定，分别情形用裁定驳回上诉、抗诉，或者撤销、变更原裁定。

第二百四十一条 第二审人民法院发回原审人民法院重新审判的案件，原审人民法院从收到发回的案件之日起，重新计算审理期限。

第二百四十二条 第二审人民法院审判上诉或者抗诉案件的程序，除本章已有规定的以外，参照第一审程序的规定进行。

第二百四十三条 第二审人民法院受理上诉、抗诉案件，应当在二个月以内审结。对于可能判处死刑的案件或者附带民事诉讼的案件，以及有本法第一百五十八条规定情形之一的，经省、自治区、直辖市高级人民法院批准或者决定，可以延长二个月；因特殊情况还需要延长的，报请最高人民法院批准。

最高人民法院受理上诉、抗诉案件的审理期限,由最高人民法院决定。

第二百四十四条 第二审的判决、裁定和最高人民法院的判决、裁定,都是终审的判决、裁定。

第二百四十五条 公安机关、人民检察院和人民法院对查封、扣押、冻结的犯罪嫌疑人、被告人的财物及其孳息,应当妥善保管,以供核查,并制作清单,随案移送。任何单位和个人不得挪用或者自行处理。对被害人的合法财产,应当及时返还。对违禁品或者不宜长期保存的物品,应当依照国家有关规定处理。

对作为证据使用的实物应当随案移送,对不宜移送的,应当将其清单、照片或者其他证明文件随案移送。

人民法院作出的判决,应当对查封、扣押、冻结的财物及其孳息作出处理。

人民法院作出的判决生效以后,有关机关应当根据判决对查封、扣押、冻结的财物及其孳息进行处理。对查封、扣押、冻结的赃款赃物及其孳息,除依法返还被害人的以外,一律上缴国库。

司法工作人员贪污、挪用或者私自处理查封、扣押、冻结的财物及其孳息的,依法追究刑事责任;不构成犯罪的,给予处分。

第四章 死刑复核程序

第二百四十六条 死刑由最高人民法院核准。

第二百四十七条 中级人民法院判处死刑的第一审案件,被告人不上诉的,应当由高级人民法院复核后,报请最高人民法院核准。高级人民法院不同意判处死刑的,可以提审或者发回重新审判。

高级人民法院判处死刑的第一审案件被告人不上诉的,和判处死刑的第二审案件,都应当报请最高人民法院核准。

第二百四十八条 中级人民法院判处死刑缓期二年执行的案件,由高级人民法院核准。

第二百四十九条 最高人民法院复核死刑案件,高级人民法院复核死刑缓期执行的案件,应当由审判员三人组成合议庭进行。

第二百五十条 最高人民法院复核死刑案件,应当作出核准或者不核准死刑的裁定。对于不核准死刑的,最高人民法院可以发回重新审判或者予以改判。

第二百五十一条 最高人民法院复核死刑案件,应当讯问被告人,辩护律师提出要求的,应当听取辩护律师的意见。

在复核死刑案件过程中,最高人民检察院可以向最高人民法院提出意见。最高人民法院应当将死刑复核结果通报最高人民检察院。

第五章 审判监督程序

第二百五十二条 当事人及其法定代理人、近亲属,对已经发生法律效力的判决、裁定,可以向人民法院或者人民检察院提出申诉,但是不能停止判决、裁定的执行。

第二百五十三条 当事人及其法定代理人、近亲属的申诉符合下列情形之一的,人民法院应当重新审判:

(一)有新的证据证明原判决、裁定认定的事实确有错误,可能影响定罪量刑的;

(二)据以定罪量刑的证据不确实、不充分、依法应当予以排除,或者证明案件事实的主要证据之间存在矛盾的;

(三)原判决、裁定适用法律确有错误的;

(四)违反法律规定的诉讼程序,可能影响公正审判的;

(五)审判人员在审理该案件的时候,有贪污受贿,徇私舞弊,枉法裁判行为的。

第二百五十四条 各级人民法院院长对本院已经发生法律效力的判决和裁定,如果发现在认定事实上或者在适用法律上确有错误,必须提交审判委员会处理。

最高人民法院对各级人民法院已经发生法律效力的判决和裁定,上级人民法院对下级人民法院已经发生法律效力的判决和裁定,如果发现确有错误,有权提审或者指令下级人民法院再审。

最高人民检察院对各级人民法院已经发生法律效力的判决和裁定,上级人民检察院对下级人民法院已经发生法律效力的判决和裁定,如果发现确有错误,有权按照审判监督程序向同级人民法院提出抗诉。

人民检察院抗诉的案件,接受抗诉的人民法院应当组成合议庭重新审理,对于原判决事实不清楚或者证据不足的,可以指令下级人民法院再审。

第二百五十五条 上级人民法院指令下级人民法院再审的,应当指令原审人民法院以外的下级人民法院审理;由原审人民法院审理更为适宜的,也可以指令原审人民法院审理。

第二百五十六条 人民法院按照审判监督程序重新审判的案件,由原审人民法院审理的,应当另行组成合议庭进行。如果原来是第一审案件,应当依照第一审程序进行审判,所作的判决、裁定,可以上诉、抗诉;如果原来是第二审案件,或者是上级人民法院提审的案件,应当依照第二审程序进行审判,所作的判决、裁定,是终审的判决、裁定。

人民法院开庭审理的再审案件,同级人民检察院应当派员出席法庭。

第二百五十七条 人民法院决定再审的案件,需要对被告人采取强制措施的,由人民法院依法决定;人民检察院提出抗诉的再审案件,需要对被告人采取强制措施的,由人民检察院依法决定。

人民法院按照审判监督程序审判的案件,可以决定中止原判决、裁定的执行。

第二百五十八条 人民法院按照审判监督程序重新审判的案件,应当在作出提审、再审决定之日起三个月以内审结,需要延长期限的,不得超过六个月。

接受抗诉的人民法院按照审判监督程序审判抗诉的案件,审理期限适用前款规定;对需要指令下级人民法院再审的,应当自接受抗诉之日起一个月以内作出决定,下级人民法院审理案件的期限适用前款规定。

第四编　执　　行

第二百五十九条 判决和裁定在发生法律效力后执行。

下列判决和裁定是发生法律效力的判决和裁定:

(一)已过法定期限没有上诉、抗诉的判决和裁定;

(二)终审的判决和裁定;

(三)最高人民法院核准的死刑的判决和高级人民法院核准的死刑缓期二年执行的判决。

第二百六十条 第一审人民法院判决被告人无罪、免除刑事处罚的,如果被告人在押,在宣判后应当立即释放。

第二百六十一条 最高人民法院判处和核准的死刑立即执行的判决,应当由最高人民法院院长签发执行死刑的命令。

被判处死刑缓期二年执行的罪犯,在死刑缓期执行期间,如果没有故意犯罪,死刑缓期执行期满,应当予以减刑的,由执行机关提出书面意见,报请高级人民法院裁定；如果故意犯罪，情节恶劣，查证属实，应当执行死刑的，由高级人民法院报请最高人民法院核准；对于故意犯罪未执行死刑的，死刑缓期执行的期间重新计算，并报最高人民法院备案。

第二百六十二条 下级人民法院接到最高人民法院执行死刑的命令后，应当在七日以内交付执行。但是发现有下列情形之一的，应当停止执行，并且立即报告最高人民法院，由最高人民法院作出裁定：

（一）在执行前发现判决可能有错误的；

（二）在执行前罪犯揭发重大犯罪事实或者有其他重大立功表现，可能需要改判的；

（三）罪犯正在怀孕。

前款第一项、第二项停止执行的原因消失后，必须报请最高人民法院院长再签发执行死刑的命令才能执行；由于前款第三项原因停止执行的，应当报请最高人民法院依法改判。

第二百六十三条 人民法院在交付执行死刑前，应当通知同级人民检察院派员临场监督。

死刑采用枪决或者注射等方法执行。

死刑可以在刑场或者指定的羁押场所内执行。

指挥执行的审判人员，对罪犯应当验明正身，讯问有无遗言、信札，然后交付执行人员执行死刑。在执行前，如果发现可能有错误，应当暂停执行，报请最高人民法院裁定。

执行死刑应当公布，不应示众。

执行死刑后，在场书记员应当写成笔录。交付执行的人民法院应当将执行死刑情况报告最高人民法院。

执行死刑后，交付执行的人民法院应当通知罪犯家属。

第二百六十四条 罪犯被交付执行刑罚的时候，应当由交付执行的人民法院在判决生效后十日以内将有关的法律文书送达公安机关、监狱或者其他执行机关。

对被判处死刑缓期二年执行、无期徒刑、有期徒刑的罪犯，由公安机关依法将该罪犯送交监狱执行刑罚。对被判处有期徒刑的罪犯，在被交付执行刑罚前，剩余刑期在三个月以下的，由看守所代为执行。对被判处拘役的罪犯，由公安机关执行。

对未成年犯应当在未成年犯管教所执行刑罚。

执行机关应当将罪犯及时收押,并且通知罪犯家属。

判处有期徒刑、拘役的罪犯,执行期满,应当由执行机关发给释放证明书。

第二百六十五条 对被判处有期徒刑或者拘役的罪犯,有下列情形之一的,可以暂予监外执行:

(一)有严重疾病需要保外就医的;

(二)怀孕或者正在哺乳自己婴儿的妇女;

(三)生活不能自理,适用暂予监外执行不致危害社会的。

对被判处无期徒刑的罪犯,有前款第二项规定情形的,可以暂予监外执行。

对适用保外就医可能有社会危险性的罪犯,或者自伤自残的罪犯,不得保外就医。

对罪犯确有严重疾病,必须保外就医的,由省级人民政府指定的医院诊断并开具证明文件。

在交付执行前,暂予监外执行由交付执行的人民法院决定;在交付执行后,暂予监外执行由监狱或者看守所提出书面意见,报省级以上监狱管理机关或者设区的市一级以上公安机关批准。

第二百六十六条 监狱、看守所提出暂予监外执行的书面意见的,应当将书面意见的副本抄送人民检察院。人民检察院可以向决定或者批准机关提出书面意见。

第二百六十七条 决定或者批准暂予监外执行的机关应当将暂予监外执行决定抄送人民检察院。人民检察院认为暂予监外执行不当的,应当自接到通知之日起一个月以内将书面意见送交决定或者批准暂予监外执行的机关,决定或者批准暂予监外执行的机关接到人民检察院的书面意见后,应当立即对该决定进行重新核查。

第二百六十八条 对暂予监外执行的罪犯,有下列情形之一的,应当及时收监:

(一)发现不符合暂予监外执行条件的;

(二)严重违反有关暂予监外执行监督管理规定的;

(三)暂予监外执行的情形消失后,罪犯刑期未满的。

对于人民法院决定暂予监外执行的罪犯应当予以收监的,由人民法院作出决定,将有关的法律文书送达公安机关、监狱或者其他执行机关。

不符合暂予监外执行条件的罪犯通过贿赂等非法手段被暂予监外执行的，在监外执行的期间不计入执行刑期。罪犯在暂予监外执行期间脱逃的，脱逃的期间不计入执行刑期。

罪犯在暂予监外执行期间死亡的，执行机关应当及时通知监狱或者看守所。

第二百六十九条 对被判处管制、宣告缓刑、假释或者暂予监外执行的罪犯，依法实行社区矫正，由社区矫正机构负责执行。

第二百七十条 对被判处剥夺政治权利的罪犯，由公安机关执行。执行期满，应当由执行机关书面通知本人及其所在单位、居住地基层组织。

第二百七十一条 被判处罚金的罪犯，期满不缴纳的，人民法院应当强制缴纳；如果由于遭遇不能抗拒的灾祸等原因缴纳确实有困难的，经人民法院裁定，可以延期缴纳、酌情减少或者免除。

第二百七十二条 没收财产的判决，无论附加适用或者独立适用，都由人民法院执行；在必要的时候，可以会同公安机关执行。

第二百七十三条 罪犯在服刑期间又犯罪的，或者发现了判决的时候所没有发现的罪行，由执行机关移送人民检察院处理。

被判处管制、拘役、有期徒刑或者无期徒刑的罪犯，在执行期间确有悔改或者立功表现，应当依法予以减刑、假释的时候，由执行机关提出建议书，报请人民法院审核裁定，并将建议书副本抄送人民检察院。人民检察院可以向人民法院提出书面意见。

第二百七十四条 人民检察院认为人民法院减刑、假释的裁定不当，应当在收到裁定书副本后二十日以内，向人民法院提出书面纠正意见。人民法院应当在收到纠正意见后一个月以内重新组成合议庭进行审理，作出最终裁定。

第二百七十五条 监狱和其他执行机关在刑罚执行中，如果认为判决有错误或者罪犯提出申诉，应当转请人民检察院或者原判人民法院处理。

第二百七十六条 人民检察院对执行机关执行刑罚的活动是否合法实行监督。如果发现有违法的情况，应当通知执行机关纠正。

第五编 特别程序

第一章 未成年人刑事案件诉讼程序

第二百七十七条 对犯罪的未成年人实行教育、感化、挽救的方针,坚持教育为主、惩罚为辅的原则。

人民法院、人民检察院和公安机关办理未成年人刑事案件,应当保障未成年人行使其诉讼权利,保障未成年人得到法律帮助,并由熟悉未成年人身心特点的审判人员、检察人员、侦查人员承办。

第二百七十八条 未成年犯罪嫌疑人、被告人没有委托辩护人的,人民法院、人民检察院、公安机关应当通知法律援助机构指派律师为其提供辩护。

第二百七十九条 公安机关、人民检察院、人民法院办理未成年人刑事案件,根据情况可以对未成年犯罪嫌疑人、被告人的成长经历、犯罪原因、监护教育等情况进行调查。

第二百八十条 对未成年犯罪嫌疑人、被告人应当严格限制适用逮捕措施。人民检察院审查批准逮捕和人民法院决定逮捕,应当讯问未成年犯罪嫌疑人、被告人,听取辩护律师的意见。

对被拘留、逮捕和执行刑罚的未成年人与成年人应当分别关押、分别管理、分别教育。

第二百八十一条 对于未成年人刑事案件,在讯问和审判的时候,应当通知未成年犯罪嫌疑人、被告人的法定代理人到场。无法通知、法定代理人不能到场或者法定代理人是共犯的,也可以通知未成年犯罪嫌疑人、被告人的其他成年亲属,所在学校、单位、居住地基层组织或者未成年人保护组织的代表到场,并将有关情况记录在案。到场的法定代理人可以代为行使未成年犯罪嫌疑人、被告人的诉讼权利。

到场的法定代理人或者其他人员认为办案人员在讯问、审判中侵犯未成年人合法权益的,可以提出意见。讯问笔录、法庭笔录应当交给到场的法定代理人或者其他人员阅读或者向他宣读。

讯问女性未成年犯罪嫌疑人,应当有女工作人员在场。

审判未成年人刑事案件,未成年被告人最后陈述后,其法定代理人可以进行补充陈述。

询问未成年被害人、证人,适用第一款、第二款、第三款的规定。

第二百八十二条 对于未成年人涉嫌刑法分则第四章、第五章、第六章规定的犯罪,可能判处一年有期徒刑以下刑罚,符合起诉条件,但有悔罪表现的,人民检察院可以作出附条件不起诉的决定。人民检察院在作出附条件不起诉的决定以前,应当听取公安机关、被害人的意见。

对附条件不起诉的决定,公安机关要求复议、提请复核或者被害人申诉的,适用本法第一百七十九条、第一百八十条的规定。

未成年犯罪嫌疑人及其法定代理人对人民检察院决定附条件不起诉有异议的,人民检察院应当作出起诉的决定。

第二百八十三条 在附条件不起诉的考验期内,由人民检察院对被附条件不起诉的未成年犯罪嫌疑人进行监督考察。未成年犯罪嫌疑人的监护人,应当对未成年犯罪嫌疑人加强管教,配合人民检察院做好监督考察工作。

附条件不起诉的考验期为六个月以上一年以下,从人民检察院作出附条件不起诉的决定之日起计算。

被附条件不起诉的未成年犯罪嫌疑人,应当遵守下列规定:

(一)遵守法律法规,服从监督;

(二)按照考察机关的规定报告自己的活动情况;

(三)离开所居住的市、县或者迁居,应当报经考察机关批准;

(四)按照考察机关的要求接受矫治和教育。

第二百八十四条 被附条件不起诉的未成年犯罪嫌疑人,在考验期内有下列情形之一的,人民检察院应当撤销附条件不起诉的决定,提起公诉:

(一)实施新的犯罪或者发现决定附条件不起诉以前还有其他犯罪需要追诉的;

(二)违反治安管理规定或者考察机关有关附条件不起诉的监督管理规定,情节严重的。

被附条件不起诉的未成年犯罪嫌疑人,在考验期内没有上述情形,考验期满的,人民检察院应当作出不起诉的决定。

第二百八十五条 审判的时候被告人不满十八周岁的案件,不公开审理。但是,经未成年被告人及其法定代理人同意,未成年被告人所在学校和未成年人保护组织可以派代表到场。

第二百八十六条 犯罪的时候不满十八周岁,被判处五年有期徒刑以下刑罚的,应当对相关犯罪记录予以封存。

犯罪记录被封存的,不得向任何单位和个人提供,但司法机关为办案需要或者有关单位根据国家规定进行查询的除外。依法进行查询的单位,应当对被封存的犯罪记录的情况予以保密。

第二百八十七条 办理未成年人刑事案件,除本章已有规定的以外,按照本法的其他规定进行。

第二章 当事人和解的公诉案件诉讼程序

第二百八十八条 下列公诉案件,犯罪嫌疑人、被告人真诚悔罪,通过向被害人赔偿损失、赔礼道歉等方式获得被害人谅解,被害人自愿和解的,双方当事人可以和解:

(一)因民间纠纷引起,涉嫌刑法分则第四章、第五章规定的犯罪案件,可能判处三年有期徒刑以下刑罚的;

(二)除渎职犯罪以外的可能判处七年有期徒刑以下刑罚的过失犯罪案件。

犯罪嫌疑人、被告人在五年以内曾经故意犯罪的,不适用本章规定的程序。

第二百八十九条 双方当事人和解的,公安机关、人民检察院、人民法院应当听取当事人和其他有关人员的意见,对和解的自愿性、合法性进行审查,并主持制作和解协议书。

第二百九十条 对于达成和解协议的案件,公安机关可以向人民检察院提出从宽处理的建议。人民检察院可以向人民法院提出从宽处罚的建议;对于犯罪情节轻微,不需要判处刑罚的,可以作出不起诉的决定。人民法院可以依法对被告人从宽处罚。

第三章 缺席审判程序

第二百九十一条 对于贪污贿赂犯罪案件,以及需要及时进行审判,经最高人民检察院核准的严重危害国家安全犯罪、恐怖活动犯罪案件,犯罪嫌疑人、被告人在境外,监察机关、公安机关移送起诉,人民检察院认为犯罪事实已经查清,证据确实、充分,依法应当追究刑事责任的,可以向人民法院提起公诉。人民法院进行审查后,对于起诉书中有明确的指控犯罪事实,符合缺席审判程序适用条件的,应当决定开庭审判。

前款案件，由犯罪地、被告人离境前居住地或者最高人民法院指定的中级人民法院组成合议庭进行审理。

第二百九十二条 人民法院应当通过有关国际条约规定的或者外交途径提出的司法协助方式，或者被告人所在地法律允许的其他方式，将传票和人民检察院的起诉书副本送达被告人。传票和起诉书副本送达后，被告人未按要求到案的，人民法院应当开庭审理，依法作出判决，并对违法所得及其他涉案财产作出处理。

第二百九十三条 人民法院缺席审判案件，被告人有权委托辩护人，被告人的近亲属可以代为委托辩护人。被告人及其近亲属没有委托辩护人的，人民法院应当通知法律援助机构指派律师为其提供辩护。

第二百九十四条 人民法院应当将判决书送达被告人及其近亲属、辩护人。被告人或者其近亲属不服判决的，有权向上一级人民法院上诉。辩护人经被告人或者其近亲属同意，可以提出上诉。

人民检察院认为人民法院的判决确有错误的，应当向上一级人民法院提出抗诉。

第二百九十五条 在审理过程中，被告人自动投案或者被抓获的，人民法院应当重新审理。

罪犯在判决、裁定发生法律效力后到案的，人民法院应当将罪犯交付执行刑罚。交付执行刑罚前，人民法院应当告知罪犯有权对判决、裁定提出异议。罪犯对判决、裁定提出异议的，人民法院应当重新审理。

依照生效判决、裁定对罪犯的财产进行的处理确有错误的，应当予以返还、赔偿。

第二百九十六条 因被告人患有严重疾病无法出庭，中止审理超过六个月，被告人仍无法出庭，被告人及其法定代理人、近亲属申请或者同意恢复审理的，人民法院可以在被告人不出庭的情况下缺席审理，依法作出判决。

第二百九十七条 被告人死亡的，人民法院应当裁定终止审理，但有证据证明被告人无罪，人民法院经缺席审理确认无罪的，应当依法作出判决。

人民法院按照审判监督程序重新审判的案件，被告人死亡的，人民法院可以缺席审理，依法作出判决。

第四章 犯罪嫌疑人、被告人逃匿、死亡案件违法所得的没收程序

第二百九十八条 对于贪污贿赂犯罪、恐怖活动犯罪等重大犯罪案件,犯罪嫌疑人、被告人逃匿,在通缉一年后不能到案,或者犯罪嫌疑人、被告人死亡,依照刑法规定应当追缴其违法所得及其他涉案财产的,人民检察院可以向人民法院提出没收违法所得的申请。

公安机关认为有前款规定情形的,应当写出没收违法所得意见书,移送人民检察院。

没收违法所得的申请应当提供与犯罪事实、违法所得相关的证据材料,并列明财产的种类、数量、所在地及查封、扣押、冻结的情况。

人民法院在必要的时候,可以查封、扣押、冻结申请没收的财产。

第二百九十九条 没收违法所得的申请,由犯罪地或者犯罪嫌疑人、被告人居住地的中级人民法院组成合议庭进行审理。

人民法院受理没收违法所得的申请后,应当发出公告。公告期间为六个月。犯罪嫌疑人、被告人的近亲属和其他利害关系人有权申请参加诉讼,也可以委托诉讼代理人参加诉讼。

人民法院在公告期满后对没收违法所得的申请进行审理。利害关系人参加诉讼的,人民法院应当开庭审理。

第三百条 人民法院经审理,对经查证属于违法所得及其他涉案财产,除依法返还被害人的以外,应当裁定予以没收;对不属于应当追缴的财产的,应当裁定驳回申请,解除查封、扣押、冻结措施。

对于人民法院依照前款规定作出的裁定,犯罪嫌疑人、被告人的近亲属和其他利害关系人或者人民检察院可以提出上诉、抗诉。

第三百零一条 在审理过程中,在逃的犯罪嫌疑人、被告人自动投案或者被抓获的,人民法院应当终止审理。

没收犯罪嫌疑人、被告人财产确有错误的,应当予以返还、赔偿。

第五章 依法不负刑事责任的精神病人的强制医疗程序

第三百零二条 实施暴力行为,危害公共安全或者严重危害公民人身安全,经法定程序鉴定依法不负刑事责任的精神病人,有继续危害社会可能的,可以予以强制医疗。

第三百零三条 根据本章规定对精神病人强制医疗的，由人民法院决定。

公安机关发现精神病人符合强制医疗条件的，应当写出强制医疗意见书，移送人民检察院。对于公安机关移送的或者在审查起诉过程中发现的精神病人符合强制医疗条件的，人民检察院应当向人民法院提出强制医疗的申请。人民法院在审理案件过程中发现被告人符合强制医疗条件的，可以作出强制医疗的决定。

对实施暴力行为的精神病人，在人民法院决定强制医疗前，公安机关可以采取临时的保护性约束措施。

第三百零四条 人民法院受理强制医疗的申请后，应当组成合议庭进行审理。

人民法院审理强制医疗案件，应当通知被申请人或者被告人的法定代理人到场。被申请人或者被告人没有委托诉讼代理人的，人民法院应当通知法律援助机构指派律师为其提供法律帮助。

第三百零五条 人民法院经审理，对于被申请人或者被告人符合强制医疗条件的，应当在一个月以内作出强制医疗的决定。

被决定强制医疗的人、被害人及其法定代理人、近亲属对强制医疗决定不服的，可以向上一级人民法院申请复议。

第三百零六条 强制医疗机构应当定期对被强制医疗的人进行诊断评估。对于已不具有人身危险性，不需要继续强制医疗的，应当及时提出解除意见，报决定强制医疗的人民法院批准。

被强制医疗的人及其近亲属有权申请解除强制医疗。

第三百零七条 人民检察院对强制医疗的决定和执行实行监督。

附　　则

第三百零八条 军队保卫部门对军队内部发生的刑事案件行使侦查权。

中国海警局履行海上维权执法职责，对海上发生的刑事案件行使侦查权。

对罪犯在监狱内犯罪的案件由监狱进行侦查。

军队保卫部门、中国海警局、监狱办理刑事案件，适用本法的有关规定。

中华人民共和国监察法

（2018年3月20日第十三届全国人民代表大会第一次会议通过　根据2024年12月25日第十四届全国人民代表大会常务委员会第十三次会议《关于修改〈中华人民共和国监察法〉的决定》修正）

目　录

第一章　总　　则
第二章　监察机关及其职责
第三章　监察范围和管辖
第四章　监察权限
第五章　监察程序
第六章　反腐败国际合作
第七章　对监察机关和监察人员的监督
第八章　法律责任
第九章　附　　则

第一章　总　　则

第一条　为了深入开展廉政建设和反腐败工作，加强对所有行使公权力的公职人员的监督，实现国家监察全面覆盖，持续深化国家监察体制改革，推进国家治理体系和治理能力现代化，根据宪法，制定本法。

第二条　坚持中国共产党对国家监察工作的领导，以马克思列宁主义、毛泽东思想、邓小平理论、“三个代表”重要思想、科学发展观、习近平新时代中国特色社会主义思想为指导，构建集中统一、权威高效的中国特色国家监察体制。

第三条　各级监察委员会是行使国家监察职能的专责机关，依照本法对所有行使公权力的公职人员（以下称公职人员）进行监察，调查职务违法和职务犯罪，开展廉政建设和反腐败工作，维护宪法和法律的尊严。

第四条 监察委员会依照法律规定独立行使监察权，不受行政机关、社会团体和个人的干涉。

监察机关办理职务违法和职务犯罪案件，应当与审判机关、检察机关、执法部门互相配合，互相制约。

监察机关在工作中需要协助的，有关机关和单位应当根据监察机关的要求依法予以协助。

第五条 国家监察工作严格遵照宪法和法律，以事实为根据，以法律为准绳；权责对等，严格监督；遵守法定程序，公正履行职责；尊重和保障人权，在适用法律上一律平等，保障监察对象及相关人员的合法权益；惩戒与教育相结合，宽严相济。

第六条 国家监察工作坚持标本兼治、综合治理，强化监督问责，严厉惩治腐败；深化改革、健全法治，有效制约和监督权力；加强法治教育和道德教育，弘扬中华优秀传统文化，构建不敢腐、不能腐、不想腐的长效机制。

第二章 监察机关及其职责

第七条 中华人民共和国国家监察委员会是最高监察机关。

省、自治区、直辖市、自治州、县、自治县、市、市辖区设立监察委员会。

第八条 国家监察委员会由全国人民代表大会产生，负责全国监察工作。

国家监察委员会由主任、副主任若干人、委员若干人组成，主任由全国人民代表大会选举，副主任、委员由国家监察委员会主任提请全国人民代表大会常务委员会任免。

国家监察委员会主任每届任期同全国人民代表大会每届任期相同，连续任职不得超过两届。

国家监察委员会对全国人民代表大会及其常务委员会负责，并接受其监督。

第九条 地方各级监察委员会由本级人民代表大会产生，负责本行政区域内的监察工作。

地方各级监察委员会由主任、副主任若干人、委员若干人组成，主任由本级人民代表大会选举，副主任、委员由监察委员会主任提请本级人民代表大会常务委员会任免。

地方各级监察委员会主任每届任期同本级人民代表大会每届任期

相同。

地方各级监察委员会对本级人民代表大会及其常务委员会和上一级监察委员会负责，并接受其监督。

第十条 国家监察委员会领导地方各级监察委员会的工作，上级监察委员会领导下级监察委员会的工作。

第十一条 监察委员会依照本法和有关法律规定履行监督、调查、处置职责：

（一）对公职人员开展廉政教育，对其依法履职、秉公用权、廉洁从政从业以及道德操守情况进行监督检查；

（二）对涉嫌贪污贿赂、滥用职权、玩忽职守、权力寻租、利益输送、徇私舞弊以及浪费国家资财等职务违法和职务犯罪进行调查；

（三）对违法的公职人员依法作出政务处分决定；对履行职责不力、失职失责的领导人员进行问责；对涉嫌职务犯罪的，将调查结果移送人民检察院依法审查、提起公诉；向监察对象所在单位提出监察建议。

第十二条 各级监察委员会可以向本级中国共产党机关、国家机关、中国人民政治协商会议委员会机关、法律法规授权或者委托管理公共事务的组织和单位以及辖区内特定区域、国有企业、事业单位等派驻或者派出监察机构、监察专员。

经国家监察委员会批准，国家监察委员会派驻本级实行垂直管理或者双重领导并以上级单位领导为主的单位、国有企业的监察机构、监察专员，可以向驻在单位的下一级单位再派出。

经国家监察委员会批准，国家监察委员会派驻监察机构、监察专员，可以向驻在单位管理领导班子的普通高等学校再派出；国家监察委员会派驻国务院国有资产监督管理机构的监察机构，可以向驻在单位管理领导班子的国有企业再派出。

监察机构、监察专员对派驻或者派出它的监察委员会或者监察机构、监察专员负责。

第十三条 派驻或者派出的监察机构、监察专员根据授权，按照管理权限依法对公职人员进行监督，提出监察建议，依法对公职人员进行调查、处置。

第十四条 国家实行监察官制度，依法确定监察官的等级设置、任免、考评和晋升等制度。

第三章 监察范围和管辖

第十五条 监察机关对下列公职人员和有关人员进行监察：

（一）中国共产党机关、人民代表大会及其常务委员会机关、人民政府、监察委员会、人民法院、人民检察院、中国人民政治协商会议各级委员会机关、民主党派机关和工商业联合会机关的公务员，以及参照《中华人民共和国公务员法》管理的人员；

（二）法律、法规授权或者受国家机关依法委托管理公共事务的组织中从事公务的人员；

（三）国有企业管理人员；

（四）公办的教育、科研、文化、医疗卫生、体育等单位中从事管理的人员；

（五）基层群众性自治组织中从事管理的人员；

（六）其他依法履行公职的人员。

第十六条 各级监察机关按照管理权限管辖本辖区内本法第十五条规定的人员所涉监察事项。

上级监察机关可以办理下一级监察机关管辖范围内的监察事项，必要时也可以办理所辖各级监察机关管辖范围内的监察事项。

监察机关之间对监察事项的管辖有争议的，由其共同的上级监察机关确定。

第十七条 上级监察机关可以将其所管辖的监察事项指定下级监察机关管辖，也可以将下级监察机关有管辖权的监察事项指定给其他监察机关管辖。

监察机关认为所管辖的监察事项重大、复杂，需要由上级监察机关管辖的，可以报请上级监察机关管辖。

第四章 监察权限

第十八条 监察机关行使监督、调查职权，有权依法向有关单位和个人了解情况，收集、调取证据。有关单位和个人应当如实提供。

监察机关及其工作人员对监督、调查过程中知悉的国家秘密、工作秘密、商业秘密、个人隐私和个人信息，应当保密。

任何单位和个人不得伪造、隐匿或者毁灭证据。

第十九条 对可能发生职务违法的监察对象，监察机关按照管理权限，可以直接或者委托有关机关、人员进行谈话，或者进行函询，要求说明情况。

第二十条 在调查过程中，对涉嫌职务违法的被调查人，监察机关可以进行谈话，要求其就涉嫌违法行为作出陈述，必要时向被调查人出具书面通知。

对涉嫌贪污贿赂、失职渎职等职务犯罪的被调查人，监察机关可以进行讯问，要求其如实供述涉嫌犯罪的情况。

第二十一条 监察机关根据案件情况，经依法审批，可以强制涉嫌严重职务违法或者职务犯罪的被调查人到案接受调查。

第二十二条 在调查过程中，监察机关可以询问证人等人员。

第二十三条 被调查人涉嫌严重职务违法或者职务犯罪，并有下列情形之一的，经监察机关依法审批，可以对其采取责令候查措施：

（一）不具有本法第二十四条第一款所列情形的；

（二）符合留置条件，但患有严重疾病、生活不能自理的，系怀孕或者正在哺乳自己婴儿的妇女，或者生活不能自理的人的唯一扶养人；

（三）案件尚未办结，但留置期限届满或者对被留置人员不需要继续采取留置措施的；

（四）符合留置条件，但因为案件的特殊情况或者办理案件的需要，采取责令候查措施更为适宜的。

被责令候查人员应当遵守以下规定：

（一）未经监察机关批准不得离开所居住的直辖市、设区的市的城市市区或者不设区的市、县的辖区；

（二）住址、工作单位和联系方式发生变动的，在二十四小时以内向监察机关报告；

（三）在接到通知的时候及时到案接受调查；

（四）不得以任何形式干扰证人作证；

（五）不得串供或者伪造、隐匿、毁灭证据。

被责令候查人员违反前款规定，情节严重的，可以依法予以留置。

第二十四条 被调查人涉嫌贪污贿赂、失职渎职等严重职务违法或者职务犯罪，监察机关已经掌握其部分违法犯罪事实及证据，仍有重要问题需要进一步调查，并有下列情形之一的，经监察机关依法审批，可以将其留置在特定场所：

（一）涉及案情重大、复杂的；

（二）可能逃跑、自杀的；

（三）可能串供或者伪造、隐匿、毁灭证据的；

（四）可能有其他妨碍调查行为的。

对涉嫌行贿犯罪或者共同职务犯罪的涉案人员，监察机关可以依照前款规定采取留置措施。

留置场所的设置、管理和监督依照国家有关规定执行。

第二十五条 对于未被留置的下列人员，监察机关发现存在逃跑、自杀等重大安全风险的，经依法审批，可以进行管护：

（一）涉嫌严重职务违法或者职务犯罪的自动投案人员；

（二）在接受谈话、函询、询问过程中，交代涉嫌严重职务违法或者职务犯罪问题的人员；

（三）在接受讯问过程中，主动交代涉嫌重大职务犯罪问题的人员。

采取管护措施后，应当立即将被管护人员送留置场所，至迟不得超过二十四小时。

第二十六条 监察机关调查涉嫌贪污贿赂、失职渎职等严重职务违法或者职务犯罪，根据工作需要，可以依照规定查询、冻结涉案单位和个人的存款、汇款、债券、股票、基金份额等财产。有关单位和个人应当配合。

冻结的财产经查明与案件无关的，应当在查明后三日内解除冻结，予以退还。

第二十七条 监察机关可以对涉嫌职务犯罪的被调查人以及可能隐藏被调查人或者犯罪证据的人的身体、物品、住处和其他有关地方进行搜查。在搜查时，应当出示搜查证，并有被搜查人或者其家属等见证人在场。

搜查女性身体，应当由女性工作人员进行。

监察机关进行搜查时，可以根据工作需要提请公安机关配合。公安机关应当依法予以协助。

第二十八条 监察机关在调查过程中，可以调取、查封、扣押用以证明被调查人涉嫌违法犯罪的财物、文件和电子数据等信息。采取调取、查封、扣押措施，应当收集原物原件，会同持有人或者保管人、见证人，当面逐一拍照、登记、编号，开列清单，由在场人员当场核对、签名，并将清单副本交财物、文件的持有人或者保管人。

对调取、查封、扣押的财物、文件,监察机关应当设立专用账户、专门场所,确定专门人员妥善保管,严格履行交接、调取手续,定期对账核实,不得毁损或者用于其他目的。对价值不明物品应当及时鉴定,专门封存保管。

查封、扣押的财物、文件经查明与案件无关的,应当在查明后三日内解除查封、扣押,予以退还。

第二十九条 监察机关在调查过程中,可以直接或者指派、聘请具有专门知识的人在调查人员主持下进行勘验检查。勘验检查情况应当制作笔录,由参加勘验检查的人员和见证人签名或者盖章。

必要时,监察机关可以进行调查实验。调查实验情况应当制作笔录,由参加实验的人员签名或者盖章。

第三十条 监察机关在调查过程中,对于案件中的专门性问题,可以指派、聘请有专门知识的人进行鉴定。鉴定人进行鉴定后,应当出具鉴定意见,并且签名。

第三十一条 监察机关调查涉嫌重大贪污贿赂等职务犯罪,根据需要,经过严格的批准手续,可以采取技术调查措施,按照规定交有关机关执行。

批准决定应当明确采取技术调查措施的种类和适用对象,自签发之日起三个月以内有效;对于复杂、疑难案件,期限届满仍有必要继续采取技术调查措施的,经过批准,有效期可以延长,每次不得超过三个月。对于不需要继续采取技术调查措施的,应当及时解除。

第三十二条 依法应当留置的被调查人如果在逃,监察机关可以决定在本行政区域内通缉,由公安机关发布通缉令,追捕归案。通缉范围超出本行政区域的,应当报请有权决定的上级监察机关决定。

第三十三条 监察机关为防止被调查人及相关人员逃匿境外,经省级以上监察机关批准,可以对被调查人及相关人员采取限制出境措施,由公安机关依法执行。对于不需要继续采取限制出境措施的,应当及时解除。

第三十四条 涉嫌职务犯罪的被调查人主动认罪认罚,有下列情形之一的,监察机关经领导人员集体研究,并报上一级监察机关批准,可以在移送人民检察院时提出从宽处罚的建议:

(一)自动投案,真诚悔罪悔过的;

(二)积极配合调查工作,如实供述监察机关还未掌握的违法犯罪行为的;

（三）积极退赃，减少损失的；

（四）具有重大立功表现或者案件涉及国家重大利益等情形的。

第三十五条 职务违法犯罪的涉案人员揭发有关被调查人职务违法犯罪行为，查证属实的，或者提供重要线索，有助于调查其他案件的，监察机关经领导人员集体研究，并报上一级监察机关批准，可以在移送人民检察院时提出从宽处罚的建议。

第三十六条 监察机关依照本法规定收集的物证、书证、证人证言、被调查人供述和辩解、视听资料、电子数据等证据材料，在刑事诉讼中可以作为证据使用。

监察机关在收集、固定、审查、运用证据时，应当与刑事审判关于证据的要求和标准相一致。

以非法方法收集的证据应当依法予以排除，不得作为案件处置的依据。

第三十七条 人民法院、人民检察院、公安机关、审计机关等国家机关在工作中发现公职人员涉嫌贪污贿赂、失职渎职等职务违法或者职务犯罪的问题线索，应当移送监察机关，由监察机关依法调查处置。

被调查人既涉嫌严重职务违法或者职务犯罪，又涉嫌其他违法犯罪的，一般应当由监察机关为主调查，其他机关予以协助。

第五章 监察程序

第三十八条 监察机关对于报案或者举报，应当接受并按照有关规定处理。对于不属于本机关管辖的，应当移送主管机关处理。

第三十九条 监察机关应当严格按照程序开展工作，建立问题线索处置、调查、审理各部门相互协调、相互制约的工作机制。

监察机关应当加强对调查、处置工作全过程的监督管理，设立相应的工作部门履行线索管理、监督检查、督促办理、统计分析等管理协调职能。

第四十条 监察机关对监察对象的问题线索，应当按照有关规定提出处置意见，履行审批手续，进行分类办理。线索处置情况应当定期汇总、通报，定期检查、抽查。

第四十一条 需要采取初步核实方式处置问题线索的，监察机关应当依法履行审批程序，成立核查组。初步核实工作结束后，核查组应当撰写初步核实情况报告，提出处理建议。承办部门应当提出分类处理意见。初步核实情况报告和分类处理意见报监察机关主要负责人审批。

第四十二条 经过初步核实,对监察对象涉嫌职务违法犯罪,需要追究法律责任的,监察机关应当按照规定的权限和程序办理立案手续。

监察机关主要负责人依法批准立案后,应当主持召开专题会议,研究确定调查方案,决定需要采取的调查措施。

立案调查决定应当向被调查人宣布,并通报相关组织。涉嫌严重职务违法或者职务犯罪的,应当通知被调查人家属,并向社会公开发布。

第四十三条 监察机关对职务违法和职务犯罪案件,应当进行调查,收集被调查人有无违法犯罪以及情节轻重的证据,查明违法犯罪事实,形成相互印证、完整稳定的证据链。

调查人员应当依法文明规范开展调查工作。严禁以暴力、威胁、引诱、欺骗及其他非法方式收集证据,严禁侮辱、打骂、虐待、体罚或者变相体罚被调查人和涉案人员。

监察机关及其工作人员在履行职责过程中应当依法保护企业产权和自主经营权,严禁利用职权非法干扰企业生产经营。需要企业经营者协助调查的,应当保障其人身权利、财产权利和其他合法权益,避免或者尽量减少对企业正常生产经营活动的影响。

第四十四条 调查人员采取讯问、询问、强制到案、责令候查、管护、留置、搜查、调取、查封、扣押、勘验检查等调查措施,均应当依照规定出示证件,出具书面通知,由二人以上进行,形成笔录、报告等书面材料,并由相关人员签名、盖章。

调查人员进行讯问以及搜查、查封、扣押等重要取证工作,应当对全过程进行录音录像,留存备查。

第四十五条 调查人员应当严格执行调查方案,不得随意扩大调查范围、变更调查对象和事项。

对调查过程中的重要事项,应当集体研究后按程序请示报告。

第四十六条 采取强制到案、责令候查或者管护措施,应当按照规定的权限和程序,经监察机关主要负责人批准。

强制到案持续的时间不得超过十二小时;需要采取管护或者留置措施的,强制到案持续的时间不得超过二十四小时。不得以连续强制到案的方式变相拘禁被调查人。

责令候查最长不得超过十二个月。

监察机关采取管护措施的,应当在七日以内依法作出留置或者解除管护的决定,特殊情况下可以延长一日至三日。

第四十七条　监察机关采取留置措施,应当由监察机关领导人员集体研究决定。设区的市级以下监察机关采取留置措施,应当报上一级监察机关批准。省级监察机关采取留置措施,应当报国家监察委员会备案。

第四十八条　留置时间不得超过三个月。在特殊情况下,可以延长一次,延长时间不得超过三个月。省级以下监察机关采取留置措施的,延长留置时间应当报上一级监察机关批准。监察机关发现采取留置措施不当或者不需要继续采取留置措施的,应当及时解除或者变更为责令候查措施。

对涉嫌职务犯罪的被调查人可能判处十年有期徒刑以上刑罚,监察机关依照前款规定延长期限届满,仍不能调查终结的,经国家监察委员会批准或者决定,可以再延长二个月。

省级以上监察机关在调查期间,发现涉嫌职务犯罪的被调查人另有与留置时的罪行不同种的重大职务犯罪或者同种的影响罪名认定、量刑档次的重大职务犯罪,经国家监察委员会批准或者决定,自发现之日起依照本条第一款的规定重新计算留置时间。留置时间重新计算以一次为限。

第四十九条　监察机关采取强制到案、责令候查、管护、留置措施,可以根据工作需要提请公安机关配合。公安机关应当依法予以协助。

省级以下监察机关留置场所的看护勤务由公安机关负责,国家监察委员会留置场所的看护勤务由国家另行规定。留置看护队伍的管理依照国家有关规定执行。

第五十条　采取管护或者留置措施后,应当在二十四小时以内,通知被管护人员、被留置人员所在单位和家属,但有可能伪造、隐匿、毁灭证据,干扰证人作证或者串供等有碍调查情形的除外。有碍调查的情形消失后,应当立即通知被管护人员、被留置人员所在单位和家属。解除管护或者留置的,应当及时通知被管护人员、被留置人员所在单位和家属。

被管护人员、被留置人员及其近亲属有权申请变更管护、留置措施。监察机关收到申请后,应当在三日以内作出决定;不同意变更措施的,应当告知申请人,并说明不同意的理由。

监察机关应当保障被强制到案人员、被管护人员以及被留置人员的饮食、休息和安全,提供医疗服务。对其谈话、讯问的,应当合理安排时间和时长,谈话笔录、讯问笔录由被谈话人、被讯问人阅看后签名。

被管护人员、被留置人员涉嫌犯罪移送司法机关后,被依法判处管制、拘役或者有期徒刑的,管护、留置一日折抵管制二日,折抵拘役、有期徒刑一日。

第五十一条 监察机关在调查工作结束后,应当依法对案件事实和证据、性质认定、程序手续、涉案财物等进行全面审理,形成审理报告,提请集体审议。

第五十二条 监察机关根据监督、调查结果,依法作出如下处置:

(一)对有职务违法行为但情节较轻的公职人员,按照管理权限,直接或者委托有关机关、人员,进行谈话提醒、批评教育、责令检查,或者予以诫勉;

(二)对违法的公职人员依照法定程序作出警告、记过、记大过、降级、撤职、开除等政务处分决定;

(三)对不履行或者不正确履行职责负有责任的领导人员,按照管理权限对其直接作出问责决定,或者向有权作出问责决定的机关提出问责建议;

(四)对涉嫌职务犯罪的,监察机关经调查认为犯罪事实清楚,证据确实、充分的,制作起诉意见书,连同案卷材料、证据一并移送人民检察院依法审查、提起公诉;

(五)对监察对象所在单位廉政建设和履行职责存在的问题等提出监察建议。

监察机关经调查,对没有证据证明被调查人存在违法犯罪行为的,应当撤销案件,并通知被调查人所在单位。

第五十三条 监察机关经调查,对违法取得的财物,依法予以没收、追缴或者责令退赔;对涉嫌犯罪取得的财物,应当随案移送人民检察院。

第五十四条 对监察机关移送的案件,人民检察院依照《中华人民共和国刑事诉讼法》对被调查人采取强制措施。

人民检察院经审查,认为犯罪事实已经查清,证据确实、充分,依法应当追究刑事责任的,应当作出起诉决定。

人民检察院经审查,认为需要补充核实的,应当退回监察机关补充调查,必要时可以自行补充侦查。对于补充调查的案件,应当在一个月内补充调查完毕。补充调查以二次为限。

人民检察院对于有《中华人民共和国刑事诉讼法》规定的不起诉的情形的，经上一级人民检察院批准，依法作出不起诉的决定。监察机关认为不起诉的决定有错误的，可以向上一级人民检察院提请复议。

第五十五条 监察机关在调查贪污贿赂、失职渎职等职务犯罪案件过程中，被调查人逃匿或者死亡，有必要继续调查的，应当继续调查并作出结论。被调查人逃匿，在通缉一年后不能到案，或者死亡的，由监察机关提请人民检察院依照法定程序，向人民法院提出没收违法所得的申请。

第五十六条 监察对象对监察机关作出的涉及本人的处理决定不服的，可以在收到处理决定之日起一个月内，向作出决定的监察机关申请复审，复审机关应当在一个月内作出复审决定；监察对象对复审决定仍不服的，可以在收到复审决定之日起一个月内，向上一级监察机关申请复核，复核机关应当在二个月内作出复核决定。复审、复核期间，不停止原处理决定的执行。复核机关经审查，认定处理决定有错误的，原处理机关应当及时予以纠正。

第六章　反腐败国际合作

第五十七条 国家监察委员会统筹协调与其他国家、地区、国际组织开展的反腐败国际交流、合作，组织反腐败国际条约实施工作。

第五十八条 国家监察委员会会同有关单位加强与有关国家、地区、国际组织在反腐败方面开展引渡、移管被判刑人、遣返、联合调查、调查取证、资产追缴和信息交流等执法司法合作和司法协助。

第五十九条 国家监察委员会加强对反腐败国际追逃追赃和防逃工作的组织协调，督促有关单位做好相关工作：

（一）对于重大贪污贿赂、失职渎职等职务犯罪案件，被调查人逃匿到国（境）外，掌握证据比较确凿的，通过开展境外追逃合作，追捕归案；

（二）向赃款赃物所在国请求查询、冻结、扣押、没收、追缴、返还涉案资产；

（三）查询、监控涉嫌职务犯罪的公职人员及其相关人员进出国（境）和跨境资金流动情况，在调查案件过程中设置防逃程序。

第七章　对监察机关和监察人员的监督

第六十条 各级监察委员会应当接受本级人民代表大会及其常务委

员会的监督。

各级人民代表大会常务委员会听取和审议本级监察委员会的专项工作报告,组织执法检查。

县级以上各级人民代表大会及其常务委员会举行会议时,人民代表大会代表或者常务委员会组成人员可以依照法律规定的程序,就监察工作中的有关问题提出询问或者质询。

第六十一条 监察机关应当依法公开监察工作信息,接受民主监督、社会监督、舆论监督。

第六十二条 监察机关根据工作需要,可以从各方面代表中聘请特约监察员。特约监察员按照规定对监察机关及其工作人员履行职责情况实行监督。

第六十三条 监察机关通过设立内部专门的监督机构等方式,加强对监察人员执行职务和遵守法律情况的监督,建设忠诚、干净、担当的监察队伍。

第六十四条 监察人员涉嫌严重职务违法或者职务犯罪,为防止造成更为严重的后果或者恶劣影响,监察机关经依法审批,可以对其采取禁闭措施。禁闭的期限不得超过七日。

被禁闭人员应当配合监察机关调查。监察机关经调查发现被禁闭人员符合管护或者留置条件的,可以对其采取管护或者留置措施。

本法第五十条的规定,适用于禁闭措施。

第六十五条 监察人员必须模范遵守宪法和法律,忠于职守、秉公执法,清正廉洁、保守秘密;必须具有良好的政治素质,熟悉监察业务,具备运用法律、法规、政策和调查取证等能力,自觉接受监督。

第六十六条 对于监察人员打听案情、过问案件、说情干预的,办理监察事项的监察人员应当及时报告。有关情况应当登记备案。

发现办理监察事项的监察人员未经批准接触被调查人、涉案人员及其特定关系人,或者存在交往情形的,知情人应当及时报告。有关情况应当登记备案。

第六十七条 办理监察事项的监察人员有下列情形之一的,应当自行回避,监察对象、检举人及其他有关人员也有权要求其回避:

(一)是监察对象或者检举人的近亲属的;

(二)担任过本案的证人的;

（三）本人或者其近亲属与办理的监察事项有利害关系的；

（四）有可能影响监察事项公正处理的其他情形的。

第六十八条 监察机关涉密人员离岗离职后，应当遵守脱密期管理规定，严格履行保密义务，不得泄露相关秘密。

监察人员辞职、退休三年内，不得从事与监察和司法工作相关联且可能发生利益冲突的职业。

第六十九条 监察机关及其工作人员有下列行为之一的，被调查人及其近亲属、利害关系人有权向该机关申诉：

（一）采取强制到案、责令候查、管护、留置或者禁闭措施法定期限届满，不予以解除或者变更的；

（二）查封、扣押、冻结与案件无关或者明显超出涉案范围的财物的；

（三）应当解除查封、扣押、冻结措施而不解除的；

（四）贪污、挪用、私分、调换或者违反规定使用查封、扣押、冻结的财物的；

（五）利用职权非法干扰企业生产经营或者侵害企业经营者人身权利、财产权利和其他合法权益的；

（六）其他违反法律法规、侵害被调查人合法权益的行为。

受理申诉的监察机关应当在受理申诉之日起一个月内作出处理决定。申诉人对处理决定不服的，可以在收到处理决定之日起一个月内向上一级监察机关申请复查，上一级监察机关应当在收到复查申请之日起二个月内作出处理决定，情况属实的，及时予以纠正。

第七十条 对调查工作结束后发现立案依据不充分或者失实，案件处置出现重大失误，监察人员严重违法的，应当追究负有责任的领导人员和直接责任人员的责任。

第八章 法律责任

第七十一条 有关单位拒不执行监察机关作出的处理决定，或者无正当理由拒不采纳监察建议的，由其主管部门、上级机关责令改正，对单位给予通报批评；对负有责任的领导人员和直接责任人员依法给予处理。

第七十二条 有关人员违反本法规定，有下列行为之一的，由其所在单位、主管部门、上级机关或者监察机关责令改正，依法给予处理：

（一）不按要求提供有关材料，拒绝、阻碍调查措施实施等拒不配合监

察机关调查的;

(二)提供虚假情况,掩盖事实真相的;

(三)串供或者伪造、隐匿、毁灭证据的;

(四)阻止他人揭发检举、提供证据的;

(五)其他违反本法规定的行为,情节严重的。

第七十三条 监察对象对控告人、检举人、证人或者监察人员进行报复陷害的;控告人、检举人、证人捏造事实诬告陷害监察对象的,依法给予处理。

第七十四条 监察机关及其工作人员有下列行为之一的,对负有责任的领导人员和直接责任人员依法给予处理:

(一)未经批准、授权处置问题线索,发现重大案情隐瞒不报,或者私自留存、处理涉案材料的;

(二)利用职权或者职务上的影响干预调查工作、以案谋私的;

(三)违法窃取、泄露调查工作信息,或者泄露举报事项、举报受理情况以及举报人信息的;

(四)对被调查人或者涉案人员逼供、诱供,或者侮辱、打骂、虐待、体罚或者变相体罚的;

(五)违反规定处置查封、扣押、冻结的财物的;

(六)违反规定发生办案安全事故,或者发生安全事故后隐瞒不报、报告失实、处置不当的;

(七)违反规定采取强制到案、责令候查、管护、留置或者禁闭措施,或者法定期限届满,不予以解除或者变更的;

(八)违反规定采取技术调查、限制出境措施,或者不按规定解除技术调查、限制出境措施的;

(九)利用职权非法干扰企业生产经营或者侵害企业经营者人身权利、财产权利和其他合法权益的;

(十)其他滥用职权、玩忽职守、徇私舞弊的行为。

第七十五条 违反本法规定,构成犯罪的,依法追究刑事责任。

第七十六条 监察机关及其工作人员行使职权,侵犯公民、法人和其他组织的合法权益造成损害的,依法给予国家赔偿。

第九章 附 则

第七十七条 中国人民解放军和中国人民武装警察部队开展监察工作，由中央军事委员会根据本法制定具体规定。

第七十八条 本法自公布之日起施行。《中华人民共和国行政监察法》同时废止。

中华人民共和国公务员法

（2005年4月27日第十届全国人民代表大会常务委员会第十五次会议通过 根据2017年9月1日第十二届全国人民代表大会常务委员会第二十九次会议《关于修改〈中华人民共和国法官法〉等八部法律的决定》修正 2018年12月29日第十三届全国人民代表大会常务委员会第七次会议修订）

目 录

第一章 总 则
第二章 公务员的条件、义务与权利
第三章 职务、职级与级别
第四章 录 用
第五章 考 核
第六章 职务、职级任免
第七章 职务、职级升降
第八章 奖 励
第九章 监督与惩戒
第十章 培 训
第十一章 交流与回避
第十二章 工资、福利与保险
第十三章 辞职与辞退
第十四章 退 休

第十五章　申诉与控告
第十六章　职位聘任
第十七章　法律责任
第十八章　附　　则

第一章　总　　则

第一条　为了规范公务员的管理,保障公务员的合法权益,加强对公务员的监督,促进公务员正确履职尽责,建设信念坚定、为民服务、勤政务实、敢于担当、清正廉洁的高素质专业化公务员队伍,根据宪法,制定本法。

第二条　本法所称公务员,是指依法履行公职、纳入国家行政编制、由国家财政负担工资福利的工作人员。

公务员是干部队伍的重要组成部分,是社会主义事业的中坚力量,是人民的公仆。

第三条　公务员的义务、权利和管理,适用本法。

法律对公务员中领导成员的产生、任免、监督以及监察官、法官、检察官等的义务、权利和管理另有规定的,从其规定。

第四条　公务员制度坚持中国共产党领导,坚持以马克思列宁主义、毛泽东思想、邓小平理论、“三个代表”重要思想、科学发展观、习近平新时代中国特色社会主义思想为指导,贯彻社会主义初级阶段的基本路线,贯彻新时代中国共产党的组织路线,坚持党管干部原则。

第五条　公务员的管理,坚持公开、平等、竞争、择优的原则,依照法定的权限、条件、标准和程序进行。

第六条　公务员的管理,坚持监督约束与激励保障并重的原则。

第七条　公务员的任用,坚持德才兼备、以德为先,坚持五湖四海、任人唯贤,坚持事业为上、公道正派,突出政治标准,注重工作实绩。

第八条　国家对公务员实行分类管理,提高管理效能和科学化水平。

第九条　公务员就职时应当依照法律规定公开进行宪法宣誓。

第十条　公务员依法履行职责的行为,受法律保护。

第十一条　公务员工资、福利、保险以及录用、奖励、培训、辞退等所需经费,列入财政预算,予以保障。

第十二条　中央公务员主管部门负责全国公务员的综合管理工作。县级以上地方各级公务员主管部门负责本辖区内公务员的综合管理工作。

上级公务员主管部门指导下级公务员主管部门的公务员管理工作。各级公务员主管部门指导同级各机关的公务员管理工作。

第二章　公务员的条件、义务与权利

第十三条　公务员应当具备下列条件：

（一）具有中华人民共和国国籍；

（二）年满十八周岁；

（三）拥护中华人民共和国宪法，拥护中国共产党领导和社会主义制度；

（四）具有良好的政治素质和道德品行；

（五）具有正常履行职责的身体条件和心理素质；

（六）具有符合职位要求的文化程度和工作能力；

（七）法律规定的其他条件。

第十四条　公务员应当履行下列义务：

（一）忠于宪法，模范遵守、自觉维护宪法和法律，自觉接受中国共产党领导；

（二）忠于国家，维护国家的安全、荣誉和利益；

（三）忠于人民，全心全意为人民服务，接受人民监督；

（四）忠于职守，勤勉尽责，服从和执行上级依法作出的决定和命令，按照规定的权限和程序履行职责，努力提高工作质量和效率；

（五）保守国家秘密和工作秘密；

（六）带头践行社会主义核心价值观，坚守法治，遵守纪律，恪守职业道德，模范遵守社会公德、家庭美德；

（七）清正廉洁，公道正派；

（八）法律规定的其他义务。

第十五条　公务员享有下列权利：

（一）获得履行职责应当具有的工作条件；

（二）非因法定事由、非经法定程序，不被免职、降职、辞退或者处分；

（三）获得工资报酬，享受福利、保险待遇；

（四）参加培训；

（五）对机关工作和领导人员提出批评和建议；

（六）提出申诉和控告；

(七)申请辞职;

(八)法律规定的其他权利。

第三章　职务、职级与级别

第十六条　国家实行公务员职位分类制度。

公务员职位类别按照公务员职位的性质、特点和管理需要,划分为综合管理类、专业技术类和行政执法类等类别。根据本法,对于具有职位特殊性,需要单独管理的,可以增设其他职位类别。各职位类别的适用范围由国家另行规定。

第十七条　国家实行公务员职务与职级并行制度,根据公务员职位类别和职责设置公务员领导职务、职级序列。

第十八条　公务员领导职务根据宪法、有关法律和机构规格设置。

领导职务层次分为:国家级正职、国家级副职、省部级正职、省部级副职、厅局级正职、厅局级副职、县处级正职、县处级副职、乡科级正职、乡科级副职。

第十九条　公务员职级在厅局级以下设置。

综合管理类公务员职级序列分为:一级巡视员、二级巡视员、一级调研员、二级调研员、三级调研员、四级调研员、一级主任科员、二级主任科员、三级主任科员、四级主任科员、一级科员、二级科员。

综合管理类以外其他职位类别公务员的职级序列,根据本法由国家另行规定。

第二十条　各机关依照确定的职能、规格、编制限额、职数以及结构比例,设置本机关公务员的具体职位,并确定各职位的工作职责和任职资格条件。

第二十一条　公务员的领导职务、职级应当对应相应的级别。公务员领导职务、职级与级别的对应关系,由国家规定。

根据工作需要和领导职务与职级的对应关系,公务员担任的领导职务和职级可以互相转任、兼任;符合规定资格条件的,可以晋升领导职务或者职级。

公务员的级别根据所任领导职务、职级及其德才表现、工作实绩和资历确定。公务员在同一领导职务、职级上,可以按照国家规定晋升级别。

公务员的领导职务、职级与级别是确定公务员工资以及其他待遇的依据。

第二十二条 国家根据人民警察、消防救援人员以及海关、驻外外交机构等公务员的工作特点，设置与其领导职务、职级相对应的衔级。

第四章 录 用

第二十三条 录用担任一级主任科员以下及其他相当职级层次的公务员，采取公开考试、严格考察、平等竞争、择优录取的办法。

民族自治地方依照前款规定录用公务员时，依照法律和有关规定对少数民族报考者予以适当照顾。

第二十四条 中央机关及其直属机构公务员的录用，由中央公务员主管部门负责组织。地方各级机关公务员的录用，由省级公务员主管部门负责组织，必要时省级公务员主管部门可以授权设区的市级公务员主管部门组织。

第二十五条 报考公务员，除应当具备本法第十三条规定的条件以外，还应当具备省级以上公务员主管部门规定的拟任职位所要求的资格条件。

国家对行政机关中初次从事行政处罚决定审核、行政复议、行政裁决、法律顾问的公务员实行统一法律职业资格考试制度，由国务院司法行政部门商有关部门组织实施。

第二十六条 下列人员不得录用为公务员：

(一)因犯罪受过刑事处罚的；

(二)被开除中国共产党党籍的；

(三)被开除公职的；

(四)被依法列为失信联合惩戒对象的；

(五)有法律规定不得录用为公务员的其他情形的。

第二十七条 录用公务员，应当在规定的编制限额内，并有相应的职位空缺。

第二十八条 录用公务员，应当发布招考公告。招考公告应当载明招考的职位、名额、报考资格条件、报考需要提交的申请材料以及其他报考须知事项。

招录机关应当采取措施，便利公民报考。

第二十九条 招录机关根据报考资格条件对报考申请进行审查。报考者提交的申请材料应当真实、准确。

第三十条 公务员录用考试采取笔试和面试等方式进行，考试内容根据公务员应当具备的基本能力和不同职位类别、不同层级机关分别设置。

第三十一条 招录机关根据考试成绩确定考察人选，并进行报考资格复审、考察和体检。

体检的项目和标准根据职位要求确定。具体办法由中央公务员主管部门会同国务院卫生健康行政部门规定。

第三十二条 招录机关根据考试成绩、考察情况和体检结果，提出拟录用人员名单，并予以公示。公示期不少于五个工作日。

公示期满，中央一级招录机关应当将拟录用人员名单报中央公务员主管部门备案；地方各级招录机关应当将拟录用人员名单报省级或者设区的市级公务员主管部门审批。

第三十三条 录用特殊职位的公务员，经省级以上公务员主管部门批准，可以简化程序或者采用其他测评办法。

第三十四条 新录用的公务员试用期为一年。试用期满合格的，予以任职；不合格的，取消录用。

第五章 考　　核

第三十五条 公务员的考核应当按照管理权限，全面考核公务员的德、能、勤、绩、廉，重点考核政治素质和工作实绩。考核指标根据不同职位类别、不同层级机关分别设置。

第三十六条 公务员的考核分为平时考核、专项考核和定期考核等方式。定期考核以平时考核、专项考核为基础。

第三十七条 非领导成员公务员的定期考核采取年度考核的方式。先由个人按照职位职责和有关要求进行总结，主管领导在听取群众意见后，提出考核等次建议，由本机关负责人或者授权的考核委员会确定考核等次。

领导成员的考核由主管机关按照有关规定办理。

第三十八条 定期考核的结果分为优秀、称职、基本称职和不称职四个等次。

定期考核的结果应当以书面形式通知公务员本人。

第三十九条 定期考核的结果作为调整公务员职位、职务、职级、级别、工资以及公务员奖励、培训、辞退的依据。

第六章　职务、职级任免

第四十条　公务员领导职务实行选任制、委任制和聘任制。公务员职级实行委任制和聘任制。

领导成员职务按照国家规定实行任期制。

第四十一条　选任制公务员在选举结果生效时即任当选职务；任期届满不再连任或者任期内辞职、被罢免、被撤职的，其所任职务即终止。

第四十二条　委任制公务员试用期满考核合格，职务、职级发生变化，以及其他情形需要任免职务、职级的，应当按照管理权限和规定的程序任免。

第四十三条　公务员任职应当在规定的编制限额和职数内进行，并有相应的职位空缺。

第四十四条　公务员因工作需要在机关外兼职，应当经有关机关批准，并不得领取兼职报酬。

第七章　职务、职级升降

第四十五条　公务员晋升领导职务，应当具备拟任职务所要求的政治素质、工作能力、文化程度和任职经历等方面的条件和资格。

公务员领导职务应当逐级晋升。特别优秀的或者工作特殊需要的，可以按照规定破格或者越级晋升。

第四十六条　公务员晋升领导职务，按照下列程序办理：

（一）动议；

（二）民主推荐；

（三）确定考察对象，组织考察；

（四）按照管理权限讨论决定；

（五）履行任职手续。

第四十七条　厅局级正职以下领导职务出现空缺且本机关没有合适人选的，可以通过适当方式面向社会选拔任职人选。

第四十八条　公务员晋升领导职务的，应当按照有关规定实行任职前公示制度和任职试用期制度。

第四十九条　公务员职级应当逐级晋升，根据个人德才表现、工作实绩和任职资历,参考民主推荐或者民主测评结果确定人选,经公示后,按照管理权限审批。

第五十条 公务员的职务、职级实行能上能下。对不适宜或者不胜任现任职务、职级的,应当进行调整。

公务员在年度考核中被确定为不称职的,按照规定程序降低一个职务或者职级层次任职。

第八章 奖 励

第五十一条 对工作表现突出,有显著成绩和贡献,或者有其他突出事迹的公务员或者公务员集体,给予奖励。奖励坚持定期奖励与及时奖励相结合,精神奖励与物质奖励相结合、以精神奖励为主的原则。

公务员集体的奖励适用于按照编制序列设置的机构或者为完成专项任务组成的工作集体。

第五十二条 公务员或者公务员集体有下列情形之一的,给予奖励:

(一)忠于职守,积极工作,勇于担当,工作实绩显著的;

(二)遵纪守法,廉洁奉公,作风正派,办事公道,模范作用突出的;

(三)在工作中有发明创造或者提出合理化建议,取得显著经济效益或者社会效益的;

(四)为增进民族团结,维护社会稳定做出突出贡献的;

(五)爱护公共财产,节约国家资财有突出成绩的;

(六)防止或者消除事故有功,使国家和人民群众利益免受或者减少损失的;

(七)在抢险、救灾等特定环境中做出突出贡献的;

(八)同违纪违法行为作斗争有功绩的;

(九)在对外交往中为国家争得荣誉和利益的;

(十)有其他突出功绩的。

第五十三条 奖励分为:嘉奖、记三等功、记二等功、记一等功、授予称号。

对受奖励的公务员或者公务员集体予以表彰,并对受奖励的个人给予一次性奖金或者其他待遇。

第五十四条 给予公务员或者公务员集体奖励,按照规定的权限和程序决定或者审批。

第五十五条 按照国家规定,可以向参与特定时期、特定领域重大工作的公务员颁发纪念证书或者纪念章。

第五十六条 公务员或者公务员集体有下列情形之一的,撤销奖励:

(一)弄虚作假,骗取奖励的;

(二)申报奖励时隐瞒严重错误或者严重违反规定程序的;

(三)有严重违纪违法等行为,影响称号声誉的;

(四)有法律、法规规定应当撤销奖励的其他情形的。

第九章 监督与惩戒

第五十七条 机关应当对公务员的思想政治、履行职责、作风表现、遵纪守法等情况进行监督,开展勤政廉政教育,建立日常管理监督制度。

对公务员监督发现问题的,应当区分不同情况,予以谈话提醒、批评教育、责令检查、诫勉、组织调整、处分。

对公务员涉嫌职务违法和职务犯罪的,应当依法移送监察机关处理。

第五十八条 公务员应当自觉接受监督,按照规定请示报告工作、报告个人有关事项。

第五十九条 公务员应当遵纪守法,不得有下列行为:

(一)散布有损宪法权威、中国共产党和国家声誉的言论,组织或者参加旨在反对宪法、中国共产党领导和国家的集会、游行、示威等活动;

(二)组织或者参加非法组织,组织或者参加罢工;

(三)挑拨、破坏民族关系,参加民族分裂活动或者组织、利用宗教活动破坏民族团结和社会稳定;

(四)不担当,不作为,玩忽职守,贻误工作;

(五)拒绝执行上级依法作出的决定和命令;

(六)对批评、申诉、控告、检举进行压制或者打击报复;

(七)弄虚作假,误导、欺骗领导和公众;

(八)贪污贿赂,利用职务之便为自己或者他人谋取私利;

(九)违反财经纪律,浪费国家资财;

(十)滥用职权,侵害公民、法人或者其他组织的合法权益;

(十一)泄露国家秘密或者工作秘密;

(十二)在对外交往中损害国家荣誉和利益;

(十三)参与或者支持色情、吸毒、赌博、迷信等活动;

(十四)违反职业道德、社会公德和家庭美德;

(十五)违反有关规定参与禁止的网络传播行为或者网络活动;

(十六)违反有关规定从事或者参与营利性活动,在企业或者其他营利性组织中兼任职务;

(十七)旷工或者因公外出、请假期满无正当理由逾期不归;

(十八)违纪违法的其他行为。

第六十条 公务员执行公务时,认为上级的决定或者命令有错误的,可以向上级提出改正或者撤销该决定或者命令的意见;上级不改变该决定或者命令,或者要求立即执行的,公务员应当执行该决定或者命令,执行的后果由上级负责,公务员不承担责任;但是,公务员执行明显违法的决定或者命令的,应当依法承担相应的责任。

第六十一条 公务员因违纪违法应当承担纪律责任的,依照本法给予处分或者由监察机关依法给予政务处分;违纪违法行为情节轻微,经批评教育后改正的,可以免予处分。

对同一违纪违法行为,监察机关已经作出政务处分决定的,公务员所在机关不再给予处分。

第六十二条 处分分为:警告、记过、记大过、降级、撤职、开除。

第六十三条 对公务员的处分,应当事实清楚、证据确凿、定性准确、处理恰当、程序合法、手续完备。

公务员违纪违法的,应当由处分决定机关决定对公务员违纪违法的情况进行调查,并将调查认定的事实以及拟给予处分的依据告知公务员本人。公务员有权进行陈述和申辩;处分决定机关不得因公务员申辩而加重处分。

处分决定机关认为对公务员应当给予处分的,应当在规定的期限内,按照管理权限和规定的程序作出处分决定。处分决定应当以书面形式通知公务员本人。

第六十四条 公务员在受处分期间不得晋升职务、职级和级别,其中受记过、记大过、降级、撤职处分的,不得晋升工资档次。

受处分的期间为:警告,六个月;记过,十二个月;记大过,十八个月;降级、撤职,二十四个月。

受撤职处分的,按照规定降低级别。

第六十五条 公务员受开除以外的处分,在受处分期间有悔改表现,并且没有再发生违纪违法行为的，处分期满后自动解除。

解除处分后，晋升工资档次、级别和职务、职级不再受原处分的影响。但是，解除降级、撤职处分的，不视为恢复原级别、原职务、原职级。

第十章 培　训

第六十六条 机关根据公务员工作职责的要求和提高公务员素质的需要，对公务员进行分类分级培训。

国家建立专门的公务员培训机构。机关根据需要也可以委托其他培训机构承担公务员培训任务。

第六十七条 机关对新录用人员应当在试用期内进行初任培训；对晋升领导职务的公务员应当在任职前或者任职后一年内进行任职培训；对从事专项工作的公务员应当进行专门业务培训；对全体公务员应当进行提高政治素质和工作能力、更新知识的在职培训，其中对专业技术类公务员应当进行专业技术培训。

国家有计划地加强对优秀年轻公务员的培训。

第六十八条 公务员的培训实行登记管理。

公务员参加培训的时间由公务员主管部门按照本法第六十七条规定的培训要求予以确定。

公务员培训情况、学习成绩作为公务员考核的内容和任职、晋升的依据之一。

第十一章 交流与回避

第六十九条 国家实行公务员交流制度。

公务员可以在公务员和参照本法管理的工作人员队伍内部交流，也可以与国有企业和不参照本法管理的事业单位中从事公务的人员交流。

交流的方式包括调任、转任。

第七十条 国有企业、高等院校和科研院所以及其他不参照本法管理的事业单位中从事公务的人员，可以调入机关担任领导职务或者四级调研员以上及其他相当层次的职级。

调任人选应当具备本法第十三条规定的条件和拟任职位所要求的资格条件，并不得有本法第二十六条规定的情形。调任机关应当根据上述规定，对调任人选进行严格考察，并按照管理权限审批，必要时可以对调任人选进行考试。

第七十一条 公务员在不同职位之间转任应当具备拟任职位所要求的资格条件,在规定的编制限额和职数内进行。

对省部级正职以下的领导成员应当有计划、有重点地实行跨地区、跨部门转任。

对担任机关内设机构领导职务和其他工作性质特殊的公务员,应当有计划地在本机关内转任。

上级机关应当注重从基层机关公开遴选公务员。

第七十二条 根据工作需要,机关可以采取挂职方式选派公务员承担重大工程、重大项目、重点任务或者其他专项工作。

公务员在挂职期间,不改变与原机关的人事关系。

第七十三条 公务员应当服从机关的交流决定。

公务员本人申请交流的,按照管理权限审批。

第七十四条 公务员之间有夫妻关系、直系血亲关系、三代以内旁系血亲关系以及近姻亲关系的,不得在同一机关双方直接隶属于同一领导人员的职位或者有直接上下级领导关系的职位工作,也不得在其中一方担任领导职务的机关从事组织、人事、纪检、监察、审计和财务工作。

公务员不得在其配偶、子女及其配偶经营的企业、营利性组织的行业监管或者主管部门担任领导成员。

因地域或者工作性质特殊,需要变通执行任职回避的,由省级以上公务员主管部门规定。

第七十五条 公务员担任乡级机关、县级机关、设区的市级机关及其有关部门主要领导职务的,应当按照有关规定实行地域回避。

第七十六条 公务员执行公务时,有下列情形之一的,应当回避:

(一)涉及本人利害关系的;

(二)涉及与本人有本法第七十四条第一款所列亲属关系人员的利害关系的;

(三)其他可能影响公正执行公务的。

第七十七条 公务员有应当回避情形的,本人应当申请回避;利害关系人有权申请公务员回避。其他人员可以向机关提供公务员需要回避的情况。

机关根据公务员本人或者利害关系人的申请,经审查后作出是否回避的决定,也可以不经申请直接作出回避决定。

第七十八条 法律对公务员回避另有规定的,从其规定。

第十二章 工资、福利与保险

第七十九条 公务员实行国家统一规定的工资制度。

公务员工资制度贯彻按劳分配的原则,体现工作职责、工作能力、工作实绩、资历等因素,保持不同领导职务、职级、级别之间的合理工资差距。

国家建立公务员工资的正常增长机制。

第八十条 公务员工资包括基本工资、津贴、补贴和奖金。

公务员按照国家规定享受地区附加津贴、艰苦边远地区津贴、岗位津贴等津贴。

公务员按照国家规定享受住房、医疗等补贴、补助。

公务员在定期考核中被确定为优秀、称职的,按照国家规定享受年终奖金。

公务员工资应当按时足额发放。

第八十一条 公务员的工资水平应当与国民经济发展相协调、与社会进步相适应。

国家实行工资调查制度,定期进行公务员和企业相当人员工资水平的调查比较,并将工资调查比较结果作为调整公务员工资水平的依据。

第八十二条 公务员按照国家规定享受福利待遇。国家根据经济社会发展水平提高公务员的福利待遇。

公务员执行国家规定的工时制度,按照国家规定享受休假。公务员在法定工作日之外加班的,应当给予相应的补休,不能补休的按照国家规定给予补助。

第八十三条 公务员依法参加社会保险,按照国家规定享受保险待遇。

公务员因公牺牲或者病故的,其亲属享受国家规定的抚恤和优待。

第八十四条 任何机关不得违反国家规定自行更改公务员工资、福利、保险政策,擅自提高或者降低公务员的工资、福利、保险待遇。任何机关不得扣减或者拖欠公务员的工资。

第十三章 辞职与辞退

第八十五条 公务员辞去公职,应当向任免机关提出书面申请。任免机关应当自接到申请之日起三十日内予以审批,其中对领导成员辞去公职的申请,应当自接到申请之日起九十日内予以审批。

第八十六条 公务员有下列情形之一的,不得辞去公职:

(一)未满国家规定的最低服务年限的;

(二)在涉及国家秘密等特殊职位任职或者离开上述职位不满国家规定的脱密期限的;

(三)重要公务尚未处理完毕,且须由本人继续处理的;

(四)正在接受审计、纪律审查、监察调查,或者涉嫌犯罪,司法程序尚未终结的;

(五)法律、行政法规规定的其他不得辞去公职的情形。

第八十七条 担任领导职务的公务员,因工作变动依照法律规定需要辞去现任职务的,应当履行辞职手续。

担任领导职务的公务员,因个人或者其他原因,可以自愿提出辞去领导职务。

领导成员因工作严重失误、失职造成重大损失或者恶劣社会影响的,或者对重大事故负有领导责任的,应当引咎辞去领导职务。

领导成员因其他原因不再适合担任现任领导职务的,或者应当引咎辞职本人不提出辞职的,应当责令其辞去领导职务。

第八十八条 公务员有下列情形之一的,予以辞退:

(一)在年度考核中,连续两年被确定为不称职的;

(二)不胜任现职工作,又不接受其他安排的;

(三)因所在机关调整、撤销、合并或者缩减编制员额需要调整工作,本人拒绝合理安排的;

(四)不履行公务员义务,不遵守法律和公务员纪律,经教育仍无转变,不适合继续在机关工作,又不宜给予开除处分的;

(五)旷工或者因公外出、请假期满无正当理由逾期不归连续超过十五天,或者一年内累计超过三十天的。

第八十九条 对有下列情形之一的公务员,不得辞退:

(一)因公致残,被确认丧失或者部分丧失工作能力的;

（二）患病或者负伤，在规定的医疗期内的；

（三）女性公务员在孕期、产假、哺乳期内的；

（四）法律、行政法规规定的其他不得辞退的情形。

第九十条 辞退公务员，按照管理权限决定。辞退决定应当以书面形式通知被辞退的公务员，并应当告知辞退依据和理由。

被辞退的公务员，可以领取辞退费或者根据国家有关规定享受失业保险。

第九十一条 公务员辞职或者被辞退，离职前应当办理公务交接手续，必要时按照规定接受审计。

第十四章 退 休

第九十二条 公务员达到国家规定的退休年龄或者完全丧失工作能力的，应当退休。

第九十三条 公务员符合下列条件之一的，本人自愿提出申请，经任免机关批准，可以提前退休：

（一）工作年限满三十年的；

（二）距国家规定的退休年龄不足五年，且工作年限满二十年的；

（三）符合国家规定的可以提前退休的其他情形的。

第九十四条 公务员退休后，享受国家规定的养老金和其他待遇，国家为其生活和健康提供必要的服务和帮助，鼓励发挥个人专长，参与社会发展。

第十五章 申诉与控告

第九十五条 公务员对涉及本人的下列人事处理不服的，可以自知道该人事处理之日起三十日内向原处理机关申请复核；对复核结果不服的，可以自接到复核决定之日起十五日内，按照规定向同级公务员主管部门或者作出该人事处理的机关的上一级机关提出申诉；也可以不经复核，自知道该人事处理之日起三十日内直接提出申诉：

（一）处分；

（二）辞退或者取消录用；

（三）降职；

（四）定期考核定为不称职；

（五）免职；

（六）申请辞职、提前退休未予批准；

（七）不按照规定确定或者扣减工资、福利、保险待遇；

（八）法律、法规规定可以申诉的其他情形。

对省级以下机关作出的申诉处理决定不服的，可以向作出处理决定的上一级机关提出再申诉。

受理公务员申诉的机关应当组成公务员申诉公正委员会，负责受理和审理公务员的申诉案件。

公务员对监察机关作出的涉及本人的处理决定不服向监察机关申请复审、复核的，按照有关规定办理。

第九十六条　原处理机关应当自接到复核申请书后的三十日内作出复核决定，并以书面形式告知申请人。受理公务员申诉的机关应当自受理之日起六十日内作出处理决定；案情复杂的，可以适当延长，但是延长时间不得超过三十日。

复核、申诉期间不停止人事处理的执行。

公务员不因申请复核、提出申诉而被加重处理。

第九十七条　公务员申诉的受理机关审查认定人事处理有错误的，原处理机关应当及时予以纠正。

第九十八条　公务员认为机关及其领导人员侵犯其合法权益的，可以依法向上级机关或者监察机关提出控告。受理控告的机关应当按照规定及时处理。

第九十九条　公务员提出申诉、控告，应当尊重事实，不得捏造事实，诬告、陷害他人。对捏造事实，诬告、陷害他人的，依法追究法律责任。

第十六章　职位聘任

第一百条　机关根据工作需要，经省级以上公务员主管部门批准，可以对专业性较强的职位和辅助性职位实行聘任制。

前款所列职位涉及国家秘密的，不实行聘任制。

第一百零一条　机关聘任公务员可以参照公务员考试录用的程序进行公开招聘，也可以从符合条件的人员中直接选聘。

机关聘任公务员应当在规定的编制限额和工资经费限额内进行。

第一百零二条　机关聘任公务员，应当按照平等自愿、协商一致的原则,签订书面的聘任合同,确定机关与所聘公务员双方的权利、义务。聘任合同经双方协商一致可以变更或者解除。

聘任合同的签订、变更或者解除,应当报同级公务员主管部门备案。

第一百零三条 聘任合同应当具备合同期限,职位及其职责要求,工资、福利、保险待遇,违约责任等条款。

聘任合同期限为一年至五年。聘任合同可以约定试用期,试用期为一个月至十二个月。

聘任制公务员实行协议工资制,具体办法由中央公务员主管部门规定。

第一百零四条 机关依据本法和聘任合同对所聘公务员进行管理。

第一百零五条 聘任制公务员与所在机关之间因履行聘任合同发生争议的,可以自争议发生之日起六十日内申请仲裁。

省级以上公务员主管部门根据需要设立人事争议仲裁委员会,受理仲裁申请。人事争议仲裁委员会由公务员主管部门的代表、聘用机关的代表、聘任制公务员的代表以及法律专家组成。

当事人对仲裁裁决不服的,可以自接到仲裁裁决书之日起十五日内向人民法院提起诉讼。仲裁裁决生效后,一方当事人不履行的,另一方当事人可以申请人民法院执行。

第十七章 法律责任

第一百零六条 对有下列违反本法规定情形的,由县级以上领导机关或者公务员主管部门按照管理权限,区别不同情况,分别予以责令纠正或者宣布无效;对负有责任的领导人员和直接责任人员,根据情节轻重,给予批评教育、责令检查、诫勉、组织调整、处分;构成犯罪的,依法追究刑事责任:

(一)不按照编制限额、职数或者任职资格条件进行公务员录用、调任、转任、聘任和晋升的;

(二)不按照规定条件进行公务员奖惩、回避和办理退休的;

(三)不按照规定程序进行公务员录用、调任、转任、聘任、晋升以及考核、奖惩的;

(四)违反国家规定,更改公务员工资、福利、保险待遇标准的;

(五)在录用、公开遴选等工作中发生泄露试题、违反考场纪律以及其

他严重影响公开、公正行为的;

(六)不按照规定受理和处理公务员申诉、控告的;

(七)违反本法规定的其他情形的。

第一百零七条 公务员辞去公职或者退休的,原系领导成员、县处级以上领导职务的公务员在离职三年内,其他公务员在离职两年内,不得到与原工作业务直接相关的企业或者其他营利性组织任职,不得从事与原工作业务直接相关的营利性活动。

公务员辞去公职或者退休后有违反前款规定行为的,由其原所在机关的同级公务员主管部门责令限期改正;逾期不改正的,由县级以上市场监管部门没收该人员从业期间的违法所得,责令接收单位将该人员予以清退,并根据情节轻重,对接收单位处以被处罚人员违法所得一倍以上五倍以下的罚款。

第一百零八条 公务员主管部门的工作人员,违反本法规定,滥用职权、玩忽职守、徇私舞弊,构成犯罪的,依法追究刑事责任;尚不构成犯罪的,给予处分或者由监察机关依法给予政务处分。

第一百零九条 在公务员录用、聘任等工作中,有隐瞒真实信息、弄虚作假、考试作弊、扰乱考试秩序等行为的,由公务员主管部门根据情节作出考试成绩无效、取消资格、限制报考等处理;情节严重的,依法追究法律责任。

第一百一十条 机关因错误的人事处理对公务员造成名誉损害的,应当赔礼道歉、恢复名誉、消除影响;造成经济损失的,应当依法给予赔偿。

第十八章 附 则

第一百一十一条 本法所称领导成员,是指机关的领导人员,不包括机关内设机构担任领导职务的人员。

第一百一十二条 法律、法规授权的具有公共事务管理职能的事业单位中除工勤人员以外的工作人员,经批准参照本法进行管理。

第一百一十三条 本法自 2019 年 6 月 1 日起施行。

中华人民共和国监察官法

（2021年8月20日第十三届全国人民代表大会常务委员会第三十次会议通过 2021年8月20日中华人民共和国主席令第92号公布 自2022年1月1日起施行）

目 录

第一章 总 则
第二章 监察官的职责、义务和权利
第三章 监察官的条件和选用
第四章 监察官的任免
第五章 监察官的管理
第六章 监察官的考核和奖励
第七章 监察官的监督和惩戒
第八章 监察官的职业保障
第九章 附 则

第一章 总 则

第一条 为了加强对监察官的管理和监督，保障监察官依法履行职责，维护监察官合法权益，推进高素质专业化监察官队伍建设，推进监察工作规范化、法治化，根据宪法和《中华人民共和国监察法》，制定本法。

第二条 监察官的管理和监督坚持中国共产党领导，坚持以马克思列宁主义、毛泽东思想、邓小平理论、“三个代表”重要思想、科学发展观、习近平新时代中国特色社会主义思想为指导，坚持党管干部原则，增强监察官的使命感、责任感、荣誉感，建设忠诚干净担当的监察官队伍。

第三条 监察官包括下列人员：

（一）各级监察委员会的主任、副主任、委员；

（二）各级监察委员会机关中的监察人员；

（三）各级监察委员会派驻或者派出到中国共产党机关、国家机关、法

律法规授权或者委托管理公共事务的组织和单位以及所管辖的行政区域等的监察机构中的监察人员、监察专员;

(四)其他依法行使监察权的监察机构中的监察人员。

对各级监察委员会派驻到国有企业的监察机构工作人员、监察专员,以及国有企业中其他依法行使监察权的监察机构工作人员的监督管理,参照执行本法有关规定。

第四条 监察官应当忠诚坚定、担当尽责、清正廉洁,做严格自律、作风优良、拒腐防变的表率。

第五条 监察官应当维护宪法和法律的尊严和权威,以事实为根据,以法律为准绳,客观公正地履行职责,保障当事人的合法权益。

第六条 监察官应当严格按照规定的权限和程序履行职责,坚持民主集中制,重大事项集体研究。

第七条 监察机关应当建立健全对监察官的监督制度和机制,确保权力受到严格约束。

监察官应当自觉接受组织监督和民主监督、社会监督、舆论监督。

第八条 监察官依法履行职责受法律保护,不受行政机关、社会团体和个人的干涉。

第二章 监察官的职责、义务和权利

第九条 监察官依法履行下列职责:

(一)对公职人员开展廉政教育;

(二)对公职人员依法履职、秉公用权、廉洁从政从业以及道德操守情况进行监督检查;

(三)对法律规定由监察机关管辖的职务违法和职务犯罪进行调查;

(四)根据监督、调查的结果,对办理的监察事项提出处置意见;

(五)开展反腐败国际合作方面的工作;

(六)法律规定的其他职责。

监察官在职权范围内对所办理的监察事项负责。

第十条 监察官应当履行下列义务:

(一)自觉坚持中国共产党领导,严格执行中国共产党和国家的路线方针政策、重大决策部署;

(二)模范遵守宪法和法律;

（三）维护国家和人民利益，秉公执法，勇于担当、敢于监督，坚决同腐败现象作斗争；

（四）依法保障监察对象及有关人员的合法权益；

（五）忠于职守，勤勉尽责，努力提高工作质量和效率；

（六）保守国家秘密和监察工作秘密，对履行职责中知悉的商业秘密和个人隐私、个人信息予以保密；

（七）严守纪律，恪守职业道德，模范遵守社会公德、家庭美德；

（八）自觉接受监督；

（九）法律规定的其他义务。

第十一条 监察官享有下列权利：

（一）履行监察官职责应当具有的职权和工作条件；

（二）履行监察官职责应当享有的职业保障和福利待遇；

（三）人身、财产和住所安全受法律保护；

（四）提出申诉或者控告；

（五）《中华人民共和国公务员法》等法律规定的其他权利。

第三章 监察官的条件和选用

第十二条 担任监察官应当具备下列条件：

（一）具有中华人民共和国国籍；

（二）忠于宪法，坚持中国共产党领导和社会主义制度；

（三）具有良好的政治素质、道德品行和廉洁作风；

（四）熟悉法律、法规、政策，具有履行监督、调查、处置等职责的专业知识和能力；

（五）具有正常履行职责的身体条件和心理素质；

（六）具备高等学校本科及以上学历；

（七）法律规定的其他条件。

本法施行前的监察人员不具备前款第六项规定的学历条件的，应当接受培训和考核，具体办法由国家监察委员会制定。

第十三条 有下列情形之一的，不得担任监察官：

（一）因犯罪受过刑事处罚，以及因犯罪情节轻微被人民检察院依法作出不起诉决定或者被人民法院依法免予刑事处罚的；

（二）被撤销中国共产党党内职务、留党察看、开除党籍的；

(三)被撤职或者开除公职的;

(四)被依法列为失信联合惩戒对象的;

(五)配偶已移居国(境)外,或者没有配偶但是子女均已移居国(境)外的;

(六)法律规定的其他情形。

第十四条 监察官的选用,坚持德才兼备、以德为先,坚持五湖四海、任人唯贤,坚持事业为上、公道正派,突出政治标准,注重工作实绩。

第十五条 监察官采用考试、考核的办法,从符合监察官条件的人员中择优选用。

第十六条 录用监察官,应当依照法律和国家有关规定采取公开考试、严格考察、平等竞争、择优录取的办法。

第十七条 监察委员会可以根据监察工作需要,依照法律和国家有关规定从中国共产党机关、国家机关、事业单位、国有企业等机关、单位从事公务的人员中选择符合任职条件的人员担任监察官。

第十八条 监察委员会可以根据监察工作需要,依照法律和国家有关规定在从事与监察机关职能职责相关的职业或者教学、研究的人员中选拔或者聘任符合任职条件的人员担任监察官。

第四章 监察官的任免

第十九条 国家监察委员会主任由全国人民代表大会选举和罢免,副主任、委员由国家监察委员会主任提请全国人民代表大会常务委员会任免。

地方各级监察委员会主任由本级人民代表大会选举和罢免,副主任、委员由监察委员会主任提请本级人民代表大会常务委员会任免。

新疆生产建设兵团各级监察委员会主任、副主任、委员,由新疆维吾尔自治区监察委员会主任提请自治区人民代表大会常务委员会任免。

其他监察官的任免,按照管理权限和规定的程序办理。

第二十条 监察官就职时应当依照法律规定进行宪法宣誓。

第二十一条 监察官有下列情形之一的,应当免去其监察官职务:

(一)丧失中华人民共和国国籍的;

(二)职务变动不需要保留监察官职务的;

(三)退休的;

（四）辞职或者依法应当予以辞退的；

（五）因违纪违法被调离或者开除的；

（六）法律规定的其他情形。

第二十二条 监察官不得兼任人民代表大会常务委员会的组成人员，不得兼任行政机关、审判机关、检察机关的职务，不得兼任企业或者其他营利性组织、事业单位的职务，不得兼任人民陪审员、人民监督员、执业律师、仲裁员和公证员。

监察官因工作需要兼职的，应当按照管理权限批准，但是不得领取兼职报酬。

第二十三条 监察官担任县级、设区的市级监察委员会主任的，应当按照有关规定实行地域回避。

第二十四条 监察官之间有夫妻关系、直系血亲关系、三代以内旁系血亲以及近姻亲关系的，不得同时担任下列职务：

（一）同一监察委员会的主任、副主任、委员，上述人员和其他监察官；

（二）监察委员会机关同一部门的监察官；

（三）同一派驻机构、派出机构或者其他监察机构的监察官；

（四）上下相邻两级监察委员会的主任、副主任、委员。

第五章 监察官的管理

第二十五条 监察官等级分为十三级，依次为总监察官、一级副总监察官、二级副总监察官，一级高级监察官、二级高级监察官、三级高级监察官、四级高级监察官，一级监察官、二级监察官、三级监察官、四级监察官、五级监察官、六级监察官。

第二十六条 国家监察委员会主任为总监察官。

第二十七条 监察官等级的确定，以监察官担任的职务职级、德才表现、业务水平、工作实绩和工作年限等为依据。

监察官等级晋升采取按期晋升和择优选升相结合的方式，特别优秀或者作出特别贡献的，可以提前选升。

第二十八条 监察官的等级设置、确定和晋升的具体办法，由国家另行规定。

第二十九条 初任监察官实行职前培训制度。

第三十条 对监察官应当有计划地进行政治、理论和业务培训。

培训应当突出政治机关特色,坚持理论联系实际、按需施教、讲求实效,提高专业能力。

监察官培训情况,作为监察官考核的内容和任职、等级晋升的依据之一。

第三十一条 监察官培训机构按照有关规定承担培训监察官的任务。

第三十二条 国家加强监察学科建设,鼓励具备条件的普通高等学校设置监察专业或者开设监察课程,培养德才兼备的高素质监察官后备人才,提高监察官的专业能力。

第三十三条 监察官依照法律和国家有关规定实行任职交流。

第三十四条 监察官申请辞职,应当由本人书面提出,按照管理权限批准后,依照规定的程序免去其职务。

第三十五条 监察官有依法应当予以辞退情形的,依照规定的程序免去其职务。

辞退监察官应当按照管理权限决定。辞退决定应当以书面形式通知被辞退的监察官,并列明作出决定的理由和依据。

第六章 监察官的考核和奖励

第三十六条 对监察官的考核,应当全面、客观、公正,实行平时考核、专项考核和年度考核相结合。

第三十七条 监察官的考核应当按照管理权限,全面考核监察官的德、能、勤、绩、廉,重点考核政治素质、工作实绩和廉洁自律情况。

第三十八条 年度考核结果分为优秀、称职、基本称职和不称职四个等次。

考核结果作为调整监察官等级、工资以及监察官奖惩、免职、降职、辞退的依据。

第三十九条 年度考核结果以书面形式通知监察官本人。监察官对考核结果如果有异议,可以申请复核。

第四十条 对在监察工作中有显著成绩和贡献,或者有其他突出事迹的监察官、监察官集体,给予奖励。

第四十一条 监察官有下列表现之一的,给予奖励:

(一)履行监督职责,成效显著的;

(二)在调查、处置职务违法和职务犯罪工作中,做出显著成绩和贡献的；

（三）提出有价值的监察建议，对防止和消除重大风险隐患效果显著的；

（四）研究监察理论、总结监察实践经验成果突出，对监察工作有指导作用的；

（五）有其他功绩的。

监察官的奖励按照有关规定办理。

第七章 监察官的监督和惩戒

第四十二条 监察机关应当规范工作流程，加强内部监督制约机制建设，强化对监察官执行职务和遵守法律情况的监督。

第四十三条 任何单位和个人对监察官的违纪违法行为，有权检举、控告。受理检举、控告的机关应当及时调查处理，并将结果告知检举人、控告人。

对依法检举、控告的单位和个人，任何人不得压制和打击报复。

第四十四条 对于审判机关、检察机关、执法部门等移送的监察官违纪违法履行职责的问题线索，监察机关应当及时调查处理。

第四十五条 监察委员会根据工作需要，按照规定从各方面代表中聘请特约监察员等监督人员，对监察官履行职责情况进行监督，提出加强和改进监察工作的意见、建议。

第四十六条 监察官不得打听案情、过问案件、说情干预。对于上述行为，办理监察事项的监察官应当及时向上级报告。有关情况应当登记备案。

办理监察事项的监察官未经批准不得接触被调查人、涉案人员及其特定关系人，或者与其进行交往。对于上述行为，知悉情况的监察官应当及时向上级报告。有关情况应当登记备案。

第四十七条 办理监察事项的监察官有下列情形之一的，应当自行回避，监察对象、检举人、控告人及其他有关人员也有权要求其回避；没有主动申请回避的，监察机关应当依法决定其回避：

（一）是监察对象或者检举人、控告人的近亲属的；

（二）担任过本案的证人的；

（三）本人或者其近亲属与办理的监察事项有利害关系的；

(四)有可能影响监察事项公正处理的其他情形的。

第四十八条　监察官应当严格执行保密制度,控制监察事项知悉范围和时间,不得私自留存、隐匿、查阅、摘抄、复制、携带问题线索和涉案资料,严禁泄露监察工作秘密。

监察官离岗离职后,应当遵守脱密期管理规定,严格履行保密义务,不得泄露相关秘密。

第四十九条　监察官离任三年内,不得从事与监察和司法工作相关联且可能发生利益冲突的职业。

监察官离任后,不得担任原任职监察机关办理案件的诉讼代理人或者辩护人,但是作为当事人的监护人或者近亲属代理诉讼、进行辩护的除外。

监察官被开除后,不得担任诉讼代理人或者辩护人,但是作为当事人的监护人或者近亲属代理诉讼、进行辩护的除外。

第五十条　监察官应当遵守有关规范领导干部配偶、子女及其配偶经商办企业行为的规定。违反规定的,予以处理。

第五十一条　监察官的配偶、父母、子女及其配偶不得以律师身份担任该监察官所任职监察机关办理案件的诉讼代理人、辩护人,或者提供其他有偿法律服务。

第五十二条　监察官有下列行为之一的,依法给予处理;构成犯罪的,依法追究刑事责任:

(一)贪污贿赂的;

(二)不履行或者不正确履行监督职责,应当发现的问题没有发现,或者发现问题不报告、不处置,造成恶劣影响的;

(三)未经批准、授权处置问题线索,发现重大案情隐瞒不报,或者私自留存、处理涉案材料的;

(四)利用职权或者职务上的影响干预调查工作、以案谋私的;

(五)窃取、泄露调查工作信息,或者泄露举报事项、举报受理情况以及举报人信息的;

(六)隐瞒、伪造、变造、故意损毁证据、案件材料的;

(七)对被调查人或者涉案人员逼供、诱供,或者侮辱、打骂、虐待、体罚、变相体罚的;

(八)违反规定采取调查措施或者处置涉案财物的;

(九)违反规定发生办案安全事故,或者发生安全事故后隐瞒不报、报告失实、处置不当的；

（十）其他职务违法犯罪行为。

监察官有其他违纪违法行为，影响监察官队伍形象，损害国家和人民利益的，依法追究相应责任。

第五十三条 监察官涉嫌违纪违法，已经被立案审查、调查、侦查，不宜继续履行职责的，按照管理权限和规定的程序暂时停止其履行职务。

第五十四条 实行监察官责任追究制度，对滥用职权、失职失责造成严重后果的，终身追究责任或者进行问责。

监察官涉嫌严重职务违法、职务犯罪或者对案件处置出现重大失误的，应当追究负有责任的领导人员和直接责任人员的责任。

第八章 监察官的职业保障

第五十五条 除下列情形外，不得将监察官调离：

（一）按规定需要任职回避的；

（二）按规定实行任职交流的；

（三）因机构、编制调整需要调整工作的；

（四）因违纪违法不适合继续从事监察工作的；

（五）法律规定的其他情形。

第五十六条 任何单位或者个人不得要求监察官从事超出法定职责范围的事务。

对任何干涉监察官依法履职的行为，监察官有权拒绝并予以全面如实记录和报告；有违纪违法情形的，由有关机关根据情节轻重追究有关人员的责任。

第五十七条 监察官的职业尊严和人身安全受法律保护。

任何单位和个人不得对监察官及其近亲属打击报复。

对监察官及其近亲属实施报复陷害、侮辱诽谤、暴力侵害、威胁恐吓、滋事骚扰等违法犯罪行为的，应当依法从严惩治。

第五十八条 监察官因依法履行职责遭受不实举报、诬告陷害、侮辱诽谤，致使名誉受到损害的，监察机关应当会同有关部门及时澄清事实，消除不良影响，并依法追究相关单位或者个人的责任。

第五十九条 监察官因依法履行职责，本人及其近亲属人身安全面临危险的，监察机关、公安机关应当对监察官及其近亲属采取人身保护、禁止特定人员接触等必要保护措施。

第六十条 监察官实行国家规定的工资制度,享受监察官等级津贴和其他津贴、补贴、奖金、保险、福利待遇。监察官的工资及等级津贴制度,由国家另行规定。

第六十一条 监察官因公致残的,享受国家规定的伤残待遇。监察官因公牺牲或者病故的,其亲属享受国家规定的抚恤和优待。

第六十二条 监察官退休后,享受国家规定的养老金和其他待遇。

第六十三条 对于国家机关及其工作人员侵犯监察官权利的行为,监察官有权提出控告。

受理控告的机关应当依法调查处理,并将调查处理结果及时告知本人。

第六十四条 监察官对涉及本人的政务处分、处分和人事处理不服的,可以依照规定的程序申请复审、复核,提出申诉。

第六十五条 对监察官的政务处分、处分或者人事处理错误的,应当及时予以纠正;造成名誉损害的,应当恢复名誉、消除影响、赔礼道歉;造成经济损失的,应当赔偿。对打击报复的直接责任人员,应当依法追究其责任。

第九章 附　　则

第六十六条 有关监察官的权利、义务和管理制度,本法已有规定的,适用本法的规定;本法未作规定的,适用《中华人民共和国公务员法》等法律法规的规定。

第六十七条 中国人民解放军和中国人民武装警察部队的监察官制度,按照国家和军队有关规定执行。

第六十八条 本法自 2022 年 1 月 1 日起施行。

中华人民共和国监察法实施条例

（2021年7月20日国家监察委员会全体会议决定　2021年9月20日国家监察委员会公告第1号公布　2025年4月27日国家监察委员会全体会议修订　2025年6月1日国家监察委员会公告第2号公布）

目　　录

第一章　总　　则
第二章　监察机关及其职责
第三章　监察范围和管辖
第四章　监察权限
第五章　监察程序
第六章　反腐败国际合作
第七章　对监察机关和监察人员的监督
第八章　法律责任
第九章　附　　则

第一章　总　　则

第一条　为了推动监察工作法治化、规范化，保障依法公正行使监察权，根据《中华人民共和国监察法》（以下简称监察法），结合工作实际，制定本条例。

第二条　坚持中国共产党对监察工作的全面领导，增强政治意识、大局意识、核心意识、看齐意识，坚定中国特色社会主义道路自信、理论自信、制度自信、文化自信，坚决维护习近平总书记党中央的核心、全党的核心地位，坚决维护以习近平同志为核心的党中央权威和集中统一领导，把党的领导贯彻到监察工作各方面和全过程。

第三条　监察机关与党的纪律检查机关合署办公，坚持法治思维和法治方式，促进执纪执法贯通、有效衔接司法，实现依纪监督和依法监察、适用纪律和适用法律有机融合。

第四条　监察机关应当依法履行监督、调查、处置职责，坚持实事求是，坚持惩前毖后、治病救人，坚持惩戒与教育相结合，实现政治效果、法律效果和社会效果相统一。

第五条　监察机关应当坚定不移惩治腐败，推动深化改革、完善制度，规范权力运行，加强新时代廉洁文化建设，引导公职人员提高觉悟、担当作为、依法履职，一体推进不敢腐、不能腐、不想腐，着力铲除腐败滋生的土壤和条件。

第六条　监察机关坚持民主集中制，对于线索处置、立案调查、案件审理、处置执行、复审复核中的重要事项应当集体研究，严格按照权限履行请示报告程序。

第七条　监察机关应当尊重和保障人权，在适用法律上一律平等，充分保障监察对象以及相关人员的人身权、知情权、财产权、申辩权、申诉权以及申请复审复核权等合法权益。

第八条　监察机关办理职务犯罪案件，应当与人民法院、人民检察院互相配合、互相制约，在案件管辖、证据审查、案件移送、涉案财物处置等方面加强沟通协调，对于人民法院、人民检察院提出的退回补充调查、排除非法证据、调取同步录音录像、要求调查人员出庭等意见依法办理。

第九条　监察机关开展监察工作，可以依法提请组织人事、公安、国家安全、移民管理、审计、统计、市场监管、金融监管、财政、税务、自然资源、银行、证券、保险等有关部门、单位予以协助配合。

有关部门、单位应当根据监察机关的要求，依法协助采取有关措施、共享相关信息、提供相关资料和专业技术支持，配合开展监察工作。

第二章　监察机关及其职责

第一节　领导体制

第十条　国家监察委员会在党中央领导下开展工作。地方各级监察委员会在同级党委和上级监察委员会双重领导下工作，监督执法调查工作以上级监察委员会领导为主，线索处置和案件查办在向同级党委报告的同时应当一并向上一级监察委员会报告。

上级监察委员会应当加强对下级监察委员会的领导。下级监察委员会对上级监察委员会的决定必须执行,认为决定不当的,应当在执行的同时向上级监察委员会反映。上级监察委员会对下级监察委员会作出的错误决定,应当按程序予以纠正,或者要求下级监察委员会予以纠正。

第十一条 上级监察委员会可以依法统一调用所辖各级监察机关的监察人员办理监察事项。调用决定应当以书面形式作出。

监察机关办理监察事项应当加强互相协作和配合,对于重要、复杂事项可以提请上级监察机关予以协调。

第十二条 各级监察委员会依法向本级中国共产党机关、国家机关、中国人民政治协商会议委员会机关、法律法规授权或者受委托管理公共事务的组织和单位以及所管辖的国有企业、事业单位等派驻或者派出监察机构、监察专员。

省级和设区的市级监察委员会依法向地区、盟、开发区等不设置人民代表大会的区域派出监察机构或者监察专员。县级监察委员会和直辖市所辖区(县)监察委员会可以向街道、乡镇等区域派出监察机构或者监察专员。

监察机构、监察专员开展监察工作,受派出机关领导。

第十三条 各级监察委员会派驻或者派出的监察机构、监察专员根据派出机关授权,按照管理权限依法对派驻或者派出监督单位、区域等的公职人员开展监督,对职务违法和职务犯罪进行调查、处置。监察机构、监察专员可以按规定与地方监察委员会联合调查严重职务违法、职务犯罪,或者移交地方监察委员会调查。

前款规定的监察机构、监察专员未被授予职务犯罪调查权的,其发现监察对象涉嫌职务犯罪线索,应当及时向派出机关报告,由派出机关调查或者依法移交有关地方监察委员会调查。

第十四条 经国家监察委员会批准,国家监察委员会有关派驻监察机构、监察专员可以按照监察法第十二条第二款、第三款规定再派出。

再派出监察机构、监察专员开展监察工作,受派出它的监察机构、监察专员领导。

再派出监察机构、监察专员根据授权,按照管理权限依法对再派出监督单位的公职人员开展监督,对职务违法进行调查、处置。职务犯罪的调查、处置,按照本条例第五十二条第二款规定办理。

第二节 监 察 监 督

第十五条 监察机关依法履行监察监督职责,对公职人员政治品行、行使公权力和道德操守情况进行监督检查,督促有关机关、单位加强对所属公职人员的教育、管理、监督。

第十六条 监察机关应当坚决维护宪法确立的国家指导思想,加强对公职人员特别是领导人员坚持党的领导、坚持中国特色社会主义制度,贯彻落实党和国家路线方针政策、重大决策部署,履行从严管理监督职责,依法行使公权力等情况的监督。

第十七条 监察机关应当加强对公职人员理想信念教育、为人民服务教育、宪法法律法规教育和社会主义先进文化、革命文化、中华优秀传统文化教育,弘扬社会主义核心价值观,深入开展警示教育,教育引导公职人员树立正确的权力观、政绩观、事业观,保持为民务实清廉本色。

第十八条 监察机关应当结合公职人员的职责加强日常监督,通过收集群众反映、座谈走访、查阅资料、召集或者列席会议、听取工作汇报和述责述廉、开展监督检查等方式,促进公职人员依法用权、公正用权、为民用权、廉洁用权。

第十九条 监察机关可以与公职人员进行谈心谈话,发现政治品行、行使公权力和道德操守方面有苗头性、倾向性问题的,及时进行教育提醒。

第二十条 监察机关对于发现的行业性、系统性、区域性的突出问题,以及群众反映强烈的问题,可以通过专项监督进行深入了解,督促有关机关、单位强化治理,促进公职人员履职尽责。

第二十一条 监察机关应当加强基层监督工作,促进基层监督资源和力量整合,有效衔接村(居)务监督等各类基层监督,畅通群众监督渠道,及时发现、处理侵害群众利益的不正之风和腐败问题。

第二十二条 监察机关应当以办案促进整改、以监督促进治理,在查清问题、依法处置的同时,剖析问题发生的原因,发现制度建设、权力配置、监督机制等方面存在的问题,向有关机关、单位提出改进工作的意见或者监察建议,促进完善制度,提高治理效能。

对同一行业、系统、区域相关职务违法或者职务犯罪案件,监察机关应当加强类案分析,深入挖掘存在的共性问题,提出综合性改进工作的意见或者监察建议。

第二十三条 监察机关应当依法运用大数据、人工智能等信息化手段，整合各类监督信息资源，强化数据综合分析研判，促进及时预警风险、精准发现问题。

第二十四条 监察机关开展监察监督，应当与纪律监督、派驻监督、巡视监督统筹衔接，与人大监督、民主监督、行政监督、司法监督、审计监督、财会监督、统计监督、群众监督和舆论监督等贯通协调，健全信息、资源、成果共享等机制，形成监督合力。

第三节 监察调查

第二十五条 监察机关依法履行监察调查职责，依据监察法、《中华人民共和国公职人员政务处分法》（以下简称政务处分法）和《中华人民共和国刑法》（以下简称刑法）等规定对职务违法和职务犯罪进行调查。

第二十六条 监察机关负责调查的职务违法是指公职人员实施的与其职务相关联，虽不构成犯罪但依法应当承担法律责任的下列违法行为：

（一）利用职权实施的违法行为；

（二）利用职务上的影响实施的违法行为；

（三）履行职责不力、失职失责的违法行为；

（四）其他违反与公职人员职务相关的特定义务的违法行为。

第二十七条 监察机关发现公职人员存在其他违法行为，具有下列情形之一的，可以依法进行调查、处置：

（一）超过行政违法追究时效，或者超过犯罪追诉时效、未追究刑事责任，但需要依法给予政务处分的；

（二）被追究行政法律责任，需要依法给予政务处分的；

（三）监察机关调查职务违法或者职务犯罪时，对被调查人实施的事实简单、清楚，需要依法给予政务处分的其他违法行为一并查核的。

监察机关发现公职人员成为监察对象前有前款规定的违法行为的，依照前款规定办理。

第二十八条 监察机关依法对监察法第十一条第二项规定的职务犯罪进行调查。

第二十九条 监察机关依法调查涉嫌贪污贿赂犯罪，包括贪污罪，挪用公款罪，受贿罪，单位受贿罪，利用影响力受贿罪，行贿罪，对有影响力的人行贿罪，对单位行贿罪，介绍贿赂罪，单位行贿罪，巨额财产来源不明罪，隐瞒境外存款罪,私分国有资产罪,私分罚没财物罪,以及公职人员在行使公权力过程中实施的职务侵占罪,挪用资金罪,对外国公职人员、国际公共组织官员行贿罪,非国家工作人员受贿罪和相关联的对非国家工作人员行贿罪。

第三十条 监察机关依法调查公职人员涉嫌滥用职权犯罪,包括滥用职权罪,国有公司、企业、事业单位人员滥用职权罪,滥用管理公司、证券职权罪,食品、药品监管渎职罪,故意泄露国家秘密罪,报复陷害罪,阻碍解救被拐卖、绑架妇女、儿童罪,帮助犯罪分子逃避处罚罪,违法发放林木采伐许可证罪,办理偷越国(边)境人员出入境证件罪,放行偷越国(边)境人员罪,挪用特定款物罪,非法剥夺公民宗教信仰自由罪,侵犯少数民族风俗习惯罪,打击报复会计、统计人员罪,以及司法工作人员以外的公职人员利用职权实施的非法拘禁罪、虐待被监管人罪、非法搜查罪。

第三十一条 监察机关依法调查公职人员涉嫌玩忽职守犯罪,包括玩忽职守罪,国有公司、企业、事业单位人员失职罪,签订、履行合同失职被骗罪,国家机关工作人员签订、履行合同失职被骗罪,环境监管失职罪,传染病防治失职罪,商检失职罪,动植物检疫失职罪,不解救被拐卖、绑架妇女、儿童罪,失职造成珍贵文物损毁、流失罪,过失泄露国家秘密罪。

第三十二条 监察机关依法调查公职人员涉嫌徇私舞弊犯罪,包括徇私舞弊低价折股、出售公司、企业资产罪,非法批准征收、征用、占用土地罪,非法低价出让国有土地使用权罪,非法经营同类营业罪,为亲友非法牟利罪,枉法仲裁罪,徇私舞弊发售发票、抵扣税款、出口退税罪,商检徇私舞弊罪,动植物检疫徇私舞弊罪,放纵走私罪,放纵制售伪劣商品犯罪行为罪,招收公务员、学生徇私舞弊罪,徇私舞弊不移交刑事案件罪,违法提供出口退税凭证罪,徇私舞弊不征、少征税款罪。

第三十三条 监察机关依法调查公职人员在行使公权力过程中涉及的重大责任事故犯罪,包括重大责任事故罪,教育设施重大安全事故罪,消防责任事故罪,重大劳动安全事故罪,强令、组织他人违章冒险作业罪,危险作业罪,不报、谎报安全事故罪,铁路运营安全事故罪,重大飞行事故罪,大型群众性活动重大安全事故罪,危险物品肇事罪,工程重大安全事故罪。

第三十四条 监察机关依法调查公职人员在行使公权力过程中涉及的其他犯罪,包括破坏选举罪,背信损害上市公司利益罪,金融工作人员购买假币、以假币换取货币罪,利用未公开信息交易罪,诱骗投资者买卖证券、期货合约罪,背信运用受托财产罪,违法运用资金罪,违法发放贷款罪,吸收客户资金不入账罪,违规出具金融票证罪,对违法票据承兑、付款、保证罪,非法转让、倒卖土地使用权罪,私自开拆、隐匿、毁弃邮件、电报罪,故意延误投递邮件罪,泄露不应公开的案件信息罪,披露、报道不应公开的案件信息罪,接送不合格兵员罪。

第三十五条 监察机关发现依法由其他机关管辖的违法犯罪线索,应当及时移送有管辖权的机关。

监察机关调查结束后,对于应当给予被调查人或者涉案人员行政处罚等其他处理的,依法移送有关机关。

第四节 监察处置

第三十六条 监察机关对违法的公职人员,依据监察法、政务处分法等规定作出政务处分决定。

第三十七条 监察机关在追究违法的公职人员直接责任的同时,依法对履行职责不力、失职失责,造成严重后果或者恶劣影响的领导人员予以问责。

监察机关应当组成调查组依法开展问责调查。调查结束后经集体讨论形成调查报告,需要进行问责的按照管理权限作出问责决定,或者向有权作出问责决定的机关、单位书面提出问责建议。

第三十八条 监察机关对涉嫌职务犯罪的人员,经调查认为犯罪事实清楚,证据确实、充分,需要追究刑事责任的,依法移送人民检察院审查起诉。

第三十九条 监察机关根据监督、调查结果,发现监察对象所在单位具有下列情形之一,需要整改纠正的,依法提出监察建议,推动以案促改工作:

(一)廉政建设方面存在突出问题的;

(二)权力运行制约监督方面存在较大风险的;

(三)监察对象教育管理监督方面存在突出问题的;

(四)执行法律法规制度不到位的;

(五)不履行或者不正确履行法定职责的;

(六)其他需要提出监察建议的情形。

监察机关应当跟踪了解监察建议的采纳情况,指导、督促有关单位限期整改,对未达到整改要求的提出进一步整改意见,推动监察建议落实到位。

第三章 监察范围和管辖

第一节 监察对象

第四十条 监察机关依法对所有行使公权力的公职人员进行监察,实现国家监察全面覆盖。

第四十一条 监察法第十五条第一项所称公务员范围,依据《中华人民共和国公务员法》(以下简称公务员法)确定。

监察法第十五条第一项所称参照公务员法管理的人员,是指有关单位中经批准参照公务员法进行管理的工作人员。

第四十二条 监察法第十五条第二项所称法律、法规授权或者受国家机关依法委托管理公共事务的组织中从事公务的人员,是指在上述组织中,除参照公务员法管理的人员外,对公共事务履行组织、领导、管理、监督等职责的人员,包括具有公共事务管理职能的行业协会等组织中从事公务的人员,以及法定检验检测、检疫等机构中从事公务的人员。

第四十三条 监察法第十五条第三项所称国有企业管理人员,是指国家出资企业中的下列人员:

(一)在国有独资、全资公司、企业中履行组织、领导、管理、监督等职责的人员;

(二)经党组织或者国家机关,国有独资、全资公司、企业,事业单位提名、推荐、任命、批准等,在国有控股、参股公司及其分支机构中履行组织、领导、管理、监督等职责的人员;

(三)经国家出资企业中负有管理、监督国有资产职责的组织批准或者研究决定,代表其在国有控股、参股公司及其分支机构中从事组织、领导、管理、监督等工作的人员。

第四十四条 监察法第十五条第四项所称公办的教育、科研、文化、医疗卫生、体育等单位中从事管理的人员,是指国家为了社会公益目的,由国家机关举办或者其他组织利用国有资产举办的教育、科研、文化、医疗卫生、体育等事业单位中,从事组织、领导、管理、监督等工作的人员。

第四十五条 监察法第十五条第五项所称基层群众性自治组织中从

事管理的人员，是指该组织中的下列人员：

（一）从事集体事务和公益事业管理的人员；

（二）从事集体资金、资产、资源管理的人员；

（三）协助人民政府从事行政管理工作的人员，包括从事救灾、防疫、抢险、防汛、优抚、帮扶、移民、救济款物的管理，社会捐助公益事业款物的管理，国有土地的经营和管理，土地征收、征用补偿费用的管理，代征、代缴税款，有关计划生育、户籍、征兵工作，协助人民政府等国家机关在基层群众性自治组织中从事的其他管理工作。

第四十六条 下列人员属于监察法第十五条第六项所称其他依法履行公职的人员：

（一）履行人民代表大会职责的各级人民代表大会代表，履行公职的中国人民政治协商会议各级委员会委员、人民陪审员、人民监督员；

（二）虽未列入党政机关人员编制，但在党政机关中从事公务的人员；

（三）在集体经济组织等单位、组织中，由党组织或者国家机关，国有独资、全资公司、企业，国家出资企业中负有管理监督国有和集体资产职责的组织，事业单位提名、推荐、任命、批准等，从事组织、领导、管理、监督等工作的人员；

（四）在依法组建的评标、谈判、询价等组织中代表国家机关，国有独资、全资公司、企业，事业单位，人民团体临时履行公共事务组织、领导、管理、监督等职责的人员；

（五）其他依法行使公权力的人员。

第四十七条 有关机关、单位、组织集体作出的决定违法或者实施违法行为的，监察机关应当对负有责任的领导人员和直接责任人员中的公职人员依法追究法律责任。

第二节 管　　辖

第四十八条 监察机关开展监督、调查、处置，按照管理权限与属地管辖相结合的原则，实行分级负责制。

第四十九条 设区的市级以上监察委员会按照管理权限，依法管辖同级党委管理的公职人员涉嫌职务违法和职务犯罪案件。

县级监察委员会和直辖市所辖区（县）监察委员会按照管理权限，依法管辖本辖区内公职人员涉嫌职务违法和职务犯罪案件。

地方各级监察委员会按照本条例第十三条、第五十二条规定,可以依法管辖工作单位在本辖区内的有关公职人员涉嫌职务违法和职务犯罪案件。

监察机关调查公职人员涉嫌职务犯罪案件,可以依法对涉嫌行贿犯罪、介绍贿赂犯罪或者共同职务犯罪的涉案人员中的非公职人员一并管辖并进行调查处置。非公职人员涉嫌利用影响力受贿罪的,监察机关按照其所利用的公职人员的管理权限确定管辖并进行调查处置。

第五十条 上级监察机关对于下一级监察机关管辖范围内的职务违法和职务犯罪案件,具有下列情形之一的,可以依法提级管辖:

(一)在本辖区有重大影响的;

(二)涉及多个下级监察机关管辖的监察对象,调查难度大的;

(三)其他需要提级管辖的重大、复杂案件。

上级监察机关对于所辖各级监察机关管辖范围内有重大影响的案件,必要时可以依法直接调查或者组织、指挥、参与调查。

地方各级监察机关所管辖的职务违法和职务犯罪案件,具有第一款规定情形的,可以依法报请上一级监察机关管辖。

第五十一条 上级监察机关可以依法将其所管辖的案件指定下级监察机关管辖。

设区的市级监察委员会将同级党委管理的公职人员涉嫌职务违法或者职务犯罪案件指定下级监察委员会管辖的,应当报请省级监察委员会批准;省级监察委员会将同级党委管理的公职人员涉嫌职务违法或者职务犯罪案件指定下级监察委员会管辖的,应当报送国家监察委员会相关监督检查部门备案。

上级监察机关对于下级监察机关管辖的职务违法和职务犯罪案件,具有下列情形之一,认为由其他下级监察机关管辖更为适宜的,可以依法指定给其他下级监察机关管辖:

(一)管辖有争议的;

(二)指定管辖有利于案件公正处理的;

(三)下级监察机关报请指定管辖的;

(四)其他有必要指定管辖的。

被指定的下级监察机关未经指定管辖的监察机关批准,不得将案件再行指定管辖。发现新的职务违法或者职务犯罪线索,以及其他重要情况、重大问题,应当及时向指定管辖的监察机关请示报告。

第五十二条 工作单位在地方、管理权限在主管部门的公职人员涉嫌职务违法和职务犯罪,一般由驻在主管部门、有管辖权的监察机构、监察专员管辖;经协商,监察机构、监察专员可以按规定移交公职人员工作单位所在地的地方监察委员会调查,或者与地方监察委员会联合调查。地方监察委员会在工作中发现上述公职人员有关问题线索,应当向驻在主管部门、有管辖权的监察机构、监察专员通报,并协商确定管辖。

前款规定单位的其他公职人员涉嫌职务违法的,可以由公职人员工作单位所在地的地方监察委员会管辖。涉嫌职务犯罪的,一般由公职人员工作单位所在地的地方监察委员会管辖;因涉及主管部门管理的公职人员等特殊情形,驻在主管部门的监察机构、监察专员认为由自己管辖或者其他地方监察委员会管辖更为适宜的,经与公职人员工作单位所在地的地方监察委员会协商,可以自行调查或者依法办理指定管辖。

地方监察委员会调查前两款规定案件,应当按程序将立案、留置、移送审查起诉、撤销案件等重要情况通报相关监察机构、监察专员。

第五十三条 监察机关办理案件中涉及无隶属关系的其他监察机关的监察对象,认为需要立案调查的,应当商请有管理权限的监察机关依法立案调查。商请立案时,应当提供涉案人员基本情况、已经查明的涉嫌违法犯罪事实以及相关证据材料。

承办案件的监察机关认为由其一并调查更为适宜的,可以报请有权决定的上级监察机关指定管辖。

第五十四条 公职人员既涉嫌贪污贿赂、失职渎职等严重职务违法和职务犯罪,又涉嫌公安机关、人民检察院等机关管辖的犯罪,依法由监察机关为主调查的,应当由监察机关和其他机关分别依职权立案,监察机关承担组织协调职责,协调调查和侦查工作进度、重要调查和侦查措施使用等重要事项。

第五十五条 监察机关必要时可以依法调查司法工作人员利用职权实施的涉嫌非法拘禁、刑讯逼供、非法搜查等侵犯公民权利、损害司法公正的犯罪,并在立案后及时通报同级人民检察院。

监察机关在调查司法工作人员涉嫌贪污贿赂等职务犯罪中,可以对其涉嫌的前款规定的犯罪一并调查,并及时通报同级人民检察院。人民检察院在办理直接受理侦查的案件中,发现犯罪嫌疑人同时涉嫌监察机关管辖的其他职务犯罪,经沟通全案移送监察机关管辖的,监察机关应当依法进行调查。

第五十六条 监察机关对于退休公职人员在退休前或者退休后,或者离职、死亡的公职人员在履职期间实施的涉嫌职务违法或者职务犯罪行为,可以依法进行调查。

对前款规定人员,按照其原任职务的管辖规定确定管辖的监察机关;由其他监察机关管辖更为适宜的,可以依法指定或者交由其他监察机关管辖。

第四章 监察权限

第一节 一般要求

第五十七条 监察机关应当加强监督执法调查工作规范化建设,严格按规定对监察措施进行审批和监管,依照法定的范围、程序和期限采取相关措施,出具、送达法律文书。

第五十八条 监察机关应当根据开展监督执法调查工作的需要、涉嫌职务违法或者职务犯罪行为的严重程度、监察措施适用对象与案件的关联程度,以及采取监察措施的紧急程度等情况,合理确定采取监察措施的对象、种类和期限,不得超过必要限度。禁止违反规定滥用监察措施。

第五十九条 监察机关在初步核实中,可以依法采取谈话、询问、查询、调取、勘验检查、调查实验、鉴定措施;立案后可以采取讯问、强制到案、责令候查、管护、留置、禁闭、冻结、搜查、查封、扣押、通缉措施。发现存在逃跑、自杀等重大安全风险,在立案前依法对监察法第二十五条第一款第一项、第二项规定的人员采取管护措施的,符合立案条件的应当及时立案。需要采取技术调查、限制出境措施的,应当按照规定交有关机关依法执行。设区的市级以下监察机关在初步核实中不得采取技术调查措施。监察机关采取谈话、函询方式处置问题线索的,适用监察法和本条例关于采取该两项措施的相关规定。

开展问责调查,根据具体情况可以依法采取相关监察措施。

第六十条 开展讯问、搜查、查封、扣押以及重要的谈话、询问等调查取证工作,应当全程同步录音录像,并保持录音录像资料的完整性。

对谈话、讯问、询问进行同步录音录像的,谈话笔录、讯问笔录、询问笔录记载的起止时间应当与录音录像资料反映的起止时间一致。谈话笔录、讯问笔录、询问笔录内容应当与录音录像资料内容相符。

同步录音录像资料应当妥善保管、及时归档，留存备查。监察机关案件监督管理部门应当开展常态化检查。人民检察院、人民法院需要调取同步录音录像的，监察机关应当依法予以提供。

第六十一条 需要商请其他监察机关协助收集证据材料的，应当依法出具《委托调查函》；商请其他监察机关对采取措施提供一般性协助的，应当依法出具《商请协助采取措施函》。商请协助事项涉及协助地监察机关管辖的监察对象的，应当由协助地监察机关按照所涉人员的管理权限报批。协助地监察机关对于协助请求，应当依法予以协助配合。

第六十二条 采取、解除或者变更监察措施需要告知、通知相关人员的，应当依法办理。告知包括口头、书面两种方式，除本条例另有规定外，通知应当采取书面方式。采取口头方式告知、通知的，应当将相关情况制作工作记录；采取书面方式告知、通知的，可以通过直接送交、邮寄、转交等途径送达，将有关回执或者凭证附卷。

无法告知、通知，或者相关人员拒绝接收的，调查人员应当在工作记录或者有关文书上记明。

第六十三条 监察机关采取监察措施，依法需要见证人在场的，应当邀请合适的见证人在场。下列人员不得担任见证人：

（一）生理上、精神上有缺陷或者未成年，不具有相应辨别能力或者不能正确表达的人；

（二）与案件有利害关系，可能影响案件公正处理的人；

（三）监察机关的工作人员或者其聘用的人员；

（四）依法协助监察机关采取监察措施的工作人员。

第六十四条 监察机关依法变更强制到案、责令候查、管护、留置以及禁闭等监察强制措施的，原监察强制措施自监察机关采取新的监察强制措施之时自动解除。

第六十五条 县级以上监察机关需要提请公安机关协助采取强制到案、责令候查、管护、留置、搜查措施的，应当按规定报批，请同级公安机关依法予以协助。提请协助时，应当出具提请协助函，列明提请协助的具体事项和建议，协助采取措施的时间、地点等内容，附采取监察措施决定书复印件。

因保密需要,不宜在采取监察措施前向公安机关告知采取措施对象姓名的,可以作出说明,进行保密处理。

需要提请异地公安机关协助采取监察措施的,应当按规定报批,向协作地同级监察机关出具协作函件和相关文书,由协作地监察机关提请当地公安机关依法予以协助。

第二节 证　据

第六十六条 可以用于证明案件事实的材料都是证据,包括:

(一)物证;

(二)书证;

(三)证人证言;

(四)被害人陈述;

(五)被调查人陈述、供述和辩解;

(六)鉴定意见;

(七)勘验检查、辨认、调查实验等笔录;

(八)视听资料、电子数据。

监察机关向有关单位和个人收集、调取证据时,应当告知其必须依法如实提供证据。对于不按要求提供有关材料,泄露相关信息,伪造、隐匿、毁灭证据,提供虚假情况或者阻止他人提供证据的,依法追究法律责任。

监察机关依照监察法和本条例规定收集的证据材料,经审查符合法定要求的,在刑事诉讼中可以作为证据使用。

第六十七条 监察机关认定案件事实应当以证据为根据,全面、客观地收集、固定被调查人有无违法犯罪以及情节轻重的各种证据,形成相互印证、完整稳定的证据链。

只有被调查人陈述或者供述,没有其他证据的,不能认定案件事实;没有被调查人陈述或者供述,证据符合法定标准的,可以认定案件事实。

第六十八条 证据必须经过查证属实,才能作为定案的根据。审查认定证据,应当结合案件的具体情况,从证据与待证事实的关联程度、各证据之间的联系、是否依照法定程序收集等方面进行综合判断。

第六十九条 监察机关调查终结的职务违法案件,应当事实清楚、证据确凿。证据确凿,应当符合下列条件:

(一)定性处置的事实都有证据证实;

（二）定案证据真实、合法；

（三）据以定案的证据之间不存在无法排除的矛盾；

（四）综合全案证据，所认定事实清晰且令人信服。

第七十条 监察机关调查终结的职务犯罪案件，应当事实清楚，证据确实、充分。证据确实、充分，应当符合下列条件：

（一）定罪量刑的事实都有证据证明；

（二）据以定案的证据均经法定程序查证属实；

（三）综合全案证据，对所认定事实已排除合理怀疑。

证据不足的，不得移送人民检察院审查起诉。

第七十一条 调查人员应当依法文明规范开展调查工作。严禁以暴力、威胁、引诱、欺骗以及非法限制人身自由等非法方法收集证据，严禁侮辱、打骂、虐待、体罚或者变相体罚被调查人、涉案人员和证人。

监察机关应当保障被强制到案人员、被管护人员、被留置人员以及被禁闭人员的合法权益，尊重其人格和民族习俗，保障饮食、休息和安全，提供医疗服务。

第七十二条 对于调查人员采用暴力、威胁以及非法限制人身自由等非法方法收集的被调查人供述、证人证言、被害人陈述，应当依法予以排除。

前款所称暴力的方法，是指采用殴打、违法使用戒具等方法或者变相肉刑的恶劣手段，使人遭受难以忍受的痛苦而违背意愿作出供述、证言、陈述；威胁的方法，是指采用以暴力或者严重损害本人及其近亲属合法权益等进行威胁的方法，使人遭受难以忍受的痛苦而违背意愿作出供述、证言、陈述。

收集物证、书证不符合法定程序，可能严重影响案件公正处理的，应当予以补正或者作出合理解释；不能补正或者作出合理解释的，对该证据应当予以排除。

第七十三条 监察机关监督检查、调查、案件审理、案件监督管理等部门发现监察人员在办理案件中，可能存在以非法方法收集证据情形的，应当依据职责进行调查核实。对于被调查人控告、举报调查人员采用非法方法收集证据，并提供涉嫌非法取证的人员、时间、地点、方式和内容等材料或者线索的，应当受理并进行审核。根据现有材料无法证明证据收集合法性的，应当进行调查核实。

经调查核实,确认或者不能排除以非法方法收集证据的,对有关证据依法予以排除,不得作为案件定性处置、移送审查起诉的依据。认定调查人员非法取证的,应当依法处理,另行指派调查人员重新调查取证。

监察机关接到对下级监察机关调查人员采用非法方法收集证据的控告、举报,可以直接进行调查核实,也可以交由下级监察机关调查核实。交由下级监察机关调查核实的,下级监察机关应当及时将调查结果报告上级监察机关。

第七十四条 对收集的证据材料及扣押的财物应当妥善保管,严格履行交接、调用手续,定期对账核实,不得违规使用、调换、损毁或者自行处理。

第七十五条 监察机关对行政机关在行政执法和查办案件中收集的物证、书证、视听资料、电子数据,勘验、检查等笔录,以及鉴定意见等证据材料,经审查符合法定要求的,可以作为证据使用。

根据法律、行政法规规定行使国家行政管理职权的组织在行政执法和查办案件中收集的证据材料,视为行政机关收集的证据材料。

第七十六条 监察机关对人民法院、人民检察院、公安机关、国家安全机关等在刑事诉讼中收集的物证、书证、视听资料、电子数据,勘验、检查、辨认、侦查实验等笔录,以及鉴定意见等证据材料,经审查符合法定要求的,可以作为证据使用。

监察机关办理职务违法案件,对于人民法院生效刑事判决、裁定和人民检察院不起诉决定采信的证据材料,可以直接作为证据使用。

第三节 谈　　话

第七十七条 监察机关对涉嫌职务违法的监察对象,可以依法进行谈话,要求其如实说明情况或者作出陈述。

谈话应当个别进行。负责谈话的人员不得少于二人。

第七十八条 对一般性问题线索的处置,可以采取谈话方式进行,对监察对象给予警示、批评、教育。谈话应当在监察机关谈话场所、具备安全保障条件的工作地点等场所进行,明确告知谈话事项,注重谈清问题、取得教育效果。

第七十九条 采取谈话方式处置问题线索的,经审批可以由监察人员或者委托被谈话人所在单位主要负责人等进行谈话。

监察机关谈话应当形成谈话笔录或者记录。谈话结束后,可以根据需要要求被谈话人在十五个工作日以内作出书面说明。被谈话人应当在书面说明每页签名,修改的地方也应当签名。

委托谈话的,受委托人应当在收到委托函后的十五个工作日以内进行谈话。谈话结束后及时形成谈话情况材料报送监察机关,必要时附被谈话人的书面说明。

第八十条 监察机关开展初步核实工作,一般不与被核查人接触;确有需要与被核查人谈话的,应当按规定报批。

第八十一条 监察机关对涉嫌职务违法的被调查人立案后,可以依法进行谈话。

与被调查人首次谈话时,应当出示《被调查人权利义务告知书》,由其签名、捺指印。被调查人拒绝签名、捺指印的,调查人员应当在文书上记明。对于被调查人未被限制人身自由的,应当在首次谈话时出具《谈话通知书》。

与涉嫌严重职务违法的被调查人进行谈话的,应当全程同步录音录像,并告知被调查人。告知情况应当在录音录像中予以反映,并在笔录中记明。

第八十二条 立案后,与被责令候查人员或者未被限制人身自由的被调查人谈话的,应当在具备安全保障条件的场所进行。

调查人员按规定通知被调查人所在单位派员或者被调查人家属陪同被调查人到指定场所的,应当与陪同人员办理交接手续,填写《陪送交接单》。

第八十三条 调查人员与被强制到案人员、被管护人员、被留置人员或者被禁闭人员谈话的,按照法定程序在执行相关监察强制措施的场所进行。

与在押的犯罪嫌疑人、被告人谈话的,应当持以监察机关名义出具的介绍信、工作证件,商请有关案件主管机关依法协助办理。

与在看守所、监狱服刑的人员谈话的,应当持以监察机关名义出具的介绍信、工作证件办理。

第八十四条 与被调查人进行谈话,应当合理安排时间、控制时长,保证其饮食和必要的休息时间。

第八十五条 谈话笔录应当在谈话现场制作。笔录应当详细具体,如实反映谈话情况。笔录制作完成后,应当交给被调查人核对。被调查人没有阅读能力的,应当向其宣读。

笔录记载有遗漏或者差错的,应当补充或者更正,由被调查人在补充或者更正处捺指印。被调查人核对无误后,应当在笔录中逐页签名、捺指印。被调查人拒绝签名、捺指印的,调查人员应当在笔录中记明。调查人员也应当在笔录中签名。

第八十六条 被调查人请求自行书写说明材料的,应当准许。必要时,调查人员可以要求被调查人自行书写说明材料。

被调查人应当在说明材料上逐页签名、捺指印,在末页写明日期。对说明材料有修改的,在修改之处应当捺指印。说明材料应当由二名调查人员接收,在首页记明接收的日期并签名。

第八十七条 本条例第八十一条至第八十六条的规定,也适用于在初步核实中开展的谈话。

第四节 讯 问

第八十八条 监察机关对涉嫌职务犯罪的被调查人,可以依法进行讯问,要求其如实供述涉嫌犯罪的情况。

第八十九条 讯问被管护人员、被留置人员,应当在留置场所进行。

第九十条 讯问应当个别进行,调查人员不得少于二人。

首次讯问时,应当向被讯问人出示《被调查人权利义务告知书》,由其签名、捺指印。被讯问人拒绝签名、捺指印的,调查人员应当在文书上记明。被讯问人未被限制人身自由的,应当在首次讯问时向其出具《讯问通知书》。

讯问一般按照下列顺序进行:

(一)核实被讯问人的基本情况,包括姓名、曾用名、出生年月日、户籍地、身份证件号码、民族、职业、政治面貌、文化程度、工作单位及职务、住所、家庭情况、社会经历,是否属于党代表大会代表、人大代表、政协委员,是否受到过党纪政务处分,是否受到过刑事处罚等;

(二)告知被讯问人如实供述自己罪行可以依法从宽处理和认罪认罚的法律规定;

(三)讯问被讯问人是否有犯罪行为,让其陈述有罪的事实或者无罪的辩解,应当允许其连贯陈述。

调查人员的提问应当与调查的案件相关。被讯问人对调查人员的提问应当如实回答。调查人员对被讯问人的辩解,应当如实记录,认真查核。

发现涉嫌职务犯罪的被调查人自动投案、如实供述监察机关还未掌握的违法犯罪行为、揭发他人犯罪行为或者提供重要线索等,可能具有自首、立功等法定情节的,应当依法及时讯问。对某一具体涉嫌职务犯罪事实初步查清后,应当在全面梳理分析在案证据的基础上进行讯问。

讯问时,应当告知被讯问人将进行全程同步录音录像。告知情况应当在录音录像中予以反映,并在笔录中记明。

第九十一条 本条例第八十二条至第八十六条的要求,也适用于讯问。

第五节 询 问

第九十二条 监察机关按规定报批后,可以依法对证人、被害人等人员进行询问,了解核实有关问题或者案件情况。

第九十三条 证人未被限制人身自由的,可以在其工作地点、住所或者其提出的地点进行询问,也可以通知其到指定地点接受询问。到证人提出的地点或者调查人员指定的地点进行询问的,应当在笔录中记明。

调查人员认为有必要或者证人提出需要由所在单位派员或者其家属陪同到询问地点的,应当办理交接手续并填写《陪送交接单》。

第九十四条 询问应当个别进行。负责询问的调查人员不得少于二人。

首次询问时,应当向证人出示《证人权利义务告知书》,由其签名、捺指印。证人拒绝签名、捺指印的,调查人员应当在文书上记明。证人未被限制人身自由的,应当在首次询问时向其出具《询问通知书》。

询问时,应当核实证人身份,问明证人的基本情况,告知证人应当如实提供证据、证言,以及作伪证或者隐匿证据应当承担的法律责任。不得向证人泄露案情,不得采用非法方法获取证言。

询问重大或者有社会影响案件的重要证人,应当对询问过程全程同步录音录像,并告知证人。告知情况应当在录音录像中予以反映,并在笔录中记明。

第九十五条 询问未成年人,应当通知其法定代理人到场。无法通知或者法定代理人不能到场的,应当通知未成年人的其他成年亲属或者所在学校、居住地基层组织的代表等有关人员到场。询问结束后,由法定代理人或者有关人员在笔录中签名。调查人员应当将到场情况记录在案。

询问聋、哑人,应当有通晓聋、哑手势的人员参加。调查人员应当在笔录中记明证人的聋、哑情况,以及翻译人员的姓名、工作单位和职业。询问不通晓当地通用语言、文字的证人,应当有翻译人员。询问结束后,由翻译人员在笔录中签名。

第九十六条 凡是知道案件情况的人,都有如实作证的义务。对故意提供虚假证言的证人,应当依法追究法律责任。

证人或者其他任何人不得帮助被调查人伪造、隐匿、毁灭证据或者串供,不得实施其他干扰调查活动的行为。

第九十七条 证人、鉴定人、被害人因作证,本人或者近亲属人身安全面临危险,向监察机关请求保护的,监察机关应当受理并及时进行审查;对于确实存在人身安全危险的,监察机关应当采取必要的保护措施。监察机关发现存在上述情形的,应当主动采取保护措施。

监察机关可以采取下列一项或者多项保护措施:

(一)不公开真实姓名、住址和工作单位等个人信息;

(二)禁止特定的人员接触证人、鉴定人、被害人及其近亲属;

(三)对人身和住宅采取专门性保护措施;

(四)其他必要的保护措施。

依法决定不公开证人、鉴定人、被害人的真实姓名、住址和工作单位等个人信息的,可以在询问笔录等法律文书、证据材料中使用化名。但是应当另行书面说明使用化名的情况并标明密级,单独成卷。

监察机关采取保护措施需要协助的,可以提请公安机关等有关单位和要求有关个人依法予以协助。

第九十八条 本条例第八十三条至第八十六条的要求,也适用于询问。询问重要涉案人员,根据情况适用本条例第八十二条的规定。

询问被害人,适用询问证人的规定。

第六节 强制到案

第九十九条 监察机关调查严重职务违法或者职务犯罪,对于经通知无正当理由不到案的被调查人,经依法审批,可以强制其到监察机关谈话场所或者留置场所接受调查。

首次通知到案一般应当以书面方式，确因情况紧急无法书面通知的，可以通过电话等方式通知，并将相关情况制作工作记录。

采取强制到案措施时，调查人员不得少于二人，应当向被强制到案人员出具《强制到案决定书》。

第一百条 监察机关应当立即将被强制到案人员送至监察机关谈话场所或者留置场所。强制到案的时间自被强制到案人员到达相关场所时起算。

被强制到案人员到案后，应当要求其在《强制到案决定书》上填写到案时间，并签名、捺指印；强制到案结束后，应当要求被强制到案人员在《强制到案决定书》上填写结束时间，并签名、捺指印。被强制到案人员拒绝填写或者签名、捺指印的，调查人员应当在文书上记明。

一次强制到案持续的时间不得超过十二小时；依法需要采取管护或者留置措施的，按规定报批后，强制到案持续的时间不得超过二十四小时。两次强制到案间隔的时间不得少于二十四小时，不得以连续强制到案的方式变相拘禁被调查人。两次强制到案的间隔时间从第一次强制到案结束时起算。

第一百零一条 监察机关强制被调查人到案后，应当对涉嫌职务违法的被调查人及时谈话，对涉嫌职务犯罪的被调查人及时讯问。

第一百零二条 监察机关在强制到案期限内未作出采取其他监察强制措施决定的，强制到案期满，应当立即结束强制到案。

第七节　责令候查

第一百零三条 监察机关调查严重职务违法或者职务犯罪，对于符合监察法第二十三条第一款规定的，经依法审批，可以对被调查人采取责令候查措施。

第一百零四条 采取责令候查措施时，调查人员不得少于二人，应当向被责令候查人员宣布《责令候查决定书》，出示《被责令候查人员权利义务告知书》，由被责令候查人员签名、捺指印，要求其遵守监察法第二十三条第二款的规定，告知其违反规定应负的法律责任。被责令候查人员拒绝签名、捺指印的，调查人员应当在文书上记明。

监察机关将其他监察强制措施变更为责令候查措施的，应当按照前款规定履行权利义务告知程序。

责令候查最长不得超过十二个月，自向被责令候查人员宣布之日起算。

第一百零五条　除无法通知的以外，监察机关应当在采取责令候查措施后二十四小时以内，通知被责令候查人员所在单位和家属。当面通知的，由有关人员在《责令候查通知书》上签名。无法当面通知的，可以先以电话等方式通知，并通过邮寄、转交等方式送达《责令候查通知书》，要求有关人员在《责令候查通知书》上签名。有关人员拒绝签名的，调查人员应当在文书上记明。

第一百零六条　责令候查应当由决定采取责令候查措施的监察机关执行。

执行责令候查的监察机关应当履行下列职责：

（一）监督、考察被责令候查人员遵守有关规定，及时掌握其活动、住址、工作单位、联系方式及变动情况；

（二）审批被责令候查人员离开所居住的直辖市、设区的市的城市市区或者不设区的市、县的辖区（以下统称所居住的市、县）的申请；

（三）被责令候查人员违反应当遵守的规定的，及时制止或者纠正；

（四）会同被责令候查人员所在单位、家属等对被责令候查人员开展思想教育、心理疏导工作。

第一百零七条　被责令候查人员未经批准不得离开所居住的市、县。确有正当理由需要离开的，应当经决定采取责令候查措施的监察机关批准。

在同一直辖市、设区的市内跨区活动的，不属于离开所居住的市、县。

本条第一款所称正当理由，是指就医、就学、参与诉讼、往返居住地与工作地、处理重要家庭事务或者参加重要公务、商务活动等。

第一百零八条　被责令候查人员需要离开所居住的市、县的，应当向监察机关提出书面申请，并注明事由、目的地、路线、交通方式、往返日期、联系方式等。监察机关应当自收到书面申请之日起三日以内作出决定。被责令候查人员有紧急事由，无法及时提出书面申请的，可以先行通过电话等方式提出申请，并及时补办书面申请手续。

监察机关批准被责令候查人员离开所居住的市、县的申请后，应当告知其遵守下列要求：

（一）保持联系方式畅通，并在接到通知后及时到案接受调查；

（二）严格按照批准的地点、路线、往返日期出行；

（三）不得从事妨碍调查的活动；

（四）返回居住地后及时向执行机关报告。

对于被责令候查人员因正常工作或者生活需要经常性离开所居住的市、县的，可以根据情况简化批准程序，一次性审批其在特定期间内按照批准的地点、路线出行。

第一百零九条 被责令候查人员具有下列情形之一的，可以认定为监察法第二十三条第三款所规定的违反责令候查规定，情节严重：

（一）企图逃跑、自杀的；

（二）实施伪造、隐匿、毁灭证据或者串供、干扰证人作证行为，严重影响调查工作正常进行的；

（三）对举报人、控告人、被害人、证人、鉴定人等相关人员实施打击报复的；

（四）未经批准，擅自离开所居住的市、县，严重影响调查工作正常进行，或者两次未经批准，擅自离开所居住的市、县的；

（五）经通知无正当理由不到案，严重影响调查工作正常进行，或者两次经通知无正当理由不到案的；

（六）住址、工作单位和联系方式等发生变动，未按规定向监察机关报告，导致无法通知到案，严重影响调查工作正常进行的。

依照监察法第二十三条第一款第三项规定被责令候查的人员，违反责令候查规定，情节严重，依法应予留置的，省级监察机关应当报请国家监察委员会批准，设区的市级以下监察机关应当逐级报送省级监察机关批准。

第一百一十条 被管护人员、被留置人员、被禁闭人员及其近亲属向监察机关申请变更为责令候查措施的，应当以书面方式提出。监察机关收到申请后，应当在三日以内作出决定。经审查，符合责令候查条件的，可以将管护、留置或者禁闭措施依法变更为责令候查措施；不符合责令候查条件的，应当告知申请人，并说明不同意的理由。

第一百一十一条 对被责令候查人员不需要继续采取责令候查措施或者责令候查期满的，应当按规定报批后解除责令候查措施。调查人员应当向被责令候查人员宣布《解除责令候查决定书》，由其签名、捺指印。被责令候查人员拒绝签名、捺指印的，调查人员应当在文书上记明。

解除责令候查措施的，应当及时通知被责令候查人员所在单位和家属。当面通知的,由有关人员在《解除责令候查通知书》上签名。无法当面通知的,可以先以电话等方式通知,并通过邮寄、转交等方式送达《解除责令候查通知书》,要求有关人员在《解除责令候查通知书》上签名。有关人员拒绝签名的,调查人员应当在文书上记明。

第一百一十二条 案件依法移送人民检察院审查起诉的,责令候查措施自移送之日自动解除,不再办理解除法律手续。

第八节 管　　护

第一百一十三条 监察机关对于符合监察法第二十五条第一款规定的未被留置人员,经依法审批,可以对其采取管护措施。

第一百一十四条 采取管护措施时,调查人员不得少于二人,应当向被管护人员宣布《管护决定书》,告知被管护人员权利义务,要求其在《管护决定书》上签名、捺指印。被管护人员拒绝签名、捺指印的,调查人员应当在文书上记明。

第一百一十五条 采取管护措施后,应当立即将被管护人员送留置场所,至迟不得超过二十四小时。

第一百一十六条 采取管护措施后,应当在二十四小时以内通知被管护人员所在单位和家属。当面通知的,由有关人员在《管护通知书》上签名。无法当面通知的,可以先以电话等方式通知,并通过邮寄、转交等方式送达《管护通知书》,要求有关人员在《管护通知书》上签名。有关人员拒绝签名的,调查人员应当在文书上记明。

因可能伪造、隐匿、毁灭证据,干扰证人作证或者串供等有碍调查情形而不宜通知的,应当按规定报批,记录在案。有碍调查的情形消失后,应当立即通知被管护人员所在单位和家属。

第一百一十七条 监察机关采取管护措施后,应当在二十四小时以内对被管护人员进行谈话、讯问。

第一百一十八条 管护时间不得超过七日,自向被管护人员宣布之日起算。因案情复杂、疑难,在七日以内无法作出留置或者解除管护决定的,经审批可以延长一日至三日。

延长管护时间的,应当在管护期满前向被管护人员宣布延长管护时间的决定,要求其在《延长管护时间决定书》上签名、捺指印。被管护人员拒绝签名、捺指印的,调查人员应当在文书上记明。

延长管护时间的，应当及时通知被管护人员所在单位和家属。

第一百一十九条 对被管护人员不需要继续采取管护措施的，应当按规定报批后解除管护或者变更为责令候查措施。管护期满的，应当按规定报批后予以解除。

解除管护措施的，调查人员应当向被管护人员宣布解除管护措施的决定，由其在《解除管护决定书》上签名、捺指印；变更为责令候查措施的，应当向被管护人员宣布变更为责令候查措施的决定，由其在《变更管护决定书》上签名、捺指印。被管护人员拒绝签名、捺指印的，调查人员应当在文书上记明。

解除管护措施或者变更为责令候查措施的，应当及时通知被管护人员所在单位和家属、申请人。调查人员应当与交接人办理交接手续，并由其在《解除管护通知书》或者《变更管护通知书》上签名。无法通知或者有关人员拒绝签名的，调查人员应当在文书上记明。不得因办理交接手续延迟解除或者变更管护措施。

第一百二十条 在管护期满前，将管护措施变更为留置措施的，按照本条例关于采取留置措施的规定执行。

第九节 留 置

第一百二十一条 监察机关调查严重职务违法或者职务犯罪，对于符合监察法第二十四条第一款规定的，经依法审批，可以对被调查人采取留置措施。

监察法第二十四条第一款规定的已经掌握其部分违法犯罪事实及证据，是指同时具备下列情形：

（一）有证据证明发生了违法犯罪事实；

（二）有证据证明该违法犯罪事实是被调查人实施；

（三）证明被调查人实施违法犯罪行为的证据已经查证属实。

部分违法犯罪事实，既可以是单一违法犯罪行为的事实，也可以是数个违法犯罪行为中任何一个违法犯罪行为的事实。

监察法第二十四条第一款规定的重要问题，是指对被调查人涉嫌的严重职务违法或者职务犯罪，在定性处置、定罪量刑等方面有重要影响的事实、情节及证据。

第一百二十二条 被调查人具有下列情形之一的，可以认定为监察法

第二十四条第一款第二项所规定的可能逃跑、自杀:

(一)着手准备自杀、自残或者逃跑的;

(二)曾经有自杀、自残或者逃跑行为的;

(三)有自杀、自残或者逃跑意图的;

(四)其他可能逃跑、自杀的情形。

第一百二十三条 被调查人具有下列情形之一的,可以认定为监察法第二十四条第一款第三项所规定的可能串供或者伪造、隐匿、毁灭证据:

(一)曾经或者企图串供,伪造、隐匿、毁灭、转移证据的;

(二)曾经或者企图威逼、恐吓、利诱、收买证人,干扰证人作证的;

(三)有同案人或者与被调查人存在密切关联违法犯罪的涉案人员在逃,重要证据尚未收集完成的;

(四)其他可能串供或者伪造、隐匿、毁灭证据的情形。

第一百二十四条 被调查人具有下列情形之一的,可以认定为监察法第二十四条第一款第四项所规定的可能有其他妨碍调查行为:

(一)可能继续实施违法犯罪行为的;

(二)有危害国家安全、公共安全等现实危险的;

(三)可能对举报人、控告人、被害人、证人、鉴定人等相关人员实施打击报复的;

(四)无正当理由拒不到案,严重影响调查的;

(五)其他可能妨碍调查的行为。

第一百二十五条 对下列人员不得采取留置措施:

(一)患有严重疾病、生活不能自理的;

(二)怀孕或者正在哺乳自己婴儿的妇女;

(三)生活不能自理的人的唯一扶养人。

上述情形消失后,根据调查需要可以对相关人员采取留置措施。

第一百二十六条 采取留置措施时,调查人员不得少于二人,应当向被留置人员宣布《留置决定书》,告知被留置人员权利义务,要求其在《留置决定书》上签名、捺指印。被留置人员拒绝签名、捺指印的,调查人员应当在文书上记明。

第一百二十七条 采取留置措施后,应当在二十四小时以内通知被留置人员所在单位和家属。当面通知的,由有关人员在《留置通知书》上签名。无法当面通知的,可以先以电话等方式通知,并通过邮寄、转交等方式送达《留置通知书》，要求有关人员在《留置通知书》上签名。有关人员拒绝签名的，调查人员应当在文书上记明。

因可能伪造、隐匿、毁灭证据，干扰证人作证或者串供等有碍调查情形而不宜通知的，应当按规定报批，记录在案。有碍调查的情形消失后，应当立即通知被留置人员所在单位和家属。

第一百二十八条 监察机关采取留置措施后，应当在二十四小时以内对涉嫌职务违法的被调查人进行谈话，对涉嫌职务犯罪的被调查人进行讯问。

第一百二十九条 留置时间不得超过三个月，自向被留置人员宣布之日起算。具有下列情形之一的，经审批可以延长一次，延长时间不得超过三个月：

（一）案情重大，严重危害国家利益或者公共利益的；

（二）案情复杂，涉案人员多、金额巨大，涉及范围广的；

（三）重要证据尚未收集完成，或者重要涉案人员尚未到案，导致违法犯罪的主要事实仍须继续调查的；

（四）其他需要延长留置时间的情形。

省级以下监察机关采取留置措施的，延长留置时间应当报请上一级监察机关批准。

延长留置时间的，应当在留置期满前向被留置人员宣布延长留置时间的决定，要求其在《延长留置时间决定书》上签名、捺指印。被留置人员拒绝签名、捺指印的，调查人员应当在文书上记明。

延长留置时间的，应当及时通知被留置人员所在单位和家属。

第一百三十条 对涉嫌职务犯罪的被调查人可能判处十年有期徒刑以上刑罚，监察机关按照本条例第一百二十九条规定延长期限届满，仍不能调查终结的，经审批可以再延长，再延长时间不得超过二个月。

省级以下监察机关需要再延长留置时间的，应当逐级报送国家监察委员会批准。

再延长留置时间的，应当在留置期满前向被留置人员宣布再延长留置时间的决定，要求其在《再延长留置时间决定书》上签名、捺指印。被留置人员拒绝签名、捺指印的，调查人员应当在文书上记明。

再延长留置时间的，应当及时通知被留置人员所在单位和家属。

第一百三十一条 报请批准延长或者再延长留置时间，应当在报请材料中写明被留置人员基本情况、主要案情和留置后调查工作进展情况、下一步调查工作计划、延长或者再延长留置时间的具体理由及起止时间。

报请批准延长或者再延长留置时间,应当根据案件具体情况和实际工作需要,提出合理、必要的时间建议。

上级监察机关收到报请批准延长或者再延长留置时间的申请后,应当及时研究,在原留置期限届满前按程序作出决定。

第一百三十二条 省级以上监察机关在调查期间,发现涉嫌职务犯罪的被调查人另有与留置时的罪行不同种的重大职务犯罪或者同种的影响罪名认定、量刑档次的重大职务犯罪,经审批可以依照监察法第四十八条第三款的规定重新计算留置时间。留置时间重新计算以一次为限。

依照前款规定重新计算留置时间的,国家监察委员会调查部门应当自发现之日起五日以内履行报批程序,省级监察机关应当自发现之日起五日以内报请国家监察委员会批准。

重新计算留置时间的,应当自作出决定之日起五日以内向被留置人员宣布,要求其在《重新计算留置时间决定书》上签名、捺指印,并及时通知被留置人员所在单位和家属。被留置人员拒绝签名、捺指印的,调查人员应当在文书上记明。

第一百三十三条 重新计算留置时间的,留置时间不得超过三个月。新发现的罪行具有本条例第一百二十九条、第一百三十条规定情形的,可以依法延长和再延长留置时间。但是,此前已经根据本条例第一百三十条规定再延长留置时间的,不得再次适用该规定再延长留置时间。

第一百三十四条 对被留置人员不需要继续采取留置措施的,应当按规定报批后解除留置或者变更为责令候查措施。留置期满的,应当按规定报批后予以解除。

解除留置措施的,调查人员应当向被留置人员宣布解除留置措施的决定,由其在《解除留置决定书》上签名、捺指印;变更为责令候查措施的,应当向被留置人员宣布变更为责令候查措施的决定,由其在《变更留置决定书》上签名、捺指印。被留置人员拒绝签名、捺指印的,调查人员应当在文书上记明。

解除留置措施或者变更为责令候查措施的,应当及时通知被留置人员所在单位和家属、申请人。调查人员应当与交接人办理交接手续,并由其在《解除留置通知书》或者《变更留置通知书》上签名。无法通知或者有关人员拒绝签名的，调查人员应当在文书上记明。不得因办理交接手续延迟解除或者变更留置措施。

案件依法移送人民检察院审查起诉的，留置措施自犯罪嫌疑人被执行拘留时自动解除，不再办理解除法律手续。

第十节　查询、冻结

第一百三十五条　监察机关调查严重职务违法或者职务犯罪，根据工作需要，按规定报批后，可以依法查询、冻结涉案单位和个人的存款、汇款、债券、股票、基金份额等财产。

第一百三十六条　查询、冻结财产时，调查人员不得少于二人。调查人员应当出具《协助查询财产通知书》或者《协助冻结财产通知书》，送交银行或者其他金融机构、邮政部门等单位执行。有关单位和个人应当予以配合，并严格保密。

查询财产应当在《协助查询财产通知书》中填写查询账号、查询内容等信息。没有具体账号的，应当填写足以确定账户或者权利人的自然人姓名、身份证件号码或者市场主体名称、统一社会信用代码等信息。

冻结财产应当在《协助冻结财产通知书》中填写冻结账户名称、冻结账号、冻结数额、冻结期限起止时间等信息。冻结数额应当具体、明确，暂时无法确定具体数额的，应当在《协助冻结财产通知书》上明确写明“只收不付”。冻结证券和交易结算资金时，应当明确冻结的范围是否及于孳息。

冻结财产，应当为被调查人及其所扶养的亲属保留必需的生活费用。

第一百三十七条　调查人员可以根据需要对查询结果进行打印、抄录、复制、拍照，要求相关单位在有关材料上加盖证明印章。对查询结果有疑问的，可以要求相关单位进行书面解释并加盖印章。

第一百三十八条　监察机关对查询信息应当加强管理，规范信息交接、调阅、使用程序和手续，防止滥用和泄露。

调查人员不得查询与案件调查工作无关的信息。

第一百三十九条　冻结财产的期限不得超过六个月。冻结期限到期未办理续冻手续的，冻结自动解除。

有特殊原因需要延长冻结期限的，应当在到期前按原程序报批，办理续冻手续。每次续冻期限不得超过六个月。

第一百四十条　已被冻结的财产可以轮候冻结，不得重复冻结。轮候冻结的,监察机关应当要求有关银行或者其他金融机构等单位在解除冻结或者作出处理前予以通知。

监察机关接受司法机关、其他监察机关等国家机关移送的涉案财物后,该国家机关采取的冻结期限届满,监察机关续行冻结的顺位与该国家机关冻结的顺位相同。

第一百四十一条 冻结财产应当通知权利人或者其法定代理人、委托代理人,要求其在《冻结财产告知书》上签名。冻结股票、债券、基金份额等财产,应当告知权利人或者其法定代理人、委托代理人有权申请出售。

对于被冻结的股票、债券、基金份额等财产,权利人或者其法定代理人、委托代理人申请出售,不损害国家利益、被害人利益,不影响调查正常进行的,经审批可以在案件办结前由相关机构依法出售或者变现。对于被冻结的汇票、本票、支票即将到期的,经审批可以在案件办结前由相关机构依法出售或者变现。出售上述财产的,应当出具《许可出售冻结财产通知书》。

出售或者变现所得价款应当继续冻结在其对应的银行账户中;没有对应的银行账户的,应当存入监察机关指定的专用账户保管,并将存款凭证送监察机关登记。监察机关应当及时向权利人或者其法定代理人、委托代理人出具《出售冻结财产通知书》,并要求其签名。拒绝签名的,调查人员应当在文书上记明。

第一百四十二条 对于冻结的财产,应当及时核查。经查明与案件无关的,经审批,应当在查明后三日以内将《解除冻结财产通知书》送交有关单位执行。解除情况应当告知被冻结财产的权利人或者其法定代理人、委托代理人。

第十一节 搜 查

第一百四十三条 监察机关调查职务犯罪案件,为了收集犯罪证据、查获被调查人,按规定报批后,可以依法对被调查人以及可能隐藏被调查人或者犯罪证据的人的身体、物品、住处、工作地点和其他有关地方进行搜查。

第一百四十四条 搜查应当在调查人员主持下进行,调查人员不得少于二人。搜查女性的身体,由女性工作人员进行。

搜查时,应当有被搜查人或者其家属、其所在单位工作人员或者其他见证人在场。调查人员应当向被搜查人或者其家属、见证人出示《搜查证》,要求其签名或者盖章。被搜查人或者其家属不在场,或者拒绝签名、盖章的,调查人员应当在文书上记明。

第一百四十五条 搜查时,应当要求在场人员予以配合,不得进行阻碍。对以暴力、威胁等方法阻碍搜查的,应当依法制止。对阻碍搜查构成违法犯罪的,依法追究法律责任。

第一百四十六条 对搜查取证工作,应当全程同步录音录像。

对搜查情况应当制作《搜查笔录》,由调查人员和被搜查人或者其家属、见证人签名或者盖章。被搜查人或者其家属不在场,或者拒绝签名、盖章的,调查人员应当在笔录中记明。

对于查获的重要物证、书证、视听资料、电子数据及其放置、存储位置应当拍照,并在《搜查笔录》中作出文字说明。

第一百四十七条 搜查时,应当避免未成年人或者其他不适宜在搜查现场的人在场。

搜查人员应当服从指挥、文明执法,不得擅自变更搜查对象和扩大搜查范围,严禁单独进入搜查区域。搜查的具体时间、方法,在实施前应当严格保密。

第一百四十八条 在搜查过程中查封、扣押财物和文件的,按照查封、扣押的有关规定办理。

第十二节　调　　取

第一百四十九条 监察机关按规定报批后,可以依法向有关单位和个人调取用以证明案件事实的证据材料。

第一百五十条 调取证据材料时,调查人员不得少于二人。调查人员应当依法出具《调取证据通知书》,必要时附《调取证据清单》。

有关单位和个人配合监察机关调取证据,应当严格保密。

第一百五十一条 调取物证应当调取原物。原物不便搬运、保存,或者依法应当返还,或者因保密工作需要不能调取原物的,可以将原物封存,并拍照、录像。对原物拍照或者录像时,应当足以反映原物的外形、内容。

调取书证、视听资料应当调取原件。取得原件确有困难或者因保密工作需要不能调取原件的,可以调取副本或者复制件。

调取物证的照片、录像和书证、视听资料的副本、复制件的,应当书面记明不能调取原物、原件的原因,原物、原件存放地点,制作过程,是否与原物、原件相符,并由调查人员和物证、书证、视听资料原持有人签名或者盖章。持有人无法签名、盖章或者拒绝签名、盖章的,应当在笔录中记明,由见证人签名。

第一百五十二条 调取外文材料作为证据使用的,应当交由具有资质的机构和人员出具中文译本。中文译本应当加盖翻译机构公章。

第一百五十三条 收集、提取电子数据,能够扣押原始存储介质的,应当予以扣押、封存并在笔录中记录封存状态。无法扣押原始存储介质的,可以采取调取、勘验检查措施,通过现场或者网络远程收集、提取电子数据,但应当在笔录中记明不能扣押的原因、原始存储介质的存放地点或者电子数据的来源等情况。

由于客观原因无法或者不宜采取前款规定方式收集、提取电子数据的,可以采取打印、拍照或者录像等方式固定相关证据,并在笔录中说明原因。

收集、提取的电子数据,足以保证完整性,无删除、修改、增加等情形的,可以作为证据使用。

收集、提取电子数据,应当制作笔录,记录案由、对象、内容,收集、提取电子数据的时间、地点、方法、过程,并附电子数据清单,注明类别、文件格式、完整性校验值等,由调查人员、电子数据持有人(提供人)签名或者盖章;电子数据持有人(提供人)无法签名或者拒绝签名的,应当在笔录中记明,由见证人签名或者盖章。有条件的,应当对相关活动进行录像。

第一百五十四条 调取的物证、书证、视听资料等原件,经查明与案件无关的,经审批,应当在查明后三日以内退还,并办理交接手续。

第十三节 查封、扣押

第一百五十五条 监察机关按规定报批后,可以依法查封、扣押用以证明被调查人涉嫌违法犯罪以及情节轻重的财物、文件、电子数据等证据材料。

对于被调查人到案时随身携带的物品,以及被调查人或者其他相关人员主动上交的财物和文件,依法需要扣押的,依照前款规定办理。对于被调查人随身携带的与案件无关的个人用品,应当逐件登记,随案移交或者退还。

第一百五十六条 对查封、扣押工作,应当全程同步录音录像。

查封、扣押时,应当出具《查封/扣押通知书》,调查人员不得少于二人。持有人拒绝交出应当查封、扣押的财物和文件的,可以依法强制查封、扣押。

调查人员对于查封、扣押的财物和文件,应当会同在场见证人和被查封、扣押财物持有人进行清点核对,开列《查封/扣押财物、文件清单》,由调查人员、见证人和持有人签名或者盖章。持有人不在场或者拒绝签名、盖章的,调查人员应当在清单上记明。

查封、扣押财物,应当为被调查人及其所扶养的亲属保留必需的生活费用和物品。

第一百五十七条 查封、扣押不动产和置于该不动产上不宜移动的设施、家具和其他相关财物,以及车辆、船舶、航空器和大型机械、设备等财物,必要时可以依法扣押其权利证书,经拍照或者录像后原地封存。调查人员应当在查封清单上记明相关财物的所在地址和特征,已经拍照或者录像及其权利证书被扣押的情况,由调查人员、见证人和持有人签名或者盖章。持有人不在场或者拒绝签名、盖章的,调查人员应当在清单上记明。

查封、扣押前款规定财物的,必要时可以将被查封财物交给持有人或者其近亲属保管。调查人员应当告知保管人妥善保管,不得对被查封财物进行转移、变卖、毁损、抵押、赠予等处理。

调查人员应当将《查封/扣押通知书》送达不动产、生产设备或者车辆、船舶、航空器等财物的登记、管理部门,告知其在查封期间禁止办理抵押、转让、出售等权属关系变更、转移登记手续。相关情况应当在查封清单上记明。被查封、扣押的财物已经办理抵押登记的,监察机关在执行没收、追缴、责令退赔等决定时应当及时通知抵押权人。

第一百五十八条 查封、扣押下列物品,应当依法进行相应的处理:

(一)查封、扣押外币、金银珠宝、文物、名贵字画以及其他不易辨别真伪的贵重物品,具备当场密封条件的,应当当场密封,由二名以上调查人员在密封材料上签名并记明密封时间。不具备当场密封条件的,应当在笔录中记明,以拍照、录像等方法加以保全后进行封存。查封、扣押的贵重物品需要鉴定的,应当及时鉴定。

(二)查封、扣押存折、银行卡、有价证券等支付凭证和具有一定特征能够证明案情的现金,应当记明特征、编号、种类、面值、张数、金额等,当场密封,由二名以上调查人员在密封材料上签名并记明密封时间。

(三)查封、扣押易损毁、灭失、变质等不宜长期保存的物品以及有消费期限的卡、券,应当在笔录中记明,以拍照、录像等方法加以保全后进行封存,或者经审批委托有关机构变卖、拍卖。变卖、拍卖的价款存入专用账户保管,待调查终结后一并处理。

(四)对于可以作为证据使用的录音录像、电子数据存储介质,应当记明案由、对象、内容,录制、复制的时间、地点、规格、类别、应用长度、文件格式及长度等,制作清单。具备查封、扣押条件的电子设备、存储介质应当密封保存。必要时,可以请有关机关协助。

(五)对被调查人使用违法犯罪所得与合法收入共同购置的不可分割的财产,可以先行查封、扣押。对无法分割退还的财产,涉及违法的,可以经被调查人申请并经监察机关批准,由被调查人亲属或者被调查人委托的其他人员在监察机关监督下自行变现后上缴违法所得及孳息,也可以由监察机关在结案后委托有关单位拍卖、变卖,退还不属于违法所得的部分及孳息;涉及职务犯罪的,依法移送司法机关处置,并说明涉嫌犯罪所得及孳息数额。

(六)查封、扣押危险品、违禁品,应当及时送交有关部门,或者根据工作需要严格封存保管。

第一百五十九条 对于需要启封的财物和文件,应当由二名以上调查人员共同办理。重新密封时,由二名以上调查人员在密封材料上签名、记明时间。

第一百六十条 查封、扣押涉案财物,应当按规定将涉案财物详细信息、《查封/扣押财物、文件清单》录入并上传监察机关涉案财物信息管理系统。

对于涉案款项,应当在采取措施后十五日以内存入监察机关指定的专用账户。对于涉案物品,应当在采取措施后三十日以内移交涉案财物保管部门保管。因特殊原因不能按时存入专用账户或者移交保管的,应当按规定报批,将保管情况录入涉案财物信息管理系统,在原因消除后及时存入或者移交。

第一百六十一条 对于已移交涉案财物保管部门保管的涉案财物,根据调查工作需要,经审批可以临时调用,并应当确保完好。调用结束后,应当及时归还。调用和归还时,调查人员、保管人员应当当面清点查验。保管部门应当对调用和归还情况进行登记，全程录像并上传涉案财物信息管理系统。

第一百六十二条 对于被扣押的股票、债券、基金份额等财产，以及即将到期的汇票、本票、支票，依法需要出售或者变现的，按照本条例关于出售冻结财产的规定办理。

第一百六十三条 监察机关接受司法机关、其他监察机关等国家机关移送的涉案财物后，该国家机关采取的查封、扣押期限届满，监察机关续行查封、扣押的顺位与该国家机关查封、扣押的顺位相同。

第一百六十四条 对查封、扣押的财物和文件，应当及时进行核查。经查明与案件无关的，经审批，应当在查明后三日以内解除查封、扣押，予以退还。解除查封、扣押的，应当向有关单位、原持有人或者近亲属送达《解除查封/扣押通知书》，附《解除查封/扣押财物、文件清单》，要求其签名或者盖章。

第一百六十五条 在立案调查之前，对监察对象及相关人员主动上交的涉案财物，经审批可以接收。

接收时，应当由二名以上调查人员，会同持有人和见证人进行清点核对，当场填写《主动上交财物登记表》。调查人员、持有人和见证人应当在登记表上签名或者盖章。

对于主动上交的财物，应当根据立案及调查情况及时决定是否依法查封、扣押。

第十四节 勘验检查、调查实验

第一百六十六条 监察机关按规定报批后，可以依法对与违法犯罪有关的场所、物品、人身、尸体、电子数据等进行勘验检查。

第一百六十七条 依法需要勘验检查的，应当制作《勘验检查证》；需要委托勘验检查的，应当出具《委托勘验检查书》，送具有专门知识的人办理。

第一百六十八条 勘验检查应当由二名以上调查人员主持，邀请与案件无关的见证人在场。勘验检查情况应当制作笔录，并由参加勘验检查人员和见证人签名或者盖章。

勘验检查现场、拆封电子数据存储介质应当全程同步录音录像。对现场情况应当拍摄现场照片、制作现场图，并由勘验检查人员签名或者盖章。

第一百六十九条 为了确定被调查人或者相关人员的某些特征、伤害情况或者生理状态,可以依法对其人身进行检查。必要时可以聘请法医或者医师进行人身检查。检查女性身体,应当由女性工作人员或者医师进行。被调查人拒绝检查的,可以依法强制检查。

人身检查不得采用损害被检查人生命、健康或者贬低其名誉、人格的方法。对人身检查过程中知悉的个人隐私,应当严格保密。

对人身检查的情况应当制作笔录,由参加检查的调查人员、检查人员、被检查人员和见证人签名或者盖章。被检查人员拒绝签名、盖章的,调查人员应当在笔录中记明。

第一百七十条 为查明案情,在必要的时候,经审批可以依法进行调查实验。调查实验,可以聘请有关专业人员参加,也可以要求被调查人、被害人、证人参加。

进行调查实验,应当全程同步录音录像,制作调查实验笔录,由参加实验的人签名或者盖章。进行调查实验,禁止一切足以造成危险、侮辱人格的行为。

调查实验的条件与事件发生时的条件有明显差异,或者存在影响实验结论科学性的其他情形的,调查实验笔录不得作为认定案件的依据。

第一百七十一条 调查人员在必要时,可以依法让被害人、证人和被调查人对与违法犯罪有关的物品、文件、尸体或者场所进行辨认;也可以让被害人、证人对被调查人进行辨认,或者让被调查人对涉案人员进行辨认。

辨认工作应当由二名以上调查人员主持进行。在辨认前,应当向辨认人详细询问辨认对象的具体特征,避免辨认人见到辨认对象,并告知辨认人作虚假辨认应当承担的法律责任。几名辨认人对同一辨认对象进行辨认时,应当由辨认人个别进行。辨认应当形成笔录,并由调查人员、辨认人签名或者盖章。

第一百七十二条 辨认人员时,被辨认的人数不得少于七人,照片不得少于十张。

辨认人不愿公开进行辨认时,应当在不暴露辨认人的情况下进行辨认,并为其保守秘密。

第一百七十三条 组织辨认物品时一般应当辨认实物。被辨认的物品系名贵字画等贵重物品或者存在不便搬运等情况的,可以对实物照片进行辨认。辨认人进行辨认时,应当在辨认出的实物照片与附纸骑缝上捺指印予以确认,在附纸上写明该实物涉案情况并签名、捺指印。

辨认物品时,同类物品不得少于五件,照片不得少于五张。

对于难以找到相似物品的特定物,可以将该物品照片交由辨认人进行确认后,在照片与附纸骑缝上捺指印,在附纸上写明该物品涉案情况并签名、捺指印。在辨认人确认前,应当向其详细询问物品的具体特征,并对确认过程和结果形成笔录。

第一百七十四条 辨认笔录具有下列情形之一的,不得作为认定案件的依据:

(一)辨认开始前使辨认人见到辨认对象的;

(二)辨认活动没有个别进行的;

(三)辨认对象没有混杂在具有类似特征的其他对象中,或者供辨认的对象数量不符合规定的,但特定辨认对象除外;

(四)辨认中给辨认人明显暗示或者明显有指认嫌疑的;

(五)辨认不是在调查人员主持下进行的;

(六)违反有关规定,不能确定辨认笔录真实性的其他情形。

辨认笔录存在其他瑕疵的,应当结合全案证据审查其真实性和关联性,作出综合判断。

第十五节 鉴　　定

第一百七十五条 监察机关为解决案件中的专门性问题,按规定报批后,可以依法进行鉴定。

鉴定时应当出具《委托鉴定书》,由二名以上调查人员送交具有鉴定资格的鉴定机构、鉴定人进行鉴定。

第一百七十六条 监察机关可以依法开展下列鉴定:

(一)对笔迹、印刷文件、污损文件、制成时间不明的文件和以其他形式表现的文件等进行鉴定;

(二)对案件中涉及的财务会计资料及相关财物进行会计鉴定;

(三)对被调查人、证人的行为能力进行精神病鉴定;

(四)对人体造成的损害或者死因进行人身伤亡医学鉴定;

(五)对录音录像资料进行鉴定;

(六)对因电子信息技术应用而出现的材料及其派生物进行电子数据鉴定;

(七)其他可以依法进行的专业鉴定。

第一百七十七条 监察机关应当为鉴定提供必要条件,向鉴定人送交有关检材和对比样本等原始材料,介绍与鉴定有关的情况。调查人员应当明确提出要求鉴定事项,但不得暗示或者强迫鉴定人作出某种鉴定意见。

监察机关应当做好检材的保管和送检工作,记明检材送检环节的责任人,确保检材在流转环节的同一性和不被污染。

第一百七十八条 鉴定人应当在出具的鉴定意见上签名,并附鉴定机构和鉴定人的资质证明或者其他证明文件。多个鉴定人的鉴定意见不一致的,应当在鉴定意见上记明分歧的内容和理由,并且分别签名。

监察机关对于法庭审理中依法决定鉴定人出庭作证的,应当予以协调。

鉴定人故意作虚假鉴定的,应当依法追究法律责任。

第一百七十九条 调查人员应当对鉴定意见进行审查。对经审查作为证据使用的鉴定意见,应当告知被调查人及相关单位、人员,送达《鉴定意见告知书》。

被调查人或者相关单位、人员提出补充鉴定或者重新鉴定申请,经审查符合法定要求的,应当按规定报批,进行补充鉴定或者重新鉴定。

对鉴定意见告知情况可以制作笔录,载明告知内容和被告知人的意见等。

第一百八十条 经审查具有下列情形之一的,应当补充鉴定:

(一)鉴定内容有明显遗漏的;

(二)发现新的有鉴定意义的证物的;

(三)对鉴定证物有新的鉴定要求的;

(四)鉴定意见不完整,委托事项无法确定的;

(五)其他需要补充鉴定的情形。

第一百八十一条 经审查具有下列情形之一的,应当重新鉴定:

(一)鉴定程序违法或者违反相关专业技术要求的;

(二)鉴定机构、鉴定人不具备鉴定资质和条件的;

(三)鉴定人故意作出虚假鉴定或者违反回避规定的;

(四)鉴定意见依据明显不足的;

(五)检材虚假或者被损坏的;

(六)其他应当重新鉴定的情形。

决定重新鉴定的，应当另行确定鉴定机构和鉴定人。

第一百八十二条 因无鉴定机构，或者根据法律法规等规定，监察机关可以指派、聘请具有专门知识的人就案件的专门性问题出具报告。

第十六节 技术调查

第一百八十三条 监察机关根据调查涉嫌重大贪污贿赂等职务犯罪需要，依照规定的权限和程序报经批准，可以依法采取技术调查措施，按照规定交公安机关或者国家有关执法机关依法执行。

第一百八十四条 依法采取技术调查措施的，监察机关应当出具《采取技术调查措施委托函》《采取技术调查措施决定书》和《采取技术调查措施适用对象情况表》，送交有关机关执行。其中，设区的市级以下监察机关委托有关执行机关采取技术调查措施，还应当提供《立案决定书》。

第一百八十五条 技术调查措施的期限按照监察法的规定执行，期限届满前未办理延期手续的，到期自动解除。

对于不需要继续采取技术调查措施的，监察机关应当按规定及时报批，将《解除技术调查措施决定书》送交有关机关执行。

需要依法变更技术调查措施种类或者增加适用对象的，监察机关应当重新办理报批和委托手续，依法送交有关机关执行。

第一百八十六条 对于采取技术调查措施收集的信息和材料，依法需要作为刑事诉讼证据使用的，监察机关应当按规定报批，出具《调取技术调查证据材料通知书》向有关执行机关调取。

对于采取技术调查措施收集的物证、书证及其他证据材料，监察机关应当制作书面说明，写明获取证据的时间、地点、数量、特征以及采取技术调查措施的批准机关、种类等。调查人员应当在书面说明上签名。

对于采取技术调查措施获取的证据材料，如果使用该证据材料可能危及有关人员的人身安全，或者可能产生其他严重后果的，应当采取不暴露有关人员身份、技术方法等保护措施。必要时，可以建议由审判人员在庭外进行核实。

第一百八十七条 调查人员对采取技术调查措施过程中知悉的国家秘密、工作秘密、商业秘密、个人隐私和个人信息，应当严格保密。

采取技术调查措施获取的证据、线索及其他有关材料，只能用于对违法犯罪的调查、起诉和审判，不得用于其他用途。

对采取技术调查措施获取的与案件无关的材料,应当经审批及时销毁。对销毁情况应当制作记录,由调查人员签名。

第十七节 通 缉

第一百八十八条 县级以上监察机关对在逃的应当被留置人员,依法决定在本行政区域内通缉的,应当按规定报批,送交同级公安机关执行。送交执行时,应当出具《通缉决定书》,附《留置决定书》等法律文书和被通缉人员信息,以及承办单位、承办人员等有关情况。

通缉范围超出本行政区域的,应当报有决定权的上级监察机关出具《通缉决定书》,并附《留置决定书》及相关材料,送交同级公安机关执行。

第一百八十九条 国家监察委员会依法需要提请公安部对在逃人员发布公安部通缉令的,应当先提请公安部采取网上追逃措施。如情况紧急,可以向公安部同时出具《通缉决定书》和《提请采取网上追逃措施函》。

省级以下监察机关报请国家监察委员会提请公安部发布公安部通缉令的,应当先提请本地公安机关采取网上追逃措施。

第一百九十条 监察机关接到公安机关抓获被通缉人员的通知后,应当立即核实被抓获人员身份,并在接到通知后二十四小时以内派员办理交接手续。边远或者交通不便地区,至迟不得超过三日。

公安机关在移交前,将被抓获人员送往当地监察机关留置场所临时看管的,当地监察机关应当接收,并保障临时看管期间的安全,对工作信息严格保密。

监察机关需要提请公安机关协助将被抓获人员带回的,应当按规定报批,请本地同级公安机关依法予以协助。提请协助时,应当出具《提请协助采取留置措施函》,附《留置决定书》复印件及相关材料。

第一百九十一条 监察机关对于被通缉人员已经归案、死亡,或者依法撤销留置决定以及发现有其他不需要继续采取通缉措施情形的,应当经审批出具《撤销通缉通知书》,送交协助采取原措施的公安机关执行。需要撤销网上追逃措施的,监察机关应当出具《撤销网上追逃通知书》,送交协助采取原措施的公安机关执行。

第十八节 限制出境

第一百九十二条 监察机关为防止被调查人及相关人员逃匿境外,按规定报批后，可以依法决定采取限制出境措施，交由移民管理机构依法执行。

第一百九十三条 监察机关采取限制出境措施应当出具有关函件，与采取限制出境措施决定书等文书材料一并送交移民管理机构执行。其中，采取边控措施的，应当附《边控对象通知书》；采取法定不批准出境措施的，应当附《法定不准出境人员报备表》。

第一百九十四条 限制出境措施有效期不超过三个月，到期自动解除。

到期后仍有必要继续采取边控措施的，应当按原程序报批。承办部门应当出具有关函件，在到期前与《延长限制出境措施期限决定书》一并送交移民管理机构执行。延长期限每次不得超过三个月。

到期后仍有必要继续采取法定不批准出境措施的，应当在报备期满三日前按规定再次办理法定不批准出境人员报备手续。

第一百九十五条 监察机关接到口岸移民管理机构查获被决定采取留置措施的边控对象的通知后，应当于二十四小时以内到达口岸办理移交手续。无法及时到达的，应当委托当地监察机关及时前往口岸办理移交手续。当地监察机关应当予以协助。

第一百九十六条 对于不需要继续采取限制出境措施的，应当按规定报批，及时予以解除。承办部门应当出具有关函件，与《解除限制出境措施决定书》一并送交移民管理机构执行。

第一百九十七条 县级以上监察机关在重要紧急情况下，经审批可以依法直接向口岸所在地口岸移民管理机构提请办理临时限制出境措施，期限不超过七日，不能延期。

第五章 监察程序

第一节 线索处置

第一百九十八条 监察机关应当对问题线索归口受理、集中管理、分类处置、定期清理。

第一百九十九条 监察机关对于报案或者举报应当依法接受。属于本级监察机关管辖的，依法予以受理；属于其他监察机关管辖的，应当在五个工作日以内予以转送。

监察机关可以向下级监察机关发函交办检举控告,并进行督办,下级监察机关应当按期回复办理结果。

第二百条 对于涉嫌职务违法或者职务犯罪的公职人员自动投案的,应当依法接待和办理。

第二百零一条 监察机关对于执法机关、司法机关等其他机关移送的问题线索,应当及时审核,并按照下列方式办理:

(一)本单位有管辖权的,及时研究提出处置意见;

(二)本单位没有管辖权但其他监察机关有管辖权的,在五个工作日以内转送有管辖权的监察机关;

(三)本单位对部分问题线索有管辖权的,对有管辖权的部分提出处置意见,并及时将其他问题线索转送有管辖权的机关;

(四)监察机关没有管辖权的,及时退回移送机关。

第二百零二条 信访举报部门归口受理本机关管辖监察对象涉嫌职务违法和职务犯罪问题的检举控告,统一接收有关监察机关以及其他单位移送的相关检举控告,移交本机关监督检查部门或者相关部门,并将移交情况通报案件监督管理部门。

案件监督管理部门统一接收巡视巡察机构和审计机关、执法机关、司法机关等其他机关移送的职务违法和职务犯罪问题线索,按程序移交本机关监督检查部门或者相关部门办理。

监督检查部门、调查部门在工作中发现的相关问题线索,属于本部门受理范围的,应当报送案件监督管理部门备案;属于本机关其他部门受理范围的,经审批后移交案件监督管理部门分办。

第二百零三条 案件监督管理部门应当对问题线索实行集中管理、动态更新,定期汇总、核对问题线索及处置情况,向监察机关主要负责人报告,并向相关部门通报。

问题线索承办部门应当指定专人负责管理线索,逐件编号登记、建立管理台账。线索管理处置各环节应当由经手人员签名,全程登记备查,及时与案件监督管理部门核对。

第二百零四条 监督检查部门应当结合问题线索所涉及地区、部门、单位总体情况进行综合分析,提出处置意见并制定处置方案,经审批按照适当了解、谈话、函询、初步核实、暂存待查、予以了结等方式进行处置,或者按照职责移送调查部门处置。

第二百零五条 采取适当了解方式处置问题线索，应当按规定报批后，依法依规向有关单位和个人了解情况，验证问题的真实性，不得采取限制人身、财产权利的措施，不得与被反映人接触。

承办部门应当根据适当了解的情况，提出谈话、函询、初步核实、拟立案调查、予以了结、暂存待查，或者移送有关部门、机关处理等建议，按程序报批后办理。

第二百零六条 采取谈话方式处置问题线索的，按照本条例第七十八条、第七十九条规定办理。

函询应当以监察机关办公厅（室）名义发函给被反映人，并抄送其所在单位和派驻监察机构主要负责人。被函询人应当在收到函件后十五个工作日以内写出说明材料，由其所在单位主要负责人签署意见后发函回复。被函询人为所在单位主要负责人的，或者被函询人所作说明涉及所在单位主要负责人的，应当直接发函回复监察机关。

被函询人已经退休的，按照第二款规定程序办理。

监察机关根据工作需要，经审批可以对谈话、函询情况进行抽查核实。

承办部门应当根据谈话、函询的情况，提出初步核实、拟立案调查、予以了结、暂存待查，或者移送有关部门、机关处理等建议，按程序报批后办理。

第二百零七条 监察机关对具有可查性的职务违法和职务犯罪问题线索，应当按规定报批后，依法开展初步核实工作。采取初步核实方式处置问题线索，应当确定初步核实对象，制定工作方案，明确需要核实的问题和采取的措施，成立核查组。

在初步核实中应当注重收集客观性证据，确保真实性和准确性。在初步核实中发现或者受理被核查人新的具有可查性的问题线索的，应当经审批纳入原初核方案开展核查。

核查组在初步核实工作结束后应当撰写初步核实情况报告，列明被核查人基本情况、反映的主要问题、办理依据、初步核实结果、存在疑点、处理建议，由全体人员签名。

承办部门应当综合分析初步核实情况，提出拟立案调查、予以了结、暂存待查，或者移送有关部门、机关处理等建议，按照批准初步核实的程序报批。

第二百零八条 监察机关根据适当了解、谈话、函询或者初步核实情况,发现公职人员有职务违法行为但情节较轻的,可以按照本条例第二百三十一条规定处理,予以了结。

第二百零九条 检举控告人使用本人真实姓名或者本单位名称,有电话等具体联系方式的,属于实名检举控告。监察机关对实名检举控告应当优先办理、优先处置,依法给予答复。虽有署名但不是检举控告人真实姓名(单位名称)或者无法验证的检举控告,按照匿名检举控告处理。

信访举报部门对属于本机关受理的实名检举控告,应当在收到检举控告之日起十五个工作日以内按规定告知实名检举控告人受理情况,并做好记录。

调查人员应当将实名检举控告的处理结果在办结之日起十五个工作日以内向检举控告人反馈,并记录反馈情况。对检举控告人提出异议的应当如实记录,并向其进行说明;对提供新证据材料的,应当依法核查处理。

第二节 立 案

第二百一十条 监察机关已经掌握监察对象涉嫌职务违法或者职务犯罪的部分事实和证据,认为需要追究其法律责任的,应当按规定报批后,依法立案调查。

第二百一十一条 监察机关立案调查职务违法或者职务犯罪案件,需要对涉嫌行贿犯罪、介绍贿赂犯罪或者共同职务犯罪的涉案人员立案调查的,应当一并办理立案手续。需要交由下级监察机关立案的,经审批交由下级监察机关办理立案手续。

对单位涉嫌受贿、行贿等职务犯罪,需要追究法律责任的,依法对该单位办理立案调查手续。对事故(事件)中存在职务违法或者职务犯罪问题,需要追究法律责任,但相关责任人员尚不明确的,可以以事立案。对单位立案或者以事立案后,经调查确定相关责任人员的,按照管理权限报批确定被调查人。

监察机关根据人民法院生效刑事判决、裁定和人民检察院不起诉决定认定的事实,需要对监察对象给予政务处分的,可以由相关监督检查部门依据司法机关的生效判决、裁定、决定及其认定的事实、性质和情节,提出给予政务处分的意见,按程序移送审理。对依法被追究行政法律责任的监察对象,需要给予政务处分的,应当依法办理立案手续。

第二百一十二条 对案情简单、经过初步核实已查清主要职务违法事实,应当追究监察对象法律责任,不再需要开展调查的,立案和移送审理可以一并报批,履行立案程序后再移送审理。

第二百一十三条 上级监察机关需要指定下级监察机关立案调查的,应当按规定报批,向被指定管辖的监察机关出具《指定管辖决定书》,由其办理立案手续。

第二百一十四条 批准立案后,应当由二名以上调查人员出示证件,向被调查人宣布立案决定。宣布立案决定后,应当及时向被调查人所在单位等相关组织送达《立案通知书》,并向被调查人所在单位主要负责人通报。

对涉嫌严重职务违法或者职务犯罪的公职人员立案调查并采取留置措施的,应当按规定通知被调查人所在单位和家属,并向社会公开发布。

第三节 调 查

第二百一十五条 监察机关对已经立案的职务违法或者职务犯罪案件应当依法进行调查,收集证据查明违法犯罪事实。

调查职务违法或者职务犯罪案件,对被调查人没有采取留置措施的,应当在立案后一年以内作出处理决定;对被调查人解除留置措施的,应当在解除留置措施后一年以内作出处理决定。案情重大、复杂的案件,经上一级监察机关批准,可以适当延长,但延长期限不得超过六个月。

被调查人在监察机关立案调查以后逃匿的,调查期限自被调查人到案之日起重新计算。

第二百一十六条 案件立案后,监察机关主要负责人应当依照法定程序批准确定调查方案。

监察机关应当组成调查组依法开展调查。调查工作应当严格按照批准的方案执行,不得随意扩大调查范围、变更调查对象和事项,对重要事项应当及时请示报告。调查人员在调查工作期间,未经批准不得单独接触任何涉案人员及其特定关系人,不得擅自采取调查措施。

第二百一十七条 调查组应当将调查认定的涉嫌违法犯罪事实形成书面材料,交给被调查人核对,听取其意见。被调查人应当在书面材料上签署意见。对被调查人签署不同意见或者拒不签署意见的,调查组应当作出说明或者注明情况。对被调查人提出申辩的事实、理由和证据应当进行核实,成立的予以采纳。

调查组对于立案调查的涉嫌行贿犯罪、介绍贿赂犯罪或者共同职务犯罪的涉案人员,在查明其涉嫌犯罪问题后,依照前款规定办理。

对于按照本条例规定,对立案和移送审理一并报批的案件,应当在报批前履行本条第一款规定的程序。

第二百一十八条 调查组在调查工作结束后应当集体讨论,形成调查报告。调查报告应当列明被调查人基本情况、问题线索来源及调查依据、调查过程,涉嫌的主要职务违法或者职务犯罪事实,被调查人的态度和认识,处置建议及法律依据,并由调查组组长以及有关人员签名。

对调查过程中发现的重要问题和形成的意见建议,应当形成专题报告。

第二百一十九条 调查组对被调查人涉嫌职务犯罪拟依法移送人民检察院审查起诉的,应当起草《起诉建议书》。《起诉建议书》应当载明被调查人基本情况,调查简况,认罪认罚情况,采取监察强制措施的时间,涉嫌职务犯罪事实以及证据,对被调查人从重、从轻、减轻或者免除处罚等情节,提出对被调查人移送起诉的理由和法律依据,采取刑事强制措施的建议,并注明移送案卷数及涉案财物等内容。

调查组应当形成被调查人到案经过及量刑情节方面的材料,包括案件来源、到案经过,自动投案、如实供述、立功等量刑情节,认罪悔罪态度、退赃、避免和减少损害结果发生等方面的情况说明及相关材料。被检举揭发的问题已被立案、查破,被检举揭发人已被采取调查措施或者刑事强制措施、起诉或者审判的,还应当附有关法律文书。

第二百二十条 经调查认为被调查人构成职务违法或者职务犯罪的,应当区分不同情况提出相应处理意见,经审批将调查报告、职务违法或者职务犯罪事实材料、涉案财物报告、涉案人员处理意见等材料,连同全部证据和文书手续移送审理。

对涉嫌职务犯罪的案件材料应当按照刑事诉讼要求单独立卷,与《起诉建议书》、涉案财物报告、同步录音录像资料及其自查报告等材料一并移送审理。

调查全过程形成的材料应当案结卷成、事毕归档。

第四节　审　　理

第二百二十一条 案件审理部门收到移送审理的案件后,应当审核材料是否齐全、手续是否完备。对被调查人涉嫌职务犯罪的,还应当审核相关案卷材料是否符合职务犯罪案件立卷要求,是否在调查报告中单独表述已查明的涉嫌犯罪问题,是否形成《起诉建议书》。

经审核符合移送条件的,应当予以受理;不符合移送条件的,经审批可以暂缓受理或者不予受理,并要求承办部门补充完善材料。

第二百二十二条 案件审理部门受理案件后,应当成立由二人以上组成的审理组,全面审理案卷材料。

案件审理部门对于受理的案件,应当以监察法、政务处分法、刑法、《中华人民共和国刑事诉讼法》等法律法规为准绳,对案件事实和证据、性质认定、程序手续、涉案财物等进行全面审理。

案件审理部门应当强化监督制约职能,对案件严格审核把关,坚持实事求是、独立审理,依法提出审理意见。坚持调查与审理相分离的原则,案件调查人员不得参与审理。

第二百二十三条 审理工作应当坚持民主集中制原则,经集体审议形成审理意见。

第二百二十四条 审理工作应当在受理之日起一个月以内完成,重大、复杂案件经批准可以适当延长。

第二百二十五条 案件审理部门根据案件审理情况,经审批可以与被调查人谈话,告知其在审理阶段的权利义务,核对涉嫌违法犯罪事实,听取其辩解意见,了解有关情况。与被调查人谈话应当在具备安全保障条件的场所进行,被调查人为在押的犯罪嫌疑人、被告人或者在看守所、监狱服刑人员的,按照本条例第八十三条规定办理。谈话时,案件审理人员不得少于二人。

具有下列情形之一的,一般应当与被调查人谈话:

(一)对被调查人采取留置措施,拟移送起诉的;

(二)可能存在以非法方法收集证据情形的;

(三)被调查人对涉嫌违法犯罪事实材料签署不同意见或者拒不签署意见的;

(四)被调查人要求向案件审理人员当面陈述的;

(五)其他有必要与被调查人进行谈话的情形。

第二百二十六条 经审理认为主要违法犯罪事实不清、证据不足的,应当经审批将案件退回承办部门重新调查。

具有下列情形之一,需要补充完善证据的,经审批可以退回补充调查:

(一)部分事实不清、证据不足的;

(二)遗漏违法犯罪事实的;

(三)其他需要进一步查清案件事实的情形。

案件审理部门将案件退回重新调查或者补充调查的,应当出具审核意见,写明调查事项、理由、调查方向、需要补充收集的证据及其证明作用等,连同案卷材料一并送交承办部门。

承办部门补充调查结束后,应当经审批将补证情况报告及相关证据材料,连同案卷材料一并移送案件审理部门;对确实无法查明的事项或者无法补充的证据,应当作出书面说明。重新调查终结后,应当重新形成调查报告,依法移送审理。

重新调查完毕移送审理的,审理期限重新计算。补充调查期间不计入审理期限。

第二百二十七条 审理工作结束后应当形成审理报告,载明被调查人基本情况、调查简况、涉嫌违法或者犯罪事实、被调查人态度和认识、涉案财物处置、承办部门意见、审理意见等内容,提请监察机关集体审议。

对被调查人涉嫌职务犯罪需要追究刑事责任的,应当形成《起诉意见书》,作为审理报告附件。《起诉意见书》应当忠实于事实真象,载明被调查人基本情况,调查简况,采取监察强制措施的时间,依法查明的犯罪事实和证据,从重、从轻、减轻或者免除处罚等情节,涉案财物情况,涉嫌罪名和法律依据,采取刑事强制措施的建议,以及其他需要说明的情况。

案件审理部门经审理认为现有证据不足以证明被调查人存在违法犯罪行为,且通过退回补充调查仍无法达到证明标准的,应当提出撤销案件的建议。

第二百二十八条 上级监察机关办理下级监察机关管辖案件的,可以经审理后按程序直接进行处置,也可以经审理形成处置意见后,交由下级监察机关办理。

第二百二十九条 被指定管辖的监察机关在调查结束后应当将案件移送审理,提请监察机关集体审议。

上级监察机关将其所管辖的案件指定管辖的,被指定管辖的下级监察机关应当按照前款规定办理后,将案件报上级监察机关依法作出政务处分决定。上级监察机关在作出决定前,应当进行审理。

上级监察机关将下级监察机关管辖的案件指定其他下级监察机关管辖的，被指定管辖的监察机关应当按照第一款规定办理后，将案件送交有管理权限的监察机关依法作出政务处分决定。有管理权限的监察机关应当进行审理，审理意见与被指定管辖的监察机关意见不一致的，双方应当进行沟通；经沟通不能取得一致意见的，报请有权决定的上级监察机关决定。经协商，有管理权限的监察机关在被指定管辖的监察机关审理阶段可以提前阅卷，沟通了解情况。

对于前款规定的重大、复杂案件，被指定管辖的监察机关经集体审议后将处理意见报有权决定的上级监察机关审核同意的，有管理权限的监察机关可以经集体审议后依法处置。

第五节　处　　置

第二百三十条　监察机关根据监督、调查结果，依据监察法、政务处分法等规定进行处置。

第二百三十一条　监察机关对于公职人员有职务违法行为但情节较轻的，可以依法进行谈话提醒、批评教育、责令检查，或者予以诫勉。上述方式可以单独使用，也可以依据规定合并使用。

谈话提醒、批评教育应当由监察机关相关负责人或者承办部门负责人进行，可以由被谈话提醒、批评教育人所在单位有关负责人陪同；经批准也可以委托其所在单位主要负责人进行。对谈话提醒、批评教育情况应当制作记录。

被责令检查的公职人员应当作出书面检查并进行整改。整改情况在一定范围内通报。

诫勉由监察机关以谈话或者书面方式进行。采取谈话方式予以诫勉的，应当由监察机关相关负责人或者承办部门负责人进行；经批准也可以委托诫勉对象所在单位主要负责人进行。对谈话情况应当制作记录。

第二百三十二条　对违法的公职人员依法需要给予政务处分的，应当根据情节轻重作出警告、记过、记大过、降级、撤职、开除的政务处分决定，制作政务处分决定书。

第二百三十三条　监察机关应当将政务处分决定书在作出后一个月以内送达被处分人和被处分人所在机关、单位，并依法履行宣布、书面告知程序。

政务处分决定自作出之日起生效。有关机关、单位、组织应当依法及时执行处分决定,并将执行情况向监察机关报告。处分决定应当在作出之日起一个月以内执行完毕,特殊情况下经监察机关批准可以适当延长办理期限,最迟不得超过六个月。

第二百三十四条 监察机关对不履行或者不正确履行职责造成严重后果或者恶劣影响的领导人员,可以按照管理权限采取通报、诫勉、政务处分等方式进行问责;提出组织处理的建议。

第二百三十五条 监察机关依法向监察对象所在单位提出监察建议的,应当经审批制作监察建议书。

监察建议书一般应当包括下列内容:

(一)监督调查情况;

(二)发现的主要问题及其产生的原因;

(三)整改建议内容和要求;

(四)整改期限和反馈整改情况的要求;

(五)提出异议的期限和方式。

第二百三十六条 监察机关在研究提出监察建议过程中,应当坚持问题导向、系统观念,加强分析研判,保证监察建议质量。

监察机关可以采取专题调研、部门会商、征求特约监察员等有关人员意见,以及与被建议单位或者其他有关方面沟通等方式,提高监察建议的针对性、可行性。

第二百三十七条 监察机关经调查,对没有证据证明或者现有证据不足以证明被调查人存在违法犯罪行为的,应当依法撤销案件。省级以下监察机关撤销案件后,应当在七个工作日以内向上一级监察机关报送备案报告。上一级监察机关监督检查部门负责备案工作。

省级以下监察机关拟撤销上级监察机关指定管辖或者交办案件的,应当将《撤销案件意见书》连同案卷材料,在法定调查期限到期七个工作日前报指定管辖或者交办案件的监察机关审查。对于重大、复杂案件,在法定调查期限到期十个工作日前报指定管辖或者交办案件的监察机关审查。

指定管辖或者交办案件的监察机关由监督检查部门负责审查工作。指定管辖或者交办案件的监察机关同意撤销案件的,下级监察机关应当作出撤销案件决定,制作《撤销案件决定书》;指定管辖或者交办案件的监察机关不同意撤销案件的,下级监察机关应当执行该决定。

监察机关对于撤销案件的决定应当向被调查人宣布，由其在《撤销案件决定书》上签名、捺指印，立即解除监察强制措施，并通知其所在单位。

撤销案件后又发现重要事实或者有充分证据，认为被调查人有违法犯罪事实需要追究法律责任的，应当重新立案调查。

第二百三十八条 对于涉嫌行贿等犯罪的非监察对象，案件调查终结后依法移送起诉。综合考虑行为性质、手段、后果、时间节点、认罪悔罪态度等具体情况，对于情节较轻，经审批不予移送起诉的，应当采取批评教育、责令具结悔过等方式处置；应当给予行政处罚的，依法移送有关行政执法部门。

对于有行贿行为的涉案单位和人员，按规定记入相关信息记录，可以作为信用评价的依据。

对于涉案单位和人员通过行贿等非法手段取得的财物及孳息，应当依法予以没收、追缴或者责令退赔，不得没收、追缴与案件无关的财物。对于涉案单位和人员主动上交的涉案财物，应当严格核查，确系违法所得及孳息的，依法予以没收、追缴。对于违法取得的经营资格、资质、荣誉、奖励、学历学位、职称或者职务职级等其他不正当利益，应当建议有关机关、单位、组织依照法律法规及有关规定予以纠正处理。

第二百三十九条 对查封、扣押、冻结的涉嫌职务犯罪所得财物及孳息应当妥善保管，并制作《移送司法机关涉案财物清单》随案移送人民检察院。对作为证据使用的实物应当随案移送；对不宜移送的，应当将清单、照片和其他证明文件随案移送。

对于移送人民检察院的涉案财物，价值不明的，应当在移送起诉前委托进行价格认定。在价格认定过程中，需要对涉案财物先行作出真伪鉴定或者出具技术、质量检测报告的，应当委托有关鉴定机构或者检测机构进行真伪鉴定或者技术、质量检测。

对不属于犯罪所得但属于违法取得的财物及孳息，应当依法予以没收、追缴或者责令退赔，并出具有关法律文书。

对经认定不属于违法所得的财物及孳息，应当及时予以返还，并办理签收手续。

第二百四十条 监察机关经调查，对违法取得的财物及孳息决定追缴或者责令退赔的，可以依法要求公安、自然资源、住房城乡建设、市场监管、金融监管等部门以及银行等机构、单位予以协助。

追缴涉案财物以追缴原物为原则,原物已经转化为其他财物的,应当追缴转化后的财物。涉案财物已被用于清偿合法债务、转让或者设置其他权利负担,善意第三人通过正常市场交易、支付合理对价,并实际取得相应权利的,不得对善意取得的财物进行追缴。

有证据证明依法应当追缴、没收的涉案财物无法找到、被他人善意取得、价值灭失减损或者与其他合法财产混合且不可分割的,可以依法追缴、没收被调查人的其他等值财产。

追缴或者责令退赔应当自处置决定作出之日起一个月以内执行完毕。因被调查人的原因逾期执行的除外。

人民检察院、人民法院依法将不认定为犯罪所得的相关涉案财物退回监察机关的,监察机关应当依法处理。

第二百四十一条 监察对象对监察机关作出的涉及本人的处理决定不服的,可以在收到处理决定之日起一个月以内,向作出决定的监察机关申请复审。复审机关应当依法受理,并在受理后一个月以内作出复审决定。监察对象对复审决定仍不服的,可以在收到复审决定之日起一个月以内,向上一级监察机关申请复核。复核机关应当依法受理,并在受理后二个月以内作出复核决定。

上一级监察机关的复核决定和国家监察委员会的复审、复核决定为最终决定。

第二百四十二条 复审、复核机关承办部门应当成立工作组,调阅原案卷宗,必要时可以进行调查取证。承办部门应当集体研究,提出办理意见,经审批作出复审、复核决定。决定应当送达申请人,抄送相关单位,并在一定范围内宣布。

复审、复核期间,不停止原处理决定的执行。复审、复核机关经审查认定处理决定有错误或者不当的,应当依法撤销、变更原处理决定,或者责令原处理机关及时予以纠正。复审、复核机关经审查认定处理决定事实清楚、适用法律正确的,应当予以维持。

坚持复审复核与调查审理分离,原案调查、审理人员不得参与复审复核。

第六节 移送审查起诉

第二百四十三条 监察机关决定对涉嫌职务犯罪的被调查人移送起

诉的,应当出具《起诉意见书》,连同案卷材料、证据及到案经过材料等,一并移送同级人民检察院。

监察机关案件审理部门负责与人民检察院审查起诉的衔接工作,调查、案件监督管理等部门应当予以协助。

国家监察委员会派驻或者派出的监察机构、监察专员调查的职务犯罪案件,应当依法移送省级人民检察院审查起诉。

第二百四十四条 涉嫌职务犯罪的被调查人和涉案人员符合监察法第三十四条、第三十五条规定情形的,结合其案发前的一贯表现、违法犯罪行为的情节、后果和影响等因素,监察机关经综合研判和集体审议,报请上一级监察机关批准,可以在移送人民检察院时依法提出从轻、减轻或者免除处罚等从宽处罚建议。报请批准时,应当一并提供主要证据材料、忏悔反思材料。

上级监察机关相关监督检查部门负责审查工作,重点审核拟认定的从宽处罚情形、提出的从宽处罚建议,经审批在十五个工作日以内作出批复。

第二百四十五条 涉嫌职务犯罪的被调查人具有下列情形之一,如实交代自己主要犯罪事实的,可以认定为监察法第三十四条第一项规定的自动投案,真诚悔罪悔过:

(一)职务犯罪问题未被监察机关掌握或者监察机关正在就有关问题线索进行适当了解时,向监察机关投案的;

(二)在监察机关谈话、函询过程中,如实交代监察机关未掌握的涉嫌职务犯罪问题的;

(三)在初步核实阶段,尚未受到监察机关谈话时投案的;

(四)职务犯罪问题虽被监察机关立案,但尚未受到讯问或者采取监察强制措施,向监察机关投案的;

(五)因伤病等客观原因无法前往投案,先委托他人代为表达投案意愿,或者以书信、网络、电话、传真等方式表达投案意愿,后到监察机关接受处理的;

(六)涉嫌职务犯罪潜逃后又投案,包括在被通缉、抓捕过程中投案的;

(七)经查实确已准备去投案,或者正在投案途中被有关机关抓获的;

(八)经他人规劝或者在他人陪同下投案的;

(九)虽未向监察机关投案,但向其所在党组织、单位或者有关负责人员投案,向有关巡视巡察机构投案,以及向公安机关、人民检察院、人民法

院投案的;

(十)具有其他应当视为自动投案的情形的。

被调查人自动投案后不能如实交代自己的主要犯罪事实,或者自动投案并如实供述自己的罪行后又翻供的,不能适用前款规定。

第二百四十六条　涉嫌职务犯罪的被调查人具有下列情形之一的,可以认定为监察法第三十四条第二项规定的积极配合调查工作,如实供述监察机关还未掌握的违法犯罪行为:

(一)监察机关所掌握线索针对的犯罪事实不成立,在此范围外被调查人主动交代其他罪行的;

(二)主动交代监察机关尚未掌握的犯罪事实,与监察机关已掌握的犯罪事实属不同种罪行的;

(三)主动交代监察机关尚未掌握的犯罪事实,与监察机关已掌握的犯罪事实属同种罪行的;

(四)监察机关掌握的证据不充分,被调查人如实交代有助于收集定案证据的。

第二百四十七条　涉嫌职务犯罪的被调查人具有下列情形之一的,可以认定为监察法第三十四条第三项规定的积极退赃,减少损失:

(一)全额退赃的;

(二)退赃能力不足,但被调查人及其亲友在监察机关追缴赃款赃物过程中积极配合,且大部分已追缴到位的;

(三)犯罪后主动采取措施避免损失发生,或者积极采取有效措施减少、挽回大部分损失的。

第二百四十八条　涉嫌职务犯罪的被调查人具有下列情形之一的,可以认定为监察法第三十四条第四项规定的具有重大立功表现:

(一)检举揭发他人重大犯罪行为且经查证属实的;

(二)提供其他重大案件的重要线索且经查证属实的;

(三)阻止他人重大犯罪活动的;

(四)协助抓捕其他重大职务犯罪案件被调查人、重大犯罪嫌疑人(包括同案犯)的;

(五)为国家挽回重大损失等对国家和社会有其他重大贡献的。

前款所称重大犯罪一般是指依法可能被判处无期徒刑以上刑罚的犯罪行为;重大案件一般是指在本省、自治区、直辖市或者全国范围内有较大影响的案件;查证属实一般是指有关案件已被监察机关或者司法机关立案调查、侦查,被调查人、犯罪嫌疑人被监察机关采取监察强制措施或者被司法机关采取刑事强制措施,或者被告人被人民法院作出有罪判决,并结合案件事实、证据进行判断。

监察法第三十四条第四项规定的案件涉及国家重大利益,是指案件涉及国家主权和领土完整、国家安全、外交、社会稳定、经济发展等情形。

第二百四十九条 涉嫌行贿等犯罪的涉案人员具有下列情形之一的,可以认定为监察法第三十五条规定的揭发有关被调查人职务违法犯罪行为,查证属实或者提供重要线索,有助于调查其他案件:

(一)揭发所涉案件以外的被调查人职务犯罪行为,经查证属实的;

(二)提供的重要线索指向具体的职务犯罪事实,对调查其他案件起到实质性推动作用的;

(三)提供的重要线索有助于加快其他案件办理进度,或者对其他案件固定关键证据、挽回损失、追逃追赃等起到积极作用的。

第二百五十条 从宽处罚建议一般应当在移送起诉时作为《起诉意见书》内容一并提出,特殊情况下也可以在案件移送后、人民检察院提起公诉前,单独形成从宽处罚建议书移送人民检察院。对于从宽处罚建议所依据的证据材料,应当一并移送人民检察院。

监察机关对于被调查人在调查阶段认罪认罚,但不符合监察法规定的提出从宽处罚建议条件,在移送起诉时没有提出从宽处罚建议的,应当在《起诉意见书》中写明其自愿认罪认罚的情况。

第二百五十一条 监察机关一般应当在正式移送起诉十日前,向拟移送的人民检察院采取书面通知等方式预告移送事宜。监察机关发现被调查人因身体等原因存在不适宜羁押等可能影响刑事强制措施执行情形的,应当通报人民检察院;被调查人已被采取留置措施的,可以在移送起诉前依法变更为责令候查措施。对于未采取监察强制措施的案件,可以根据案件具体情况,向人民检察院提出对被调查人采取刑事强制措施的建议。

第二百五十二条 监察机关办理的职务犯罪案件移送起诉,需要指定起诉、审判管辖的,应当与同级人民检察院协商有关程序事宜。需要由同级人民检察院的上级人民检察院指定管辖的,应当商请同级人民检察院办理指定管辖事宜。

监察机关一般应当在移送起诉二十日前,将商请指定管辖函送交同级人民检察院。商请指定管辖函应当附案件基本情况,对于被调查人已被其他机关立案侦查的犯罪认为需要并案审查起诉的,一并进行说明。

派驻或者派出的监察机构、监察专员调查的职务犯罪案件需要指定起诉、审判管辖的,应当报派出机关办理指定管辖手续。

第二百五十三条 上级监察机关指定下级监察机关进行调查,移送起诉时需要人民检察院依法指定管辖的,应当按规定办理有关程序事宜。

第二百五十四条 监察机关对已经移送起诉的职务犯罪案件,发现遗漏被调查人罪行需要补充移送起诉的,应当经审批出具《补充起诉意见书》,连同相关案卷材料、证据等一并移送同级人民检察院。

对于经人民检察院指定管辖的案件需要补充移送起诉的,可以直接移送原受理移送起诉的人民检察院;需要追加犯罪嫌疑人、被告人的,应当再次商请人民检察院办理指定管辖手续。

第二百五十五条 对于涉嫌行贿犯罪、介绍贿赂犯罪或者共同职务犯罪等关联案件的涉案人员,移送起诉时一般应当随主案确定管辖。

主案与关联案件由不同监察机关立案调查的,调查关联案件的监察机关在移送起诉前,应当报告或者通报调查主案的监察机关,由其统一协调案件管辖事宜。因特殊原因,关联案件不宜随主案确定管辖的,调查主案的监察机关应当及时通报和协调有关事项。

第二百五十六条 监察机关对于人民检察院在审查起诉中书面提出的下列要求应当予以配合:

(一)认为可能存在以非法方法收集证据情形,要求监察机关对证据收集的合法性作出说明或者提供相关证明材料的;

(二)排除非法证据后,要求监察机关另行指派调查人员重新取证的;

(三)对物证、书证、视听资料、电子数据及勘验检查、辨认、调查实验等笔录存在疑问,要求调查人员提供获取、制作的有关情况的;

(四)要求监察机关对案件中某些专门性问题进行鉴定,或者对勘验检查进行复验、复查的;

(五)认为主要犯罪事实已经查清,仍有部分证据需要补充完善,要求监察机关补充提供证据的;

(六)人民检察院依法提出的其他工作要求。

第二百五十七条 监察机关对于人民检察院依法退回补充调查的案件,应当向主要负责人报告,并积极开展补充调查工作。

第二百五十八条　对人民检察院退回补充调查的案件，经审批分别作出下列处理：

（一）认定犯罪事实的证据不够充分的，应当在补充证据后，制作补充调查报告书，连同相关材料一并移送人民检察院审查，对无法补充完善的证据，应当作出书面情况说明并加盖监察机关或者承办部门公章；

（二）在补充调查中发现新的同案犯或者增加、变更犯罪事实，需要追究刑事责任的，应当重新提出处理意见，移送人民检察院审查；

（三）犯罪事实的认定出现重大变化，认为不应当追究被调查人刑事责任的，应当在补充调查期限内重新提出处理意见，将处理结果书面通知人民检察院并说明理由；

（四）认为移送起诉的犯罪事实清楚，证据确实、充分的，应当说明理由，移送人民检察院依法审查。

第二百五十九条　人民检察院在审查起诉过程中发现新的职务违法或者职务犯罪问题线索并移送监察机关的，监察机关应当依法处置。

第二百六十条　在案件审判过程中，人民检察院书面要求监察机关补充提供证据，对证据进行补正、解释，或者协助人民检察院补充侦查的，监察机关应当予以配合。监察机关不能提供有关证据材料的，应当书面说明情况。

人民法院在审判过程中就证据收集合法性问题要求有关调查人员出庭说明情况时，监察机关应当依法予以配合。

第二百六十一条　监察机关认为人民检察院不起诉决定有错误的，应当在收到不起诉决定书后三十日以内，依法向其上一级人民检察院提请复议。监察机关应当将上述情况及时向上一级监察机关书面报告。

第二百六十二条　对于监察机关移送起诉的案件，人民检察院作出不起诉决定，人民法院作出无罪判决，或者监察机关经人民检察院退回补充调查后不再移送起诉，涉及对被调查人已生效政务处分事实认定的，监察机关应当依法对政务处分决定进行审核。认为原政务处分决定认定事实清楚、适用法律正确的，不再改变；认为原政务处分决定确有错误或者不当的，依法予以撤销或者变更。

第二百六十三条　对于贪污贿赂、失职渎职等职务犯罪案件，被调查人逃匿，在通缉一年后不能到案，或者被调查人死亡，依法应当追缴其违法所得及其他涉案财产的，承办部门在调查终结后应当依法移送审理。

监察机关应当经集体审议,出具《没收违法所得意见书》,连同案卷材料、证据等,一并移送人民检察院依法提出没收违法所得的申请。

监察机关将《没收违法所得意见书》移送人民检察院后,在逃的被调查人自动投案或者被抓获的,监察机关应当及时通知人民检察院。

第二百六十四条 监察机关立案调查拟适用缺席审判程序的贪污贿赂犯罪案件,应当逐级报送国家监察委员会同意。

监察机关承办部门认为在境外的被调查人犯罪事实已经查清,证据确实、充分,依法应当追究刑事责任的,应当依法移送审理。

监察机关应当经集体审议,出具《起诉意见书》,连同案卷材料、证据等,一并移送人民检察院审查起诉。

在审查起诉或者缺席审判过程中,犯罪嫌疑人、被告人向监察机关自动投案或者被抓获的,监察机关应当立即通知人民检察院、人民法院。

第六章 反腐败国际合作

第一节 工作职责和领导体制

第二百六十五条 国家监察委员会统筹协调与其他国家、地区、国际组织开展反腐败国际交流、合作。

国家监察委员会组织《联合国反腐败公约》等反腐败国际条约的实施以及履约审议等工作,承担《联合国反腐败公约》司法协助中央机关有关工作。

国家监察委员会组织协调有关单位建立集中统一、高效顺畅的反腐败国际追逃追赃和防逃协调机制,统筹协调、督促指导各级监察机关反腐败国际追逃追赃等涉外案件办理工作,具体履行下列职责:

(一)制定反腐败国际追逃追赃和防逃工作计划,研究工作中的重要问题;

(二)会同有关单位开展反腐败国际追逃追赃等重大涉外案件办理工作;

(三)办理由国家监察委员会管辖的涉外案件;

(四)指导地方各级监察机关依法开展涉外案件办理工作;

(五)汇总和通报全国职务犯罪外逃案件信息和追逃追赃工作信息;

(六)建立健全反腐败国际追逃追赃和防逃合作网络;

（七）承担监察机关开展国际刑事司法协助的主管机关职责；

（八）承担其他与反腐败国际追逃追赃等涉外案件办理工作相关的职责。

第二百六十六条 地方各级监察机关在国家监察委员会领导下，统筹协调、督促指导本地区反腐败国际追逃追赃等涉外案件办理工作，具体履行下列职责：

（一）落实上级监察机关关于反腐败国际追逃追赃和防逃工作部署，制定工作计划；

（二）按照管辖权限或者上级监察机关指定管辖，办理涉外案件；

（三）按照上级监察机关要求，协助配合其他监察机关开展涉外案件办理工作；

（四）汇总和通报本地区职务犯罪外逃案件信息和追逃追赃工作信息；

（五）承担本地区其他与反腐败国际追逃追赃等涉外案件办理工作相关的职责。

省级监察委员会应当会同有关单位，建立健全本地区反腐败国际追逃追赃和防逃协调机制。

国家监察委员会派驻或者派出的监察机构、监察专员统筹协调、督促指导驻在单位反腐败国际追逃追赃等涉外案件办理工作，参照第一款规定执行。

第二百六十七条 国家监察委员会国际合作局归口管理监察机关反腐败国际追逃追赃等涉外案件办理工作。地方各级监察委员会应当明确专责部门，归口管理本地区涉外案件办理工作。

国家监察委员会派驻或者派出的监察机构、监察专员和地方各级监察机关办理涉外案件中有关执法司法国际合作事项，应当逐级报送国家监察委员会审批。由国家监察委员会依法直接或者协调有关单位与有关国家（地区）相关机构沟通，以双方认可的方式实施。

第二百六十八条 监察机关应当建立追逃追赃和防逃工作内部联络机制。承办部门在调查过程中，发现被调查人或者重要涉案人员外逃、违法所得及其他涉案财产被转移到境外的，可以请追逃追赃部门提供工作协助。监察机关将案件移送人民检察院审查起诉后，仍有重要涉案人员外逃或者未追缴的违法所得及其他涉案财产的，应当由追逃追赃部门继续办理，或者由追逃追赃部门指定协调有关单位办理。

第二节 国(境)内工作

第二百六十九条 监察机关应当将防逃工作纳入日常监督内容,督促相关机关、单位建立健全防逃责任机制。

监察机关在监督、调查工作中,应当根据情况制定对监察对象、重要涉案人员的防逃方案,防范人员外逃和资金外流风险。监察机关应当会同同级组织人事、外事、公安、移民管理等单位健全防逃预警机制,对存在外逃风险的监察对象早发现、早报告、早处置。

第二百七十条 监察机关应当加强与同级人民银行、公安等单位的沟通协作,推动预防、打击利用离岸公司和地下钱庄等向境外转移违法所得及其他涉案财产,对涉及职务违法和职务犯罪的行为依法进行调查。

第二百七十一条 国家监察委员会派驻或者派出的监察机构、监察专员和地方各级监察委员会发现监察对象出逃、失踪、出走,或者违法所得及其他涉案财产被转移至境外的,应当在二十四小时以内将有关信息逐级报送至国家监察委员会国际合作局,并迅速开展相关工作。

第二百七十二条 监察机关追逃追赃部门统一接收巡视巡察机构、审计机关、执法机关、司法机关等单位移交的外逃信息。

监察机关对涉嫌职务违法和职务犯罪的外逃人员,应当明确承办部门,建立案件档案。

第二百七十三条 监察机关应当依法全面收集外逃人员涉嫌职务违法和职务犯罪证据。

第二百七十四条 开展反腐败国际追逃追赃等涉外案件办理工作,应当把思想教育贯穿始终,落实宽严相济刑事政策,依法适用认罪认罚从宽制度,促使外逃人员回国投案或者配合调查、主动退赃。开展相关工作,应当尊重所在国家(地区)的法律规定。

第二百七十五条 外逃人员归案、违法所得及其他涉案财产被追缴后,承办案件的监察机关应当将情况逐级报送国家监察委员会国际合作局。监察机关应当依法对涉案人员和违法所得及其他涉案财产作出处置,或者请有关单位依法处置。对不需要继续采取相关措施的,应当及时解除或者撤销。

第三节 对外合作

第二百七十六条 监察机关对依法应当留置或者已经决定留置的外逃人员，需要申请发布国际刑警组织红色通报的，应当逐级报送国家监察委员会审核。国家监察委员会审核后，依法通过公安部向国际刑警组织提出申请。

需要延期、暂停、撤销红色通报的，申请发布红色通报的监察机关应当逐级报送国家监察委员会审核，由国家监察委员会依法通过公安部联系国际刑警组织办理。

第二百七十七条 地方各级监察机关通过引渡方式办理相关涉外案件的，应当按照《中华人民共和国引渡法》、相关双边及多边国际条约等规定准备引渡请求书及相关材料，逐级报送国家监察委员会审核。由国家监察委员会依法通过外交途径向外国提出引渡请求。

第二百七十八条 地方各级监察机关通过刑事司法协助方式办理相关涉外案件的，应当按照《中华人民共和国国际刑事司法协助法》（以下简称国际刑事司法协助法）、相关双边及多边国际条约等规定准备刑事司法协助请求书及相关材料，逐级报送国家监察委员会审核。由国家监察委员会依法直接或者通过对外联系机关等渠道，向外国提出刑事司法协助请求。

国家监察委员会收到外国提出的刑事司法协助请求书及所附材料，经审查认为符合有关规定的，作出决定并交由省级监察机关执行，或者转交其他有关主管机关。省级监察机关应当立即执行，或者交由下级监察机关执行，并将执行结果或者妨碍执行的情形及时报送国家监察委员会。在执行过程中，需要依法采取查询、调取、查封、扣押、冻结等措施或者需要返还涉案财物的，根据我国法律规定和国家监察委员会的执行决定办理有关法律手续。

第二百七十九条 地方各级监察机关通过执法合作方式办理相关涉外案件的，应当将合作事项及相关材料逐级报送国家监察委员会审核。由国家监察委员会依法直接或者协调有关单位，向有关国家（地区）相关机构提交并开展合作。

第二百八十条 地方各级监察机关通过境外追诉方式办理相关涉外案件的，应当提供外逃人员相关违法线索和证据，逐级报送国家监察委员会审核。由国家监察委员会按照国际刑事司法协助法等规定直接或者协调有关单位向有关国家(地区)相关机构提交,请其依法对外逃人员调查、起诉、审判,移管被判刑人或者遣返外逃人员。

第二百八十一条 监察机关对依法应当追缴的境外违法所得及其他涉案财产,应当责令涉案人员以合法方式退赔。涉案人员拒不退赔的,可以依法通过下列方式追缴:

(一)在开展引渡等追逃合作时,随附请求有关国家(地区)移交相关违法所得及其他涉案财产;

(二)依法启动违法所得没收程序,申请由人民法院对相关违法所得及其他涉案财产作出没收裁定,请有关国家(地区)承认和执行,并予以返还;

(三)请有关国家(地区)依法追缴相关违法所得及其他涉案财产,并予以返还;

(四)通过其他合法方式追缴。

第七章 对监察机关和监察人员的监督

第二百八十二条 监察机关和监察人员必须自觉坚持党的领导,在党组织的管理、监督下开展工作,依法接受本级人民代表大会及其常务委员会的监督,接受民主监督、司法监督、社会监督、舆论监督,加强内部监督制约机制建设,确保权力受到严格的约束和监督。

第二百八十三条 各级监察委员会应当按照监察法第六十条第二款规定,由主要负责人在本级人民代表大会常务委员会全体会议上报告专项工作。

在报告专项工作前,应当与本级人民代表大会有关专门委员会、常务委员会有关工作机构沟通协商,并配合开展专题调查研究等工作。各级人民代表大会常务委员会审议专项工作报告时,本级监察委员会应当根据要求派出负责人列席相关会议,听取意见。

各级监察委员会应当认真研究处理本级人民代表大会常务委员会反馈的审议意见,并按照要求书面报告研究处理情况。本级人民代表大会常务委员会对专项工作报告作出决议的,监察委员会应当在决议规定的期限内,将执行决议的情况向其报告。

第二百八十四条 各级监察委员会应当积极接受、配合本级人民代表大会常务委员会组织的执法检查。对本级人民代表大会常务委员会的执法检查报告，应当认真研究处理，并向其报告研究处理情况。本级人民代表大会常务委员会对执法检查报告作出决议的，监察委员会应当在决议规定的期限内，将执行决议的情况向其报告。

第二百八十五条 各级监察委员会在本级人民代表大会常务委员会会议审议与监察工作有关的议案和报告时，应当派相关负责人到会听取意见，回答询问。

本级人民代表大会常务委员会就与监察工作有关的重大问题，召开全体会议、联组会议或者分组会议进行专题询问的，监察委员会负责人应当到会，听取意见，回答询问。各级监察委员会应当及时向本级人民代表大会常务委员会提交专题询问中提出意见的研究处理情况报告。

监察机关对依法交由监察机关答复的质询案应当按照要求进行答复。口头答复的，由监察机关主要负责人或者委派相关负责人到会答复。书面答复的，由监察机关主要负责人签署。

第二百八十六条 各级监察机关应当通过互联网政务媒体、报刊、广播、电视等途径，向社会及时准确公开下列监察工作信息：

（一）监察法规；

（二）依法应当向社会公开的案件调查信息；

（三）检举控告地址、电话、网站等信息；

（四）其他依法应当公开的信息。

第二百八十七条 各级监察机关可以根据工作需要，按程序选聘特约监察员履行监督、咨询等职责。特约监察员名单应当向社会公布。

监察机关应当为特约监察员依法开展工作提供必要条件和便利。特约监察员对监察机关提出的意见、建议和批评，监察机关应当及时办理和反馈。

第二百八十八条 监察机关实行严格的人员准入制度，严把政治关、品行关、能力关、作风关、廉洁关。监察人员必须忠诚坚定、担当尽责、遵纪守法、清正廉洁。

第二百八十九条 监察机关应当建立信访举报、监督检查、调查、案件监督管理、案件审理等部门相互协调制约的工作机制。

监督检查和调查部门实行分工协作、相互制约。监督检查部门主要负责联系地区、部门、单位的日常监督检查和对涉嫌一般违法问题线索处置。调查部门主要负责对涉嫌严重职务违法和职务犯罪问题线索进行初步核实和立案调查。

案件监督管理部门负责对监督检查、调查工作全过程进行监督管理,做好线索管理、组织协调、监督检查、督促办理、统计分析等工作。案件监督管理部门发现监察人员在监督检查、调查中有违规办案行为的,及时督促整改;涉嫌违纪违法的,根据管理权限移交相关部门处理。

第二百九十条 监察机关应当部署使用覆盖信访举报、线索处置、监督检查、调查、案件审理等监察执法主要流程和关键要素的监察一体化工作平台,推动数字技术融入监察工作,通过信息化手段加强对监督、调查、处置工作的全过程监督管理。

第二百九十一条 监察机关应当对监察权运行关键环节进行经常性监督检查,适时开展专项督查。案件监督管理、案件审理等部门应当按照各自职责,对问题线索处置、调查措施使用、涉案财物管理等进行监督检查,建立常态化、全覆盖的案件质量评查机制。

第二百九十二条 监察机关应当加强对监察人员执行职务和遵纪守法情况的监督,按照管理权限依法对监察人员涉嫌违法犯罪问题进行调查处置。

第二百九十三条 监察机关及其监督检查、调查部门负责人应当定期检查调查期间的录音录像、谈话笔录、讯问笔录、询问笔录、涉案财物登记资料,加强对调查全过程的监督,发现问题及时纠正并报告。

对谈话、讯问和询问的同步录音录像,应当重点检查是否存在以下情形:

(一)以暴力、威胁等非法方法收集证据;

(二)未保证被调查人的饮食和必要的休息时间;

(三)谈话笔录、讯问笔录、询问笔录记载的起止时间与谈话、讯问、询问录音录像资料反映的起止时间不一致;

(四)谈话笔录、讯问笔录、询问笔录与谈话、讯问、询问录音录像资料内容存在实质性差异。

第二百九十四条 对监察人员打听案情、过问案件、说情干预的,办理监察事项的监察人员应当及时向上级负责人报告。有关情况应当登记备案。

发现办理监察事项的监察人员未经批准接触被调查人、涉案人员及其特定关系人,或者存在交往情形的,知情的监察人员应当及时向上级负责人报告。有关情况应当登记备案。

第二百九十五条 办理监察事项的监察人员有监察法第六十七条所列情形之一的,应当自行提出回避;没有自行提出回避的,监察机关应当依法决定其回避,监察对象、检举人及其他有关人员也有权要求其回避。

选用借调人员、看护人员、调查场所,应当严格执行回避制度。

第二百九十六条 监察人员自行提出回避,或者监察对象、检举人及其他有关人员要求监察人员回避的,应当书面或者口头提出,并说明理由。口头提出的,应当形成记录。

监察机关主要负责人的回避,由上级监察机关主要负责人决定;其他监察人员的回避,由本级监察机关主要负责人决定。

第二百九十七条 上级监察机关应当通过专项检查、业务考评、开展复查等方式,强化对下级监察机关及监察人员执行职务和遵纪守法情况的监督。

第二百九十八条 监察机关应当对监察人员有计划地进行政治、理论和业务培训。培训应当坚持理论联系实际、按需施教、讲求实效,突出政治机关特色,建设忠诚干净担当、敢于善于斗争的高素质专业化监察队伍,全面提高监察工作规范化法治化正规化水平。

第二百九十九条 监察机关应当严格执行保密制度,控制监察事项知悉范围和时间。监察人员不准私自留存、隐匿、查阅、摘抄、复制、携带问题线索和涉案资料,严禁泄露监察工作秘密。

监察机关应当建立健全检举控告保密制度,对检举控告人的姓名(单位名称)、工作单位、住址、电话和邮箱等有关情况以及检举控告内容必须严格保密。

第三百条 监察机关涉密人员离岗离职后,应当遵守脱密期管理规定,严格履行保密义务,不得泄露相关秘密。

第三百零一条 监察人员离任三年以内,不得从事与监察和司法工作相关联且可能发生利益冲突的职业。

监察人员离任后,不得担任原任职监察机关办理案件的诉讼代理人或者辩护人,但是作为当事人的监护人或者近亲属代理诉讼或者进行辩护的除外。

第三百零二条 监察人员应当严格遵守有关规范领导干部配偶、子女及其配偶经商办企业行为的规定。

第三百零三条 监察机关及其工作人员在履行职责过程中应当依法保护企业产权和自主经营权,严禁利用职权非法干扰企业生产经营。需要企业经营者协助调查的,应当依法保障其人身权利、财产权利和其他合法权益,避免或者尽量减少对涉案企业正常生产经营活动的影响。

监察机关查封、扣押、冻结以及追缴涉案财物,应当严格区分企业财产与经营者个人财产,被调查人个人财产与家庭成员财产,违法所得、其他涉案财产与合法财产。

查封经营性涉案财物,企业继续使用对该涉案财物价值无重大影响的,可以允许其使用。对于按规定不应交由企业保管使用的涉案财物,监察机关应当采取合理的保管保值措施。对于正在运营或者正在用于科技创新、产品研发的设备和技术资料等,一般不予查封、扣押,确需调取违法犯罪证据的,可以采取拍照、复制等方式。

第三百零四条 监察机关根据已经掌握的事实及证据,发现涉嫌严重职务违法或者职务犯罪的监察人员可能实施下列行为之一的,经依法审批,可以在具备安全保障条件的场所对其采取禁闭措施:

(一)继续实施违法犯罪行为的;

(二)为被调查人或者涉案人员通风报信等泄露监察工作秘密的;

(三)威胁、恐吓、蓄意报复举报人、控告人、被害人、证人、鉴定人等相关人员的;

(四)其他可能造成更为严重的后果或者恶劣影响的行为。

第三百零五条 采取禁闭措施时,调查人员不得少于二人,应当向被禁闭人员宣布《禁闭决定书》,告知被禁闭人员权利义务,要求其在《禁闭决定书》上签名、捺指印。被禁闭人员拒绝签名、捺指印的,调查人员应当在文书上记明。

禁闭的期限不得超过七日,自向被禁闭人员宣布之日起算。

第三百零六条 采取禁闭措施后,应当在二十四小时以内通知被禁闭人员所在单位和家属。当面通知的,由有关人员在《禁闭通知书》上签名。无法当面通知的,可以先以电话等方式通知,并通过邮寄、转交等方式送达《禁闭通知书》,要求有关人员在《禁闭通知书》上签名。有关人员拒绝签名的,调查人员应当在文书上记明。

因可能伪造、隐匿、毁灭证据,干扰证人作证或者串供等有碍调查情形而不宜通知的,应当按规定报批,记录在案。有碍调查的情形消失后,应当立即通知被禁闭人员所在单位和家属。

第三百零七条　对被禁闭人员不需要继续采取禁闭措施的，应当按规定报批后解除禁闭或者变更为责令候查措施。禁闭期满的，应当按规定报批后予以解除。

解除禁闭措施的，调查人员应当向被禁闭人员宣布解除禁闭措施的决定，由其在《解除禁闭决定书》上签名、捺指印；变更为责令候查措施的，应当向被禁闭人员宣布变更为责令候查措施的决定，由其在《变更禁闭决定书》上签名、捺指印。被禁闭人员拒绝签名、捺指印的，调查人员应当在文书上记明。

解除禁闭措施或者变更为责令候查措施的，应当及时通知被禁闭人员所在单位和家属、申请人。调查人员应当与交接人办理交接手续，并由其在《解除禁闭通知书》或者《变更禁闭通知书》上签名。无法通知或者有关人员拒绝签名的，调查人员应当在文书上记明。不得因办理交接手续延迟解除或者变更禁闭措施。

在禁闭期满前，对被禁闭人员采取管护、留置措施的，按照本条例关于采取管护、留置措施的规定执行。

第三百零八条　被调查人及其近亲属、利害关系人认为监察机关及其工作人员存在监察法第六十九条第一款规定的有关情形，向监察机关提出申诉的，由监察机关案件监督管理部门依法受理。监察机关应当自受理申诉之日起一个月以内作出处理决定。

前款规定的利害关系人，是指与有关涉案财产存在利害关系的自然人、法人或者其他组织。

第三百零九条　监察机关案件监督管理部门受理申诉后，应当组织成立核查组，对申诉反映的问题进行核实。根据工作需要，核查组可以调阅相关措施文书等材料，听取申诉人意见和承办部门工作人员的情况说明。案件监督管理部门应当集体研究，提出办理意见，经审批作出决定。

第三百一十条　监察机关应当自申诉处理决定作出之日起七日以内，向申诉人送达申诉处理决定书，要求其在申诉处理决定书上签名。申诉人拒绝签名的，工作人员应当在文书上记明。

第三百一十一条　申诉人对申诉处理决定不服的，可以自收到申诉处理决定书之日起一个月以内向上一级监察机关申请复查。上一级监察机关应当进行核实，并自收到复查申请之日起二个月以内作出处理决定。

第三百一十二条 监察机关应当加强留置场所管理和监督工作,依法规范管理、使用留置场所。

留置场所应当建立健全保密、消防、医疗、防疫、餐饮及安保等方面安全制度,制定突发事件处置预案,采取安全防范措施,严格落实安全工作责任制。

发生被强制到案人员、被管护人员、被留置人员或者被禁闭人员死亡、伤残、脱逃等办案安全事故、事件的,应当及时做好处置、处理工作。相关情况应当立即报告监察机关主要负责人,并在二十四小时以内逐级上报至国家监察委员会。

第三百一十三条 监察机关在维护监督执法调查工作纪律方面失职失责的,依法追究责任。监察人员涉嫌严重职务违法、职务犯罪或者对案件处置出现重大失误的,既应当追究直接责任,还应当严肃追究负有责任的领导人员责任。

监察机关应当建立办案质量责任制,对滥用职权、失职失责造成严重后果的,实行终身责任追究。

第八章 法律责任

第三百一十四条 有关单位拒不执行监察机关依法作出的下列处理决定的,应当由其主管部门、上级机关责令改正,对单位给予通报批评,对负有责任的领导人员和直接责任人员依法给予处理:

(一)政务处分决定;

(二)问责决定;

(三)谈话提醒、批评教育、责令检查,或者予以诫勉的决定;

(四)采取调查措施的决定;

(五)复审、复核决定;

(六)监察机关依法作出的其他处理决定。

第三百一十五条 监察对象对控告人、申诉人、批评人、检举人、证人、监察人员进行打击、压制等报复陷害的,监察机关应当依法给予政务处分。构成犯罪的,依法追究刑事责任。

第三百一十六条 控告人、检举人、证人采取捏造事实、伪造材料等方式诬告陷害的,监察机关应当依法给予政务处分,或者移送有关机关处理。构成犯罪的,依法追究刑事责任。

监察人员因依法履行职责遭受不实举报、诬告陷害、侮辱诽谤，致使名誉受到损害的，监察机关应当会同有关部门及时澄清事实，消除不良影响，并依法追究相关单位或者个人的责任。

第三百一十七条 监察机关应当建立健全办案安全责任制。承办部门主要负责人和调查组组长是调查安全第一责任人。调查组应当指定专人担任安全员。

地方各级监察机关履行管理、监督职责不力发生严重办案安全事故、事件的，或者办案中存在严重违规违纪违法行为的，省级监察机关主要负责人应当按规定向国家监察委员会作出检讨，并予以通报、严肃追责问责。

案件监督管理部门应当对办案安全责任制落实情况组织经常性检查和不定期抽查，发现问题及时报告并督促整改。

第三百一十八条 监察人员在履行职责中有下列行为之一的，依法严肃处理；构成犯罪的，依法追究刑事责任：

（一）贪污贿赂、徇私舞弊的；

（二）不履行或者不正确履行监督职责，应当发现的问题没有发现，或者发现问题不报告、不处置，造成严重影响的；

（三）未经批准、授权处置问题线索，发现重大案情隐瞒不报，或者私自留存、处理涉案材料的；

（四）利用职权或者职务上的影响干预调查工作的；

（五）违法窃取、泄露调查工作信息，或者泄露举报事项、举报受理情况以及举报人信息的；

（六）对被调查人或者涉案人员等逼供、诱供，或者侮辱、打骂、虐待、体罚或者变相体罚的；

（七）违反规定处置查封、扣押、冻结的财物的；

（八）违反规定导致发生办案安全事故、事件，或者发生安全事故、事件后隐瞒不报、报告失实、处置不当的；

（九）违反规定采取强制到案、责令候查、管护、留置或者禁闭措施，或者法定期限届满，不予以解除或者变更的；

（十）违反规定采取技术调查、限制出境措施，或者不按规定解除技术调查、限制出境措施的；

（十一）利用职权非法干扰企业生产经营或者侵害企业经营者人身权利、财产权利和其他合法权益的；

（十二）其他职务违法和职务犯罪行为。

第三百一十九条　对监察人员在履行职责中存在违法行为的，可以根据情节轻重，依法进行谈话提醒、批评教育、责令检查、诫勉，或者给予政务处分。构成犯罪的，依法追究刑事责任。

第三百二十条　监察机关及其工作人员在行使职权时，具有下列情形之一的，受害人可以申请国家赔偿：

（一）违法采取管护、禁闭措施，或者依照法定条件和程序采取管护、禁闭措施，但是管护时间、禁闭时间超过法定时限，其后决定撤销案件的；

（二）采取留置措施后，决定撤销案件的；

（三）违法没收、追缴或者违法查封、扣押、冻结财物造成损害的；

（四）违法行使职权，造成被调查人、涉案人员或者证人身体伤害或者死亡的；

（五）其他侵犯公民、法人和其他组织合法权益造成损害的。

受害人死亡的，其继承人和其他有扶养关系的亲属有权要求赔偿；受害的法人或者其他组织终止的，其权利承受人有权要求赔偿。

第三百二十一条　监察机关及其工作人员违法行使职权侵犯公民、法人和其他组织的合法权益造成损害的，该机关为赔偿义务机关。申请赔偿应当向赔偿义务机关提出，由该机关负责复审复核工作的部门受理。

赔偿以支付赔偿金为主要方式。能够返还财产或者恢复原状的，予以返还财产或者恢复原状。

第九章　附　　则

第三百二十二条　本条例所称监察机关，包括各级监察委员会及其派驻或者派出监察机构、监察专员，以及再派出的监察机构、监察专员。

第三百二十三条　本条例所称严重职务违法，是指根据监察机关已经掌握的事实及证据，被调查人涉嫌的职务违法行为情节严重，可能被给予撤职以上政务处分。

本条例所称重大职务犯罪、重大贪污贿赂等职务犯罪，是指具有下列情形之一的职务犯罪：

（一）案情重大、复杂，涉及国家利益、重大公共利益或者犯罪行为致使公共财产、国家和人民利益遭受特别重大损失的；

（二）被调查人可能被判处十年有期徒刑以上刑罚的；

（三）案件在全国或者本省、自治区、直辖市范围内有较大影响的。

第三百二十四条 本条例所称同种罪行和不同种罪行，应当以罪名区分，但属选择性罪名或者在法律、事实上密切关联的犯罪，应当认定为同种罪行。

第三百二十五条 本条例所称近亲属，是指夫、妻、父、母、子、女、同胞兄弟姊妹。

第三百二十六条 本条例所称以上、以下、以内，包括本级、本数。

第三百二十七条 期间以时、日、月、年计算，期间开始的时和日不算在期间以内。本条例另有规定的除外。

按照年、月计算期间的，到期月的对应日为期间的最后一日；没有对应日的，月末日为期间的最后一日。

期间的最后一日是节假日的，以节假日结束的次日为期间的最后一日。但被调查人被采取责令候查、管护、留置或者禁闭措施的期间应当至期满之日为止，不得因节假日而延长。

第三百二十八条 本条例由国家监察委员会负责解释。

第三百二十九条 本条例自发布之日起施行。

全国人民代表大会常务委员会关于批准《联合国反腐败公约》的决定

（2005 年 10 月 27 日）

第十届全国人民代表大会常务委员会第十八次会议决定：批准于 2003 年 10 月 31 日在第 58 届联合国大会上通过的《联合国反腐败公约》；同时声明：中华人民共和国不受《联合国反腐败公约》第六十六条第二款的约束。

2. 监　　督

中央政治局关于改进工作作风、密切联系群众的八项规定

（2012年12月4日）

一、中央政治局全体同志要改进调查研究，到基层调研要深入了解真实情况，总结经验、研究问题、解决困难、指导工作，向群众学习、向实践学习，多同群众座谈，多同干部谈心，多商量讨论，多解剖典型，多到困难和矛盾集中、群众意见多的地方去，切忌走过场、搞形式主义；要轻车简从、减少陪同、简化接待，不张贴悬挂标语横幅，不安排群众迎送，不铺设迎宾地毯，不摆放花草，不安排宴请。

二、要精简会议活动，切实改进会风，严格控制以中央名义召开的各类全国性会议和举行的重大活动，不开泛泛部署工作和提要求的会，未经中央批准一律不出席各类剪彩、奠基活动和庆祝会、纪念会、表彰会、博览会、研讨会及各类论坛；提高会议实效，开短会、讲短话，力戒空话、套话。

三、要精简文件简报，切实改进文风，没有实质内容、可发可不发的文件、简报一律不发。

四、要规范出访活动，从外交工作大局需要出发合理安排出访活动，严格控制出访随行人员，严格按照规定乘坐交通工具，一般不安排中资机构、华侨华人、留学生代表等到机场迎送。

五、要改进警卫工作，坚持有利于联系群众的原则，减少交通管制，一般情况下不得封路、不清场闭馆。

六、要改进新闻报道，中央政治局同志出席会议和活动应根据工作需要、新闻价值、社会效果决定是否报道，进一步压缩报道的数量、字数、时长。

七、要严格文稿发表，除中央统一安排外，个人不公开出版著作、讲话单行本，不发贺信、贺电，不题词、题字。

八、要厉行勤俭节约，严格遵守廉洁从政有关规定，严格执行住房、车辆配备等有关工作和生活待遇的规定。

企业国有资产监督管理暂行条例

（2003年5月27日中华人民共和国国务院令第378号公布 根据2011年1月8日《国务院关于废止和修改部分行政法规的决定》第一次修订 根据2019年3月2日《国务院关于修改部分行政法规的决定》第二次修订）

第一章 总 则

第一条 为建立适应社会主义市场经济需要的国有资产监督管理体制，进一步搞好国有企业，推动国有经济布局和结构的战略性调整，发展和壮大国有经济，实现国有资产保值增值，制定本条例。

第二条 国有及国有控股企业、国有参股企业中的国有资产的监督管理，适用本条例。

金融机构中的国有资产的监督管理，不适用本条例。

第三条 本条例所称企业国有资产，是指国家对企业各种形式的投资和投资所形成的权益，以及依法认定为国家所有的其他权益。

第四条 企业国有资产属于国家所有。国家实行由国务院和地方人民政府分别代表国家履行出资人职责，享有所有者权益，权利、义务和责任相统一，管资产和管人、管事相结合的国有资产管理体制。

第五条 国务院代表国家对关系国民经济命脉和国家安全的大型国有及国有控股、国有参股企业，重要基础设施和重要自然资源等领域的国有及国有控股、国有参股企业，履行出资人职责。国务院履行出资人职责的企业，由国务院确定、公布。

省、自治区、直辖市人民政府和设区的市、自治州级人民政府分别代表国家对由国务院履行出资人职责以外的国有及国有控股、国有参股企业，履行出资人职责。其中,省、自治区、直辖市人民政府履行出资人职责的国有及国有控股、国有参股企业,由省、自治区、直辖市人民政府确定、公布,并报国务院国有资产监督管理机构备案;其他由设区的市、自治州级人民政府履行出资人职责的国有及国有控股、国有参股企业,由设区的市、自治州级人民政府确定、公布,并报省、自治区、直辖市人民政府国有资产监督管理机构备案。

国务院,省、自治区、直辖市人民政府,设区的市、自治州级人民政府履行出资人职责的企业,以下统称所出资企业。

第六条 国务院,省、自治区、直辖市人民政府,设区的市、自治州级人民政府,分别设立国有资产监督管理机构。国有资产监督管理机构根据授权,依法履行出资人职责,依法对企业国有资产进行监督管理。

企业国有资产较少的设区的市、自治州,经省、自治区、直辖市人民政府批准,可以不单独设立国有资产监督管理机构。

第七条 各级人民政府应当严格执行国有资产管理法律、法规,坚持政府的社会公共管理职能与国有资产出资人职能分开,坚持政企分开,实行所有权与经营权分离。

国有资产监督管理机构不行使政府的社会公共管理职能,政府其他机构、部门不履行企业国有资产出资人职责。

第八条 国有资产监督管理机构应当依照本条例和其他有关法律、行政法规的规定,建立健全内部监督制度,严格执行法律、行政法规。

第九条 发生战争、严重自然灾害或者其他重大、紧急情况时,国家可以依法统一调用、处置企业国有资产。

第十条 所出资企业及其投资设立的企业,享有有关法律、行政法规规定的企业经营自主权。

国有资产监督管理机构应当支持企业依法自主经营,除履行出资人职责以外,不得干预企业的生产经营活动。

第十一条 所出资企业应当努力提高经济效益,对其经营管理的企业国有资产承担保值增值责任。

所出资企业应当接受国有资产监督管理机构依法实施的监督管理,不得损害企业国有资产所有者和其他出资人的合法权益。

第二章　国有资产监督管理机构

第十二条　国务院国有资产监督管理机构是代表国务院履行出资人职责、负责监督管理企业国有资产的直属特设机构。

省、自治区、直辖市人民政府国有资产监督管理机构,设区的市、自治州级人民政府国有资产监督管理机构是代表本级政府履行出资人职责、负责监督管理企业国有资产的直属特设机构。

上级政府国有资产监督管理机构依法对下级政府的国有资产监督管理工作进行指导和监督。

第十三条　国有资产监督管理机构的主要职责是:

(一)依照《中华人民共和国公司法》等法律、法规,对所出资企业履行出资人职责,维护所有者权益;

(二)指导推进国有及国有控股企业的改革和重组;

(三)依照规定向所出资企业委派监事;

(四)依照法定程序对所出资企业的企业负责人进行任免、考核,并根据考核结果对其进行奖惩;

(五)通过统计、稽核等方式对企业国有资产的保值增值情况进行监管;

(六)履行出资人的其他职责和承办本级政府交办的其他事项。

国务院国有资产监督管理机构除前款规定职责外,可以制定企业国有资产监督管理的规章、制度。

第十四条　国有资产监督管理机构的主要义务是:

(一)推进国有资产合理流动和优化配置,推动国有经济布局和结构的调整;

(二)保持和提高关系国民经济命脉和国家安全领域国有经济的控制力和竞争力,提高国有经济的整体素质;

(三)探索有效的企业国有资产经营体制和方式,加强企业国有资产监督管理工作,促进企业国有资产保值增值,防止企业国有资产流失;

(四)指导和促进国有及国有控股企业建立现代企业制度,完善法人治理结构,推进管理现代化;

(五)尊重、维护国有及国有控股企业经营自主权,依法维护企业合法权益,促进企业依法经营管理,增强企业竞争力;

（六）指导和协调解决国有及国有控股企业改革与发展中的困难和问题。

第十五条　国有资产监督管理机构应当向本级政府报告企业国有资产监督管理工作、国有资产保值增值状况和其他重大事项。

第三章　企业负责人管理

第十六条　国有资产监督管理机构应当建立健全适应现代企业制度要求的企业负责人的选用机制和激励约束机制。

第十七条　国有资产监督管理机构依照有关规定，任免或者建议任免所出资企业的企业负责人：

（一）任免国有独资企业的总经理、副总经理、总会计师及其他企业负责人；

（二）任免国有独资公司的董事长、副董事长、董事，并向其提出总经理、副总经理、总会计师等的任免建议；

（三）依照公司章程，提出向国有控股的公司派出的董事、监事人选，推荐国有控股的公司的董事长、副董事长和监事会主席人选，并向其提出总经理、副总经理、总会计师人选的建议；

（四）依照公司章程，提出向国有参股的公司派出的董事、监事人选。

国务院，省、自治区、直辖市人民政府，设区的市、自治州级人民政府，对所出资企业的企业负责人的任免另有规定的，按照有关规定执行。

第十八条　国有资产监督管理机构应当建立企业负责人经营业绩考核制度，与其任命的企业负责人签订业绩合同，根据业绩合同对企业负责人进行年度考核和任期考核。

第十九条　国有资产监督管理机构应当依照有关规定，确定所出资企业中的国有独资企业、国有独资公司的企业负责人的薪酬；依据考核结果，决定其向所出资企业派出的企业负责人的奖惩。

第四章　企业重大事项管理

第二十条　国有资产监督管理机构负责指导国有及国有控股企业建立现代企业制度，审核批准其所出资企业中的国有独资企业、国有独资公司的重组、股份制改造方案和所出资企业中的国有独资公司的章程。

第二十一条　国有资产监督管理机构依照法定程序决定其所出资企

业中的国有独资企业、国有独资公司的分立、合并、破产、解散、增减资本、发行公司债券等重大事项。其中,重要的国有独资企业、国有独资公司分立、合并、破产、解散的,应当由国有资产监督管理机构审核后,报本级人民政府批准。

国有资产监督管理机构依照法定程序审核、决定国防科技工业领域其所出资企业中的国有独资企业、国有独资公司的有关重大事项时,按照国家有关法律、规定执行。

第二十二条 国有资产监督管理机构依照公司法的规定,派出股东代表、董事,参加国有控股的公司、国有参股的公司的股东会、董事会。

国有控股的公司、国有参股的公司的股东会、董事会决定公司的分立、合并、破产、解散、增减资本、发行公司债券、任免企业负责人等重大事项时,国有资产监督管理机构派出的股东代表、董事,应当按照国有资产监督管理机构的指示发表意见、行使表决权。

国有资产监督管理机构派出的股东代表、董事,应当将其履行职责的有关情况及时向国有资产监督管理机构报告。

第二十三条 国有资产监督管理机构决定其所出资企业的国有股权转让。其中,转让全部国有股权或者转让部分国有股权致使国家不再拥有控股地位的,报本级人民政府批准。

第二十四条 所出资企业投资设立的重要子企业的重大事项,需由所出资企业报国有资产监督管理机构批准的,管理办法由国务院国有资产监督管理机构另行制定,报国务院批准。

第二十五条 国有资产监督管理机构依照国家有关规定组织协调所出资企业中的国有独资企业、国有独资公司的兼并破产工作,并配合有关部门做好企业下岗职工安置等工作。

第二十六条 国有资产监督管理机构依照国家有关规定拟订所出资企业收入分配制度改革的指导意见,调控所出资企业工资分配的总体水平。

第二十七条 国有资产监督管理机构可以对所出资企业中具备条件的国有独资企业、国有独资公司进行国有资产授权经营。

被授权的国有独资企业、国有独资公司对其全资、控股、参股企业中国家投资形成的国有资产依法进行经营、管理和监督。

第二十八条 被授权的国有独资企业、国有独资公司应当建立和完善规范的现代企业制度,并承担企业国有资产的保值增值责任。

第五章 企业国有资产管理

第二十九条 国有资产监督管理机构依照国家有关规定,负责企业国有资产的产权界定、产权登记、资产评估监管、清产核资、资产统计、综合评价等基础管理工作。

国有资产监督管理机构协调其所出资企业之间的企业国有资产产权纠纷。

第三十条 国有资产监督管理机构应当建立企业国有资产产权交易监督管理制度,加强企业国有资产产权交易的监督管理,促进企业国有资产的合理流动,防止企业国有资产流失。

第三十一条 国有资产监督管理机构对其所出资企业的企业国有资产收益依法履行出资人职责;对其所出资企业的重大投融资规划、发展战略和规划,依照国家发展规划和产业政策履行出资人职责。

第三十二条 所出资企业中的国有独资企业、国有独资公司的重大资产处置,需由国有资产监督管理机构批准的,依照有关规定执行。

第六章 企业国有资产监督

第三十三条 国有资产监督管理机构依法对所出资企业财务进行监督,建立和完善国有资产保值增值指标体系,维护国有资产出资人的权益。

第三十四条 国有及国有控股企业应当加强内部监督和风险控制,依照国家有关规定建立健全财务、审计、企业法律顾问和职工民主监督等制度。

第三十五条 所出资企业中的国有独资企业、国有独资公司应当按照规定定期向国有资产监督管理机构报告财务状况、生产经营状况和国有资产保值增值状况。

第七章 法 律 责 任

第三十六条 国有资产监督管理机构不按规定任免或者建议任免所出资企业的企业负责人,或者违法干预所出资企业的生产经营活动,侵犯其合法权益,造成企业国有资产损失或者其他严重后果的,对直接负责的主管人员和其他直接责任人员依法给予行政处分;构成犯罪的,依法追究刑事责任。

第三十七条 所出资企业中的国有独资企业、国有独资公司未按照规定向国有资产监督管理机构报告财务状况、生产经营状况和国有资产保值增值状况的，予以警告；情节严重的，对直接负责的主管人员和其他直接责任人员依法给予纪律处分。

第三十八条 国有及国有控股企业的企业负责人滥用职权、玩忽职守，造成企业国有资产损失的，应负赔偿责任，并对其依法给予纪律处分；构成犯罪的，依法追究刑事责任。

第三十九条 对企业国有资产损失负有责任受到撤职以上纪律处分的国有及国有控股企业的企业负责人，5 年内不得担任任何国有及国有控股企业的企业负责人；造成企业国有资产重大损失或者被判处刑罚的，终身不得担任任何国有及国有控股企业的企业负责人。

第八章 附 则

第四十条 国有及国有控股企业、国有参股企业的组织形式、组织机构、权利和义务等，依照《中华人民共和国公司法》等法律、行政法规和本条例的规定执行。

第四十一条 国有及国有控股企业、国有参股企业中中国共产党基层组织建设、社会主义精神文明建设和党风廉政建设，依照《中国共产党章程》和有关规定执行。

国有及国有控股企业、国有参股企业中工会组织依照《中华人民共和国工会法》和《中国工会章程》的有关规定执行。

第四十二条 国务院国有资产监督管理机构，省、自治区、直辖市人民政府可以依据本条例制定实施办法。

第四十三条 本条例施行前制定的有关企业国有资产监督管理的行政法规与本条例不一致的，依照本条例的规定执行。

第四十四条 政企尚未分开的单位，应当按照国务院的规定，加快改革，实现政企分开。政企分开后的企业，由国有资产监督管理机构依法履行出资人职责，依法对企业国有资产进行监督管理。

第四十五条 本条例自公布之日起施行。

3. 调　　查

监察机关举报工作办法

(1991年8月23日第十六次部务会议通过
1991年12月24日监察部令第3号发布施行)

第一章　总　　则

第一条　为保障公民依法行使检举、控告的权利,健全举报制度,加强行政监察工作,根据《中华人民共和国行政监察条例》的有关规定,制定本办法。

第二条　公民、法人和其他组织认为国家行政机关及其工作人员和国家行政机关任命的其他人员有违反国家法律、法规、政策和决定、命令以及政纪的行为,依照本办法向监察机关举报。

第三条　县以上各级监察机关设立举报机构(举报中心或举报站、室),负责受理公民、法人和其他组织对国家行政机关及其工作人员和国家行政机关任命的其他人员违反国家法律、法规、政策和决定、命令以及政纪行为的检举、控告。

上级监察机关的举报机构负责指导和协调下级监察机关的举报机构的工作。下级监察机关应向上级监察机关报告举报工作的情况。

第四条　举报工作人员必须忠于职守、廉洁奉公、保守秘密。

第五条　举报工作实行依靠群众、方便群众,接受社会监督,分级负责、归口办理的原则。

第二章　举　　报

第六条　举报人可以采用电话、电报、信函、当面举报等方式,也可以委托他人举报。

第七条 举报人应当尽可能据实告知监察机关被举报人的姓名、工作单位、违法违纪事实的具体情节和证据。

对借举报故意捏造事实,诬告陷害他人的或者以举报为名制造事端,干扰监察机关的正常工作的,依照有关规定严肃处理,构成犯罪的,移送司法机关依法处理。

由于对事实了解不全面而发生的误告、错告等检举失实的,不适用前款规定。

第八条 监察机关提倡署名举报,对署名举报和匿名举报都要认真对待,妥善处理。

第九条 举报信函和向监察机关递交的举报书面材料,可以用汉字、少数民族文字、盲文或外文书写。

第三章 举报处理

第十条 监察机关设立举报电话并向社会公布电话号码,设立专门的举报接待室,在人口比较集中的地方可以设立举报箱。

第十一条 监察机关接受举报人当面举报,应当分别单独进行,接待人员应当做好笔录,必要时可以录音。

第十二条 监察机关接受电话举报,必须细心接听,询问清楚,如实记录,有条件的可以录音。

第十三条 监察机关对举报信函和提交的书面材料,要逐件拆阅、登记,及时处理。

第十四条 不属于监察机关受理范围的当面或电话举报,应当告知举报人向有处理权的机关反映,并做好解释工作;对于其中的重要问题或紧急事项,可以协助举报人联系受理单位或报告有关领导后再处理。不属于监察机关受理范围的信函举报,转交有处理权的机关处理,并酌情予以回复。其中的重要问题或紧急事项,应当报告有关领导。

第十五条 属于监察机关受理范围的举报,举报机构分别不同情况作如下处理:

(一)对属于本机关管辖的,转交本机关有关职能机构、派出机构办理;其中急待查明、易查易结以及打击报复举报人的,经主管负责人批准,举报机构可以进行初步审查,直至立案调查。

(二)对不属于本机关管辖的,移送有管辖权的监察机关办理。

(三)对重要的举报应当及时向本机关负责人报告。

(四)以其他方式处理。

第十六条 监察机关经过初步审查,认为被举报行为不需要进行政纪处理的,应当作出初步审查报告,并以适当方式回告举报人。

第十七条 经过初步审查,认为需要立案调查的,依照《监察机关调查处理政纪案件办法》的有关规定办理。

第十八条 对上级监察机关交办的举报事项,下级监察机关作出处理后,应当向交办机关报告处理结果。交办机关对报来的处理结果应当认真审核。对处理结果没有异议的,经有关领导批准后,予以了结。对处理结果有异议的,可以提出意见或建议,通知承办机关补充调查或重新处理。承办机关应当在规定的时限内向交办机关报告处理结果。

第四章 保护与奖励

第十九条 向监察机关举报国家行政机关及其工作人员和国家行政机关任命的其他人员违法违纪行为的公民、法人和其他组织,其人身权利、民主权利和其他合法权益受法律保护。

第二十条 监察机关的举报保密制度:

(一)对举报人的姓名、工作单位、家庭住址等有关情况及举报的内容必须严格保密,举报材料列入密件管理。

(二)严禁将举报材料转给被举报单位、被举报人。

(三)接受举报人举报或向举报人核查情况时,应当在做好保密工作、不暴露举报人身份的情况下进行。

(四)宣传报道和对举报有功人员的奖励,除征得举报人的同意外,不得公开举报人的姓名、工作单位。

第二十一条 对违反上述第二十条保密规定的责任人员,依照有关规定严肃处理,构成犯罪的,移送司法机关依法处理。

第二十二条 任何单位和个人不得以任何借口阻拦、压制举报人的举报和打击报复举报人。

第二十三条 对侵害举报人及其亲属、假想举报人及有关的证人和协助办案人员的合法权益的,按打击报复处理。

第二十四条 打击报复举报人的,一经查实,依照有关规定严肃处理,构成犯罪的,移送司法机关依法处理。

第二十五条 举报人因受打击报复而造成人身伤害及名誉、经济损失的，监察机关应当依照《中华人民共和国行政监察条例》第二十四条的规定处理，举报人也可以依法向人民法院起诉，请求损害赔偿。

第二十六条 举报事项经查证属实，使违法违纪者受到应有惩处，并为国家、集体挽回或减少损失的，对举报人可酌情给予奖励，有重大贡献的，要给予重奖。

监察机关奖励举报人所需的经费，由各省、自治区、直辖市监察厅（局）根据当地人民政府的意见，商有关部门做出规定。

第五章 附 则

第二十七条 外国人、华侨、港澳台胞的来信来访及举报电话应指定专人依照《监察部处理外国人和华侨、港澳台胞来信来访试行办法》的规定处理。

第二十八条 各省、自治区、直辖市监察厅（局）根据本办法，制定实施办法，报监察部备案。

第二十九条 《监察部信访工作暂行办法》、《监察部处理电话举报暂行办法》中的规定与本办法不一致的，依照本办法执行。

第三十条 本办法由监察部负责解释。

第三十一条 本办法自发布之日起施行。

中共中央纪律检查委员会、中华人民共和国监察部关于保护检举、控告人的规定

（1996年1月19日 中纪发〔1996〕6号）

第一条 为了保障检举、控告人依法行使检举、控告的权利，维护检举、控告人的合法权益，促进党风廉政建设和反腐败斗争，根据《中国共产党党员权利保障条例》和行政监察法律、法规，制定本规定。

第二条 任何单位和个人有权向纪检监察机关检举、控告党组织、党员以及国家行政机关、国家公务员和国家行政机关任命的其他人员违纪违

法的行为。

任何单位和个人不得以任何借口阻拦、压制检举、控告人依法进行的检举、控告。

第三条 检举、控告人应据实检举、控告,不得捏造事实、制造假证、诬告陷害他人。

纪检监察机关对如实检举、控告的,应给予支持、鼓励。对检举、控告有功的,应给予奖励。对检举、控告不实的,必须分清是错告还是诬告。对错告的,应澄清事实;对诬告的,应依照有关规定予以处理。

第四条 纪检监察机关受理检举、控告和查处检举、控告案件,必须严格保密:

(一)纪检监察机关应设立检举、控告接待室,接受当面检举、控告应单独进行,无关人员不得在场。

(二)检举、控告信函的收发、拆阅、登记,当面或电话检举、控告的接待、接听、记录、录音等工作,应建立健全责任制,严防泄密或遗失检举、控告材料。

(三)对检举、控告人的姓名、工作单位、家庭住址等有关情况及检举、控告的内容必须严格保密,严禁将检举、控告人的有关情况以及检举、控告的内容透露给被检举、控告单位和被检举、控告人以及其他单位和人员。

(四)检举、控告材料列入密件管理,不得私自摘抄、复制、扣压、销毁。

(五)检举、控告材料,除查处案件工作需要外,不得向有关人员出示;因查处案件工作需要出示的,必须经本委、部(厅、局)主管领导批准,并隐去可能暴露检举、控告人身份的内容。

(六)核实情况必须在不暴露检举、控告人的情况下进行。

(七)未经检举、控告人同意,不得公开检举、控告人的姓名、工作单位及其他有关情况。

第五条 受理机关工作人员无意或故意泄露检举、控告情况的,应追究责任,严肃处理。

第六条 严禁将检举、控告材料转给被检举、控告单位或被检举、控告人。

第七条 任何单位和个人不得擅自追查检举、控告人。对确属诬告陷害,需要追查诬告陷害者的,必须经地、市级以上(含地、市级)党的委员会、政府或纪检监察机关批准。

第八条 对匿名检举、控告材料,除查处案件工作需要外,不得擅自核对笔迹或进行文检;因查处案件工作需要核对笔迹或进行文检的,必须经地、市级以上(含地、市级)纪检监察机关批准。

第九条 受理机关工作人员有下列情形之一的,应当回避:

(一)是被检举、控告人或被检举、控告人近亲属的;

(二)本人或近亲属与被检举、控告问题有利害关系的;

(三)与检举、控告问题有其他关系,可能影响检举、控告问题公正处理的。

受理机关工作人员应当主动提出回避,检举、控告人有权要求其回避,回避决定由受理机关作出。

第十条 任何单位和个人不得以任何借口和手段打击报复检举、控告人及其亲属或假想检举、控告人。

指使他人打击报复的,或者被指使人、被指使单位的主要负责人和直接责任人员明知实施的行为是打击报复的,以打击报复论处。

第十一条 打击报复检举、控告人的,纪检监察机关应分别不同情况予以处理:

(一)对于正在实施的打击报复行为,纪检监察机关应在其职权范围内采取措施及时制止,并予以处理,或者及时移送有关部门予以处理。

(二)检举、控告人因被打击报复而受到错误处理的,纪检监察机关应在其职权范围内依照有关规定予以纠正,或者建议有关部门予以纠正。

(三)检举、控告人因被打击报复而造成人身伤害及名誉损害、财产损失的,纪检监察机关应在其职权范围内负责处理,或者移送有关部门予以处理。

第十二条 违反本规定的,应依照党纪、政纪的有关规定给予党纪处分、行政处分或其他处理;构成犯罪的,移送司法机关依法追究刑事责任。

第十三条 纪检监察机关受理纪检监察业务范围内的港澳台胞、华侨及外国人的检举、控告,适用本规定。

第十四条 本规定由中共中央纪律检查委员会、中华人民共和国监察部负责解释。

第十五条 本规定自发布之日起施行。

国家监察委员会与最高人民检察院办理职务犯罪案件工作衔接办法

(2018年4月16日　国监办发〔2018〕1号)

加强党对反腐败工作的集中统一领导,促进国家监察委员会和最高人民检察院在办理职务犯罪案件过程中互相配合、互相制约,建立权威高效、衔接顺畅的工作机制,根据《中华人民共和国监察法》《中华人民共和国刑事诉讼法》,结合工作实际,制定本办法。

第一章　国家监察委员会案件审理

第一条　案件调查部门收集、固定、审查被调查人涉嫌职务犯罪的供述和辩解、证人证言、物证、书证等证据材料,应严格遵循刑事审判关于证据的要求和标准。

首次讯问、询问时应当告知被调查人、证人有关权利义务等事项;讯问、询问应当制作完整的笔录,注明具体起止时间、地点,并由调查人员和被调查人、证人签名;对关键事实,一般应制作多份笔录,由被调查人书写自书材料。不得在多份笔录之间相互复制;避免提示性、诱导性提问。

讯问以及搜查、查封、扣押等重要取证工作应全程同步录音录像。

第二条　经调查,被调查人涉嫌职务犯罪事实清楚、证据确实充分,需要追究刑事责任的,调查部门应形成调查报告、《起诉建议书》和移送审理的请示,按程序报批后,连同全部案卷、同步录音录像等材料一并移送案件审理室。对被调查人采取留置措施的,应在留置期限届满30日前移送审理。

调查报告应载明被调查人的基本情况、调查简况、涉嫌职务犯罪事实、被调查人的态度和认识、涉案款物情况、调查部门意见、法律依据以及是否移送检察机关依法提起公诉等内容。将被调查人忏悔反思材料、涉案款物报告、《起诉建议书》等材料作为附件。

《起诉建议书》应载明被调查人基本情况,调查简况,采取留置措施的时间,涉嫌职务犯罪事实以及证据,被调查人从重、从轻、减轻等情节,提出对被调查人起诉的理由和法律依据,采取强制措施的建议,并注明移送案卷数及涉案款物等内容。

第三条 被调查人涉嫌职务犯罪的案卷材料应参照刑事诉讼要求装订成卷,并按照犯罪事实分别组卷。一般应包括全部证据、法律手续和文书等材料:

(一)证据材料。包括主体身份材料,被调查人供述和辩解,证人证言,物证,书证,视听资料,电子数据,鉴定意见,勘验、检查、搜查笔录等。

(二)法律手续和文书。包括立案决定书、留置决定书、留置通知书、查封、扣押、限制出境等相关文书。

(三)被调查人到案经过等材料。包括被调查人如何到案,调查部门接触被调查人之前是否掌握其犯罪线索、掌握何种犯罪线索,被调查人是否如实供述犯罪事实、供述何种犯罪事实,被调查人是否有自动投案、检举揭发等从宽处罚情形的说明以及相关证据材料。

报请领导审批的内部审批文件,另行归入违纪违法问题案卷。

第四条 案件审理室收到调查部门移送的报告及全部案卷材料后,经审核符合移送条件的,按程序报批后予以受理;经审核不符合要求的,按程序报批后,可暂缓受理或不予受理,并通知调查部门及时补充、更正。

第五条 调查取证工作基本结束,已经查清涉嫌职务犯罪主要事实并提出倾向性意见,但存在重大、疑难、复杂问题等情形的,案件审理室可以提前介入审理。

需提前介入审理的,调查部门应在正式移送审理10日前提出,与案件审理室沟通,并报双方分管领导批准后实施。调查部门应将相关情况及时告知案件监督管理室。

第六条 案件审理室受理案件后,应当成立由2人以上组成的审理组,全面审理案卷材料,按照事实清楚、证据确凿、定性准确、处理恰当、手续完备、程序合法的要求,提出审理意见。

案件审理室根据案件审理情况,可以与被调查人谈话,核对违纪和违法犯罪事实,听取辩解意见,了解有关情况。

第七条 审理中,对存在主要事实不清、证据不足等问题的,按程序报批后,由案件审理室退回调查部门重新调查。

对基本事实清楚,但需要补充完善证据的,按程序报批后,由案件审理室退回调查部门补充调查。

重新调查或者补充调查结束后,调查部门应及时将补证情况报告及相关材料移送案件审理室。

第八条　审理组形成审理意见后应当提请案件审理室室务会议讨论。

案件审理室与调查部门就重大问题意见不一致的,由分管案件审理室的委领导主持召开审理协调会议,对有关问题进行研究。

第九条　审理工作结束后,案件审理室应形成审理报告,并在审核调查部门《起诉建议书》的基础上形成《起诉意见书》,作为审理报告附件,按程序报批后,提请审议。

第十条　审理报告应载明被调查人的基本情况、调查简况、违纪违法或者涉嫌职务犯罪的事实、被调查人的态度和认识、涉案款物情况、调查部门意见,并提出给予处分、涉案款物处置以及是否移送检察机关依法提起公诉等审理意见。

第十一条　国家监察委员会根据工作需要,设立法律专家咨询委员会。

对案件涉及专业技术问题或者具体业务政策、规定的,按程序报批后,可以向法律专家咨询委员会咨询。根据工作需要,可以采取会议或书面等方式咨询。

在审理阶段,对存在重大、疑难、复杂问题等情形的,按程序报批后,由案件审理室组织法律专家咨询委员会论证。参加论证人员应当对论证问题提出书面意见,并由法律专家委员会形成会议纪要。

咨询、论证工作必须严格遵循保密规定,相关人员应严格履行保密义务。

第二章　最高人民检察院提前介入工作

第十二条　国家监察委员会办理的重大、疑难、复杂案件在进入案件审理阶段后,可以书面商请最高人民检察院派员介入。

第十三条　最高人民检察院在收到提前介入书面通知后,应当及时指派检察官带队介入并成立工作小组。

第十四条　工作小组应当在15日内审核案件材料,对证据标准、事实认定、案件定性及法律适用提出书面意见,对是否需要采取强制措施进行审查。

书面意见应当包括提前介入工作的基本情况、审查认定的事实、定性意见、补证意见及需要研究和说明的问题等内容。

第十五条 国家监察委员会案件审理室对最高人民检察院工作小组书面意见审核后,需要补证的,按程序报批后,及时交由调查部门进行补证。补证工作结束后,调查部门应当形成补证情况报告,并将调取的证据材料装订成卷,一并移送案件审理室。

第三章 国家监察委员会向最高人民检察院移送案件

第十六条 国家监察委员会决定移送的案件,案件审理室应当将《起诉意见书》及时移交案件监督管理室,由案件监督管理室出具移送函,连同《起诉意见书》一并移送最高人民检察院。由调查部门负责移送被调查人、全部案卷材料、涉案款物等。案件移送前,应当按程序报批后作出党纪处分、政务处分决定,需要终止人大代表资格的,应当提请有关机关终止人大代表资格。案件移送最高人民检察院后,国家监察委员会调查部门应当跟踪了解案件办理情况,发现问题及时报告,不得违规过问、干预案件办理工作。

第十七条 《起诉意见书》主要内容包括:

(一)被调查人基本情况;

(二)案件来源及立案;

(三)留置的时间;

(四)依法查明的犯罪事实和证据清单;

(五)被调查人从重、从轻、减轻等情节;

(六)涉案款物情况;

(七)涉嫌罪名和法律依据;

(八)对被调查人采取强制措施的建议;

(九)其他需要说明的情况。

第十八条 对被调查人采取留置措施的国家监察委员会应当在正式移送起诉10日前书面通知最高人民检察院移送事宜。

案件材料移送路途时间不计入办案期限。

第十九条 国家监察委员会调查的职务犯罪案件需要在异地起诉、审判的,一般应当在移送起诉20日前,由最高人民检察院商最高人民法院办理指定管辖事宜,并由最高人民检察院向国家监察委员会通报。

第四章 检察机关审查起诉

第二十条 对于国家监察委员会移送的案件,最高人民检察院案件管理部门接收案卷材料后应当立即审查下列内容:

(一)案卷材料齐备、规范,符合有关规定的要求;

(二)移送的款项或者物品与移送清单相符;

(三)被调查人在案情况。

第二十一条 最高人民检察院案件管理部门认为具备受理条件的,应当及时进行登记,并立即将案卷材料移送公诉部门办理;认为不具备受理条件的,应当商国家监察委员会相关部门补送材料。

第二十二条 最高人民检察院公诉部门经审查认为有犯罪事实需要追究刑事责任的,应当立即决定采取强制措施,并与国家监察委员会调查部门办理交接手续。国家监察委员会对被调查人的留置措施自其被检察机关采取强制措施之时自动解除。

最高人民检察院公诉部门在审查期间,检察官应当持《起诉意见书》和检察提讯证提讯犯罪嫌疑人。

对于正在被留置的被调查人,一般应当予以逮捕。如果犯罪嫌疑人涉嫌的罪行较轻,或者患有严重疾病、生活不能自理,是怀孕或者正在哺乳自己婴儿的妇女,不逮捕不致发生社会危险性的,可以采取取保候审或者监视居住措施。

第二十三条 对于确定指定管辖的,应当综合考虑当地人民检察院、人民法院、看守所等的办案力量、办案场所以及交通等因素决定,一般应当指定人民检察院分院、州、市人民检察院审查起诉。

对于一人犯数罪、共同犯罪、多个犯罪嫌疑人实施的犯罪相互关联,并案处理有利于查明案件事实和诉讼进行的,可以并案指定由同一人民检察院审查起诉。

第二十四条 最高人民检察院作出指定管辖决定后,应当在10日内将案卷材料交由被指定的人民检察院办理。

被指定的人民检察院应当重新作出强制措施决定。犯罪嫌疑人被采取监视居住、逮捕措施的,最高人民检察院应当与被指定的人民检察院办理移交犯罪嫌疑人的手续。

第二十五条 被指定的人民检察院应当自收到案卷材料之日起3日

内,告知犯罪嫌疑人有权委托辩护人,并告知其如果经济困难或者其他原因没有聘请辩护人的,可以依法申请法律援助。

第二十六条 被指定的人民检察院审查移送起诉的案件,应当查明:

(一)犯罪嫌疑人身份状况是否清楚,包括姓名、性别、国籍、出生年月日、职业和单位等;单位犯罪的,单位的相关情况是否清楚;

(二)犯罪事实、情节是否清楚;实施犯罪的时间、地点、手段、犯罪事实、危害后果是否明确;

(三)认定犯罪性质和罪名的意见是否正确;有无法定的从重、从轻、减轻或者免除处罚的情节及酌定从重、从轻情节;共同犯罪案件的犯罪嫌疑人在犯罪活动中的责任的认定是否恰当;

(四)证明犯罪事实的证据材料包括采取技术调查措施的决定书及证据材料是否随案移送;证明相关财产系违法所得的证据材料是否随案移送;不宜移送的证据的清单、复制件、照片或者其他证明文件是否随案移送;

(五)证据是否确实、充分,是否依法收集,有无应当排除非法证据的情形;

(六)调查的各种手续和文书是否完备;

(七)有无遗漏罪行和其他应当追究刑事责任的人;

(八)是否属于不应当追究刑事责任的;

(九)有无附带民事诉讼;对于国家财产、集体财产遭受损失的,是否需要由人民检察院提起附带民事诉讼;

(十)涉案财物是否查封、扣押、冻结并妥善保管,清单是否齐备;对被害人合法财产的返还和对违禁品或者不宜长期保存的物品的处理是否妥当,移送的证明文件是否完备;

(十一)其他需要审查的事项。

第二十七条 国家监察委员会调查取得的证据材料,可以在刑事诉讼中作为证据使用。被指定的人民检察院应当对取证合法性进行审查。

国家监察委员会对调查过程的录音、录像不随案移送最高人民检察院。最高人民检察院认为需要调取与指控犯罪有关并且需要对证据合法性进行审查的讯问录音录像,可以同国家监察委员会沟通协商后予以调取。所有因案件需要接触录音、录像的人员,应当对录音、录像的内容严格保密。

第二十八条 被指定的人民检察院在审查起诉过程中,发现需要补充提供证据的,可以列明需补充证据的目录及理由,由最高人民检察院同国家监察委员会沟通协商。

第二十九条 在审查起诉阶段,被指定的人民检察院认为可能存在非法取证行为,需要调查核实的,应当报最高人民检察院批准。

第三十条 被指定的人民检察院可以采取以下方式进行调查核实:

(一)讯问犯罪嫌疑人;

(二)询问在场人员及证人;

(三)听取辩护律师意见;

(四)进行伤情、病情检查或者鉴定;

(五)其他调查核实方式。

被指定的人民检察院认为需要国家监察委员会对证据收集的合法性作出书面说明或提供相关证明材料,应当报最高人民检察院,由最高人民检察院同国家监察委员会沟通协商。

第三十一条 最高人民检察院对于调取讯问录音录像、体检记录等材料的申请,经审查认为申请调取的材料与证明证据收集的合法性有联系的,应当同国家监察委员会沟通协商;认为与证明证据收集的合法性没有联系的,应当决定不予调取。

第三十二条 被指定的人民检察院调查完毕后,应当提出排除或者不排除非法证据的处理意见,报最高人民检察院批准决定。最高人民检察院经与国家监察委员会沟通协商后,作出决定。

被排除的非法证据应当随案移送,并写明为依法排除的非法证据。

第三十三条 被指定的人民检察院对案件进行审查后,认为犯罪嫌疑人的犯罪事实已经查清,证据确实、充分,依法应当追究刑事责任的,应当报最高人民检察院批准后,作出起诉决定,并由最高人民检察院向国家监察委员会通报。对拟作不起诉决定,或者改变犯罪性质、罪名的,应当报最高人民检察院,由最高人民检察院与国家监察委员会沟通协商。

第三十四条 对国家监察委员会移送的案件,最高人民检察院公诉部门应当与最高人民法院相关审判庭共同制定审判预案,对可能出现的突发情况和问题提出应对措施,保证起诉、审判等工作顺利进行。对案件涉及重大复杂敏感问题的,应当及时与国家监察委员会沟通协商,必要时提请中央政法委员会协调,确保案件办理的政治效果、法律效果和社会效果。

第三十五条 国家监察委员会调查的案件，被调查人逃匿，在通缉一年后不能到案，或者死亡，依照刑法规定应当追缴其违法所得及其他涉案财产的，国家监察委员会应当写出没收违法所得意见书，连同相关证据材料一并移送最高人民检察院。

国家监察委员会在移送没收违法所得意见书之前，应当与最高人民检察院、最高人民法院协商办理指定管辖有关事宜。

第三十六条 对于国家监察委员会移送的没收违法所得案件，被指定的人民检察院拟提出没收违法所得申请的，应当报最高人民检察院批准。在审查过程中认为需要补充证据，或者拟不提出没收违法所得申请的，应当报最高人民检察院，由最高人民检察院同国家监察委员会沟通协商。

第五章 退回补充调查和自行补充侦查

第三十七条 移送审查起诉的案件，犯罪事实不清、证据不足的，应当退回国家监察委员会补充调查。被指定的人民检察院经审查，拟退回补充调查的，应当报最高人民检察院批准。最高人民检察院在作出决定前，应当与国家监察委员会沟通协商，具体由最高人民检察院公诉部门和国家监察委员会案件审理室进行对接。

需要退回补充调查的案件，应当以最高人民检察院的名义出具退回补充调查决定书、补充调查提纲，连同案卷材料由最高人民检察院一并送交国家监察委员会案件监督管理室。

第三十八条 最高人民检察院决定退回补充调查的案件，补充调查期间，犯罪嫌疑人沿用人民检察院作出的强制措施。被指定的人民检察院应当将退回补充调查情况书面通知看守所。国家监察委员会需要讯问被调查人的，被指定的人民检察院应当予以配合。

第三十九条 对于退回国家监察委员会补充调查的案件，调查部门应当在一个月内补充调查完毕并形成补充调查报告，经案件审理室审核后按程序报批。

补充调查以二次为限。

补充调查结束后需要提起公诉的，应当由国家监察委员会重新移送最高人民检察院。审查起诉期限重新计算。

第四十条 被指定的人民检察院经审查，认为本案定罪量刑的基本犯罪事实已经查清，但具有下列情形之一的，经报最高人民检察院批准，并同

时通报国家监察委员会后,可以自行补充侦查:

(一)证人证言、犯罪嫌疑人供述和辩解、被害人陈述的内容中主要情节一致,个别情节不一致且不影响定罪量刑的;

(二)书证、物证等证据材料需要补充鉴定的;

(三)其他由被指定的人民检察院查证更为便利、更有效率、更有利于查清案件事实的情形。

第四十一条 自行补充侦查的案件,应当在审查起诉期间补充侦查完毕。

被指定的人民检察院自行补充侦查的,可以由最高人民检察院商国家监察委员会提供协助。

自行补充侦查完毕后,被指定的人民检察院应当制作补充侦查终结报告并附相关证据材料,报最高人民检察院批准后入卷,同时抄送国家监察委员会。

第四十二条 被指定的人民检察院发现新的职务犯罪线索的,应当在3日内报最高人民检察院。经批准后,通过最高人民检察院转交国家监察委员会。

第四十三条 被指定的人民检察院经审查发现有下列情形的,经报最高人民检察院批准,分别作出如下处理:

(一)犯罪嫌疑人没有犯罪事实,或者有《中华人民共和国刑事诉讼法》第十五条规定的情形之一的,可以将案件退回国家监察委员会处理,也可以作出不起诉决定;

(二)经二次退回补充调查仍然认为证据不足,不符合起诉条件的,应当作出不起诉决定;

(三)犯罪情节轻微,依照刑法规定不需要判处刑罚或者免除刑罚的,可以作出不起诉决定。

最高人民检察院在批准不起诉决定前,应当与国家监察委员会沟通协商。

第四十四条 不起诉决定书应当由被指定的人民检察院作出,通过最高人民检察院送达国家监察委员会。国家监察委员会认为不起诉决定书确有错误的,应当在收到不起诉决定书后30日内向最高人民检察院申请复议。

第四十五条 对于国家监察委员会对不起诉决定申请复议的案件,最高人民检察院应当另行指定检察官审查提出意见，并自收到复议申请后30日内，经由检察长或者检察委员会决定后，以最高人民检察院的名义答复国家监察委员会。

最高人民检察院的复议决定可以撤销或者变更原有不起诉决定，交由下级人民检察院执行。

第四十六条 人民检察院决定不起诉的案件，对国家监察委员会随案移送的涉案财产，经最高人民检察院批准，应当区分不同情形，作出相应处理：

（一）因犯罪嫌疑人死亡而决定不起诉，符合《中华人民共和国刑事诉讼法》第二百八十条规定的没收程序条件的，按照本办法的相关规定办理；

（二）因其他原因决定不起诉，对于查封、扣押、冻结的犯罪嫌疑人违法所得及其他涉案财产需要没收的，应当提出检察意见，退回国家监察委员会处理；

（三）对于冻结的犯罪嫌疑人存款、汇款、债券、股票、基金份额等财产能够查明需要返还被害人的，可以通知金融机构返还被害人；对于查封、扣押的犯罪嫌疑人的违法所得及其他涉案财产能够查明需要返还被害人的，直接决定返还被害人。

最高人民检察院批准上述决定前，应当与国家监察委员会沟通。

国家监察委员会管辖规定（试行）

（2018年4月16日　国监发〔2018〕1号）

第一章　总　　则

第一条 为明确国家监察委员会管辖范围，根据《中华人民共和国监察法》，结合工作实际，制定本规定。

第二条 本规定所称管辖，是指国家监察委员会对监察对象职务违法和职务犯罪进行监督调查处置的权限和分工。

第三条 国家监察委员会同中央纪律检查委员会合署办公，在党中央集中统一领导下，按照管辖职责开展监督调查处置，按照干部管理权限和属地管辖相结合的原则,实行分级分工负责。

第二章　监察对象

第四条　监察委员会监察的对象是《中华人民共和国监察法》第十五条规定的行使公权力的公职人员和有关人员,主要是指:

(一)公务员和参照公务员法管理的人员,包括中国共产党各级机关的公务员;各级人民代表大会及其常务委员会机关、人民政府、监察委员会、人民法院、人民检察院的公务员;中国人民政治协商会议各级委员会机关的公务员;民主党派机关和工商业联合会机关的公务员;参照《中华人民共和国公务员法》管理的人员。

(二)法律、法规授权或者受国家机关依法委托管理公共事务的组织中从事公务的人员,包括银行保险、证券等监督管理机构的工作人员,注册会计师协会、医师协会等具有公共事务管理职能的行业协会的工作人员,以及法定检验检测检疫鉴定机构的工作人员等。

(三)国有企业管理人员,包括国有独资、控股、参股企业及其分支机构等国家出资企业中,由党组织或者国家机关、国有公司、企业、事业单位提名、推荐、任命、批准等,从事领导、组织、管理、监督等活动的人员。

(四)公办的教育、科研、文化、医疗卫生、体育等单位中从事管理的人员,包括这类单位及其分支机构中从事领导、组织、管理、监督等活动的人员。

(五)基层群众性自治组织中从事管理的人员,包括农村村民委员会、城市居民委员会等基层群众性自治组织中从事集体事务管理的人员,以及协助人民政府从事行政管理工作的人员。

(六)其他依法履行公职的人员,包括人大代表、政协委员、党代会代表、人民陪审员、人民监督员、仲裁员等;其他在国家机关、国有公司、企业、事业单位、群团组织中依法从事领导、组织、管理、监督等公务活动的人员。

第三章　监督检查和调查职务违法

第五条　国家监察委员会履行监督职责应当与党内监督有机统一,加强日常监督,运用党章党规党纪和宪法法律法规,了解掌握公职人员思想、工作、作风、生活等情况,加强教育和检查,贯彻惩前毖后、治病救人的方针,深化运用监督执纪"四种形态",抓早抓小、防微杜渐。

第六条 中央纪律检查委员会、国家监察委员会应当把握监督重点，坚定维护习近平总书记党中央的核心、全党的核心地位，维护党中央权威和集中统一领导；检查贯彻执行党和国家的路线方针政策，落实全面从严治党责任、民主集中制原则以及中央八项规定精神的情况；监督检查依法履职、秉公用权、廉洁从政以及恪守社会道德规范的情况。

第七条 中央纪律检查委员会、国家监察委员会要把日常监督管理、巡视监督和派驻监督有机结合，对监督中发现的问题，要及时分类处置，了解和督促被巡视地区和单位整改落实工作。加强对派驻纪检监察组的领导和建设，督促其落实监督责任，定期约谈主要负责人，将监督工作做实做细。

第八条 派驻纪检监察组依法对被监督单位的领导班子和公职人员进行日常监督，善于运用谈话提醒和诫勉谈话等监督方式。发现领导班子和中央管理的公职人员存在问题的，应当及时向中央纪律检查委员会、国家监察委员会报告；发现其他公职人员的问题，应当会同被监督单位党组织开展调查处置，强化监督职责，发挥“探头”作用。

第九条 国家监察委员会调查公职人员在行使公权力过程中，利用职务便利实施的或者与其职务相关联的违法行为，重点调查公职人员涉嫌贪污贿赂、滥用职权、玩忽职守、权力寻租、利益输送、徇私舞弊以及浪费国家资财等职务违法行为。

第十条 国家监察委员会根据监督和调查的结果，依法对公职人员进行处置，政务处分一般应当与党纪处理有效衔接和匹配，防止畸轻畸重。

第四章 职务犯罪案件管辖范围

第十一条 国家监察委员会负责调查行使公权力的公职人员涉嫌贪污贿赂、滥用职权、玩忽职守、权力寻租、利益输送、徇私舞弊以及浪费国家资财等职务犯罪案件。

第十二条 贪污贿赂犯罪案件，包括贪污罪；挪用公款罪；受贿罪；单位受贿罪；利用影响力受贿罪；行贿罪；对有影响力的人行贿罪；对单位行贿罪；介绍贿赂罪；单位行贿罪；巨额财产来源不明罪；隐瞒境外存款罪；私分国有资产罪；私分罚没财物罪；非国家工作人员受贿罪；对非国家工作人员行贿罪；对外国公职人员、国际公共组织官员行贿罪。

第十三条 滥用职权犯罪案件，包括滥用职权罪；国有公司、企业、事业单位人员滥用职权罪;滥用管理公司、证券职权罪;食品监管渎职罪;故意泄露国家秘密罪;报复陷害罪;阻碍解救被拐卖、绑架妇女、儿童罪;帮助犯罪分子逃避处罚罪;违法发放林木采伐许可证罪;办理偷越国(边)境人员出入境证件罪;放行偷越国(边)境人员罪;挪用特定款物罪;非法剥夺公民宗教信仰自由罪;侵犯少数民族风俗习惯罪;打击报复会计、统计人员罪。

第十四条　玩忽职守犯罪案件,包括玩忽职守罪;国有公司、企业、事业单位人员失职罪;签订、履行合同失职被骗罪;国家机关工作人员签订、履行合同失职被骗罪;环境监管失职罪;传染病防治失职罪;商检失职罪;动植物检疫失职罪;不解救被拐卖、绑架妇女、儿童罪;失职造成珍贵文物损毁、流失罪;过失泄露国家秘密罪。

第十五条　徇私舞弊犯罪案件,包括徇私舞弊低价折股、出售国有资产罪;非法批准征收、征用、占用土地罪;非法低价出让国有土地使用权罪;非法经营同类营业罪;为亲友非法牟利罪;枉法仲裁罪;徇私舞弊发售发票、抵扣税款、出口退税罪;商检徇私舞弊罪;动植物检疫徇私舞弊罪;放纵走私罪;放纵制售伪劣商品犯罪行为罪;招收公务员、学生徇私舞弊罪;徇私舞弊不移交刑事案件罪;违法提供出口退税凭证罪;徇私舞弊不征、少征税款罪。

第十六条　公职人员在行使公权力过程中发生的重大责任事故犯罪案件,包括重大责任事故罪;教育设施重大安全事故罪;消防责任事故罪;重大劳动安全事故罪;强令违章冒险作业罪;不报、谎报安全事故罪;铁路运营安全事故罪;重大飞行事故罪;大型群众性活动重大安全事故罪;危险物品肇事罪;工程重大安全事故罪。

第十七条　公职人员在行使公权力过程中发生的其他犯罪案件,包括破坏选举罪;背信损害上市公司利益罪;金融工作人员购买假币、以假币换取货币罪;利用未公开信息交易罪;诱骗投资者买卖证券、期货合约罪;背信运用受托财产罪;违法运用资金罪;违法发放贷款罪;吸收客户资金不入帐罪;违规出具金融票证罪;对违法票据承兑、付款、保证罪;非法转让、倒卖土地使用权罪;私自开拆、隐匿、毁弃邮件、电报罪;职务侵占罪;挪用资金罪;故意延误投递邮件罪;泄露不应公开的案件信息罪;披露、报道不应公开的案件信息罪;接送不合格兵员罪。

第十八条　公职人员在行使公权力的过程中,违反职务廉洁等规定进行权力寻租,或者为谋取政治、经济等方面的特定利益进行利益输送,构成犯罪的,适用受贿罪、行贿罪、为亲友非法牟利罪等规定。

公职人员违反科学决策、民主决策、依法决策程序,违反财经制度,浪费国家资财构成犯罪的,适用贪污罪、徇私舞弊低价折股出售国有资产罪等规定。

第十九条 公职人员既涉嫌严重职务违法或者职务犯罪,又涉嫌其他违法犯罪的案件,由国家监察委员会与最高人民检察院、公安部等机关协商解决管辖问题,一般应当由国家监察委员会为主调查,其他机关予以配合。

第二十条 几个省级监察机关都有管辖权的案件,由最初受理的监察机关管辖。必要时,可以由主要犯罪地的监察机关管辖。省级监察机关之间对案件管辖有争议的,应当指请国家监察委员会解决。

具有下列情形之一的,国家监察委员会可以在职责范围内并案调查:

(一)一人犯数罪的;

(二)共同犯罪的;

(三)共同犯罪的公职人员还实施其他犯罪的;

(四)多人实施的犯罪存在关联,并案处理有利于查明事实的。

第二十一条 在诉讼监督活动中发现的司法工作人员利用职权实施的侵犯公民权利、损害司法公正的犯罪,由人民检察院管辖更为适宜的可以由人民检察院管辖。

公职人员以外的其他人员涉嫌第十六条、第十七条所列犯罪和非国家工作人员受贿罪,对非国家工作人员行贿罪,对外国公职人员、国际公共组织官员行贿罪的,由公安机关管辖。

第五章 管辖分工和协调

第二十二条 国家监察委员会调查中央管理的公职人员职务违法和职务犯罪案件;有全国性影响的其他重大职务违法和职务犯罪案件。

第二十三条 国家监察委员会可以直接调查或者领导、指挥调查省级监察机关管辖的案件,必要时也可以直接办理地方各级监察机关管辖的案件。

第二十四条 国家监察委员会可以将其管辖案件指定省级监察机关管辖,也可以将省级监察机关管辖的案件指定给其他省级监察机关管辖。

地方监察机关办理国家监察委员会指定管辖的案件过程中,发现新的涉嫌职务违法或者职务犯罪线索,应当及时报送国家监察委员会。对案件涉及的重要情况、重大问题,应当及时请示报告。

第二十五条 省级监察机关认为所管辖的案件重大、复杂,需要由国家监察委员会管辖的,可以报请移送国家监察委员会管辖。国家监察委受理后,认为需要调查的,可以自行调查,也可以指定其他省级监察机关办理。

第二十六条 国家监察委员会在调查中指定异地管辖,需要在异地起诉、审判的,应当在移送审查起诉前与人民检察院、人民法院协商指定管辖等相关事宜。

第二十七条 中央纪律检查委员会、国家监察委员会派驻纪检监察组负责调查被监督单位非中央管理的局级及以下公职人员的职务违法和职务犯罪案件,派驻纪检监察组可以与北京市监察委员会联合开展调查。

第二十八条 派驻纪检监察组调查其所管辖的职务犯罪案件,认为由北京市监察委员会调查更为适宜的,应当经驻在单位党组(党委)同意,并向国家监察委员会报备后,移交北京市监察委员会调查。北京市监察委员会根据具体情况决定自行调查或者指定下级监察机关调查。

北京市监察委员会认为有依法需要回避等情形的,应当报请国家监察委员会指定其他监察机关管辖。

北京市监察委员会作出立案调查决定的,对调查过程中的重要情况,应当及时通报派驻纪检监察组;作出不予立案调查或者撤销案件等决定的,应当征求派驻纪检监察组的意见。派驻纪检监察组应当将上述情况及时向国家监察委员会对口联系纪检监察室报备,纪检监察室接报后,应当及时向分管领导同志报告。

第二十九条 工作地点在地方、干部管理权限在主管部门的公职人员涉嫌职务违法或者职务犯罪的,由派驻该单位的纪检监察组管辖。派驻纪检监察组认为由其工作所在地监察机关调查更为适宜的,应当及时同其工作所在地有关监察机关协商决定,并履行相应的审批程序。

第三十条 本规定由国家监察委员会负责解释。

第三十一条 本规定自发布之日起施行。

行政执法机关移送涉嫌犯罪案件的规定

（2001 年 7 月 9 日中华人民共和国国务院令第 310 号公布 根据 2020 年 8 月 7 日《国务院关于修改〈行政执法机关移送涉嫌犯罪案件的规定〉的决定》修订）

第一条 为了保证行政执法机关向公安机关及时移送涉嫌犯罪案件，依法惩罚破坏社会主义市场经济秩序罪、妨害社会管理秩序罪以及其他罪，保障社会主义建设事业顺利进行，制定本规定。

第二条 本规定所称行政执法机关，是指依照法律、法规或者规章的规定，对破坏社会主义市场经济秩序、妨害社会管理秩序以及其他违法行为具有行政处罚权的行政机关，以及法律、法规授权的具有管理公共事务职能、在法定授权范围内实施行政处罚的组织。

第三条 行政执法机关在依法查处违法行为过程中，发现违法事实涉及的金额、违法事实的情节、违法事实造成的后果等，根据刑法关于破坏社会主义市场经济秩序罪、妨害社会管理秩序罪等罪的规定和最高人民法院、最高人民检察院关于破坏社会主义市场经济秩序罪、妨害社会管理秩序罪等罪的司法解释以及最高人民检察院、公安部关于经济犯罪案件的追诉标准等规定，涉嫌构成犯罪，依法需要追究刑事责任的，必须依照本规定向公安机关移送。

知识产权领域的违法案件，行政执法机关根据调查收集的证据和查明的案件事实，认为存在犯罪的合理嫌疑，需要公安机关采取措施进一步获取证据以判断是否达到刑事案件立案追诉标准的，应当向公安机关移送。

第四条 行政执法机关在查处违法行为过程中，必须妥善保存所收集的与违法行为有关的证据。

行政执法机关对查获的涉案物品，应当如实填写涉案物品清单，并按照国家有关规定予以处理。对易腐烂、变质等不宜或者不易保管的涉案物品，应当采取必要措施，留取证据；对需要进行检验、鉴定的涉案物品，应当由法定检验、鉴定机构进行检验、鉴定，并出具检验报告或者鉴定结论。

第五条 行政执法机关对应当向公安机关移送的涉嫌犯罪案件,应当立即指定2名或者2名以上行政执法人员组成专案组专门负责,核实情况后提出移送涉嫌犯罪案件的书面报告,报经本机关正职负责人或者主持工作的负责人审批。

行政执法机关正职负责人或者主持工作的负责人应当自接到报告之日起3日内作出批准移送或者不批准移送的决定。决定批准的,应当在24小时内向同级公安机关移送;决定不批准的,应当将不予批准的理由记录在案。

第六条 行政执法机关向公安机关移送涉嫌犯罪案件,应当附有下列材料:

(一)涉嫌犯罪案件移送书;

(二)涉嫌犯罪案件情况的调查报告;

(三)涉案物品清单;

(四)有关检验报告或者鉴定结论;

(五)其他有关涉嫌犯罪的材料。

第七条 公安机关对行政执法机关移送的涉嫌犯罪案件,应当在涉嫌犯罪案件移送书的回执上签字;其中,不属于本机关管辖的,应当在24小时内转送有管辖权的机关,并书面告知移送案件的行政执法机关。

第八条 公安机关应当自接受行政执法机关移送的涉嫌犯罪案件之日起3日内,依照刑法、刑事诉讼法以及最高人民法院、最高人民检察院关于立案标准和公安部关于公安机关办理刑事案件程序的规定,对所移送的案件进行审查。认为有犯罪事实,需要追究刑事责任,依法决定立案的,应当书面通知移送案件的行政执法机关;认为没有犯罪事实,或者犯罪事实显著轻微,不需要追究刑事责任,依法不予立案的,应当说明理由,并书面通知移送案件的行政执法机关,相应退回案卷材料。

第九条 行政执法机关接到公安机关不予立案的通知书后,认为依法应当由公安机关决定立案的,可以自接到不予立案通知书之日起3日内,提请作出不予立案决定的公安机关复议,也可以建议人民检察院依法进行立案监督。

作出不予立案决定的公安机关应当自收到行政执法机关提请复议的文件之日起3日内作出立案或者不予立案的决定,并书面通知移送案件的行政执法机关。移送案件的行政执法机关对公安机关不予立案的复议决定仍有异议的，应当自收到复议决定通知书之日起3日内建议人民检察院依法进行立案监督。

公安机关应当接受人民检察院依法进行的立案监督。

第十条 行政执法机关对公安机关决定不予立案的案件，应当依法作出处理；其中，依照有关法律、法规或者规章的规定应当给予行政处罚的，应当依法实施行政处罚。

第十一条 行政执法机关对应当向公安机关移送的涉嫌犯罪案件，不得以行政处罚代替移送。

行政执法机关向公安机关移送涉嫌犯罪案件前已经作出的警告，责令停产停业，暂扣或者吊销许可证、暂扣或者吊销执照的行政处罚决定，不停止执行。

依照行政处罚法的规定，行政执法机关向公安机关移送涉嫌犯罪案件前，已经依法给予当事人罚款的，人民法院判处罚金时，依法折抵相应罚金。

第十二条 行政执法机关对公安机关决定立案的案件，应当自接到立案通知书之日起3日内将涉案物品以及与案件有关的其他材料移交公安机关，并办结交接手续；法律、行政法规另有规定的，依照其规定。

第十三条 公安机关对发现的违法行为，经审查，没有犯罪事实，或者立案侦查后认为犯罪事实显著轻微，不需要追究刑事责任，但依法应当追究行政责任的，应当及时将案件移送同级行政执法机关，有关行政执法机关应当依法作出处理。

第十四条 行政执法机关移送涉嫌犯罪案件，应当接受人民检察院和监察机关依法实施的监督。

任何单位和个人对行政执法机关违反本规定，应当向公安机关移送涉嫌犯罪案件而不移送的，有权向人民检察院、监察机关或者上级行政执法机关举报。

第十五条 行政执法机关违反本规定，隐匿、私分、销毁涉案物品的，由本级或者上级人民政府，或者实行垂直管理的上级行政执法机关，对其正职负责人根据情节轻重，给予降级以上的处分；构成犯罪的，依法追究刑事责任。

对前款所列行为直接负责的主管人员和其他直接责任人员，比照前款的规定给予处分；构成犯罪的，依法追究刑事责任。

第十六条 行政执法机关违反本规定,逾期不将案件移送公安机关的,由本级或者上级人民政府,或者实行垂直管理的上级行政执法机关,责令限期移送,并对其正职负责人或者主持工作的负责人根据情节轻重,给予记过以上的处分;构成犯罪的,依法追究刑事责任。

行政执法机关违反本规定,对应当向公安机关移送的案件不移送,或者以行政处罚代替移送的,由本级或者上级人民政府,或者实行垂直管理的上级行政执法机关,责令改正,给予通报;拒不改正的,对其正职负责人或者主持工作的负责人给予记过以上的处分;构成犯罪的,依法追究刑事责任。

对本条第一款、第二款所列行为直接负责的主管人员和其他直接责任人员,分别比照前两款的规定给予处分;构成犯罪的,依法追究刑事责任。

第十七条 公安机关违反本规定,不接受行政执法机关移送的涉嫌犯罪案件,或者逾期不作出立案或者不予立案的决定的,除由人民检察院依法实施立案监督外,由本级或者上级人民政府责令改正,对其正职负责人根据情节轻重,给予记过以上的处分;构成犯罪的,依法追究刑事责任。

对前款所列行为直接负责的主管人员和其他直接责任人员,比照前款的规定给予处分;构成犯罪的,依法追究刑事责任。

第十八条 有关机关存在本规定第十五条、第十六条、第十七条所列违法行为,需要由监察机关依法给予违法的公职人员政务处分的,该机关及其上级主管机关或者有关人民政府应当依照有关规定将相关案件线索移送监察机关处理。

第十九条 行政执法机关在依法查处违法行为过程中,发现公职人员有贪污贿赂、失职渎职或者利用职权侵犯公民人身权利和民主权利等违法行为,涉嫌构成职务犯罪的,应当依照刑法、刑事诉讼法、监察法等法律规定及时将案件线索移送监察机关或者人民检察院处理。

第二十条 本规定自公布之日起施行。

监察机关在调查处理政纪案件中相互协作配合的规定

（1992 年 11 月 16 日监察部令第 4 号发布施行）

第一条 为了加强监察机关在调查处理政纪案件中相互协作配合，提高办案工作效率，根据《中华人民共和国行政监察条例》制定本规定。

第二条 监察机关查办政纪案件需要外地监察机关予以协作配合，可以提出请求，受请求的监察机关应当依照本规定予以协作配合。

第三条 监察机关查办政纪案件需要向外地有关单位和个人调取收集证据的，可以委托当地监察机关办理。但需要采取《中华人民共和国行政监察条例》第二十一条规定第（二）、（三）、（五）、（六）、（七）项调查措施调取收集证据的，应由办案机关派员直接办理，当地监察机关应当予以协助。

第四条 监察机关可以委托外地监察机关代为送达监察决定书、监察建议书等监察文书，受委托监察机关应及时予以送达，并代办送达手续。

第五条 提请委托调查取证、委托代为送达的监察机关必须出具委托书，委托书应注明委托事项的内容、涉及单位、人员、目的和要求及委托单位的负责人、承办人等。

委托书须以机要信函、电传等方式送达。

第六条 受委托监察机关应在收到委托书次日起一个月内将委托调查事项办理完毕，并将办理结果回复委托监察机关；因故确实不能办理或者延期办理的，应向委托监察机关说明理由。

第七条 监察机关依法作出的没收、追缴、责令退赔和采取补救措施的监察决定，需要在外地执行的，可以请求当地监察机关予以协助。

第八条 监察机关在查处政纪案件中发现属外地监察机关管辖的违法违纪线索和材料，应及时移送外地监察机关。

第九条 因查处政纪案件需要，两个以上监察机关可以进行联合调查。联合调查的监察机关在调查结束后，按照有关规定各自负责处理属本监察机关职权范围内的事项。各监察机关在作出处理决定之前，应协商、通报各自的处理意见。

第十条 受委托监察机关依照委托监察机关的要求办理委托事项所产生的法律责任由委托监察机关承担;但受委托监察机关因超越委托范围或者不正确办理委托事项所产生的法律责任,由受委托监察机关承担。

第十一条 本规定所称“外地监察机关”,是指提出委托或者请求的监察机关管辖以外的地区的监察机关。

第十二条 本办法由监察部负责解释。

第十三条 本办法自发布之日起施行。

4. 处　　置

(1)职 务 违 法

中华人民共和国公职人员政务处分法

(2020年6月20日第十三届全国人民代表大会常务委员会第十九次会议通过 2020年6月20日中华人民共和国主席令第46号公布 自2020年7月1日起施行)

目　　录

第一章 总　　则
第二章 政务处分的种类和适用
第三章 违法行为及其适用的政务处分
第四章 政务处分的程序
第五章 复审、复核
第六章 法律责任
第七章 附　　则

第一章 总 则

第一条 为了规范政务处分,加强对所有行使公权力的公职人员的监督,促进公职人员依法履职、秉公用权、廉洁从政从业、坚持道德操守,根据《中华人民共和国监察法》,制定本法。

第二条 本法适用于监察机关对违法的公职人员给予政务处分的活动。

本法第二章、第三章适用于公职人员任免机关、单位对违法的公职人员给予处分。处分的程序、申诉等适用其他法律、行政法规、国务院部门规章和国家有关规定。

本法所称公职人员,是指《中华人民共和国监察法》第十五条规定的人员。

第三条 监察机关应当按照管理权限,加强对公职人员的监督,依法给予违法的公职人员政务处分。

公职人员任免机关、单位应当按照管理权限,加强对公职人员的教育、管理、监督,依法给予违法的公职人员处分。

监察机关发现公职人员任免机关、单位应当给予处分而未给予,或者给予的处分违法、不当的,应当及时提出监察建议。

第四条 给予公职人员政务处分,坚持党管干部原则,集体讨论决定;坚持法律面前一律平等,以事实为根据,以法律为准绳,给予的政务处分与违法行为的性质、情节、危害程度相当;坚持惩戒与教育相结合,宽严相济。

第五条 给予公职人员政务处分,应当事实清楚、证据确凿、定性准确、处理恰当、程序合法、手续完备。

第六条 公职人员依法履行职责受法律保护,非因法定事由、非经法定程序,不受政务处分。

第二章 政务处分的种类和适用

第七条 政务处分的种类为:

(一)警告;

(二)记过;

(三)记大过;

(四)降级;

(五)撤职;

(六)开除。

第八条 政务处分的期间为:

(一)警告,六个月;

(二)记过,十二个月;

(三)记大过,十八个月;

(四)降级、撤职,二十四个月。

政务处分决定自作出之日起生效,政务处分期自政务处分决定生效之日起计算。

第九条 公职人员二人以上共同违法,根据各自在违法行为中所起的作用和应当承担的法律责任,分别给予政务处分。

第十条 有关机关、单位、组织集体作出的决定违法或者实施违法行为的,对负有责任的领导人员和直接责任人员中的公职人员依法给予政务处分。

第十一条 公职人员有下列情形之一的,可以从轻或者减轻给予政务处分:

(一)主动交代本人应当受到政务处分的违法行为的;

(二)配合调查,如实说明本人违法事实的;

(三)检举他人违纪违法行为,经查证属实的;

(四)主动采取措施,有效避免、挽回损失或者消除不良影响的;

(五)在共同违法行为中起次要或者辅助作用的;

(六)主动上交或者退赔违法所得的;

(七)法律、法规规定的其他从轻或者减轻情节。

第十二条 公职人员违法行为情节轻微,且具有本法第十一条规定的情形之一的,可以对其进行谈话提醒、批评教育、责令检查或者予以诫勉,免予或者不予政务处分。

公职人员因不明真相被裹挟或者被胁迫参与违法活动,经批评教育后确有悔改表现的,可以减轻、免予或者不予政务处分。

第十三条 公职人员有下列情形之一的,应当从重给予政务处分:

(一)在政务处分期内再次故意违法,应当受到政务处分的;

(二)阻止他人检举、提供证据的;

（三）串供或者伪造、隐匿、毁灭证据的；

（四）包庇同案人员的；

（五）胁迫、唆使他人实施违法行为的；

（六）拒不上交或者退赔违法所得的；

（七）法律、法规规定的其他从重情节。

第十四条 公职人员犯罪，有下列情形之一的，予以开除：

（一）因故意犯罪被判处管制、拘役或者有期徒刑以上刑罚（含宣告缓刑）的；

（二）因过失犯罪被判处有期徒刑，刑期超过三年的；

（三）因犯罪被单处或者并处剥夺政治权利的。

因过失犯罪被判处管制、拘役或者三年以下有期徒刑的，一般应当予以开除；案件情况特殊，予以撤职更为适当的，可以不予开除，但是应当报请上一级机关批准。

公职人员因犯罪被单处罚金，或者犯罪情节轻微，人民检察院依法作出不起诉决定或者人民法院依法免予刑事处罚的，予以撤职；造成不良影响的，予以开除。

第十五条 公职人员有两个以上违法行为的，应当分别确定政务处分。应当给予两种以上政务处分的，执行其中最重的政务处分；应当给予撤职以下多个相同政务处分的，可以在一个政务处分期以上、多个政务处分期之和以下确定政务处分期，但是最长不得超过四十八个月。

第十六条 对公职人员的同一违法行为，监察机关和公职人员任免机关、单位不得重复给予政务处分和处分。

第十七条 公职人员有违法行为，有关机关依照规定给予组织处理的，监察机关可以同时给予政务处分。

第十八条 担任领导职务的公职人员有违法行为，被罢免、撤销、免去或者辞去领导职务的，监察机关可以同时给予政务处分。

第十九条 公务员以及参照《中华人民共和国公务员法》管理的人员在政务处分期内，不得晋升职务、职级、衔级和级别；其中，被记过、记大过、降级、撤职的，不得晋升工资档次。被撤职的，按照规定降低职务、职级、衔级和级别，同时降低工资和待遇。

第二十条 法律、法规授权或者受国家机关依法委托管理公共事务的组织中从事公务的人员，以及公办的教育、科研、文化、医疗卫生、体育等单位中从事管理的人员,在政务处分期内,不得晋升职务、岗位和职员等级、职称;其中,被记过、记大过、降级、撤职的,不得晋升薪酬待遇等级。被撤职的,降低职务、岗位或者职员等级,同时降低薪酬待遇。

第二十一条 国有企业管理人员在政务处分期内,不得晋升职务、岗位等级和职称;其中,被记过、记大过、降级、撤职的,不得晋升薪酬待遇等级。被撤职的,降低职务或者岗位等级,同时降低薪酬待遇。

第二十二条 基层群众性自治组织中从事管理的人员有违法行为的,监察机关可以予以警告、记过、记大过。

基层群众性自治组织中从事管理的人员受到政务处分的,应当由县级或者乡镇人民政府根据具体情况减发或者扣发补贴、奖金。

第二十三条 《中华人民共和国监察法》第十五条第六项规定的人员有违法行为的,监察机关可以予以警告、记过、记大过。情节严重的,由所在单位直接给予或者监察机关建议有关机关、单位给予降低薪酬待遇、调离岗位、解除人事关系或者劳动关系等处理。

《中华人民共和国监察法》第十五条第二项规定的人员,未担任公务员、参照《中华人民共和国公务员法》管理的人员、事业单位工作人员或者国有企业人员职务的,对其违法行为依照前款规定处理。

第二十四条 公职人员被开除,或者依照本法第二十三条规定,受到解除人事关系或者劳动关系处理的,不得录用为公务员以及参照《中华人民共和国公务员法》管理的人员。

第二十五条 公职人员违法取得的财物和用于违法行为的本人财物,除依法应当由其他机关没收、追缴或者责令退赔的,由监察机关没收、追缴或者责令退赔;应当退还原所有人或者原持有人的,依法予以退还;属于国家财产或者不应当退还以及无法退还的,上缴国库。

公职人员因违法行为获得的职务、职级、衔级、级别、岗位和职员等级、职称、待遇、资格、学历、学位、荣誉、奖励等其他利益,监察机关应当建议有关机关、单位、组织按规定予以纠正。

第二十六条 公职人员被开除的,自政务处分决定生效之日起,应当解除其与所在机关、单位的人事关系或者劳动关系。

公职人员受到开除以外的政务处分,在政务处分期内有悔改表现,并且没有再发生应当给予政务处分的违法行为的,政务处分期满后自动解除,晋升职务、职级、衔级、级别、岗位和职员等级、职称、薪酬待遇不再受原政务处分影响。但是,解除降级、撤职的,不恢复原职务、职级、衔级、级别、岗位和职员等级、职称、薪酬待遇。

第二十七条 已经退休的公职人员退休前或者退休后有违法行为的,不再给予政务处分,但是可以对其立案调查;依法应当予以降级、撤职、开除的,应当按照规定相应调整其享受的待遇,对其违法取得的财物和用于违法行为的本人财物依照本法第二十五条的规定处理。

已经离职或者死亡的公职人员在履职期间有违法行为的,依照前款规定处理。

第三章 违法行为及其适用的政务处分

第二十八条 有下列行为之一的,予以记过或者记大过;情节较重的,予以降级或者撤职;情节严重的,予以开除:

(一)散布有损宪法权威、中国共产党领导和国家声誉的言论的;

(二)参加旨在反对宪法、中国共产党领导和国家的集会、游行、示威等活动的;

(三)拒不执行或者变相不执行中国共产党和国家的路线方针政策、重大决策部署的;

(四)参加非法组织、非法活动的;

(五)挑拨、破坏民族关系,或者参加民族分裂活动的;

(六)利用宗教活动破坏民族团结和社会稳定的;

(七)在对外交往中损害国家荣誉和利益的。

有前款第二项、第四项、第五项和第六项行为之一的,对策划者、组织者和骨干分子,予以开除。

公开发表反对宪法确立的国家指导思想,反对中国共产党领导,反对社会主义制度,反对改革开放的文章、演说、宣言、声明等的,予以开除。

第二十九条 不按照规定请示、报告重大事项,情节较重的,予以警告、记过或者记大过;情节严重的,予以降级或者撤职。

违反个人有关事项报告规定,隐瞒不报,情节较重的,予以警告、记过或者记大过。

篡改、伪造本人档案资料的,予以记过或者记大过;情节严重的,予以降级或者撤职。

第三十条 有下列行为之一的,予以警告、记过或者记大过;情节严重

的,予以降级或者撤职:

(一)违反民主集中制原则,个人或者少数人决定重大事项,或者拒不执行、擅自改变集体作出的重大决定的;

(二)拒不执行或者变相不执行、拖延执行上级依法作出的决定、命令的。

第三十一条 违反规定出境或者办理因私出境证件的,予以记过或者记大过;情节严重的,予以降级或者撤职。

违反规定取得外国国籍或者获取境外永久居留资格、长期居留许可的,予以撤职或者开除。

第三十二条 有下列行为之一的,予以警告、记过或者记大过;情节较重的,予以降级或者撤职;情节严重的,予以开除:

(一)在选拔任用、录用、聘用、考核、晋升、评选等干部人事工作中违反有关规定的;

(二)弄虚作假,骗取职务、职级、衔级、级别、岗位和职员等级、职称、待遇、资格、学历、学位、荣誉、奖励或者其他利益的;

(三)对依法行使批评、申诉、控告、检举等权利的行为进行压制或者打击报复的;

(四)诬告陷害,意图使他人受到名誉损害或者责任追究等不良影响的;

(五)以暴力、威胁、贿赂、欺骗等手段破坏选举的。

第三十三条 有下列行为之一的,予以警告、记过或者记大过;情节较重的,予以降级或者撤职;情节严重的,予以开除:

(一)贪污贿赂的;

(二)利用职权或者职务上的影响为本人或者他人谋取私利的;

(三)纵容、默许特定关系人利用本人职权或者职务上的影响谋取私利的。

拒不按照规定纠正特定关系人违规任职、兼职或者从事经营活动,且不服从职务调整的,予以撤职。

第三十四条 收受可能影响公正行使公权力的礼品、礼金、有价证券等财物的,予以警告、记过或者记大过;情节较重的,予以降级或者撤职;情节严重的,予以开除。

向公职人员及其特定关系人赠送可能影响公正行使公权力的礼品、礼金、有价证券等财物，或者接受、提供可能影响公正行使公权力的宴请、旅游、健身、娱乐等活动安排，情节较重的，予以警告、记过或者记大过；情节严重的，予以降级或者撤职。

第三十五条 有下列行为之一，情节较重的，予以警告、记过或者记大过；情节严重的，予以降级或者撤职：

（一）违反规定设定、发放薪酬或者津贴、补贴、奖金的；

（二）违反规定，在公务接待、公务交通、会议活动、办公用房以及其他工作生活保障等方面超标准、超范围的；

（三）违反规定公款消费的。

第三十六条 违反规定从事或者参与营利性活动，或者违反规定兼任职务、领取报酬的，予以警告、记过或者记大过；情节较重的，予以降级或者撤职；情节严重的，予以开除。

第三十七条 利用宗族或者黑恶势力等欺压群众，或者纵容、包庇黑恶势力活动的，予以撤职；情节严重的，予以开除。

第三十八条 有下列行为之一，情节较重的，予以警告、记过或者记大过；情节严重的，予以降级或者撤职：

（一）违反规定向管理服务对象收取、摊派财物的；

（二）在管理服务活动中故意刁难、吃拿卡要的；

（三）在管理服务活动中态度恶劣粗暴，造成不良后果或者影响的；

（四）不按照规定公开工作信息，侵犯管理服务对象知情权，造成不良后果或者影响的；

（五）其他侵犯管理服务对象利益的行为，造成不良后果或者影响的。

有前款第一项、第二项和第五项行为，情节特别严重的，予以开除。

第三十九条 有下列行为之一，造成不良后果或者影响的，予以警告、记过或者记大过；情节较重的，予以降级或者撤职；情节严重的，予以开除：

（一）滥用职权，危害国家利益、社会公共利益或者侵害公民、法人、其他组织合法权益的；

（二）不履行或者不正确履行职责，玩忽职守，贻误工作的；

（三）工作中有形式主义、官僚主义行为的；

（四）工作中有弄虚作假，误导、欺骗行为的；

（五）泄露国家秘密、工作秘密，或者泄露因履行职责掌握的商业秘密、个人隐私的。

第四十条 有下列行为之一的,予以警告、记过或者记大过;情节较重的,予以降级或者撤职;情节严重的,予以开除:

(一)违背社会公序良俗,在公共场所有不当行为,造成不良影响的;

(二)参与或者支持迷信活动,造成不良影响的;

(三)参与赌博的;

(四)拒不承担赡养、抚养、扶养义务的;

(五)实施家庭暴力,虐待、遗弃家庭成员的;

(六)其他严重违反家庭美德、社会公德的行为。

吸食、注射毒品,组织赌博,组织、支持、参与卖淫、嫖娼、色情淫乱活动的,予以撤职或者开除。

第四十一条 公职人员有其他违法行为,影响公职人员形象,损害国家和人民利益的,可以根据情节轻重给予相应政务处分。

第四章 政务处分的程序

第四十二条 监察机关对涉嫌违法的公职人员进行调查,应当由二名以上工作人员进行。监察机关进行调查时,有权依法向有关单位和个人了解情况,收集、调取证据。有关单位和个人应当如实提供情况。

严禁以威胁、引诱、欺骗及其他非法方式收集证据。以非法方式收集的证据不得作为给予政务处分的依据。

第四十三条 作出政务处分决定前,监察机关应当将调查认定的违法事实及拟给予政务处分的依据告知被调查人,听取被调查人的陈述和申辩,并对其陈述的事实、理由和证据进行核实,记录在案。被调查人提出的事实、理由和证据成立的,应予采纳。不得因被调查人的申辩而加重政务处分。

第四十四条 调查终结后,监察机关应当根据下列不同情况,分别作出处理:

(一)确有应受政务处分的违法行为的,根据情节轻重,按照政务处分决定权限,履行规定的审批手续后,作出政务处分决定;

(二)违法事实不能成立的,撤销案件;

(三)符合免予、不予政务处分条件的,作出免予、不予政务处分决定;

(四)被调查人涉嫌其他违法或者犯罪行为的,依法移送主管机关处理。

第四十五条 决定给予政务处分的,应当制作政务处分决定书。

政务处分决定书应当载明下列事项:

(一)被处分人的姓名、工作单位和职务;

(二)违法事实和证据;

(三)政务处分的种类和依据;

(四)不服政务处分决定,申请复审、复核的途径和期限;

(五)作出政务处分决定的机关名称和日期。

政务处分决定书应当盖有作出决定的监察机关的印章。

第四十六条 政务处分决定书应当及时送达被处分人和被处分人所在机关、单位,并在一定范围内宣布。

作出政务处分决定后,监察机关应当根据被处分人的具体身份书面告知相关的机关、单位。

第四十七条 参与公职人员违法案件调查、处理的人员有下列情形之一的,应当自行回避,被调查人、检举人及其他有关人员也有权要求其回避:

(一)是被调查人或者检举人的近亲属的;

(二)担任过本案的证人的;

(三)本人或者其近亲属与调查的案件有利害关系的;

(四)可能影响案件公正调查、处理的其他情形。

第四十八条 监察机关负责人的回避,由上级监察机关决定;其他参与违法案件调查、处理人员的回避,由监察机关负责人决定。

监察机关或者上级监察机关发现参与违法案件调查、处理人员有应当回避情形的,可以直接决定该人员回避。

第四十九条 公职人员依法受到刑事责任追究的,监察机关应当根据司法机关的生效判决、裁定、决定及其认定的事实和情节,依照本法规定给予政务处分。

公职人员依法受到行政处罚,应当给予政务处分的,监察机关可以根据行政处罚决定认定的事实和情节,经立案调查核实后,依照本法给予政务处分。

监察机关根据本条第一款、第二款的规定作出政务处分后,司法机关、行政机关依法改变原生效判决、裁定、决定等,对原政务处分决定产生影响的,监察机关应当根据改变后的判决、裁定、决定等重新作出相应处理。

第五十条　监察机关对经各级人民代表大会、县级以上各级人民代表大会常务委员会选举或者决定任命的公职人员予以撤职、开除的，应当先依法罢免、撤销或者免去其职务，再依法作出政务处分决定。

监察机关对经中国人民政治协商会议各级委员会全体会议或者其常务委员会选举或者决定任命的公职人员予以撤职、开除的，应当先依章程免去其职务，再依法作出政务处分决定。

监察机关对各级人民代表大会代表、中国人民政治协商会议各级委员会委员给予政务处分的，应当向有关的人民代表大会常务委员会，乡、民族乡、镇的人民代表大会主席团或者中国人民政治协商会议委员会常务委员会通报。

第五十一条　下级监察机关根据上级监察机关的指定管辖决定进行调查的案件，调查终结后，对不属于本监察机关管辖范围内的监察对象，应当交有管理权限的监察机关依法作出政务处分决定。

第五十二条　公职人员涉嫌违法，已经被立案调查，不宜继续履行职责的，公职人员任免机关、单位可以决定暂停其履行职务。

公职人员在被立案调查期间，未经监察机关同意，不得出境、辞去公职；被调查公职人员所在机关、单位及上级机关、单位不得对其交流、晋升、奖励、处分或者办理退休手续。

第五十三条　监察机关在调查中发现公职人员受到不实检举、控告或者诬告陷害，造成不良影响的，应当按照规定及时澄清事实，恢复名誉，消除不良影响。

第五十四条　公职人员受到政务处分的，应当将政务处分决定书存入其本人档案。对于受到降级以上政务处分的，应当由人事部门按照管理权限在作出政务处分决定后一个月内办理职务、工资及其他有关待遇等的变更手续；特殊情况下，经批准可以适当延长办理期限，但是最长不得超过六个月。

第五章　复审、复核

第五十五条　公职人员对监察机关作出的涉及本人的政务处分决定不服的，可以依法向作出决定的监察机关申请复审；公职人员对复审决定仍不服的，可以向上一级监察机关申请复核。

监察机关发现本机关或者下级监察机关作出的政务处分决定确有错

误的，应当及时予以纠正或者责令下级监察机关及时予以纠正。

第五十六条 复审、复核期间，不停止原政务处分决定的执行。

公职人员不因提出复审、复核而被加重政务处分。

第五十七条 有下列情形之一的，复审、复核机关应当撤销原政务处分决定，重新作出决定或者责令原作出决定的监察机关重新作出决定：

（一）政务处分所依据的违法事实不清或者证据不足的；

（二）违反法定程序，影响案件公正处理的；

（三）超越职权或者滥用职权作出政务处分决定的。

第五十八条 有下列情形之一的，复审、复核机关应当变更原政务处分决定，或者责令原作出决定的监察机关予以变更：

（一）适用法律、法规确有错误的；

（二）对违法行为的情节认定确有错误的；

（三）政务处分不当的。

第五十九条 复审、复核机关认为政务处分决定认定事实清楚，适用法律正确的，应当予以维持。

第六十条 公职人员的政务处分决定被变更，需要调整该公职人员的职务、职级、衔级、级别、岗位和职员等级或者薪酬待遇等的，应当按照规定予以调整。政务处分决定被撤销的，应当恢复该公职人员的级别、薪酬待遇，按照原职务、职级、衔级、岗位和职员等级安排相应的职务、职级、衔级、岗位和职员等级，并在原政务处分决定公布范围内为其恢复名誉。没收、追缴财物错误的，应当依法予以返还、赔偿。

公职人员因有本法第五十七条、第五十八条规定的情形被撤销政务处分或者减轻政务处分的，应当对其薪酬待遇受到的损失予以补偿。

第六章　法 律 责 任

第六十一条 有关机关、单位无正当理由拒不采纳监察建议的，由其上级机关、主管部门责令改正，对该机关、单位给予通报批评，对负有责任的领导人员和直接责任人员依法给予处理。

第六十二条 有关机关、单位、组织或者人员有下列情形之一的，由其上级机关，主管部门，任免机关、单位或者监察机关责令改正，依法给予处理：

（一）拒不执行政务处分决定的；

（二）拒不配合或者阻碍调查的；

（三）对检举人、证人或者调查人员进行打击报复的；

（四）诬告陷害公职人员的；

（五）其他违反本法规定的情形。

第六十三条 监察机关及其工作人员有下列情形之一的，对负有责任的领导人员和直接责任人员依法给予处理：

（一）违反规定处置问题线索的；

（二）窃取、泄露调查工作信息，或者泄露检举事项、检举受理情况以及检举人信息的；

（三）对被调查人或者涉案人员逼供、诱供，或者侮辱、打骂、虐待、体罚或者变相体罚的；

（四）收受被调查人或者涉案人员的财物以及其他利益的；

（五）违反规定处置涉案财物的；

（六）违反规定采取调查措施的；

（七）利用职权或者职务上的影响干预调查工作、以案谋私的；

（八）违反规定发生办案安全事故，或者发生安全事故后隐瞒不报、报告失实、处置不当的；

（九）违反回避等程序规定，造成不良影响的；

（十）不依法受理和处理公职人员复审、复核的；

（十一）其他滥用职权、玩忽职守、徇私舞弊的行为。

第六十四条 违反本法规定，构成犯罪的，依法追究刑事责任。

第七章 附 则

第六十五条 国务院及其相关主管部门根据本法的原则和精神，结合事业单位、国有企业等的实际情况，对事业单位、国有企业等的违法的公职人员处分事宜作出具体规定。

第六十六条 中央军事委员会可以根据本法制定相关具体规定。

第六十七条 本法施行前，已结案的案件如果需要复审、复核，适用当时的规定。尚未结案的案件，如果行为发生时的规定不认为是违法的，适用当时的规定；如果行为发生时的规定认为是违法的，依照当时的规定处理，但是如果本法不认为是违法或者根据本法处理较轻的，适用本法。

第六十八条 本法自2020年7月1日起施行。

事业单位工作人员处分规定

（2023年11月6日　人社部发〔2023〕58号）

第一章　总　　则

第一条　为严明事业单位纪律规矩，规范事业单位工作人员行为，保证事业单位及其工作人员依法履职，根据《中华人民共和国公职人员政务处分法》和《事业单位人事管理条例》，制定本规定。

第二条　事业单位工作人员违规违纪违法，应当承担纪律责任的，依照本规定给予处分。

任免机关、事业单位对事业单位中从事管理的人员给予处分，适用《中华人民共和国公职人员政务处分法》第二章、第三章规定。处分的程序、申诉等适用本规定。

第三条　给予事业单位工作人员处分，应当坚持党管干部、党管人才原则；坚持公正、公平；坚持惩治与教育相结合。

给予事业单位工作人员处分，应当与其违规违纪违法行为的性质、情节、危害程度相适应。

给予事业单位工作人员处分，应当事实清楚、证据确凿、定性准确、处理恰当、程序合法、手续完备。

第二章　处分的种类和适用

第四条　事业单位工作人员处分的种类为：

（一）警告；

（二）记过；

（三）降低岗位等级；

（四）开除。

第五条　事业单位工作人员受处分的期间为：

（一）警告，六个月；

（二）记过，十二个月；

(三)降低岗位等级,二十四个月。

处分决定自作出之日起生效,处分期自处分决定生效之日起计算。

第六条　事业单位工作人员受到警告处分的,在作出处分决定的当年,参加年度考核,不能确定为优秀档次;受到记过处分的当年,受到降低岗位等级处分的当年及第二年,参加年度考核,只写评语,不确定档次。

事业单位工作人员受到降低岗位等级处分的,自处分决定生效之日起降低一个以上岗位和职员等级聘用,按照事业单位收入分配有关规定确定其工资待遇;对同时在管理和专业技术两类岗位任职的事业单位工作人员发生违规违纪违法行为的,给予降低岗位等级处分时,应当同时降低两类岗位的等级,并根据违规违纪违法的情形与岗位性质的关联度确定降低岗位类别的主次。

事业单位工作人员在受处分期间,不得聘用到高于现聘岗位和职员等级。受到开除处分的,自处分决定生效之日起,终止其与事业单位的人事关系。

第七条　事业单位工作人员受到记过以上处分的,在受处分期间不得参加专业技术职称评审或者工勤技能人员职业技能等级认定。

第八条　事业单位工作人员同时有两种以上需要给予处分的行为的,应当分别确定其处分。应当给予的处分种类不同的,执行其中最重的处分;应当给予开除以外多个相同种类处分的,执行该处分,处分期应当按照一个处分期以上、多个处分期之和以下确定,但是最长不得超过四十八个月。

事业单位工作人员在受处分期间受到新的处分的,其处分期为原处分期尚未执行的期限与新处分期限之和,但是最长不得超过四十八个月。

第九条　事业单位工作人员二人以上共同违规违纪违法,需要给予处分的,按照各自应当承担的责任,分别给予相应的处分。

第十条　有下列情形之一的,应当从重处分:

(一)在处分期内再次故意违规违纪违法,应当受到处分的;

(二)在二人以上的共同违规违纪违法行为中起主要作用的;

(三)隐匿、伪造、销毁证据的;

(四)串供或者阻止他人揭发检举、提供证据材料的;

(五)包庇同案人员的;

(六)胁迫、唆使他人实施违规违纪违法行为的;

（七）拒不上交或者退赔违规违纪违法所得的；

（八）法律、法规、规章规定的其他从重情节。

第十一条 有下列情形之一的，可以从轻或者减轻给予处分：

（一）主动交代本人应当受到处分的违规违纪违法行为的；

（二）配合调查，如实说明本人违规违纪违法事实的；

（三）主动采取措施，有效避免、挽回损失或者消除不良影响的；

（四）检举他人违规违纪违法行为，情况属实的；

（五）在共同违规违纪违法行为中起次要或者辅助作用的；

（六）主动上交或者退赔违规违纪违法所得的；

（七）其他从轻或者减轻情节。

第十二条 违规违纪违法行为情节轻微，且具有本规定第十一条的情形之一的，可以对其进行谈话提醒、批评教育、责令检查或者予以诫勉，免予或者不予处分。

事业单位工作人员因不明真相被裹挟或者被胁迫参与违规违纪违法活动，经批评教育后确有悔改表现的，可以减轻、免予或者不予处分。

第十三条 事业单位工作人员违规违纪违法取得的财物和用于违规违纪违法的财物，除依法应当由其他机关没收、追缴或者责令退赔的，由处分决定单位没收、追缴或者责令退赔；应当退还原所有人或者原持有人的，依法予以退还；属于国家财产或者不应当退还以及无法退还的，上缴国库。

第十四条 已经退休的事业单位工作人员退休前或者退休后有违规违纪违法行为应当受到处分的，不再作出处分决定，但是可以对其立案调查；依规依纪依法应当给予降低岗位等级以上处分的，应当按照规定相应调整其享受的待遇。

第十五条 事业单位有违规违纪违法行为，应当追究纪律责任的，依规依纪依法对负有责任的领导人员和直接责任人员给予处分。

第三章 违规违纪违法行为及其适用的处分

第十六条 有下列行为之一的，给予记过处分；情节较重的，给予降低岗位等级处分；情节严重的，给予开除处分：

（一）散布有损宪法权威、中国共产党领导和国家声誉的言论的；

（二）参加旨在反对宪法、中国共产党领导和国家的集会、游行、示威等活动的；

(三)拒不执行或者变相不执行中国共产党和国家的路线方针政策、重大决策部署的;

(四)参加非法组织、非法活动的;

(五)利用宗教活动破坏民族团结和社会稳定的;挑拨、破坏民族关系,或者参加民族分裂活动的;

(六)在对外交往中损害国家荣誉和利益的;

(七)携带含有依法禁止内容的书刊、音像制品、电子出版物进入境内的;

(八)其他违反政治纪律的行为。

有前款第二项、第四项、第五项行为之一的,对策划者、组织者和骨干分子,给予开除处分。

公开发表反对宪法确立的国家指导思想,反对中国共产党领导,反对社会主义制度,反对改革开放的文章、演说、宣言、声明等的,给予开除处分。

第十七条 有下列行为之一的,给予警告或者记过处分;情节较重的,给予降低岗位等级处分;情节严重的,给予开除处分:

(一)采取不正当手段为本人或者他人谋取岗位;

(二)在事业单位选拔任用、公开招聘、考核、培训、回避、奖励、申诉、职称评审等人事管理工作中有违反组织人事纪律行为的;

(三)其他违反组织人事纪律的行为。

篡改、伪造本人档案资料的,给予记过处分;情节严重的,给予降低岗位等级处分。

违反规定出境或者办理因私出境证件的,给予记过处分;情节严重的,给予降低岗位等级处分。

违反规定取得外国国籍或者获取境外永久居留资格、长期居留许可的,给予降低岗位等级以上处分。

第十八条 有下列行为之一的,给予警告或者记过处分;情节较重的,给予降低岗位等级处分;情节严重的,给予开除处分:

(一)在执行国家重要任务、应对公共突发事件中,不服从指挥、调遣或者消极对抗的;

(二)破坏正常工作秩序,给国家或者公共利益造成损失的;

(三)违章指挥、违规操作,致使人民生命财产遭受损失的;

（四）发生重大事故、灾害、事件，擅离职守或者不按规定报告、不采取措施处置或者处置不力的；

（五）在项目评估评审、产品认证、设备检测检验等工作中徇私舞弊，或者违反规定造成不良影响的；

（六）泄露国家秘密，或者泄露因工作掌握的内幕信息、个人隐私，造成不良后果的；

（七）其他违反工作纪律失职渎职的行为。

第十九条 有下列行为之一的，给予警告或者记过处分；情节较重的，给予降低岗位等级处分；情节严重的，给予开除处分：

（一）贪污、索贿、受贿、行贿、介绍贿赂、挪用公款的；

（二）利用工作之便为本人或者他人谋取不正当利益的；

（三）在公务活动或者工作中接受礼品、礼金、各种有价证券、支付凭证的；

（四）利用知悉或者掌握的内幕信息谋取利益的；

（五）用公款旅游或者变相用公款旅游的；

（六）违反国家规定，从事、参与营利性活动或者兼任职务领取报酬的；

（七）其他违反廉洁从业纪律的行为。

第二十条 有下列行为之一的，给予警告或者记过处分；情节较重的，给予降低岗位等级处分；情节严重的，给予开除处分：

（一）违反国家财政收入上缴有关规定的；

（二）违反规定使用、骗取财政资金或者违反规定使用、骗取、隐匿、转移、侵占、挪用社会保险基金的；

（三）擅自设定收费项目或者擅自改变收费项目的范围、标准和对象的；

（四）挥霍、浪费国家资财或者造成国有资产流失的；

（五）违反国有资产管理规定，擅自占有、使用、处置国有资产的；

（六）在招标投标和物资采购工作中违反有关规定，造成不良影响或者损失的；

（七）其他违反财经纪律的行为。

第二十一条 有下列行为之一的，给予警告或者记过处分；情节较重的，给予降低岗位等级处分；情节严重的，给予开除处分：

（一）利用专业技术或者技能实施违规违纪违法行为的；

(二)有抄袭、剽窃、侵吞他人学术成果,伪造、篡改数据文献,或者捏造事实等学术不端行为的;

(三)利用职业身份进行利诱、威胁或者误导,损害他人合法权益的;

(四)利用权威、地位或者掌控的资源,压制不同观点,限制学术自由,造成重大损失或者不良影响的;

(五)在申报岗位、项目、荣誉等过程中弄虚作假的;

(六)工作态度恶劣,造成不良社会影响的;

(七)其他严重违反职业道德的行为。

有前款第一项规定行为的,给予记过以上处分。

第二十二条 有下列行为之一的,给予警告或者记过处分;情节较重的,给予降低岗位等级处分;情节严重的,给予开除处分:

(一)违背社会公序良俗,在公共场所有不当行为,造成不良影响的;

(二)制造、传播违法违禁物品及信息的;

(三)参与赌博活动的;

(四)有实施家庭暴力,虐待、遗弃家庭成员,或者拒不承担赡养、抚养、扶养义务等的;

(五)其他严重违反公共秩序、社会公德的行为。

吸食、注射毒品,组织赌博,组织、支持、参与卖淫、嫖娼、色情淫乱活动的,给予降低岗位等级以上处分。

第二十三条 事业单位工作人员犯罪,有下列情形之一的,给予开除处分:

(一)因故意犯罪被判处管制、拘役或者有期徒刑以上刑罚(含宣告缓刑)的;

(二)因过失犯罪被判处有期徒刑,刑期超过三年的;

(三)因犯罪被单处或者并处剥夺政治权利的。

因过失犯罪被判处管制、拘役或者三年以下有期徒刑的,一般应当给予开除处分;案件情况特殊,给予降低岗位等级处分更为适当的,可以不予开除,但是应当报请事业单位主管部门批准,并报同级事业单位人事综合管理部门备案。

事业单位工作人员因犯罪被单处罚金,或者犯罪情节轻微,人民检察院依法作出不起诉决定或者人民法院依法免予刑事处罚的,给予降低岗位等级处分;造成不良影响的,给予开除处分。

第四章 处分的权限和程序

第二十四条 对事业单位工作人员的处分，按照干部人事管理权限，由事业单位或者事业单位主管部门决定。

开除处分由事业单位主管部门决定，并报同级事业单位人事综合管理部门备案。

对中央和地方直属事业单位工作人员的处分，按照干部人事管理权限，由本单位或者有关部门决定；其中，由本单位作出开除处分决定的，报同级事业单位人事综合管理部门备案。

第二十五条 对事业单位工作人员的处分，按照以下程序办理：

（一）对事业单位工作人员违规违纪违法行为初步调查后，需要进一步查证的，应当按照干部人事管理权限，经事业单位负责人批准或者有关部门同意后立案；

（二）对被调查的事业单位工作人员的违规违纪违法行为作进一步调查，收集、查证有关证据材料，并形成书面调查报告；

（三）将调查认定的事实及拟给予处分的依据告知被调查的事业单位工作人员，听取其陈述和申辩，并对其所提出的事实、理由和证据进行复核，记录在案。被调查的事业单位工作人员提出的事实、理由和证据成立的，应予采信；

（四）按照处分决定权限，作出对该事业单位工作人员给予处分、免予不予处分或者撤销案件的决定；

（五）处分决定单位印发处分决定；

（六）将处分决定以书面形式通知受处分事业单位工作人员本人和有关单位，并在一定范围内宣布；

（七）将处分决定存入受处分事业单位工作人员的档案。

第二十六条 事业单位工作人员已经被立案调查，不宜继续履职的，可以按照干部人事管理权限，由事业单位或者有关部门暂停其职责。

被调查的事业单位工作人员在案件立案调查期间，不得解除聘用合同、出境，所在单位不得对其交流、晋升、奖励或者办理退休手续。

第二十七条 对事业单位工作人员案件进行调查，应当由二名以上办案人员进行；接受调查的单位和个人应当如实提供情况。

以暴力、威胁、引诱、欺骗等非法方式收集的证据不得作为定案的根据。

在调查中发现事业单位工作人员受到不实检举、控告或者诬告陷害,造成不良影响的,应当按照规定及时澄清事实,恢复名誉,消除不良影响。

第二十八条　参与事业单位工作人员案件调查、处理的人员应当回避的,执行《事业单位人事管理回避规定》等有关规定。

第二十九条　给予事业单位工作人员处分,应当自批准立案之日起六个月内作出决定;案情复杂或者遇有其他特殊情形的可以延长,但是办案期限最长不得超过十二个月。

第三十条　处分决定应当包括下列内容:

(一)受处分事业单位工作人员的姓名、工作单位、原所聘岗位(所任职务)名称及等级、职员等级等基本情况;

(二)经查证的违规违纪违法事实;

(三)处分的种类、受处分的期间和依据;

(四)不服处分决定的申诉途径和期限;

(五)处分决定单位的名称、印章和作出决定的日期。

第三十一条　事业单位工作人员受到处分,应当办理岗位、职员等级、工资及其他有关待遇等的变更手续的,由人事部门按照管理权限在作出处分决定后一个月内办理;特殊情况下,经批准可以适当延长办理期限,但是最长不得超过六个月。

第三十二条　事业单位工作人员受开除以外的处分,在受处分期间有悔改表现,并且没有再出现违规违纪违法情形的,处分期满后自动解除处分。

处分解除后,考核及晋升岗位和职员等级、职称、工资待遇按照国家有关规定执行,不再受原处分的影响。但是,受到降低岗位等级处分的,不恢复受处分前的岗位、职员等级、工资待遇;无岗位、职员等级可降而降低薪级工资的,处分解除后,不恢复受处分前的薪级工资。

第三十三条　事业单位工作人员受到开除处分后,事业单位应当及时办理档案和社会保险关系转移手续,具体办法按照有关规定执行。

第五章　复核和申诉

第三十四条　受到处分的事业单位工作人员对处分决定不服的,可以自知道或者应当知道该处分决定之日起三十日内向原处分决定单位申请复核。对复核结果不服的，可以自接到复核决定之日起三十日内，按照《事业单位工作人员申诉规定》等有关规定向原处分决定单位的主管部门或者同级事业单位人事综合管理部门提出申诉。

受到处分的中央和地方直属事业单位工作人员的申诉，按照干部人事管理权限，由同级事业单位人事综合管理部门受理。

第三十五条 原处分决定单位应当自接到复核申请后的三十日内作出复核决定。受理申诉的单位应当自受理之日起六十日内作出处理决定；案情复杂的，可以适当延长，但是延长期限最多不超过三十日。

复核、申诉期间不停止处分的执行。

事业单位工作人员不因提出复核、申诉而被加重处分。

第三十六条 有下列情形之一的，受理处分复核、申诉的单位应当撤销处分决定，重新作出决定或者责令原处分决定单位重新作出决定：

（一）处分所依据的事实不清、证据不足的；

（二）违反规定程序，影响案件公正处理的；

（三）超越职权或者滥用职权作出处分决定的。

第三十七条 有下列情形之一的，受理复核、申诉的单位应当变更处分决定或者责令原处分决定单位变更处分决定：

（一）适用法律、法规、规章错误的；

（二）对违规违纪违法行为的情节认定有误的；

（三）处分不当的。

第三十八条 事业单位工作人员的处分决定被变更，需要调整该工作人员的岗位、职员等级或者工资待遇的，应当按照规定予以调整；事业单位工作人员的处分决定被撤销的，需要恢复该工作人员的岗位、职员等级、工资待遇的，按照原岗位、职员等级安排相应的岗位、职员等级，恢复相应的工资待遇，并在原处分决定公布范围内为其恢复名誉。

被撤销处分或者被减轻处分的事业单位工作人员工资待遇受到损失的，应当予以补偿。没收、追缴财物错误的，应当依规依纪依法予以返还、赔偿。

第六章 附 则

第三十九条 对事业单位工作人员处分工作中有滥用职权、玩忽职守、徇私舞弊、收受贿赂等违规违纪违法行为的工作人员，按照有关规定给予处分;涉嫌犯罪的,依法追究刑事责任。

第四十条　对机关工勤人员给予处分,参照本规定执行。

第四十一条　教育、科研、文化、医疗卫生、体育等部门,可以依据本规定,结合自身工作的实际情况,与中央事业单位人事综合管理部门联合制定具体办法。

第四十二条　本规定实施前,已经结案的案件如果需要复核、申诉,适用当时的规定。尚未结案的案件,如果行为发生时的规定不认为是违规违纪违法的,适用当时的规定;如果行为发生时的规定认定是违规违纪违法的,依照当时的规定处理,但是如果本规定不认为是违规违纪违法的或者根据本规定处理较轻的,适用本规定。

第四十三条　本规定所称以上、以下,包括本数。

第四十四条　本规定由中共中央组织部、人力资源社会保障部负责解释。

第四十五条　本规定自发布之日起施行。

国有企业管理人员处分条例

(2024年4月26日国务院第31次常务会议通过　2024年5月21日国务院令第781号公布　自2024年9月1日起施行)

第一章　总　　则

第一条　为了规范对国有企业管理人员的处分,加强对国有企业管理人员的监督,根据《中华人民共和国公职人员政务处分法》(以下简称公职人员政务处分法)等法律,制定本条例。

第二条　本条例所称国有企业管理人员,是指国家出资企业中的下列公职人员:

(一)在国有独资、全资公司、企业中履行组织、领导、管理、监督等职责的人员;

(二)经党组织或者国家机关,国有独资、全资公司、企业,事业单位提名、推荐、任命、批准等,在国有控股、参股公司及其分支机构中履行组织、领导、管理、监督等职责的人员；

（三）经国家出资企业中负有管理、监督国有资产职责的组织批准或者研究决定，代表其在国有控股、参股公司及其分支机构中从事组织、领导、管理、监督等工作的人员。

国有企业管理人员任免机关、单位（以下简称任免机关、单位）对违法的国有企业管理人员给予处分，适用公职人员政务处分法第二章、第三章和本条例的规定。

第三条 国有企业管理人员处分工作坚持中国共产党的领导，坚持党管干部原则，加强国有企业管理人员队伍建设，推动国有企业高质量发展。

第四条 任免机关、单位加强对国有企业管理人员的教育、管理、监督。给予国有企业管理人员处分，应当坚持公正公平，集体讨论决定；坚持宽严相济，惩戒与教育相结合；坚持法治原则，以事实为根据，以法律为准绳，依法保障国有企业管理人员以及相关人员的合法权益。

第五条 履行出资人职责的机构或者有干部管理权限的部门依照法律、法规和国家有关规定，指导国有企业整合优化监督资源，推动出资人监督与纪检监察监督、巡视监督、审计监督、财会监督、社会监督等相衔接，健全协同高效的监督机制，建立互相配合、互相制约的内部监督管理制度，增强对国有企业及其管理人员监督的系统性、针对性、有效性。

第六条 给予国有企业管理人员处分，应当事实清楚、证据确凿、定性准确、处理恰当、程序合法、手续完备，与其违法行为的性质、情节、危害程度相适应。

第二章 处分的种类和适用

第七条 处分的种类为：

（一）警告；

（二）记过；

（三）记大过；

（四）降级；

（五）撤职；

（六）开除。

第八条 处分的期间为：

（一）警告，6 个月；

(二)记过,12 个月;

(三)记大过,18 个月;

(四)降级、撤职,24 个月。

处分决定自作出之日起生效,处分期自处分决定生效之日起计算。

第九条 国有企业管理人员同时有两个以上需要给予处分的违法行为的,应当分别确定其处分。应当给予的处分种类不同的,执行其中最重的处分;应当给予撤职以下多个相同种类处分的,可以在一个处分期以上、多个处分期之和以下确定处分期,但是最长不得超过 48 个月。

第十条 国有企业实施违法行为或者国有企业管理人员集体作出的决定违法,应当追究法律责任的,对负有责任的领导人员和直接责任人员中的国有企业管理人员给予处分。

国有企业管理人员 2 人以上共同违法,需要给予处分的,按照各自应当承担的责任,分别给予相应的处分。

第十一条 国有企业管理人员有下列情形之一的,可以从轻或者减轻给予处分:

(一)主动交代本人应当受到处分的违法行为;

(二)配合调查,如实说明本人违法事实;

(三)检举他人违法行为,经查证属实;

(四)主动采取措施,有效避免、挽回损失或者消除不良影响;

(五)在共同违法行为中起次要或者辅助作用;

(六)主动上交或者退赔违法所得;

(七)属于推进国有企业改革中因缺乏经验、先行先试出现的失误错误;

(八)法律、法规规定的其他从轻或者减轻情节。

从轻给予处分,是指在本条例规定的违法行为应当受到的处分幅度以内,给予较轻的处分。

减轻给予处分,是指在本条例规定的违法行为应当受到的处分幅度以外,减轻一档给予处分。

第十二条 国有企业管理人员违法行为情节轻微,且具有本条例第十一条第一款规定情形之一的,可以对其进行谈话提醒、批评教育、责令检查或者予以诫勉,免予或者不予处分。

国有企业管理人员因不明真相被裹挟或者被胁迫参与违法活动,经批评教育后确有悔改表现的,可以减轻、免予或者不予处分。

第十三条 国有企业管理人员有下列情形之一的,应当从重给予处分:

(一)在处分期内再次故意违法,应当受到处分;

(二)阻止他人检举、提供证据;

(三)串供或者伪造、隐匿、毁灭证据;

(四)包庇同案人员;

(五)胁迫、唆使他人实施违法行为;

(六)拒不上交或者退赔违法所得;

(七)法律、法规规定的其他从重情节。

从重给予处分,是指在本条例规定的违法行为应当受到的处分幅度以内,给予较重的处分。

第十四条 国有企业管理人员在处分期内,不得晋升职务、岗位等级和职称;其中,被记过、记大过、降级、撤职的,不得晋升薪酬待遇等级。被撤职的,降低职务或者岗位等级,同时降低薪酬待遇。被开除的,用人单位依法解除劳动合同。

第十五条 国有企业管理人员违法取得的财物和用于违法行为的本人财物,除依法应当由有关机关没收、追缴或者责令退赔的外,应当退还原所有人或者原持有人。

国有企业管理人员因违法行为获得的职务、职级、级别、岗位和职员等级、职称、待遇、资格、学历、学位、荣誉、奖励等其他利益,任免机关、单位应当予以纠正或者建议有关机关、单位、组织按规定予以纠正。

第十六条 已经退休的国有企业管理人员退休前或者退休后有违法行为应当受到处分的,不再作出处分决定,但是可以对其立案调查;依法应当给予降级、撤职、开除处分的,应当按照规定相应调整其享受的待遇,对其违法取得的财物和用于违法行为的本人财物依照本条例第十五条的规定处理。

第三章 违法行为及其适用的处分

第十七条 国有企业管理人员有下列行为之一的,依据公职人员政务处分法第二十八条的规定,予以记过或者记大过;情节较重的,予以降级或者撤职;情节严重的,予以开除:

（一）散布有损坚持和完善社会主义基本经济制度的言论；

（二）拒不执行或者变相不执行国有企业改革发展和党的建设有关决策部署；

（三）在对外经济合作、对外援助、对外交流等工作中损害国家安全和国家利益。

公开发表反对宪法确立的国家指导思想，反对中国共产党领导，反对社会主义制度，反对改革开放的文章、演说、宣言、声明等的，予以开除。

第十八条　国有企业管理人员有下列行为之一的，依据公职人员政务处分法第三十条的规定，予以警告、记过或者记大过；情节严重的，予以降级或者撤职：

（一）违反规定的决策程序、职责权限决定国有企业重大决策事项、重要人事任免事项、重大项目安排事项、大额度资金运作事项；

（二）故意规避、干涉、破坏集体决策，个人或者少数人决定国有企业重大决策事项、重要人事任免事项、重大项目安排事项、大额度资金运作事项；

（三）拒不执行或者擅自改变国有企业党委（组）会、股东（大）会、董事会、职工代表大会等集体依法作出的重大决定；

（四）拒不执行或者变相不执行、拖延执行履行出资人职责的机构、行业管理部门等有关部门依法作出的决定。

第十九条　国有企业管理人员有下列行为之一的，依据公职人员政务处分法第三十三条的规定，予以警告、记过或者记大过；情节较重的，予以降级或者撤职；情节严重的，予以开除：

（一）利用职务上的便利，侵吞、窃取、骗取或者以其他手段非法占有、挪用本企业以及关联企业的财物、客户资产等；

（二）利用职务上的便利，索取他人财物或者非法收受他人财物，为他人谋取利益；

（三）为谋取不正当利益，向国家机关、国家出资企业、事业单位、人民团体，或者向国家工作人员、企业或者其他单位的工作人员，外国公职人员、国际公共组织官员行贿；

（四）利用职权或者职务上的影响，违反规定在企业关系国有资产出资人权益的重大事项以及工程建设、资产处置、出版发行、招标投标等活动中为本人或者他人谋取私利；

（五）纵容、默许特定关系人利用本人职权或者职务上的影响，在企业关系国有资产出资人权益的重大事项以及企业经营管理活动中谋取私利；

（六）违反规定，以单位名义将国有资产集体私分给个人。

拒不纠正特定关系人违反规定任职、兼职或者从事经营活动，且不服从职务调整的，予以撤职。

第二十条 国有企业管理人员有下列行为之一，依据公职人员政务处分法第三十五条的规定，情节较重的，予以警告、记过或者记大过；情节严重的，予以降级或者撤职：

（一）超提工资总额或者超发工资，或者在工资总额之外以津贴、补贴、奖金等其他形式设定和发放工资性收入；

（二）未实行工资总额预算管理，或者未按规定履行工资总额备案或者核准程序；

（三）违反规定，自定薪酬、奖励、津贴、补贴和其他福利性货币收入；

（四）在培训活动、办公用房、公务用车、业务招待、差旅费用等方面超过规定的标准、范围；

（五）公款旅游或者以学习培训、考察调研、职工疗养等名义变相公款旅游。

第二十一条 国有企业管理人员有下列行为之一的，依据公职人员政务处分法第三十六条的规定，予以警告、记过或者记大过；情节较重的，予以降级或者撤职；情节严重的，予以开除：

（一）违反规定，个人经商办企业、拥有非上市公司（企业）股份或者证券、从事有偿中介活动、在国（境）外注册公司或者进行投资入股等营利性活动；

（二）利用职务上的便利，为他人经营与所任职企业同类经营的企业；

（三）违反规定，未经批准在本企业所出资企业或者其他企业、事业单位、社会组织、中介机构、国际组织等兼任职务；

（四）经批准兼职，但是违反规定领取薪酬或者获取其他收入；

（五）利用企业内幕信息或者其他未公开的信息、商业秘密、无形资产等谋取私利。

第二十二条 国有企业管理人员在履行提供社会公共服务职责过程中，侵犯服务对象合法权益或者社会公共利益，被监管机构查实并提出处分建议的，依据公职人员政务处分法第三十八条的规定，情节较重的，予以警告、记过或者记大过；情节严重的，予以降级或者撤职；情节特别严重的，予以开除。

第二十三条 国有企业管理人员有下列行为之一，造成国有资产损失或者其他严重不良后果的，依据公职人员政务处分法第三十九条的规定，予以警告、记过或者记大过；情节较重的，予以降级或者撤职；情节严重的，予以开除：

（一）截留、占用、挪用或者拖欠应当上缴国库的预算收入；

（二）违反规定，不履行或者不正确履行经营投资职责；

（三）违反规定，进行关联交易，开展融资性贸易、虚假交易、虚假合资、挂靠经营等活动；

（四）在国家规定期限内不办理或者不如实办理企业国有资产产权登记，或者伪造、涂改、出租、出借、出售国有资产产权登记证（表）；

（五）拒不提供有关信息资料或者编制虚假数据信息，致使国有企业绩效评价结果失真；

（六）掩饰企业真实状况，不如实向会计师事务所、律师事务所、资产评估机构等中介服务机构提供有关情况和资料，或者与会计师事务所、律师事务所、资产评估机构等中介服务机构串通作假。

第二十四条 国有企业管理人员有下列行为之一的，依据公职人员政务处分法第三十九条的规定，予以警告、记过或者记大过；情节较重的，予以降级或者撤职；情节严重的，予以开除：

（一）洗钱或者参与洗钱；

（二）吸收客户资金不入账，非法吸收公众存款或者变相吸收公众存款，违反规定参与或者变相参与民间借贷；

（三）违反规定发放贷款或者对贷款本金减免、停息、减息、缓息、免息、展期等，进行呆账核销，处置不良资产；

（四）违反规定出具金融票证、提供担保，对违法票据予以承兑、付款或者保证；

（五）违背受托义务，擅自运用客户资金或者其他委托、信托的资产；

（六）伪造、变造货币、贵金属、金融票证或者国家发行的有价证券；

（七）伪造、变造、转让、出租、出借金融机构经营许可证或者批准文件，未经批准擅自设立金融机构、发行股票或者债券；

（八）编造并且传播影响证券、期货交易的虚假信息，操纵证券、期货市场，提供虚假信息或者伪造、变造、销毁交易记录，诱骗投资者买卖证券、期货合约；

（九）进行虚假理赔或者参与保险诈骗活动；

（十）窃取、收买或者非法提供他人信用卡信息及其他公民个人信息资料。

第二十五条　国有企业管理人员有下列行为之一，造成不良后果或者影响的，依据公职人员政务处分法第三十九条的规定，予以警告、记过或者记大过；情节较重的，予以降级或者撤职；情节严重的，予以开除：

（一）泄露企业内幕信息或者商业秘密；

（二）伪造、变造、转让、出租、出借行政许可证件、资质证明文件，或者出租、出借国有企业名称或者企业名称中的字号；

（三）违反规定，举借或者变相举借地方政府债务；

（四）在中华人民共和国境外违反规定造成重大工程质量问题、引起重大劳务纠纷或者其他严重后果；

（五）不履行或者不依法履行安全生产管理职责，导致发生生产安全事故；

（六）在工作中有敷衍应付、推诿扯皮，或者片面理解、机械执行党和国家路线方针政策、重大决策部署等形式主义、官僚主义行为；

（七）拒绝、阻挠、拖延依法开展的出资人监督、审计监督、财会监督工作，或者对出资人监督、审计监督、财会监督发现的问题拒不整改、推诿敷衍、虚假整改；

（八）不依法提供有关信息、报送有关报告或者履行信息披露义务，或者配合其他主体从事违法违规行为；

（九）不履行法定职责或者违法行使职权，侵犯劳动者合法权益；

（十）违反规定，拒绝或者延迟支付中小企业款项、农民工工资等；

（十一）授意、指使、强令、纵容、包庇下属人员违反法律法规规定。

第四章　处分的程序

第二十六条　任免机关、单位按照干部管理权限对有公职人员政务处分法和本条例规定违法行为的国有企业管理人员依法给予处分，保障国有企业管理人员以及相关人员的合法权益。

任免机关、单位应当结合国有企业的组织形式、组织机构等实际情况，明确承担国有企业管理人员处分工作的内设部门或者机构(以下称承办部门)及其职责权限、运行机制等。

第二十七条 对涉嫌违法的国有企业管理人员进行调查、处理,应当由2名以上工作人员进行,按照下列程序办理:

(一)经任免机关、单位负责人同意,由承办部门对需要调查处理的问题线索进行初步核实;

(二)经初步核实,承办部门认为该国有企业管理人员涉嫌违反公职人员政务处分法和本条例规定,需要进一步查证的,经任免机关、单位主要负责人批准同意后立案,书面告知被调查的国有企业管理人员本人(以下称被调查人)及其所在单位,并向有管理权限的监察机关通报;

(三)承办部门负责对被调查人的违法行为作进一步调查,收集、查证有关证据材料,向有关单位和人员了解情况,并形成书面调查报告,向任免机关、单位负责人报告,有关单位和个人应当如实提供情况;

(四)承办部门将调查认定的事实以及拟给予处分的依据告知被调查人,听取其陈述和申辩,并对其提出的事实、理由和证据进行核实,记录在案,被调查人提出的事实、理由和证据成立的,应予采纳;

(五)承办部门经审查提出处理建议,按程序报任免机关、单位领导成员集体讨论,作出对被调查人给予处分、免予处分、不予处分或者撤销案件的决定,并向有管理权限的监察机关通报;

(六)任免机关、单位应当自本条第一款第五项决定作出之日起1个月以内,将处分、免予处分、不予处分或者撤销案件的决定以书面形式通知被调查人及其所在单位,并在一定范围内宣布,涉及国家秘密、商业秘密或者个人隐私的,按照国家有关规定办理;

(七)承办部门应当将处分有关决定及执行材料归入被调查人本人档案,同时汇集有关材料形成该处分案件的工作档案。

严禁以威胁、引诱、欺骗等非法方式收集证据。以非法方式收集的证据不得作为给予处分的依据。不得因被调查人的申辩而加重处分。

第二十八条 重大违法案件调查过程中,确有需要的,可以商请有管理权限的监察机关提供必要支持。

违法情形复杂、涉及面广或者造成重大影响,由任免机关、单位调查核实存在困难的,经任免机关、单位负责人同意,可以商请有管理权限的监察机关处理。

第二十九条 给予国有企业管理人员处分,应当自立案之日起6个月内作出决定;案情复杂或者遇有其他特殊情形的,经任免机关、单位主要负责人批准可以适当延长,但是延长期限不得超过6个月。

第三十条 决定给予处分的,应当制作处分决定书。

处分决定书应当载明下列事项:

(一)受到处分的国有企业管理人员(以下称被处分人)的姓名、工作单位和职务;

(二)违法事实和证据;

(三)处分的种类和依据;

(四)不服处分决定,申请复核、申诉的途径和期限;

(五)作出处分决定的机关、单位名称和日期。

处分决定书应当盖有作出决定的机关、单位印章。

第三十一条 参与国有企业管理人员违法案件调查、处理的人员有下列情形之一的,应当自行回避,被调查人、检举人以及其他有关人员可以要求其回避:

(一)是被调查人或者检举人的近亲属;

(二)担任过本案的证人;

(三)本人或者其近亲属与调查的案件有利害关系;

(四)可能影响案件公正调查、处理的其他情形。

任免机关、单位主要负责人的回避,由上一级机关、单位负责人决定;其他参与违法案件调查、处理人员的回避,由任免机关、单位负责人决定。

任免机关、单位发现参与处分工作的人员有应当回避情形的,可以直接决定该人员回避。

第三十二条 国有企业管理人员被依法追究刑事责任的,任免机关、单位应当根据司法机关的生效判决、裁定、决定及其认定的事实和情节,依法给予处分。

国有企业管理人员依法受到行政处罚,应当给予处分的,任免机关、单位可以根据生效的行政处罚决定认定的事实和情节,经核实后依法给予处分。

任免机关、单位根据本条第一款、第二款规定作出处分决定后,司法机关、行政机关依法改变原生效判决、裁定、决定等,对原处分决定产生影响的,任免机关、单位应当根据改变后的判决、裁定、决定等重新作出相应处理。

第三十三条　任免机关、单位对担任各级人民代表大会代表或者中国人民政治协商会议各级委员会委员的国有企业管理人员给予处分的，应当向有关的人民代表大会常务委员会，乡、民族乡、镇的人民代表大会主席团或者中国人民政治协商会议委员会常务委员会通报。

第三十四条　国有企业管理人员涉嫌违法，已经被立案调查，不宜继续履行职责的，任免机关、单位可以决定暂停其履行职务。国有企业管理人员在被立案调查期间，未经决定立案的任免机关、单位同意，不得出境、辞去公职；其任免机关、单位以及上级机关、单位不得对其交流、晋升、奖励或者办理退休手续。

第三十五条　调查中发现国有企业管理人员因依法履行职责遭受不实举报、诬告陷害、侮辱诽谤，造成不良影响的，任免机关、单位应当按照规定及时澄清事实，恢复名誉，消除不良影响。

第三十六条　国有企业管理人员受到降级、撤职、开除处分的，应当在处分决定作出后1个月内，由相应人事部门等按照管理权限办理岗位、职务、工资和其他有关待遇等变更手续，并依法变更或者解除劳动合同；特殊情况下，经任免机关、单位主要负责人批准可以适当延长办理期限，但是最长不得超过6个月。

第三十七条　国有企业管理人员受到开除以外的处分，在受处分期间有悔改表现，并且没有再出现应当给予处分的违法情形的，处分期满后自动解除处分。

处分解除后，考核以及晋升职务、职级、级别、岗位和职员等级、职称、薪酬待遇等级等不再受原处分影响。但是，受到降级、撤职处分的，不恢复受处分前的职务、职级、级别、岗位和职员等级、职称、薪酬待遇等级等。

任免机关、单位应当按照国家有关规定正确对待、合理使用受处分的国有企业管理人员，坚持尊重激励与监督约束并重，营造干事创业的良好环境。

第五章　复核、申诉

第三十八条　被处分人对处分决定不服的，可以自收到处分决定书之日起1个月内，向作出处分决定的任免机关、单位（以下称原处分决定单位）申请复核。原处分决定单位应当自接到复核申请后1个月以内作出复核决定。

被处分人因不可抗拒的事由或者其他正当理由耽误复核申请期限的，在障碍消除后的10个工作日内，可以申请顺延期限；是否准许，由原处分决定单位决定。

第三十九条 被处分人对复核决定仍不服的，可以自收到复核决定之日起1个月内按照管理权限向上一级机关、单位申诉。受理申诉的机关、单位（以下称申诉机关）应当自受理之日起2个月以内作出处理决定；案情复杂的，可以适当延长，但是延长期限最多不超过1个月。

被处分人因不可抗拒的事由或者其他正当理由耽误申诉申请期限的，在障碍消除后的10个工作日内，可以申请顺延期限；是否准许，由申诉机关决定。

第四十条 原处分决定单位接到复核申请、申诉机关受理申诉后，相关承办部门应当成立工作组，调阅原案材料，必要时可以进行调查，收集、查证有关证据材料，向有关单位和人员了解情况。工作组应当集体研究，提出办理意见，按程序报原处分决定单位、申诉机关领导成员集体讨论作出复核、申诉决定，并向有管理权限的监察机关通报。复核、申诉决定应当自作出之日起1个月以内以书面形式通知被处分人及其所在单位，并在一定范围内宣布；涉及国家秘密、商业秘密或者个人隐私的，按照国家有关规定办理。

复核、申诉期间，不停止原处分决定的执行。

国有企业管理人员不因提出复核、申诉而被加重处分。

坚持复核、申诉与原案调查相分离，原案调查、承办人员不得参与复核、申诉。

第四十一条 任免机关、单位发现本机关、本单位或者下级机关、单位作出的处分决定确有错误的，应当及时予以纠正或者责令下级机关、单位及时予以纠正。

监察机关发现任免机关、单位应当给予处分而未给予，或者给予的处分违法、不当，依法提出监察建议的，任免机关、单位应当采纳并将执行情况函告监察机关，不采纳的应当说明理由。

第四十二条 有下列情形之一的，原处分决定单位、申诉机关应当撤销原处分决定，重新作出决定或者由申诉机关责令原处分决定单位重新作出决定：

(一)处分所依据的违法事实不清或者证据不足;

(二)违反本条例规定的程序,影响案件公正处理;

(三)超越职权或者滥用职权作出处分决定。

第四十三条 有下列情形之一的,原处分决定单位、申诉机关应当变更原处分决定,或者由申诉机关责令原处分决定单位予以变更:

(一)适用法律、法规确有错误;

(二)对违法行为的情节认定确有错误;

(三)处分不当。

第四十四条 原处分决定单位、申诉机关认为处分决定认定事实清楚,适用法律正确的,应当予以维持。

第四十五条 国有企业管理人员的处分决定被变更,需要调整该国有企业管理人员的职务、岗位等级、薪酬待遇等级等的,应当按照规定予以调整。国有企业管理人员的处分决定被撤销,需要恢复该国有企业管理人员的职务、岗位等级、薪酬待遇等级等的,应当按照原职务和岗位等级安排相应的职务和岗位,并在原处分决定公布范围内为其恢复名誉。

国有企业管理人员因有本条例第四十二条、第四十三条规定情形被撤销处分或者减轻处分的,应当结合其实际履职、业绩贡献等情况对其薪酬待遇受到的损失予以适当补偿。

维持、变更、撤销处分的决定应当在作出后1个月内按照本条例第二十七条第一款第六项规定予以送达、宣布,并存入被处分人本人档案。

第六章 法律责任

第四十六条 任免机关、单位及其工作人员在国有企业管理人员处分工作中有公职人员政务处分法第六十一条、第六十三条规定情形的,依据公职人员政务处分法的规定对负有责任的领导人员和直接责任人员给予处理。

第四十七条 有关机关、单位、组织或者人员拒不执行处分决定或者有公职人员政务处分法第六十二条规定情形的,由其上级机关、主管部门、履行出资人职责的机构或者任免机关、单位依据公职人员政务处分法的规定给予处理。

第四十八条 相关单位或者个人利用举报等方式歪曲捏造事实,诬告陷害国有企业管理人员的,应当依法承担法律责任。

第四十九条 违反本条例规定，构成犯罪的，依法追究刑事责任。

第七章 附　　则

第五十条 国家对违法的金融、文化国有企业管理人员追究责任另有规定的，同时适用。

第五十一条 本条例施行前，已经结案的案件如果需要复核、申诉，适用当时的规定。尚未结案的案件，如果行为发生时的规定不认为是违法的，适用当时的规定；如果行为发生时的规定认为是违法的，依照当时的规定处理，但是如果本条例不认为是违法或者根据本条例处理较轻的，适用本条例。

第五十二条 本条例自 2024 年 9 月 1 日起施行。

国有企业领导人员廉洁从业若干规定

（2009 年 7 月 1 日）

第一章 总　　则

第一条 为规范国有企业领导人员廉洁从业行为，加强国有企业反腐倡廉建设，维护国家和出资人利益，促进国有企业科学发展，依据国家有关法律法规和党内法规，制定本规定。

第二条 本规定适用于国有独资企业、国有控股企业（含国有独资金融企业和国有控股金融企业）及其分支机构的领导班子成员。

第三条 国有企业领导人员应当遵守国家法律法规和企业规章制度，依法经营、开拓创新、廉洁从业、诚实守信，切实维护国家利益、企业利益和职工合法权益，努力实现国有企业又好又快发展。

第二章 廉洁从业行为规范

第四条 国有企业领导人员应当切实维护国家和出资人利益。不得有滥用职权、损害国有资产权益的下列行为：

（一）违反决策原则和程序决定企业生产经营的重大决策、重要人事任

免、重大项目安排及大额度资金运作事项;

(二)违反规定办理企业改制、兼并、重组、破产、资产评估、产权交易等事项;

(三)违反规定投资、融资、担保、拆借资金、委托理财、为他人代开信用证、购销商品和服务、招标投标等;

(四)未经批准或者经批准后未办理保全国有资产的法律手续,以个人或者其他名义用企业资产在国(境)外注册公司、投资入股、购买金融产品、购置不动产或者进行其他经营活动;

(五)授意、指使、强令财会人员进行违反国家财经纪律、企业财务制度的活动;

(六)未经履行国有资产出资人职责的机构和人事主管部门批准,决定本级领导人员的薪酬和住房补贴等福利待遇;

(七)未经企业领导班子集体研究,决定捐赠、赞助事项,或者虽经企业领导班子集体研究但未经履行国有资产出资人职责的机构批准,决定大额捐赠、赞助事项;

(八)其他滥用职权、损害国有资产权益的行为。

第五条 国有企业领导人员应当忠实履行职责。不得有利用职权谋取私利以及损害本企业利益的下列行为:

(一)个人从事营利性经营活动和有偿中介活动,或者在本企业的同类经营企业、关联企业和与本企业有业务关系的企业投资入股;

(二)在职或者离职后接受、索取本企业的关联企业、与本企业有业务关系的企业,以及管理和服务对象提供的物质性利益;

(三)以明显低于市场的价格向请托人购买或者以明显高于市场的价格向请托人出售房屋、汽车等物品,以及以其他交易形式非法收受请托人财物;

(四)委托他人投资证券、期货或者以其他委托理财名义,未实际出资而获取收益,或者虽然实际出资,但获取收益明显高于出资应得收益;

(五)利用企业上市或者上市公司并购、重组、定向增发等过程中的内幕消息、商业秘密以及企业的知识产权、业务渠道等无形资产或者资源,为本人或者配偶、子女及其他特定关系人谋取利益;

(六)未经批准兼任本企业所出资企业或者其他企业、事业单位、社会团体、中介机构的领导职务,或者经批准兼职的,擅自领取薪酬及其他

收入;

(七)将企业经济往来中的折扣费、中介费、佣金、礼金,以及因企业行为受到有关部门和单位奖励的财物等据为己有或者私分;

(八)其他利用职权谋取私利以及损害本企业利益的行为。

第六条 国有企业领导人员应当正确行使经营管理权,防止可能侵害公共利益、企业利益行为的发生。不得有下列行为:

(一)本人的配偶、子女及其他特定关系人,在本企业的关联企业、与本企业有业务关系的企业投资入股;

(二)将国有资产委托、租赁、承包给配偶、子女及其他特定关系人经营;

(三)利用职权为配偶、子女及其他特定关系人从事营利性经营活动提供便利条件;

(四)利用职权相互为对方及其配偶、子女和其他特定关系人从事营利性经营活动提供便利条件;

(五)本人的配偶、子女及其他特定关系人投资或者经营的企业与本企业或者有出资关系的企业发生可能侵害公共利益、企业利益的经济业务往来;

(六)按照规定应当实行任职回避和公务回避而没有回避;

(七)离职或者退休后三年内,在与原任职企业有业务关系的私营企业、外资企业和中介机构担任职务、投资入股,或者在上述企业或者机构从事、代理与原任职企业经营业务相关的经营活动;

(八)其他可能侵害公共利益、企业利益的行为。

第七条 国有企业领导人员应当勤俭节约,依据有关规定进行职务消费。不得有下列行为:

(一)超出报履行国有资产出资人职责的机构备案的预算进行职务消费;

(二)将履行工作职责以外的费用列入职务消费;

(三)在特定关系人经营的场所进行职务消费;

(四)不按照规定公开职务消费情况;

(五)用公款旅游或者变相旅游;

(六)在企业发生非政策性亏损或者拖欠职工工资期间,购买或者更换小汽车、公务包机、装修办公室、添置高档办公设备等;

(七)使用信用卡、签单等形式进行职务消费,不提供原始凭证和相应的情况说明;

(八)其他违反规定的职务消费以及奢侈浪费行为。

第八条 国有企业领导人员应当加强作风建设,注重自身修养,增强社会责任意识,树立良好的公众形象。不得有下列行为:

(一)弄虚作假,骗取荣誉、职务、职称、待遇或者其他利益;

(二)大办婚丧喜庆事宜,造成不良影响,或者借机敛财;

(三)默许、纵容配偶、子女和身边工作人员利用本人的职权和地位从事可能造成不良影响的活动;

(四)用公款支付与公务无关的娱乐活动费用;

(五)在有正常办公和居住场所的情况下用公款长期包租宾馆;

(六)漠视职工正当要求,侵害职工合法权益;

(七)从事有悖社会公德的活动。

第三章 实施与监督

第九条 国有企业应当依据本规定制定规章制度或者将本规定的要求纳入公司章程,建立健全监督制约机制,保证本规定的贯彻执行。

国有企业党委(党组)书记、董事长、总经理为本企业实施本规定的主要责任人。

第十条 国有企业领导人员应当将贯彻落实本规定的情况作为民主生活会对照检查、年度述职述廉和职工代表大会民主评议的重要内容,接受监督和民主评议。

第十一条 国有企业应当明确决策原则和程序,在规定期限内将生产经营的重大决策、重要人事任免、重大项目安排及大额度资金运作事项的决策情况报告履行国有资产出资人职责的机构,将涉及职工切身利益的事项向职工代表大会报告。

需经职工代表大会讨论通过的事项,应当经职工代表大会讨论通过后实施。

第十二条 国有企业应当完善以职工代表大会为基本形式的企业民主管理制度,实行厂务公开制度,并报履行国有资产出资人职责的机构备案。

第十三条 国有企业应当按照有关规定建立健全职务消费制度,报履行国有资产出资人职责的机构备案,并将职务消费情况作为厂务公开的内容向职工公开。

第十四条 国有企业领导人员应当按年度向履行国有资产出资人职责的机构报告兼职、投资入股、国(境)外存款和购置不动产情况,配偶、子女从业和出国(境)定居及有关情况,以及本人认为应当报告的其他事项,并以适当方式在一定范围内公开。

第十五条 国有企业应当结合本规定建立领导人员从业承诺制度,规范领导人员从业行为以及离职和退休后的相关行为。

第十六条 履行国有资产出资人职责的机构和人事主管部门应当结合实际,完善国有企业领导人员的薪酬管理制度,规范和完善激励和约束机制。

第十七条 纪检监察机关、组织人事部门和履行国有资产出资人职责的机构,应当对国有企业领导人员进行经常性的教育和监督。

第十八条 履行国有资产出资人职责的机构和审计部门应当依法开展各项审计监督,严格执行国有企业领导人员任期和离任经济责任审计制度,建立健全纪检监察和审计监督工作的协调运行机制。

第十九条 各级纪检监察机关、组织人事部门和履行国有资产出资人职责机构的纪检监察机构,应当对所管辖的国有企业领导人员执行本规定的情况进行监督检查。

国有企业的纪检监察机构应当结合年度考核,每年对所管辖的国有企业领导人员执行本规定的情况进行监督检查,并作出评估,向企业党组织和上级纪检监察机构报告。

对违反本规定行为的检举和控告,有关机构应当及时受理,并作出处理决定或者提出处理建议。

对违反本规定行为的检举和控告符合函询条件的,应当按规定进行函询。

对检举、控告违反本规定行为的职工进行打击报复的,应当追究相关责任人的责任。

第二十条 各级组织人事部门和履行国有资产出资人职责的机构,应当将廉洁从业情况作为对国有企业领导人员考察、考核的重要内容和任免的重要依据。

第二十一条 国有企业的监事会应当依照有关规定加强对国有企业

领导人员廉洁从业情况的监督。

按照本规定第十一条　至第十四条向履行国有资产出资人职责的机构报告、备案的事项,应当同时抄报本企业监事会。

第四章　违反规定行为的处理

第二十二条　国有企业领导人员违反本规定第二章所列行为规范的,视情节轻重,由有关机构按照管理权限分别给予警示谈话、调离岗位、降职、免职处理。

应当追究纪律责任的,除适用前款规定外,视情节轻重,依照国家有关法律法规给予相应的处分。

对于其中的共产党员,视情节轻重,依照《中国共产党纪律处分条例》给予相应的党纪处分。

涉嫌犯罪的,依法移送司法机关处理。

第二十三条　国有企业领导人员受到警示谈话、调离岗位、降职、免职处理的,应当减发或者全部扣发当年的绩效薪金、奖金。

第二十四条　国有企业领导人员违反本规定获取的不正当经济利益,应当责令清退;给国有企业造成经济损失的,应当依据国家或者企业的有关规定承担经济赔偿责任。

第二十五条　国有企业领导人员违反本规定受到降职处理的,两年内不得担任与其原任职务相当或者高于其原任职务的职务。

受到免职处理的,两年内不得担任国有企业的领导职务;因违反国家法律,造成国有资产重大损失被免职的,五年内不得担任国有企业的领导职务。

构成犯罪被判处刑罚的,终身不得担任国有企业的领导职务。

第五章　附　　则

第二十六条　国有企业领导班子成员以外的对国有资产负有经营管理责任的其他人员、国有企业所属事业单位的领导人员参照本规定执行。

国有参股企业(含国有参股金融企业)中对国有资产负有经营管理责任的人员参照本规定执行。

第二十七条　本规定所称履行国有资产出资人职责的机构,包括作为国有资产出资人代表的各级国有资产监督管理机构、尚未实行政资分开代行出资人职责的政府主管部门和其他机构以及授权经营的母公司。

本规定所称特定关系人,是指与国有企业领导人员有近亲属以及其他共同利益关系的人。

第二十八条 国务院国资委,各省、自治区、直辖市,可以根据本规定制定实施办法,并报中央纪委、监察部备案。

中国银监会、中国证监会、中国保监会,中央管理的国有独资金融企业和国有控股金融企业,可以结合金融行业的实际,制定本规定的补充规定,并报中央纪委、监察部备案。

第二十九条 本规定由中央纪委商中央组织部、监察部解释。

第三十条 本规定自发布之日起施行。2004 年发布的《国有企业领导人员廉洁从业若干规定(试行)》同时废止。

现行的其他有关规定,凡与本规定不一致的,依照本规定执行。

农村基层干部廉洁履行职责规定

(2011 年 4 月 28 日中共中央政治局常委会会议审议批准 2011 年 5 月 23 日中共中央办公厅、国务院办公厅发布 2025 年 3 月 28 日中共中央修订 2025 年 3 月 28 日中共中央办公厅、国务院办公厅发布)

第一章 总 则

第一条 为了促进农村基层干部廉洁履行职责,加强农村党风廉政建设和反腐败工作,根据《中国共产党廉洁自律准则》、《中国共产党党内监督条例》等党内法规和《中华人民共和国监察法》等法律,制定本规定。

第二条 加强农村基层干部廉洁履行职责工作,必须坚持以习近平新时代中国特色社会主义思想为指导,坚持和加强党的全面领导,完善农村权力运行监督机制,推动全面从严治党向基层延伸、向群众身边延伸,为推进乡村全面振兴提供坚强保障。

第三条 本规定所称农村基层干部包括:

(一)乡镇党委和政府领导班子成员、人大主席团负责人以及乡镇其他工作人员；

（二）实行垂直管理或者双重领导并以上级单位领导为主的单位、县级人民政府有关部门派驻乡镇机构工作人员；

（三）村党组织领导班子成员、村民委员会成员、村务监督委员会和其他形式的村务监督机构成员、村民小组负责人，以及驻村第一书记、工作队员；

（四）农村集体经济组织中的党组织领导班子成员，农村集体经济组织理事会成员、监事会成员或者监事、主要经营管理人员；

（五）其他从事乡镇和村级事务管理的人员。

有农村集体经济组织的街道、社区等相关管理人员参照适用本规定。

第四条 农村基层干部廉洁履行职责应当做到：

（一）坚定理想信念，坚持以人民为中心，实现好、维护好、发展好群众根本利益；

（二）弘扬党的光荣传统和优良作风，求真务实、勇于担当，提高为民服务本领；

（三）严格遵守党章党规党纪和法律法规，清正廉洁、规范履职，自觉接受监督；

（四）带头实践社会主义核心价值观，促进新时代农村精神文明建设，推进移风易俗、建设文明乡风。

第五条 各级党委特别是县级党委应当认真履行农村基层全面从严治党主体责任，强化党的工作部门具体责任，把促进农村基层干部廉洁履行职责作为一项重要工作抓紧抓实，整合监督力量，形成工作合力。各级纪检监察机关特别是县级纪检监察机关应当协助同级党委加强对农村基层干部廉洁履行职责情况的监督检查，持续整治侵害群众利益的不正之风和腐败问题。

各级人民政府及其有关部门特别是县级人民政府及其有关部门应当按照职能职责加强管理监督，促进农村基层干部自觉廉洁履行职责。

第二章 廉洁履行职责行为规范

第六条 禁止在强农惠农富农补贴资金发放中侵占、挪用。不准有下列行为：

（一）通过虚报、冒领等手段套取、骗取补贴资金；

（二）截留补贴资金；

（三）其他侵占、挪用强农惠农富农补贴资金行为。

第七条 禁止在农村集体资金资产资源管理中擅权妄为、谋取私利。不准有下列行为：

（一）设立“小金库”，隐瞒、截留、坐支集体收益，虚列支出使用、违规出借集体资金，或者以借款、垫资、合作经营等名义长期拖欠或者变相占用集体资金；

（二）在集体资产清查中瞒报、漏报，低价处置、无偿占用或者通过象征性地支付钱款等方式占用村集体房屋、设施设备等集体资产，或者以集体资产为本人或者他人债务提供担保；

（三）违法违规发包集体土地、调整收回农户承包土地，强迫、阻碍承包经营当事人进行土地承包经营权互换、转让或者土地经营权流转，或者擅自截留、扣缴土地承包经营权互换、转让或者土地经营权流转收益；

（四）违法违规办理农村宅基地申请、使用事项，违背村民意愿强制流转宅基地，或者违法收回村民依法取得的宅基地、以退出宅基地作为村民进城落户的条件、强制村民搬迁退出宅基地；

（五）侵占、挪用集体经营性建设用地出让、出租等费用；

（六）侵占、挪用征地补偿费用和其他有关费用；

（七）违法违规征占、侵占、“以租代征”转用集体所有的土地和森林、山岭、草原、荒地、滩涂等资源，或者在合理开发利用和保护耕地、林地、草地等工作中监督不力，对违法违规行为放任不管；

（八）其他在农村集体资金资产资源管理中擅权妄为、谋取私利行为。

第八条 禁止在乡村建设项目管理中弄虚作假、损公肥私。不准有下列行为：

（一）通过虚列项目、虚增工程量等手段套取、骗取高标准农田建设、农村人居环境整治、乡村公共设施建设、乡村生态保护修复、乡村富民产业等项目资金；

（二）对乡村工程项目虚假招标，与投标人串通投标，或者违反规定不进行招标、规避招标；

（三）违规干预、插手乡村工程建设；

（四）违规承揽本人管辖的地区和业务范围内的项目，或者利用职权或者职务上的影响帮助配偶、子女及其配偶等亲属和其他特定关系人承揽本人管辖的地区和业务范围内的项目；

（五）其他在乡村建设项目管理中弄虚作假、损公肥私行为。

第九条 禁止在乡村社会管理和公共服务中滥用职权、徇私舞弊。不准有下列行为：

（一）在农村公共服务类岗位人员聘用、农村危房改造、残疾评定、低收入人口认定，以及其他社会保障、社会救助、政策扶持、救灾救济款物分配等事项中，优亲厚友、明显有失公平；

（二）故意拖欠、克扣村民劳务费等合理款项，或者迟滞拨付各类救灾救助、补贴补助资金、物资；

（三）超范围、超标准向村民筹资筹劳、摊派费用，或者向家庭农场、农民专业合作社、企业等乱集资、乱摊派、乱收费；

（四）以辛苦费、好处费、服务费等名义索取、收受村民和家庭农场、农民专业合作社、企业等的财物，或者以明显低价租用、以借为名占用村民和家庭农场、农民专业合作社、企业等的财物；

（五）在行政执法中滥用裁量权，或者利用执法权谋取私利；

（六）在购买涉及农村人居环境、养老托育等村务服务中谋取私利；

（七）其他在乡村社会管理和公共服务中滥用职权、徇私舞弊行为。

第十条 禁止在村级组织选举中拉票贿选、破坏选举。不准有下列行为：

（一）违反规定程序组织、参与选举，或者伪造选票、虚报选举票数、篡改选举结果；

（二）采取暴力、威胁、欺骗、贿赂、拉拢等不正当手段妨害村民依法行使选举权、被选举权；

（三）利用黑恶势力、宗族势力、宗教势力干扰、操纵、破坏选举；

（四）诬告陷害、造谣抹黑选举候选人；

（五）其他在村级组织选举中拉票贿选、破坏选举行为。

第十一条 禁止搞形式主义、官僚主义、享乐主义和奢靡之风。不准有下列行为：

（一）搞劳民伤财的“形象工程”、“政绩工程”；

（二）落实政策措施和任务部署搞“一刀切”、机械执行，层层加码、过度留痕，加重群众负担；

（三）搞强迫命令，干涉农民依法自主安排的生产经营项目，强迫农民购买指定的生产资料、按照指定的渠道销售农产品或者接受有偿服务；

（四）对待村民态度恶劣，故意刁难村民，阻碍、干扰村民依法反映问题、表达诉求，或者对涉及村民生产、生活等切身利益问题按照政策或者有关规定能解决而不及时解决；

（五）巧立名目请客送礼、违规吃喝，滥发津贴、补贴、奖金、福利等，或者由村级组织、村民、家庭农场、农民专业合作社、企业等报销、支付应当由个人负担的费用；

（六）大操大办婚丧喜庆事宜，借操办婚丧喜庆事宜之机敛取钱财；

（七）生活奢靡、铺张浪费、贪图享乐、追求低级趣味，或者助长高额彩礼、人情攀比、厚葬薄养等不良社会风气；

（八）其他搞形式主义、官僚主义、享乐主义和奢靡之风行为。

第十二条 禁止在农村事务监督中欺上瞒下、逃避监督。不准有下列行为：

（一）不按照规定实行民主理财，或者伪造、变造、隐匿、毁坏财务会计资料；

（二）以各种形式拒绝、逃避、干扰信息公开，或者进行虚假公开；

（三）采取暴力、威胁、欺骗、贿赂、拉拢等不正当手段妨害村民或者村民代表依法行使询问质询权、罢免权等权利；

（四）阻挠、干扰有关机关、部门、单位依规依纪依法进行的监督或者案件查处；

（五）以威胁、恐吓等不正当手段妨害村务监督机构成员自主行使职权，或者打击报复村务监督机构成员；

（六）其他在农村事务监督中欺上瞒下、逃避监督行为。

第十三条 禁止扰乱社会管理秩序。不准有下列行为：

（一）利用“村霸”等黑恶势力把持基层政权、欺压群众，垄断集体资源，以及在农贸市场、乡镇集市等流通领域欺行霸市、强迫交易，或者参与、纵容涉黑涉恶活动、充当黑恶势力“保护伞”；

（二）组织、参与宗族宗派纷争；

（三）开展非法宗教活动，或者利用宗教干预农村公共事务；

（四）组织、参与、纵容开设赌场，或者为赌博活动提供便利条件；

（五）其他扰乱社会管理秩序行为。

第三章 管理监督

第十四条 各级党委应当做好农村基层干部选育管用工作,严把政治关、品行关、能力关、作风关、廉洁关,严格管理监督。重点加强对乡镇党委和政府"一把手",村党组织书记、村民委员会主任、农村集体经济组织理事长特别是"一肩挑"人员的管理监督。

各级党委应当注重通过党校(行政学院)、干部学院等加强农村基层干部教育培训,经常性开展纪律教育和法治培训,强化警示教育,推进新时代廉洁文化建设。

第十五条 村级重大事项决策实行"四议两公开",即村党组织提议、村"两委"会议商议、党员大会审议、村民会议或者村民代表会议决议,决议公开、实施结果公开。县、乡两级党委和政府应当指导确定村级重大事项范围。

村民委员会财务收支由村党组织书记、村民委员会主任、村务监督机构主要负责人联审联签,"一肩挑"的村应当同时由 1 名村"两委"其他成员参与联审联签。村级财务收支可以按照规定委托代理记账。村级工程建设项目按照其具体范围和规模标准依法必须招标的,应当进行招投标,乡镇党委和政府加强指导把关。

第十六条 村党组织、村民委员会和农村集体经济组织应当通过公开栏、数字电视、移动互联网应用程序等便于群众知晓的方式,及时公开农村党务、村务、财务情况,突出对强农惠农富农补贴资金发放、农村集体资金资产资源管理、乡村建设项目管理等方面事项的公开,保证所公开事项的内容完整全面、准确详实,并接受村民的查询。

县级党委和政府应当制订农村公开事项目录,规范和细化公开内容、公开时间、公开程序、公开形式,指导、督促村级组织依规依法做好各类信息公开工作。

第十七条 各级党委和政府应当加强基层监督信息化建设,结合实际建立或者运用信息化平台监督基层公权力,监管农村集体资金资产资源,畅通检举举报渠道。

第十八条 村级重大事项决策、重大项目安排、大额资金使用等,应当按照规定及时向乡镇党委和政府报备。

第十九条 县级党委应当按照规定加强对所辖乡镇、村党组织的巡察，实现县级党委一届任期内巡察全覆盖。

被巡察的乡镇、村党组织应当自觉接受巡察监督，积极配合巡察工作，抓好巡察反馈问题的整改落实。

第二十条 纪检监察机关应当立足职能职责，强化对党组织加强农村基层干部廉洁履行职责工作情况的监督检查，加大对农村基层干部不廉洁行为的查处力度，深化以案促改促治。

县级纪委监委可以通过提级监督或者在辖区内组织乡镇纪检监察机构开展片区协作、交叉监督等方式，整合运用基层纪检监察监督力量。

乡镇纪检监察机构应当加强对村纪检工作的检查指导，定期听取村纪委书记（纪检委员）工作情况汇报，分析研究农村基层党风廉政建设状况，针对存在问题提出解决措施；支持村纪委书记（纪检委员）履行监督职责，根据需要组织辖区内村纪委书记（纪检委员）开展联合监督。对集体经济体量大、工程项目建设多、廉政风险高的村，确有必要的可以选派干部按照规定担任村纪委书记（纪检委员）。

乡镇纪检监察机构应当加强对村务监督机构的联系指导，注重听取村务监督机构反映的情况和意见，及时处置村务监督机构移送的农村基层干部廉洁履行职责问题线索。

第二十一条 各级党委有关工作部门，各级人民政府农业农村、发展改革、财政、民政、自然资源、生态环境、住房城乡建设、交通运输、水利等有关主管部门应当认真履行涉农工作监管职责，密切部门间协作配合，加强系统内业务指导，依规依法严肃处置“三农”政策措施落实不到位、农村基层干部违规违法等方面的问题。

县级以上地方人民政府农业农村主管部门、乡镇人民政府等有关单位根据情况对农村集体经济组织开展定期审计、专项审计。县级人民政府农业农村主管部门以及财政主管部门、乡镇人民政府等有关单位负责组织开展对村党组织书记、村民委员会成员的任期和离任经济责任审计。

前两款规定的部门和单位在工作中发现属于纪检监察机关职责范围的问题线索，应当及时按照规定移送纪检监察机关处理。

第二十二条 审计机关应当依法对村民委员会、农村集体经济组织接受、运用财政资金的真实、合法和效益情况进行审计监督。对审计发现的农村基层干部廉洁履行职责问题线索，及时移送纪检监察机关处理。

第二十三条 村党组织、村民委员会和农村集体经济组织应当建立健全印章保管使用的审批、登记、备案制度,加强监督制约,规范使用印章。

村务监督机构应当依法履行村务监督职责,加强对强农惠农富农政策措施落实、村级财产管理、村工程项目建设、村务决策和公开、农村精神文明建设情况等事项的监督,做好与村纪检工作的有效衔接。

农村集体经济组织监事会或者监事应当依法依章程加强对理事会执行成员大会和成员代表大会决定、集体财产经营管理情况和本集体经济组织财务状况等的监督。农村集体经济组织理事会成员、监事会成员或者监事、主要经营管理人员应当依法依章程接受农村集体经济组织成员的监督。

包村干部、驻村第一书记和工作队员应当加强对村级重大事项决策指导把关,对需要公开的事项及时提醒。

第四章 责任追究

第二十四条 农村基层干部违反本规定的,有关党组织、单位和纪检监察机关应当按照管理权限,根据其行为性质和情节轻重,依规依纪依法给予谈话提醒、批评教育、责令检查、诫勉、组织处理或者党纪政务处分等处理;构成犯罪的,依法追究刑事责任。

对违反本规定的村民委员会成员,需要终止职务或者罢免的,按照《中华人民共和国村民委员会组织法》的规定予以终止职务或者罢免。对违反本规定的农村集体经济组织理事会成员、监事会成员或者监事、主要经营管理人员,需要罢免或者解聘的,按照《中华人民共和国农村集体经济组织法》的规定予以罢免或者解聘。

村党组织领导班子成员因违反本规定被责令辞职、免职的,1 年内不得担任村党组织领导班子成员。

党委和政府及其工作部门的领导干部在促进农村基层干部廉洁履行职责工作中不履行或者不正确履行职责,造成严重损害或者严重不良影响的,依规依纪依法予以问责。

第二十五条 对农村基层干部严重违反中央八项规定及其实施细则精神的,严重违纪违法被立案审查调查开除党籍、开除公职的,严重失职失责被问责的,应当公开通报。

第二十六条 农村基层干部违反本规定获取的不正当经济利益,应当依规依纪依法予以没收、追缴或者责令退赔;给国家、集体或者村民等造成经济损失的，应当按照有关规定承担赔偿责任。

农村基层干部因违反本规定获取的职务、职级、奖励、资格等其他利益，应当按照有关规定予以纠正。

第二十七条 村党组织领导班子成员和村民委员会成员违反本规定受到处理的，由县级或者乡镇党委和政府按照有关规定减发或者扣发报酬（补贴）、奖金。

第二十八条 农村基层干部履行职责行为虽然造成损失或者后果，但不是出于故意或者过失，而是由于不可抗力等原因所引起的，不追究责任。

纪检监察机关建立健全重点领域重点问题问责案件提级审核制度，防范和纠正对农村基层干部问责泛化、简单化等问题。

农村基层干部受到诬告、错告，有必要予以澄清的，有关党组织、单位和纪检监察机关应当按照规定进行澄清。

第二十九条 党组织对受到处理的农村基层干部应当进行跟踪回访，了解掌握其思想动态和工作状况，教育引导其正确认识、改正错误，放下包袱、积极工作。

第五章 附 则

第三十条 本规定由中央纪委国家监委负责解释。

第三十一条 本规定自发布之日起施行。

司法机关内部人员过问案件的记录和责任追究规定

（2015年3月26日中共中央政法委员会制定
2015年3月29日发布 中政委〔2015〕10号）

第一条 为贯彻落实《中共中央关于全面推进依法治国若干重大问题的决定》有关要求，防止司法机关内部人员干预办案，确保公正廉洁司法，根据宪法法律规定，结合司法工作实际，制定本规定。

第二条 司法机关内部人员应当依法履行职责，严格遵守纪律，不得违反规定过问和干预其他人员正在办理的案件,不得违反规定为案件当事人转递涉案材料或者打探案情,不得以任何方式为案件当事人说情打招呼。

第三条 司法机关办案人员应当恪守法律,公正司法,不徇私情。对于司法机关内部人员的干预、说情或者打探案情,应当予以拒绝;对于不依正当程序转递涉案材料或者提出其他要求的,应当告知其依照程序办理。

第四条 司法机关领导干部和上级司法机关工作人员因履行领导、监督职责,需要对正在办理的案件提出指导性意见的,应当依照程序以书面形式提出,口头提出的,由办案人员记录在案。

第五条 其他司法机关的工作人员因履行法定职责需要,向办案人员了解正在办理的案件有关情况的,应当依照法律程序或者工作程序进行。

第六条 对司法机关内部人员过问案件的情况,办案人员应当全面、如实记录,做到全程留痕,有据可查。

第七条 办案人员如实记录司法机关内部人员过问案件的情况,受法律和组织保护。

司法机关内部人员不得对办案人员打击报复。办案人员非因法定事由,非经法定程序,不得被免职、调离、辞退或者给予降级、撤职、开除等处分。

第八条 司法机关纪检监察部门应当及时汇总分析司法机关内部人员过问案件的情况,并依照以下方式对司法机关内部人员违反规定干预办案的线索进行处置:

(一)机关内部人员违反规定干预办案的,由本机关纪检监察部门调查处理;

(二)本机关领导干部违反规定干预办案的,向负有干部管理权限的机关纪检监察部门报告情况;

(三)上级司法人员违反规定干预下级司法机关办案的,向干预人员所在司法机关纪检监察部门报告情况;

(四)其他没有隶属关系的司法机关人员违反规定干预办案的,向干预人员所在司法机关纪检监察部门通报情况。

干预人员所在司法机关纪检监察部门接到报告或者通报后,应当及时调查处理,并将结果通报办案单位所属司法机关纪检监察部门。

第九条 司法机关内部人员有下列行为之一的,属于违反规定干预办

案,负有干部管理权限的司法机关按程序报经批准后予以通报,必要时可以向社会公开:

(一)在线索核查、立案、侦查、审查起诉、审判、执行等环节为案件当事人请托说情的;

(二)邀请办案人员私下会见案件当事人或其辩护人、诉讼代理人、近亲属以及其他与案件有利害关系的人的;

(三)违反规定为案件当事人或其辩护人、诉讼代理人、亲属转递涉案材料的;

(四)违反规定为案件当事人或其辩护人、诉讼代理人、亲属打探案情、通风报信的;

(五)其他影响司法人员依法公正处理案件的行为。

第十条 司法机关内部人员有本规定第九条所列行为之一,构成违纪的,依照《中国共产党纪律处分条例》、《行政机关公务员处分条例》、《人民法院工作人员处分条例》、《检察人员纪律处分条例(试行)》、《公安机关人民警察纪律条令》等规定给予纪律处分;构成犯罪的,依法追究刑事责任。

司法机关内部人员对如实记录过问案件情况的办案人员进行打击报复的,依照《中国共产党纪律处分条例》、《行政机关公务员处分条例》、《人民法院工作人员处分条例》、《检察人员纪律处分条例(试行)》、《公安机关人民警察纪律条令》等规定给予纪律处分;构成犯罪的,依法追究刑事责任。

第十一条 办案人员不记录或者不如实记录司法机关内部人员过问案件情况的,予以警告、通报批评;两次以上不记录或者不如实记录的,依照《中国共产党纪律处分条例》、《行政机关公务员处分条例》、《人民法院工作人员处分条例》、《检察人员纪律处分条例(试行)》、《公安机关人民警察纪律条令》等规定给予纪律处分。主管领导授意不记录或者不如实记录的,依法依纪追究主管领导责任。

第十二条 司法机关内部人员违反规定过问和干预办案的情况和办案人员记录司法机关内部人员过问案件的情况,应当纳入党风廉政建设责任制和政绩考核体系,作为考核干部是否遵守法律、依法办事、廉洁自律的重要依据。

第十三条 本规定所称司法机关内部人员,是指在法院、检察院、公安机关、国家安全机关、司法行政机关工作的人员。

司法机关离退休人员违反规定干预办案的,适用本规定。

第十四条 最高人民法院、最高人民检察院、公安部、国家安全部、司法部应当结合工作实际,制定本规定的实施办法,确保有关规定落到实处。

第十五条 本规定自下发之日起施行。

(2)职 务 犯 罪

贪污贿赂罪

最高人民法院、最高人民检察院关于办理贪污贿赂刑事案件适用法律若干问题的解释

(2016年3月28日最高人民法院审判委员会第1680次会议、2016年3月25日最高人民检察院第十二届检察委员会第50次会议通过 2016年4月18日公布 法释〔2016〕9号 自2016年4月18日起施行)

为依法惩治贪污贿赂犯罪活动,根据刑法有关规定,现就办理贪污贿赂刑事案件适用法律的若干问题解释如下:

第一条 贪污或者受贿数额在三万元以上不满二十万元的,应当认定为刑法第三百八十三条第一款规定的“数额较大”,依法判处三年以下有期徒刑或者拘役,并处罚金。

贪污数额在一万元以上不满三万元,具有下列情形之一的,应当认定为刑法第三百八十三条第一款规定的“其他较重情节”,依法判处三年以下有期徒刑或者拘役,并处罚金:

(一)贪污救灾、抢险、防汛、优抚、扶贫、移民、救济、防疫、社会捐助等特定款物的;

（二）曾因贪污、受贿、挪用公款受过党纪、行政处分的；

（三）曾因故意犯罪受过刑事追究的；

（四）赃款赃物用于非法活动的；

（五）拒不交待赃款赃物去向或者拒不配合追缴工作，致使无法追缴的；

（六）造成恶劣影响或者其他严重后果的。

受贿数额在一万元以上不满三万元，具有前款第二项至第六项规定的情形之一，或者具有下列情形之一的，应当认定为刑法第三百八十三条第一款规定的“其他较重情节”，依法判处三年以下有期徒刑或者拘役，并处罚金：

（一）多次索贿的；

（二）为他人谋取不正当利益，致使公共财产、国家和人民利益遭受损失的；

（三）为他人谋取职务提拔、调整的。

第二条 贪污或者受贿数额在二十万元以上不满三百万元的，应当认定为刑法第三百八十三条第一款规定的“数额巨大”，依法判处三年以上十年以下有期徒刑，并处罚金或者没收财产。

贪污数额在十万元以上不满二十万元，具有本解释第一条第二款规定的情形之一的，应当认定为刑法第三百八十三条第一款规定的“其他严重情节”，依法判处三年以上十年以下有期徒刑，并处罚金或者没收财产。

受贿数额在十万元以上不满二十万元，具有本解释第一条第三款规定的情形之一的，应当认定为刑法第三百八十三条第一款规定的“其他严重情节”，依法判处三年以上十年以下有期徒刑，并处罚金或者没收财产。

第三条 贪污或者受贿数额在三百万元以上的，应当认定为刑法第三百八十三条第一款规定的“数额特别巨大”，依法判处十年以上有期徒刑、无期徒刑或者死刑，并处罚金或者没收财产。

贪污数额在一百五十万元以上不满三百万元，具有本解释第一条第二款规定的情形之一的，应当认定为刑法第三百八十三条第一款规定的“其他特别严重情节”，依法判处十年以上有期徒刑、无期徒刑或者死刑，并处罚金或者没收财产。

受贿数额在一百五十万元以上不满三百万元，具有本解释第一条第三款规定的情形之一的，应当认定为刑法第三百八十三条第一款规定的“其他特别严重情节”，依法判处十年以上有期徒刑、无期徒刑或者死刑，并处罚金或者没收财产。

第四条 贪污、受贿数额特别巨大，犯罪情节特别严重、社会影响特别恶劣、给国家和人民利益造成特别重大损失的，可以判处死刑。

符合前款规定的情形，但具有自首，立功，如实供述自己罪行、真诚悔罪、积极退赃，或者避免、减少损害结果的发生等情节，不是必须立即执行的，可以判处死刑缓期二年执行。

符合第一款规定情形的，根据犯罪情节等情况可以判处死刑缓期二年执行，同时裁判决定在其死刑缓期执行二年期满依法减为无期徒刑后，终身监禁，不得减刑、假释。

第五条 挪用公款归个人使用，进行非法活动，数额在三万元以上的，应当依照刑法第三百八十四条的规定以挪用公款罪追究刑事责任；数额在三百万元以上的，应当认定为刑法第三百八十四条第一款规定的“数额巨大”。具有下列情形之一的，应当认定为刑法第三百八十四条第一款规定的“情节严重”：

（一）挪用公款数额在一百万元以上的；

（二）挪用救灾、抢险、防汛、优抚、扶贫、移民、救济特定款物，数额在五十万元以上不满一百万元的；

（三）挪用公款不退还，数额在五十万元以上不满一百万元的；

（四）其他严重的情节。

第六条 挪用公款归个人使用，进行营利活动或者超过三个月未还，数额在五万元以上的，应当认定为刑法第三百八十四条第一款规定的“数额较大”；数额在五百万元以上的，应当认定为刑法第三百八十四条第一款规定的“数额巨大”。具有下列情形之一的，应当认定为刑法第三百八十四条第一款规定的“情节严重”：

（一）挪用公款数额在二百万元以上的；

（二）挪用救灾、抢险、防汛、优抚、扶贫、移民、救济特定款物，数额在一百万元以上不满二百万元的；

（三）挪用公款不退还，数额在一百万元以上不满二百万元的；

（四）其他严重的情节。

第七条 为谋取不正当利益，向国家工作人员行贿，数额在三万元以上的，应当依照刑法第三百九十条的规定以行贿罪追究刑事责任。

行贿数额在一万元以上不满三万元，具有下列情形之一的，应当依照刑法第三百九十条的规定以行贿罪追究刑事责任：

（一）向三人以上行贿的；

（二）将违法所得用于行贿的；

（三）通过行贿谋取职务提拔、调整的；

（四）向负有食品、药品、安全生产、环境保护等监督管理职责的国家工作人员行贿，实施非法活动的；

（五）向司法工作人员行贿，影响司法公正的；

（六）造成经济损失数额在五十万元以上不满一百万元的。

第八条　犯行贿罪，具有下列情形之一的，应当认定为刑法第三百九十条第一款规定的"情节严重"：

（一）行贿数额在一百万元以上不满五百万元的；

（二）行贿数额在五十万元以上不满一百万元，并具有本解释第七条第二款第一项至第五项规定的情形之一的；

（三）其他严重的情节。

为谋取不正当利益，向国家工作人员行贿，造成经济损失数额在一百万元以上不满五百万元的，应当认定为刑法第三百九十条第一款规定的"使国家利益遭受重大损失"。

第九条　犯行贿罪，具有下列情形之一的，应当认定为刑法第三百九十条第一款规定的"情节特别严重"：

（一）行贿数额在五百万元以上的；

（二）行贿数额在二百五十万元以上不满五百万元，并具有本解释第七条第二款第一项至第五项规定的情形之一的；

（三）其他特别严重的情节。

为谋取不正当利益，向国家工作人员行贿，造成经济损失数额在五百万元以上的，应当认定为刑法第三百九十条第一款规定的"使国家利益遭受特别重大损失"。

第十条　刑法第三百八十八条之一规定的利用影响力受贿罪的定罪量刑适用标准，参照本解释关于受贿罪的规定执行。

刑法第三百九十条之一规定的对有影响力的人行贿罪的定罪量刑适用标准，参照本解释关于行贿罪的规定执行。

单位对有影响力的人行贿数额在二十万元以上的，应当依照刑法第三百九十条之一的规定以对有影响力的人行贿罪追究刑事责任。

第十一条 刑法第一百六十三条规定的非国家工作人员受贿罪、第二百七十一条规定的职务侵占罪中的“数额较大”“数额巨大”的数额起点,按照本解释关于受贿罪、贪污罪相对应的数额标准规定的二倍、五倍执行。

刑法第二百七十二条规定的挪用资金罪中的“数额较大”“数额巨大”以及“进行非法活动”情形的数额起点,按照本解释关于挪用公款罪“数额较大”“情节严重”以及“进行非法活动”的数额标准规定的二倍执行。

刑法第一百六十四条第一款规定的对非国家工作人员行贿罪中的“数额较大”“数额巨大”的数额起点,按照本解释第七条、第八条第一款关于行贿罪的数额标准规定的二倍执行。

第十二条 贿赂犯罪中的“财物”,包括货币、物品和财产性利益。财产性利益包括可以折算为货币的物质利益如房屋装修、债务免除等,以及需要支付货币的其他利益如会员服务、旅游等。后者的犯罪数额,以实际支付或者应当支付的数额计算。

第十三条 具有下列情形之一的,应当认定为“为他人谋取利益”,构成犯罪的,应当依照刑法关于受贿犯罪的规定定罪处罚:

(一)实际或者承诺为他人谋取利益的;

(二)明知他人有具体请托事项的;

(三)履职时未被请托,但事后基于该履职事由收受他人财物的。

国家工作人员索取、收受具有上下级关系的下属或者具有行政管理关系的被管理人员的财物价值三万元以上,可能影响职权行使的,视为承诺为他人谋取利益。

第十四条 根据行贿犯罪的事实、情节,可能被判处三年有期徒刑以下刑罚的,可以认定为刑法第三百九十条第二款规定的“犯罪较轻”。

根据犯罪的事实、情节,已经或者可能被判处十年有期徒刑以上刑罚的,或者案件在本省、自治区、直辖市或者全国范围内有较大影响的,可以认定为刑法第三百九十条第二款规定的“重大案件”。

具有下列情形之一的,可以认定为刑法第三百九十条第二款规定的“对侦破重大案件起关键作用”:

(一)主动交待办案机关未掌握的重大案件线索的;

(二)主动交待的犯罪线索不属于重大案件的线索,但该线索对于重大案件侦破有重要作用的;

（三）主动交待行贿事实，对于重大案件的证据收集有重要作用的；

（四）主动交待行贿事实，对于重大案件的追逃、追赃有重要作用的。

第十五条 对多次受贿未经处理的，累计计算受贿数额。

国家工作人员利用职务上的便利为请托人谋取利益前后多次收受请托人财物，受请托之前收受的财物数额在一万元以上的，应当一并计入受贿数额。

第十六条 国家工作人员出于贪污、受贿的故意，非法占有公共财物、收受他人财物之后，将赃款赃物用于单位公务支出或者社会捐赠的，不影响贪污罪、受贿罪的认定，但量刑时可以酌情考虑。

特定关系人索取、收受他人财物，国家工作人员知道后未退还或者上交的，应当认定国家工作人员具有受贿故意。

第十七条 国家工作人员利用职务上的便利，收受他人财物，为他人谋取利益，同时构成受贿罪和刑法分则第三章第三节、第九章规定的渎职犯罪的，除刑法另有规定外，以受贿罪和渎职犯罪数罪并罚。

第十八条 贪污贿赂犯罪分子违法所得的一切财物，应当依照刑法第六十四条的规定予以追缴或者责令退赔，对被害人的合法财产应当及时返还。对尚未追缴到案或者尚未足额退赔的违法所得，应当继续追缴或者责令退赔。

第十九条 对贪污罪、受贿罪判处三年以下有期徒刑或者拘役的，应当并处十万元以上五十万元以下的罚金；判处三年以上十年以下有期徒刑的，应当并处二十万元以上犯罪数额二倍以下的罚金或者没收财产；判处十年以上有期徒刑或者无期徒刑的，应当并处五十万元以上犯罪数额二倍以下的罚金或者没收财产。

对刑法规定并处罚金的其他贪污贿赂犯罪，应当在十万元以上犯罪数额二倍以下判处罚金。

第二十条 本解释自2016年4月18日起施行。最高人民法院、最高人民检察院此前发布的司法解释与本解释不一致的，以本解释为准。

最高人民法院、最高人民检察院关于办理受贿刑事案件适用法律若干问题的意见

（2007年7月8日　法发〔2007〕22号）

为依法惩治受贿犯罪活动,根据刑法有关规定,现就办理受贿刑事案件具体适用法律若干问题,提出以下意见:

一、关于以交易形式收受贿赂问题

国家工作人员利用职务上的便利为请托人谋取利益,以下列交易形式收受请托人财物的,以受贿论处:

（1）以明显低于市场的价格向请托人购买房屋、汽车等物品的;

（2）以明显高于市场的价格向请托人出售房屋、汽车等物品的;

（3）以其他交易形式非法收受请托人财物的。

受贿数额按照交易时当地市场价格与实际支付价格的差额计算。

前款所列市场价格包括商品经营者事先设定的不针对特定人的最低优惠价格。根据商品经营者事先设定的各种优惠交易条件,以优惠价格购买商品的,不属于受贿。

二、关于收受干股问题

干股是指未出资而获得的股份。国家工作人员利用职务上的便利为请托人谋取利益,收受请托人提供的干股的,以受贿论处。进行了股权转让登记,或者相关证据证明股份发生了实际转让的,受贿数额按转让行为时股份价值计算,所分红利按受贿孳息处理。股份未实际转让,以股份分红名义获取利益的,实际获利数额应当认定为受贿数额。

三、关于以开办公司等合作投资名义收受贿赂问题

国家工作人员利用职务上的便利为请托人谋取利益,由请托人出资,“合作”开办公司或者进行其他“合作”投资的,以受贿论处。受贿数额为请托人给国家工作人员的出资额。

国家工作人员利用职务上的便利为请托人谋取利益,以合作开办公司或者其他合作投资的名义获取“利润”,没有实际出资和参与管理、经营的,

以受贿论处。

四、关于以委托请托人投资证券、期货或者其他委托理财的名义收受贿赂问题

国家工作人员利用职务上的便利为请托人谋取利益,以委托请托人投资证券、期货或者其他委托理财的名义,未实际出资而获取“收益”,或者虽然实际出资,但获取“收益”明显高于出资应得收益的,以受贿论处。受贿数额,前一情形,以“收益”额计算;后一情形,以“收益”额与出资应得收益额的差额计算。

五、关于以赌博形式收受贿赂的认定问题

根据《最高人民法院、最高人民检察院关于办理赌博刑事案件具体应用法律若干问题的解释》第七条规定,国家工作人员利用职务上的便利为请托人谋取利益,通过赌博方式收受请托人财物的,构成受贿。

实践中应注意区分贿赂与赌博活动、娱乐活动的界限。具体认定时,主要应当结合以下因素进行判断:(1)赌博的背景、场合、时间、次数;(2)赌资来源;(3)其他赌博参与者有无事先通谋;(4)输赢钱物的具体情况和金额大小。

六、关于特定关系人“挂名”领取薪酬问题

国家工作人员利用职务上的便利为请托人谋取利益,要求或者接受请托人以给特定关系人安排工作为名,使特定关系人不实际工作却获取所谓薪酬的,以受贿论处。

七、关于由特定关系人收受贿赂问题

国家工作人员利用职务上的便利为请托人谋取利益,授意请托人以本意见所列形式,将有关财物给予特定关系人的,以受贿论处。

特定关系人与国家工作人员通谋,共同实施前款行为的,对特定关系人以受贿罪的共犯论处。特定关系人以外的其他人与国家工作人员通谋,由国家工作人员利用职务上的便利为请托人谋取利益,收受请托人财物后双方共同占有的,以受贿罪的共犯论处。

八、关于收受贿赂物品未办理权属变更问题

国家工作人员利用职务上的便利为请托人谋取利益,收受请托人房屋、汽车等物品,未变更权属登记或者借用他人名义办理权属变更登记的,不影响受贿的认定。

认定以房屋、汽车等物品为对象的受贿,应注意与借用的区分。具体认定时,除双方交代或者书面协议之外,主要应当结合以下因素进行判断:(1)有无借用的合理事由;(2)是否实际使用;(3)借用时间的长短;(4)有无归还的条件;(5)有无归还的意思表示及行为。

九、关于收受财物后退还或者上交问题

国家工作人员收受请托人财物后及时退还或者上交的,不是受贿。

国家工作人员受贿后,因自身或者与其受贿有关联的人、事被查处,为掩饰犯罪而退还或者上交的,不影响认定受贿罪。

十、关于在职时为请托人谋利,离职后收受财物问题

国家工作人员利用职务上的便利为请托人谋取利益之前或者之后,约定在其离职后收受请托人财物,并在离职后收受的,以受贿论处。

国家工作人员利用职务上的便利为请托人谋取利益,离职前后连续收受请托人财物的,离职前后收受部分均应计入受贿数额。

十一、关于"特定关系人"的范围

本意见所称"特定关系人",是指与国家工作人员有近亲属、情妇(夫)以及其他共同利益关系的人。

十二、关于正确贯彻宽严相济刑事政策的问题

依照本意见办理受贿刑事案件,要根据刑法关于受贿罪的有关规定和受贿罪权钱交易的本质特征,准确区分罪与非罪、此罪与彼罪的界限,惩处少数,教育多数。在从严惩处受贿犯罪的同时,对于具有自首、立功等情节的,依法从轻、减轻或者免除处罚。

最高人民法院、最高人民检察院关于办理商业贿赂刑事案件适用法律若干问题的意见

(2008年11月20日　法发〔2008〕33号)

为依法惩治商业贿赂犯罪,根据刑法有关规定,结合办案工作实际,现就办理商业贿赂刑事案件适用法律的若干问题,提出如下意见:

一、商业贿赂犯罪涉及刑法规定的以下八种罪名:(1)非国家工作人员受贿罪(刑法第一百六十三条);(2)对非国家工作人员行贿罪(刑法第一

百六十四条);(3)受贿罪(刑法第三百八十五条);(4)单位受贿罪(刑法第三百八十七条);(5)行贿罪(刑法第三百八十九条);(6)对单位行贿罪(刑法第三百九十一条);(7)介绍贿赂罪(刑法第三百九十二条);(8)单位行贿罪(刑法第三百九十三条)。

二、刑法第一百六十三条、第一百六十四条规定的"其他单位",既包括事业单位、社会团体、村民委员会、居民委员会、村民小组等常设性的组织,也包括为组织体育赛事、文艺演出或者其他正当活动而成立的组委会、筹委会、工程承包队等非常设性的组织。

三、刑法第一百六十三条、第一百六十四条规定的"公司、企业或者其他单位的工作人员",包括国有公司、企业以及其他国有单位中的非国家工作人员。

四、医疗机构中的国家工作人员,在药品、医疗器械、医用卫生材料等医药产品采购活动中,利用职务上的便利,索取销售方财物,或者非法收受销售方财物,为销售方谋取利益,构成犯罪的,依照刑法第三百八十五条的规定,以受贿罪定罪处罚。

医疗机构中的非国家工作人员,有前款行为,数额较大的,依照刑法第一百六十三条的规定,以非国家工作人员受贿罪定罪处罚。

医疗机构中的医务人员,利用开处方的职务便利,以各种名义非法收受药品、医疗器械、医用卫生材料等医药产品销售方财物,为医药产品销售方谋取利益,数额较大的,依照刑法第一百六十三条的规定,以非国家工作人员受贿罪定罪处罚。

五、学校及其他教育机构中的国家工作人员,在教材、教具、校服或者其他物品的采购等活动中,利用职务上的便利,索取销售方财物,或者非法收受销售方财物,为销售方谋取利益,构成犯罪的,依照刑法第三百八十五条的规定,以受贿罪定罪处罚。

学校及其他教育机构中的非国家工作人员,有前款行为,数额较大的,依照刑法第一百六十三条的规定,以非国家工作人员受贿罪定罪处罚。

学校及其他教育机构中的教师,利用教学活动的职务便利,以各种名义非法收受教材、教具、校服或者其他物品销售方财物,为教材、教具、校服或者其他物品销售方谋取利益,数额较大的,依照刑法第一百六十三条的规定,以非国家工作人员受贿罪定罪处罚。

六、依法组建的评标委员会、竞争性谈判采购中谈判小组、询价采购中询价小组的组成人员,在招标、政府采购等事项的评标或者采购活动中,索取他人财物或者非法收受他人财物,为他人谋取利益,数额较大的,依照刑法第一百六十三条的规定,以非国家工作人员受贿罪定罪处罚。

依法组建的评标委员会、竞争性谈判采购中谈判小组、询价采购中询价小组中国家机关或者其他国有单位的代表有前款行为的,依照刑法第三百八十五条的规定,以受贿罪定罪处罚。

七、商业贿赂中的财物,既包括金钱和实物,也包括可以用金钱计算数额的财产性利益,如提供房屋装修、含有金额的会员卡、代币卡(券)、旅游费用等。具体数额以实际支付的资费为准。

八、收受银行卡的,不论受贿人是否实际取出或者消费,卡内的存款数额一般应全额认定为受贿数额。使用银行卡透支的,如果由给予银行卡的一方承担还款责任,透支数额也应当认定为受贿数额。

九、在行贿犯罪中,"谋取不正当利益",是指行贿人谋取违反法律、法规、规章或者政策规定的利益,或者要求对方违反法律、法规、规章、政策、行业规范的规定提供帮助或者方便条件。

在招标投标、政府采购等商业活动中,违背公平原则,给予相关人员财物以谋取竞争优势的,属于"谋取不正当利益"。

十、办理商业贿赂犯罪案件,要注意区分贿赂与馈赠的界限。主要应当结合以下因素全面分析、综合判断:(1)发生财物往来的背景,如双方是否存在亲友关系及历史上交往的情形和程度;(2)往来财物的价值;(3)财物往来的缘由、时机和方式,提供财物方对于接受方有无职务上的请托;(4)接受方是否利用职务上的便利为提供方谋取利益。

十一、非国家工作人员与国家工作人员通谋,共同收受他人财物,构成共同犯罪的,根据双方利用职务便利的具体情形分别定罪追究刑事责任:

(1)利用国家工作人员的职务便利为他人谋取利益的,以受贿罪追究刑事责任。

(2)利用非国家工作人员的职务便利为他人谋取利益的,以非国家工作人员受贿罪追究刑事责任。

(3)分别利用各自的职务便利为他人谋取利益的,按照主犯的犯罪性质追究刑事责任,不能分清主从犯的,可以受贿罪追究刑事责任。

最高人民检察院关于贪污养老、医疗等社会保险基金能否适用《最高人民法院 最高人民检察院关于办理贪污贿赂刑事案件适用法律若干问题的解释》第一条第二款第一项规定的批复

（2017年7月19日最高人民检察院第十二届检察委员会第六十七次会议通过 2017年7月26日公布 高检发释字〔2017〕1号 自2017年8月7日起施行）

各省、自治区、直辖市人民检察院，解放军军事检察院，新疆生产建设兵团人民检察院：

近来，一些地方人民检察院就贪污养老、医疗等社会保险基金能否适用《最高人民法院、最高人民检察院关于办理贪污贿赂刑事案件适用法律若干问题的解释》第一条第二款第一项规定请示我院。经研究，批复如下：

养老、医疗、工伤、失业、生育等社会保险基金可以认定为《最高人民法院、最高人民检察院关于办理贪污贿赂刑事案件适用法律若干问题的解释》第一条第二款第一项规定的“特定款物”。

根据刑法和有关司法解释规定，贪污罪和挪用公款罪中的“特定款物”的范围有所不同，实践中应注意区分，依法适用。

此复。

最高人民检察院关于当前查办贪污贿赂等经济犯罪案件应注意的几个问题的通知

(1994年8月4日 高检发贪检字〔1994〕68号)

各省、自治区、直辖市人民检察院,军事检察院:

自1993年8月中央作出深入开展反腐败斗争的决定以来,各级检察机关积极行动,认真贯彻落实中央精神,按照“严格执法,狠抓办案”的工作方针,精心组织,精心指挥,排除各种干扰和阻力,查办了一批贪污贿赂等经济犯罪案件,特别是在查办大案要案方面取得了新的进展。当前在查办贪污贿赂等犯罪大要案件中,一些地方对县处以上干部主要是厅局级以上干部犯罪线索报的多查的少;有的立案不及时,采取强制措施不果断;对被羁押的被告人管理不严,以致逃跑自杀,给工作造成被动。为确保查办贪污贿赂等经济犯罪大案要案工作的顺利进行,特通知如下:

一、检察机关对涉及司局级以上干部的犯罪线索要及时认真核查,不能外转,经初查证实不构成犯罪的再转有关部门处理,经省级院检察长批准,并报高检院备案。

二、对重大犯罪嫌疑人要及时立案,果断采取强制措施,该拘留的拘留,该逮捕的逮捕。不得变相采用监视居住措施滞留人犯。

三、要充分看到同贪污贿赂等经济犯罪分子作斗争的复杂性,提高警惕,克服麻痹思想。在押解或审计被告人时,必须有两名以上干警同时押解或看守,不得由单人执行任务,严防被告人逃跑、自杀。对重要案犯要加派看守力量。严密防范措施。注意保护重要证人、知情人。严防犯罪分子对我干警报复伤害或对有关人员行凶报复。

四、要认真执行刑事诉讼法规定的办案期限,凡需批准延期审理的案件,均应严格办理法律手续,必须在期限届满前15天报出。

五、刑检部门对大要案要提前介入,熟悉案情,核实证据,发现问题及时提出补充侦查意见,以确保大要案的顺利起诉。

六、要切实加强大要案的出庭公诉工作,庭审中充分揭露犯罪、证实犯罪和依法监督审判活动。对确有错误的判决或裁定,要依法及时提出抗诉。厅局级以上干部犯罪案件的免予起诉要从严掌握,确需免诉的应报高检院审查。

七、要加强查办大要案件宣传的力度,选择典型,及时召开新闻发布会,或通过其他新闻媒介,广泛宣传,推动反腐败斗争的深入发展。

全国法院审理经济犯罪案件工作座谈会纪要

(2003 年 11 月 13 日　法发〔2003〕167 号)

为了进一步加强人民法院审判经济犯罪案件工作,最高人民法院于2002 年 6 月 4 日至 6 日在重庆市召开了全国法院审理经济犯罪案件工作座谈会。各省、自治区、直辖市高级人民法院和解放军军事法院主管刑事审判工作的副院长和刑庭庭长参加了座谈会,全国人大常委会法制工作委员会、最高人民检察院、公安部也应邀派员参加了座谈会。座谈会总结了刑法和刑事诉讼法修订实施以来人民法院审理经济犯罪案件工作的情况和经验,分析了审理经济犯罪案件工作面临的形势和任务,对当前和今后一个时期进一步加强人民法院审判经济犯罪案件的工作做了部署。座谈会重点讨论了人民法院在审理贪污贿赂和渎职犯罪案件中遇到的有关适用法律的若干问题,并就其中一些带有普遍性的问题形成了共识。经整理并征求有关部门的意见,纪要如下:

一、关于贪污贿赂犯罪和渎职犯罪的主体

(一)国家机关工作人员的认定

刑法中所称的国家机关工作人员,是指在国家机关中从事公务的人员,包括在各级国家权力机关、行政机关、司法机关和军事机关中从事公务的人员。

根据有关立法解释的规定,在依照法律、法规规定行使国家行政管理职权的组织中从事公务的人员,或者在受国家机关委托代表国家行使职权的组织中从事公务的人员,或者虽未列入国家机关人员编制但在国家机关中从事公务的人员,视为国家机关工作人员。在乡(镇)以上中国共产党机关、人民政协机关中从事公务的人员,司法实践中也应当视为国家机关工作人员。

(二)国家机关、国有公司、企业、事业单位委派到非国有公司、企业、事业单位、社会团体从事公务的人员的认定

所谓委派,即委任、派遣,其形式多种多样,如任命、指派、提名、批准等。不论被委派的人身份如何,只要是接受国家机关、国有公司、企业、事业单位委派,代表国家机关、国有公司、企业、事业单位在非国有公司、企业、事业单位、社会团体中从事组织、领导、监督、管理等工作,都可以认定为国家机关、国有公司、企业、事业单位委派到非国有公司、企业、事业单位、社会团体从事公务的人员。如国家机关、国有公司、企业、事业单位委派在国有控股或者参股的股份有限公司从事组织、领导、监督、管理等工作的人员,应当以国家工作人员论。国有公司、企业改制为股份有限公司后,原国有公司、企业的工作人员和股份有限公司新任命的人员中,除代表国有投资主体行使监督、管理职权的人外,不以国家工作人员论。

(三)"其他依照法律从事公务的人员"的认定

刑法第九十三条第二款规定的"其他依照法律从事公务的人员"应当具有两个特征:一是在特定条件下行使国家管理职能;二是依照法律规定从事公务。具体包括:

(1)依法履行职责的各级人民代表大会代表;

(2)依法履行审判职责的人民陪审员;

(3)协助乡镇人民政府、街道办事处从事行政管理工作的村民委员会、居民委员会等农村和城市基层组织人员;

(4)其他由法律授权从事公务的人员。

(四)关于"从事公务"的理解

从事公务,是指代表国家机关、国有公司、企业、事业单位、人民团体等履行组织、领导、监督、管理等职责。公务主要表现为与职权相联系的公共事务以及监督、管理国有财产的职务活动。如国家机关工作人员依法履行职责,国有公司的董事、经理、监事、会计、出纳人员等管理、监督国有财产等活动,属于从事公务。那些不具备职权内容的劳务活动、技术服务工作,如售货员、售票员等所从事的工作,一般不认为是公务。

二、关于贪污罪

(一)贪污罪既遂与未遂的认定

贪污罪是一种以非法占有为目的的财产性职务犯罪,与盗窃、诈骗、抢

夺等侵犯财产罪一样,应当以行为人是否实际控制财物作为区分贪污罪既遂与未遂的标准。对于行为人利用职务上的便利,实施了虚假平帐等贪污行为,但公共财物尚未实际转移,或者尚未被行为人控制就被查获的,应当认定为贪污未遂。行为人控制公共财物后,是否将财物据为己有,不影响贪污既遂的认定。

(二)“受委托管理、经营国有财产”的认定

刑法第三百八十二条第二款规定的“受委托管理、经营国有财产”,是指因承包、租赁、临时聘用等管理、经营国有财产。

(三)国家工作人员与非国家工作人员勾结共同非法占有单位财物行为的认定

对于国家工作人员与他人勾结,共同非法占有单位财物的行为,应当按照《最高人民法院关于审理贪污、职务侵占案件如何认定共同犯罪几个问题的解释》的规定定罪处罚。对于在公司、企业或者其他单位中,非国家工作人员与国家工作人员勾结,分别利用各自的职务便利,共同将本单位财物非法占有的,应当尽量区分主从犯,按照主犯的犯罪性质定罪。司法实践中,如果根据案件的实际情况,各共同犯罪人在共同犯罪中的地位、作用相当,难以区分主从犯的,可以贪污罪定罪处罚。

(四)共同贪污犯罪中“个人贪污数额”的认定

刑法第三百八十三条第一款规定的“个人贪污数额”,在共同贪污犯罪案件中应理解为个人所参与或者组织、指挥共同贪污的数额,不能只按个人实际分得的赃款数额来认定。对共同贪污犯罪中的从犯,应当按照其所参与的共同贪污的数额确定量刑幅度,并依照刑法第二十七条第二款的规定,从轻、减轻处罚或者免除处罚。

三、关于受贿罪

(一)关于“利用职务上的便利”的认定

刑法第三百八十五条第一款规定的“利用职务上的便利”,既包括利用本人职务上主管、负责、承办某项公共事务的职权,也包括利用职务上有隶属、制约关系的其他国家工作人员的职权。担任单位领导职务的国家工作人员通过不属自己主管的下级部门的国家工作人员的职务为他人谋取利益的,应当认定为“利用职务上的便利”为他人谋取利益。

(二)“为他人谋取利益”的认定

为他人谋取利益包括承诺、实施和实现三个阶段的行为。只要具有其

中一个阶段的行为,如国家工作人员收受他人财物时,根据他人提出的具体请托事项,承诺为他人谋取利益的,就具备了为他人谋取利益的要件。明知他人有具体请托事项而收受其财物的,视为承诺为他人谋取利益。

(三)“利用职权或地位形成的便利条件”的认定

刑法第三百八十八条规定的“利用本人职权或者地位形成的便利条件”,是指行为人与被其利用的国家工作人员之间在职务上虽然没有隶属、制约关系,但是行为人利用了本人职权或者地位产生的影响和一定的工作联系,如单位内不同部门的国家工作人员之间、上下级单位没有职务上隶属、制约关系的国家工作人员之间、有工作联系的不同单位的国家工作人员之间等。

(四)离职国家工作人员收受财物行为的处理

参照《最高人民法院关于国家工作人员利用职务上的便利为他人谋取利益离退休后收受财物行为如何处理问题的批复》规定的精神,国家工作人员利用职务上的便利为请托人谋取利益,并与请托人事先约定,在其离职后收受请托人财物,构成犯罪的,以受贿罪定罪处罚。

(五)共同受贿犯罪的认定

根据刑法关于共同犯罪的规定,非国家工作人员与国家工作人员勾结,伙同受贿的,应当以受贿罪的共犯追究刑事责任。非国家工作人员是否构成受贿罪共犯,取决于双方有无共同受贿的故意和行为。国家工作人员的近亲属向国家工作人员代为转达请托事项,收受请托人财物并告知该国家工作人员,或者国家工作人员明知其近亲属收受了他人财物,仍按照近亲属的要求利用职权为他人谋取利益的,对该国家工作人员应认定为受贿罪,其近亲属以受贿罪共犯论处。近亲属以外的其他人与国家工作人员通谋,由国家工作人员利用职务上的便利为请托人谋取利益,收受请托人财物后双方共同占有的,构成受贿罪共犯。国家工作人员利用职务上的便利为他人谋取利益,并指定他人将财物送给其他人,构成犯罪的,应以受贿罪定罪处罚。

(六)以借款为名索取或者非法收受财物行为的认定

国家工作人员利用职务上的便利,以借为名向他人索取财物,或者非法收受财物为他人谋取利益的,应当认定为受贿。具体认定时,不能仅仅看是否有书面借款手续,应当根据以下因素综合判定:

(1)有无正当、合理的借款事由;

(2)款项的去向;

(3)双方平时关系如何、有无经济往来;

(4)出借方是否要求国家工作人员利用职务上的便利为其谋取利益;

(5)借款后是否有归还的意思表示及行为;

(6)是否有归还的能力;

(7)未归还的原因;等等。

(七)涉及股票受贿案件的认定

在办理涉及股票的受贿案件时,应当注意:

(1)国家工作人员利用职务上的便利,索取或非法收受股票,没有支付股本金,为他人谋取利益,构成受贿罪的,其受贿数额按照收受股票时的实际价格计算。

(2)行为人支付股本金而购买较有可能升值的股票,由于不是无偿收受请托人财物,不以受贿罪论处。

(3)股票已上市且已升值,行为人仅支付股本金,其“购买”股票时的实际价格与股本金的差价部分应认定为受贿。

四、关于挪用公款罪

(一)单位决定将公款给个人使用行为的认定

经单位领导集体研究决定将公款给个人使用,或者单位负责人为了单位的利益,决定将公款给个人使用的,不以挪用公款罪定罪处罚。上述行为致使单位遭受重大损失,构成其他犯罪的,依照刑法的有关规定对责任人员定罪处罚。

(二)挪用公款供其他单位使用行为的认定

根据全国人大常委会《关于〈中华人民共和国刑法〉第三百八十四条第一款的解释》的规定,“以个人名义将公款供其他单位使用的”、“个人决定以单位名义将公款供其他单位使用,谋取个人利益的”,属于挪用公款“归个人使用”。在司法实践中,对于将公款供其他单位使用的,认定是否属于“以个人名义”,不能只看形式,要从实质上把握。对于行为人逃避财务监管,或者与使用人约定以个人名义进行,或者借款、还款都以个人名义进行,将公款给其他单位使用的,应认定为“以个人名义”。“个人决定”既包括行为人在职权范围内决定,也包括超越职权范围决定。“谋取个人利益”,既包括行为人与使用人事先约定谋取个人利益实际尚未获取的情况,也包括虽未事先约定但实际已获取了个人利益的情况。其中的“个人利益”,既包括不正当利益,也包括正当利益;既包括财产性利益,也包括非财产性利益,但这种非财产性利益应当是具体的实际利益,如升学、就业等。

(三)国有单位领导向其主管的具有法人资格的下级单位借公款归个人使用的认定

国有单位领导利用职务上的便利指令具有法人资格的下级单位将公款供个人使用的,属于挪用公款行为,构成犯罪的,应以挪用公款罪定罪处罚。

(四)挪用有价证券、金融凭证用于质押行为性质的认定

挪用金融凭证、有价证券用于质押,使公款处于风险之中,与挪用公款为他人提供担保没有实质的区别,符合刑法关于挪用公款罪规定的,以挪用公款罪定罪处罚,挪用公款数额以实际或者可能承担的风险数额认定。

(五)挪用公款归还个人欠款行为性质的认定

挪用公款归还个人欠款的,应当根据产生欠款的原因,分别认定属于挪用公款的何种情形。归还个人进行非法活动或者进行营利活动产生的欠款,应当认定为挪用公款进行非法活动或者进行营利活动。

(六)挪用公款用于注册公司、企业行为性质的认定

申报注册资本是为进行生产经营活动作准备,属于成立公司、企业进行营利活动的组成部分。因此,挪用公款归个人用于公司、企业注册资本验资证明的,应当认定为挪用公款进行营利活动。

(七)挪用公款后尚未投入实际使用的行为性质的认定

挪用公款后尚未投入实际使用的,只要同时具备“数额较大”和“超过三个月未还”的构成要件,应当认定为挪用公款罪,但可以酌情从轻处罚。

(八)挪用公款转化为贪污的认定

挪用公款罪与贪污罪的主要区别在于行为人主观上是否具有非法占有公款的目的。挪用公款是否转化为贪污,应当按照主客观相一致的原则,具体判断和认定行为人主观上是否具有非法占有公款的目的。在司法实践中,具有以下情形之一的,可以认定行为人具有非法占有公款的目的:

1. 根据《最高人民法院关于审理挪用公款案件具体应用法律若干问题的解释》第六条的规定,行为人“携带挪用的公款潜逃的”,对其携带挪用的公款部分,以贪污罪定罪处罚。

2. 行为人挪用公款后采取虚假发票平帐、销毁有关帐目等手段,使所挪用的公款已难以在单位财务帐目上反映出来,且没有归还行为的,应当

以贪污罪定罪处罚。

3. 行为人截取单位收入不入帐，非法占有，使所占有的公款难以在单位财务帐目上反映出来，且没有归还行为的，应当以贪污罪定罪处罚。

4. 有证据证明行为人有能力归还所挪用的公款而拒不归还，并隐瞒挪用的公款去向的，应当以贪污罪定罪处罚。

五、关于巨额财产来源不明罪

（一）行为人不能说明巨额财产来源合法的认定

刑法第三百九十五条第一款规定的"不能说明"，包括以下情况：

（1）行为人拒不说明财产来源；

（2）行为人无法说明财产的具体来源；

（3）行为人所说的财产来源经司法机关查证并不属实；

（4）行为人所说的财产来源因线索不具体等原因，司法机关无法查实，但能排除存在来源合法的可能性和合理性的。

（二）"非法所得"的数额计算

刑法第三百九十五条规定的"非法所得"，一般是指行为人的全部财产与能够认定的所有支出的总和减去能够证实的有真实来源的所得。在具体计算时，应注意以下问题：

（1）应把国家工作人员个人财产和与其共同生活的家庭成员的财产、支出等一并计算，而且一并减去他们所有的合法收入以及确属与其共同生活的家庭成员个人的非法收入。

（2）行为人所有的财产包括房产、家具、生活用品、学习用品及股票、债券、存款等动产和不动产；行为人的支出包括合法支出和不合法的支出，包括日常生活、工作、学习费用、罚款及向他人行贿的财物等；行为人的合法收入包括工资、奖金、稿酬、继承等法律和政策允许的各种收入。

（3）为了便于计算犯罪数额，对于行为人的财产和合法收入，一般可以从行为人有比较确定的收入和财产时开始计算。

六、关于渎职罪

（一）渎职犯罪行为造成的公共财产重大损失的认定

根据刑法规定，玩忽职守、滥用职权等渎职犯罪是以致使公共财产、国家和人民利益遭受重大损失为构成要件的。其中，公共财产的重大损失，通常是指渎职行为已经造成的重大经济损失。在司法实践中，有以下情形之一的，虽然公共财产作为债权存在，但已无法实现债权的，可以认定为行为人的渎职行为造成了经济损失：

（1）债务人已经法定程序被宣告破产；

（2）债务人潜逃，去向不明；

（3）因行为人责任，致使超过诉讼时效；

（4）有证据证明债权无法实现的其他情况。

（二）玩忽职守罪的追诉时效

玩忽职守行为造成的重大损失当时没有发生，而是玩忽职守行为之后一定时间发生的，应从危害结果发生之日起计算玩忽职守罪的追诉期限。

（三）国有公司、企业人员渎职犯罪的法律适用

对于1999年12月24日《中华人民共和国刑法修正案》实施以前发生的国有公司、企业人员渎职行为（不包括徇私舞弊行为），尚未处理或者正在处理的，不能按照刑法修正案追究刑事责任。

（四）关于“徇私”的理解

徇私舞弊型渎职犯罪的“徇私”应理解为徇个人私情、私利。国家机关工作人员为了本单位的利益，实施滥用职权、玩忽职守行为，构成犯罪的，依照刑法第三百九十七条第一款的规定定罪处罚。

最高人民法院、最高人民检察院关于办理国家出资企业中职务犯罪案件具体应用法律若干问题的意见

（2010年11月26日　法发〔2010〕49号）

随着企业改制的不断推进，人民法院、人民检察院在办理国家出资企业中的贪污、受贿等职务犯罪案件时遇到了一些新情况、新问题。这些新情况、新问题具有一定的特殊性和复杂性，需要结合企业改制的特定历史条件，依法妥善地进行处理。现根据刑法规定和相关政策精神，就办理此类刑事案件具体应用法律的若干问题，提出以下意见：

一、关于国家出资企业工作人员在改制过程中隐匿公司、企业财产归个人持股的改制后公司、企业所有的行为的处理

国家工作人员或者受国家机关、国有公司、企业、事业单位、人民团体委托管理、经营国有财产的人员利用职务上的便利,在国家出资企业改制过程中故意通过低估资产、隐瞒债权、虚设债务、虚构产权交易等方式隐匿公司、企业财产,转为本人持有股份的改制后公司、企业所有,应当依法追究刑事责任的,依照刑法第三百八十二条、第三百八十三条的规定,以贪污罪定罪处罚。贪污数额一般应当以所隐匿财产全额计算;改制后公司、企业仍有国有股份的,按股份比例扣除归于国有的部分。

所隐匿财产在改制过程中已为行为人实际控制,或者国家出资企业改制已经完成的,以犯罪既遂处理。

第一款规定以外的人员实施该款行为的,依照刑法第二百七十一条的规定,以职务侵占罪定罪处罚;第一款规定以外的人员与第一款规定的人员共同实施该款行为的,以贪污罪的共犯论处。

在企业改制过程中未采取低估资产、隐瞒债权、虚设债务、虚构产权交易等方式故意隐匿公司、企业财产的,一般不应当认定为贪污;造成国有资产重大损失,依法构成刑法第一百六十八条或者第一百六十九条规定的犯罪的,依照该规定定罪处罚。

二、关于国有公司、企业在改制过程中隐匿公司、企业财产归职工集体持股的改制后公司、企业所有的行为的处理

国有公司、企业违反国家规定,在改制过程中隐匿公司、企业财产,转为职工集体持股的改制后公司、企业所有的,对其直接负责的主管人员和其他直接责任人员,依照刑法第三百九十六条第一款的规定,以私分国有资产罪定罪处罚。

改制后的公司、企业中只有改制前公司、企业的管理人员或者少数职工持股,改制前公司、企业的多数职工未持股的,依照本意见第一条的规定,以贪污罪定罪处罚。

三、关于国家出资企业工作人员使用改制公司、企业的资金担保个人贷款,用于购买改制公司、企业股份的行为的处理

国家出资企业的工作人员在公司、企业改制过程中为购买公司、企业股份,利用职务上的便利,将公司、企业的资金或者金融凭证、有价证券等用于个人贷款担保的,依照刑法第二百七十二条或者第三百八十四条的规定.以挪用资金罪或者挪用公款罪定罪处罚。

行为人在改制前的国家出资企业持有股份的,不影响挪用数额的认定,但量刑时应当酌情考虑。

经有关主管部门批准或者按照有关政策规定,国家出资企业的工作人员为购买改制公司、企业股份实施前款行为的,可以视具体情况不作为犯罪处理。

四、关于国家工作人员在企业改制过程中的渎职行为的处理

国家出资企业中的国家工作人员在公司、企业改制或者国有资产处置过程中严重不负责任或者滥用职权,致使国家利益遭受重大损失的,依照刑法第一百六十八条的规定,以国有公司、企业人员失职罪或者国有公司、企业人员滥用职权罪定罪处罚。

国家出资企业中的国家工作人员在公司、企业改制或者国有资产处置过程中徇私舞弊,将国有资产低价折股或者低价出售给其本人未持有股份的公司、企业或者其他个人,致使国家利益遭受重大损失的,依照刑法第一百六十九条的规定,以徇私舞弊低价折股、出售国有资产罪定罪处罚。

国家出资企业中的国家工作人员在公司、企业改制或者国有资产处置过程中徇私舞弊,将国有资产低价折股或者低价出售给特定关系人持有股份或者本人实际控制的公司、企业,致使国家利益遭受重大损失的,依照刑法第三百八十二条、第三百八十三条的规定,以贪污罪定罪处罚。贪污数额以国有资产的损失数额计算。

国家出资企业中的国家工作人员因实施第一款、第二款行为收受贿赂,同时又构成刑法第三百八十五条规定之罪的,依照处罚较重的规定定罪处罚。

五、关于改制前后主体身份发生变化的犯罪的处理

国家工作人员在国家出资企业改制前利用职务上的便利实施犯罪,在其不再具有国家工作人员身份后又实施同种行为,依法构成不同犯罪的,应当分别定罪,实行数罪并罚。

国家工作人员利用职务上的便利,在国家出资企业改制过程中隐匿公司、企业财产,在其不再具有国家工作人员身份后将所隐匿财产据为己有的,依照刑法第三百八十二条、第三百八十三条的规定,以贪污罪定罪处罚。

国家工作人员在国家出资企业改制过程中利用职务上的便利为请托

人谋取利益，事先约定在其不再具有国家工作人员身份后收受请托人财物，或者在身份变化前后连续收受请托人财物的，依照刑法第三百八十五条、第三百八十六条的规定，以受贿罪定罪处罚。

六、关于国家出资企业中国家工作人员的认定

经国家机关、国有公司、企业、事业单位提名、推荐、任命、批准等，在国有控股、参股公司及其分支机构中从事公务的人员，应当认定为国家工作人员。具体的任命机构和程序，不影响国家工作人员的认定。

经国家出资企业中负有管理、监督国有资产职责的组织批准或者研究决定，代表其在国有控股、参股公司及其分支机构中从事组织、领导、监督、经营、管理工作的人员，应当认定为国家工作人员。

国家出资企业中的国家工作人员，在国家出资企业中持有个人股份或者同时接受非国有股东委托的，不影响其国家工作人员身份的认定。

七、关于国家出资企业的界定

本意见所称“国家出资企业”，包括国家出资的国有独资公司、国有独资企业，以及国有资本控股公司、国有资本参股公司。

是否属于国家出资企业不清楚的，应遵循“谁投资、谁拥有产权”的原则进行界定。企业注册登记中的资金来源与实际出资不符的，应根据实际出资情况确定企业的性质。企业实际出资情况不清楚的，可以综合工商注册、分配形式、经营管理等因素确定企业的性质。

八、关于宽严相济刑事政策的具体贯彻

办理国家出资企业中的职务犯罪案件时，要综合考虑历史条件、企业发展、职工就业、社会稳定等因素，注意具体情况具体分析，严格把握犯罪与一般违规行为的区分界限。对于主观恶意明显、社会危害严重、群众反映强烈的严重犯罪，要坚决依法从严惩处；对于特定历史条件下、为了顺利完成企业改制而实施的违反国家政策法律规定的行为，行为人无主观恶意或者主观恶意不明显，情节较轻，危害不大的，可以不作为犯罪处理。

对于国家出资企业中的职务犯罪，要加大经济上的惩罚力度，充分重视财产刑的适用和执行，最大限度地挽回国家和人民利益遭受的损失。不能退赃的，在决定刑罚时，应当作为重要情节予以考虑。

最高人民法院关于审理贪污、职务侵占案件如何认定共同犯罪几个问题的解释

(2000年6月27日最高人民法院审判委员会第1120次会议通过 2000年6月30日公布 法释〔2000〕15号 自2000年7月8日起施行)

为依法审理贪污或者职务侵占犯罪案件,现就这类案件如何认定共同犯罪问题解释如下:

第一条 行为人与国家工作人员勾结,利用国家工作人员的职务便利,共同侵吞、窃取、骗取或者以其他手段非法占有公共财物的,以贪污罪共犯论处。

第二条 行为人与公司、企业或者其他单位的人员勾结,利用公司、企业或者其他单位人员的职务便利,共同将该单位财物非法占为己有,数额较大的,以职务侵占罪共犯论处。

第三条 公司、企业或者其他单位中,不具有国家工作人员身份的人与国家工作人员勾结,分别利用各自的职务便利,共同将本单位财物非法占为己有的,按照主犯的犯罪性质定罪。

最高人民法院研究室关于对行为人通过伪造国家机关公文、证件担任国家工作人员职务并利用职务上的便利侵占本单位财物、收受贿赂、挪用本单位资金等行为如何适用法律问题的答复

(2004年3月20日 法研〔2004〕38号)

北京市高级人民法院:

你院〔2004〕15号《关于通过伪造国家机关公文、证件担任国家工作人员职务后利用职务便利侵占本单位财物、收受贿赂、挪用本单位资金的行为如何定性的请示》收悉。经研究,答复如下:

行为人通过伪造国家机关公文、证件担任国家工作人员职务以后,又利用职务上的便利实施侵占本单位财物、收受贿赂、挪用本单位资金等行为,构成犯罪的,应当分别以伪造国家机关公文、证件罪和相应的贪污罪、受贿罪、挪用公款罪等追究刑事责任,实行数罪并罚。

最高人民法院关于国家工作人员利用职务上的便利为他人谋取利益离退休后收受财物行为如何处理问题的批复

(2000年6月30日最高人民法院审判委员会第1121次会议通过 2000年7月13日公布 法释〔2000〕21号 自2000年7月21日起施行)

江苏省高级人民法院:

你院苏高法〔1999〕65号《关于国家工作人员在职时为他人谋利,离退

休后收受财物是否构成受贿罪的请示》收悉。经研究，答复如下：

国家工作人员利用职务上的便利为请托人谋取利益，并与请托人事先约定，在其离退休后收受请托人财物，构成犯罪的，以受贿罪定罪处罚。

此复

渎　职　罪

全国人民代表大会常务委员会关于《中华人民共和国刑法》第九章渎职罪主体适用问题的解释

（2002年12月28日第九届全国人民代表大会常务委员会第三十一次会议通过）

全国人大常委会根据司法实践中遇到的情况，讨论了刑法第九章渎职罪主体的适用问题，解释如下：

在依照法律、法规规定行使国家行政管理职权的组织中从事公务的人员，或者在受国家机关委托代表国家机关行使职权的组织中从事公务的人员，或者虽未列入国家机关人员编制但在国家机关中从事公务的人员，在代表国家机关行使职权时，有渎职行为，构成犯罪的，依照刑法关于渎职罪的规定追究刑事责任。

现予公告。

最高人民法院、最高人民检察院关于办理渎职刑事案件适用法律若干问题的解释(一)

(2012年7月9日最高人民法院审判委员会第1552次会议、2012年9月12日最高人民检察院第十一届检察委员会第79次会议通过 2012年12月7日公布 法释〔2012〕18号 自2013年1月9日起施行)

为依法惩治渎职犯罪,根据刑法有关规定,现就办理渎职刑事案件适用法律的若干问题解释如下:

第一条 国家机关工作人员滥用职权或者玩忽职守,具有下列情形之一的,应当认定为刑法第三百九十七条规定的"致使公共财产、国家和人民利益遭受重大损失":

(一)造成死亡1人以上,或者重伤3人以上,或者轻伤9人以上,或者重伤2人、轻伤3人以上,或者重伤1人、轻伤6人以上的;

(二)造成经济损失30万元以上的;

(三)造成恶劣社会影响的;

(四)其他致使公共财产、国家和人民利益遭受重大损失的情形。

具有下列情形之一的,应当认定为刑法第三百九十七条规定的"情节特别严重":

(一)造成伤亡达到前款第(一)项规定人数3倍以上的;

(二)造成经济损失150万元以上的;

(三)造成前款规定的损失后果,不报、迟报、谎报或者授意、指使、强令他人不报、迟报、谎报事故情况,致使损失后果持续、扩大或者抢救工作延误的;

(四)造成特别恶劣社会影响的;

(五)其他特别严重的情节。

第二条　国家机关工作人员实施滥用职权或者玩忽职守犯罪行为，触犯刑法分则第九章第三百九十八条至第四百一十九条规定的，依照该规定定罪处罚。

国家机关工作人员滥用职权或者玩忽职守，因不具备徇私舞弊等情形，不符合刑法分则第九章第三百九十八条至第四百一十九条的规定，但依法构成第三百九十七条规定的犯罪的，以滥用职权罪或者玩忽职守罪定罪处罚。

第三条　国家机关工作人员实施渎职犯罪并收受贿赂，同时构成受贿罪的，除刑法另有规定外，以渎职犯罪和受贿罪数罪并罚。

第四条　国家机关工作人员实施渎职行为，放纵他人犯罪或者帮助他人逃避刑事处罚，构成犯罪的，依照渎职罪的规定定罪处罚。

国家机关工作人员与他人共谋，利用其职务行为帮助他人实施其他犯罪行为，同时构成渎职犯罪和共谋实施的其他犯罪共犯的，依照处罚较重的规定定罪处罚。

国家机关工作人员与他人共谋，既利用其职务行为帮助他人实施其他犯罪，又以非职务行为与他人共同实施该其他犯罪行为，同时构成渎职犯罪和其他犯罪的共犯的，依照数罪并罚的规定定罪处罚。

第五条　国家机关负责人员违法决定，或者指使、授意、强令其他国家机关工作人员违法履行职务或者不履行职务，构成刑法分则第九章规定的渎职犯罪的，应当依法追究刑事责任。

以"集体研究"形式实施的渎职犯罪，应当依照刑法分则第九章的规定追究国家机关负有责任的人员的刑事责任。对于具体执行人员，应当在综合认定其行为性质、是否提出反对意见、危害结果大小等情节的基础上决定是否追究刑事责任和应当判处的刑罚。

第六条　以危害结果为条件的渎职犯罪的追诉期限，从危害结果发生之日起计算；有数个危害结果的，从最后一个危害结果发生之日起计算。

第七条　依法或者受委托行使国家行政管理职权的公司、企业、事业单位的工作人员，在行使行政管理职权时滥用职权或者玩忽职守，构成犯罪的，应当依照《全国人民代表大会常务委员会关于〈中华人民共和国刑法〉第九章渎职罪主体适用问题的解释》的规定，适用渎职罪的规定追究刑事责任。

第八条　本解释规定的"经济损失"，是指渎职犯罪或者与渎职犯罪相关联的犯罪立案时已经实际造成的财产损失,包括为挽回渎职犯罪所造成损失而支付的各种开支、费用等。立案后至提起公诉前持续发生的经济损失,应一并计入渎职犯罪造成的经济损失。

债务人经法定程序被宣告破产,债务人潜逃、去向不明,或者因行为人的责任超过诉讼时效等,致使债权已经无法实现的,无法实现的债权部分应当认定为渎职犯罪的经济损失。

渎职犯罪或者与渎职犯罪相关联的犯罪立案后,犯罪分子及其亲友自行挽回的经济损失,司法机关或者犯罪分子所在单位及其上级主管部门挽回的经济损失,或者因客观原因减少的经济损失,不予扣减,但可以作为酌定从轻处罚的情节。

第九条 负有监督管理职责的国家机关工作人员滥用职权或者玩忽职守,致使不符合安全标准的食品、有毒有害食品、假药、劣药等流入社会,对人民群众生命、健康造成严重危害后果的,依照渎职罪的规定从严惩处。

第十条 最高人民法院、最高人民检察院此前发布的司法解释与本解释不一致的,以本解释为准。

最高人民法院、最高人民检察院、公安部、国家安全部、司法部关于对司法工作人员在诉讼活动中的渎职行为加强法律监督的若干规定(试行)

(2010年7月26日 高检会〔2010〕4号)

第一条 加强对司法工作人员在诉讼活动中的渎职行为的法律监督,完善和规范监督措施,保证司法工作人员公正司法,根据《中华人民共和国刑法》、《中华人民共和国刑事诉讼法》、《中华人民共和国民事诉讼法》、《中华人民共和国行政诉讼法》等有关法律的规定,制定本规定。

第二条 人民检察院依法对诉讼活动实行法律监督。对司法工作人员的渎职行为可以通过依法审查案卷材料、调查核实违法事实、提出纠正违法意见或者建议更换办案人、立案侦查职务犯罪等措施进行法律监督。

第三条 司法工作人员在诉讼活动中具有下列情形之一的,可以认定为司法工作人员具有涉嫌渎职的行为,人民检察院应当调查核实:

(一)徇私枉法、徇情枉法,对明知是无罪的人而使其受追诉,或者对明知是有罪的人而故意包庇不使其受追诉,或者在审判活动中故意违背事实和法律作枉法裁判的;

(二)非法拘禁他人或者以其他方法非法剥夺他人人身自由的;

(三)非法搜查他人身体、住宅,或者非法侵入他人住宅的;

(四)对犯罪嫌疑人、被告人实行刑讯逼供或者使用暴力逼取证人证言,或者以暴力、威胁、贿买等方法阻止证人作证或者指使他人作伪证的,或者帮助当事人毁灭、伪造证据的;

(五)侵吞或者违法处置被查封、扣押、冻结的款物的;

(六)违反法律规定的拘留期限、侦查羁押期限或者办案期限,对犯罪嫌疑人、被告人超期羁押,情节较重的;

(七)私放在押的犯罪嫌疑人、被告人、罪犯,或者严重不负责任,致使在押的犯罪嫌疑人、被告人、罪犯脱逃的;

(八)徇私舞弊,对不符合减刑、假释、暂予监外执行条件的罪犯,违法提请或者裁定、决定、批准减刑、假释、暂予监外执行的;

(九)在执行判决、裁定活动中严重不负责任或者滥用职权,不依法采取诉讼保全措施、不履行法定执行职责,或者违法采取诉讼保全措施、强制执行措施,致使当事人或者其他人的合法利益遭受损害的;

(十)对被监管人进行殴打或者体罚虐待或者指使被监管人殴打、体罚虐待其他被监管人的;

(十一)收受或者索取当事人及其近亲属或者其委托的人等的贿赂的;

(十二)其他严重违反刑事诉讼法、民事诉讼法、行政诉讼法和刑法规定,不依法履行职务,损害当事人合法权利,影响公正司法的诉讼违法行为和职务犯罪行为。

第四条 人民检察院在开展法律监督工作中,发现有证据证明司法工作人员在诉讼活动中涉嫌渎职的,应当报经检察长批准,及时进行调查核实。

对于单位或者个人向人民检察院举报或者控告司法工作人员在诉讼活动中有渎职行为的,人民检察院应当受理并进行审查,对于需要进一步调查核实的，应当报经检察长批准，及时进行调查核实。

第五条 人民检察院认为需要核实国家安全机关工作人员在诉讼活动中的渎职行为的，应当报经检察长批准，委托国家安全机关进行调查。国家安全机关应当及时将调查结果反馈人民检察院。必要时，人民检察院可以会同国家安全机关共同进行调查。

对于公安机关工作人员办理危害国家安全犯罪案件中渎职行为的调查，比照前款规定执行。

第六条 人民检察院发现检察人员在诉讼活动中涉嫌渎职的，应当报经检察长批准，及时进行调查核实。

人民法院、公安机关、国家安全机关、司法行政机关有证据证明检察人员涉嫌渎职的，可以向人民检察院提出，人民检察院应当及时进行调查核实并反馈调查结果。

上一级人民检察院接到对检察人员在诉讼活动中涉嫌渎职行为的举报、控告的，可以直接进行调查，也可以交由下级人民检察院调查。交下级人民检察院调查的，下级人民检察院应当将调查结果及时报告上一级人民检察院。

第七条 人民检察院调查司法工作人员在诉讼活动中的渎职行为，可以询问有关当事人或者知情人，查阅、调取或者复制相关法律文书或者报案登记材料、案卷材料、罪犯改造材料，对受害人可以进行伤情检查，但是不得限制被调查人的人身自由或者财产权利。

人民检察院通过查阅、复制、摘录等方式能够满足调查需要的，一般不调取相关法律文书或者报案登记材料、案卷材料、罪犯改造材料。

人民检察院在调查期间，应当对调查内容保密。

第八条 人民检察院对司法工作人员在诉讼活动中的涉嫌渎职行为进行调查，调查期限不得超过一个月。确需延长调查期限的，可以报经检察长批准，延长二个月。

第九条 人民检察院对司法工作人员在诉讼活动中的涉嫌渎职行为进行调查，在查证属实并由有关机关作出停止执行职务的处理前，被调查人不停止执行职务。

第十条 人民检察院对司法工作人员在诉讼活动中的涉嫌渎职行为调查完毕后，应当制作调查报告，根据已经查明的情况提出处理意见，报检察长决定后作出处理。

(一)认为有犯罪事实需要追究刑事责任的,应当按照刑事诉讼法关于管辖的规定依法立案侦查或者移送有管辖权的机关立案侦查,并建议有关机关停止被调查人执行职务,更换办案人。

(二)对于确有渎职违法行为,但是尚未构成犯罪的,应当依法向被调查人所在机关发出纠正违法通知书,并将证明其渎职行为的材料按照干部管理权限移送有关机关处理。对于确有严重违反法律的渎职行为,虽未构成犯罪,但被调查人继续承办案件将严重影响正在进行的诉讼活动的公正性,且有关机关未更换办案人的,应当建议更换办案人。

(三)对于审判人员在审理案件时有贪污受贿、徇私舞弊、枉法裁判或者其他违反法律规定的诉讼程序的行为,可能影响案件正确判决、裁定的,应当分别依照刑事诉讼法、民事诉讼法和行政诉讼法规定的程序对该案件的判决、裁定提出抗诉。

(四)对于举报、控告不实的,应当及时向被调查人所在机关说明情况。调查中询问过被调查人的,应当及时向被调查人本人说明情况,并采取适当方式在一定范围内消除不良影响。同时,将调查结果及时回复举报人、控告人。

(五)对于举报人、控告人捏造事实诬告陷害,意图使司法工作人员受刑事追究,情节严重的,依法追究刑事责任。调查人员与举报人、控告人恶意串通,诬告陷害司法工作人员的,一并追究相关法律责任。

对于司法工作人员涉嫌渎职犯罪需要立案侦查的,对渎职犯罪的侦查和对诉讼活动的其他法律监督工作应当分别由不同的部门和人员办理。

第十一条 被调查人不服人民检察院的调查结论的,可以向人民检察院提出申诉,人民检察院应当进行复查,并在十日内将复查决定反馈申诉人及其所在机关。申诉人不服人民检察院的复查决定的,可以向上一级人民检察院申请复核。上一级人民检察院应当进行复核,并在二十日内将复核决定及时反馈申诉人,通知下级人民检察院。

第十二条 人民检察院经过调查,认为作为案件证据材料的犯罪嫌疑人、被告人供述、证人证言、被害人陈述系司法工作人员采用暴力、威胁、引诱、欺骗等违法手段获取的,在审查或者决定逮捕、审查起诉时应当依法予以排除,不得作为认定案件事实的根据。有关调查材料应当存入诉讼卷宗,随案移送。

第十三条 人民检察院提出纠正违法意见或者更换办案人建议的,有关机关应当在十五日内作出处理并将处理情况书面回复人民检察院。对于人民检察院的纠正违法通知书和更换办案人建议书,有关机关应当存入诉讼卷宗备查。

有关机关对人民检察院提出的纠正违法意见有异议的,应当在收到纠正违法通知书后五日内将不同意见书面回复人民检察院,人民检察院应当在七日内进行复查。人民检察院经过复查,认为纠正违法意见正确的,应当立即向上一级人民检察院报告;认为纠正违法意见错误的,应当撤销纠正违法意见,并及时将撤销纠正违法意见书送达有关机关。

上一级人民检察院经审查,认为下级人民检察院的纠正违法意见正确的,应当及时与同级有关机关进行沟通,同级有关机关应当督促其下级机关进行纠正;认为下级人民检察院的纠正违法意见不正确的,应当书面通知下级人民检察院予以撤销,下级人民检察院应当执行,并依照本规定第十条第一款第四项的规定,说明情况,消除影响。

第十四条 有关机关在查处本机关司法工作人员的违纪违法行为时,发现已经涉嫌职务犯罪的,应当及时将犯罪线索及相关材料移送人民检察院。人民检察院应当及时进行审查,符合立案条件的,依法立案侦查,并将有关情况反馈移送犯罪线索的机关。

第十五条 检察人员对于司法工作人员在诉讼活动中的渎职行为不依法履行法律监督职责,造成案件被错误处理或者其他严重后果,或者放纵司法工作人员职务犯罪,或者滥用职权违法干扰有关司法机关依法办案的,人民检察院的纪检监察部门应当进行查处;构成犯罪的,依法追究刑事责任。

第十六条 本规定所称的司法工作人员,是指依法负有侦查、检察、审判、监管和判决、裁定执行职责的国家工作人员。

第十七条 本规定所称的对司法工作人员渎职行为的调查,是指人民检察院在对刑事诉讼、民事审判、行政诉讼活动进行法律监督中,为准确认定和依法纠正司法工作人员的渎职行为,而对该司法工作人员违反法律的事实是否存在及其性质、情节、后果等进行核实、查证的活动。

第十八条 本规定自公布之日起试行。

最高人民检察院关于企业事业单位的公安机构在机构改革过程中其工作人员能否构成渎职侵权犯罪主体问题的批复

（2002年4月24日最高人民检察院第九届检察委员会第107次会议通过　2002年4月29日公布　高检发释字〔2002〕3号　自2002年5月16日起施行）

陕西省人民检察院：

你院陕检发研〔2001〕159号《关于对企业事业单位的公安机构在机构改革过程中其工作人员能否构成渎职侵权犯罪主体问题的请示》收悉。经研究，批复如下：

企业事业单位的公安机构在机构改革过程中虽尚未列入公安机关建制，其工作人员在行使侦查职责时，实施渎职侵权行为的，可以成为渎职侵权犯罪的主体。

此复。

最高人民检察院关于加强渎职侵权检察工作的决定

（2000年5月29日最高人民检察院第九届检察委员会第六十二次会议通过）

近年来，全国各级人民检察院牢固树立为党和国家工作大局服务的思想，认真履行法律监督职责，不断加大渎职侵权检察工作力度，取得了很大的成绩，积累了宝贵的经验。同时也应该看到，在发展社会主义市场经济，实施依法治国方略的新形势下，渎职侵权检察工作相对薄弱及发展不平衡的问题仍然比较突出;渎职侵权检察工作担负的任务仍然十分繁重、艰巨;修改后的刑事诉讼法和修订刑法的相继实施,给渎职侵权检察工作提出了更新更高的要求。为了实现新时期检察工作的任务,加强检察制度建设,最高人民检察院于1999年9月颁布了《关于检察机关反贪污贿赂工作若干问题的决定》,该《决定》的基本精神和有关规定,适用于渎职侵权检察工作。为全面落实新时期检察工作方针,充分发挥检察机关在查办渎职侵权案件、促进国家机关工作人员依法行政、公正司法、勤政廉政方面的作用,特就加强检察机关渎职侵权检察工作作如下决定。

一、把加强渎职侵权检察工作摆在检察工作的重要位置来抓

1. 依法查办国家机关工作人员渎职犯罪和利用职权实施的侵犯公民人身权利、民主权利的犯罪案件,是检察机关法律监督的一项重要职责,是党和人民赋予的一项重要任务。加强渎职侵权检察工作是落实依法治国方略,建设社会主义法治国家的需要,是维护政治安定、社会稳定和经济安全,促进社会主义市场经济健康发展的需要,是深入开展反腐败斗争,加强政权建设的需要,是确保检察机关各项法律监督顺利开展,维护法律正确统一实施的需要,也是广大人民群众的强烈要求。各级检察机关要从讲政治的高度来认识和对待渎职侵权检察工作,当前要把这项工作摆在重要位置,全面推动渎职侵权检察工作向前发展。

2. 渎职侵权检察工作要本着“开拓、加强、规范、发展”的工作思路,总结以往的成功经验,适应“两法”修改带来的变化,立足于检察机关渎职侵权检察工作的长远发展,在开拓中加强,规范中发展。

3. 渎职侵权检察工作必须:(1)坚持服从于服务于党和国家工作大局的指导思想;(2)坚持以事实为根据,以法律为准绳,法律面前人人平等的原则;(3)坚持上级检察院对下级检察院的领导;(4)坚持专门机关与群众路线相结合的工作方法;(5)坚持打防结合、标本兼治的方针。

4. 把依法积极查办案件作为加强渎职侵权检察工作的中心任务。切实做到:把查办渎职侵权犯罪工作摆在突出位置,决不动摇;办案力度必须进一步加大,决不放松;依法从重从严的方针必须长期坚持,决不手软。要突出重点,集中精力查办大案要案。根据党的十五大确定的反腐败总体部署,重点查办党政机关工作人员特别是县处级以上领导干部玩忽职守、滥用职权犯罪案件;司法人员枉法追诉、枉法裁判、刑讯逼供犯罪案件;负有管理市场、维护社会主义市场经济秩序、保护经济安全职责的行政执法人员滥用职权、徇私舞弊不移交刑事案件等犯罪案件；国家机关工作人员利用职权实施的非法拘禁、报复陷害、破坏选举等侵犯公民人身权利和民主权利的犯罪案件。要围绕国企改革和发展、西部大开发等重大战略部署的实施，根据本地实际，突出工作重点，结合办案，积极采取有效措施保护国有资产，在服务大局中发挥职能作用。

5. 大力提高侦查水平。坚持以证据为中心开展侦查工作，适应“两法”修改的要求，在严格办案程序、办案规范、办案纪律的基础上，努力增强侦查意识，善于运用刑事政策，切实讲究侦查艺术。要加强调查研究，重点分析渎职侵权犯罪特别是新领域、新罪名案件的手段、特点和规律，研究对策，摸索经验。对侦查工作中的疑难、复杂问题组织专题研究论证。要加强渎职侵权检察理论研究工作，逐步建立渎职侵权检察理论体系。

6. 切实加强对渎职侵权检察工作的领导。把加大查办渎职侵权犯罪案件工作的力度和打开渎职侵权检察工作局面，作为检验一个检察院工作整体推进的重要标准。各级检察长和主管副检察长要以高度的政治责任感抓好此项工作，及时研究解决工作部署、案件查办、队伍建设、物质保障等重大问题。对重大、疑难案件要亲自指挥协调、督促检查和具体指导，在关键案件、关键问题上发挥组织领导作用。

二、正确履行侦查工作职责

7. 重视案件的初查。初查可根据渎职侵权犯罪案件的特点分别采用不同方式，既可以秘密进行，也可以公开进行。对过失犯罪，或者危害结果比较明确的，可以公开调查。初查严禁对证人、关系人、被调查对象采取强制措施，不得查封、扣押、冻结财产。

初查中，可以请纪检监察、审计等部门配合调查。可以提前介入纪检监察、审计部门的调查工作。

8. 严格执行立案标准。发现有达到立案标准的涉嫌犯罪事实，需要追究刑事责任的；发现或认为造成公共财产、国家和人民利益重大损失是人为责任，有犯罪事实存在的，应当立案。

9. 严格按照刑事诉讼法关于案件管辖的规定办理案件。对涉嫌犯罪的国家机关工作人员同时又在企业、事业单位和其他组织兼职的，应按其犯罪过程中实际起作用的职务认定主体身份，确定案件管辖；对利用何种职务暂时难以确定，但已构成犯罪的，检察机关可先行立案侦查，待查清事实后，再按规定移送管辖。

对属于渎职犯罪案件认定要件的其他刑事犯罪案件,应当按管辖分工移送有关部门查处,涉及渎职犯罪的相关证据的,检察机关可直接进行调查,也可请有关单位、人员协助查证。对公安机关应当立案而不依法立案的案件,要依法通过立案监督程序通知其立案侦查。对重特大渎职犯罪案件所涉及的必须及时查清的案件,经上级检察机关同意,可以并案查处。

国家机关工作人员利用职权实施的其他重大的犯罪案件,需要由人民检察院直接受理的,经省级以上人民检察院决定,可以由人民检察院渎职侵权检察部门立案侦查。

10. 采取强制措施要严格依照法律规定,根据侦查工作需要,适时运用或变更。要树立强制措施是保障刑事诉讼顺利进行的法定手段,是法律规定的重要侦查对策的观念,增强采取强制措施的目的性和针对性。对过失犯罪嫌疑人,认罪态度好,能够积极配合侦查工作的,可以采取监视居住、取保候审强制措施或者不采取强制措施。严禁超期羁押和变相拘禁犯罪嫌疑人。

11. 办案中要依法全面、客观地收集证据,确保证据的合法性。要运用科技手段依法收集和固定证据,为侦查办案服务。

三、建立和完善案件管理体制和工作运行机制

12. 建立高效、协调、规范的侦查指挥协调机制。强化对查办渎职侵权犯罪大案要案工作的统一领导和指挥协调,逐步形成以最高人民检察院为中心的分级负责、逐级领导、信息畅通、指挥有效的侦查工作领导体制。坚持大案要案分级办理,充分发挥上级检察院在侦查工作中的指挥协调作用。上级检察院对重大案件、疑难案件可以交办、提办、参办、督办,对需要若干个检察院共同侦查或者需要并案侦查的重大案件,可以由参办检察院共同的上级检察院成立指挥机构,集中查办。上级检察院要建立办案骨干档案和办案人才库,必要时,统一调配,集中使用,突破大要案和疑难复杂案件。

13. 强化分州市院查办渎职侵权案件的责任和侦查指挥职能,建立以分州市院为"龙头",县区院为支点的办案体制,形成区域联动,上下一体,指挥有力,协调高效的侦查工作运行机制。分州市院直接指挥调度所辖县、区内的渎职侵权罪案侦查工作,一般案件可由县区院办理;大要案件、疑难案件可由分州市院直接办理或侦破后交由县区院办理,也可在分州市院的直接指挥调度下由县区院办理。

14. 建立健全渎职侵权犯罪案件备案审查制度。线索受理、初查、立案侦查、侦查终结、处理结果均应按规定向上级院备案。上级检察院收到备案后要及时审查,必要时应当派员指导。发现下级检察院办案中出现的问题和错误,应立即指出、纠正。对瞒案不报、压案不查、该立不立的,要督促;对督促无效的要通报批评。

15. 积极开展主办检察官的试点工作,建立和完善办案责任制。要逐步探索、建立符合渎职侵权案件侦查工作规律和特点,分工明确、权责清晰的办案责任制。要落实错案责任追究制,保障侦查工作依法进行。

16. 建立请求专业协作制度。根据渎职侵权案件涉及法律、法规多,领域广,技术性、专业性强等特点,办案中要争取有关部门和技术力量的协作和支持,可请审计、技术监督、工商、税务、稽核、仲裁等部门专业人员,以及发案单位的纪检监察部门、上级主管部门协助办案,也可向他们咨询,请其出具有关技术性证明。

17. 改革和完善办案考核机制。建立受理、初查、立案、破案、结案等贯穿侦查工作全部过程的综合业务考核体系,全面准确评价工作业绩。

18. 建立获取渎职侵权犯罪案件线索的信息网络和协作机制。加强渎职侵权检察宣传工作,采取多种形式鼓励公民和单位举报。加强与信访办、纠风办和各新闻单位的联系,建立健全与公安、法院、司法行政、纪检、监察、工商、税务、海关、审计等职能部门的联席会议制度和案件移送制度。

建立检察机关内设机构之间的情况通报、信息共享、线索移送、侦结反馈制度。把诉讼监督与查办渎职侵权犯罪案件工作有机地结合起来,协调配合,共同促进。各内设机构在办案中发现渎职侵权犯罪案件线索的,要及时移送渎职侵权检察部门,也可以共同初查。

19. 坚持检察机关自行侦查案件内部制约制度。严格实行渎职侵权犯罪案件线索管理、案件侦查、审查批捕、审查起诉、申诉复查职能分离。举报中心统一归口接受案件举报材料,对涉嫌渎职侵权犯罪案件的线索要在接受后七日内移送渎职侵权检察部门。对国家机关工作人员同时涉嫌渎职侵权犯罪和其他犯罪,主罪是渎职侵权犯罪的案件线索,应当优先移送渎职侵权检察部门进行初查。渎职侵权检察部门自行发现的案件线索经分管检察长批准,可以直接办理,但应当将案件线索和办理情况向线索管理部门备案。犯罪嫌疑人同时涉嫌贪污贿赂等其他犯罪的,经主管检察长批准,渎职侵权检察部门可以一并侦查。对重大案件的侦查,审查批捕、审查起诉部门可以提前介入,熟悉案情,审查证据,保证案件质量。各部门在案件线索移交和案件管理上要严格执行保密制度。

20. 深化检务公开。实行办案程序、办案标准、办案纪律公开,切实履行法律规定的告知义务。凡公开调查的过失型案件,结案后要向被调查对象及其所在单位通报调查结果,不断探索检务公开的新路子。

21. 完善渎职侵权犯罪预防机制。认真贯彻、落实最高人民检察院《关于加强预防职务犯罪工作的意见》,牢固树立标本兼治的思想,在不断加大查办渎职侵权犯罪案件的同时,重视做好预防工作,积极探索结合办案开展预防的最佳实现形式。根据渎职侵权犯罪所涉部门多数负有社会管理、市场管理职责的特点,要特别注意防止权钱交易和权力滥用,积极开展有针对性的行业预防和专项预防,不断探索犯罪预防的新方法、新措施,逐步形成检察机关与有关部门相互配合,共同预防犯罪的工作机制。要把渎职侵权犯罪预防工作纳入党委和政府的犯罪预防的总体格局之中。

22. 建立健全与纪检监察部门的案件移送和配合协作制度。要积极支持纪委对有关案件的协调,坚持各司其职,各负其责。对纪检监察机关查办的重大违纪违法案件,需要了解情况,熟悉案情的,应当积极介入,但不出具检察院的文书,不动用刑事法律手段。对纪检监察机关移送的涉嫌犯罪案件,要认真进行审查,属于检察机关管辖且符合立案条件的,应及时立案,开展侦查,并注意搞好工作上的衔接。检察机关受理或者立案侦查,尚不构成犯罪或依法作出不起诉决定的案件,认为需要追究党纪政纪责任的,要移送纪检监察机关处理。下级检察院需要提请上级纪委协调时,通过上级检察院办理。

23. 严格执行查办要案的党内请示报告制度。要案的初查需要接触被调查对象的,应向党委主要领导同志报告;立案要向党委请示,同时向上一级检察院报告,上级检察院应当及时进行协调。侦查终结时,案情发生重大变化的,要向党委报告和上级检察院备案。其他重要案件,在查办的同时也要主动争取党委的领导和支持。

坚持向人大报告制度,主动接受监督。渎职侵权检察工作的重大问题,要主动向人大及其常委会报告。对人大及其常委会作出的关于加强渎职侵权检察工作的决定、决议,要认真贯彻。

24. 要加强人权保护方面的国际交流,积极宣传我国在保护人权方面的立场、观点和所取得的成就。

积极开展渎职侵权检察工作的国际司法合作,按照法律和我国缔结或者参加的国际条约,规范涉外取证、缉捕和涉案款物移送等事宜,拓展国际司法合作渠道。

加强同港澳地区司法机关和有关部门的联系与合作。在办理涉港澳地区案件时,要按照国家有关规定办理手续。

四、加强渎职侵权检察队伍建设

25. 认真贯彻《中共中央关于进一步加强政法干部队伍建设的决定》和《检察官法》,坚持两手抓,两手都要硬。要落实一岗双责,把思想政治工作落实到办案第一线,在办案时间较长、成员来自不同地区和部门的办案组,应当建立临时党支部(小组)。要加强对渎职侵权检察干部的宗旨教育和职业道德教育。

26. 强化专业技能训练,提高执法水平。根据渎职侵权检察工作涉及知识领域广、部门多、法律、法规专业性强等特点,增强培训的针对性和实战性。各级检察院要着眼于实际需要和长远发展,加大教育培训力度,提高培训水平。国家检察官学院及其分院要按照分工培训各级检察院渎职侵权检察干部。

27. 加强渎职侵权检察机构和队伍建设。通过机构改革,统一和规范渎职侵权检察部门的名称。要按照工作职责清晰、力量配置科学、流程运转高效的原则,加强机构内部建设。贯彻优化组合、配足配强的精神,加强渎职侵权队伍建设。通过考试考核,严把渎职侵权检察干部上岗和任职关。在轮岗中,要保持队伍的相对稳定,保留和充实业务骨干。要把政治强、业务精、具有较高组织指挥能力、有检察实际经验的优秀检察官充实到渎职侵权检察部门的领导岗位。

28. 对渎职侵权检察人员要坚持严格管理、严格监督。坚决执行中央政法委"四条禁令"和最高人民检察院九条"卡死"的硬性规定、廉洁从检十项纪律,严格办案纪律,认真查处违法违纪行为。要把党风廉政教育贯穿到办案全过程,延伸到业余时间,确保廉洁奉公,拒腐防变。要认真落实党风廉政建设责任制,对严重不负责任,疏于对队伍的监督、管理,姑息及隐瞒本部门违法乱纪现象的领导干部,要追究责任。

29. 建立激励机制。结合全国检察机关开展的创建"五好"检察院和"争创人民满意的检察院,争当人民满意的检察干警"活动,在渎职侵权检察部门定期开展评先创优活动。及时对工作出色、办案成绩突出的单位、个人进行记功奖励、嘉奖，不断总结和推广典型事迹和先进经验。对工作成绩优异的侦查干部要优先提拔使用。对因秉公执法、敢于办案而遭受打击报复及其他不公正待遇的侦查干部，要采取有力措施予以保护，并依法依纪追究有关责任人员的责任。

30. 坚持科技强侦，不断加大科技投入，充分发挥科学技术手段在侦查办案中的作用。根据渎职侵权犯罪主体层次高、作案手段隐蔽、反侦查能力强等特点，当前要逐步配齐办案必需的交通、通讯工具和技术器材，以便及时发现、搜集、固定各种证据，提高侦查工作的效率和质量。随着计算机技术的发展和检察信息网络系统的运用，渎职侵权检察部门要加强对干警的计算机应用操作培训，逐步运用计算机对渎职侵权检察工作的历史资料、案件线索、办案工作动态、案件及社情动态等大量信息进行管理，提高渎职侵权检察部门的联动、协调指挥和快速反应能力。逐步建立多层次的办案经费和装备保障机制，优先保证查办渎职侵权大案要案的办案经费。

最高人民检察院、公安部、国土资源部、海关总署、国家税务总局、国家环境保护总局、国家工商行政管理局、国家林业局、国家质量技术监督局、国家保密局关于在查办渎职案件中加强协调配合建立案件移送制度的意见

（1999 年 12 月 30 日 高检会〔1999〕3 号）

为贯彻国家有关法律法规，及时准确查办司法人员、行政执法人员和其他国家机关工作人员的渎职案件，维护国家机关办事高效，运转协调，行业规范的正常秩序，促进依法行政和国家机关工作人员队伍建设，保障社会主义现代化建设健康发展，提出如下意见：

一、在查办渎职案件工作中，检察机关与各部门之间要加强联系、协调和配合，根据情况可采取不同形式互通信息，研究问题，交换意见。

二、公安、国土资源等部门发现或经调查,认为本部门工作人员触犯《中华人民共和国刑法》分则第九章中有关条款的规定,涉嫌渎职犯罪,需要追究刑事责任的案件,应将有关材料移送相应的检察机关,发现其他国家机关工作人员的渎职犯罪案件线索,也应将有关材料移送相应的检察机关。

三、检察机关对公安、国土资源等部门移送的材料要及时审查,决定是否立案。对决定立案的案件,检察机关应及时将立案情况通知移送单位。对决定不予立案的,应制作不立案通知书,写明不立案的原因和法律依据,送达移送单位,并退还有关材料。移送单位对不立案决定有异议的,可以在收到不立案通知书的十日以内向检察机关申请复议,检察机关应当在收到复议申请的三十日以内作出复议决定,并将复议决定书送达申请复议单位。

四、检察机关接受群众举报或侦查中自行发现的公安、国土资源等部门工作人员的渎职案件,经查认为涉嫌渎职犯罪的,应向有关单位通报,并请求提供相关材料和协助侦查,有关单位应当协助。

五、检察机关对经过初查或侦查,认为不需要追究刑事责任,未予立案或在立案后作出撤销或不起诉决定的案件,可与相关单位交换意见。对认为应当追究党纪政纪责任的,应提出检察建议连同有关材料一起移送相应单位的纪检监察部门处理。对其中涉及领导干部的渎职案件,应按干部管理权限的规定,将检察建议和有关材料移送相应主管机关处理。对需要给予行政处罚、行政处分或者需要没收其违法所得的,应提出检察意见,移送有关主管机关处理。移送情况应向发案单位通报。

六、检察机关查办公安、国土资源等部门工作人员的渎职犯罪案件中,如发现发案单位和相关部门在管理和制度等方面存在漏洞,需要进行整改的,应提出检察建议。发案单位和相关部门在接到检察机关提出的检察意见或检察建议后,应认真处理或整改,并将处理和整改情况向检察机关反馈。

七、检察机关与联合制定本意见之外的其他部门在查办渎职案件工作中的协调配合和案件的移送,参照此规定执行。

全国人民代表大会常务委员会关于《中华人民共和国刑法》第二百二十八条、第三百四十二条、第四百一十条的解释

（2001 年 8 月 31 日第九届全国人民代表大会常务委员会第二十三次会议通过　根据 2009 年 8 月 27 日中华人民共和国主席令第十八号第十一届全国人民代表大会常务委员会第十次会议《关于修改部分法律的决定》修正）

全国人民代表大会常务委员会讨论了刑法第二百二十八条、第三百四十二条、第四百一十条规定的“违反土地管理法规”和第四百一十条规定的“非法批准征收、征用、占用土地”的含义问题，解释如下：

刑法第二百二十八条、第三百四十二条、第四百一十条规定的“违反土地管理法规”，是指违反土地管理法、森林法、草原法等法律以及有关行政法规中关于土地管理的规定。

刑法第四百一十条规定的“非法批准征收、征用、占用土地”，是指非法批准征收、征用、占用耕地、林地等农用地以及其他土地。

现予公告。

最高人民检察院关于对林业主管部门工作人员在发放林木采伐许可证之外滥用职权玩忽职守致使森林遭受严重破坏的行为适用法律问题的批复

(2007 年 5 月 14 日最高人民检察院第十届检察委员会第七十七次会议通过 2007 年 5 月 16 日公布施行)

福建省人民检察院:

你院《关于林业主管部门工作人员滥用职权、玩忽职守造成森林资源损毁立案标准问题的请示》(闽检〔2007〕14 号)收悉。经研究,批复如下:

林业主管部门工作人员违法发放林木采伐许可证,致使森林遭受严重破坏的,依照刑法第四百零七条的规定,以违法发放林木采伐许可证罪追究刑事责任;以其他方式滥用职权或者玩忽职守,致使森林遭受严重破坏的,依照刑法第三百九十七条的规定,以滥用职权罪或者玩忽职守罪追究刑事责任,立案标准依照《最高人民检察院关于渎职侵权犯罪案件立案标准的规定》第一部分渎职犯罪案件第十八条第三款的规定执行。

此复。

最高人民检察院关于合同制民警能否成为玩忽职守罪主体问题的批复

(2000 年 10 月 9 日 高检发研字〔2000〕20 号)

辽宁省人民检察院:

你院辽检发诉字〔1999〕76 号《关于犯罪嫌疑人李海玩忽职守一案的

请示》收悉。经研究,批复如下:

根据刑法第九十三条第二款的规定,合同制民警在依法执行公务期间,属其他依照法律从事公务的人员,应以国家机关工作人员论。对合同制民警在依法执行公务活动中的玩忽职守行为,符合刑法第三百九十七条规定的玩忽职守罪构成条件的,依法以玩忽职守罪追究刑事责任。

此复

最高人民法院刑事审判第二庭关于国有公司人员滥用职权犯罪追溯期限等问题的答复

(2005年1月13日)

公安部经济犯罪侦查局:

你局公经〔2004〕1914号《关于对一案件法律适用问题征求意见的函》收悉。经研究,答复如下:

一、对于本案行为人的行为应适用1999年12月25日《中华人民共和国刑法修正案(二)》的规定,以国有公司失职罪或滥用职权罪追究其刑事责任。

二、国有公司人员滥用职权或失职罪的追诉期限应从损失结果发生之日起计算。就本案而言,追诉期限应以法律意义上的损失发生为标准,即以人民法院民事终审判决之日起计算。

此复

最高人民法院研究室关于对滥用职权致使公共财产、国家和人民利益遭受重大损失如何认定问题的答复

（2004 年 11 月 22 日　法研〔2004〕136 号）

浙江省高级人民法院：

你院浙〔2004〕194 号《关于对滥用职权致使公共财产、国家和人民利益遭受重大损失如何认定的请示》收悉。经研究答复如下：

人民法院在审判过程中,对于行为人滥用职权,致使公共财产、国家和人民利益遭受的损失计算至侦查机关立案之时。立案以后,判决宣告以前追回的损失,作为量刑情节予以考虑。

三、典 型 案 例

中央纪委国家监委发布
第一批执纪执法指导性案例

贺某在新冠肺炎疫情防控工作中
搞形式主义、官僚主义问题案

（2021 年指导性案例第 1 号，总第 1 号）

【关键词】

违反中央八项规定精神；形式主义、官僚主义；工作纪律

【执纪执法要点】

形式主义、官僚主义与党的优良传统、优良作风背道而驰，为广大干部群众所深恶痛绝。习近平总书记多次就坚决整治形式主义、官僚主义问题作出重要指示批示，强调纠正“四风”不能止步，作风建设永远在路上。2018 年 9 月和 2019 年 6 月，中央纪委办公厅先后印发《关于贯彻落实习近平总书记重要指示精神集中整治形式主义、官僚主义的工作意见》和《关于贯彻习近平总书记重要批示精神深入落实中央八项规定精神的工作意见》；2019 年 6 月，中央纪委国家监委案件审理室专门发出通知，要求在审理报告、处分决定等审理文书中，将形式主义、官僚主义问题在“违反中央八项规定精神”问题中单列表述并处理到位；2021 年 1 月，十九届中央纪委五次全会再次明确提出，要“深化整治形式主义、官僚主义顽瘴痼疾，让求真务实、清正廉洁的新风正气不断充盈”。今年是“十四五”规划开局之年，各级纪检监察机关必须锲而不舍落实中央八项规定及其实施细则精神，针对形式主义、官僚主义问题精准施治，持续释放坚定不移全面从严治党、驰而不息治“四风”树新风的强烈信号，为“十四五”开局起步提供有效保障。

工作中，对于已经造成不良影响和严重后果的形式主义、官僚主义问

题,《中国共产党纪律处分条例》和《中华人民共和国公职人员政务处分法》均作出了明确的惩戒性规定;对于虽未造成不良影响和严重后果的其他各种形式主义、官僚主义问题,也必须站在讲政治的高度,运用“第一种形态”,做到抓早抓小、防微杜渐。

【基本案情及处理结果】

贺某,中共党员,某县国有农场主要负责人。2020 年 2 月,该县为防控新冠肺炎疫情,给各单位配发了电子测温计、消毒物品等防疫物资,要求安排专人对进出人员和车辆逐一进行查证、测温和登记,对公共区域定期进行消杀,并向单位职工及时下发防疫物资。此后,贺某召开会议传达了相关要求,派人领取了防疫物资、制作了进出人员和车辆登记表,并安排 2 名同志在门岗处值守。贺某认为上述工作已经落实了疫情防控要求,遂不再过问具体落实情况,也未对疫情防控工作实际开展情况进行检查。2 月 20 日晚 7 时前后,该县纪委监委疫情防控监督检查组在实地检查中发现,该农场存在门岗处值守人员脱岗、未在门岗处配备电子测温计和消毒防疫物品、未按规定对人员和车辆进出情况进行检查登记、带班领导对疫情防控工作要求不了解等问题,随即要求进行整改。2 月 21 日,贺某在未认真核实整改情况、也未进行集体研究的情况下,直接签批并向县纪委监委监督检查组报送了《整改报告》,称存在问题已全部整改到位。2 月 26 日下午 5 时前后,监督检查组再次进行实地检查,发现该农场仍然存在未对出入车辆和人员进行检查登记、电子测温计存放在储藏室、门岗处无人值守等问题,导致疫情防控工作存在严重隐患。5 月 16 日,该县纪委经审查,认定贺某作为农场主要负责人,对疫情防控工作仅作一般性安排,未及时督促抓好落实,工作浮在表面、流于形式,造成不良影响和严重隐患,应负主要领导责任,决定给予其党内警告处分。

【指导意义】

1. 关于本案处理过程中两种分歧意见的辨析

认定是否属于形式主义、官僚主义行为,必须要准确把握其实质。在本案处理过程中,形成了如下两种不同意见。

第一种意见认为,贺某作为农场主要负责人,工作中不负责任,疏于管理,贯彻执行、检查督促落实上级决策部署不力,导致疫情防控工作出现严重隐患,应认定为违反工作纪律。

第二种意见认为,贺某作为农场主要负责人,虽然召开会议传达了工作要求、领取了防疫物资、制作了登记表并安排了值守人员，但仅仅是以会议落实会议、以文件落实文件，在实际工作中没有见诸行动，防疫物资未按规定保管使用，所谓的登记表、值守人员和防控措施也都是流于形式，是用形式上的“表面文章”代替扎扎实实的落实，造成严重隐患，应认定为形式主义、官僚主义。

经分析，我们同意第二种意见。形式主义、官僚主义的特点是“虚”“浮”，不实事求是。从本案所表现出来的现象看，贺某确实存在不正确履行职责的问题；但究其问题本质，则是不担当不作为，工作作风漂浮、不严不实，暴露出贺某政绩观错位、责任心缺失、满足于做表面文章等突出问题，是形式主义、官僚主义问题的典型表现。

2. 关于精准认定形式主义、官僚主义的问题

习近平总书记深刻指出：“形式主义背后是功利主义、实用主义作祟，政绩观错位、责任心缺失，只想当官不想干事，只想出彩不想担责，满足于做表面文章，重显绩不重潜绩，重包装不重实效。官僚主义背后是官本位思想，价值观走偏、权力观扭曲，盲目依赖个人经验和主观判断，严重脱离实际、脱离群众。”我们在认定形式主义、官僚主义问题时，要深入学习领悟习近平总书记重要讲话和重要指示批示精神，善于透过现象，抓住问题本质。

实践中，除《中国共产党纪律处分条例》第一百二十二条列举的情形属于形式主义、官僚主义问题的典型表现形式外，《中国共产党纪律处分条例》第五十条、第一百一十二条、第一百一十三条、第一百一十六条、第一百一十七条、第一百三十三条等条款列举的情形，只要符合形式主义、官僚主义问题的本质特征，均可认定为形式主义、官僚主义。

需要指出的是，一般情况下，如果将违反群众纪律、工作纪律等问题认定为形式主义、官僚主义，应该在纪检监察文书的“违反中央八项规定精神”问题中予以单列表述。但如果依照《中国共产党纪律处分条例》第五十条的规定，将某一问题认定为违反政治纪律，则不宜重复认定为“违反中央八项规定精神”，但在汇总“查处违反中央八项规定精神问题”统计数据时，仍应纳入形式主义、官僚主义问题予以统计。

【相关条款】

《中国共产党纪律处分条例》(2018 年 8 月 18 日)

第一百二十二条　有下列行为之一，造成严重不良影响，对直接责任者和领导责任者，情节较轻的，给予警告或者严重警告处分；情节较重的，

给予撤销党内职务或者留党察看处分;情节严重的,给予开除党籍处分:

（一）贯彻党中央决策部署只表态不落实的;

（二）热衷于搞舆论造势、浮在表面的;

（三）单纯以会议贯彻会议、以文件落实文件,在实际工作中不见诸行动的;

（四）工作中有其他形式主义、官僚主义行为的。

《中华人民共和国公职人员政务处分法》(2020年6月20日)

第三十九条第(三)项　有下列行为之一,造成不良后果或者影响的,予以警告、记过或者记大过;情节较重的,予以降级或者撤职;情节严重的,予以开除:

（三）工作中有形式主义、官僚主义行为的。

夏某违规操办其子婚庆事宜案

（2021年指导性案例第2号,总第2号）

【关键词】

违反中央八项规定精神;违规操办婚丧喜庆事宜;借机敛财;涉案财物处置

【执纪执法要点】

受长期以来形成的历史文化和社会现实等因素影响,在婚丧喜庆之际宴请宾朋,已成为司空见惯的“习惯”和“风气”。实践中,《中国共产党纪律处分条例》和《中华人民共和国公职人员政务处分法》并没有“一刀切”地禁止党员干部操办婚丧喜庆事宜,但一些党员干部却利用职权或者职务上的影响违规操办婚丧喜庆事宜。这类行为容易损害党员干部形象,败坏社会风气,必须保持严的主基调,坚持露头就打,对同时存在借机敛财行为的要从重或者加重处分。在认定和处理此类问题时,既要依据相关规定认定是否存在“利用职权或者职务上的影响”和“在社会上造成不良影响”,并依纪依法对违纪违法所得作出精准处置;又要注意把握执纪执法尺度,明确释放“越往后越严”的强烈信号;还要注意参照当地经济发展水平、民众风俗习惯以及单位同事、周边群众的认知和评价等因素,作出综合分析判断。同时,要重视通过党员干部特别是党员领导干部以身作则、率先垂范，在全面实施乡村振兴战略中，在操办婚丧喜庆事宜上切实推进移风易俗、建设文明乡风，不断改善农民精神风貌，提高乡村社会文明程度。

【基本案情及处理结果】

夏某，中共党员，某乡副乡长。2020 年 9 月，夏某在其子结婚时，邀请该乡政府 5 名下属参加婚宴，收受该 5 名下属所送礼金 2.5 万元。经查，夏某与上述 5 名下属没有礼尚往来。同时，夏某还邀请 25 名亲属参加婚宴，收取礼金 3 万元。夏某受到党内严重警告、政务记大过处分，违规收受的礼金 2.5 万元被收缴。

【指导意义】

1. 关于夏某操办其子婚庆事宜是否构成“利用职权或者职务上的影响”的认定问题

《中国共产党纪律处分条例》第九十一条所规定的“利用职权或者职务上的影响”，既包括利用本人职务上主管、负责、承办某项公共事务的职权，也包括利用职务上有隶属、制约关系的其他人员的职权，以及行为人与被其利用的人员之间在职务上虽然没有隶属、制约关系，但是行为人利用了本人职权或者地位产生的影响和一定的工作联系。判断是否属于“利用职权或者职务上的影响”，一般来说，应审查核实党员干部是否使用本单位或者下属单位、管理服务对象、业务联系单位的财物、场地、交通工具等物资，是否邀请本单位或者下属单位、管理服务对象、业务联系单位的人员参加，等等。在本案中，夏某作为副乡长，邀请与其没有礼尚往来的 5 名下属参加其子婚宴并收受礼金 2.5 万元，可以认定为“利用职权或者职务上的影响”操办婚庆事宜。需要指出的是，夏某还邀请了部分亲属参加婚宴，经审查核实，这些人和夏某之间不存在职务上的隶属、制约关系，不是其管理服务对象，所送礼金数额也没有明显超出正常的礼尚往来水平，对于这部分情节不宜认定为违纪违法。

2. 关于涉案财物的处置问题

根据《中国共产党纪律处分条例》第四十条第一款、《中华人民共和国公职人员政务处分法》第二十五条第一款的规定，在追究党纪责任时，处置涉案财物的主要方式为“收缴”和“责令退赔”；在追究监察责任时，处置涉案财物的主要方式为“没收”、“追缴”和“责令退赔”。其中，追究党纪责任时对违纪所得予以“收缴”，相当于追究监察责任时对违法所得予以“没收”和“追缴”，通常针对的是实施违纪违法行为所获得的财物及其孳息收益。具体而言,一是“没收”是指将违纪违法所得财物强制收归国有,没收的财物一律上缴国库。二是“追缴”是指将违纪违法所得财物予以追回,追缴的财物退回原所有人或原持有人,依法不应退回的则上缴国库。三是“责令退赔”通常针对的是违反规定挥霍浪费国有资产,如公款吃喝、公款旅游以及违反规定乱罚款、乱收费获得的财物等,责令被审查调查人将违纪违法所得的财物予以归还,财物已经被消耗、毁损的,应当用与之价值相当的财物予以赔偿;责令退赔的财物直接退赔原所有人或原持有人,无法退赔的上缴国库。

本案中,纪检监察机关依纪依法收缴了夏某违规收受5名乡干部所送礼金2.5万元。但在实践中,我们发现仍有一些纪检监察机关在涉案财物处置上存在问题。比如,2021年4月,某省纪委监委公开通报的某副县长借其子结婚之机敛财问题的材料显示,该副县长在为其子举办婚礼时,宴请该县部分单位公职人员并违规收受礼金。纪检监察机关在认定该副县长的行为违纪违法后,并未收缴其违纪违法所得,而是要求其将违规收受的礼金全部予以退还。这反映出在当前的执纪执法工作中,对于涉案财物处置还不够精准,各级纪检监察机关应对此引起重视。

3.关于执纪尺度的把握问题

违规操办婚丧喜庆事宜是违反中央八项规定精神的突出表现之一,党的十八大以来各级纪检监察机关严肃查处此类违纪行为,取得了显著成效。但由于受传统习俗等各种因素的影响,个别党员干部依然心存侥幸、知错犯错、知纪违纪,导致此类问题仍然较为突出,而且出现了化整为零多次操办、“退居幕后”遥控办或者表面循规蹈矩、私下广发通知,“暗度陈仓”违规办等各种隐形变异现象。实践中,有的地方对于到现在仍不收敛、不收手的,根据具体事实、性质和情节,不再仅仅给予严重警告处分,而是作出了免职处理,有的还直接给予党纪政务重处分。上述处理方式有纪法依据。比如,《中国共产党纪律处分条例》第九十一条明确规定,对于此类违纪行为,情节严重的应给予撤销党内职务处分,有借机敛财或者其他侵犯国家、集体和人民利益行为的,从重或加重处分,直至开除党籍。《中华人民共和国公职人员政务处分法》第三十三条明确规定,对于此类违法行为,情节较重的,予以降级或者撤职;情节严重的,予以开除。据此,各级纪检监察机关要始终坚持严的主基调,对顶风违纪、屡教不改、情节恶劣的依纪依法作为“情节严重”的情形给予党纪政务处分或者从重、加重处理,并可以依照规定同时对其采取调整职务、免职等组织处理措施,点名道姓通报曝光,不断释放出整治违反中央八项规定精神问题“越往后越严”的强烈信号,发挥执纪执法工作的警示震慑作用。

【相关条款】

《中国共产党纪律处分条例》(2018 年 8 月 18 日)

第四条　党的纪律处分工作应当坚持以下原则:

(一)坚持党要管党、全面从严治党。加强对党的各级组织和全体党员的教育、管理和监督,把纪律挺在前面,注重抓早抓小、防微杜渐。

(二)党纪面前一律平等。对违犯党纪的党组织和党员必须严肃、公正执行纪律,党内不允许有任何不受纪律约束的党组织和党员。

(三)实事求是。对党组织和党员违犯党纪的行为,应当以事实为依据,以党章、其他党内法规和国家法律法规为准绳,准确认定违纪性质,区别不同情况,恰当予以处理。

(四)民主集中制。实施党纪处分,应当按照规定程序经党组织集体讨论决定,不允许任何个人或者少数人擅自决定和批准。上级党组织对违犯党纪的党组织和党员作出的处理决定,下级党组织必须执行。

(五)惩前毖后、治病救人。处理违犯党纪的党组织和党员,应当实行惩戒与教育相结合,做到宽严相济。

第二十条　有下列情形之一的,应当从重或者加重处分:

(一)强迫、唆使他人违纪的;

(二)拒不上交或者退赔违纪所得的;

(三)违纪受处分后又因故意违纪应当受到党纪处分的;

(四)违纪受到党纪处分后,又被发现其受处分前的违纪行为应当受到党纪处分的;

(五)本条例另有规定的。

第四十条第一款　对于违纪行为所获得的经济利益,应当收缴或者责令退赔。

第九十一条　利用职权或者职务上的影响操办婚丧喜庆事宜,在社会上造成不良影响的,给予警告或者严重警告处分;情节严重的,给予撤销党内职务处分;借机敛财或者有其他侵犯国家、集体和人民利益行为的,从重或者加重处分,直至开除党籍。

《中华人民共和国公职人员政务处分法》(2020 年 6 月 20 日)

第四条　给予公职人员政务处分,坚持党管干部原则,集体讨论决定;

坚持法律面前一律平等,以事实为根据,以法律为准绳,给予的政务处分与违法行为的性质、情节、危害程度相当;坚持惩戒与教育相结合,宽严相济。

第十三条　公职人员有下列情形之一的,应当从重给予政务处分:

(一)在政务处分期内再次故意违法,应当受到政务处分的;

(二)阻止他人检举、提供证据的;

(三)串供或者伪造、隐匿、毁灭证据的;

(四)包庇同案人员的;

(五)胁迫、唆使他人实施违法行为的;

(六)拒不上交或者退赔违法所得的;

(七)法律、法规规定的其他从重情节。

第二十五条第一款　公职人员违法取得的财物和用于违法行为的本人财物,除依法应当由其他机关没收、追缴或者责令退赔的,由监察机关没收、追缴或者责令退赔;应当退还原所有人或者原持有人的,依法予以退还;属于国家财产或者不应当退还以及无法退还的,上缴国库。

第三十三条第一款第(二)项　有下列行为之一的,予以警告、记过或者记大过;情节较重的,予以降级或者撤职;情节严重的,予以开除:

(二)利用职权或者职务上的影响为本人或者他人谋取私利的。

王某组织公款吃喝并违规接受宴请案

(2021年指导性案例第3号,总第3号)

【关键词】

违反中央八项规定精神;公款吃喝;接受可能影响公正执行公务的宴请;涉案财物处置

【执纪执法要点】

公款吃喝、违规接受宴请等行为除浪费国家资财或者可能影响公正执行公务外,还严重破坏党风政风和社会风气,损害党和政府的形象。实践中我们发现,有的党员干部虚列开支公款报销违规吃喝费用,这是典型的违反中央八项规定精神隐形变异问题,性质恶劣,应加大查处力度,予以严肃处理。各级纪检监察机关要提高发现问题的能力,加大惩处力度,将严肃处理违规吃喝问题作为纠“四风”、树新风的重点,扭住不放、露头就打,严防反弹回潮、死灰复燃。在涉案财物处置上,则要注重区分不同情况,作出精准处置。

【基本案情及处理结果】

王某,中共党员,某县住房和城乡建设局局长。2021 年 2 月 19 日晚,王某召集本单位 5 名干部在该县某酒店聚餐,要求按照人均 1000 元的标准安排餐饮,所花费的 6000 元以公车加油费、维护保养费等名目列入该局“三公”经费中予以报销。3 月 21 日晚,王某在该县房地产开发商张某经营的日本料理店接受宴请,享受每人定价 1888 元的套餐。王某受到党内严重警告处分,被责令退赔公款吃喝费用 1000 元,被收缴接受可能影响公正执行公务的宴请费用 1888 元。同时,参加公款吃喝的其他 5 名干部受到了批评教育,并被责令退赔相关费用 5000 元。

【指导意义】

1. 关于王某违规吃喝行为的性质认定和处理

本案中,王某的违规吃喝问题主要表现在两个方面:一是按照《中国共产党纪律处分条例》第一百零三条的规定,王某“违反有关规定组织、参加用公款支付的宴请”;二是按照《中国共产党纪律处分条例》第九十二条的规定,王某“接受可能影响公正执行公务的宴请”。实践中,对于这两个问题都应认定为违反中央八项规定精神。在涉案财物处置上,纪检监察机关根据具体案情,在准确认定王某应负担的公款吃喝费用和接受私营企业主宴请时所对应的餐饮费用的基础上,责令王某退赔公款吃喝的相关费用 1000 元,收缴王某接受私营企业主宴请的费用 1888 元;同时,参加公款吃喝的其他 5 名干部受到了批评教育,并被责令退赔相关费用。上述处理区分了党员领导干部和普通党员干部在违规吃喝问题中的责任大小,对王某作为党员领导干部的处理力度更重,既体现了执纪工作的精准性,又对其他 5 名干部起到了教育警示作用,取得了较好的执纪效果。

2. 关于违规吃喝问题中的涉案财物处置

涉案财物处置事关案件质量和处理效果,必须严格依规依纪依法作出精准处置。实践中,纪检监察机关在处理违规吃喝问题的涉案财物时,经常会遇到一些更为复杂的情形,应坚持实事求是原则,区分具体情况,作出精准处置。

一是对于“违反有关规定组织、参加用公款支付的宴请”问题,根据《中国共产党纪律处分条例》第一百零三条的规定,对于公款吃喝行为,无论组织者还是参加者,都构成违纪。以本案为例,王某和其他5名干部都被责令退赔了相关费用。实践中,纪检监察机关应根据案件具体情况,全面审查餐饮清单、报销凭证等书证,并结合相关人员的交代,准确认定参加宴请者所应负担的费用,并依规依纪责令其退赔相关费用。需要指出的是,对于《中国共产党纪律处分条例》第一百零三条规定的"用公款购买赠送或者发放礼品、消费卡(券)等"的问题,或者收受公款购买的礼品、消费卡(券)等的问题,经查证属实后,应按规定责令本单位接受礼品、消费卡(券)等的党员干部予以清退或者折价退赔,对于本单位之外的党员干部收受礼品、消费卡(券)等的应按规定予以清退或者收缴。

二是对于"接受可能影响公正执行公务的宴请"问题,如果接受的是公款支付的宴请,依照《中国共产党纪律处分条例》第二十四条第一款关于"一个违纪行为同时触犯本条例两个以上(含两个)条款的,依照处分较重的条款定性处理"的规定,适用《中国共产党纪律处分条例》第一百零三条之规定予以定性处理。如果接受的是私营企业主、下属等管理服务对象个人支付费用的宴请,且能准确认定被审查人所对应的宴请费用,则应依规依纪予以收缴。同时,对于因时间久远、书证缺失或仅有相关人员交代等原因无法准确区分餐饮费用、且被审查人自愿主动上交相关餐饮费用的情形,实践中可按主动登记上交处理。

【相关条款】

《中国共产党纪律处分条例》(2018年8月18日)

第四十条第一款　对于违纪行为所获得的经济利益,应当收缴或者责令退赔。

第九十二条　接受、提供可能影响公正执行公务的宴请或者旅游、健身、娱乐等活动安排,情节较重的,给予警告或者严重警告处分;情节严重的,给予撤销党内职务或者留党察看处分。

第一百零三条　违反有关规定组织、参加用公款支付的宴请、高消费娱乐、健身活动,或者用公款购买赠送或者发放礼品、消费卡(券)等,对直接责任者和领导责任者,情节较轻的,给予警告或者严重警告处分;情节较重的,给予撤销党内职务或者留党察看处分;情节严重的,给予开除党籍处分。

《中华人民共和国公职人员政务处分法》(2020年6月20日)

第二十五条第一款　公职人员违法取得的财物和用于违法行为的本

人财物,除依法应当由其他机关没收、追缴或者责令退赔的,由监察机关没收、追缴或者责令退赔;应当退还原所有人或者原持有人的,依法予以退还;属于国家财产或者不应当退还以及无法退还的,上缴国库。

第三十四条第二款　向公职人员及其特定关系人赠送可能影响公正行使公权力的礼品、礼金、有价证券等财物,或者接受、提供可能影响公正行使公权力的宴请、旅游、健身、娱乐等活动安排,情节较重的,予以警告、记过或者记大过;情节严重的,予以降级或者撤职。

第三十五条第(三)项　有下列行为之一,情节较重的,予以警告、记过或者记大过;情节严重的,予以降级或者撤职:

(三)违反规定公款消费的。

张某退休后违规接受宴请案

(2021 年指导性案例第 4 号,总第 4 号)

【关键词】

违反中央八项规定精神;退休后接受宴请;可能影响公正执行公务

【执纪执法要点】

吃喝问题绝非小事小节,而是关系党在人民群众心目中形象的“大政治”,对退休党员干部也不例外。党的十八大以来,各级纪检监察机关重拳出击,“舌尖上的腐败”得到有效遏制。在持续高压态势下,一些党员领导干部在职期间有所收敛,但在退休后又故态复萌,肆无忌惮接受各种宴请,成为“四风”问题隐形变异的新表现。对于此类问题,一些纪检监察机关在定性处理上产生了分歧,有的认为不宜认定为违纪,有的则认为应从严执纪。我们认为,中央八项规定精神是“长期有效的铁规矩”,党员领导干部无论退休与否,都应该严格遵循党规党纪和中央八项规定精神。各级纪检监察机关要从政治上深刻认识违规吃喝问题的危害性,坚持严的主基调,坚决防反弹回潮、防隐形变异、防疲劳厌战,持续释放整治违反中央八项规定精神问题“越往后越严”的强烈信号。

【基本案情及处理结果】

张某,中共党员,某县生态环境局党组成员、副局长,2018 年 10 月退休。2019 年 1 月以来,张某在春节、端午节、中秋节和生日期间,先后 10 余次接受该县私营企业主王某、李某、赵某等人(均系张某任生态环境局党组成员、副局长期间的管理服务对象)安排的宴请,并饮用年份茅台酒等高档酒水,食用高档菜肴。2021 年 3 月,张某受到党内警告处分。

【指导意义】

在本案处理过程中,形成了如下两种不同意见。

第一种意见认为,张某已经退休,不再具有公职人员身份,其接受私营企业主的宴请不属于"接受可能影响公正执行公务的宴请",不宜认定为违纪。

第二种意见认为,张某虽已退休,但仍具有党员身份,特别是曾经担任过领导职务,在当地仍具有一定的影响力,更应带头严于律己,严格遵守党的纪律和中央八项规定精神。张某的退休时间在党的十九大之后,中央对于严格落实中央八项规定精神、毫不松懈纠治"四风"的要求已经非常明确,但其仍然不知敬畏,多次接受退休前管理服务对象的宴请。为严肃党的纪律,应将张某的上述行为认定为违反中央八项规定精神。同时,鉴于张某已经退休,不再具有公职人员身份,可适用《中国共产党纪律处分条例》第一百一十一条(廉洁纪律兜底条款)之规定予以定性处理。

经分析,我们同意第二种意见。我们在工作中发现,有的党员领导干部在退休后放松了纪律约束,认为一旦不再担任公职,就可以不再遵守党规党纪和法律法规,随心所欲地接受宴请,甚至实施违纪违法行为。对此,纪检监察机关要始终坚持严的主基调,对违反中央八项规定精神问题毫不妥协、露头就打,持续释放"越往后越严"的强烈信号。

此外,我们在工作中还发现,一些党员领导干部在退休后不仅违规接受宴请,还收受退休前管理服务对象的礼品礼金,有的甚至借助于"攒饭局"等方式,利用原职权或者地位形成的便利条件,大搞所谓的"居中协调",通过其他国家工作人员职务上的行为,为请托人谋取不正当利益,索取或者收受请托人数额较大的财物。对于党员领导干部在退休后违规收受礼品礼金的问题,同样应适用《中国共产党纪律处分条例》第一百一十一条(廉洁纪律兜底条款)之规定予以定性处理,并依规依纪收缴其违纪所得;对于涉嫌受贿犯罪或者利用影响力受贿犯罪的,则应适用《中国共产党纪律处分条例》第二十七条这一纪法衔接条款的规定,依纪依法予以严肃处理。

【相关条款】

《中国共产党纪律处分条例》(2018 年 8 月 18 日)

第二十七条　党组织在纪律审查中发现党员有贪污贿赂、滥用职权、玩忽职守、权力寻租、利益输送、徇私舞弊、浪费国家资财等违反法律涉嫌犯罪行为的,应当给予撤销党内职务、留党察看或者开除党籍处分。

第一百一十一条　有其他违反廉洁纪律规定行为的,应当视具体情节给予警告直至开除党籍处分。

中央纪委国家监委发布
第二批执纪执法指导性案例

某区纪委监委环保问责简单泛化案

(2021 年指导性案例第 5 号,总第 5 号)

【关键词】

问责简单泛化;规范问责;精准问责

【执纪执法要点】

以习近平同志为核心的党中央将问责作为全面从严治党利器,推动失责必问、问责必严成为常态。《中国共产党纪律处分条例》《中国共产党问责条例》等党内法规对问责的主体、程序、情形等作出了明确规定,党中央印发《中国共产党问责条例》的通知也强调“针对实践中出现的问责不力、泛化简单化等问题,着力提高党的问责工作的政治性、精准性、实效性”。各级纪检监察机关要深刻认识到,能否做到规范精准问责,考验的是政治站位、工作作风和执纪执法能力,体现的是党组织的权威和公信。在开展问责工作时,一定要做到调查取证细之又细、定性处理慎之又慎、自我约束严之又严,防止出现问责不力或者问责泛化、简单化等问题,力求取得问责一个、警醒一片、促进一方工作的良好效果。同时,上级纪检监察机关要加强督促指导,及时纠正问责不精准、处理不平衡等问题,确保问责质效。

【基本案情及处理结果】

2021年1月，某省生态环境保护督察组（以下简称督察组）在A市开展环保督察期间，该市B区纪委监委根据督察组移交的问题线索，在未按程序报请区委主要负责人批准的情况下，对A市生态环境局B分局（系B区政府组成部门）党组书记、局长张某等人启动问责调查，共处置问题线索20批90件，问责88人次。其中，B区纪委监委认定，张某对督察组移交、群众反映的2020年5月以来某企业污水扰民、某餐馆油烟污染、某店铺严重噪声污染等问题整治不力，应负领导责任，决定以谈话方式给予其诫勉问责；A市生态环境局B分局时任党组成员、副局长王某分管上述工作，应负领导责任，在1个月内因上述同类事由先后给予其6次问责（通报问责3次、书面诫勉问责1次、党内警告处分1次、免职问责1次）；对于2020年3月以来一直在外脱产学习、未实际协管上述工作的三级主任科员郑某、李某和四级主任科员邓某，仅依据各自岗位职责，决定给予该3人党内严重警告、政务记大过处分。B区纪委监委在给予上述人员处理、处分前，未形成事实材料与其见面核对并听取其陈述和申辩。

此后，省委巡视组在有关专项巡视中发现上述问责存在简单泛化，未履行处理、处分所依据的事实材料应当同本人见面的程序等问题，并移交A市纪委监委处理。A市纪委监委按程序核查后，责令B区纪委监委及时依规依纪依法予以纠正。

【指导意义】

1. 坚决防止和纠正问责不规范、不精准等问题

本案中，B区纪委监委对张某、王某、郑某、李某、邓某等人的问责主要存在以下问题：

一是工作程序不规范。一方面是启动问责调查程序不规范，区纪委监委违反《中国共产党问责条例》第九条第一款之规定，在未报请区委主要负责人批准的情况下，即对A市生态环境局B分局党组书记、局长张某先行启动问责调查。另一方面是处理、处分程序不规范，区纪委监委在给予相关人员处理、处分前，未履行处理、处分所依据的事实材料同本人见面的程序，违反了《中国共产党章程》第四十三条、《中国共产党问责条例》第十一条第一款、《中国共产党党员权利保障条例》第三十五条第二款、《中国共产党纪律检查机关监督执纪工作规则》第五十一条第一款、《中华人民共和国公职人员政务处分法》第四十三条等规定。

二是责任划分不精准。区纪委监委在认定张某、王某 2 人责任时，笼统定性为“负有领导责任”，未结合各自的岗位职责，准确区分应负主要领导责任还是重要领导责任。

三是问责简单泛化。区纪委监委在 1 个月内对王某进行了 6 次“凑数式”问责，对在污染问题发生前即已在外脱产学习、并未实际协管相关工作的郑某、李某、邓某滥用问责，存在重复问责、简单问责、泛化问责的问题，损害了执纪执法的权威性和严肃性。

2. 进一步推动问责工作规范化、精准化

执纪执法工作中，应当规范精准问责，坚决防止出现以下问责泛化、简单化问题：一是在问责对象上，问下不问上，过多指向基层干部；二是在问责程序上，求快不求准，随意简省调查流程；三是在问责处理上，简单粗暴，搞“一刀切”；四是在问责效果上，只问责不管理，依赖问责推动工作。实践中，有的纪检监察机关机械理解和执行上级督办转办件“快查快处”要求，实施问责时责任不明、轻重不分，没有做到因事、因责而异。各级纪检监察机关要充分认识到，严格依规依纪依法规范精准问责，是推动纪检监察工作高质量发展的应有之义和必然要求。纪检监察机关在开展执纪执法工作时，应当严格执行《中国共产党问责条例》等规定，既要查清具体事实、分清责任、严肃问责；又要区别情况、体现政策，做到规范精准问责。实践中，要把握好以下两个方面的核心要求：

一是要坚持实事求是。必须以事实为依据，以纪法为准绳，不得因上级领导作出指示要求或者上级部门提出处理建议，就不进行审查调查、不尊重客观事实，简单机械地按照上级要求或处理建议进行问责，甚至出现生拉硬拽、刻意拔高等问责不规范、不精准情形。问责决定作出后，发现问责事实认定不清楚、证据不确凿、依据不充分、责任不清晰、程序不合规、处理不恰当，或者存在其他不应当问责、不精准问责情况的，应当及时予以纠正，这也是执纪执法工作坚持实事求是原则的具体体现。本案中，B 区纪委监委在依规依纪依法纠正上述问责简单泛化问题时，对于不应给予党纪、政务处分的人员，按程序作出了撤销处分的决定；对于不应通报问责的，作出了撤销通报问责的决定，并在原来的通报范围内予以纠正和澄清；对于不应予以诫勉问责的，按照原来采取诫勉问责的方式予以纠正（其中，书面诫勉问责的，按程序作出撤销诫勉问责的决定；以谈话方式给予诫勉问责的，也采取了书面方式予以纠正）；对于诫勉问责已通报同级党委组织部门的，在作出撤销诫勉问责决定时及时通报了该组织部门。

二是要准确认定责任。按照“权责一致、错责相当”的原则，依据纪法规定、岗位职责，精准界定哪些人应负责任、应负什么责任，分清主要领导责任和重要领导责任，区分相关责任人任职期间是履职尽责、还是不履职或不正确履职，避免畸轻畸重、尺度不一。对于没有造成恶劣影响或严重后果，未达到问责程度的，可给予提醒、批评教育等处理，不能简单以问责代替管理。

此外，对于受到问责的党员领导干部提出申诉的办理时限问题，我们认为应当从以下两个方面把握：一是对于采取非纪律处分方式实施问责的，作出问责决定的党组织接到书面申诉后，应当在 1 个月内作出申诉处理决定，并以书面形式告知提出申诉的领导干部及其所在党组织等单位；二是对于采取纪律处分方式实施问责的，按照党章和有关党内法规规定的权限、程序执行，即应当按照《中国共产党纪律检查机关监督执纪工作规则》第五十九条等规定，在受理申诉后 3 个月内作出复议复查决定，并告知提出申诉的领导干部及其所在党组织等单位。

【相关条款】

《中国共产党章程》（2017 年 10 月 24 日）

第四十三条　党组织对党员作出处分决定，应当实事求是地查清事实。处分决定所依据的事实材料和处分决定必须同本人见面，听取本人说明情况和申辩。如果本人对处分决定不服，可以提出申诉，有关党组织必须负责处理或者迅速转递，不得扣压。对于确属坚持错误意见和无理要求的人，要给以批评教育。

《中国共产党纪律处分条例》（2018 年 8 月 18 日）

第三十七条　违纪行为有关责任人员的区分：

（一）直接责任者，是指在其职责范围内，不履行或者不正确履行自己的职责，对造成的损失或者后果起决定性作用的党员或者党员领导干部。

（二）主要领导责任者，是指在其职责范围内，对直接主管的工作不履行或者不正确履行职责，对造成的损失或者后果负直接领导责任的党员领导干部。

（三）重要领导责任者，是指在其职责范围内，对应管的工作或者参与决定的工作不履行或者不正确履行职责，对造成的损失或者后果负次要领导责任的党员领导干部。

本条例所称领导责任者，包括主要领导责任者和重要领导责任者。

《中国共产党问责条例》(2019 年 8 月 25 日)

第三条 党的问责工作应当坚持以下原则：

(一)依规依纪、实事求是；

(二)失责必问、问责必严；

(三)权责一致、错责相当；

(四)严管和厚爱结合、激励和约束并重；

(五)惩前毖后、治病救人；

(六)集体决定、分清责任。

第六条第一款 问责应当分清责任。党组织领导班子在职责范围内负有全面领导责任，领导班子主要负责人和直接主管的班子成员在职责范围内承担主要领导责任，参与决策和工作的班子成员在职责范围内承担重要领导责任。

第九条第一款 发现有本条例第七条所列问责情形，需要进行问责调查的，有管理权限的党委(党组)、纪委、党的工作机关应当经主要负责人审批，及时启动问责调查程序。其中，纪委、党的工作机关对同级党委直接领导的党组织及其主要负责人启动问责调查，应当报同级党委主要负责人批准。

第十一条第一款 查明调查对象失职失责问题后，调查组应当撰写事实材料，与调查对象见面，听取其陈述和申辩，并记录在案；对合理意见，应当予以采纳。调查对象应当在事实材料上签署意见，对签署不同意见或者拒不签署意见的，调查组应当作出说明或者注明情况。

第十二条 问责决定应当由有管理权限的党组织作出。

对同级党委直接领导的党组织，纪委和党的工作机关报经同级党委或者其主要负责人批准，可以采取检查、通报方式进行问责。采取改组方式问责的，按照党章和有关党内法规规定的权限、程序执行。

对同级党委管理的领导干部，纪委和党的工作机关报经同级党委或者其主要负责人批准，可以采取通报、诫勉方式进行问责；提出组织调整或者组织处理的建议。采取纪律处分方式问责的，按照党章和有关党内法规规定的权限、程序执行。

第二十条 问责对象对问责决定不服的，可以自收到问责决定之日起 1 个月内，向作出问责决定的党组织提出书面申诉。作出问责决定的党组织接到书面申诉后,应当在 1 个月内作出申诉处理决定,并以书面形式告知提出申诉的党组织、领导干部及其所在党组织。

申诉期间,不停止问责决定的执行。

第二十一条第一款　问责决定作出后,发现问责事实认定不清楚、证据不确凿、依据不充分、责任不清晰、程序不合规、处理不恰当,或者存在其他不应当问责、不精准问责情况的,应当及时予以纠正。必要时,上级党组织可以直接纠正或者责令作出问责决定的党组织予以纠正。

《中国共产党党员权利保障条例》(2020 年 12 月 25 日)

第三十五条第二款　处理、处分所依据的事实材料应当同本人见面。处理、处分的决定应当向本人宣布,并写明党员的申诉权以及受理申诉的组织等内容。事实材料和决定应当由本人签署意见,对签署不同意见或者拒不签署意见的,应当作出说明或者注明情况。

《中国共产党纪律检查机关监督执纪工作规则》(2018 年 12 月 28 日)

第五十一条第一款　查明涉嫌违纪或者职务违法、职务犯罪问题后,审查调查组应当撰写事实材料,与被审查调查人见面,听取意见。被审查调查人应当在事实材料上签署意见,对签署不同意见或者拒不签署意见的,审查调查组应当作出说明或者注明情况。

第五十九条　对不服处分决定的申诉,由批准或者决定处分的党委(党组)或者纪检监察机关受理;需要复议复查的,由纪检监察机关相关负责人批准后受理。

申诉办理部门成立复查组,调阅原案案卷,必要时可以进行取证,经集体研究后,提出办理意见,报纪检监察机关相关负责人批准或者纪委常委会会议研究决定,作出复议复查决定。决定应当告知申诉人,抄送相关单位,并在一定范围内宣布。

坚持复议复查与审查审理分离,原案审查、审理人员不得参与复议复查。

复议复查工作应当在 3 个月内办结。

《中华人民共和国公职人员政务处分法》(2020 年 6 月 20 日)

第四十三条　作出政务处分决定前,监察机关应当将调查认定的违法事实及拟给予政务处分的依据告知被调查人,听取被调查人的陈述和申辩,并对其陈述的事实、理由和证据进行核实,记录在案。被调查人提出的事实、理由和证据成立的,应予采纳。不得因被调查人的申辩而加重政务处分。

第五十五条第二款　监察机关发现本机关或者下级监察机关作出的政务处分决定确有错误的,应当及时予以纠正或者责令下级监察机关及时予以纠正。

崔某骗领财政惠民惠农补贴资金案

(2021 年指导性案例第 6 号,总第 6 号)

【关键词】

群众身边腐败;基层群众性自治组织中从事管理的人员;党纪政务处分匹配

【执纪执法要点】

群众身边腐败和不正之风,严重破坏党和政府在群众心目中的形象,蚕食群众获得感幸福感,侵蚀党心民心。习近平总书记在十九届中央纪委五次全会上明确指出,"要持续整治群众身边腐败和作风问题,让群众在反腐'拍蝇'中增强获得感"、要"紧盯扶贫环保等领域腐败和不正之风,解决好群众的'急难愁盼'问题,让人民群众感受到公平正义"。执纪执法工作中,对于基层群众性自治组织中从事管理的人员的贪腐问题,纪检监察机关应严格依规依纪依法予以整治处理,坚决纠正漠视和侵害群众利益的问题,注重党纪和政务处分精准匹配,确保执纪执法综合效果。

【基本案情及处理结果】

崔某,中共党员,某乡某村原党支部书记、村民委员会主任。2019 年 3 月至 2020 年 9 月,崔某在协助县、乡人民政府发放本村财政惠民惠农补贴资金中的退耕还林还草直补退耕农户资金的过程中,以其女儿的名义,弄虚作假,编造退耕还林还草亩数,骗领财政补贴资金 8000 元并据为己有。同时,崔某在担任村党支部书记、村民委员会主任期间,借逢年过节之机,收受 3 名村集体经济合作社成员礼金 1.2 万元。2021 年 6 月,崔某受到撤销党内职务处分,对其违纪违法所得 2 万元予以收缴;建议乡人民政府责令其辞去该村村民委员会主任职务,拒不辞职的,依法罢免其村民委员会主任职务,停止发放其补贴、奖金。2021 年 7 月,崔某辞去了该村村民委员会主任职务。

【指导意义】

1. 准确区分个人贪腐与优亲厚友

本案处理过程中,关于崔某收受3名村集体经济合作社成员礼金1.2万元的问题,应当依照《中国共产党纪律处分条例》第八十八条第一款和《中华人民共和国公职人员政务处分法》第三十四条第一款之规定予以定性处理,对此没有争议。但对于崔某骗领8000元财政补贴资金的问题,则形成了如下两种不同意见:

第一种意见认为,崔某利用协助县、乡人民政府从事相关行政管理工作的职务便利,将其女儿虚报为退耕还林还草补贴对象,非法获取了财政惠民惠农补贴资金,应当认定为在发放财政惠民惠农补贴资金工作中优亲厚友,属于违反群众纪律性质。

第二种意见认为,崔某作为基层群众性自治组织中从事管理的人员,利用其协助县、乡人民政府从事相关行政管理工作的职务便利,以其女儿的名义骗领财政惠民惠农补贴资金并占为己有,该行为的最终受益人是崔某自己。因此,崔某的行为构成贪污,属于职务违法,不属于违反群众纪律性质。

经分析,我们同意第二种意见。一是通常来看,“优亲厚友”主要是指一些从事社会保障、政策扶持、扶贫脱贫、救灾救济款物分配等事项的党员在执行公务过程中,不按照民主决策程序办理,不能正确处理亲属、朋友与群众的关系,厚此薄彼,侵害群众利益;不按照规定标准执行,使不该享受的人员享受了相关的待遇,应该享受的人员享受不到或者比规定的标准享受得低,明显不公平、不公正。从本案来看,崔某骗领财政补贴资金行为“优”“厚”的是自己,也未导致本村应该领取财政资金补贴的人员领取不到或者比规定的标准领取得低,不属于违反群众纪律性质。二是根据2000年4月29日第九届全国人大常委会第十五次会议通过的《关于〈中华人民共和国刑法〉第九十三条第二款的解释》规定,村民委员会等村基层组织人员协助人民政府从事相关行政管理工作时,利用职务上的便利,非法占有公共财物,构成犯罪的,适用刑法第三百八十二条和第三百八十三条。崔某的上述行为虽未达到刑事追诉标准,但本质上属于刑法规定的贪污行为,应当追究其纪律责任和监察责任,按照《中国共产党纪律处分条例》第二十八条和《中华人民共和国公职人员政务处分法》第三十三条第一款第(一)项之规定予以严肃处理。

2. 关于党纪政务处分匹配问题

本案处理过程中，关于对崔某的处分问题，形成了如下两种不同意见：

第一种意见认为，崔某具有党员身份，同时又是基层群众性自治组织中从事管理的人员，其骗领财政惠民惠农补贴资金的行为既涉嫌违反党的纪律又涉嫌职务违法，同时还存在违规收受礼金行为，合并处理应当给予其撤销党内职务、政务记大过处分。

第二种意见认为，结合本案具体情况，应当给予崔某撤销党内职务处分。同时，鉴于《中华人民共和国公职人员政务处分法》第二十二条第一款规定，“基层群众性自治组织中从事管理的人员有违法行为的，监察机关可以予以警告、记过、记大过处分”，未规定可给予降级、撤职、开除处分，因此在给予崔某党纪重处分的同时，无法匹配适用撤职等政务重处分。综合上述情形，可考虑给予崔某撤销党内职务处分；同时建议乡人民政府责令其辞去该村村民委员会主任职务，拒不辞职的，依法罢免其该村村民委员会主任职务。

经分析，我们同意第二种意见。十九届中央纪委五次全会工作报告指出，要持续整治群众身边腐败和不正之风，促进社会公平正义、保障群众合法权益，严肃查处贪污侵占等行为。崔某的行为正是发生在群众身边的贪污侵占腐败行为，本应在给予其党纪重处分的同时，依法给予其撤职等政务重处分。但依照《中华人民共和国公职人员政务处分法》第二十二条规定，对于崔某只能给予警告、记过、记大过等政务轻处分。如按照第一种意见，给予崔某撤销党内职务、政务记大过处分，则会出现党纪重处分匹配政务轻处分的情况，既不符合该违法行为应当给予政务重处分的实际，也影响了执纪执法工作效果。因此，应当在给予崔某撤销党内职务处分的同时，依照《中华人民共和国村民委员会组织法》《农村基层干部廉洁履行职责若干规定（试行）》等规定，建议乡人民政府责令其辞去该村村民委员会主任职务，拒不辞职的，依法予以罢免；同时，由乡人民政府明确其不再享受补贴、奖金，以增强惩戒效果。

实践中，对于具有中共党员身份的公职人员既违纪又违法的行为，在匹配适用党纪、政务处分时，通常按照以下情形把握：

一是应当给予重处分的情形。受到撤销党内职务、留党察看、开除党籍等党纪重处分的，如果仍担任公职，应当依法给予其撤职等政务重处分，即党纪重处分和政务重处分相匹配。对于有严重违法行为的公职人员，依法给予开除处分的,在党纪上应当依纪给予其开除党籍处分。对于严重违反党纪、严重触犯刑律的公职人员,依纪依法给予其开除党籍、开除公职处分,将其涉嫌犯罪问题移送司法机关依法处理。对于基层群众性自治组织中从事管理的人员等不适用政务重处分的公职人员,可不再给予其政务处分,而是依照《中华人民共和国公职人员政务处分法》《农村基层干部廉洁履行职责若干规定(试行)》等规定,作出降低薪酬待遇、调离岗位、解除人事关系或者劳动关系、责令辞职、依法罢免等处理。

二是应当给予轻处分的情形。党纪轻处分是指警告、严重警告,政务轻处分是指警告、记过、记大过、降级。实践中,党纪轻处分和政务轻处分在何种情形下同时适用、何种情形下单独适用,需根据具体案情综合把握。一般而言,在已达到惩戒目的和效果的情况下,在给予党纪轻处分时,可不再同时给予政务轻处分;对于在行政管理工作中发生的违法行为,在给予政务轻处分时,也可不再同时给予党纪轻处分。需要注意的是,如果给予党纪轻处分或政务轻处分的后果存在实质性差异,或者有其他影响案件处理效果的情形,为准确区分责任轻重、体现惩戒效果,可考虑同时给予党纪、政务轻处分。同时适用党纪、政务轻处分的,党内警告处分一般匹配政务记过处分,党内严重警告处分一般匹配政务记大过或者降级处分;但对于本应给予撤销党内职务处分,因本人没有担任党内职务而给予党内严重警告处分的,则应匹配给予其撤职等政务重处分。

3. 关于基层群众性自治组织中从事管理的人员受处分的后续处理问题

我们在工作中发现,对基层群众性自治组织中从事管理的人员的处分,尤其是受到党纪、政务轻处分的,对其职务、利益影响较小,导致违纪违法成本较低,有的人员在受处分后甚至继续违纪违法。目前,《中华人民共和国公职人员政务处分法》《农村基层干部廉洁履行职责若干规定(试行)》等规定对受处分村干部的后续处理规定较为原则,为提升纪律惩戒效果,强化纪律约束,县(市、区、旗)党委、政府应当切实履行主体责任,依照《中华人民共和国公职人员政务处分法》《农村基层干部廉洁履行职责若干规定(试行)》等规定,抓紧建立健全村干部受到党纪政务处分和诫勉等处理后的补贴、奖金减发或者扣发办法,切实提升对村干部的纪律惩戒效果。县(市、区、旗)纪委监委应当协助同级党委做好基层群众性自治组织中从事管理的人员受处分后的相关处理工作,以严肃监督执纪问责,推动全面从严治党不断向基层延伸。比如,山东省日照市莒县纪委监委制定了《关于推行农村干部处分与业绩考核奖励报酬挂钩的办法(试行)》,经报县委同意后,以县委办公室名义印发施行;广东省广州市白云区纪委监委联合区委农村工作办公室和区民政局共同起草了《村社干部处分(处理)决定薪酬执行工作指引》并报经区委同意后,以区委农村工作办公室名义印发施行,这些地方的实践探索可供各地参考借鉴。

【相关条款】

《中国共产党纪律处分条例》(2018 年 8 月 18 日)

第十一条第一款　撤销党内职务处分,是指撤销受处分党员由党内选举或者组织任命的党内职务。对于在党内担任两个以上职务的,党组织在作处分决定时,应当明确是撤销其一切职务还是一个或者几个职务。如果决定撤销其一个职务,必须撤销其担任的最高职务。如果决定撤销其两个以上职务,则必须从其担任的最高职务开始依次撤销。对于在党外组织担任职务的,应当建议党外组织依照规定作出相应处理。

第二十八条　党组织在纪律审查中发现党员有刑法规定的行为,虽不构成犯罪但须追究党纪责任的,或者有其他违法行为,损害党、国家和人民利益的,应当视具体情节给予警告直至开除党籍处分。

第四十条第一款　对于违纪行为所获得的经济利益,应当收缴或者责令退赔。

第八十八条第一款　收受可能影响公正执行公务的礼品、礼金、消费卡和有价证券、股权、其他金融产品等财物,情节较轻的,给予警告或者严重警告处分;情节较重的,给予撤销党内职务或者留党察看处分;情节严重的,给予开除党籍处分。

第一百一十四条　在社会保障、政策扶持、扶贫脱贫、救灾救济款物分配等事项中优亲厚友、明显有失公平的,给予警告或者严重警告处分;情节较重的,给予撤销党内职务或者留党察看处分;情节严重的,给予开除党籍处分。

《中华人民共和国监察法》(2018 年 3 月 20 日)

第十五条第(五)项　监察机关对下列公职人员和有关人员进行监察:

(五)基层群众性自治组织中从事管理的人员。

《中华人民共和国公职人员政务处分法》(2020 年 6 月 20 日)

第二十二条　基层群众性自治组织中从事管理的人员有违法行为的,

监察机关可以予以警告、记过、记大过。

基层群众性自治组织中从事管理的人员受到政务处分的,应当由县级或者乡镇人民政府根据具体情况减发或者扣发补贴、奖金。

第二十三条 《中华人民共和国监察法》第十五条第六项规定的人员有违法行为的,监察机关可以予以警告、记过、记大过。情节严重的,由所在单位直接给予或者监察机关建议有关机关、单位给予降低薪酬待遇、调离岗位、解除人事关系或者劳动关系等处理。

《中华人民共和国监察法》第十五条第二项规定的人员,未担任公务员、参照《中华人民共和国公务员法》管理的人员、事业单位工作人员或者国有企业人员职务的,对其违法行为依照前款规定处理。

第二十五条第一款 公职人员违法取得的财物和用于违法行为的本人财物,除依法应当由其他机关没收、追缴或者责令退赔的,由监察机关没收、追缴或者责令退赔;应当退还原所有人或者原持有人的,依法予以退还;属于国家财产或者不应当退还以及无法退还的,上缴国库。

第三十三条第一款第(一)项 有下列行为之一的,予以警告、记过或者记大过;情节较重的,予以降级或者撤职;情节严重的,予以开除:

(一)贪污贿赂的。

第三十四条第一款 收受可能影响公正行使公权力的礼品、礼金、有价证券等财物的,予以警告、记过或者记大过;情节较重的,予以降级或者撤职;情节严重的,予以开除。

《农村基层干部廉洁履行职责若干规定(试行)》(2019 年 4 月 4 日修订)

第二十一条 村党组织领导班子成员有违反本规定第二章所列行为的,视情节轻重,由有关机关、部门依照职责权限给予警示谈话、责令公开检讨、通报批评、停职检查、责令辞职、免职等处理。

应当追究党纪责任的,依照《中国共产党纪律处分条例》给予相应的党纪处分。

涉嫌犯罪的,移送司法机关依法处理。

第二十二条 村民委员会成员有违反本规定第二章所列行为的,视情节轻重,由有关机关、部门依照职责权限给予警示谈话、责令公开检讨、通报批评、取消当选资格等处理或者责令其辞职,拒不辞职的,依照《中华人民共和国村民委员会组织法》的规定予以罢免。

对其中的党员，应当追究党纪责任的，依照《中国共产党纪律处分条例》给予相应的党纪处分。

涉嫌犯罪的，移送司法机关依法处理。

第二十三条　农村基层干部违反本规定获取的不正当经济利益，应当依法予以没收、追缴或者责令退赔；给国家、集体或者村民造成损失的，应当依照有关规定承担赔偿责任。

第二十四条　村党组织领导班子成员和村民委员会成员受到本规定第二十一条、第二十二条处理的，由县（市、区、旗）或者乡镇党委和政府按照规定减发或者扣发绩效补贴（工资）、奖金。

沈某公车私用、私车公养案

（2021年指导性案例第7号，总第7号）

【关键词】

公车私用；私车公养；贪污侵占

【执纪执法要点】

随着公车改革的深入推进，各地公车管理制度不断规范，“公车私用”问题得到了有力遏制，但“私车公养”问题开始抬头。“私车公养”问题通常涉案金额不大，但本质是化公为私、贪污侵占的腐败问题，与“公车私用”不同，已经由风变腐。执纪执法工作中，纪检监察机关一方面要坚持严的主基调，对此类问题作出准确认定和严肃处理，以杜绝“车轮上的腐败”，另一方面也要坚持实事求是，对实践中的不同情况认真加以区分，作出精准处置。

【基本案情及处理结果】

沈某，中共党员，某市委组织部常务副部长（正县级）。2018年12月至2020年8月，沈某在已领取公务交通补贴的情况下，先后多次要求司机驾驶公车接送其打网球、接送其在外省上大学的女儿往返学校与家中等。2020年1月至2021年3月，沈某利用单位公务加油卡未绑定公车的漏洞，借驾驶公车开展公务之机，多次使用公务加油卡为其2辆私车加油，累计花费5500元。2021年8月，沈某受到党内严重警告和政务降级处分，违纪违法所得5500元予以追缴并返还该市委组织部；同时，给予其调整职务处理。

【指导意义】

1. 准确把握“私车公养”问题的性质认定及处理

实践中,“私车公养”问题存在多种表现形式,如“私油公供”“私车公修”“私票公报”等,每种表现形式又分化出多种不同的违纪违法手段。如“私油公供”可表现为利用管理和使用公车的职务便利,使用公务加油卡为本人的私车加油,或者加完油后以公车的名义在本单位报销,也可表现为将本人使用私车所产生的油费交由下属单位支付、报销等。

“公车私用”违反了中央八项规定精神,应当依照《中国共产党纪律处分条例》第一百零七条和《中华人民共和国公职人员政务处分法》第三十五条第(二)项规定予以处理。“私车公养”行为本质上已不属于作风问题,而是将公款据为己有的贪污侵占、化公为私的腐败行为。对于“私车公养”所涉金额尚未达到刑事追诉标准的,应当依照《中国共产党纪律处分条例》第二十八条、《中华人民共和国公职人员政务处分法》第三十三条第一款第(一)项之规定,追究其纪律责任和监察责任;所涉金额已达到刑事追诉标准,涉嫌职务犯罪的,在依照《中国共产党纪律处分条例》第二十七条、《中华人民共和国公职人员政务处分法》第三十三条第一款第(一)项之规定追究其纪律责任和监察责任的同时,还应当移送司法机关追究其刑事责任。

2. 精准甄别“私车公养”问题

“私车公养”行为构成违纪违法甚至涉嫌职务犯罪,但实践中还存在一些看似“私车公养”行为,却不宜按违纪违法行为认定的情形。比如,在一些边远地区或者交通不便地区,所在单位根据公务出行距离等因素核定了公务交通补贴标准,使用私车执行公务的可按标准用公务加油卡加油;又如,县乡基层工作人员虽按规定领取了公务交通补贴,但因下村入户等超出了保障范围,相关单位可以根据规定对公务交通补贴标准进行适度调整,或者按程序制定公务交通补贴标准并按标准予以计发;再如,对一些重大抢险救灾、事故处理或者突发事件处置等不可预测的特殊事项,临时使用私车开展公务活动,在此过程中产生的用车费用、损耗甚至损毁,可根据相关应急预案,给予适当补偿补助等。

此外,各级党组织要切实履行主体责任,按照中共中央办公厅、国务院办公厅《关于全面推进公务用车制度改革的指导意见》(中办发〔2014〕40

号)和中央公车改革领导小组办公室《关于完善配套政策持续巩固公车改革成果的通知》(发改电〔2016〕757号)等规定,从实际出发及时解决公车改革中的新情况新问题,有序衔接公务交通补贴等相关政策,主动探索采取多种方式保障公务出行,尤其是县乡基层工作人员的公务出行。比如,支持地方提高公务交通补贴统筹比例,且统筹比例可考虑不设上限,重点保障出行任务重的岗位和人员;在交通不便地区制定相关管理办法,采取按距离远近按次包干发放交通费,等等。同时,各级纪检监察机关应当以强有力的监督措施作为保障,在切实保障公务出行的前提下,避免出现以交通费补助名义变相发放福利等问题。

3. 充分发挥组织处理作用

组织处理是教育干部、管理干部的必备手段,是全面从严治党的重要措施。纪检监察机关在执纪执法工作中,认为被审查调查人不宜担任现职或者有必要先行给予组织处理的,应当按照《中国共产党组织处理规定(试行)》第六条之规定给予其相应组织处理。本案中,沈某作为组工干部,其素质品质直接关系到干部选拔任用工作能否做到公道正派。因此,从加强组工干部建设的角度出发,对沈某同时作出调整职务的组织处理,以充分发挥警示作用,强化组工干部政治纪律和政治规矩教育,确保组工干部在政治上绝对可靠、对党绝对忠诚,进一步涵养政治生态。

【相关条款】

《中国共产党纪律处分条例》(2018年8月18日)

第二十七条　党组织在纪律审查中发现党员有贪污贿赂、滥用职权、玩忽职守、权力寻租、利益输送、徇私舞弊、浪费国家资财等违反法律涉嫌犯罪行为的,应当给予撤销党内职务、留党察看或者开除党籍处分。

第二十八条　党组织在纪律审查中发现党员有刑法规定的行为,虽不构成犯罪但须追究党纪责任的,或者有其他违法行为,损害党、国家和人民利益的,应当视具体情节给予警告直至开除党籍处分。

第一百零七条　违反有关规定配备、购买、更换、装饰、使用公务交通工具或者有其他违反公务交通工具管理规定的行为,对直接责任者和领导责任者,情节较重的,给予警告或者严重警告处分;情节严重的,给予撤销党内职务或者留党察看处分。

《中华人民共和国公职人员政务处分法》(2020年6月20日)

第三十三条第一款第(一)项　有下列行为之一的,予以警告、记过或

者记大过;情节较重的,予以降级或者撤职;情节严重的,予以开除:

(一)贪污贿赂的。

第三十五条第(二)项　有下列行为之一,情节较重的,予以警告、记过或者记大过;情节严重的,予以降级或者撤职:

(二)违反规定,在公务接待、公务交通、会议活动、办公用房以及其他工作生活保障等方面超标准、超范围的。

《中国共产党组织工作条例》(2021 年 5 月 22 日)

第四十一条　组织部门应当强化政治机关意识,带头发扬党的光荣传统和优良作风,带头增强“四个意识”、坚定“四个自信”、做到“两个维护”,坚持以党的政治建设为统领,深入推进从严治部、从严律己、从严带队伍,努力建设讲政治、重公道、业务精、作风好的模范部门,让党中央放心、让党员干部人才信赖、让人民群众满意。

加强组工干部队伍建设,强化政治纪律和政治规矩教育,严守组织人事纪律和保密纪律,坚持清正廉洁,着力提升专业化能力,确保政治上绝对可靠、对党绝对忠诚。

《中国共产党组织处理规定(试行)》(2021 年 3 月 19 日)

第六条　党委(党组)及其组织(人事)部门按照干部管理权限履行组织处理职责。

有关机关、单位在执纪执法、日常管理监督等工作中发现领导干部存在需要进行组织处理的情形,应当向党委(党组)报告,或者向组织(人事)部门提出建议。

第七条第(十五)(十七)项　领导干部在政治表现、履行职责、工作作风、遵守组织制度、道德品行等方面,有苗头性、倾向性或者轻微问题,以批评教育、责令检查、诫勉为主,存在以下情形之一且问题严重的,应当受到组织处理:

(十五)违反中央八项规定精神、廉洁从政有关规定的;

(十七)其他应当受到组织处理的情形。

第八条　组织处理可以单独使用,也可以和党纪政务处分合并使用。

《组工干部“十严禁”纪律要求》(2008 年 8 月 22 日)

八、严禁利用职务之便为本人、亲友或特定关系人谋取特殊照顾或私利。

组工干部有违反上述纪律要求的,情节较轻的进行批评教育或诫勉谈话;情节较重的要调离组织部门并依照有关规定给予党纪政纪处分。

中央纪委国家监委发布
第三批执纪执法指导性案例

姚某使用“空白公函”报销案

（2022 年指导性案例第 1 号，总第 8 号）

【关键词】

违反中央八项规定精神；“空白公函”；“吃公函”；由风变腐；贪污侵占

【执纪执法要点】

党的十八大以来，以习近平同志为核心的党中央推进全面从严治党从落实中央八项规定精神破题，党风政风为之焕然一新。纪检监察机关紧盯公款吃喝等突出问题，“舌尖上的腐败”得到有效整肃，但使用“空白公函”“虚假公函”搞违规吃喝，以及“一函多吃”等隐形变异问题开始抬头。使用“空白公函”报销个人费用的行为，本质上是化公为私、贪污侵占的腐败问题，已经由风变腐，必须下大气力予以整治。十九届中央纪委六次全会指出，要持续加固中央八项规定堤坝，严肃整治公务接待中“吃公函”问题。纪检监察机关要自觉做到从政治上看、从政治上抓，深刻认识到不正之风和腐败问题互为表里、同根同源，不正之风滋生掩藏腐败，腐败行为助长加剧不正之风、甚至催生新的作风问题，坚持正风肃纪不可分割，坚持严的主基调不动摇，以反复抓、抓反复的坚韧和执着，切实做到匡正风气、严肃党纪。

【基本案情及处理结果】

姚某，中共党员，A 省 B 市文化市场综合执法支队党总支书记、支队长。2020 年 12 月至 2021 年 3 月，姚某等人 5 次参加该支队组织的超标准公务接待，饮用高档酒水，且每次公务接待均提供高档香烟，共计超标准支出 25590 元。事后，为处理超标准公务接待费用，经姚某同意，该支队向外单位索要多份“空白公函”，虚构接待事项，将上述费用 25590 元在本单位报销。2021 年 7 月，姚某使用“空白公函”虚列接待事由和人数，将其私人用餐费用共计4327元在本单位报销。2022年4月，姚某受到党内严重警告、政务记大过处分，违纪违法所得4327元予以责令退赔。同时，责令提供和接受超标准公务接待的姚某等人，按照各自应承担的份额，分别退赔违纪所得共计25590元。

【指导意义】

1. 准确认定使用“空白公函”报销个人费用的问题性质

本案处理过程中，关于姚某多次参加超标准公务接待活动、同意使用“空白公函”报销超标准公务接待费用的问题，应当依照《中国共产党纪律处分条例》第一百零六条规定予以定性处理。但对于姚某使用“空白公函”报销个人费用的问题，则形成了如下两种不同意见：

第一种意见认为，姚某用公款支付应由本人承担的费用，应当认定为违反中央八项规定精神，依照《中国共产党纪律处分条例》第一百一十一条规定予以处理。

第二种意见认为，姚某作为本单位主要负责人，利用职务上的便利非法占有公共财物，已经构成贪污，属于职务违法，不应认定为违反中央八项规定精神。

经分析，我们同意第二种意见。姚某作为本单位主要负责人，明知私人用餐费用应由个人承担，仍以非法占有公共财物为目的，利用其担任“一把手”职务上的便利，使用“空白公函”在本单位报销私人用餐费用4327元。姚某的上述行为，不仅侵害了公共财物所有权，也侵害了公职人员的职务廉洁性，其行为本质是化公为私、贪污侵占的腐败问题，已经由风变腐，应予严肃处理。鉴于其贪腐行为尚未达到刑事追诉标准，应当依照《中国共产党纪律处分条例》第二十八条、《中华人民共和国公职人员政务处分法》第三十三条第一款第（一）项规定，追究其纪律责任和监察责任。

2. 精准把握“吃公函”问题的主要表现和定性处理

《党政机关厉行节约反对浪费条例》明确规定，对无公函的公务活动不予接待。《党政机关国内公务接待管理规定》明确要求，确因工作需要，接待单位可以安排工作餐一次，并严格控制陪餐人数；接待费报销凭证应当包括财务票据、派出单位公函和接待清单。根据上述规定，“无函不接待”“无函不报销”成为公务接待中的“硬杠杠”。但与此同时，个别党员干部也动起了利用公函“做文章”、搞违规吃喝的“歪心思”。实践中，对于公务接待中“吃公函”问题的定性处理，通常按照以下情形把握：

一是无公函接待,即接待单位对未出具公函的公务活动来访人员予以接待,并使用公款支付接待费用。此类问题违反了《党政机关厉行节约反对浪费条例》第二十条和《党政机关国内公务接待管理规定》第七条第一款关于“无函不接待”的明确规定,属于违反中央八项规定精神,应当依照《中国共产党纪律处分条例》第一百零六条规定予以定性处理,并对所涉及费用予以责令退赔。

二是“一函多吃”,即同一接待单位对出具一份公函的公务活动来访人员,安排多次工作餐。此类问题钻了公务接待活动的“漏洞”,属于违反中央八项规定精神,应当依照《中国共产党纪律处分条例》第一百零六条规定予以定性处理。其中,所涉及的费用除正常接待费用外,其余部分均属于违纪所得,应当责令退赔。

三是通过使用“空白公函”等方式,套取资金违规发放津贴补贴,解决违规接待、公款旅游等费用。一方面,套取资金行为本身违反了《中华人民共和国会计法》《财政违法行为处罚处分条例》等法律法规;另一方面,套取资金用于违规发放津贴补贴,解决违规接待、公款旅游等费用的行为也违反了《党政机关厉行节约反对浪费条例》等规定。鉴于上述两类行为之间具有牵连关系,套取资金的目的是为了解决违规发放津贴补贴、违规接待、公款旅游等违纪行为的费用,执纪执法实践中通常“择一重处理”,即按照套取资金后的违纪行为性质,分别适用《中国共产党纪律处分条例》第一百零四条、第一百零五条、第一百零六条等规定予以定性处理。需要指出的是,套取资金后拟用于违规发放津贴补贴、违规接待、公款旅游等违纪行为,但尚未实施即被查处的,因后续的违纪行为并未实际发生,但套取资金行为本身即已违反法律法规规定,按照“择一重处理”原则,可以依照《中国共产党纪律处分条例》第二十八条纪法衔接条款追究纪律责任。对于此类问题中套取的资金,根据是否实际用于违纪行为,相应予以责令退赔或者纠正。

上述3种情形中,需要追究有关人员监察责任的,还应当依照《中华人民共和国公职人员政务处分法》第三十五条规定作出处理。实际套取资金后拟用于违纪违法活动但尚未实施的,可以依照《中华人民共和国公职人员政务处分法》第四十一条规定作出处理。

此外,实践中还发现,有的单位因业务经费紧张等原因,存在利用“空白公函”套取资金用于正常公务支出的情形。我们认为,此类行为看似“情有可原”，但依照《中华人民共和国会计法》第九条等规定，实则是违反了财务管理规定，属于违反国家法律法规，可以依照《中国共产党纪律处分条例》第二十八条纪法衔接条款追究纪律责任。需要追究监察责任的，相应依照《中华人民共和国公职人员政务处分法》第四十一条规定作出处理。

3. 严肃追究“吃公函”问题中其他责任人员的纪律责任和监察责任

在“吃公函”问题中，除了违规提供公务接待的责任人员外，还包括被接待方、违规提供“空白公函”等相关责任人。对于这些责任人员，应当根据其具体行为，准确认定性质和责任，予以恰当处理。

一是对接受无公函接待或者超标准、超范围接待的人员，应当认定为违反中央八项规定精神，依照《中国共产党纪律处分条例》第一百零六条规定予以处理，并责令其按照应当承担的份额退赔违纪款。需要追究监察责任的，相应依照《中华人民共和国公职人员政务处分法》第三十五条第（二）项规定作出处理。

二是对违规向其他单位提供“空白公函”的人员，应当区分直接责任者和领导责任者，视具体情节轻重，认定为违反工作纪律，依照《中国共产党纪律处分条例》第一百三十三条规定追究纪律责任。需要追究监察责任的，相应依照《中华人民共和国公职人员政务处分法》第三十九条第（四）项规定作出处理。

【相关条款】

《财政违法行为处罚处分条例》（2011 年 1 月 8 日修订）

第六条　国家机关及其工作人员有下列违反规定使用、骗取财政资金的行为之一的，责令改正，调整有关会计账目，追回有关财政资金，限期退还违法所得。对单位给予警告或者通报批评。对直接负责的主管人员和其他直接责任人员给予记大过处分；情节较重的，给予降级或者撤职处分；情节严重的，给予开除处分：

（一）以虚报、冒领等手段骗取财政资金；

（二）截留、挪用财政资金；

（三）滞留应当下拨的财政资金；

（四）违反规定扩大开支范围，提高开支标准；

（五）其他违反规定使用、骗取财政资金的行为。

《党政机关厉行节约反对浪费条例》（2013 年 11 月 18 日）

第二十条　党政机关应当建立公务接待审批控制制度，对无公函的公务活动不予接待,严禁将非公务活动纳入接待范围。

第五十八条第(四)(五)项　有下列情形之一的,追究相关人员的责任:

(四)违反管理规定超标准或者以虚假事项开支的;

(五)利用职务便利假公济私的;

第六十条　违反本条例规定造成浪费的,根据情节轻重,由有关部门依照职责权限给予批评教育、责令作出检查、诫勉谈话、通报批评或者调离岗位、责令辞职、免职、降职等处理。

应当追究党纪政纪责任的,依照《中国共产党纪律处分条例》、《行政机关公务员处分条例》等有关规定给予相应的党纪政纪处分。

涉嫌违法犯罪的,依法追究法律责任。

第六十一条　违反本条例规定获得的经济利益,应当予以收缴或者纠正。

违反本条例规定,用公款支付、报销应由个人支付的费用,应当责令退赔。

《党政机关国内公务接待管理规定》(2013 年 12 月 1 日)

第五条第二款　公务外出确需接待的,派出单位应当向接待单位发出公函,告知内容、行程和人员。

第七条第一款　接待单位应当根据规定的接待范围,严格接待审批控制,对能够合并的公务接待统筹安排。无公函的公务活动和来访人员一律不予接待。

第十条第一款　接待对象应当按照规定标准自行用餐。确因工作需要,接待单位可以安排工作餐一次,并严格控制陪餐人数。接待对象在 10 人以内的,陪餐人数不得超过 3 人;超过 10 人的,不得超过接待对象人数的三分之一。

第十四条　接待费报销凭证应当包括财务票据、派出单位公函和接待清单。

接待费资金支付应当严格按照国库集中支付制度和公务卡管理有关规定执行。具备条件的地方应当采用银行转账或者公务卡方式结算,不得以现金方式支付。

《中华人民共和国会计法》(2017 年 11 月 4 日修正)

第九条　各单位必须根据实际发生的经济业务事项进行会计核算,填制会计凭证,登记会计帐簿,编制财务会计报告。

任何单位不得以虚假的经济业务事项或者资料进行会计核算。

《中国共产党纪律处分条例》(2018 年 8 月 18 日)

第二十八条　党组织在纪律审查中发现党员有刑法规定的行为,虽不构成犯罪但须追究党纪责任的,或者有其他违法行为,损害党、国家和人民利益的,应当视具体情节给予警告直至开除党籍处分。

第四十条第一款　对于违纪行为所获得的经济利益,应当收缴或者责令退赔。

第一百零四条　违反有关规定自定薪酬或者滥发津贴、补贴、奖金等,对直接责任者和领导责任者,情节较轻的,给予警告或者严重警告处分;情节较重的,给予撤销党内职务或者留党察看处分;情节严重的,给予开除党籍处分。

第一百零五条　有下列行为之一,对直接责任者和领导责任者,情节较轻的,给予警告或者严重警告处分;情节较重的,给予撤销党内职务或者留党察看处分;情节严重的,给予开除党籍处分:

(一)公款旅游或者以学习培训、考察调研、职工疗养等为名变相公款旅游的;

(二)改变公务行程,借机旅游的;

(三)参加所管理企业、下属单位组织的考察活动,借机旅游的。

以考察、学习、培训、研讨、招商、参展等名义变相用公款出国(境)旅游的,依照前款规定处理。

第一百零六条　违反公务接待管理规定,超标准、超范围接待或者借机大吃大喝,对直接责任者和领导责任者,情节较重的,给予警告或者严重警告处分;情节严重的,给予撤销党内职务处分。

第一百一十一条　有其他违反廉洁纪律规定行为的,应当视具体情节给予警告直至开除党籍处分。

第一百三十三条　在党的纪律检查、组织、宣传、统一战线工作以及机关工作等其他工作中,不履行或者不正确履行职责,造成损失或者不良影响的,应当视具体情节给予警告直至开除党籍处分。

《中华人民共和国公职人员政务处分法》(2020 年 6 月 20 日)

第二十五条第一款　公职人员违法取得的财物和用于违法行为的本人财物,除依法应当由其他机关没收、追缴或者责令退赔的,由监察机关没收、追缴或者责令退赔;应当退还原所有人或者原持有人的,依法予以退还;属于国家财产或者不应当退还以及无法退还的,上缴国库。

第三十三条第一款第(一)项　有下列行为之一的,予以警告、记过或者记大过;情节较重的,予以降级或者撤职;情节严重的,予以开除:

(一)贪污贿赂的;

第三十五条　有下列行为之一,情节较重的,予以警告、记过或者记大过;情节严重的,予以降级或者撤职:

(一)违反规定设定、发放薪酬或者津贴、补贴、奖金的;

(二)违反规定,在公务接待、公务交通、会议活动、办公用房以及其他工作生活保障等方面超标准、超范围的;

(三)违反规定公款消费的。

第三十九条第(四)项　有下列行为之一,造成不良后果或者影响的,予以警告、记过或者记大过;情节较重的,予以降级或者撤职;情节严重的,予以开除:

(四)工作中有弄虚作假,误导、欺骗行为的;

第四十一条　公职人员有其他违法行为,影响公职人员形象,损害国家和人民利益的,可以根据情节轻重给予相应政务处分。

吴某违规摊派案

(2022 年指导性案例第 2 号,总第 9 号)

【关键词】

群众身边腐败和不正之风;摊派;接受“捐赠”

【执纪执法要点】

基层“微腐败”发生在群众身边,群众所受侵害最直接,反映也最强烈。随着党风廉政建设和反腐败斗争的持续深入推进,群众身边腐败和不正之风得到有效遏制,但滋生“微腐败”的土壤尚未彻底铲除,损害群众利益问题仍时有发生。十九届中央纪委六次全会强调,要把严的主基调长期坚持下去,把解决群众身边腐败和不正之风摆在更加突出位置。纪检监察机关在执纪执法工作中,要顺应群众所思所盼,聚焦群众所急所忧,持续整治乱收费、乱罚款、乱摊派等与民争利、扰民渔利、侵害企业合法权益的突出问题,以实际行动维护群众利益,增强人民群众的获得感、幸福感、安全感,让人民群众感受到正风肃纪反腐就在身边。

【基本案情及处理结果】

吴某,中共党员,某乡党委副书记、乡长。2015 年至 2020 年 8 月,吴某以支持乡政府开展工作为由,多次要求辖区内的多家私营企业、个体工商户出资购买桌椅、打印机等办公用品,"捐赠"给乡政府使用,折合共计 22.4 万元。2021 年 8 月,吴某受到党内严重警告、政务降级处分。

【指导意义】

1. 准确认定违规摊派行为

本案处理过程中,关于吴某要求私营企业、个体工商户"捐赠"办公用品的问题,形成了如下两种不同意见:

第一种意见认为,吴某为解决乡政府办公经费不足问题,以支持乡政府开展工作为由,收受辖区内管理服务对象的财物,存在影响公正执行公务的可能性,应当认定为违规受礼,属于违反廉洁纪律。

第二种意见认为,吴某作为乡政府主要负责人,要求辖区内私营企业、个体工商户向乡政府"捐赠"办公用品,增加了群众负担,应当认定为违规摊派,属于违反群众纪律,吴某对此负有直接责任。

经分析,我们同意第二种意见。一是通常来看,无论是收受可能影响公正执行公务的礼品、礼金,还是收受其他明显超出正常礼尚往来的财物,违规受礼者一般都实际占有有关财物,具有个人占有的主观故意。但从本案来看,吴某要求有关私营企业、个体工商户帮助解决办公用品,有关物品亦实际用于单位办公,吴某既不具备个人占有的故意,事实上也未将有关财物据为己有,因此不宜认定吴某违规受礼。二是《中共中央、国务院关于坚决制止乱收费、乱罚款和各种摊派的决定》明确规定,"在国家法律、法规和有关规定之外,要求有关单位或个人无偿地、非自愿地提供财力、物力和人力的行为都是摊派,一律予以禁止",并强调"不得以赞助、捐赠等为名变相向行政事业单位、企业和个人摊派";《中共中央、国务院关于治理向企业乱收费、乱罚款和各种摊派等问题的决定》再次重申,"严禁向企业摊派、索要赞助和无偿占用企业的人财物"。本案中,吴某作为乡政府主要负责人,以支持乡政府开展工作为由,要求辖区内多家私营企业、个体工商户"捐赠"办公用品,其行为本质上是将服务群众的义务当作管理群众的特权,将本应由单位承担的费用转移到群众身上,增加了群众负担。吴某的违规摊派行为损害了群众利益，败坏了党和政府的形象，侵蚀了党的执政基础，属于违反群众纪律，应当依照《中国共产党纪律处分条例》第一百一十二条第一款第（六）项和《中华人民共和国公职人员政务处分法》第三十八条第一款第（一）项等规定予以严肃处理。同时，对于违规摊派获取的财物，应由乡政府按原价退赔有关私营企业、个体工商户。

2. 关于违规摊派与接受自愿捐赠的区别

对于以所谓“公事”为由，要求有关私营企业、个体工商户“捐赠”财物的问题，应当透过现象看本质，准确区分违规摊派和接受自愿捐赠，作出精准认定和恰当处置。纪检监察机关在执纪执法过程中，应当充分收集证据材料，综合考虑财物提供者的行为是否主动、意愿是否真实，分析研判涉案财物是否系自愿捐赠。一般而言，被摊派者付出财物时是被动的，且往往对此心怀抵触，属于无奈之举；捐赠人则是出于自身的真实意愿，自愿处置财物。

本案中，吴某先行提出了帮助乡政府购置办公用品的要求，有关私营企业和个体工商户只是被动接受要求，不具有捐赠的主动性。同时，鉴于乡政府对辖区内的私营企业、个体工商户具有行政管理职权，有关私营企业、个体工商户出于现实顾虑，难以拒绝吴某提出的摊派要求，所谓“捐赠”并不真实，关于这一点也有有关私营企业负责人、个体工商户的证言予以印证。据此可以认定，乡政府并非接受自愿捐赠，而是违规摊派，应当追究直接责任人吴某的纪律责任和监察责任。

实践中，纪检监察机关要提高精准执纪执法的能力和水平，根据具体案情作出综合研判和恰当处置，依规依纪依法惩治以接受捐赠为名、行违规摊派之实的违纪违法行为，驰而不息纠治群众身边腐败和不正之风。

【相关条款】

《中共中央、国务院关于坚决制止乱收费、乱罚款和各种摊派的决定》（1990 年 9 月 16 日）

四、坚决禁止各种形式的摊派。国务院一九八八年四月发布的《禁止向企业摊派暂行条例》和一九九〇年二月发出的《关于切实减轻农民负担的通知》，各地区、各部门都要认真执行。党中央、国务院重申：在国家法律、法规和有关规定之外，要求有关单位或个人无偿地、非自愿地提供财力、物力和人力的行为都是摊派，一律予以禁止。任何地方、部门和单位都不准收取上述文件所禁止的费用，不得以赞助、捐赠等为名变相向行政事业单位、企业和个人摊派。企业自愿赞助、捐赠的,只准从企业留利中开支,不得计入成本。刊登广告和订阅报纸杂志,必须坚持自愿的原则,不得用行政手段强行摊派。

《中共中央、国务院关于治理向企业乱收费、乱罚款和各种摊派等问题的决定》(1997 年 7 月 7 日)

五、严格执行国家规定,坚决做到令行禁止。严禁擅自设立行政事业性收费、罚款、集资、基金项目;严禁擅自提高收取标准,扩大收取范围;严禁向企业摊派、索要赞助和无偿占用企业的人财物;严禁向企业强买强卖,强制企业接受指定服务,从中牟利;严禁在公务活动中通过中介组织对企业进行收费;严禁将应由企业自愿接受的咨询、信息、检测、商业保险等服务变为强制性服务,强行收费;严禁强制企业参加不必要的会议、培训、学术研讨、技术考核、检查评比和学会、协会、研究会等;严禁强行向企业拉广告,强制企业订购书报刊物、音像制品等;严禁机关、事业单位及其工作人员到企业报销各种费用。

《中国共产党纪律处分条例》(2018 年 8 月 18 日)

第八十八条第一款　收受可能影响公正执行公务的礼品、礼金、消费卡和有价证券、股权、其他金融产品等财物,情节较轻的,给予警告或者严重警告处分;情节较重的,给予撤销党内职务或者留党察看处分;情节严重的,给予开除党籍处分。

第一百一十二条第一款　有下列行为之一,对直接责任者和领导责任者,情节较轻的,给予警告或者严重警告处分;情节较重的,给予撤销党内职务或者留党察看处分;情节严重的,给予开除党籍处分:

(一)超标准、超范围向群众筹资筹劳、摊派费用,加重群众负担的;

(二)违反有关规定扣留、收缴群众款物或者处罚群众的;

(三)克扣群众财物,或者违反有关规定拖欠群众钱款的;

(四)在管理、服务活动中违反有关规定收取费用的;

(五)在办理涉及群众事务时刁难群众、吃拿卡要的;

(六)有其他侵害群众利益行为的。

《中华人民共和国公职人员政务处分法》(2020 年 6 月 20 日)

第三十四条第一款　收受可能影响公正行使公权力的礼品、礼金、有价证券等财物的,予以警告、记过或者记大过;情节较重的,予以降级或者撤职;情节严重的,予以开除。

第三十八条　有下列行为之一，情节较重的，予以警告、记过或者记大过；情节严重的，予以降级或者撤职：

（一）违反规定向管理服务对象收取、摊派财物的；

（二）在管理服务活动中故意刁难、吃拿卡要的；

（三）在管理服务活动中态度恶劣粗暴，造成不良后果或者影响的；

（四）不按照规定公开工作信息，侵犯管理服务对象知情权，造成不良后果或者影响的；

（五）其他侵犯管理服务对象利益的行为，造成不良后果或者影响的。

有前款第一项、第二项和第五项行为，情节特别严重的，予以开除。

徐某对抗组织审查案

（2022 年指导性案例第 3 号，总第 10 号）

【关键词】

对抗组织审查；政治纪律；纪法贯通

【执纪执法要点】

对党忠诚是共产党人首要的政治品质。忠诚是纯粹的、无条件的，党员在任何时候都要做到对党忠诚老实，特别是在犯错误后，更应当相信组织、依靠组织，认真反省检讨，积极配合组织查清事实，决不能欺骗组织、对抗审查，妄图以此逃避处理。纪检监察机关要增强政治敏锐性和政治鉴别力，善于发现、准确把握对抗组织审查行为的“对抗性”特征，既不人为拔高，也不姑息纵容，通过精准认定和恰当处置，实现执纪执法政治效果、纪法效果和社会效果相统一。

【基本案情及处理结果】

徐某，中共党员，A 省交通运输厅原党组成员、副厅长。2020 年 10 月，徐某接受私营企业主陈某请托，利用职务上的便利为陈某在 A 省承接道路工程项目提供帮助，收受陈某现金 20 万元。2021 年 3 月，A 省纪委监委接到反映徐某在工程领域以权谋私的匿名举报，经研判认为举报信反映的问题线索较为笼统，可查性不强，决定对徐某进行函询。徐某随即与陈某串供，统一口径声称上述 20 万元系借款，并伪造了借据、收条，制造了借款、还款假象。此后，徐某在给 A 省纪委监委的书面回复中，自称因儿子生病住院急需用钱,曾向承接A省道路工程项目的私营企业主陈某借款20万元,已经归还,但并未利用职权帮助陈某承接工程,也没有任何以权谋私的行为,同时主动表示向管理服务对象借款确有不妥,愿意承认错误、接受处理。A省纪委监委收到函询回复后,认为徐某问题较为轻微,对其予以批评教育。2022年1月,A省纪委监委接到反映徐某收受陈某贿赂的信访举报,初步核实后对徐某涉嫌违纪违法问题立案审查调查,查明其收受陈某20万元贿赂的事实。同年5月,徐某受到开除党籍、开除公职处分,其涉嫌受贿犯罪问题被移送检察机关依法审查起诉。

【指导意义】

1. 准确认定对抗组织审查和在组织谈话、函询时不如实说明问题

本案处理过程中,关于徐某与陈某串供、伪造证据的问题,应当认定为对抗组织审查。但对于徐某在接受组织函询时不如实说明问题,将受贿谎称为借款的行为,则形成了如下两种不同意见:

第一种意见认为,徐某身为党员领导干部,在组织函询时不如实说明问题,应当依照《中国共产党纪律处分条例》第七十三条第一款第(二)项规定,认定为违反组织纪律。

第二种意见认为,徐某在回复组织函询时,不是出于畏惧、侥幸心理简单否认问题,而是按照与陈某串供的情况编造事实,提供虚假情况,企图逃避处理。从本质上看,徐某不如实回复组织函询和串供、伪造证据的行为,均基于对抗审查、逃避处理的同一个主观故意,应当一并认定为违反政治纪律,并依照《中国共产党纪律处分条例》第五十六条第(一)项规定予以处理。

经分析,我们同意第二种意见。对抗组织审查行为的关键特征是"对抗性",本质上反映的是党员对组织不忠诚不老实的政治问题。本案中,徐某为掩盖受贿问题,在与他人串供、伪造证据后才回复函询,明显具有欺骗组织、逃避惩处的主观动机,其行为的"对抗性"特征十分典型,应当认定为违反政治纪律。

实践中,纪检监察机关要注意区分"对抗组织审查"与"在组织谈话、函询时不如实说明问题"两类问题,既要善于从政治上加以甄别判断,也要注意避免简单泛化认定,从"违规"和"有责"两个要素出发,做到实事求是、不枉不纵、精准认定。一方面,要重点核查被审查人是否客观存在串供或者伪造、销毁、转移、隐匿证据等对抗组织审查行为,同时注意查明其在

组织谈话、函询时不如实说明问题与其采取的对抗组织审查行为是否密切相关；另一方面，则要注意把握被审查人是否具有刻意误导审查、欺骗对抗组织的主观意图，综合考虑认定行为人是否应当承担相应的纪律责任。

需要注意的是，在违纪违法行为实施后、组织启动审查前，党员采取串供、伪造证据、转移赃款赃物等方式企图掩盖事实、逃避惩处的，鉴于其行为从本质上看是对党不忠诚不老实，欺骗组织、对抗组织、与组织离心离德，应当认定为对抗组织审查。同时，认定对抗组织审查行为应当按照从旧兼从轻的原则，精准适用相应条规。比如，2003 年《中国共产党纪律处分条例》将串供、伪造证据等行为规定为从重或者加重处分情节，2015 年修订《中国共产党纪律处分条例》（2016 年 1 月 1 日起施行）时方将上述对抗组织审查行为规定为违反政治纪律。因此，如串供、伪造证据等行为发生在 2016 年 1 月 1 日前，不应当认定为违反政治纪律，而应当作为从重或者加重处分情节予以评价。又如，通过打探巡视巡察消息、提供虚假材料，甚至模拟巡视巡察谈话等方式干扰巡视巡察工作，其行为本质上是为了防止组织发现违纪问题，逃避组织查处，属于对抗组织审查行为。鉴于 2018 年 10 月 1 日起施行的《中国共产党纪律处分条例》第五十五条已将干扰巡视巡察工作规定为独立的违纪行为，如该行为发生或者持续至 2018 年 10 月 1 日后，应当直接认定为干扰巡视巡察工作；如发生在 2018 年 10 月 1 日前，则可以根据行为发生的具体时点、情节严重程度，依照 2015 年《中国共产党纪律处分条例》第五十七条第（五）项规定，认定为“其他对抗组织审查行为”，或者依照 2003 年《中国共产党纪律处分条例》第二十四条第（五）项规定作为从重或者加重处分情节予以评价。

2. 在党纪政务处分决定书中规范表述对抗组织审查行为

国家监察体制改革后，纪委与监委合署办公，履行党的纪律检查和国家监察两项职责，要求纪检监察机关自觉将纪律和规矩挺在前面，用纪律和法律两把尺子来衡量违纪违法行为，坚持纪严于法、执纪执法贯通。这就提醒我们注意，一些违犯党纪的行为可能并不同时构成职务违法。比如，阻止他人检举、提供证据，串供或者伪造、隐匿、毁灭证据，包庇同案人员等行为，依照《中国共产党纪律处分条例》第五十六条规定，构成对抗组织审查，违反了党的政治纪律；但依照《中华人民共和国公职人员政务处分法》第十三条规定，上述行为只是在追究监察责任时的法定从重情节，并非独立的可作为政务处分依据的违法事实。同时，向组织提供虚假情况、掩盖事实的对抗组织审查行为,以及在组织谈话、函询时不如实说明问题的行为,分别违反了党的政治纪律和组织纪律;但依照《中华人民共和国公职人员政务处分法》规定,上述行为既不是独立的违法行为,也不是法定的从重情节,仅属于在追究监察责任时应当考虑和把握的酌定从重情节。这就要求纪检监察机关在制作处分决定文书时,要注意精准表述,体现纪法双施双守的要求。

本案中,徐某被同时给予党纪政务处分。其中,对于徐某对抗组织审查的问题,应当在党纪处分决定书和政务处分决定书中分别作出恰当表述。一是在党纪处分决定书中,应当将徐某对抗组织审查的问题在"违反政治纪律"部分予以认定和表述。二是在政务处分决定书中,不宜将徐某对抗组织审查的问题在"违反政治要求"部分单独列明,而是作为从重处分情节予以说明,可参考如下表述:"徐某采用串供、伪造证据、提供虚假情况掩盖事实等方式妨碍调查,具有从重处分情节。"

由本案引申开来,有的违纪行为虽然同时构成违法,但违纪和违法类型可能并不一一对应。比如,对于参加迷信活动的行为,依照《中国共产党纪律处分条例》第六十三条规定属于"违反政治纪律";但依照《中华人民共和国公职人员政务处分法》第四十条第一款第(二)项规定,则属于"违反公职人员道德要求"。对于此类情形,可作如下处理:一是具有党员身份的公职人员因参加迷信活动同时受到党纪政务处分的,为确保党纪处分与政务处分顺畅衔接,避免针对同一行为出现不同评价,可对政务处分决定书中的违法行为类型作出调整,即将参加迷信活动问题在"违反政治要求"部分予以认定和表述。二是在仅给予党纪处分或者仅给予政务处分的情况下,则应当依照《中国共产党纪律处分条例》或者《中华人民共和国公职人员政务处分法》相应规定,分别在"违反政治纪律"或者"违反公职人员道德要求"部分予以认定和表述。

【相关条款】

《中国共产党纪律处分条例》(2003 年 12 月 31 日)

第二十四条　有下列情形之一的,可以依照规定从重或者加重处分:

(一)强迫、唆使他人违纪违法的;

(二)串供或者伪造、销毁、隐匿证据的;

(三)阻止他人揭发检举、提供证据材料的;

(四)包庇同案人员或者打击报复批评人、检举人、控告人、证人及其他人员的；

（五）有其他干扰、妨碍组织审查行为的；

（六）本条例分则中另有规定的。

《中国共产党纪律处分条例》（2015年10月18日）

第五十七条　对抗组织审查，有下列行为之一的，给予警告或者严重警告处分；情节较重的，给予撤销党内职务或者留党察看处分；情节严重的，给予开除党籍处分：

（一）串供或者伪造、销毁、转移、隐匿证据的；

（二）阻止他人揭发检举、提供证据材料的；

（三）包庇同案人员的；

（四）向组织提供虚假情况，掩盖事实的；

（五）有其他对抗组织审查行为的。

《中国共产党纪律处分条例》（2018年8月18日）

第二十七条　党组织在纪律审查中发现党员有贪污贿赂、滥用职权、玩忽职守、权力寻租、利益输送、徇私舞弊、浪费国家资财等违反法律涉嫌犯罪行为的，应当给予撤销党内职务、留党察看或者开除党籍处分。

第五十五条　干扰巡视巡察工作或者不落实巡视巡察整改要求，情节较轻的，给予警告或者严重警告处分；情节较重的，给予撤销党内职务或者留党察看处分；情节严重的，给予开除党籍处分。

第五十六条　对抗组织审查，有下列行为之一的，给予警告或者严重警告处分；情节较重的，给予撤销党内职务或者留党察看处分；情节严重的，给予开除党籍处分：

（一）串供或者伪造、销毁、转移、隐匿证据的；

（二）阻止他人揭发检举、提供证据材料的；

（三）包庇同案人员的；

（四）向组织提供虚假情况，掩盖事实的；

（五）有其他对抗组织审查行为的。

第六十三条　组织迷信活动的，给予撤销党内职务或者留党察看处分；情节严重的，给予开除党籍处分。

参加迷信活动，造成不良影响的，给予警告或者严重警告处分；情节较重的，给予撤销党内职务或者留党察看处分；情节严重的，给予开除党籍处分。

对不明真相的参加人员,经批评教育后确有悔改表现的,可以免予处分或者不予处分。

第七十三条第一款第(二)项　有下列行为之一,情节较重的,给予警告或者严重警告处分:

(二)在组织进行谈话、函询时,不如实向组织说明问题的;

《中华人民共和国公职人员政务处分法》(2020年6月20日)

第十三条　公职人员有下列情形之一的,应当从重给予政务处分:

(一)在政务处分期内再次故意违法,应当受到政务处分的;

(二)阻止他人检举、提供证据的;

(三)串供或者伪造、隐匿、毁灭证据的;

(四)包庇同案人员的;

(五)胁迫、唆使他人实施违法行为的;

(六)拒不上交或者退赔违法所得的;

(七)法律、法规规定的其他从重情节。

第三十三条第一款第(一)项　有下列行为之一的,予以警告、记过或者记大过;情节较重的,予以降级或者撤职;情节严重的,予以开除:

(一)贪污贿赂的;

第四十条第一款第(二)项　有下列行为之一的,予以警告、记过或者记大过;情节较重的,予以降级或者撤职;情节严重的,予以开除:

(二)参与或者支持迷信活动,造成不良影响的;

对林某予以容错免责案

(2022年指导性案例第4号,总第11号)

【关键词】

容错纠错;减责免责;"三个区分开来"

【执纪执法要点】

习近平总书记强调,要把干部在推进改革中因缺乏经验、先行先试出现的失误和错误,同明知故犯的违纪违法行为区分开来;把上级尚无明确限制的探索性试验中的失误和错误,同上级明令禁止后依然我行我素的违纪违法行为区分开来;把为推动发展的无意过失,同为谋取私利的违纪违法行为区分开来。十九届中央纪委六次全会指出，要深化“四种形态”运用机制，坚持严管厚爱结合、激励约束并重，落实“三个区分开来”要求。纪检监察机关要精准把握党的政策和策略，区别对待改革探索中的无意过失和蓄意谋私的违纪违法行为，坚持宽严相济、容纠并举，做到纪法约束有硬度、批评教育有力度、组织关怀有温度，最大程度保护和激发广大干部干事创业的积极性、主动性、创造性。

【基本案情及处理结果】

林某，中共党员，A 市 B 区政府党组成员、副区长。2019 年 9 月，A 市启动创建全国文明城市、国家卫生城市（以下简称“双创”）工作，林某负责 B 区背街小巷改造项目。同年 10 月，B 区政府召开“双创”工作领导小组会议，要求背街小巷改造项目必须在 10 月底前开工建设。为加快推进改造项目，林某主持召开工作会议，研究通过了 B 区“双创”投资项目（背街小巷改造）小型项目抽签法确定施工单位方案，其中明确规定对于不属于依法必须招标的工程项目，在报名单位通过资格审核后，以公开抽签方式确定施工单位，并随后依据该方案分 2 批抽签确定了 16 个项目的施工单位。

2021 年 8 月，有群众举报林某的上述做法违反法律法规规定。A 市纪委监委经核查发现，林某采用抽签方式确定施工单位的小型项目，均未达到国家发展和改革委员会《必须招标的工程项目规定》（国家发展改革委 2018 年第 16 号令）明确的项目规模标准，依法可以不进行招标；但采用抽签方式采购工程项目，违反了《中华人民共和国政府采购法》《中华人民共和国政府采购法实施条例》关于政府采购方式的规定。考虑到 B 区“双创”工作有关制度规范尚不健全、背街小巷改造项目工期紧任务重、林某此前并不分管财政和城建等领域、有关业务主管部门未提出明确反对意见等客观情况，加之林某在主观上是为了快速推进工作，更好完成“双创”任务，且未发现林某有借机谋取私利的情形，A 市纪委监委在征求 A 市委组织部和 B 区委意见后，决定对林某进行谈话提醒，并向 B 区政府发出监察建议书，督促 B 区政府规范政府采购工作。林某受到谈话提醒后，及时召开工作会议废止上述方案，规范了工作程序，并在民主生活会上作了深刻检讨。

【指导意义】

1. 精准把握追责问责与容错纠错的关系

追责问责强调约束，要求有责必究。容错纠错侧重激励，重在鼓励干部担当作为。纪检监察机关在开展追责问责工作中,要准确把握追责问责与容错纠错的辩证关系,在查清事实的基础上,精准规范运用"四种形态",将坚持严的主基调和落实"三个区分开来"结合起来,既防止动辄上纲上线、一味从严处理,又防止纪律规矩松弛、随意任性从宽。

开展容错纠错工作应当严格依照《中国共产党纪律处分条例》《中国共产党问责条例》等有关规定,落实中共中央办公厅《关于进一步激励广大干部新时代新担当新作为的意见》要求,充分考虑行为动机、性质、过程、后果等要素,精准分析研判。一是准确甄别"为公"还是"谋私"。不能简单地看党员干部犯了什么错误,造成什么后果,而要对错误事实进行综合研判,弄清楚主观动机是为了党、国家和人民的利益,还是为了谋取自己或者特定关系人的私利。二是准确区分"工作失误"与"蓄意违规"。要坚持全面、历史、辩证地看待问题,分析错误成因是缺乏经验、改革失误还是我行我素、明知故犯,查明决策程序是集体研究、民主集中还是个人独断、一意孤行,对错误性质作出精准认定。三是准确把握政策界限。要结合动机态度、客观条件、程序方法、性质程度、后果影响、挽回损失等情况,对干部的失误错误进行综合分析。对违纪违法行为必须严肃查处,不该容错的坚决不容,防止混淆问题性质、拿容错当"保护伞",搞纪律"松绑",确保容错在纪律红线、法律底线内进行。对苗头性、倾向性问题早发现早纠正,对失误错误及时采取补救措施,帮助干部汲取教训、改进提高。

从本案来看,林某探索采用抽签方式确定施工单位,虽不符合有关规定,但其主观动机是为了加快推进改造项目,做好"双创"工作,既不是明知故犯,也没有借机谋取私利,且在决策程序上经过了集体研究,并非个人独断专行,也没有造成重大损失或严重后果。综合上述因素,林某所犯错误属于"为推动发展的无意过失",可予以容错。

2. 规范容错纠错工作程序

容错纠错是一项政治性、政策性很强的工作,必须严格依规依纪依法,按照规定权限、规则和程序开展,用规范的程序、科学的机制、健全的流程来保障容错纠错工作的质量,确保处理结果经得起检验。一是对符合容错条件的案件,纪检监察机关应当认真开展调查核实,充分收集证据材料,听取拟追究责任对象和有关单位的意见,查明问题情况、甄别主观动机、判断错误性质;要精准把握追责问责与容错的认定标准和考量因素,在容错认定时加强与组织(人事)部门的沟通,研究判断是否予以容错减责或者免责。二是按照“谁追责问责，谁启动容错”的原则，由负责追责问责的纪检监察机关启动容错程序。同时，责任追究对象及其所在单位党组织认为符合容错条件的，也可以向有关纪检监察机关提出容错申请。

本案处理过程中，A 市纪委监委进行了深入核查，在征求组织部门和林某所在党委意见的基础上，决定对林某予以容错，并在后续工作中向 B 区政府发出监察建议，做到了精准容错、及时纠错。

3. 提升容错纠错工作综合效果

纪检监察机关要准确把握、充分运用党的政策和策略，通过容错纠错工作贯彻惩前毖后、治病救人方针，彰显宽严相济、严管厚爱要求，体现抓早抓小、防微杜渐理念，营造干事创业的良好氛围。一是做好跟踪教育。按照“谁容错、谁回访”的原则，对容错对象进行回访教育，开展谈心谈话，做好跟踪记录，及时了解其思想动态、工作表现和生活情况，帮助干部放下包袱、轻装上阵。二是释放积极信号。对予以容错免责的干部，在考核考察、选拔任用、职级晋升、职称评聘以及评先评优、表彰奖励时一般不受影响，符合条件的要正常使用，以此释放为担当者担当、为负责者负责的鲜明信号。三是及时补齐短板。要把容错纠错工作与完善制度、促进治理贯通起来，推动容纠并举，切实发挥监督保障执行、促进完善发展作用；要督促容错对象认真总结经验教训，及时采取补救措施，防止小失误演变成大错误；要用好纪律检查建议或者监察建议，推动党委、政府及有关职能部门自觉查摆工作方法、制度规定、工作机制等方面存在的问题，及时补短板、强弱项，有效推进工作高质量发展。

【相关条款】

《中华人民共和国政府采购法》（2014 年 8 月 31 日修正）

第二十六条　政府采购采用以下方式：

（一）公开招标；

（二）邀请招标；

（三）竞争性谈判；

（四）单一来源采购；

（五）询价；

（六）国务院政府采购监督管理部门认定的其他采购方式。

公开招标应作为政府采购的主要采购方式。

《中华人民共和国政府采购法实施条例》(2015 年 1 月 30 日)

第二十五条　政府采购工程依法不进行招标的，应当依照政府采购法和本条例规定的竞争性谈判或者单一来源采购方式采购。

《关于新形势下党内政治生活的若干准则》(2016 年 10 月 27 日)

八、坚持正确选人用人导向

…………

建立容错纠错机制，宽容干部在工作中特别是改革创新中的失误。坚持惩前毖后、治病救人，正确对待犯错误的干部，帮助其认识和改正错误。不得混淆干部所犯错误性质或夸大错误程度对干部作出不适当的处理，不得利用干部所犯错误泄私愤、打击报复。

…………

国家发展和改革委员会《必须招标的工程项目规定》(2018 年 3 月 27 日)

第二条　全部或者部分使用国有资金投资或者国家融资的项目包括：

(一)使用预算资金 200 万元人民币以上，并且该资金占投资额 10% 以上的项目；

(二)使用国有企业事业单位资金，并且该资金占控股或者主导地位的项目。

第五条　本规定第二条至第四条规定范围内的项目，其勘察、设计、施工、监理以及与工程建设有关的重要设备、材料等的采购达到下列标准之一的，必须招标：

(一)施工单项合同估算价在 400 万元人民币以上；

(二)重要设备、材料等货物的采购，单项合同估算价在 200 万元人民币以上；

(三)勘察、设计、监理等服务的采购，单项合同估算价在 100 万元人民币以上。

同一项目中可以合并进行的勘察、设计、施工、监理以及与工程建设有关的重要设备、材料等的采购，合同估算价合计达到前款规定标准的，必须招标。

中共中央办公厅《关于进一步激励广大干部新时代新担当新作为的意见》(2018 年 5 月 18 日)

四、切实为敢于担当的干部撑腰鼓劲。建立健全容错纠错机制，宽容干部在改革创新中的失误错误,把干部在推进改革中因缺乏经验、先行先试出现的失误错误,同明知故犯的违纪违法行为区分开来;把尚无明确限制的探索性试验中的失误错误,同明令禁止后依然我行我素的违纪违法行为区分开来;把为推动发展的无意过失,同为谋取私利的违纪违法行为区分开来。各级党委(党组)及纪检监察机关、组织部门等相关职能部门,要妥善把握事业为上、实事求是、依纪依法、容纠并举等原则,结合动机态度、客观条件、程序方法、性质程度、后果影响以及挽回损失等情况,对干部的失误错误进行综合分析,对该容的大胆容错,不该容的坚决不容。对给予容错的干部,考核考察要客观评价,选拔任用要公正合理。准确把握政策界限,对违纪违法行为必须严肃查处,防止混淆问题性质、拿容错当"保护伞",搞纪律"松绑",确保容错在纪律红线、法律底线内进行。坚持有错必纠、有过必改,对苗头性、倾向性问题早发现早纠正,对失误错误及时采取补救措施,帮助干部汲取教训、改进提高,让他们放下包袱、轻装上阵。严肃查处诬告陷害行为,及时为受到不实反映的干部澄清正名、消除顾虑,引导干部争当改革的促进派、实干家,专心致志为党和人民干事创业、建功立业。

《中国共产党纪律处分条例》(2018 年 8 月 18 日)

第十七条　有下列情形之一的,可以从轻或者减轻处分:

(一)主动交代本人应当受到党纪处分的问题的;

(二)在组织核实、立案审查过程中,能够配合核实审查工作,如实说明本人违纪违法事实的;

(三)检举同案人或者其他人应当受到党纪处分或者法律追究的问题,经查证属实的;

(四)主动挽回损失、消除不良影响或者有效阻止危害结果发生的;

(五)主动上交违纪所得的;

(六)有其他立功表现的。

《中国共产党问责条例》(2019 年 8 月 25 日)

第十七条　有下列情形之一的,可以不予问责或者免予问责:

(一)在推进改革中因缺乏经验、先行先试出现的失误,尚无明确限制的探索性试验中的失误,为推动发展的无意过失;

(二)在集体决策中对错误决策提出明确反对意见或者保留意见的;

(三)在决策实施中已经履职尽责,但因不可抗力、难以预见等因素造成损失的。

对上级错误决定提出改正或者撤销意见未被采纳,而出现本条例第七条所列问责情形的,依照前款规定处理。上级错误决定明显违法违规的,应当承担相应的责任。

第十八条　有下列情形之一,可以从轻或者减轻问责:

(一)及时采取补救措施,有效挽回损失或者消除不良影响的;

(二)积极配合问责调查工作,主动承担责任的;

(三)党内法规规定的其他从轻、减轻情形。

《国家发展改革委办公厅关于进一步做好〈必须招标的工程项目规定〉和〈必须招标的基础设施和公用事业项目范围规定〉实施工作的通知》(2020年10月19日)

为加强政策指导,进一步做好《必须招标的工程项目规定》(国家发展改革委2018年第16号令,以下简称"16号令")和《必须招标的基础设施和公用事业项目范围规定》(发改法规规〔2018〕843号,以下简称"843号文")实施工作,现就有关事项通知如下:

…………

二、规范规模标准以下工程建设项目的采购

16号令第二条至第四条及843号文第二条规定范围的项目,其施工、货物、服务采购的单项合同估算价未达到16号令第五条规定规模标准的,该单项采购由采购人依法自主选择采购方式,任何单位和个人不得违法干涉;其中,涉及政府采购的,按照政府采购法律法规规定执行。国有企业可以结合实际,建立健全规模标准以下工程建设项目采购制度,推进采购活动公开透明。

最高人民检察院发布
第四十七批指导性案例

沈某某、郑某某贪污案

（检例第187号）

【关键词】

贪污罪　期货交易　交易异常点　贪污数额认定

【要旨】

对于国家工作人员利用职务便利，在期货交易中通过增设相互交易环节侵吞公款的行为，可以依法认定为贪污罪。审查时重点围绕交易行为的异常性、行为人获利与职务便利之间的关联性进行分析论证。对于贪污犯罪数额，可以结合案件具体情况，根据行为人实际获利数额予以认定。庭审中，检察机关采取多媒体示证方式，综合运用动态流程模拟图、思维导图等全面展示证据，揭示犯罪行为和结果，增强庭审指控效果。

【基本案情】

被告人沈某某，男，甲国有公司期货部原主任。

被告人郑某某，男，甲国有公司期货部原副总监。

2012年7月至2020年5月，沈某某先后任甲国有公司期货部操盘手、期货部临时负责人、副主任及主任，其间负责期货部日常经营管理工作，参与制定甲国有公司期货交易策略，依据市场行情确定具体的操盘价格，下达期货交易指令并实际操盘。2014年2月至2020年5月，郑某某先后担任甲国有公司期货部经理、高级经理及副总监，参与制定甲国有公司期货交易策略，根据决策指令对相关期货账户进行实际操盘。

2015年7月至2020年5月间，沈某某、郑某某二人经合谋，向他人借用了多个期货账户，利用前述职务便利，在事先获知公司期货交易策略后，以借用的个人账户提前在有利价位买入或卖出与甲国有公司策略相同的期货产品进行埋单，采用与公司报单价格相同或接近、报单时间衔接紧凑以及公司大单覆盖等方式,与公司期货账户进行低买高卖或者高卖低买的相互交易,使二人实际控制的账户获利共计人民币3000余万元,赃款由二人平分并占为己有。

其间,沈某某在郑某某不知情的情况下,利用职务便利,采用前述相同方式,以其个人借用并实际控制的多个期货账户及其本人期货账户,与甲国有公司期货账户进行相互交易,个人获利共计人民币1000余万元。

本案由上海市虹口区监察委员会调查终结后移送起诉。2021年6月23日,上海市人民检察院第二分院(以下简称上海市检二分院)以被告人沈某某、郑某某犯贪污罪依法提起公诉。2022年6月29日,上海市第二中级人民法院作出一审判决,以贪污罪判处沈某某有期徒刑十三年,剥夺政治权利三年,并处罚金人民币四百万元;郑某某具有自首、立功情节,自愿认罪认罚,依法可以减轻处罚,法院以贪污罪判处其有期徒刑五年,并处罚金人民币一百万元。一审宣判后,沈某某提出上诉,上海市高级人民法院二审裁定驳回上诉,维持原判。

【检察机关履职过程】

(一)审查起诉

本案系以在期货交易中增设交易环节的方式侵吞国有资产的新型职务犯罪案件。审查起诉阶段,上海市检二分院围绕查明事实、弄懂期货交易专业知识、阐明定性等方面进行审查论证。

一是查实涉案账户的控制使用情况,确认涉案账户相互交易均系沈某某、郑某某操作。检察机关建议监察机关调取涉案违法交易终端信息并就MAC地址(局域网地址)、IP地址(互联网协议地址)等进行匹配,对涉案电脑、手机等设备依法扣押并进行电子数据鉴定,查明了个人控制账户与公司账户登录设备的MAC地址及IP地址大量重合,涉案账户系被告人控制使用;同时,经与监察机关沟通,检察机关开展自行补充侦查,询问甲国有公司期货交易员等证人,调取微信聊天数据等客观证据,交叉比对涉案期货账户登录数据、交易数据等,进一步排除案发时间段其他人使用相关账户的可能性。

二是开展数据建模,发现和分析各类异常数据背后的真实情况。检察机关通过建立"风险承受异常性模型""交易时间差额模型""先报价比例及价格模型"等,查明相关账户之间的交易具有不同于正常期货交易特点的交易时间紧密、盈利比例畸高以及交易手数显著增加等异常点。

三是加强与期货专业机构的沟通，厘清正常期货交易和增设期货交易环节非法获利的贪污行为的界限。检察机关深入研究期货交易规则，与上海期货交易所专业人员就涉案期货交易相关问题及数据分析难点进行研讨，合力解决基础数据分析运用、交易模式异常特征、获利手法认定等关键问题。

四是论证了贪污罪和国有公司人员滥用职权罪的区别。沈某某、郑某某利用提前知悉的公司交易指令和操盘便利，使用个人控制账户提前买入或卖出同一期货产品，后续与国有公司相互交易获利，造成甲国有公司交易成本增加，属于国有公司人员滥用职权的行为。但是，国有公司人员滥用职权罪没有评价行为人将国有财产直接据为己有的故意和行为，且在一个行为同时触犯该罪与贪污罪的情形下，属于想象竞合，应当从一重罪处罚，由于贪污罪的法定刑更重，且能够更为全面地评价被告人的犯罪行为，故应以贪污罪追究刑事责任。

（二）指控与证明犯罪

为增强庭审指控效果，检察机关创新举证示证模式，通过适用思维导图、交易结构模型图、获利过程示意图、交易对比分析表等图表对证据进行展示，直观地揭示了犯罪手段、过程和结果。针对庭审中被告人和辩护律师提出的行为系正常期货交易，并未侵吞公共财物，未造成国有公司损失的辩解，检察机关进行有针对性的答辩。

一是被告人增设期货交易环节获利并非正常的市场交易行为，职务行为与交易获利之间具有高度关联。从基本交易模式看，沈某某等人利用职务便利获知国有公司相关交易指令后随即操纵个人控制账户提前建仓埋单，在数秒至数分钟后即操作公司账户挂单与个人控制账户成交，具有时间上的紧密关联性和交易种类的一致性；从交易手数看，沈某某等人控制账户与公司成交手数相比其他主体明显增加，手数倍数差达 10 倍至 50 倍，具有交易习惯的异常性；从交易盈亏情况看，沈某某等人所控制账户盈利比例高达 91% 以上，部分账户甚至 100% 盈利，具有盈利比例的异常性；从交易对象看，在沈某某和郑某某合谋前，二人控制账户几乎没有和公司有过交易，合谋后即开始与公司有大量成交，具有交易对象的异常性。

二是被告人通过期货交易侵吞国有公司财产，国有公司因交易成本增加造成实际损失。由于公司交易指令仅包括交易对象、方向、区间价格及总手数，被告人通过个人控制账户以更有利价格先与其他市场主体交易后,再报单以低买高卖(个人控制账户先买后卖)或高卖低买(个人控制账户先卖后买)方式与本公司成交,虽然并未违反指令单操作,但是直接导致公司以更高价格买入期货合约或者以更低价格卖出期货合约,造成公司交易成本提高,使得本应归属于公司的利益归个人所有,属于侵吞国有公司财产的行为。

三是被告人使用个人控制账户与公司相互交易获利部分应认定为贪污数额。本案中,公司在被告人控制账户提前埋单后与个人账户成交,直接造成公司在该相互交易中多支出成本,该部分数额与被告人实际获利数额相一致,具体应以公司交易成本扣减被告人提前埋单支付的交易成本的差额计算贪污数额。此外,本案中被告人控制账户交易亏损部分不应从犯罪数额中扣除。个人控制账户提前“埋单”后,由于市场行情突然发生反向变化,无法以预设盈利价格转让给公司,此时如果以正常市场价交易必然产生较大亏损。被告人遂操作公司账户以优于当时市场价的价格“接盘”,与个人控制账户成交,使得被告人减少了部分交易损失。对于被告人的实际损失部分,公司交易成本并未因此降低,故被告人交易亏损部分属于其在非法牟利过程中所支出的犯罪成本,不应从犯罪金额中扣除。

【指导意义】

(一)对于国家工作人员利用职务便利,在期货交易中通过增设相互交易环节侵吞公款的行为,可以依法认定为贪污罪。国家工作人员利用职务便利提前获知国有公司期货交易指令后,先用个人控制账户买入或卖出期货产品,再与国有公司账户进行相互交易的行为,属于在正常期货交易过程中增设相互交易环节,该行为直接造成国有公司交易成本提高,使本应归属国有公司的利益被个人占有,增设交易环节的行为与个人非法获利之间具有刑法上的因果关系,具有侵吞公共财产的性质,可依法认定为贪污罪。

(二)对于利用期货交易手段实施贪污犯罪的数额,可以结合案件具体情况,根据行为人实际获利数额予以认定,不扣除交易中亏损部分。行为人在期货交易中增加相互交易环节提高国有公司支出成本,侵占公共财产获利的,在认定贪污犯罪数额时,可以根据行为人获利手段、公共财产损失以及因果关系等情况,以行为人实际获利数额计算。对于行为人与国有公司交易的亏损部分,如果系行为人交易不当、市场反向变化造成,且国有公司并未因此降低交易成本的,可以认定为犯罪成本,不在犯罪数额中扣减。

(三)针对证券期货类犯罪复杂程度高、专业性强等特点,可以借助多媒体方式展示证据,强化举证效果。运用动态流程模拟图、思维导图,全面揭示被告人犯罪过程和行为模式,解析检察机关指控证明犯罪的思维逻辑;运用交易结构模型图、交易对比分析表等,对庞杂的证据进行归纳分析后系统展示,将较为抽象晦涩的专业概念和数据具体化、可视化,切实增强庭审指控效果。

【相关规定】

《中华人民共和国刑法》第二十五条、第三百八十二条、第三百八十三条

《中华人民共和国刑事诉讼法》(2018年修订)第一百七十条

办案检察院:上海市人民检察院　上海市人民检察院第二分院

承办检察官:多丽华

案例撰写人:王喆骅　多丽华　陈沁

桑某受贿、国有公司人员滥用职权、利用未公开信息交易案

(检例第188号)

【关键词】

受贿罪　国有公司人员滥用职权罪　利用未公开信息交易罪　股权收益权　损失认定

【要旨】

检察机关在办理投融资领域受贿犯罪案件时,要准确认定利益输送行为的性质,着重审查投融资的背景、投融资方式、融资需求的真实性、行为人是否需要承担风险、风险与所获收益是否相符等证据。在办理国有公司人员滥用职权犯罪案件时,要客观认定行为造成公共财产损失的范围,对于国有公司应得而未获得的预期收益,可以认定为损失数额。在办理利用未公开信息交易犯罪案件时,对于内幕信息、未公开信息的范围、趋同性交易盈利数额等关键要件的认定,要调取证券监督管理部门、证券交易所等专业机构出具的认定意见,综合全案证据审查判断。

【基本案情】

被告人桑某,男,甲资产管理股份有限公司(国有非银行金融机构,以

下简称甲公司）原总裁助理、投资投行事业部总经理，乙投资管理有限公司（甲公司的全资子公司，以下简称乙公司）原总经理、董事长。

（一）受贿罪。2009年至2017年，被告人桑某利用担任甲公司投资投行部总经理，乙公司总经理、董事长等职务上的便利，为相关公司或个人在企业融资等事项上提供帮助，收受公司、个人给予的股权、钱款共计折合人民币1.05亿余元。

其中，2015年至2017年，桑某利用职务便利，为郭某实际控制的泉州某公司借壳黑龙江某公司上市、获得乙公司融资支持等事项提供帮助。借壳上市成功后，黑龙江某公司股票更名为泉州某公司股票。2016年9月，桑某安排朋友蒋某与郭某签订股权收益权代持协议，约定郭某低价将泉州某公司股票500万股股份收益权以上市前的价格即每股7.26元转让给蒋某，协议有效期至少为一年，按照退出日前20个交易日均价的9折计算回购股份金额，蒋某向郭某支付3630万元。2017年3月，协议有效期尚未到期，蒋某见市场行情较好，遂与郭某签订协议，约定由郭某提前回购股权收益权，回购总价款为6200万元。同年4月至7月，郭某分两次将6200万元转账给蒋某。蒋某实际获益2570万元，并与桑某约定平分。

（二）国有公司人员滥用职权罪。2015年6月，乙公司管理的一个基金项目成立，桑某让其朋友温某的云南某公司投资1.61亿余元作为基金劣后级，后其中的1.3亿元出让给乙公司，云南某公司剩余3132.55万元劣后级份额。为帮助云南某公司提前转让该剩余部分份额获利，2018年2月，桑某找到朱某帮助承接，同时未经乙公司经营决策委员会及董事会研究决定，违规安排乙公司向朱某实际控制的上海某公司出具函件，表示知晓上海某公司出资1.01亿元购买云南某公司剩余的全部劣后级份额，并承诺将来按照其出资份额而非基金份额分配股票。2018年3月，上海某公司出资1.01亿元承接云南某公司劣后级份额后，云南某公司早于乙公司退出该基金项目，并获利7000余万元。因云南某公司提前退出，导致改变了劣后级合伙人分配协议等文件约定的浮动收益分配规则，使得基金份额年化收益出现差别，经会计师事务所测算，乙公司少分得投资收益1986.99万元。

桑某其他国有公司人员滥用职权事实略。

（三）利用未公开信息交易罪。2015年6月至2016年9月，桑某利用职务便利，获取乙公司及该公司实际控制的某基金证券账户投资股票名称、交易时间、交易价格等未公开信息。经证监会认定，上述信息属于内幕信息以外的其他未公开信息。其间,桑某违反相关规定,利用上述未公开信息,操作其本人控制的公司和他人名下证券账户进行关联趋同交易,非法获利441.66万元。

本案由北京市监察委员会调查终结后移送起诉。2020年3月3日,北京市人民检察院第二分院以桑某犯受贿罪、利用未公开信息交易罪、国有公司人员滥用职权罪依法提起公诉。2021年8月27日,北京市第二中级人民法院作出一审判决,以桑某犯受贿罪,判处无期徒刑,剥夺政治权利终身,并处没收个人全部财产;犯利用未公开信息交易罪,判处有期徒刑三年,并处罚金人民币四百五十万元;犯国有公司人员滥用职权罪,判处有期徒刑五年;决定执行无期徒刑,剥夺政治权利终身,并处没收个人全部财产。一审宣判后,桑某提出上诉。北京市高级人民法院二审裁定驳回上诉,维持原判。

【检察机关履职过程】

(一)提前介入

检察机关根据监察机关商请提前介入审查,围绕利用未公开信息交易罪中桑某的主观故意、未公开信息的认定等,提出具体补证意见,全面夯实关键证据。一是调取乙公司的交易指令,并由乙公司对桑某签字的相关交易指令进行说明,查明桑某对未公开信息的主观明知。二是调取证监会专业认定意见,证实桑某利用职务便利所掌握的乙公司和某基金证券账户在投资决策、交易执行、持仓、资金数量及变化、投资规模等方面的信息,属于"内幕信息以外的其他未公开信息"。

(二)审查起诉

审查起诉阶段,检察机关依法审查了桑某涉案全部犯罪事实和证据。针对受贿犯罪中所涉金融专业问题,咨询了证券行业人士和刑法学专家,了解正常的股权收益权代持融资协议的性质和交易形式,厘清与本案中所涉协议的区别,揭示涉案协议系行受贿双方输送利益的手段。针对利用未公开信息交易犯罪中获利数额的认定问题,听取了证券交易所等机构的意见,确定了趋同性交易股票"前五后二"的比对原则、交易金额及盈利计算方法即"先进先出法"、盈利数额的计算公式,最终以上海、深圳证券交易所提供的交易数据为依据,认定桑某非法获利共计441.66万元。

(三)指控与证明犯罪

庭审中,针对被告人和辩护人提出的桑某、蒋某和郭某之间签订的股权收益权代持融资协议属于正常商业投资,涉案基金项目并未造成公共财产损失等意见,有针对性地进行了质证和答辩。

关于收受郭某贿赂的事实,公诉人指出,该笔系以股权收益权代持融资协议的方式受贿,不属于资本市场正常的投融资行为。一是签订股权收益权代持融资协议的背景异常。桑某安排蒋某与郭某签订协议时,郭某公司没有大额融资需求,且当时公司已经上市,股权价格正处于上涨区间,郭某将500万股股权收益权转让给他人,属于让渡具有高度确定性的预期利益,不符合常理。二是转让价格异常。双方签订协议时公司已经上市,桑某方按照公司上市前的价格计算应支付的价款,显然与正常交易价格不符。三是回购时间异常。股权收益权代持融资协议约定协议有效期至少为一年,也就是桑某方至少在一年后方能要求郭某公司回购股权收益权,但在协议签订后六个月左右,桑某方为兑现收益,即要求郭某提前回购,有违协议约定的主要条款。此外,桑某利用职务便利为郭某实际控制的公司借壳上市、获得乙公司融资支持等事项提供帮助。综上,涉案股权收益权代持融资协议具有虚假性,实为权钱交易、输送利益的手段。

关于滥用职权的事实,公诉人指出,桑某未经董事会、经营决策委员会审议,擅自决定采用会签形式向上海某公司出具承诺函,朱某据此同意上海某公司高价受让云南某公司劣后级基金份额,由于云南某公司提前退出基金项目,直接改变了合伙协议等文件约定的浮动收益分配规则,使得同为劣后级有限合伙人的乙公司持有的基金份额年化收益减少,损害了乙公司的利益。桑某滥用职权行为与公共财产损失的结果之间具有因果关系。

【指导意义】

(一)办理以投融资方式收受贿赂的职务犯罪案件,要综合审查投融资的背景、方式、真实性、风险性、风险与收益是否相符等证据,判断是否具备受贿罪权钱交易的本质特征。对于利用股权收益权代持融资等投融资手段进行利益输送的受贿案件,检察机关应当着重审查投融资的背景情况、请托方是否有真实融资需求、投融资的具体方式、受贿人是否支付对价以及是否需要承担投资风险、风险是否与所获收益相符等情况。对于资本运作或相关交易异于正常市场投资,受贿人职务行为和非法获利之间紧密关联,受贿人所支付对价与所获收益明显不对等,具备受贿犯罪权钱交易特征的,依法认定构成受贿罪。

（二）渎职犯罪造成公共财产损失的范围包括国有单位因错失交易机会、压缩利润空间、让渡应有权益进而造成应得而未得的收益损失。实践中，渎职犯罪造成公共财产的损失范围一般为国有单位现有财产的实际损失，但在金融领域渎职犯罪案件中，介入交易规则变化、收益分配方式调整等因素，可能导致国有单位压缩利润空间、让渡应有权益，进而造成国有单位预期收益应得而未得。检察机关应当注重审查造成损失的原因是市场因素还是渎职行为，渎职行为的违规性、违法性，是否具有徇私舞弊情节等要素。对因渎职行为而不是市场因素造成预期收益损失的部分，一般应当计入公共财产损失范围。

（三）办理证券期货类犯罪案件，对于内幕信息、未公开信息的范围、趋同性交易盈利数额等关键要件的认定，一般应调取证券监督管理部门、证券交易所等专业机构的认定意见，并依法进行审查判断。行为人利用职务便利实施的内幕交易、利用未公开信息交易犯罪，此类犯罪中的内幕信息、未公开信息等关键要件的认定，以及对趋同性交易盈利数额等重要情节的认定，专业性较强，要以证券监督管理部门、证券交易所等专业机构出具的认定意见为依据，如在审查中发现缺少专业认定意见，应及时与监察机关沟通，补充完善相关证据材料。

【相关规定】

《中华人民共和国刑法》第一百六十八条、第一百八十条、第三百八十三条、第三百八十五条、第三百八十六条

《最高人民法院、最高人民检察院关于办理利用未公开信息交易刑事案件适用法律若干问题的解释》第五条

办案检察院：北京市人民检察院　北京市人民检察院第二分院

承办检察官：张翠松

案例撰写人：张翠松、李银、张韩旭、刘珊

李某等人挪用公款案

（检例第 189 号）

【关键词】

挪用公款罪　归个人使用　追缴违法所得

【要旨】

办理金融领域挪用公款犯罪案件,应从实质上把握“归个人使用”等要件。对于为个人从事营利活动而违规使用单位公款,给公款安全造成风险,如果公款形式上归单位使用,但是实质上为个人使用的,可以认定挪用公款“归个人使用”。他人因行为人挪用公款犯罪直接获利,虽不构成犯罪或未被追究刑事责任,但主观上对利益违法性有认知的,对他人的直接获利应认定为违法所得,检察机关可以向监察机关提出建议,依法予以追缴或者责令退赔。

【基本案情】

被告人李某,男,甲国有银行原行长,曾任甲国有银行副行长。

被告人王某、邵某、余某,甲国有银行资金营运中心原工作人员。

被告人赵某、钱某,乙证券公司固定收益证券部原工作人员。

2006年,某政策性银行发行“2006年第三期黄河信贷资产支持证券”的次级档产品(以下简称“黄河3C证券”),乙证券公司系承销商之一,该公司固定收益证券部副总经理赵某、业务经理钱某掌握该证券极可能盈利的信息后,为追求个人利益,商议由赵某联系甲国有银行发行分级理财产品对接该证券。后赵某联系时任甲国有银行副行长李某、资金营运中心副总经理王某等人。经商议,李某决定由甲国有银行发行理财产品,再通过信托合同将理财产品所募集资金用于购买“黄河3C证券”。2008年6月,甲国有银行发行“天山5号”理财产品,募集资金人民币4.25亿元,通过丙信托公司发行信托计划投资“黄河3C证券”。该理财产品分为稳健级和进取级,其中稳健级募集人民币3.65亿元,由商业银行等金融机构认购;进取级募集人民币0.6亿元,由李某、赵某、王某等70余人认购。甲国有银行收取投资管理费。

2008年底,为实现个人利益最大化,赵某与钱某商议后,向李某、王某等人提议提前兑付“天山5号”理财产品,另行设立稳健级收益更低、进取级收益更高的理财平台用于投资“黄河3C证券”。2009年7月,在不符合提前终止条件且“黄河3C证券”预期收益较好的情况下,李某在专题会议上否决了银行风控部门的意见,力主提前终止“天山5号”理财产品,又在行长办公会上虚构了“黄河3C证券”存在较大风险的事实,隐瞒了提前兑付是为了获取更大个人利益的真实目的,促使该国有银行作出了提前兑付决定,会议中未研究兑付方式和资金来源。因短期内无法从其他渠道募集到足额资金，经赵某提议、李某同意，王某、余某、邵某审批或具体经办，违规使用甲国有银行备付金人民币 4.8 亿余元提前兑付了“天山 5 号”理财产品。

2009 年 8 月，李某经与王某等人商议，通过签订转让协议的方式，将甲国有银行持有的“黄河 3C 证券”的收益权以人民币 4.85 亿余元的价格，转让给丁信托公司另行设立的信托计划，并用该信托计划募集的资金归还了甲国有银行被挪用款项。经查，另行设立的信托计划募集资金人民币 4.9 亿元，6 名被告人及李某、王某、邵某、余某介绍的 15 名甲国有银行、金融监管机构的相关人员认购进取级产品共计 0.6 亿元。截至 2010 年 10 月到期兑付，上述 21 人共计获利人民币 1.26 亿余元，其中李某等 6 名被告人获利 0.8 亿余元，其余 15 人获利 0.4 亿余元。

本案由 A 市监察委员会及 A 市 B 区监察委员会调查终结后分别移送起诉。2019 年 10 月 12 日、11 月 8 日，A 市人民检察院以李某等六人犯挪用公款罪分两个案件依法提起公诉。2020 年 10 月 13 日，A 市中级人民法院作出一审判决，认定上述六名被告人构成挪用公款罪，且分别具有自首、从犯等从轻、减轻处罚情节，判处五年六个月到一年二个月不等的有期徒刑。一审宣判后，李某、赵某提出上诉，2021 年 8 月 31 日，C 省高级人民法院二审裁定驳回上诉、维持原判。

【检察机关履职过程】

（一）提前介入

监察机关商请检察机关派员提前介入，检察机关围绕事实认定、法律适用及调查取证方向等方面开展工作。

一是研讨案件定性。有观点认为，甲国有银行使用银行备付金兑付理财产品后，即获得“黄河 3C 证券”的收益权，李某决定将该证券的收益权转让给另行成立且自己参与的信托计划，侵吞了本该由甲国有银行获得的收益，符合贪污罪特征。另有观点认为，李某等人的行为使甲国有银行丧失了应得收益，造成了国家利益的损失，应评价为国有公司人员滥用职权罪。检察机关研究认为，李某为谋取个人利益最大化，违规使用公款，主观上是挪用而非侵吞的故意；使用银行备付金提前兑付未到期理财产品，到期后银行能否获益无法确定，银行损失的仅是可能获益的机会，不符合贪污罪的构成要件。被挪用款项案发前均已归还，未造成银行财产性利益损失，也不宜评价为国有公司人员滥用职权罪。李某等人为了进行营利活动，违规使用银行备付金提前兑付理财产品,使银行承担了本不应该承担的证券投资风险,符合挪用公款罪的特征,该意见得到监察机关认可。

二是提出补证意见。为进一步查明全案事实,检察机关建议调取钱某对"黄河3C证券"进行分析所依据的基础资料和相关样本,以查明信息来源和信息性质;补充银行财务人员的证言和规章制度、会议记录等书证,以查明银行备付金管理规定和审批流程;调取其他进取级投资人的证言及相关银行流水,以查明上述人员参与投资、获取利益的情况。监察机关均予以采纳。

(二)审查起诉

检察机关进一步审查案件事实证据,论证构成挪用公款罪,在梳理中还发现,另行设立的信托计划中参与认购进取级的共21人,除6名被告人获利0.8亿余元外,尚有15人获利0.4亿余元。经审查认为,上述15人是银行高级管理人员或监管机构工作人员,具备相应的专业知识和从业资历,认购信息和渠道均来自李某等人,主观上对巨额收益的违法性存在认知;实际获利均直接来自李某等人挪用公款犯罪后产生的投资收益,虽因缺乏主观罪责未被追究刑事责任,但对其所获收益应一并认定为违法所得。后检察机关向监察机关提出依法追缴建议,监察机关采纳建议并予以追缴。

(三)指控与证明犯罪

庭审中,被告人李某、赵某及其辩护人提出以下辩解及辩护意见:一是公款的使用是经领导集体研究决定;二是李某等人的行为不属于"归个人使用";三是挪用行为未导致公款处于风险之中。

针对上述意见,公诉人答辩指出:一是本案中李某为实现个人目的,在银行风控部门强烈反对下坚持己见,在行长办公会讨论研究时虚构事实、隐瞒真相,引导作出提前终止理财产品的决策。之后李某利用职务便利违规签批使用银行备付金兑付,并指使王某等人审批或经办。可见,公款的使用是李某个人意志和擅用职权的体现。二是被挪用钱款的使用主体虽是甲国有银行,但银行在兑付理财产品后,被挪用的备付金实际转移给了原认购人,甲国有银行获得了"黄河3C证券"的收益权,即甲国有银行成为"黄河3C证券"的投资主体,将本应由不特定投资人承担的证券投资风险不当转嫁给银行,使巨额公款脱离单位控制,损害了单位对公款的管理、使用权。三是李某等人违规使用银行备付金提前兑付理财产品,是为其后利用信托计划承接"黄河3C证券"做准备,最终目的是为了谋取个人利益。

综上,李某等人的行为属于挪用公款"归个人使用",符合挪用公款罪的构成要件。

【指导意义】

(一)依法惩治金融领域挪用公款犯罪,应准确把握"个人决定""归个人使用"的本质特征。检察机关应将打击金融领域职务犯罪与防范化解金融风险紧密结合,针对内外勾结、手段复杂隐蔽的挪用公款犯罪,要从实质上把握犯罪构成要件。对于为下一步个人擅自挪用公款做铺垫准备,相关负责人在集体研究时采取虚构事实、隐瞒真相的方式,引导形成错误决策的,不影响对个人责任的认定。对于为个人从事营利活动而违规使用单位公款的行为,应重点审查使用公款目的、公款流转去向、公款潜在风险、违法所得归属等要素,如公款形式上归单位使用、实质上为个人使用的,可以认定挪用公款"归个人使用"。

(二)对于挪用公款犯罪中"归个人使用"后进行营利活动取得的财物和孳息,如能排除系善意取得,应依法追缴。对于行为人实施挪用公款犯罪取得的非法获利,应按照犯罪所得依法予以追缴。在特定情况下,其他不构成犯罪或未被追究刑事责任的相关人员也可能因行为人实施挪用公款行为获利,如能够证实该获利系因挪用公款犯罪行为而直接产生,相关人员主观上对收益的违法性有认知,不属于善意取得,检察机关可以建议监察机关根据《中华人民共和国刑法》《中华人民共和国监察法》《中华人民共和国监察法实施条例》等相关法律法规的规定,将该部分获利作为违法所得,依法予以没收、追缴。

【相关规定】

《中华人民共和国刑法》第二十五条、第六十四条、第三百八十四条

《中华人民共和国监察法》第四十六条

《中华人民共和国监察法实施条例》第二百零八条

《最高人民法院、最高人民检察院关于办理贪污贿赂刑事案件适用法律若干问题的解释》第六条

《最高人民法院关于审理挪用公款案件具体应用法律若干问题的解释》第一条、第八条

办案检察院:江苏省检察机关

承办检察官:颜畅　刘会宇　徐挺

案例撰写人:余枫霜　刘会宇　徐挺

宋某某违规出具金融票证、违法发放贷款、非国家工作人员受贿案

（检例第190号）

【关键词】

违规出具金融票证　违法发放贷款　非国家工作人员受贿责任主体

【要旨】

集体经济组织中行使公权力的人员是否属于国家工作人员，应当依据该集体经济组织股权结构、是否从事公务等要素审查判断。银行或其他金融机构工作人员违反规定，不正当履行职权或超越职权出具信用证或者保函、票据、存单、资信证明，情节严重的，构成违规出具金融票证罪。

【基本案情】

被告人宋某某，男，四川省甲县农村信用合作联社（以下简称甲信用联社）原党委书记、理事长，曾任四川省乙县农村信用合作联社（以下简称乙信用联社）党委书记、理事长，四川省乙县农村商业银行（以下简称乙农商银行）党委书记、董事长。

（一）违规出具金融票证罪。2015年初，四川某某实业有限公司（以下简称某某公司）开发的房地产项目急需资金周转，但因不符合国家相关贷款政策，无法从银行申请获得贷款。2015年4月，某某公司法定代表人叶某通过融资中介介绍，决定以非标准化债权资产方式融资（简称非标融资）4亿元。随后，叶某通过某投资公司将某某公司的房地产项目包装为4亿元的理财产品，并联系四川某农商银行、河北某农商银行出资购买。两家银行要求某某公司为该4亿元理财产品提供担保，叶某遂找到时任乙农商银行党委书记、董事长宋某某，希望乙农商银行为该4亿元理财产品出具保函提供担保，同时承诺按照保函金额的2%给予宋某某好处费。宋某某明知乙农商银行经营范围不包括出具融资性保函，未通过调查审核，未经集体研究，私自决定以乙农商银行的名义出具4亿元融资性保函。截至案发，某某公司无力支付4亿元理财产品本金及收益，乙农商银行承担连带偿还责任。目前，四川某农商银行1亿元本金及收益由某某公司开发的房地产项目资产逐步偿还，河北某农商银行已就3亿元本金及收益偿还问题

起诉乙农商银行，案件处于法院审理阶段。

（二）违法发放贷款罪。2018 年，宋某某在担任甲信用联社党委书记、理事长期间，为避免其在乙农商银行任职期间帮助某某公司和四川某房地产开发有限公司非标融资的事情案发受到牵连，违反《中华人民共和国商业银行法》《贷款通则》等法律法规的规定，和叶某、该房地产公司法定代表人孙某某商议，以二人控制的未实际开展经营活动的公司名义向甲信用联社申请贷款。为了规避甲信用联社对企业贷款授信额度超过 4000 万元应上报上级联社进行风险审查的监管要求，宋某某决定将大额贷款分解为多笔不超过 4000 万元的小额贷款。在叶某等人申请贷款后，宋某某违规提前向本单位企业部、信贷管理部相关人员打招呼，要求不做实质审查尽快办理相关贷款。宋某某向叶某、孙某某二人的关联公司违法发放贷款共计 4.128 亿元，至案发，上述贷款本息逾期后无法收回。

（三）非国家工作人员受贿罪。2013 年至 2019 年，宋某某在担任乙信用联社、乙农商银行、甲信用联社主要负责人期间，利用职务上的便利，为叶某等人在贷款融资、工程承建等方面谋取利益，收受上述人员所送财物共计 962 万元。其中，按照出具保函金额 2% 收受叶某所送财物 800 万元。

本案由四川省广安市监察委员会调查终结后移送起诉，2020 年 5 月 20 日，四川省广安市广安区人民检察院以宋某某犯违法发放贷款罪、违规出具金融票证罪、非国家工作人员受贿罪提起公诉。2020 年 12 月 31 日，四川省广安市广安区人民法院作出一审判决，以违规出具金融票证罪判处有期徒刑九年；以违法发放贷款罪判处有期徒刑九年，并处罚金人民币二十万元；以非国家工作人员受贿罪判处有期徒刑七年，并处没收个人财产人民币五十万元；数罪并罚，决定执行有期徒刑十九年，并处罚金人民币二十万元、没收个人财产人民币五十万元。一审宣判后，宋某某提出上诉，四川省广安市中级人民法院二审裁定驳回上诉，维持原判。

【检察机关履职过程】

（一）提前介入

经监察机关商请，检察机关提前介入案件。经查阅卷宗材料、听取调查人员对案件情况的介绍，对证据调取、案件定性、法律适用等提出书面反馈意见。一是补充完善宋某某主体身份证据，明确职能管辖主体。建议监察机关补充调取四川省农村信用社联合社（以下简称省信用联社）章程，省委组织部关于全省农村信用社干部管理权限的相关文件,乙信用联社、乙农商银行及甲信用联社章程、营业执照,宋某某的任免审批手续等书证,以便准确认定涉案单位的性质以及宋某某主体身份。经补充相关证据,查明省信用联社由省政府组建,履行省政府对全省农村信用社的服务、指导、协调和行业管理职能,宋某某案发前所任职的信用联社属于集体经济组织,其经省信用联社党委任命提名后,从事组织、领导、管理、监督工作,属于《中华人民共和国监察法》第十五条第六项、《中华人民共和国监察法实施条例》第四十三条第三项所列举的"其他依法履行公职的人员"。二是提出宋某某不属于国家工作人员的意见。经查,虽然省政府和省信用联社对宋某某任职的涉案相关企业有一定管理职责,但企业的性质应当以章程、企业工商登记情况进行认定,涉案相关企业注册资本中均没有国有资本,不属于国有出资企业,因此宋某某不负有管理、经营、监督国有资产的职责,其职务不具有"从事公务"性质,不属于《中华人民共和国刑法》第九十三条中的"国家工作人员"。宋某某利用职务便利收受他人财物的行为应当认定为非国家工作人员受贿罪。

(二)审查起诉

审查起诉阶段,检察机关围绕案件事实和法律适用争议开展审查工作。

一是查明宋某某发放贷款中的"违法点"。围绕违法发放贷款的具体行为方式,从三个方面构建完善证据体系。梳理叶某等人设立空壳公司或借他人名义申请贷款的资料、银行审批文件、放贷资金流向等证据,锁定"借名贷款"事实;梳理宋某某的供述和叶某等人的证言,查清宋某某与叶某等人为规避大额信贷风险提示及监管要求,将大额贷款分解为多笔审批程序相对宽松的小额贷款的"化整为零"作案手段;梳理违法放贷各关键环节的书证和证人证言,查明看似合法合规,实则是宋某某先打招呼,后走贷款审批流程的"逆程序操作"事实。

二是查明乙农商银行的经营范围,研究论证超越职权出具保函的行为性质。检察机关梳理了涉案金融机构的担保资质、公司章程、银监部门对涉案金融机构经营范围的批复、违规出具金融票据各流程节点的客观证据,查明乙农商银行属于商业银行,出具融资性保函属于担保业务,根据《中华人民共和国商业银行法》相关规定"商业银行经营范围由商业银行章程规定,报国务院银行业监督管理机构批准",乙农商银行公司章程中未规定从事融资性担保业务的相关内容,银监部门也未批准其开展该项业务,其出具融资性保函属于超越职权的行为。

(三)指控和证明犯罪

庭审过程中,公诉人围绕宋某某是否构成违规出具金融票证罪、发放贷款是否系宋某某个人决定等焦点问题,有针对性地提出质证和答辩意见。

一是宋某某明知乙农商银行无出具融资性保函资质,违反《中华人民共和国商业银行法》等法律法规的规定,擅自决定以乙农商银行名义出具融资性保函,其行为构成违规出具金融票证罪。尽管乙农商银行不具有出具融资性保函的资质,但是其作为银行类金融机构,其出具保函的行为与其经营业务范围紧密相关,且难以为善意第三人所明知,其超越职权出具保函的行为,不仅破坏了金融交易安全、银行信用,也给银行资金带来巨额损失风险,侵害了违规出具金融票证罪所保护的法益。

二是宋某某明知相关公司不符合发放贷款条件,仍和贷款申请人商议规避相关规定提交贷款申请,同时在贷款发放各个环节,宋某某作为单位"一把手"提前给相关部门工作人员打招呼,要求不做实质审查尽快发放,使得本单位信贷审查核实职能形同虚设,最终贷款的发放是其利用职务便利推动的结果,是其个人意志的体现。

(四)制发检察建议

宋某某违法犯罪时间长、涉及金额特别巨大,实施的犯罪行为涉及多项主要业务,反映出相关金融机构存在关键人员、关键岗位监管不力,关键环节把关不严等漏洞。2020 年 7 月 12 日,检察机关向甲信用联社制发检察建议,提出依法依规妥善处理相关违规人员、警示教育干部职工、完善贷款管理制度、加强"一把手"监督等建议。甲信用联社对此高度重视,对 22 名相关人员作出行政记大过、警告、免职、调离岗位、撤销党内职务等问责处理,采取措施收回贷款 90 余万元,轮候查封担保人资金 2261 万元,召开全员案件警示教育大会,完善对"一把手"的监督制约机制、落实"贷款三查"等制度。

【指导意义】

(一)对监察机关移送起诉的集体经济组织中行使公权力的人员所涉犯罪案件,应当重点审查其是否属于国家工作人员。对于集体经济组织注册资本中没有国有资本,所从事工作不具有"从事公务"属性的,相关人员不属于国家工作人员。农村信用合作社受计划经济体制影响和农村经济发展需要，在其改制为农村商业银行或农村合作银行前，系由农民、农村工商户、企业法人和其他经济组织以及本社职工自愿入股组成的农村合作金融机构，性质属于集体经济组织。根据《中华人民共和国监察法》第十五条第六项、《中华人民共和国监察法实施条例》第四十三条第三项规定，其管理人员是"其他依法履行公职的人员"。检察机关在审查监察机关移送起诉的此类人员涉嫌职务犯罪案件时，应当审查其是否具有国家工作人员身份，对其行为定性和所涉罪名作出准确认定。一般应当根据其所在信用社的股权结构进行判断，注册资本中没有国有资本，所从事工作不具有"从事公务"属性的，相关人员不属于国家工作人员。

（二）不具备出具保函、票据等金融票证资质的银行或其他金融机构工作人员，违规为他人出具金融票证，情节严重的，应当认定构成违规出具金融票证罪。国家有关金融法律、法规对金融票证出具条件及程序有严格规定，银行及其他金融机构内部也有严格的规章制度和业务规程，有出具金融票证资质的银行、金融机构工作人员违反法定程序、超越职权范围出具金融票证，情节严重的，构成违规出具金融票证罪。对于明知所在金融机构不具备出具金融票证资质，仍为他人出具相关金融票证，属于超越职权范围滥用职权，行为人主观恶性更深、社会危害性更大，对其依法定罪处罚不仅是刑法的应有之义，也符合常情常理和社会大众普遍认知，符合违规出具金融票证罪的，应依法予以认定。

【相关规定】

《中华人民共和国刑法》第九十三条、第一百六十三条、第一百八十四条第一款、第一百八十六条、第一百八十八条第一款

《中华人民共和国监察法》第十五条

《中华人民共和国监察法实施条例》第三十一条、第四十三条

办案检察院：四川省广安市人民检察院　四川省广安市广安区人民检察院

承办检察官：邹川云

案例撰写人：赖权宏　王锐　王一杰

最高人民检察院发布
第三十二批指导性案例

白静贪污违法所得没收案

（检例第127号）

【关键词】

违法所得没收　证明标准　鉴定人出庭　举证重点

【要旨】

检察机关提出没收违法所得申请，应有证据证明申请没收的财产直接或者间接来源于犯罪所得，或者能够排除财产合法来源的可能性。人民检察院出席申请没收违法所得案件庭审，应当重点对于申请没收的财产属于违法所得进行举证。对于专业性较强的案件，可以申请鉴定人出庭。

【基本案情】

犯罪嫌疑人白静，男，A国有银行金融市场部投资中心本币投资处原处长。

利害关系人邢某某，白静亲属。

诉讼代理人牛某，邢某某儿子。

2008至2010年间，白静伙同樊某某（曾任某国有控股的B证券公司投资银行事业部固定收益证券总部总经理助理、固定收益证券总部销售交易部总经理等职务，另案处理）等人先后成立了甲公司及乙公司，并在C银行股份有限公司为上述两公司开设了资金一般账户和进行银行间债券交易的丙类账户。白静、樊某某利用各自在A银行、B证券公司负责债券买卖业务的职务便利，在A银行购入或卖出债券，或者利用B证券公司的资质、信用委托其他银行代为购入、经营银行债券过程中，增加交易环节，将白静实际控制的甲公司和乙公司引入交易流程，使上述两公司与A银行、B证券公司进行关联交易，套取A银行、B证券公司的应得利益。通过上述方式对73支债券交易进行操纵，甲公司和乙公司在未投入任何资金的情况下,套取国有资金共计人民币2.06亿余元。其中,400余万元由樊某某占有使用,其他大部分资金由白静占有使用,白静使用1.45亿余元以全额付款方式购买9套房产,登记在自己妻子及其他亲属名下。该9套房产被办案机关依法查封。

【诉讼过程】

2013年9月9日,内蒙古自治区公安厅以涉嫌职务侵占罪对白静立案侦查,查明白静已于2013年7月31日逃匿境外。2013年12月7日,内蒙古自治区人民检察院对白静批准逮捕,同年12月17日国际刑警组织对白静发布红色通报。2019年2月2日,内蒙古自治区公安厅将白静涉嫌贪污罪线索移送内蒙古自治区监察委员会,同年2月28日,内蒙古自治区监察委员会对白静立案调查。同年5月20日,内蒙古自治区监察委员会向内蒙古自治区人民检察院移送没收违法所得意见书。同年5月24日,内蒙古自治区人民检察院将案件交由呼和浩特市人民检察院办理。同年6月6日,呼和浩特市人民检察院向呼和浩特市中级人民法院提出没收违法所得申请。利害关系人及其诉讼代理人在法院公告期间申请参加诉讼,对检察机关没收违法所得申请没有提出异议。2020年11月13日,呼和浩特市中级人民法院作出违法所得没收裁定,依法没收白静使用贪污违法所得购买的9套房产。

【检察履职情况】

(一)提前介入完善主体身份证据,依法妥善处理共同犯罪案件。内蒙古自治区检察机关提前介入白静案时,审查发现证明白静构成贪污罪主体身份的证据不足,而共同犯罪人樊某某已经被呼和浩特市赛罕区人民检察院以职务侵占罪提起公诉。检察机关依法将白静案和樊某某案一并审查,建议内蒙古自治区监察委员会针对二人主体身份进一步补充调取证据。监察机关根据检察机关列出的补充完善证据清单,补充调取了A银行党委会议纪要、B证券公司党政联席会议纪要、任命文件等证据,证明白静与樊某某均系国家工作人员,二人利用职务上的便利侵吞国有资产的共同犯罪行为应当定性为贪污罪。检察机关在与监察机关、公安机关、人民法院就案件新证据和适用程序等问题充分沟通后,依法适用违法所得没收程序申请没收白静贪污犯罪所得,依法对樊某某案变更起诉指控罪名。

(二)严格审查监察机关没收违法所得意见,准确界定申请没收的财产范围。监察机关调查期间依法查封、扣押、冻结了白静亲属名下11套房产及部分资金,没收违法所得意见书认定上述财产均来源于白静贪污犯罪所得,建议检察机关依法申请没收。检察机关审查认为,监察机关查封的9套房产系以全额付款方式购买,均登记在白静亲属名下,但登记购买人均未出资且对该9套房产不知情;9套房产的购买资金均来源于白静实际控制的甲公司和乙公司银行账户;白静伙同樊某某利用职务便利套取A银行和B证券公司资金后转入甲公司和乙公司银行账户。根据现有证据,可以认定该9套房产来源于白静贪污犯罪所得。

其余2套房产,现有证据证明其中1套系白静妻兄向白静借钱购买,且事后已将购房款项归还,检察机关认为无法认定该套房产属于白静贪污犯罪所得,不应列入申请没收的财产范围;另1套房产由樊某某购买并登记在樊名下,现有证据能够证明购房资金来源于二人贪污犯罪所得,但在樊某某案中处理更为妥当。监察机关冻结、扣押的资金,检察机关审查认为来源不清,且白静夫妇案发前一直在金融单位工作,收入较高,同时使用家庭收入进行了股票等金融类投资,现有证据尚达不到认定高度可能属于白静贪污违法所得的证明标准,不宜列入申请没收范围。监察机关认可上述意见。

(三)申请鉴定人出庭作证,增强庭审举证效果。本案证据繁杂、专业性强,白静贪污犯罪手段隐秘、过程复杂,在看似正常的银行间债券买卖过程中将其所控制公司引入交易流程,通过增加交易环节、控制交易价格,以低买高卖的方式套取A银行、B证券公司应得利益。犯罪行为涉及银行间债券买卖的交易流程、交易策略、交易要素等专业知识,不为普通大众所熟知。2020年10月14日,呼和浩特市中级人民法院公开开庭审理白静贪污违法所得没收案时,检察机关申请鉴定人出庭,就会计鉴定意见内容进行解释说明,对白静操纵债券交易过程和违法资金流向等进行全面分析,有力证明了白静贪污犯罪事实及贪污所得流向,增强了庭审举证效果。

(四)突出庭审举证重点,着重证明申请没收的财产属于违法所得。庭审中,检察机关针对白静有贪污犯罪事实出示相关证据。通过出示任职文件、会议纪要等证据,证明白静符合贪污罪主体要件;运用多媒体分类示证方式,分步骤展示白静对债券交易的操纵过程,证明其利用职务便利实施了贪污犯罪。对申请没收的9套房产属于白静贪污违法所得进行重点举证。出示购房合同、房产登记信息等书证及登记购买人证言,证明申请没收的9套房产系以全额付款方式购买,但登记购买人对房产不知情且未出资;出示委托付款书、付款凭证等书证,证明申请没收的9套房产的购买资金全部来源于白静控制的甲公司和乙公司银行账户;出示银行开户资料、银行流水等书证,相关证人证言,另案被告人樊某某供述及鉴定意见,并申请鉴定人出庭对鉴定意见进行说明,证明甲公司和乙公司银行账户的资金高度可能属于白静套取的A银行和B证券公司的国有资金,且部分用于购买房产等消费;出示查封、扣押通知书、接收协助执行法律文书登记表等书证,证明申请没收的9套房产已全部被监察机关依法查封。利害关系人及其诉讼代理人对检察机关出示的证据未提出异议。人民法院采信上述证据,依法裁定没收白静使用贪污违法所得购买的9套房产。

【指导意义】

(一)准确把握认定违法所得的证明标准,依法提出没收申请。检察机关提出没收违法所得申请,应当有证据证明有犯罪事实。除因犯罪嫌疑人、被告人逃匿无法收集的证据外,其他能够证明犯罪事实的证据都应当收集在案。在案证据应能够证明申请没收的财产具有高度可能系直接或者间接来源于违法所得或者系犯罪嫌疑人、被告人非法持有的违禁品、供犯罪所用的本人财物。对于在案证据无法证明部分财产系犯罪嫌疑人、被告人违法所得及其他涉案财产的,则不应列入申请没收的财产范围。

(二)证明申请没收的财产属于违法所得,是检察机关庭审举证的重点。人民法院开庭审理申请没收违法所得案件,人民检察院应当派员出席法庭承担举证责任。针对犯罪嫌疑人、被告人实施了法律规定的重大犯罪出示相关证据后,应当着重针对申请没收的财产属于违法所得进行举证。对于涉及金融证券类等重大复杂、专业性强的案件,检察机关可以申请人民法院通知鉴定人出庭作证,以增强证明效果。

【相关规定】

《中华人民共和国监察法》第四十八条

《中华人民共和国刑法》第三百八十二条第一款

《中华人民共和国刑事诉讼法》第二百九十八条、第二百九十九条、第三百条

《人民检察院刑事诉讼规则》第十二章第四节

《最高人民法院、最高人民检察院关于适用犯罪嫌疑人、被告人逃匿、死亡案件违法所得没收程序若干问题的规定》第一条至第三条,第五条至第十条,第十三条至第十七条

彭旭峰受贿,贾斯语受贿、洗钱违法所得没收案

（检例第128号）

【关键词】

违法所得没收　主犯　洗钱罪　境外财产　国际刑事司法协助

【要旨】

对于跨境转移贪污贿赂所得的洗钱犯罪案件,检察机关应当依法适用特别程序追缴贪污贿赂违法所得。对于犯罪嫌疑人、被告人转移至境外的财产,如果有证据证明具有高度可能属于违法所得及其他涉案财产的,可以依法申请予以没收。对于共同犯罪的主犯逃匿境外,其他共同犯罪人已经在境内依照普通刑事诉讼程序处理的案件,应当充分考虑主犯应对全案事实负责以及国际刑事司法协助等因素,依法审慎适用特别程序追缴违法所得。

【基本案情】

犯罪嫌疑人彭旭峰,男,某市基础建设投资集团有限公司原党委书记,曾任某市住房和城乡建设委员会副主任、轨道交通集团有限公司党委书记、董事长。

犯罪嫌疑人贾斯语,女,自由职业,彭旭峰妻子。

利害关系人贾某,贾斯语亲属。

利害关系人蔡某,贾斯语亲属。

利害关系人邱某某,北京某国际投资咨询有限公司实际经营者。

另案被告人彭某一,彭旭峰弟弟,已被判刑。

（一）涉嫌受贿犯罪事实

2010至2017年,彭旭峰利用担任某市住房和城乡建设委员会副主任、轨道交通集团有限公司党委书记、董事长等职务上的便利,为有关单位或个人在承揽工程、承租土地及设备采购等事项上谋取利益,单独或者伙同贾斯语及彭某一等人非法收受上述单位或个人给予的财物共计折合人民币2.3亿余元和美元12万元。其中,彭旭峰伙同贾斯语非法收受他人给予的财物共计折合人民币31万余元、美元2万元。

2015至2017年,彭旭峰安排彭某一使用两人共同受贿所得人民币

2085万余元,在长沙市购买7套房产。案发后,彭某一出售该7套房产,并向办案机关退缴房款人民币2574万余元。

2015年9月至2016年11月,彭旭峰安排彭某一将两人共同受贿所得人民币4500万元借给邱某某;2016年11月,彭旭峰和彭某一收受他人所送对邱某某人民币3000万元的债权,并收取了315万元利息。上述7500万元债权,邱某某以北京某国际投资咨询有限公司在某商业有限公司的40%股权设定抵押担保。案发后,办案机关冻结了上述股份,并将上述315万元利息予以扣押。

2010至2015年,彭旭峰、贾斯语将收受有关单位或个人所送黄金制品,分别存放于彭旭峰家中和贾某、蔡某家中。办案机关提取并扣押上述黄金制品。

(二)涉嫌洗钱犯罪事实

2012年至2017年,贾斯语将彭旭峰受贿犯罪所得人民币4299万余元通过地下钱庄或者借用他人账户转移至境外。

2014年至2017年,彭旭峰、贾斯语先后安排彭某一等人将彭旭峰受贿款兑换成外币后,转至贾斯语在其他国家开设的银行账户,先后用于在4个国家购买房产、国债及办理移民事宜等。应中华人民共和国刑事司法协助请求,相关国家对涉案房产、国债、资金等依法予以监管和控制。

【诉讼过程】

2017年4月1日,湖南省岳阳市人民检察院以涉嫌受贿罪对彭旭峰立案侦查,查明彭旭峰已于同年3月24日逃匿境外。同年4月25日,湖南省人民检察院对彭旭峰决定逮捕,同年5月10日,国际刑警组织对彭旭峰发布红色通报。

2017年4月21日,岳阳市人民检察院以涉嫌受贿罪、洗钱罪对贾斯语立案侦查,查明贾斯语已于同年3月10日逃匿境外。同年4月25日,湖南省人民检察院对贾斯语决定逮捕,同年5月10日,国际刑警组织对贾斯语发布红色通报。

2018年9月5日,岳阳市人民检察院将本案移交岳阳市监察委员会办理。岳阳市监察委员会对彭旭峰、贾斯语涉嫌职务犯罪案件立案调查,并向岳阳市人民检察院移送没收违法所得意见书。2019年6月22日,岳阳市人民检察院向岳阳市中级人民法院提出没收违法所得申请。利害关系人贾某、蔡某、邱某某在法院公告期间申请参加诉讼。其中贾某、蔡某对在案扣押的38万元提出异议，认为在案证据不能证明该38万元属于违法所得，同时提出彭旭峰、贾斯语未成年儿子在国内由其夫妇抚养，请求法庭从没收财产中为其预留生活、教育费用；邱某某对检察机关没收违法所得申请无异议，建议司法机关在执行时将冻结的某商业有限公司40%股份变卖后，扣除7500万元违法所得，剩余部分返还给其公司。2020年1月3日，岳阳市中级人民法院作出违法所得没收裁定，依法没收彭旭峰实施受贿犯罪、贾斯语实施受贿、洗钱犯罪境内违法所得共计人民币1亿余元、黄金制品以及境外违法所得共计5处房产、250万欧元国债及孳息、50余万美元及孳息。同时对贾某、蔡某提出异议的38万元解除扣押，予以返还；对邱某某所提意见予以支持，在执行程序中依法处置。

【检察履职情况】

（一）提前介入完善证据体系。本案涉嫌受贿、洗钱犯罪数额特别巨大，涉案境外财产分布在4个国家，涉及大量通过刑事司法协助获取的境外证据。检察机关发挥提前介入作用，对监察机关提供的案卷材料进行全面审查，详尽梳理案件涉及的上下游犯罪、关联犯罪关系以及电子证据、境外证据、再生证据等，以受贿罪为主线，列明监察机关应予补充调查的问题，并对每一项补证内容进行分解细化，分析论证补证目的和方向。经过监察机关补充调查，进一步完善了有关受贿犯罪所得去向和涉嫌洗钱犯罪的证据。

（二）证明境外财产属于违法所得。在案证据显示彭旭峰、贾斯语将受贿所得转移至4个国家，用于购买房产、国债等。其中对在某国购买的房产，欠缺该国资金流向和购买过程的证据。检察机关认为，在案证据证明，贾斯语通过其外国银行账户向境外某公司转账59.2万美元，委托该境外公司购买上述某国房产，该公司将其中49.4万美元汇往某国，购房合同价款为43.5万美元。同一时期内彭旭峰多次安排他人，将共计人民币390余万元（折合60余万美元）受贿所得汇至贾斯语外国银行账户，汇款数额大于购房款。因此，可以认定彭旭峰、贾斯语在该国的房产高度可能来源于彭旭峰受贿所得，应当认定该房产为违法所得予以申请没收。检察机关对彭旭峰、贾斯语在上述4个国家的境外财产均提出没收申请，利害关系人及其诉讼代理人均未提出异议，法院裁定均予以支持。

（三）依法审慎适用特别程序追缴违法所得。本案彭旭峰涉嫌受贿犯罪事实，大部分系伙同彭某一共同实施，彭某一并未逃匿，其受贿案在国内依照普通刑事诉讼程序办理,二人共同受贿犯罪涉及的部分境内财产已在彭某一案中予以查封、扣押或冻结。检察机关审查认为,本案系利用彭旭峰的职权实施,彭旭峰系本案主犯,对受贿行为起到了决定作用,宜将彭某一案中与彭旭峰有关联的境内财产,如兄弟二人在长沙市购买的房产、共同借款给他人的资金等,均纳入违法所得没收程序申请没收。利害关系人及其诉讼代理人和彭某一对此均未提出异议。人民法院作出的违法所得没收裁定生效后,通过国际刑事司法协助申请境外执行,目前已得到部分国家承认。

【指导意义】

(一)依法加大对跨境转移贪污贿赂所得的洗钱犯罪打击力度。犯罪嫌疑人、被告人逃匿境外的贪污贿赂犯罪案件,一般均已先期将巨额资产转移至境外,我国刑法第一百九十一条明确规定此类跨境转移资产行为属于洗钱犯罪。《最高人民法院、最高人民检察院关于适用犯罪嫌疑人、被告人逃匿、死亡案件违法所得没收程序若干问题的规定》明确规定对于洗钱犯罪案件,可以适用特别程序追缴违法所得及其他涉案财产。检察机关在办理贪污贿赂犯罪案件中,应当加大对涉嫌洗钱犯罪线索的审查力度,对于符合法定条件的,应积极适用违法所得没收程序追缴违法所得。

(二)准确认定需要没收违法所得的境外财产。《最高人民法院、最高人民检察院关于适用犯罪嫌疑人、被告人逃匿、死亡案件违法所得没收程序若干问题的规定》明确规定对于适用违法所得没收程序案件,适用"具有高度可能"的证明标准。经审查,有证据证明犯罪嫌疑人、被告人将违法所得转移至境外,在境外购置财产的支出小于所转移的违法所得,且犯罪嫌疑人、被告人没有足以支付其在境外购置财产的其他收入来源的,可以认定其在境外购置的财产具有高度可能属于需要申请没收的违法所得。

(三)对于主犯逃匿境外的共同犯罪案件,依法审慎适用特别程序追缴违法所得。共同犯罪中,主犯对全部案件事实负责,犯罪后部分犯罪嫌疑人、被告人逃匿境外,部分犯罪嫌疑人、被告人在境内被司法机关依法查办的,如果境内境外均有涉案财产,且逃匿的犯罪嫌疑人、被告人是共同犯罪的主犯,依法适用特别程序追缴共同犯罪违法所得,有利于全面把握涉案事实,取得较好办案效果。

【相关规定】

《中华人民共和国监察法》第四十八条

《中华人民共和国刑法》第一百九十一条第一款、第三百八十五条第一款

《中华人民共和国刑事诉讼法》第二百九十八条、第二百九十九条、第三百条

《人民检察院刑事诉讼规则》第十二章第四节

《最高人民法院、最高人民检察院关于适用犯罪嫌疑人、被告人逃匿、死亡案件违法所得没收程序若干问题的规定》第一条至第三条,第五条至第十条,第十三条至第十七条

黄艳兰贪污违法所得没收案

(检例第129号)

【关键词】

违法所得没收　利害关系人异议　善意第三方

【要旨】

检察机关在适用违法所得没收程序中,应当承担证明有犯罪事实以及申请没收的财产属于违法所得及其他涉案财产的举证责任。利害关系人及其诉讼代理人参加诉讼并主张权利,但不能提供合法证据或者其主张明显与事实不符的,应当依法予以辩驳。善意第三方对申请没收财产享有合法权利的,应当依法予以保护。

【基本案情】

犯罪嫌疑人黄艳兰,女,原某市物资总公司(简称物资总公司)总经理、法定代表人。

利害关系人施某某,黄艳兰朋友。

利害关系人邓某某,黄艳兰亲属。

利害关系人A银行股份有限公司上海分行(简称A银行上海分行)。

利害关系人B银行股份有限公司上海市南支行(简称B银行市南支行)。

利害关系人C银行股份有限公司上海市虹桥开发区支行(简称C银行虹桥支行)。

1993年5月至1998年8月,物资总公司用自有资金、银行贷款及融资

借款经营期货等业务,由黄艳兰等人具体操作执行。其间,黄艳兰利用职务上的便利,先后控制和使用包括 D 商贸有限公司(简称 D 公司)等多个银行账户和证券账户进行期货交易,累计盈利人民币 1.8 亿余元,其中 1.1 亿余元未纳入物资总公司管理,由黄艳兰实际控制。

1997 年 7 月至 1999 年 4 月,黄艳兰直接或指使他人先后从 D 公司等六个账户转出人民币 3000.35 万元,以全额付款方式在上海购买 2 套房产,又向 A 银行上海分行、B 银行市南支行、C 银行虹桥支行按揭贷款在上海购买 50 套房产,分别登记在李某某(黄艳兰亲属)、施某某等人名下。在公司改制过程中,黄艳兰隐匿并占有上述房产。

2000 年 12 月,涉案 20 套房产因涉及民事纠纷被法院查封。为逃避债务,黄艳兰指使其亲属李某某将另外 32 套房产的合同权益虚假转让给施某某和高某某(施某某朋友),后又安排邓某某与施某某、高某某签订委托合同,继续由邓某某全权管理该房产。之后,黄艳兰指使邓某某出售 15 套,用部分售房款和剩余的 17 套房产(登记在施某某、高某某名下)出租所得款项又购买 6 套房产,其中 4 套登记在施某某名下,2 套登记在蒋某(邓某某亲属)名下,另将部分售房款和出租款存入以施某某等人名义开设的银行账户。经查,上述 23 套房产均以按揭贷款方式购买。2002 年 12 月至 2003 年 5 月,广西壮族自治区桂林市人民检察院依法查封了涉案 23 套房产,依法冻结施某某等人银行账户内存款人民币 90 余万元、美元 2.7 万余元。

【诉讼过程】

2002 年 8 月 14 日,桂林市人民检察院以涉嫌贪污罪对黄艳兰立案侦查,查明黄艳兰已于 2001 年 12 月 8 日逃匿境外。2002 年 8 月 16 日,桂林市人民检察院决定对黄艳兰刑事拘留,同年 12 月 30 日决定逮捕。2005 年 5 月 23 日,国际刑警组织对黄艳兰发布红色通报。2016 年 12 月 23 日,桂林市人民检察院向桂林市中级人民法院提出没收违法所得申请。利害关系人施某某、邓某某、A 银行上海分行、B 银行市南支行、C 银行虹桥支行申请参加诉讼,对涉案财产主张权利。2018 年 11 月 15 日,桂林市中级人民法院作出裁定,依法没收黄艳兰实施贪污犯罪所得 23 套房产、银行账户内存款人民币 90 余万元、美元 2.7 万余元及利息,依法向 A 银行上海分行、B 银行市南支行、C 银行虹桥支行支付贷款欠款本金、利息及实现债权的费用。利害关系人施某某、邓某某不服提出上诉。2019 年 6 月 29 日,广西壮族自治区高级人民法院驳回上诉,维持一审裁定。

【检察履职情况】

（一）详细梳理贪污资金流向，依法认定涉案财产属于贪污违法所得。检察机关经审查在案资金流向相关证据，结合对黄艳兰实施贪污犯罪行为的分析，证实黄艳兰贪污公款后购买52套房产，其中2套以全额付款方式购买，50套以抵押贷款方式购买。司法机关已在相关民事诉讼中依法强制执行20套，黄艳兰指使邓某某出售15套，后用售房款和出租剩余17套房产所得款项又购买6套房产，另将部分售房款和出租房屋所得款项存入施某某等人名下银行账户。因此，在案23套房产以及存入施某某等人名下银行账户中的款项，均系黄艳兰贪污犯罪所得，依法应予以没收。

（二）针对性开展举证、质证、答辩，依法驳斥利害关系人不当异议。在开庭审理过程中，利害关系人邓某某及其诉讼代理人提出，以李某某名义开设的E期货账户曾转出3077万元至黄艳兰控制的D公司账户，购房资金来源于李某某从事期货交易的收益，并向法庭提交了开户资料等证据。出庭检察员对此从证据的合法性、真实性和关联性等方面，发表质证意见，提出邓某某及其诉讼代理人提交的开户资料等证据均为复印件，均未加盖出具单位公章，并有明显涂改痕迹，不具备证据的真实性。同时，根据证监会对涉案部分期货合约交易中有关单位和个人违规行为的处罚决定、期货公司出具的说明等书证、司法会计鉴定意见、检验鉴定意见以及相关证人证言，足以证实E期货账户系由黄艳兰指挥物资总公司工作人员开设和操作，账户内的保证金和资金高度可能属于物资总公司的公款。邓某某及其诉讼代理人所提意见与本案证据证明的事实不符，建议法庭不予采纳。另一利害关系人施某某及其诉讼代理人提出，施某某、高某某名下房产系施某某合法财产。对此，出庭检察员答辩指出，上述房产是相关民事纠纷过程中，黄艳兰为逃避债务，与李某某、黄某一（黄艳兰亲属）串通，将涉案房产登记到二人名下。且在变更登记后，施某某即将涉案房产委托给邓某某全权管理，涉案房产仍由邓某某实际控制，售房款、出租款等也均由邓某某控制和使用。施某某无法提交购房资金来源的证据，以证明其实际支付了购房款。因此，施某某及其诉讼代理人所提意见，与本案证据证明的事实不符，不应支持。法院对检察机关上述意见均予采纳。

（三）依法认定其他利害关系人身份，切实保护善意第三方合法权益。涉案23套房产均系黄艳兰利用贪污所得资金支付首付款后，向A银行上海分行、B银行市南支行、C银行虹桥支行以按揭贷款方式购买，三家银行对按揭贷款房产依法进行抵押，约定了担保债权的范围。诉讼期间，三家银行及其诉讼代理人提出，涉案房产的借款合同均合法有效，并享有抵押权，依法应当优先受偿。检察机关经审查认为，三家银行既未与黄艳兰串通，亦不明知黄艳兰购房首付款系贪污赃款，依法应当认定为善意第三方，其合法权益应当予以保护。根据《最高人民法院、最高人民检察院关于适用犯罪嫌疑人、被告人逃匿、死亡案件违法所得没收程序若干问题的规定》第七条第一款、第二款规定，检察机关依法认定上述三家银行系本案的"其他利害关系人"，对三家银行主张的优先受偿权，依法予以支持。

【指导意义】

（一）利害关系人对申请没收财产提出异议或主张权利的，检察人员出庭时应当作为质证重点。根据《最高人民法院、最高人民检察院关于适用犯罪嫌疑人、被告人逃匿、死亡案件违法所得没收程序若干问题的规定》第十五条的规定，利害关系人在诉讼中对检察机关申请没收的财产属于违法所得及其他涉案财产等相关事实及证据有异议的，可以提出意见；对申请没收财产主张权利的，应当出示相关证据。对于其提供的证据不合法，或其异议明显与客观事实不符的，出庭检察人员应当围绕财产状态、财产来源、与违法犯罪的关系等内容，有针对性地予以驳斥，建议人民法院依法不予支持。

（二）善意第三方对申请没收财产享有合法权益的，应当依法保护。对申请没收财产因抵押而享有优先受偿权的债权人，或者享有其他合法权利的利害关系人，如果在案证据能够证明其在抵押权设定时对该财产系违法所得不知情，或者有理由相信该财产为合法财产，依法应当认定为善意第三方，对其享有的担保物权或其他合法权利，依法应当予以保护。

【相关规定】

《中华人民共和国刑法》第三百八十二条第一款

《中华人民共和国合同法》第一百零七条、第二百零五条

《中华人民共和国担保法》第三十三条、第四十六条

《中华人民共和国刑事诉讼法》第二百九十八条、第二百九十九条、第三百条

《人民检察院刑事诉讼规则》第十二章第四节

《最高人民法院、最高人民检察院关于适用犯罪嫌疑人、被告人逃匿、死亡案件违法所得没收程序若干问题的规定》第一条至第三条，第五条至第十条，第十三条至十七条

任润厚受贿、巨额财产来源不明违法所得没收案

（检例第130号）

【关键词】

违法所得没收　巨额财产来源不明　财产混同　孳息

【要旨】

涉嫌巨额财产来源不明犯罪的人在立案前死亡，依照刑法规定应当追缴其违法所得及其他涉案财产的，可以依法适用违法所得没收程序。对涉案的巨额财产，可以由其近亲属或其他利害关系人说明来源。没有近亲属或其他利害关系人主张权利或者说明来源，或者近亲属或其他利害关系人主张权利所提供的证据达不到相应证明标准，或说明的来源经查证不属实的，依法认定为违法所得予以申请没收。违法所得与合法财产混同并产生孳息的，可以按照违法所得占比计算孳息予以申请没收。

【基本案情】

犯罪嫌疑人任润厚，男，某省人民政府原副省长，曾任A矿业（集团）有限责任公司（简称A集团）董事长、总经理，B环保能源开发股份有限公司（简称B环能公司）董事长。

利害关系人任某一，任润厚亲属。

利害关系人任某二，任润厚亲属。

利害关系人袁某，任润厚亲属。

（一）涉嫌受贿犯罪事实

2001至2013年，犯罪嫌疑人任润厚利用担任A集团董事长、总经理，B环能公司董事长，某省人民政府副省长等职务上的便利，为相关请托人在职务晋升、调整等事项上提供帮助，向下属单位有关人员索要人民币共计70万元用于贿选；要求具有行政管理关系的被管理单位为其支付旅游、疗养费用，共计人民币123万余元；收受他人所送人民币共计30万元，被办案机关依法扣押、冻结。

（二）涉嫌巨额财产来源不明犯罪事实

2000年9月至2014年8月，犯罪嫌疑人任润厚及其亲属名下的财产和支出共计人民币3100余万元，港币43万余元，美元104万余元，欧元21

万余元,加元 1 万元,英镑 100 镑;珠宝、玉石、黄金制品、字画、手表等物品 155 件。

任润厚的合法收入以及其亲属能够说明来源的财产为人民币 1835 万余元,港币 800 元,美元 1489 元,欧元 875 元,英镑 132 镑;物品 20 件。任润厚亲属对扣押、冻结在案的人民币 1265 万余元,港币 42 万余元,美元 104 万余元,欧元 21 万余元,加元 1 万元及物品 135 件不能说明来源。

【诉讼过程】

2014 年 9 月 20 日,任润厚因严重违纪被免职,同年 9 月 30 日因病死亡。经最高人民检察院指定管辖,江苏省人民检察院于 2016 年 7 月 11 日启动违法所得没收程序。同年 10 月 19 日,江苏省人民检察院将案件交由扬州市人民检察院办理。同年 12 月 2 日,扬州市人民检察院向扬州市中级人民法院提出没收违法所得申请。

利害关系人任某一、任某二、袁某申请参加诉讼。2017 年 6 月 21 日,扬州市中级人民法院公开开庭审理。同年 7 月 25 日,扬州市中级人民法院作出违法所得没收裁定,依法没收任润厚受贿犯罪所得人民币 30 万元及孳息;巨额财产来源不明犯罪所得人民币 1265 万余元、港元 42 万余元、美元 104 万余元、欧元 21 万余元、加元 1 万元及孳息,以及珠宝、玉石、黄金制品、字画、手表等物品 135 件。

【检察履职情况】

(一)准确把握立法精神,依法对立案前死亡的涉嫌贪污贿赂犯罪行为人适用违法所得没收程序。任润厚在纪检监察机关对其涉嫌严重违纪违法问题线索调查期间因病死亡。检察机关认为,与普通刑事诉讼程序旨在解决涉嫌犯罪人的定罪与量刑问题不同,违法所得没收作为特别程序主要解决涉嫌犯罪人的违法所得及其他涉案财产的追缴问题,不涉及对其刑事责任的追究。因此,涉嫌贪污贿赂犯罪行为人在立案前死亡的,虽然依法不再追究其刑事责任,但也应当通过违法所得没收程序追缴其违法所得。本案中,任润厚涉嫌受贿、巨额财产来源不明等重大犯罪,虽然未被刑事立案即死亡,但其犯罪所得及其他涉案财产依法仍应予以追缴,应当通过违法所得没收程序进行处理。

(二)认真核查财产来源证据,依法认定巨额财产来源不明的涉嫌犯罪事实及违法所得数额。办案中,检察机关对任润厚本人及其转移至亲属名下的财产情况、任润厚家庭支出及合法收入情况,进行了重点审查,通过对涉案270余个银行账户存款、现金、155件物品的查封、扣押、冻结，对160余名证人复核取证等工作，查明了任润厚家庭财产的支出和收入情况。根据核查情况，将任润厚家庭的购房费用、购车费用、女儿留学费用、结婚赠与及债权共929万元纳入重大支出范围，计入财产总额。鉴于任润厚已经死亡，且死亡前未对本人及转移至亲属名下的财产和支出来源作出说明，检察机关依法向任润厚的亲属调查询问，由任润厚亲属说明财产和支出来源，并根据其说明情况向相关单位、人员核实，调取相关证据。对于相关证据证实及任润厚亲属能够说明合法来源的工资奖金、房租收入、卖房所得、投资盈利等共计1806万余元，以及手表、玉石、黄金制品等物品，依法在涉案财产总额中予以扣减。将犯罪嫌疑人及其亲属名下财产和家庭重大支出数额，减去家庭合法收入及其近亲属等利害关系人能说明合法来源的收入，作为任润厚涉嫌巨额财产来源不明罪的违法所得，据此提出没收违法所得申请。利害关系人任某一和袁某对检察机关没收申请没有提出异议。任某二对于检察机关将任润厚夫妇赠与的50万元购车款作为重大支出计入财产总额，提出异议，并提供购车发票证明其购买汽车裸车价格为30万元，提出余款20万元不能作为重大支出，应从没收金额中扣减。检察机关根据在案证据认为不应扣减，并在出庭时指出：该50万元系由任润厚夫妇赠与任某二，支出去向明确，且任润厚家庭财产与任某二家庭财产并无混同；购车费用除裸车价格外，还包括车辆购置税、保险费等其他费用；任某二没有提供证据，证明购车款结余部分返还给任润厚夫妇。因此，其主张在没收金额中扣减20万元的依据不足，不应支持。该意见被法院裁定采纳。

（三）依法审查合法财产与违法所得混同的财产，按违法所得所占比例认定和申请没收违法所得孳息。经审查认定，依法应当申请没收的巨额财产来源不明犯罪所得为人民币1265万余元、部分外币以及其他物品。冻结在案的任润厚及其亲属名下财产为人民币1800余万存款、部分外币以及其他物品。其中本金1800余万元存款产生了169万余元孳息。关于如何确定应当没收的孳息，检察机关认为，可以按该笔存款总额中违法所得所占比例（约1265/1800=70.2%），计算出违法所得相应的孳息，依法予以申请没收，剩余部分为合法财产及孳息，返还给其近亲属。法院经审理予以采纳。

【指导意义】

（一）涉嫌贪污贿赂等重大犯罪的人立案前死亡的,依法可以适用违法所得没收程序。违法所得没收程序的目的在于解决违法所得及其他涉案财产的追缴问题,不是追究被申请人的刑事责任。涉嫌实施贪污贿赂等重大犯罪行为的人,依照刑法规定应当追缴其犯罪所得及其他涉案财产的,无论立案之前死亡或立案后作为犯罪嫌疑人、被告人在诉讼中死亡,都可以适用违法所得没收程序。

（二）巨额财产来源不明犯罪案件中,本人因死亡不能对财产来源作出说明的,应当结合其近亲属说明的来源,或者其他利害关系人主张权利以及提供的证据情况,依法认定是否属于违法所得。已死亡人员的近亲属或其他利害关系人主张权利或说明来源的,应要求其提供相关证据或线索,并进行调查核实。没有近亲属或其他利害关系人主张权利或说明来源,或者近亲属或其他利害关系人虽然主张权利但提供的证据没有达到相应证明标准,或者说明的来源经查证不属实的,应当依法认定为违法所得,予以申请没收。

（三）违法所得与合法财产混同并产生孳息的,可以按照比例计算违法所得孳息。在依法查封、扣押、冻结的犯罪嫌疑人财产中,对违法所得与合法财产混同后产生的孳息,可以按照全案中合法财产与违法所得的比例,计算违法所得的孳息数额,依法申请没收。对合法财产及其产生的孳息,及时予以返还。

【相关规定】

《中华人民共和国刑法》第三百八十二条第一款、第三百八十五条第一款、第三百九十五条第一款

《中华人民共和国刑事诉讼法》第二百八十条第一款、第二百八十二条第一款

《人民检察院刑事诉讼规则》第十二章第四节

《最高人民法院、最高人民检察院关于适用犯罪嫌疑人、被告人逃匿、死亡案件违法所得没收程序若干问题的规定》第一条至第三条,第五条至第十条,第十三条至第十七条

最高人民检察院通报7起职务犯罪国际追逃追赃专项行动典型案例

一、化名潜逃23年的犯罪嫌疑人郑某被抓获归案

犯罪嫌疑人郑某,男,53岁,中国工商银行哈尔滨分行某分理处原副主任,1990年挪用公款60万元潜逃至俄罗斯,化名丁某骗取我国驻俄罗斯联邦大使馆签发的护照,往来于俄罗斯与国内。专项行动开展以来,黑龙江省检察机关与公安机关联合行动,确认丁某就是在逃人员郑某,于2014年12月10日将其抓获。

二、广东省开平市政协原副主席冯某从新西兰回国投案自首

犯罪嫌疑人冯某,男,广东省开平市政协原副主席,2013年潜逃新西兰。2014年3月5日因涉嫌受贿罪被检察机关立案侦查。2014年12月19日,冯某由新西兰回国向检察机关投案自首。

三、广东省开平市公用事业管理局原局长关某从加拿大回国投案自首

犯罪嫌疑人关某,男,广东省开平市公用事业管理局原局长。2005年9月1日逃往加拿大。因涉嫌私分国有资产罪于2007年1月8日被检察机关立案侦查。2014年11月28日,关某通过亲属到开平市检察院转交投案自首书,并由亲属代其退赃77600元。2014年12月24日关某回国向检察机关投案自首。

四、福建省石狮市宝盖镇某村原村长龚某从菲律宾回国投案自首

犯罪嫌疑人龚某,男,原系福建省石狮市宝盖镇某村负责人。2013年1月涉嫌贪污犯罪潜逃至菲律宾。2014年11月28日从菲律宾回国向检察机关投案自首,并退回赃款近40万元。

五、江苏省南京市江宁区科学园管委会原副主任金某从香港入境投案自首

犯罪嫌疑人金某,男,江苏省南京市江宁区科学园管委会原副主任,2011年7月辞去公职,案发前出逃香港。2014年7月10日因涉嫌滥用职权、受贿罪被检察机关立案侦查。2014年12月9日入境向检察机关投案

自首。

六、浙江省青田县船寮镇政府原镇长叶某从意大利回国投案自首

犯罪嫌疑人叶某,男,浙江省青田县船寮镇政府原镇长,2001 年 7 月因涉嫌受贿犯罪逃往意大利。2014 年 12 月 23 日从意大利回国投案自首。

七、浙江省青田县建设局房地产管理局收款员叶某从意大利回国投案自首

犯罪嫌疑人叶某,男,浙江省青田县建设局房地产管理局收款员。1993 年 3 月逃往意大利。1994 年 8 月检察机关以贪污罪对其立案侦查,2014 年 12 月 10 日,叶某从意大利回国投案自首并退交全部赃款。